Schleicher
Jugend- und Familienrecht

Jugend- und Familienrecht

Ein Studienbuch

von

Professor Hans Schleicher, München
Professor Dr. Jürgen Winkler, Freiburg
Rechtsanwalt Dieter Küppers, München

13. aktualisierte und überarbeitete Auflage

Verlag C.H. Beck München 2010

Verlag C.H. Beck im Internet:
beck.de

ISBN 978 3 406 61062 2

Wilhelmstraße 9, 80801 München

Satz: Textservice Zink
Neue Steige 33, 74869 Schwarzach

Druck: Nomos Verlagsgesellschaft
In den Lissen 12, 76547 Sinzheim

Umschlaggestaltung: Kunst oder Reklame, München

Gedruckt auf säurefreiem, alterungsbeständigem Papier
(hergestellt aus chlorfrei gebleichtem Zellstoff)

Für Irene

Vorwort zur 13. Auflage

Die Neuauflage bot die Gelegenheit, alle bis zum 1.8.2010 erfolgten relevanten Gesetzesänderungen einzuarbeiten. Es handelt sich dabei vor allem um folgende Gesetze:

- Gesetz zur Reform des Personenstandsrechts vom 19.2.2007 (BGBl. I S. 122), das am 1.1.2009 in Kraft getreten ist,
- Gesetz über außergerichtliche Rechtsdienstleistungen (RDG) vom 12.12.2007 (BGBl. I S. 2840),
- Gesetz zur Änderung des Unterhaltsrechts vom 21.12.2007 (BGBl. I S. 3189),
- Gesetz zur Erleichterung familiengerichtlicher Maßnahmen bei Gefährdung des Kindeswohls vom 4.7.2008 (BGBl. I S. 1188),
- Gesetz zur Einführung der nachträglichen Sicherungsverwahrung bei Verurteilungen nach Jugendstrafrecht vom 8.7.2008 (BGBl. I S. 1212),
- Gesetz zur Förderung von Kindern unter drei Jahren in Tageseinrichtungen und in Kindertagespflege (Kinderförderungsgesetz) vom 10.12.2008 (BGBl. I S. 2403),
- Gesetz über das Verfahren in Familiensachen und in den Angelegenheiten der freiwilligen Gerichtsbarkeit (FamFG) vom 17.12.2008 (BGBl. I S. 2586) – [verkündet als Art. 1 *Gesetz zur Reform des Verfahrens in Familiensachen und in den Angelegenheiten der freiwilligen Gerichtsbarkeit (FGG-Reformgesetz)*],
- Gesetz zur Strukturreform des Versorgungsausgleichs vom 3.4.2009 (BGBl. I S. 1700),
- Gesetz zur Änderung des Zugewinnausgleichs- und Vormundschaftsrechts vom 6.7.2009 (BGBl. I S. 1696),
- Drittes Gesetz zur Änderung des Betreuungsrechts vom 29.7.2009 (BGBl. I S. 2286), mit der Regelung von Patienten-Verfügungen,
- Gesetz zur Änderung des Untersuchungshaftrechts vom 29.7.2009 (BGBl. I S. 2274),
- die Novellierungen, die das Jugendschutzgesetz am 24.6.2008 (BGBl. I S. 1075) sowie am 31.10.2008 (BGBl. I S. 2149) erfahren hat.

Die durch das FamFG am 1.9.2009 eingetretenen Änderungen betreffen fast alle Kapitel des Buches, denn damit sind u.a. das Vormundschaftsgericht abgeschafft und die Adoptions- und Vormundschaftssachen auch dem Familiengericht übertragen sowie das familiengerichtliche Verfahren einschließlich der Zusammenarbeit mit dem Jugendamt z.T. völlig neu geregelt worden.
Die seit der Vorauflage ergangene höchstrichterliche Rechtsprechung (einschließlich der Entscheidungen der Europäischen Gerichtshöfe und des Bundesverfassungsgerichts, z.B. zum Sorgerecht für nichteheliche Kinder vom 21.7.2010) wurde ebenfalls eingearbeitet.

Die Überarbeitung/Aktualisierung der Kapitel Jugendhilfe-, Ehe-, Scheidungs- und Unterhaltsrecht erfolgten durch Jürgen Winkler und des Kapitels Jugendstrafrecht durch Dieter Küppers.

Verfasser und Verlag hoffen auf eine weiterhin freundliche Aufnahme des Buches und sind für Anregungen und Kritik nach wie vor dankbar.

München und Freiburg, im September 2010

Hans Schleicher
Jürgen Winkler
Dieter Küppers

Vorwort zur ersten Auflage

In der sozialpädagogischen Arbeit ist die Kenntnis rechtlicher Bestimmungen unerlässlich geworden, da verschiedene Rechtsnormen auf die tägliche Praxis der Sozialpädagogen einwirken.

So stellt sich z.B. permanent die Frage, welche rechtlichen Anforderungen bei der in allen sozialpädagogischen Bereichen bestehenden Aufsichtspflicht erfüllt werden müssen.

Da in sozialpädagogischen Einrichtungen den einzelnen Erziehern Teile der elterlichen Fürsorge übertragen werden, ist es für sie auch von Bedeutung, die rechtliche Ausgestaltung, Übertragungsformen sowie Eingriffsmöglichkeiten in das Elternrecht zu kennen. Hieraus erklärt und ergibt sich nämlich der Rahmen der eigenen Tätigkeit und zugleich die Möglichkeiten der Hilfe für die anvertrauten Minderjährigen.

Bei der Auswahl der Gebiete aus der Gesamtmaterie dessen, was üblicherweise als „Jugend- und Familienrecht" bezeichnet wird, wurden weitgehend die Lehrpläne der Fachakademien bzw. Fachschulen für Sozialpädagogik berücksichtigt, aber auch die wesentlichen Teile des Lehrstoffes des Jugend- und Familienrechts für die Studenten der Sozialarbeit/Sozialpädagogik an Fachhochschulen behandelt.

Dabei wurden diejenigen Kapitel ausführlicher dargestellt, die entweder in der Praxis die größte Bedeutung haben oder erfahrungsgemäß den Studierenden bei der Erarbeitung die meisten Schwierigkeiten bereiten. Es wurden daher die in Betracht kommenden Gesetzesbestimmungen detailliert angegeben. Zum Verständnis und Nacharbeiten des Stoffes empfiehlt es sich, die zitierte Gesetzesstelle wirklich aufzuschlagen und nachzulesen, denn nur so kann die dem Laien oft fremde Diktion rechtlicher Normen erfasst und verstanden werden.

Das Studienbuch will sich aber nicht nur an die in der Ausbildung Stehenden richten, sondern auch an die bereits in der sozialpädagogischen Praxis Tätigen und ihnen eine Hilfe bei der Bewältigung ihrer verantwortungsvollen Aufgaben bieten.

München, Juni 1973 *Hans Schleicher*

Inhaltsübersicht

Vorwort zur 13. Auflage VII
Vorwort zur ersten Auflage VIII
Inhaltsverzeichnis XI
Verzeichnis der Übersichten und Prüfschemata XIX
Abkürzungsverzeichnis XXI
Literaturhinweise XXVII

Teil 1. Jugendrecht

Kapitel 1. Rechtliche Bedeutung der einzelnen Altersstufen *(Schleicher)* 1
Kapitel 2. Aufsichtspflicht im privaten und beruflichen Alltag *(Schleicher)* 5
Kapitel 3. Jugendhilferecht *(Winkler)* 35
Kapitel 4. Jugendstrafrecht *(Küppers)* 128

Teil 2. Familienrecht

Kapitel 5. Eherecht *(Winkler)* 183
Kapitel 6. Ehescheidung *(Winkler)* 198
Kapitel 7. Verwandtenunterhalt *(Winkler)* 248
Kapitel 8. Elterliche Sorge *(Schleicher)* 258
Kapitel 9. Adoptionsrecht *(Schleicher)* 329
Kapitel 10. Vormundschaft – Pflegschaft – Rechtliche Betreuung *(Schleicher)* 357

Stichwortverzeichnis 373

§§ ohne nähere Angaben entstammen dem BGB (im Kapitel „Jugendhilferecht“ dem SGB VIII).

Inhaltsverzeichnis

Vorwort zur 13. Auflage VII
Vorwort zur ersten Auflage VIII
Inhaltsübersicht IX
Verzeichnis der Übersichten und Prüfschemata XIX
Abkürzungsverzeichnis XXI
Literaturhinweise XXVII

Teil 1. Jugendrecht

Kapitel 1. Rechtliche Bedeutung der einzelnen Altersstufen 1

Kapitel 2. Aufsichtspflicht im privaten und beruflichen Alltag 5

A. Vorbemerkungen 5
B. Begriff und Entstehen der Aufsichtspflicht 6
I. Gesetzliche Aufsichtspflicht 6
II. Vertragliche Aufsichtspflicht 6
III. Gefälligkeitsaufsicht 7
C. Inhalt und Umfang der Aufsichtspflicht 9
I. Inhalt 9
II. Umfang 10
1. Die Informationspflicht der Erzieher 10
2. Die konkrete Beaufsichtigung 11
3. Delegation der Aufsichtspflicht 12
4. Erfüllung und Grenzen der Aufsichtspflicht 14
D. Die Rechtsfolgen bei Verletzung der Aufsichtspflicht 16
I. Vorbemerkung 16
II. Schadensersatzpflicht 17
1. Allgemeine Grundsätze 17
2. Schädigungen Dritter durch Aufsichtsbedürftige 17
3. Schädigung der Aufsichtsbedürftigen 20
III. Ersatzpflichtige und Haftungsumfang 21
1. Vormund und Pfleger 21
2. Inhaber elterlicher Sorge 21
3. Aufsichtspflichtige in sozialpädagogischen Einrichtungen 22
a) Juristische Personen 22
b) Nichtrechtsfähige Vereine 23
c) Sonstige private Träger 23
4. Sonstige Personengruppen 24
IV. Regressansprüche der Träger sozialpädagogischer Einrichtungen 25
1. Allgemeine Haftpflichtversicherungen 25
2. Gesetzlicher Unfallversicherungsschutz in sozialpädagogischen Einrichtungen 25
a) Unfälle im Sinne des SGB VII 27
b) Einschränkungen des gesetzlichen Unfallversicherungsschutzes 27
c) Vorzüge der gesetzlichen Unfallversicherung 28
3. Verbleibende Regressansprüche 28
V. Arbeits- und dienstrechtliche Folgen 31
VI. Strafrechtliche Folgen 31
1. Verletzung der Fürsorge- oder Erziehungspflicht 31
2. Körperverletzungen infolge Aufsichtspflichtverletzungen 32
3. Misshandlung von Schutzbefohlenen 32
4. Fahrlässige Tötung 32

5. Die Strafverfolgung . . . 33
VII. Versicherungsschutz . . . 33

Kapitel 3. Jugendhilferecht . . . 35

A. Begriff, Zielsetzungen . . . 35
B. Aufgaben . . . 36
C. Freie und öffentliche Jugendhilfe . . . 37
I. Unterscheidung . . . 37
II. Subsidiaritätsprinzip . . . 39
D. Prinzipien der Jugendhilfe . . . 40
I. Nachrang gegenüber dem Elternrecht . . . 40
II. Freie Entfaltung der Persönlichkeit junger Menschen . . . 40
III. Wunsch- und Wahlrecht . . . 41
IV. Beteiligungsrechte Minderjähriger . . . 42
V. Kinderschutz . . . 44
1. Information und Risikoeinschätzung durch das Jugendamt . . . 44
2. Einbeziehung der freien Träger der Jugendhilfe in den Schutzauftrag . . . 47
3. Folgen eines Verstoßes gegen den Kinderschutz . . . 48
VI. Geltungsbereich der öffentlichen Jugendhilfe . . . 48
VII. Verhältnis zu anderen Leistungen und Verpflichtungen . . . 52
E. Jugendhilfeleistungen . . . 54
I. Jugendarbeit . . . 54
II. Förderung der Jugendverbände . . . 56
III. Jugendsozialarbeit . . . 57
IV. Erzieherischer Kinder- und Jugendschutz . . . 59
V. Förderung der Erziehung in der Familie . . . 60
1. Allgemeine Förderung . . . 61
2. Partnerschafts-, Trennungs- und Scheidungsberatung . . . 63
3. Beratung und Unterstützung Alleinerziehender und Umgangsberechtigter . . . 65
4. Mutter-/Vater-Kind-Einrichtungen . . . 68
5. Notwendige Betreuung und Versorgung des Kindes in der Familie . . . 70
VI. Förderung von Kindern in Kindertagespflege und Tageseinrichtungen . . . 73
1. Kindertagespflege . . . 74
2. Tageseinrichtungen . . . 77
VII. Hilfe zur Erziehung . . . 78
1. Voraussetzungen für die Gewährung . . . 78
2. Maßnahmen der Hilfe zur Erziehung . . . 79
a) Erziehungsberatung . . . 80
b) Soziale Gruppenarbeit . . . 81
c) Erziehungsbeistand und Betreuungshelfer . . . 82
d) Intensive sozialpädagogische Einzelbetreuung . . . 84
e) Sozialpädagogische Familienhilfe . . . 85
f) Erziehung in einer Tagesgruppe . . . 87
g) Vollzeitpflege . . . 88
h) Heimerziehung . . . 91
3. Unterhalt, Krankenhilfe . . . 94
4. Kostenbeteiligung . . . 95
5. Verfahren . . . 96
6. Ende der Hilfe zur Erziehung . . . 98
VIII. Eingliederungshilfe für seelisch behinderte Kinder und Jugendliche . . . 99
IX. Hilfe für junge Volljährige . . . 101
F. „Andere" Aufgaben der Jugendhilfe . . . 102
I. Inobhutnahme von Minderjährigen in Notsituationen . . . 102
1. Voraussetzungen der Inobhutnahme . . . 102
2. Inhalt der Inobhutnahme . . . 104
3. Verfahren der Inobhutnahme . . . 108
4. Ende der Inobhutnahme . . . 110

5. Kostenbeteiligung . . . 111
II. Pflegekinderschutz . . . 112
III. Heimaufsicht . . . 113
IV. Mitwirkung in familiengerichtlichen Verfahren . . . 114
V. Beistandschaften, Amtspflegschaften, Amtsvormundschaften . . . 116
G. Datenschutz . . . 117
I. Vorbemerkungen . . . 117
II. Anwendungsbereich . . . 119
III. Datenerhebung . . . 120
IV. Datenspeicherung . . . 122
V. Datenverwendung . . . 123
VI. Datenweitergabe/Offenbarungsbefugnis . . . 123
VII. Datenlöschung . . . 126
VIII. Datensperrung . . . 126
IX. Amts- und Dienstgeheimnisse . . . 127

Kapitel 4. Jugendstrafrecht . . . 128
A. Strafrechtliche Verantwortlichkeit . . . 129
I. Strafunmündigkeit . . . 129
II. Bedingte Strafmündigkeit . . . 130
III. Volle Strafmündigkeit . . . 130
1. Volljährige . . . 130
2. Heranwachsende . . . 131
3. Besondere Voraussetzungen der Anwendung des Jugendstrafrechts auf Heranwachsende (§ 105 JGG) . . . 131
a) Gleichstellung mit Jugendlichen („Reifeverzögerung“) . . . 132
b) „Jugendverfehlung“ . . . 133
c) Anwendung des Jugendstrafrechts . . . 133
d) Anwendung des „Erwachsenenstrafrechts“ . . . 134
B. Die jugendgerichtlichen Maßnahmen . . . 135
I. Vorläufige Maßnahmen . . . 135
1. Anstaltsunterbringung zur Untersuchung des Entwicklungsstandes (Unterbringung zur Beobachtung) . . . 135
2. Vorläufige Anordnungen über die Erziehung . . . 136
3. Einstweilige Heimunterbringung . . . 136
4. Untersuchungshaft . . . 137
II. Endgültige Maßnahmen . . . 137
1. Erziehungsmaßregeln (§ 9 JGG) . . . 137
a) Weisungen (§ 10 JGG) . . . 138
b) Hilfe zur Erziehung (§ 12 JGG) . . . 139
aa) Erziehungsbeistand/Betreuungshelfer . . . 140
bb) Heimerziehung, betreutes Wohnen . . . 141
2. Zuchtmittel (§§ 13 ff. JGG) . . . 141
a) Verwarnung . . . 141
b) Auflagen . . . 142
c) Jugendarrest . . . 142
aa) Freizeitarrest . . . 143
bb) Kurzarrest . . . 143
cc) Dauerarrest . . . 143
3. Jugendstrafe (§ 17 JGG) . . . 143
a) Voraussetzungen der Jugendstrafe . . . 144
aa) Schädliche Neigungen . . . 144
bb) Schuldspruch ohne Strafausspruch (= „bedingte Verurteilung“, § 27 JGG) . . . 145
cc) Schwere der Schuld . . . 146
b) Rechtsfolgen der Verhängung der Jugendstrafe . . . 147
aa) Jugendstrafe mit Bewährung . . . 147
bb) Jugendstrafe ohne Bewährung . . . 151

4. Maßregeln der Besserung und Sicherung (7 JGG) 153
a) Psychiatrisches Krankenhaus 154
b) Entziehungsanstalt 155
c) Führungsaufsicht 156
d) Fahrverbot und Entziehung der Fahrerlaubnis 159
aa) Fahrverbot 159
bb) Entziehung der Fahrerlaubnis 159
III. Eintragungen in das Bundeszentral-/Erziehungsregister („Das Vorbestraftsein") 162
C. Die Jugendgerichte 163
I. Die Jugendrichter und Jugendstaatsanwälte 163
II. Die Jugendschöffen 164
III. Der Jugendrichter als Einzelrichter 164
IV. Das Jugendschöffengericht 165
V. Die Jugendkammer 166
VI. Das Oberlandesgericht 166
VII. Der Bundesgerichtshof 166
D. Das Jugendstrafverfahren 167
I. Das Vorverfahren 167
1. Persönlichkeitserforschung 167
2. Absehen von der Strafverfolgung („Diversion") 168
3. Vernehmung der Beschuldigten 169
4. Inhalt der Anklageschrift 169
II. Das Hauptverfahren 170
1. Eröffnung 170
2. Einstellung des Verfahrens 170
3. Strafbefehl und beschleunigtes Verfahren 170
4. Das vereinfachte Jugendverfahren 171
a) Voraussetzungen 171
b) Rechtsfolgen 171
5. Privat- und Nebenklage 172
6. Hauptverhandlung 172
a) Ausschluss der Öffentlichkeit 172
b) Anwesenheit der Angeklagten 173
c) Vereidigung von Zeugen 173
7. Jugendgerichtshilfe 174
a) Aufgaben 174
b) Zuständigkeit 175
c) Durchführung 175
d) Verfahrensrechtliche Stellung 176
E. Rechtsmittelmöglichkeiten 177
I. Anfechtungsberechtigte 177
II. Beschränkte Rechtsmittelmöglichkeiten 178
1. Vorbemerkungen 178
2. Nur eine Rechtsmittelmöglichkeit 179
3. Keine Rechtsmittelmöglichkeit 180
III. Verschlechterungsverbot 180
IV. Vorläufige Teilvollstreckung vor Rechtskraft 181
F. Die Kosten des Jugendstrafverfahrens 181

Teil 2. Familienrecht

Kapitel 5. Eherecht 183
A. Eheschließung 183
I. Voraussetzungen 183
1. Ehemündigkeit 183
2. Verschiedengeschlechtliche Personen 185

3. Nichtvorliegen von Ehehindernissen . . . 185
4. Standesamtliche Trauung . . . 186
II. Ehefähigkeitszeugnis für Ausländer . . . 186
B. Rechtswirkungen der Ehe . . . 187
I. Staatsangehörigkeit . . . 187
II. Lebenszeitprinzip . . . 188
III. Verpflichtung zur ehelichen Lebensgemeinschaft . . . 188
IV. Namensführung . . . 188
V. Haushaltsführung und Erwerbstätigkeit . . . 190
VI. Gegenseitige Handlungsvollmacht . . . 190
VII. Unterhaltspflicht . . . 191
VIII. Güterstände . . . 193
IX. Mithaftung von Ehegatten . . . 194
C. Aufhebung der Ehe . . . 196
I. Aufhebungsgründe . . . 196
II. Ausschlussgründe . . . 196
III. Antragsberechtigte . . . 196
IV. Rechtsfolgen einer Eheaufhebung . . . 197

Kapitel 6. Ehescheidung . . . 198
A. Vorbemerkungen . . . 198
B. Das Scheidungsverfahren . . . 198
C. Scheidungsvoraussetzungen . . . 202
I. Das Scheitern der Ehe . . . 202
II. Das Getrenntleben . . . 204
1. Kriterien . . . 204
2. Gerichtliche Durchsetzung des Getrenntlebens . . . 205
3. Versöhnungsversuche . . . 206
4. Rechtsfolgen des Getrenntlebens . . . 207
III. Das Mindest-Trennungsjahr . . . 208
IV. Die Härteklauseln des § 1568 . . . 209
1. Die Kinderschutzklausel . . . 209
2. Die Ehegattenschutzklausel . . . 210
D. Scheidungsfolgen . . . 212
I. Ehe- und Familienname . . . 212
II. Elterliche Sorge . . . 212
1. Grundsätzlich gemeinsame Ausübung der elterlichen Sorge . . . 212
2. Alleinzuständigkeit im Rahmen der Alltagssorge und in Eilfällen . . . 213
3. Aufhebung gemeinsamer Sorge grundsätzlich nur auf elterlichen Antrag . . . 215
4. Entscheidungsmöglichkeiten des Familiengerichts . . . 216
5. Problematik der Neuregelung . . . 217
III. Versorgungsausgleich . . . 220
IV. Unterhaltsansprüche geschiedener Ehegatten . . . 221
1. Grundsatz der Bedürftigkeit . . . 222
2. Gesetzlich anerkannte Unterhaltsberechtigungsgründe . . . 223
a) Unterhalt wegen Kinderbetreuung . . . 224
b) Unterhalt wegen Ausbildung, Fortbildung, Umschulung . . . 226
aa) Ausbildungsunterhalt . . . 226
bb) Fortbildungsunterhalt . . . 228
cc) Umschulungsunterhalt . . . 228
dd) Unterhalt nach Beendigung von Ausbildung, Fortbildung, Umschulung . . . 229
c) Unterhalt wegen Krankheit oder Gebrechen . . . 229
d) Unterhalt aus Altersgründen . . . 230
e) Überbrückungs- und Aufstockungs-Unterhalt . . . 231
aa) Überbrückungs-Unterhalt . . . 231
bb) Aufstockungs-Unterhalt . . . 232
f) Unterhalt aus Billigkeitsgründen . . . 235

3. Beschränkung oder Ausschluss der Unterhaltspflicht („negative“ Härteklauseln) 237
4. Umfang und Höhe des Unterhalts 241
5. Berücksichtigung der Leistungsfähigkeit 243
6. Rangfolgen 244
7. Art der Unterhaltsgewährung 245
8. Unterhaltsvereinbarungen 246
9. Ende der Unterhaltspflicht 248

Kapitel 7. Verwandtenunterhalt 248
A. Unterhaltspflichtige Verwandte 248
B. Bedürftigkeit 249
C. Leistungsfähigkeit 249
D. Aufteilung der elterlichen Unterhaltspflicht 250
E. Umfang des Unterhalts 251
F. Art und Weise der Unterhaltsgewährung 252
G. Höhe des Unterhalts 253
H. Unterhaltsvereinbarungen 254
I. Ausfall von Unterhaltszahlungen 254
J. Anspruch auf Auskunft 256
K. Beschränkung oder Versagung von Unterhalt 256
L. Ende der Unterhaltspflicht 257

Kapitel 8. Elterliche Sorge 258
A. Wesen und Bedeutung 258
B. Inhalt und Umfang 260
C. Die einzelnen Bereiche der elterlichen Sorge 261
I. Tatsächliches Sorgerecht 261
II. Gesetzliche Vertretung des Kindes 262
III. Die Personensorge 263
1. Die Erziehung des Kindes 264
a) Begriff und Ziele der Erziehung 264
b) Grenzen der elterlichen Erziehung 265
c) Staatliche Unterstützung bei der Erziehung 265
d) Das Recht des Kindes auf Erziehung 266
2. Berücksichtigung der wachsenden Selbstständigkeit des Kindes 268
3. Gesetzliches Verbot von Gewaltanwendung bei der Erziehung 270
4. Ärztliche Behandlungen 273
5. Ausbildungs- und Berufswahl 274
6. Regelung des Umganges der Minderjährigen 276
7. Beaufsichtigung 277
8. Aufenthaltsbestimmung 277
a) Allgemeines 277
b) Unterbringungen mit Freiheitsentzug 278
9. Herausgabeanspruch gegenüber Dritten 280
IV. Die Vermögenssorge 283
D. Ausübung der elterlichen Sorge 283
I. Eigenverantwortlichkeit der Eltern 283
II. Gemeinsame Ausübung 284
III. Uneinigkeit der Eltern 286
IV. Beistandschaften 287
1. Eintritt der Beistandschaft 288
2. Merkmale der Beistandschaft 289
3. Aufgaben des Beistands 290
4. Ende der Beistandschaft 291
E. Elterliche Sorge für nichteheliche Kinder 292
I. Alleinige elterliche Sorge der Mutter als Normalfall 293
II. Gemeinsame elterliche Sorge durch „Sorgeerklärung“ der Eltern 293

1. Anforderungen an die Sorgeerklärung . . . 293
2. Aufklärungspflicht der beurkundenden Stelle . . . 294
3. Nachweismöglichkeiten . . . 294
4. Stärkere Rechtsposition der Mutter . . . 295
5. Aufhebung gemeinsamer elterlicher Sorge nur durch FamG . . . 296
III. Gemeinsame elterliche Sorge durch Heirat der Eltern . . . 296
F. Gesetzliche Beschränkungen der elterlichen Sorge . . . 297
I. Das Ruhen der elterlichen Sorge . . . 297
1. Begriff . . . 297
2. Rechtliche Verhinderungen . . . 298
a) Geschäftsunfähige Elternteile . . . 298
b) Beschränkt geschäftsfähige Elternteile . . . 299
c) Problematik der gesetzlichen Regelung . . . 300
3. Tatsächliche Verhinderungen . . . 301
4. Geistig behinderte, psychisch kranke, drogenabhängige Eltern . . . 303
II. Beschränkungen der gesetzlichen Vertretung . . . 304
1. Genehmigungsbedürftige Rechtshandlungen . . . 304
2. Ausschluss von der gesetzlichen Vertretung . . . 305
3. „Höchstpersönliche" Rechtshandlungen des Kindes . . . 306
III. Heirat Minderjähriger . . . 307
G. Gerichtliche Beschränkungen der elterlichen Sorge . . . 309
I. Gefährdung des Kindeswohls . . . 309
1. Kinderschutz und Elternrecht . . . 309
2. Voraussetzungen für ein Eingreifen des FamG . . . 311
3. Kinderschutz-rechtliche Maßnahmen des FamG . . . 313
II. Elterliche Sorge nach Scheidung der Eltern . . . 320
H. Umgangs- und Auskunftsrecht . . . 320
I. Begriff und Inhalt . . . 320
II. Kontakte zwischen Eltern und Kindern . . . 321
1. Umgangsvereinbarungen . . . 322
2. Kontroverse Fälle . . . 322
3. Beratung und Unterstützung durch die Jugendhilfe . . . 323
4. Gerichtliche Regelungen . . . 324
5. Begleitete (beschützte) Besuche . . . 326
III. Kontakte des Kindes mit Verwandten und engen Bezugspersonen . . . 327
IV. Sorgerechtsbefugnisse während des Besuchs des Kindes . . . 328
V. Auskunftsrecht . . . 328
I. Ende der elterlichen Sorge . . . 329

Kapitel 9. Adoptionsrecht . . . 329

A. Vorbemerkungen . . . 329
B. Adoption Minderjähriger . . . 330
I. Rechtliche Voraussetzungen . . . 330
1. Das Adoptivkind . . . 330
a) Das Kindeswohl . . . 330
b) Einwilligung des Kindes . . . 331
2. Die Adoptiveltern . . . 331
a) Ehepaare . . . 331
b) Andere Lebensgemeinschaften . . . 332
c) Allein-Adoption eines Ehegatten . . . 332
d) Einzelpersonen . . . 332
e) Stiefkind-Adoptionen . . . 333
f) Verwandten-Adoptionen . . . 333
3. Die leiblichen Eltern . . . 334
a) Einwilligung der Eltern . . . 334
b) Ersetzung der elterlichen Einwilligung . . . 335
c) Sonderheiten bei „nichtehelichen" Vätern . . . 337
d) Rechtsfolgen der elterlichen Einwilligung . . . 338

II. Das Adoptionsverfahren . . . 340
1. Die Adoptionsvermittlung . . . 340
a) Grundsätze . . . 340
b) Die Adoptionsvermittlungsstellen . . . 341
c) Die zentralen Adoptionsstellen . . . 342
2. Das gerichtliche Verfahren . . . 343
a) Das Dekret-System . . . 343
b) Zuständigkeit des Richters . . . 343
c) Örtliche Zuständigkeit . . . 343
d) Das Adoptionsgutachten . . . 344
3. Die Adoptionspflege . . . 345
4. Der Adoptionsbeschluss . . . 346
III. Rechtswirkungen der Adoption . . . 347
1. Die Volladoption . . . 347
a) Grundsatz . . . 347
b) Ausnahmen . . . 347
c) Die Rechtswirkungen im Einzelnen . . . 348
aa) Familienname . . . 348
bb) Vorname . . . 349
cc) Staatsangehörigkeit . . . 349
dd) Elterliche Sorge . . . 349
ee) Unterhalt . . . 349
ff) Erbenstellung . . . 350
2. Sonderheiten . . . 350
a) Verwandten-Adoptionen . . . 350
b) Stiefkind-Adoptionen . . . 351
3. Wahrung des Adoptionsgeheimnisses . . . 351
IV. Aufhebung der Adoption . . . 353
1. Voraussetzungen . . . 353
2. Rechtswirkungen . . . 355
a) Grundsatz . . . 355
b) Elterliche Sorge . . . 356
c) Namensführung . . . 356
C. Adoption Volljähriger . . . 356

Kapitel 10. Vormundschaft – Pflegschaft – Rechtliche Betreuung . . . 357

A. Vorbemerkungen . . . 357
B. Vormundschaft . . . 358
I. Gegenstand und Grundsätze . . . 358
II. In Betracht kommende Fälle . . . 359
III. Auswahl des Vormundes . . . 359
1. Einzelvormundschaft . . . 359
2. Vereins- und Amtsvormundschaft . . . 361
IV. Wirkungskreis des Vormundes . . . 362
V. Beratung und Überwachung des Vormundes . . . 363
1. Beratung und Unterstützung des Vormundes durch das Jugendamt . . . 363
2. Einflussnahmemöglichkeiten des Jugendamtes . . . 364
3. Berichtspflicht des Jugendamtes . . . 364
4. Mitteilungen des Jugendamtes an das Familiengericht . . . 364
5. Fürsorge und Aufsicht des Familiengerichts . . . 365
VI. Befreite Vormundschaft . . . 366
VII. Ende der Vormundschaft . . . 366
C. Pflegschaft . . . 367
I. Gegenstand und Zielsetzung . . . 367
II. Praxisrelevante Pflegschaftsarten . . . 368
III. Pflegschaft für Minderjährige . . . 368
D. Rechtliche Betreuung . . . 369

Stichwortverzeichnis . . . 373

Verzeichnis der Übersichten und Prüfschemata

Haftung bei Aufsichtspflichtsverletzungen 30
Konsequenzen von Aufsichtspflichtverletzungen 34
Aufgaben der Jugendhilfe 36
Weitere Aufgaben der Träger der öffentlichen Jugendhilfe 37
Gesetzlicher Katalog der Hilfe zur Erziehung 80
Entwicklung der Entscheidung zur Gewährung von Hilfe zur Erziehung 98
Inobhutnahme 111
Strafrechtliche Verantwortlichkeit 135
„Weichenstellungen" im Jugendstrafrecht 153
Übersicht über die jugendgerichtlichen Maßnahmen 160
Eheschließung 187
Überblick Scheidungsvoraussetzungen und Scheidungshindernisse 211
Gesetzlich abschließend geregelte Unterhaltsberechtigungsgründe 224
Zeitliche Begrenzung von Überbrückungs- und Aufstockungs-Unterhalt 234
Rangfolgen Unterhaltsberechtigter 244
Rangfolgen Unterhaltsverpflichteter 245
Prüfschema Unterhaltsrecht 258
Elterliche Sorge aus verfassungsrechtlicher Sicht 260
Die einzelnen Bereiche der elterlichen Sorge 261
Beistandschaft 291
Wichtige gesetzliche Beschränkungen der elterlichen Sorge 308
Rechtsfolgen der Adoption für das Adoptivkind 353

Abkürzungsverzeichnis

aA	anderer Ansicht
aaO	am angegebenen Ort
AdoptG	Adoptionsgesetz
AdVermiG	Adoptionsvermittlungsgesetz
AdWirkG	Adoptionswirkungsgesetz
ÄndG	Änderungsgesetz
aF	alte Fassung
AG	Amtsgericht
AGJ	Arbeitsgemeinschaft für Jugendhilfe
Akt. Lfg.	Aktualisierungslieferung
Alt.	Alternative
Anm	Anmerkung
AnO	Anordnung
Anspr.	Anspruch
ArbGG	Arbeitsgerichtsgesetz
arg.	Argument
Art.	Artikel
ASD	Allgemeiner Sozialdienst
AsylVerfG	Asylverfahrensgesetz
AufenthG	Aufenthaltsgesetz
Aufl.	Auflage
AWO	Arbeiterwohlfahrt
Az.	Aktenzeichen
BAföG	Bundesausbildungsförderungsgesetz
BAG	Bundesarbeitsgericht (Band, Seite)
BayObLG	Bayerisches Oberstes Landesgericht
BBiG	Berufsbildungsgesetz
BDSG	Bundesdatenschutzgesetz
BeckOK	Beck'scher Online-Kommentar
BetrVerfG	Betriebsverfassungsgesetz
BeurkG	Beurkundungsgesetz
BGB	Bürgerliches Gesetzbuch
BGBl.	Bundesgesetzblatt
BGHSt	Bundesgerichtshof, E in Strafsachen (Band, Seite)
BGHZ	Bundesgerichtshof, E in Zivilsachen (Band, Seite)
BJagdG	Bundesjagdgesetz
BMFSFJ	Bundesministerium für Familie, Senioren, Frauen und Jugend
BNotO	Bundesnotarordnung
BR-Drs/BR-Drucks	Bundesratsdrucksache
BRD	Bundesrepublik Deutschland
BT-Drs/BT-Drucks.	Bundestagsdrucksache
BtG	Betreuungsgesetz
BVerfG	Bundesverfassungsgericht
BVerfGE	Bundesverfassungsgericht (Band, Seite)
BVG	Bundesversorgungsgesetz
BW/BaWü	Baden-Württemberg
BWH	Bewährungshilfe/Helfer
bzgl.	bezüglich
BZRG	Gesetz über das Zentralregister und das Erziehungsregister

Abkürzungsverzeichnis

DAVorm	Der Amtsvormund (Jahr, Seite)
DNotZ	Deutsche Notarzeitschrift
E	Entscheidung
EB	Erziehungsbeistand (-schaft)
EG	Einführungsgesetz (z.B.: zum BGB)
EheG	Ehegesetz
1. EheRG	Erstes Gesetz zur Reform des Ehe- und Familienrechts
einstw AnO	Einstweilige Anordnung
EJ	Zeitschrift Evangelische Jugendhilfe
EMRK	Europäische Menschenrechtskonvention
Erz.Ber.	Erziehungsberechtigte
eS	elterliche Sorge
EuGH	Gerichtshof der Europäischen Union
EuGHMR	Europäischer Gerichtshof für Menschenrechte
e.V.	eingetragener Verein
FA	Führungsaufsicht
FamFG	Gesetz über das Verfahren in Familiensachen und in den Angelegenheiten der freiwilligen Gerichtsbarkeit
FamG	Familiengericht
FamGKG	Gesetz über die Kosten in Familiensachen
FamRMaßnErlG	Gesetz zur Erleichterung familiengerichtlicher Maßnahmen bei Gefährdung des Kindeswohls
FamRZ	Zeitschrift für das gesamte Familienrecht (Jahr, Seite)
f.	folgend
ff.	folgende
FGG-Reformgesetz	Gesetz zur Reform des Verfahrens in Familiensachen und in den Angelegenheiten der freiwilligen Gerichtsbarkeit
FK-SGB VIII	Frankfurter Kommentar SGB VIII
Fn.	Fußnote
FuR	Zeitschrift Familie und Recht
G	Gesetz
gA	gewöhnlicher Aufenthalt
gem.	gemäß
Ges.V.	gesetzliche Vertretung
GewSchG	Gewaltschutzgesetz
GG	Grundgesetz
ggflls./ggfs	gegebenenfalls
GK-SGB VIII	Gemeinschaftskommentar zum SGB VIII Fieseler/Schleicher/Busch/Wabnitz
g.V.	gesetzliche (r) Vertreter
GVG	Gerichtsverfassungsgesetz
HKÜ	Haager Kindesentführungsübereinkommen
hM	herrschende Meinung
HS	Halbsatz
HW	Heranwachsende(r)
HzE	Hilfe zur Erziehung
ICD-10	International Classification of Diseases, 10. Revision v. 1.1.2010 (Internationale statistische Klassifikation der Krankheiten und verwandter Gesundheitsprobleme der Weltgesundheitsorganisation [WHO])
idF	in der Fassung
idR	in der Regel
idS	in diesem Sinn
iSd	im Sinne der/des

iVbm/i.V.m. . . . . . . in Verbindung mit
iwS . . . . im weiteren Sinne

JA . . . . Jugendamt
JAmt . . . . Zeitschrift Jugendamt (Jahr, Seite)
JArbSchG . . . . Gesetz zum Schutz der arbeitenden Jugend
JAVollzO . . . . Jugendarrestvollzugsordnung
JGH . . . . Jugendgerichtshilfe
JGG . . . . Jugendgerichtsgesetz
1. JGGÄndG . . . . . . Änderungsgesetz 1990
JMStV . . . . Jugendmedienschutz-Staatsvertrag
JStVollzG Bln . . . . . Jugendstrafvollzugsgesetz Berlin
JuSchG . . . . Jugendschutzgesetz
Jugdl . . . . Jugendliche(r)
JugSchöffGer . . . . . . Jugendschöffengericht
JuHi . . . . Jugendhilfe
Jura . . . . Zeitschrift Juristische Ausbildung (Jahr, Seite)
JuRi . . . . Jugendrichter
JuSchG . . . . Jugendschutzgesetz
JuStr . . . . Jugendstrafe
JVA . . . . Jugendstrafvollzugsanstalt
JVEG . . . . Justizvergütungs- und -entschädigungsgesetz
JWG . . . . Jugendwohlfahrtsgesetz

KG . . . . Kammergericht (= OLG Berlin)
KICK . . . . Kinder- und Jugendhilfeweiterentwicklungsgesetz
KiföG . . . . Kinderförderungsgesetz
Kind-Prax . . . . Kindschaftsrechtliche Praxis (Jahr, Seite)
KindRG. . . . . Kindschaftsrechtsreformgesetz
KJHG . . . . Kinder- und Jugendhilfegesetz
KostO . . . . Kostenordnung
Kripo . . . . Kriminalpolizei
KSÜ . . . . Haager Kinderschutzübereinkommen

Lbj. . . . . Lebensjahr
LG . . . . Landgericht
Lit . . . . Literatur
LJA . . . . Landesjugendamt

Mdj. . . . . Minderjährige(r), minderjährig
MDR . . . . Monatsschrift für Deutsches Recht (Jahr, Seite)
MHbeG . . . . Minderjährigenhaftungsbeschränkungsgesetz
MRK . . . . Menschenrechtskonvention
MSA . . . . Haager Minderjährigenschutzabkommen
mtl. . . . . monatlich
mwN . . . . mit weiteren Nachweisen
Mü-Ko . . . . Münchener Kommentar zum BGB

NDV . . . . Nachrichtendienst des Deutschen Vereins für öffentliche und private Fürsorge (Jahr, Seite)
ne Ki . . . . nichteheliches Kind
nF . . . . neue Fassung
NJW . . . . Neue Juristische Wochenschrift (Jahr, Seite)
NStZ . . . . Neue Zeitschrift für Strafrecht (Jahr, Seite)

o.a. . . . . oben angegeben
o.ä./o.Ä. . . . . oder ähnliche/oder Ähnliche (s)
o.g. . . . . oben genannt

Abkürzungsverzeichnis

OLG	Oberlandesgericht
PS	Personensorge
PStG	Personenstandsgesetz
PWV	Paritätischer Wohlfahrtsverband (Der Paritätische)
RDG	Rechtsdienstleistungsgesetz
RdJB	Zeitschrift Recht der Jugend und des Bildungswesens (Jahr, Seite)
RdNr	Randnummer
RegE	Regierungsentwurf
RelKErzG	Gesetz über die religiöse Kindererziehung
RLJGG	Richtlinien zum JGG
Rn.	Randnummer
Rspr.	Rechtsprechung
RVG	Rechtsanwaltsvergütungsgesetz
RWP	Rechts- und Wirtschafts-Praxis
Rz.	Randziffer
s.	siehe
S.	Satz; Seite
SA/SP	Sozialarbeiter(in)/Sozialpädagoge(in) / Sozialarbeit/Sozialpädagogik
SjE	Sammlung jugendrechtlicher Entscheidungen
SGB I	Sozialgesetzbuch, 1. Buch (Allgemeiner Teil)
SGB VII	Sozialgesetzbuch, 7. Buch (Gesetzliche Unfallversicherung)
SGB VIII	Sozialgesetzbuch, 8. Buch (Kinder- und Jugendhilfe)
SGB X	Sozialgesetzbuch, 10. Buch (Sozialverwaltung u. Datenschutz)
SGB XII	Sozialgesetzbuch, 12. Buch (Sozialhilfe)
SGG	Sozialgerichtsgesetz
SorgeRG	Gesetz zur Neuregelung des Rechts der elterlichen Sorge
soz.-päd.	sozialpädagogisch
SPFH	Sozialpädagogische Familienhilfe
StAG	Staatsangehörigkeitsgesetz
StA	Staatsanwalt(schaft)
StGB	Strafgesetzbuch
StPO	Strafprozessordnung
st. Rspr.	ständige Rechtsprechung
StVZO	Straßenverkehrszulassungsordnung
TAG	Tagesbetreuungsausbaugesetz
TB, TB-e	Tatbestand, Tatbestände
TuP	Theorie und Praxis der sozialen Arbeit (Jahr, Seite)
u.a.	unter anderem
U-Haft	Untersuchungshaft
umstr.	umstritten
Un-KindK	UN-Konvention über die Rechte des Kindes
u.U.	unter Umständen
UVG/UhVG	Unterhaltsvorschussgesetz
UVollzO	Untersuchungshaftsvollzugsordnung
VA	Verwaltungsakt
vAwg	von Amts wegen
VBVG	Vormünder- und Betreuervergütungsgesetz
VersAusglG	Versorgungsausgleichsgesetz
VersR	Versicherungsrecht, Zeitschrift (Jahr, Seite)
VG	Vormundschaftsgericht
VGH	Verwaltungsgerichtshof

VO	Verordnung
Vollj	Volljährige(r)
Vorbem.	Vorbemerkung
VS	Vermögenssorge
VwGO	Verwaltungsgerichtsordnung
WehrpflG	Wehrpflichtgesetz
ZblJugR	Zentralblatt für Jugendrecht und Jugendwohlfahrt (Jahr, Seite)
ZfJ	Zentralblatt für Jugendrecht (Jahr, Seite)
ZfSH	Zeitschrift für Sozialhilfe (Jahr, Seite)
ZKJ	Zeitschrift für Kindschaftsrecht und Jugendhilfe (Jahr/Seite)
ZPO	Zivilprozessordnung
ZRP	Zeitschrift für Rechtspolitik (Jahr, Seite)
z. T.	zum Teil
zzt.	zurzeit

Literaturhinweise

Nachfolgend wird vor allem auf weiterführende Literatur hingewiesen, die sozialwissenschaftlich orientiert ist und als ergänzende oder vertiefende Literatur in Betracht kommt.

I. Lehrbücher/Kommentare

Brühl/Deichsel/Nothacker, Strafrecht für die Soziale Praxis, Stuttgart 2005

Eisenberg, Jugendgerichtsgesetz, 14. Aufl., München 2010

Fieseler/Herborth, Recht der Familie und Jugendhilfe, 7. Aufl., München 2010

Fieseler/Schleicher/Busch/Wabnitz, Kinder- und Jugendhilferecht, Gemeinschaftskommentar zum SGB VIII, Neuwied 1998, 39. Akt. Lfg. Juli 2010

Fricke/Söchtig/Kunkel, Kinder- und Jugendhilferecht – Fälle und Lösungen, 3. Aufl., Baden-Baden 2008

Kievel/Knösel/Marx, Recht für soziale Berufe, 6. Aufl., München 2010

Kunkel, Lehr- und Praxiskommentar zum SGB VIII (LPK-SGB VIII), 3. Aufl., Baden-Baden 2006

Kunkel, Jugendhilferecht, 6. Aufl., Baden-Baden 2010

Dethloff, Familienrecht, 29. Aufl., München 2009

Möller/Nix, Kurzkommentar zum SGB VIII – Kinder- und Jugendhilfe, München 2006

Mrozynski, SGB VIII, Kinder- und Jugendhilfe, 5. Aufl., München 2009

Münchener Kommentar zum BGB, Band 7 Familienrecht I (1. und 2. Halbband) (2010); Band 8 Familienrecht II (2008) mit Nachtrag (2010)

Münder/Trenczek/Meysen, Frankfurter Kommentar zum SGB VIII, 6. Aufl., Weinheim 2009

Münder/Ernst, Familienrecht, 6. Aufl., München 2007

Münder, Kinder und Jugendhilferecht, 6. Aufl., München 2007

Nothacker, Jugendstrafrecht, 3. Aufl., Baden-Baden 2001

Oberloskamp/Marx, Kindschaftsrechtliche Fälle für Studium und Praxis, 6. Aufl. Heidelberg 2006

Oberloskamp/Brosch, Jugendhilferechtliche Fälle für Studium und Praxis, 11. Aufl., Heidelberg 2007

Palandt/Bearbeiter, Bürgerliches Gesetzbuch, 69. Aufl. 2010

Schwab, Familienrecht, 17. Aufl., München 2009

Wabnitz, Grundkurs Familienrecht für die Soziale Arbeit, 2. Aufl., München 2009

Wabnitz, Grundkurs Kinder- und Jugendhilferecht für die Soziale Arbeit, 2. Aufl., München 2009

Wiesner, SGB VIII – Kinder- und Jugendhilfe, 3. Aufl., München 2006

II. Sonstige Veröffentlichungen

Balloff, Familiengerichtshilfe als Aufgabe der Jugendämter, ZfJ 1991, S. 379 ff.

Balloff, Kindeswille, Grundbedürfnisse des Kindes und Kindeswohl in Umgangsrechtsfragen, FPR 2002, S. 240 ff.

Brettel, Gesetzeslücken bei Sicherungsverwahrung nach Verurteilung zu Jugendstrafe, ZRP 2010, S. 121 ff.

Bundesarbeitsgemeinschaft der Landesjugendämter, Empfehlungen zur Adotionsvermittlung, 6. Aufl., München 2009

Eisenberg/Singelnstein, Zum Referentenentwurf eines Jugendstrafvollzugsgesetzes vom 19.1.2007, ZKJ 2007, S. 184 ff.

Fricke, Anhörungen von Kindern im Familiengericht, Kind-Prax 1999, S. 191 ff.

Gerth, Scheidungsberatung: Kinder als Subjekte, Herausforderung für die Trennungs- und Scheidungsberatung, Kind-Prax 2003, S. 75 ff.

Goldstein/Freud/Solnit, Jenseits des Kindeswohls, Frankfurt 1974

Hanft, Ausbildungsrelevante Besonderheiten in Strafverfahren gegen Jugendliche und Heranwachsende, Jura 2008, S. 368 ff.

Knödler, „Das hat noch keinem geschadet" – Vom Mythos der zulässigen elterlichen Gewalt gegenüber Kindern, ZKJ 2007, S. 58 ff.

Menne, Die Verwirkung von Unterhaltsansprüchen, Kind-Prax 2004, S. 136 ff.

Literaturhinweise

Rolfs/Giesen/Kreikebohm/Udsching (Hrsg.), Beck'scher Online-Kommentar Sozialrecht, Edition 18. Stand: 1.6.2010

Schleicher, Gemeinsame Sorgerechtsausübung durch geschiedene Eltern zum Kindeswohl? ZfSH 1983, S. 296 ff.

Schleicher, Stolperstein Familiengerichtshilfe – Aufgaben und Selbstverständnis der Jugendhilfe bei der Mitwirkung in familiengerichtlichen Verfahren, Jugendhilfe 1999, S. 323 ff.

Schleicher, Recht auf gewaltfreie Erziehung – Zur Bedeutung des gesetzlichen Gewaltverbots, Jugendhilfe 2001, S. 181 ff.

Spindler, Zur Kooperation von Beratungsstelle und Familiengericht bei hochkonflikthafter Trennung und Scheidung, Kind-Prax 2003, S. 202 ff.

Ullenbruck, Das „Gesetz zur Einführung der nachträglichen Sicherungsverwahrung bei Verurteilungen nach Jugendstrafrecht" – ein Unding? NJW 2008, S. 2609 ff.

Wabnitz, Mitwirkung in familiengerichtlichen Verfahren. Rechtsgrundlagen, Aufgaben, Selbstverständnis, ZfJ 2000, S. 336 ff.

Willutzki, Familiengericht und Jugendamt – neue Formen der Zusammenarbeit, ZfJ 1994, S. 202 ff.

Willutzki, Betreuter Umgang als Hilfestellung für ein faires Miteinander, Kind-Prax 2003, S. 49

Teil 1. Jugendrecht

Kapitel 1. Rechtliche Bedeutung der einzelnen Altersstufen

Rechtliche Bedeutung der einzelnen Altersstufen	
Vollendung der Geburt	– Beginn der Rechtsfähigkeit (§ 1 BGB), – Beginn der Parteifähigkeit (§ 50 Abs. 1 ZPO), – Beginn der Staatsangehörigkeit (s. dazu §§ 3, 4 StAG)
Vollendetes Lebensjahr	
3	– Anspruch auf Förderung in Tageseinrichtungen/Kindertagespflege (§ 24 Abs. 1 SGB VIII) – Mitwirkung bei Musik- und anderen Aufführungen, Werbeveranstaltungen, Rundfunk-, Fernseh-, Film-, Foto-, Tonbandaufnahmen bis zu zwei Stunden täglich zwischen 8 und 17 Uhr (sowie an den erforderlichen Proben) ist mit Genehmigung der zuständigen Aufsichtsbehörde möglich (§ 6 Abs. 1 Nr. 2a JArbSchG)
5	Änderung des Familiennamens des Namensgebers des Kindes erstreckt sich auf dieses nur dann, wenn es sich der Namensänderung „anschließt" (vgl. §§ 1617c Abs. 1 u. 2; 1618 S. 3; 1757 Abs. 2 S. 2).
6	– Beginn der Schulpflicht (Schulgesetze der Länder). – Mitwirkung bei Musik- und anderen Aufführungen, Werbeveranstaltungen, Rundfunk-, Fernseh-, Film-, Foto-, Tonbandaufnahmen bis zu drei Stunden täglich zwischen 8 und 22 Uhr (sowie an den erforderlichen Proben) ist mit Genehmigung der Aufsichtsbehörde möglich (§ 6 Abs. 1 Nr. 2b JArbSchG) – Besuch von für dieses Alter behördlich freigegebenen Filmen bis 20 Uhr; danach ist das nur in Begleitung personensorgeberechtigter oder erziehungsbeauftragter Personen erlaubt (vgl. § 11 Abs. 2 u. 3 JuSchG)
7	– bedingt deliktsfähig – bei fahrlässig verursachten Unfällen mit Kfz., Schienen-/Schwebebahnen aber erst ab 10 Jahren – (§ 828 Abs. 1, 2 BGB) – beschränkt geschäftsfähig (§ 106 BGB) – partielle Prozessfähigkeit (§§ 51, 52 ZPO, § 62 Abs. 1VwGO)
10	Recht auf Anhörung vor Religionswechsel (§§ 2 Abs. 3 S. 5, 3 Abs. 2 S. 5 RelKErzG)
12	– Besuch von für dieses Alter behördlich freigegebenen Filmen bis 22 Uhr; danach ist das nur in Begleitung personensorgeberechtigter oder erziehungsbeauftragter Personen erlaubt (§ 11 Abs. 2 u. 3 JuSchG) – Kind kann nicht gegen seinen Willen in anderem Bekenntnis erzogen werden (§ 5 S. 2 RelKErzG).

14	– Besuch von für dieses Alter behördlich freigegebenen Filmen bis 22 Uhr; danach ist das nur in Begleitung PS-Berechtigter od. Erz.-Beauftragter erlaubt (§ 11 Abs. 2 u. 3 JuSchG) – Gaststätten-Aufenthalte von 5–23 Uhr gestattet zur Einnahme eines Getränks oder einer Mahlzeit *oder* wenn sie sich „auf Reisen" befinden *oder* in Begleitung PS-Berechtigter oder Erz.-Beauftragter *oder* bei Veranstaltungen anerkannter Jugendhilfeträger *oder* bei behördlicher Ausnahmegenehmigung (vgl. § 4 JuSchG) – Beschäftigungen bis 2 Std. tägl. von 8-18 Uhr (aber nicht vor od. während des Schulunterrichts), soweit sie leicht und für Kinder geeignet sind u. PS-Berechtigte einwilligen (vgl. § 5 Abs. 3 JArbSchG sowie die Kinderarbeits-Schutz-VO) – Beschäftigung in der Landwirtschaft unter den vorgenannten Bedingungen bis 3 Std. tägl. (vgl.§ 5 Abs. 3 JArbSchG) – Recht auf *persönliche* Anhörung der Mdj. in allen ihre Personen- und Vermögenssorge betr. Verfahren vor den FamG (§ 159 FamFG) – freie Religionswahl (§ 5 RelKErzG) – Beginn der strafrechtlichen Verantwortlichkeit [bedingte Strafmündigkeit] (§§ 1 Abs. 2, 3 JGG) – eigenes Rechtsmittelrecht im Jugendstrafverfahren ohne Mitwirkung ihrer g.V. (§ 55 Abs. 2 S. 2 JGG) – selbstständiges Rechtsmittelrecht beim FamG in allen ihre Person betreffenden Angelegenheiten ohne Mitwirkung ihrer g.V. (§ 60 FamFG) – Einwilligung zur Adoption können Minderjährige nur selbst erteilen (§ 1746 Abs. 1 S. 3 BGB) – Änderungen des Vornamens und des Familiennamens von adoptierten Kindern sowie des Familiennamens anderer Kinder sind nur mit deren Einwilligung möglich (§ 1757 Abs. 2 S. 2 bzw. §§ 1617c Abs. 1 S. 2, 1618 Abs. 6 BGB) – Antrag auf Aufhebung der Adoption wegen fehlender Einwilligung des Kindes kann nur vom Kind selbst gestellt werden (§ 1762 Abs. 1 BGB) – Möglichkeit, die Ablösung eines Amts- oder Vereinsvormundes (oder: -pflegers) durch eine geeignete Einzelperson sowie: die Bestellung eines anderen Vormundes oder Pflegers zu beantragen (§§ 1887 Abs. 2 S. 2, 1915 BGB) – gemeinsamem Vorschlag der Eltern über Sorgerechts-Ausübung bei Getrenntleben oder Scheidung wird bei Widerspruch des Kindes die Verbindlichkeit genommen (§ 1671 Abs. 2 Nr. 1 BGB) u. damit ist dann allein das Kindeswohl maßgebend – Ende des strafrechtlichen Jugendschutzes [sexueller Missbrauch von Kindern] (vgl. im Einzelnen §§ 176, 176a StGB) – aktives und passives Wahlrecht für die Jugendvertretung im Betriebsrat (§ 61 BetrVerfG) – volle Verfahrensfähigkeit bei Unterbringungen, die mit Freiheitsentzug verbunden sind (§ 167 Abs. 3 FamFG), d.h.: selbstständiges Antrags- und Rechtsmittelrecht, Inanspruchnahme eines Rechtsanwaltes etc. ohne Mitwirkung der g.V.

15	– Antragsrecht auf Sozialleistungen (z.B. nach BAföG, SGB XII), das die g.V aber einschränken können (§ 36 SGB I) – Ende des generellen Beschäftigungsverbots (§ 5 Abs. 1 JArbSchG) – Mindestalter für Kfz. ohne erforderl. Fahrerlaubnis (§ 10 Abs. 3 FahrerlaubnisVO)

16	– Beschäftigung in den Schulferien im Kalenderjahr für max. 4 Wochen (bis zu max. 8 Stunden täglich u. 40 Stunden wöchentl.) zulässig (§ 5 Abs. 4 JArbSchG)
	– Führerschein der Klassen A1, L, M, S, T möglich (§ 10 Abs. 1 FahrerlaubnisVO)
	– Eidesfähigkeit (§ 393 ZPO bzw. § 60 Nr. 1 StPO)
	– *Ende einiger Jugendschutzbestimmungen:*
	  – Besuch von für dieses Alter behördl. freigegebenen Filmen bis 24 Uhr; danach nur in Begleitung PS-Berechtigter oder Erz.-Beauftragter (§ 11 Abs. 2 u. 3 JuSchG)
	  – Aufenthalt in Gaststätten (aber nicht in Nacht-Bars/-Clubs o.Ä.) zwischen 5 u. 24 Uhr gestattet; außerhalb dieser Zeiten nur für Jugendl. „auf Reisen“, in Begleitung PS-Berechtigter od. Erz.-Beauftragter oder bei Veranstaltungen anerkannter JuHi-Träger oder bei behördl. Ausnahmegenehmigung (vgl. § 4 JuSchG)
	  – Abgabe u. Genuss von *alkoholischen Getränken* in Gaststätten, Verkaufsstellen oder sonst in der Öffentlichkeit nur im Beisein von PS-Berechtigten gestattet (vgl. § 9 Abs. 1 JuSchG)
	  – Anwesenheit bei öffentl*ichen Tanzveranstaltungen erlaubt, ab 24* Uhr jedoch nur in Begleitung von PS-Berechtigten od. Erz.-Beauftragten [Ausnahmen: Veranstaltungen anerkannter freier JuHi-Träger, der Brauchtumspflege oder der künstlerischen Betätigung oder bei besonderer behördl. Genehmigung] (vgl. § 5 JuSchG)
	– Eigenes Antragsrecht und Prozessfähigkeit in Sozialversicherungsangelegenheiten, z.B. bei Unfällen (§ 71 SGG)
	– Anhörungsrecht vor Änderungen ihres Familiennamens (§ 2 Abs. 2 NamensÄndG)
	– FamG kann Heirat zulassen (vgl. § 1303 Abs. 2-4 BGB)
	– *Ende folgender strafrechtlicher Jugendschutzbestimmungen:*
	  – Verletzung der Fürsorge- oder Erziehungspflicht (§ 171 StGB),
	  – sexueller Missbrauch Schutzbefohlener (§ 174 Abs. 1 Nr. 1 StGB),
	  – Förderung sexueller Handlungen (§ 180 Abs. 1 StGB),
	  – sexueller Missbrauch Minderjähriger (§ 182 StGB).
	– Erwerb des Jugendjagdscheines möglich (§ 16 BJagdG)
	– Recht auf Einsicht/Auskunft aus Personenstandsregistern u. auf Erteilung von Geburts- u. anderen Urkunden (vgl. §§ 62, 63 PStG)

17	– Fahrerlaubnis für Klassen B u. BE in Begleitung einer Person ab 30 J. mit Fahrerlaubnis seit 5 J. (vgl. § 48a FahrerlaubnisVO) – freiwillige Verpflichtung bei Bundeswehr (§ 8 SoldatenlaufbahnVO)

18	– Volljährigkeit (§ 2 BGB)
	– volle Geschäftsfähigkeit (§ 106 BGB)
	– volle Prozessfähigkeit (§ 52 Abs. 1 ZPO)
	– volle zivilrechtliche Verantwortlichkeit – Deliktsfähigkeit – (§ 828 Abs. 2 BGB)
	– volle strafrechtliche Verantwortlichkeit – Strafmündigkeit – (§§ 1, 3 JGG) mit der Möglichkeit, auf noch nicht 21 Jahre alte Täter (Zeitpunkt: Begehung der Tat) evtl. noch das Jugendstrafrecht anzuwenden (§ 105 Abs. 1 JGG)
	– Ehemündigkeit (§ 1303 Abs. 1 BGB)
	– Führerschein der Klassen A bei stufenweisem Zugang, B, BE, C, C1, CE, C1E möglich (§ 10 Abs. 1 FahrerlaubnisVO)
	– Ende der elterlichen Sorge (§ 1626 Abs. 1 BGB)
	– Ende von Pflegschaften und Vormundschaften wegen Minderjährigkeit (§§ 1882; 1909, 1915 BGB)
	– Ende sämtlicher Jugendschutzbestimmungen (einschließlich des Rauchverbots in der Öffentlichkeit nach § 10 Abs. 1 JuSchG)
	– *Ende des strafrechtlichen Jugendschutzes (d.h. Strafbarkeit endet) bei:*
	  – sexuellen Handlungen mit leiblichen oder adoptierten Kindern (§ 174 Abs. 1 Nr. 3 StGB) [aber Strafbarkeit des Beischlafs mit leiblichen Abkömmlingen bleibt bestehen gem. § 173 StGB.]
	  – sexuellen Handlungen unter Missbrauch einer Abhängigkeit (§ 174 Abs. 1 Nr. 2 StGB)
	  – Förderung, Vermittlung oder Bestimmung zur Prostitution – sog. schwere Kuppelei – (§§ 180a Abs. 2 Nr. 1, 180 Abs. 2 u. 3 StGB)
	  – jugendgefährdender Ausübung der Prostitution (§ 184b Nr. 2 StGB)
	  – Verbreitung sog. einfacher Pornografie (§ 184 Abs. 1 Nr. 1, 2, 5, 8 StGB)
	  – Misshandlung von Schutzbefohlenen – sog. Kindsmisshandlung – (§ 225 StGB)
	  – Kindesraub (§ 235 StGB)
	  – Kinderhandel (§ 236 Abs. 2 StGB)
	– aktives u. passives Wahlrecht für Betriebsrats- bzw. Personalratswahlen (§§ 7, 8 BetrVerfG bzw. §§ 13, 14 Abs. 1 PersVertrG)
	– Bestellung als Pfleger oder Vormund möglich (§§ 1781 Nr. 1, 1915 BGB)
	– Eigene Strafantragsmöglichkeit (§ 77 Abs. 3 StGB)
	– Beginn der Wehrpflicht (§ 1 Abs. 1 WehrpflG)
	– allgemeines (aktives u. passives) Wahlrecht (Art. 38 Abs. 2 GG)

21	– Grundsätzlich Wegfall der Möglichkeit, HzE zu gewähren (§ 41 Abs. 1 S. 2 SGB VIII)
	– Wegfall der Möglichkeit, Jugendstrafrecht anzuwenden (§ 1 JGG)
	– Führerschein der Klassen D, D1, DE, D1 E möglich (§ 10 Abs. 1 FahrerlaubnisVO)
	– Wegfall diverser Vergünstigungen im Unterhaltsrecht:
	  – die generell bestehende gesteigerte elterliche Unterhaltspflicht endet (vgl. § 1603 Abs. 2 BGB)
	  – Vorrang gegenüber anderen Unterhaltsberechtigten entfällt (§ 1609 Abs. 1 Nr. 1 BGB

Kapitel 2. Aufsichtspflicht im privaten und beruflichen Alltag

Übersicht

A. Vorbemerkungen 5
B. Begriff und Entstehen der Aufsichtspflicht 6
C. Inhalt und Umfang der Aufsichtspflicht 9
D. Die Rechtsfolgen bei Verletzung der Aufsichtspflicht 16

A. Vorbemerkungen

Unsicherheit in der Praxis

Im familiären Bereich sowie in der gesamten sozialpädagogischen Arbeit können bei Minderjährigen Aufsichtspflichtfragen und/oder konkrete Haftungsfälle auftreten. Nicht selten ergeben sich hierbei für die Betroffenen vielfältige Probleme. Es werden dann unterschiedliche eigene Überlegungen angestellt, (evtl. gegensätzliche) Ratschläge eingeholt, und am Ende verbleibt doch überwiegend große Unsicherheit, wie man sich als Aufsichtspflichtiger denn nun wirklich richtig verhalten soll.

Gründe

Woran liegt es, dass zuweilen sogar erfahrene Erzieher bei den dann allein oder gemeinsam angestellten Überlegungen plötzlich unsicher werden, wenn es um die eigentlich doch ganz alltägliche berufsspezifische Frage geht, wie Aufsichtspflicht richtig – d.h. auch juristisch „unangreifbar" – ausgeübt werden soll? Das hat wohl *mehrere Gründe*:

Gesetz regelt nur Rechtsfolgen

Zum einen trägt sicherlich die sparsame gesetzliche Regelung (die nur die Rechtsfolgen [Schadensersatzpflicht und Bestrafung] nennt, Inhalt und Umfang der Aufsichtspflicht aber überhaupt nicht anspricht) mit dazu bei, die Materie undurchschaubar erscheinen zu lassen, da Einzelheiten nicht im Gesetz nachgelesen werden können, sondern einzelnen Gerichtsentscheidungen entnommen werden müssen.

Verwirrende Rechtsprechung und Richtlinien

Zum anderen sind solche gerichtlichen Leitsätze (ähnlich wie evtl. vorhandene Dienstanweisungen oder Richtlinien zur Aufsichtspflicht der Träger der betreffenden sozialpädagogischen Einrichtungen) infolge ihrer Abstraktheit der Aussage sowie nicht zuletzt durch ihre juristische Diktion nicht immer dazu angetan, den konkreten Fall zu erhellen oder gar Hinweise für die eigene Aufsichtspflicht zu geben.

Verunsicherung durch Aushänge/Schilder

Vielfach anzutreffende Aushänge und Schilder mit dem (in dieser Generalität übrigens absolut *falschen*) Text: *„Eltern haften für ihre Kinder"* tragen außerdem zur Verunsicherung bei.

Vielfalt der Praxis

Der wirkliche Grund dafür, dass man Aufsichtspflichtfragen und -probleme theoretisch relativ leicht abhandeln kann, diese in der Praxis dann aber doch immer wieder problematisch werden, liegt allerdings am Ort des Geschehens – also an der Praxis selbst. Denn diese ist so verschiedenartig und befindet sich in einem permanenten Entwicklungs- und Wandlungsprozess in ihrem ständigen Bemühen, die jeweils neuesten Erkenntnisse der Erziehungswissenschaften mit einzubringen oder aber diese selbst mit voranzutreiben. So wird die Praxis ganz zwangsläufig immer wieder aufs Neue mit veränderten Situationen im Aufsichtsbereich konfrontiert, die es täglich zum Wohl der anvertrauten Kinder oder Jugendlichen zu bewältigen gilt.

Im Folgenden sollen daher Begriff und rechtlicher Inhalt der Aufsichtspflicht aufgezeigt und die sich daraus ergebenden Konsequenzen für die

„Rezepte" gibt es nicht

Erziehungs-Praxis dargestellt werden, ohne dass etwa überall gültige „Rezepte" gegeben werden können, aber hoffentlich einige Hilfen für die alltägliche Ausübung der Aufsicht über Minderjährige.

B. Begriff und Entstehen der Aufsichtspflicht

Begriff

Doppelte Verpflichtung

Personen, denen *Minderjährige* oder wegen ihres geistigen oder körperlichen Zustandes *aufsichtsbedürftige Volljährige* zur Erziehung, Pflege, Betreuung, Behandlung, Begutachtung ... anvertraut worden sind, haben für diese Personen die Verantwortung. Dazu gehört (u.a.), die zu Betreuenden davor zu bewahren, dass diese selbst Schäden erleiden oder andere Personen schädigen (vgl. dazu unten Kapitel C. I.). Diese doppelte Verpflichtung heißt Aufsichtspflicht.

Entstehung

Da diese Verpflichtung entweder kraft gesetzlicher Bestimmungen oder durch vertragliche Abmachungen besteht, spricht man auch von: *gesetzlicher* und *vertraglicher* Aufsichtspflicht (vgl. § 832 Abs. 1 u. 2).

Inhalt und Umfang der Verpflichtungen, die sich hierdurch für die Aufsichtspersonen ergeben, sind unabhängig vom Entstehungsgrund der Aufsichtspflicht. Sonderheiten bestehen allerdings bei der Haftung für Aufsichtspflichtverletzungen.

I. Gesetzliche Aufsichtspflicht

Personenkreis

Sie liegt dann vor, wenn diese Verpflichtung einer Person aufgrund eines Gesetzes obliegt, ohne dass es auf deren Einverständnis ankommt. Diese gesetzliche Aufsichtspflicht besteht für:

- Eltern, sofern sie Personensorge besitzen (§ 1631 Abs. 1),
- Vormund (§§ 1793, 1800, 1631), Pfleger (§§ 1909, 1915, 1631),
- Ausbilder gegenüber minderjährigen Auszubildenden (§§ 6, 9 BBiG),[1]
- öffentliche Heil- und Pflegeanstalten (nach Landesrecht) für Minderjährige und andere Pflegebedürftige, ·
- Lehrer für minderjährige Schüler (nach Landesrecht).

Keine gesetzliche Aufsichtspflicht besteht für: Beistände iSd § 1712, Gegenvormünder, Betreuer iSd § 1897, Eltern volljähriger Kinder.[2]

II. Vertragliche Aufsichtspflicht

Formfreie Willenserklärung genügt

Sie liegt dann vor, wenn von einer Person, die kraft Gesetzes oder Vertrages aufsichtspflichtig ist, diese Verpflichtung auf eine andere Person durch entsprechende Vereinbarung übertragen worden ist. Dies kann ausdrücklich oder auch stillschweigend geschehen, sich aber auch einfach „aus der Natur der Sache" ergeben (wenn z.B. eine Erzieherin, Betreuerin, Pflegerin für einen Minderjährigen angestellt wird). Es muss lediglich der Wille zur Übertragung der Aufsichtspflicht einerseits sowie der Wille zur Übernahme derselben andererseits erkennbar sein. Formvorschriften bestehen also nicht (wie oft behauptet wird). Auch ist es grundsätzlich unerheblich, ob die Aufsichtspflicht entgeltlich oder unentgeltlich übernommen wird. (Zu Besonderheiten bei Gefälligkeitsaufsichten vgl. unten Kapitel B. III.)

---

[1] *Palandt/Sprau*, § 832, Rz. 5

[2] *Palandt/Sprau*,a.a.O.

Definition der Gerichte

Von der *Rechtsprechung* wird eine vertragliche Übernahme der Aufsichtspflicht regelmäßig dann angenommen, wenn es sich um eine „weit reichende Obhut von längerer Dauer und/oder weit gehender Einwirkungsmöglichkeit (auf die zu Beaufsichtigenden) gehandelt hat“[3].

Typische Beispiele: Erziehungspersonal von Kinderkrippen, Kitas, anderen Vorschuleinrichtungen, Hort, Heimen (iwS), Jugendreisen und sonstigen Jugenderholungsmaßnahmen; Pflegeeltern; Kinderpflegerinnen, sog. Kindermädchen, Kinder- bzw. Babysitter, Tagesmütter, Privatschullehrer.

Berechtigung zum Vertragsabschluss

Wichtig ist bei der *vertraglichen Übernahme* der Aufsichtspflicht allerdings, dass der Vertrag zwischen den jeweils hierzu Berechtigten geschlossen worden ist. Auf der Seite des zu Beaufsichtigenden muss der Vertrag also *entweder* von ihm selbst mit Zustimmung seiner gesetzlichen Vertreter *oder* von jenen abgeschlossen werden. Auf der anderen Seite muss eine natürliche Person für sich selbst oder mit Zustimmung ihrer gesetzlichen Vertreter (berechtigterweise) für die oben als Beispiele genannten Institutionen tätig geworden sein. – Letzteres bereitet keine Schwierigkeiten, solange der Träger die Rechtsform einer *juristischen Person* des öffentlichen oder des privaten Rechts hat. Denn hier treten die Rechtswirkungen beim Träger ein (vgl. § 164 Abs. 1), so dass in einem Schadensersatzfall dessen Ersatzpflicht unzweifelhaft ist. Anders sieht es jedoch z.B. bei Jugendgruppen aus, die weder die Untergliederung einer juristischen Person noch nichtrechtsfähiger Verein sind. Hier kann der Vertrag nur mit dem jeweiligen Leiter der Jugendgruppe geschlossen werden (oder mit einem von ihm bestellten Vertreter, vgl. § 167). Die *Rechtsfolgen* (= hier: Haftung gemäß § 832) *treffen* dann gemäß § 164 Abs. 1 *den Leiter* der Jugendgruppe. Sind mehrere gleichberechtigt als Gruppenerzieher/-leiter tätig, so haftet derjenige, der den „Vertragsabschluss“ (= Aufnahme in die Gruppe) konkret vorgenommen hat, dem Geschädigten unmittelbar (siehe dazu Seite 23).

Sonderheiten bei Jugendgruppen

Minderjährige als Aufsichtspersonen

Ist die Person, die im Rahmen eines Ausbildungs- oder Arbeitsverhältnisses oder aus sonstigen Gründen die Ausübung von Aufsicht über Dritte übernehmen will, selbst noch *minderjährig*, so bedarf sie zur rechtswirksamen Übernahme der Aufsicht der Zustimmung ihres gesetzlichen Vertreters, die z.B. durch die genehmigte Ausbildung gedeckt wird (vgl. dazu §§ 107, 108). – Zu prüfen ist aber immer, ob die betreffenden Minderjährigen dabei nicht überfordert werden.

Divergenz zur gesetzlichen Aufsichtspflicht

Liegt vertragliche Aufsichtspflicht vor, so wird diese zwar gemäß § 832 Abs. 2 der gesetzlichen Aufsichtspflicht gleich erachtet. Unterschiede bestehen jedoch bezüglich des Haftungsumfangs (siehe dazu unten die Kapitel D. III. und IV.).

III. Gefälligkeitsaufsicht

Problemlage

Fraglich ist, ob man bei jeder tatsächlichen Übernahme der Aufsicht davon ausgehen kann, dass hier volle Verantwortung übernommen wurde. Diese Problematik ergibt sich vor allem dann, wenn Nachbarn, Bekannte oder Verwandte aus Gefälligkeit für einige Stunden tagsüber oder abends auf die Kinder „aufpassen“.

Der *Bundesgerichtshof* hat zu diesem Problem klargestellt, dass man nicht bei jeder tatsächlichen Übernahme der Aufsicht von einer vertraglich ver-

[3] BGH in NJW 1968 S. 1874.

Rechtsprechung des BGH

pflichtenden Aufsichtspflicht ausgehen könne[4]. Der *BGH* hält danach das Vorliegen einer bloßen *tatsächlichen* Übernahme der Aufsicht dann für gegeben, „wenn es sich um Einzelfälle auf kürzere Zeit handelt, mit denen die Aufwendung von Kosten nicht verbunden ist" (so z.B. wenn eine Mutter ihr Kind während ihrer Besorgungen bei der Großmutter oder bei Freunden „abgibt"); hierbei handele es sich um eine *„reine Gefälligkeit"*.

Gefällige Nachbarn

Dem vom *BGH* entschiedenen Fall lag folgender Sachverhalt zu Grunde: Zwei Elternpaare (Nachbarn) ließen ihre 4- bzw. 6-jährigen Buben abwechselnd in ihren jeweiligen Wohnungen spielen. Beaufsichtigt wurden die Kinder teils von den betreffenden Müttern, teils von einer Hausgehilfin. Als Letztere mit dem „eigenen" 4-jährigen Kind zur Toilette ging, warf das Nachbarskind ein Fernglasteil aus dem Fenster, von dem eine Fußgängerin erheblich am Kopf verletzt wurde.

Vertragliche Aufsichtspflicht oder: reine Gefälligkeit?

Der *BGH* führte dazu aus, dass es für die Beurteilung der Frage, ob die Vereinbarung der beiden Elternpaare zugleich eine vertragliche Übernahme der Aufsichtspflicht bedeutet habe oder nur eine „reine, außerhalb der rechtsgeschäftlichen Sphäre liegende Gefälligkeit" gewesen sei, darauf ankomme, ob der Wille zu einer vertragsrechtlichen Bindung vorlag. Denn eine einem Dritten erwiesene Gefälligkeit habe nur dann rechtsgeschäftlichen Charakter, wenn der Leistende (= hier: die Nachbarn) den Willen hat, dass seinem Handeln rechtliche Geltung zukommen soll, d.h., wenn er eine Rechtsbindung herbeiführen will und der Empfänger der Leistung die Gefälligkeit in diesem Sinn gedeutet und angenommen hat. Der *BGH* hat betont, dass „Gefälligkeiten des täglichen Lebens" ebenso wie solche, die „im gesellschaftlichen Verkehr wurzeln", sich regelmäßig *außerhalb* des rechtsgeschäftlichen Bereichs halten. Daher lasse auch die gegenseitige Gestattung der Kinderbesuche keinen Schluss auf einen Willen zur vertragsrechtlichen Bindung zu. Man könne einen solchen Willen der Parteien auch nicht deshalb unterstellen, weil diese Fiktion ein als angemessen angesehenes Ergebnis begründen würde. – Dem ist sicher zuzustimmen.

BGH: „lebensnah" betrachten

Der *BGH* hat dabei auf seine Entscheidung aus dem Jahre 1964 verwiesen, in der er das Vorliegen eines stillschweigenden Vertrages auf Übernahme der Aufsichtspflicht durch die Eltern eines 9-jährigen Jungen gegenüber dessen 11-jährigem Freund *verneint* hatte, der zwei- bis dreimal wöchentlich zum Spielen auf den Hof gekommen war. Man würde nämlich bei einer extensiven Auslegung von § 832 Abs. 2 BGB die Gegebenheiten des Alltags verkennen und damit zu wenig lebensnahen Ergebnissen gelangen. Entscheidend komme es daher darauf an, wie sich dem objektiven Betrachter die Gefälligkeit darstellt. Das müsse zu einer Verneinung des Willens zu einer vertragsrechtlichen Bindung führen.

Ergebnis:

Haftet denn niemand?

Die *gefälligen Nachbarn* mussten in dem oben geschilderten Fall also nicht den Schaden ersetzen (d.h. jedoch nicht, dass sich aus einer Gefälligkeitsaufsicht niemals Verpflichtungen ergeben können, siehe dazu Seite 24).

Die *Eltern* des Kindes, das den Schaden verursacht hatte, waren auch nicht haftbar zu machen, da sie ihre Aufsichtspflicht nicht verletzt hatten (nur dann haften die Eltern – das wird „gerne" übersehen!).

[4] BGH in NJW 1968, S. 1874; ebenso OLG Hamm, MDR 1999, S. 677.

Da das 6-jährige Kind deliktsunfähig (siehe dazu § 828 Abs. 1) war und hier *keine Billigkeitshaftung* in Betracht kam (siehe dazu § 829), blieb die geschädigte alte Dame auf ihrem Schaden sitzen. Denn (etwa vorhandene) *Haftpflichtversicherungen* hätten *auch nicht* zahlen müssen, weil diese nur dann einspringen, wenn ihre Versicherten zahlen müssten (auch dies wird „gerne" übersehen!). Es wäre hier also *allein* die Chance für die Geschädigte geblieben, der *Hausgehilfin* eine Pflichtverletzung nachzuweisen und dann von ihr Schadensersatz gemäß §§ 823, 276 zu verlangen.

Reformbedürfnis

Auch dieser Fall zeigt, wie unbefriedigend unser (vor mehr als 100 Jahren konzipiertes) Schadensersatzrecht ist. Hier kann nur eine Reform helfen, die das starre Verschuldensprinzip abschaffen und eine Versicherungspflicht für Deliktsunfähige einführen müsste.[5]

C. Inhalt und Umfang der Aufsichtspflicht

I. Inhalt

Aufsichtspflichtige Personen haben eine doppelte Verpflichtung zu erfüllen, nämlich:

Schadensabwehr

1. die ihnen zur Aufsicht Anvertrauten vor *Schäden jeder Art* (d.h. vor körperlichen, gesundheitlichen, seelischen, sittlichen, geistigen sowie Sachschäden) zu bewahren, die ihnen andere Personen oder sie sich selbst zufügen könnten;
2. zu verhindern, dass andere Personen („Dritte") durch die zu Beaufsichtigenden zu Schaden kommen.

Keine gesetzliche Regelung

Das BGB hat diese beiden Verpflichtungen nicht ausdrücklich festgelegt, sondern in § 832 Abs. 1 S. 1 nur bestimmt, dass Aufsichtspflichtige haften, wenn zu beaufsichtigende Personen anderen widerrechtlich (d.h. ohne gesetzlichen Rechtfertigungsgrund wie z.B. Notwehr) Schäden zufügen, es sei denn, die Aufsichtspflichtigen können sich entlasten (siehe dazu Seiten 18–21). Das BGB regelt jedoch weder Inhalt noch Umfang der Aufsichtspflicht.

Primäre Pflicht: Kindesschutz

Wenn auch in gerichtlichen Entscheidungen immer wieder besonders betont wird, dass es „der vornehmlichste Inhalt der Aufsichtspflicht sei, eine Schädigung Dritter durch die zu Beaufsichtigenden zu verhindern"[6], so gebührt vom Erziehungsauftrag und von der Schutzwürdigkeit her bei richtiger Betrachtungsweise der Verpflichtung, die zu beaufsichtigenden Kinder vor Schäden jeder Art zu bewahren, besondere Aufmerksamkeit. Diese verantwortungsvolle sozialpädagogische Aufgabe und Pflicht ist vom BGB nicht ausdrücklich geregelt worden, sondern muss aus dem allgemeinen Haftungsgrundsatz des § 823 „herausgelesen" werden. Nach dieser Norm ist derjenige, der vorsätzlich oder fahrlässig das Leben, den Körper, die Gesundheit, die Freiheit, das Eigentum oder ein sonstiges Recht (z.B. das allgemeine Persönlichkeits-, Namens-, Besitzrecht) *eines anderen* widerrechtlich verletzt, dem anderen zum Ersatz des daraus entstehenden Schadens verpflichtet. Nur wenn eines dieser Rechtsgüter durch Aufsichtspflichtverletzung beeinträchtigt wurde, besteht also Schadensersatzpflicht!

Bei Verletzung: Schadensersatz gemäß § 823

---

[5] Siehe dazu auch *von Hippel*, VersR 1998, S. 26.
[6] Vgl. z.B. *BGH*, FamRZ 1964 S. 84 ff.

II. Umfang

Keine gesetzliche Festlegung

Nähere konkrete inhaltliche Hinweise oder Forderungen, wie die kraft gesetzlicher oder vertraglicher Verpflichtung obliegende Aufsichtspflicht auszuführen ist und somit erfüllt werden kann, gibt das Gesetz nicht. Das ist auch kaum möglich bei der Vielfalt der denkbaren Erziehungs- und Betreuungssituationen, mit denen private oder berufliche Erzieher tagtäglich konfrontiert werden. Aber selbst wenn es möglich sein sollte, sämtliche Vorkommnisse der pädagogischen Praxis zu erfassen und dann zu reglementieren, so wäre dies keinesfalls wünschenswert, denn ihre Weiterentwicklung würde erschwert werden, wenn nicht ganz stagnieren. Eigeninitiativen würden damit weit gehend unterbunden und es bliebe dann kaum noch Raum für selbstständige, eigenverantwortliche Erziehungsarbeit, weil alles vorgeschrieben und die sozialpädagogische Arbeit damit von juristischer Betrachtungsweise abhängig würde.

Konkretisierung durch Pädagogik

Es ist daher gut, dass der Gesetzgeber den konkreten Inhalt der Aufsichtspflicht den erziehungswissenschaftlichen Erkenntnissen überlässt. Im Falle eines Rechtsstreites (Prozess) sind allerdings die Gerichte gezwungen, Leitlinien über die Erfüllung der Aufsichtspflicht aufzustellen und diese auf den im Streit stehenden konkreten Einzelfall zu übertragen. Die Gerichte gehen dabei stets von dem Grundsatz aus, dass es das oberste Gebot der Erziehung sein müsse, die Kinder vor eigenen Schäden jeder Art sowie davor zu bewahren, dass sie Dritten Schäden zufügen und sich damit selbst unter Umständen wiederum materielle Schäden bereiten, weil sie eventuell schon selbst als schadensersatzpflichtig gelten (vgl. dazu die §§ 828, 829, 840).

Unvermeidbare Schadensfälle

Die leibliche, geistige und seelische Förderung Minderjähriger muss daher erreicht werden, ohne dass sie überfordert oder gar gefährdet werden. Damit kann selbstverständlich von niemandem ausgeschlossen werden, dass dennoch Schadensereignisse vorkommen können (z.B. ein Kleidungsstück beim Spiel zerrissen, der Fuß verstaucht oder gar gebrochen wird). So etwas wird sich immer wieder ereignen, ohne dass deswegen den zuständigen Aufsichtspflichtigen schon eine Aufsichtspflichtverletzung unterlaufen zu sein braucht.

Überprüfung des Einzelfalles

Allerdings wird dann überprüft, was getan wurde, um Schadensfälle dieser Art nach Möglichkeit zu vermeiden. Dabei wird auf die konkrete Situation (Gruppe – Umgebung – Spielart) abgestellt und dann in etwa gefragt:

> „Wurde alles getan, was zum Schutze des betreffenden Kindes erforderlich und den Umständen nach den Erziehern zumutbar war?"

Wie erfüllt man Aufsichtspflicht

Was nun im Einzelnen dazu gehört, um seine Aufsichtspflicht so zu erfüllen, dass sie auch einer solchen juristischen Überprüfung standzuhalten vermag, ergibt sich aus den nachfolgenden Kapiteln 1.–4.

1. Die Informationspflicht der Erzieher

Genaue eigene Information

Erzieher (im weitesten Sinne) müssen sich über jedes ihnen kraft Gesetzes oder Vertrages anvertraute Kind so genau wie irgend möglich informieren. (Dies gilt insbesondere für berufliche Erzieher.)

Beispiele: Über Alter, Krankheiten, geistige und evtl. auch körperliche Entwicklung bzw. Behinderungen der einzelnen Gruppenmitglieder. (Dazu gehört auch, sich zu erkundigen, wem das Kind „herausgegeben" werden darf. Ist niemand genannt, kommen nur die Erziehungsberechtigten in Betracht, die die Anmeldung vornahmen!)

Diese sowie nähere Kenntnisse über individuelle Eigenart und Veranlagung der Kinder erleichtern immer die Arbeit von Erziehern oder machen sie überhaupt erst möglich. Hier kommt noch hinzu, dass man Kinder nur dann wirksam fördern und vor Schäden schützen kann, wenn man sich zuvor eingehend mit ihnen beschäftigt hat. Dann wird man auch eher merken, wenn eine Veränderung im Verhalten des Kindes auftritt und kann den Ursachen nachgehen. Dass dann ein intensiveres Beobachten notwendig und die Teilnahme an anstrengenden Unternehmungen gewissenhaft abzuwägen ist, versteht sich für verantwortungsvolle Erzieher von selbst.

Informationen für die Kinder

Weiter gehört dazu, dass sich berufliche Erzieher über sämtliche in ihrem Arbeitsbereich liegenden örtlichen Verhältnisse und die dort bestehenden gesetzlichen Schutzbestimmungen (z.B. gesundheits- und baurechtliche Bestimmungen sowie die Jugendschutzgesetze) unterrichten. Hierüber sind dann die zu betreuenden Kinder ihrem Alter entsprechend ebenfalls zu informieren. Denn nur bei eigenem Verständnis und rechtzeitigem Erkennen vorhandener Gefahrenquellen kann wirksame Schadensverhütung erreicht werden.

Weitergabe an andere Personen

Aus der Informationspflicht ergibt sich auch, sämtliche Kenntnisse an die Kollegen (insbesondere an die Leitung der Einrichtung) und unter Umständen auch an die Eltern (sofern das nötig erscheint und möglich ist) weiterzugeben.

Anleitung der Kinder

Wichtig ist aber auch, die Kinder über Wirkungsweise und zu beachtende Vorsichtsmaßnahmen beim Gebrauch von Werkzeugen (wie Scheren, Messer, Hammer, Sägen) und „gefährlichem Spielzeug" (z.B. Pfeil und Bogen, Wurfpfeile[7]), Rollern, Kett-Cars, Fahrrädern, Skiern eingehend zu unterweisen, wobei Vorführungen, nicht nur Erklärungen notwendig sind. Danach ist das jeweilige Vorhaben dem überprüften Können der Kinder anzupassen. Schließlich sind die Kinder auf mögliche Gefahren hinzuweisen und vor Fehlverhalten zu warnen.

Beispiele: Nicht erhitzt oder mit vollem Magen ins Wasser gehen; hintereinander radeln; keine Wettfahrten auf der Fahrbahn; bei Wanderungen außerhalb von Ortschaften links gehen; bei Pfeil und Bogen (o.ä. „Schießgeräten") nur in eine Richtung schießen etc.

2. Die konkrete Beaufsichtigung

Situationsbedingt Aufsicht führen

Wichtig ist es, die Aufsicht *flexibel* zu gestalten, jeweils ausgerichtet an der Gruppe, und zwar an ihrem Alter, der Zusammensetzung, den Sonderheiten und dem einzelnen konkreten Vorhaben angepasst. Dabei sind – dem Erziehungsziel des § 1626 Abs. 2 S. 1 entsprechend – auch „die wachsende Fähigkeit sowie das wachsende Bedürfnis zu selbstständigem verantwortungsbewusstem Handeln" zu berücksichtigen.

Anwesenheit ist nicht immer nötig

Wenn die unter dem Punkt *Informationspflicht* angesprochenen Vorkehrungen getroffen wurden, kann es durchaus möglich sein, sich selbst aus der Gruppe und ihrem Spiel zurückzuziehen. Es muss dabei allerdings gewährleistet sein, sich ständig weiterhin davon überzeugen zu können, dass die konkreten Anweisungen, Ermahnungen, Belehrungen (oder wie immer man sie auch nennen mag) tatsächlich eingehalten werden. Man

[7] *OLG Düsseldorf*, FamRZ 1998 S. 234, hält eindringliche Warnung 6-Jähriger vor Gefahren von Spielzeugpistolen (mit Saugnapf-Pfeilen) nötig, falls dabei Stöcke oder andere Gegenstände verwendet werden.

Gewisse Kontrolle ist aber erforderlich

kommt dabei also nicht umhin, die Kinder (zumindest gelegentlich) zu kontrollieren. Hierzu gehört auch eine eingehende Besprechung, wenn die vorgegebenen Verhaltensregeln nicht eingehalten werden. Das gilt insbesondere bei gefährlichen Spielzeugen.[8] Dann wird es sich unter Umständen auch nicht vermeiden lassen, Verbote auszusprechen und Verstöße hiergegen mit Ausschluss vom Spiel oder Ähnlichem zu „bestrafen".

Sanktionen als letztes Mittel

Zweifellos darf jede Aufsicht die Kinder nicht so einengen, dass die Entfaltung von Eigeninitiativen unterdrückt wird. Ständiges Bevormunden (Gebieten, Verbieten, „over-protective"-Haltung) ist sowieso keine sichere Methode, Unfälle zu vermeiden. Ein derartiges Verhalten würde überdies nicht nur jede Selbstständigkeit im Keime ersticken, sondern auch dazu herausfordern, die vorgegebenen Normen zu durchbrechen. Es wird weder eine Aufsicht „auf Schritt und Tritt" verlangt[9] noch erwartet, dass Kinder auf alle nur denkbaren Gefahren-Situationen des Lebens hingewiesen und dafür Verhaltensregeln besprochen oder gar vorgegeben werden[10].

Freiräume erhalten

Es liegt also am pädagogischen Geschick der Erzieher, für die jeweilige Gruppe oder für das jeweilige Kind die richtige Methode anzuwenden, damit die obliegende Aufsicht sinnvoll erfüllt wird. – Mehr verlangt auch die *Rechtsprechung* nicht. Sie erwartet eine „verständige und zumutbare" Aufsichtsführung, die sich an dem orientiert, was vernünftige Eltern und andere Erzieher in derartigen Situationen tun;[11] sie ist also zunehmend „pädagogischer" geworden.

„Pädagogische" Rechtsprechung

3. Delegation der Aufsichtspflicht

Gesetzlich zwar ausdrücklich vorgesehen

Dass die Aufsichtspflicht übertragen (delegiert) werden kann und dann bei demjenigen, der sie rechtswirksam übernommen hat, dieselbe Verantwortlichkeit hervorruft, ergibt sich aus § 832 Abs. 2. Daraus folgt zweifelsfrei, dass die Aufsichtspflichtigen die ihnen obliegende Aufsicht nicht immer in eigener Person auszuüben brauchen. Damit ist jedoch noch nicht geklärt, ob man die Aufsichtspflicht stets delegieren darf. § 832 Abs. 2 sagt auch nichts darüber aus, ob man durch die Übertragung der Aufsicht an dritte Personen selbst von der eigenen Verpflichtung frei geworden ist. Diese beiden Probleme sollen im Folgenden behandelt werden:

Zulässigkeit der Delegation

Aber: nicht stets zulässig

Aus der generellen Formulierung des § 832 Abs. 2 kann nicht geschlossen werden, dass man die Aufsichtspflicht jederzeit und ohne Vorbehalte *„weitergeben"* kann. Das ergibt sich aus der verantwortungsvollen Aufgabe, die dieser gesetzlich normierten Verpflichtung zu Grunde liegt. Das gilt also auch dann, wenn dies nicht ausdrücklich in dem die Aufsichtspflicht begründenden Vertrag geregelt worden ist. Denn in Fällen „privater" Aufsicht ist immer davon auszugehen, dass diejenigen, die einer bestimmten Einzelperson die Aufsicht für ihre Kinder übertragen haben, nicht damit einverstanden sind, dass diese Verantwortung weitergegeben wird.

---

[8] Vgl. *OLG Düsseldorf* (siehe oben Fußnote 7).

[9] *BGH*, NJW 1997 S. 2047, im Falle einer „Milieu-Schädigung".

[10] *BGH* FamRZ 1990 S. 1214, bzgl. des Verbots für 7-Jährige, beim Spiel mit dem Feuer anderer Kinder diesen Beistand zu leisten.

[11] So der *BGH* in ständiger Rechtsprechung (Nachweise z.B. in NJW 1993 S. 1003).

Im privaten Bereich Ausnahmefall

Bei auf Einzelvertrag beruhender Aufsichtspflicht ergibt sich die *persönliche* Verpflichtung (von wirklichen Ausnahmesituationen abgesehen) somit „aus der Natur der Sache"; Delegation ist dort also grundsätzlich unzulässig.

Im soz.-päd. Bereich Normalfall

Anders ist dies selbstverständlich in sozialpädagogischen Einrichtungen *(Institutionen)*. Dort liegt es nämlich weit gehend „in der Natur der Sache", dass Aufsicht delegiert wird und damit auch die daraus resultierenden Verpflichtungen. So wird der die Aufsichtspflicht ergebende Vertrag zwar mit dem Träger der betreffenden Einrichtungen bzw. mit dessen hierzu berechtigten Vertreter geschlossen, die Ausübung oder Ausgestaltung der Aufsicht jedoch vom Träger der Leitung der betreffenden Institution übertragen. Diese wird häufig die Ausübung der Aufsicht global an einen oder mehrere Erzieher/-innen delegieren. Und selbst hier ist es nicht selten, dass diese wiederum die konkrete Einzelaufsicht durch eine weitere Person wahrnehmen lassen.

Beispiel: Die Gruppenleiterin beauftragt eine andere Erzieherin oder Kinderpflegerin und diese dann eine Praktikantin, mit den Kindern im Garten zu spielen.

Delegation kann Pflichtverletzung darstellen

Wenn die Aufsichtspflicht vom eigentlich Verpflichteten auf eine dritte Person übertragen wird, ist jedoch immer zu prüfen, ob nicht gerade in der „Weitergabe" der Aufsicht eine Verletzung der Aufsichtspflicht liegt. Dass sich jeder Aufsichtspflichtige diese Frage vor der Delegation seiner Verpflichtung stellen muss, bedarf keiner weiteren Erörterung. Er hat dabei vor allem die Person, die er mit der Aufsicht betrauen will, sorgfältig auszuwählen und sie umfassend zu informieren (siehe Seiten 10/11). Das kann sich natürlich im Einzelfall erübrigen, weil die betreffende Person das Kind (oder die Kinder) aus eigener Arbeit in bzw. mit der Gruppe kennt. Anderenfalls ist besondere Sorgfalt geboten.

Sorgfältige Vorbereitung

Es ist in solchen Fällen außerordentlich wichtig, den Schutzzweck der Aufsichtspflichtsbestimmungen zu bedenken. Daher hängt eine „ordnungsgemäße" Übertragung der Aufsicht nicht zuletzt davon ab, was dann während der eigenen Abwesenheit mit den Kindern unternommen werden soll. Das muss entweder konkret besprochen werden oder sich eindeutig aus der Übertragung ergeben. Wenn das der übertragenden Person nicht bekannt sein kann (z.B. der Träger eines Heimes weist diesem mehrere „neue" Kinder zu), muss sie sich besonders sicher sein können, dass die Personen, die nunmehr die Aufsicht wahrnehmen sollen, aufgrund ihrer Kenntnisse und Zuverlässigkeit keiner weiteren Informationen und Anweisungen bedürfen.

Problematisch ist es, die Aufsichtspflicht an nicht ausgebildete Personen zu delegieren.

Beispiele: Zivildienstleistende, Studenten, hilfsbereite andere Eltern, ehrenamtliche Mitglieder der Organisation etc. (wie dies nicht nur bei Ferienerholungsmaßnahmen der freien Verbände immer wieder geschieht).

Delegation an „Berufsfremde"

Diese Personen bringen allenfalls einen guten Willen, meist jedoch weder theoretische Kenntnisse noch praktische Erfahrungen in der Betreuung von Aufsichtsbedürftigen (vor allem nicht von Gruppen) mit. Die Übertragung der Aufsichtspflicht auf die genannten Personen bedarf daher besonders sorgfältiger Vorbereitung und Anleitung, aber auch der konkreten Überwachung. Das erfordert schon die Schutzbedürftigkeit der ihnen Anvertrauten.

Delegation an Praktikanten

Entsprechendes gilt für den Einsatz von Praktikanten oder anderen Auszubildenden, jedoch mit der Besonderheit, dass diese Personen es ja unbedingt erlernen und auch erfahren müssen, wie man in der Praxis sinnvoll Aufsichtspflicht ausübt.

Es ist daher nicht nur falsch, sondern auch bedenklich, wenn von den Trägern sozialpädagogischer Einrichtungen häufig zu hören ist: „Praktikanten können noch keine Aufsichtspflicht haben." Allerdings erfordert ihr Einsatz besonders sorgfältige *Anleitung und Supervision.*

Dass dies „in der Praxis" eine Illusion sei, kann und darf nicht als Entschuldigung dienen, wenn auch die dort bestehenden Schwierigkeiten nicht geleugnet werden können noch sollen. Hier wird die unzulängliche personelle Ausstattung sozialpädagogischer Einrichtungen vielleicht am deutlichsten sichtbar, denn es fehlt überall an Praxisanleitern, die wirklich Zeit haben, ihre Anleitungspflicht genügend zu erfüllen.

Überfordern ist Pflichtverletzung

Die Aufsicht kann also in Institutionen *grundsätzlich* delegiert werden, wenn die Person, die zur Aufsicht herangezogen werden soll, hierfür geeignet ist. Stellt die Übertragung jedoch eine *Überforderung* der betroffenen Aufsichtsperson dar, so liegt eine Aufsichtspflichtverletzung vor. – Eine Überforderung kann sich daraus ergeben, dass die zur Aufsicht herangezogene Person die zu stellenden Anforderungen *noch nicht* erfüllen kann (z.B. *eine Praktikantin*) oder *nicht mehr* erfüllen kann (z.B.: *Betreuung einer weiteren Gruppe für eine erkrankte Kollegin*). Auch hier kommt es aber auf den konkreten Einzelfall an, insbesondere auf die Gruppe (Zahl, Alter, Eigenart der Kinder) und auf die „Unternehmungen" sowie (nicht zuletzt) natürlich auch auf die Person, an die die Aufsichtspflicht delegiert wird.

Delegation befreit nicht völlig

Aber selbst wenn die Aufsicht weitergegeben werden durfte und dies an eine hierzu geeignete Person geschah, wird der Übertragende dadurch von seiner Pflicht zur Aufsicht *nicht völlig* frei. Das hat der *Bundesgerichtshof* wiederholt zum Ausdruck gebracht[12] und dabei darauf hingewiesen, dass der Delegierende ohne Rücksicht auf die zulässige Übertragung weiterhin die Maßnahmen zu treffen hat, die auch sonst gefordert werden. Das wird im

In soz.-päd. Einrichtungen

Bereich *sozialpädagogischer Einrichtungen* vielleicht am besten verständlich. Wenn z.B. die Heimleitung einer erfahrenen Erzieherin eine bestimmte Gruppe zuweist, ist sie selbst damit keineswegs aller Pflichten für diese Kinder entbunden. So hat sie unter anderem der Erzieherin alle Informationen zu geben, die diese benötigt, um z.B. die Besonderheiten einzelner Kinder und somit eventuell entstehende Probleme in ihre Arbeit einbeziehen zu können. Sie hat weiter für die Sicherheit in und außerhalb der Gebäude Sorge zu tragen (um nur einige Aspekte anzudeuten).

Im familiären Bereich

Auch im *familiären Bereich* wird durch eine Übertragung der Aufsicht an Dritte die Pflicht der Eltern nicht etwa aufgehoben, sich über das zu informieren, was die Kinder unternommen und wie sie sich sowie die Aufsichtsperson mit der neuen Situation zurecht gefunden haben.

Gewisse Kontrolle weiterhin nötig

In jedem Fall ist also weiterhin eine gewisse *„Überwachung"* der Person *erforderlich*, an die die Aufsicht übertragen wurde.

4. Erfüllung und Grenzen der Aufsichtspflicht

Bei der Darstellung der juristischen Betrachtungsweise der Aufsichtspflichtfragen wird zweierlei aufgefallen sein:

„Binsenweisheiten"

Zum einen werden Grundsätze entwickelt, die auf der allgemeinen Erfahrung des täglichen Lebens sowie auf der beruflichen Erfahrung der Sozialpädagogen beruhen. Man kann diese in den einzelnen Urteilen regelmäßig

[12] Vgl. z.B. die in der NJW 1968, S. 1672, abgedruckte Entscheidung.

wiederkehrenden Ausführungen getrost als „Binsenweisheiten" bezeichnen. Dies führt in der Praxis (also bei den Aufsichtspflichtigen) erfahrungsgemäß meist dazu, dass sie von solchen gerichtlichen Sätzen enttäuscht sind. Besser wäre, diese Passagen würden die Betroffenen insoweit beruhigen. Denn aus ihnen ergibt sich doch, dass auch die Gerichte nicht mehr verlangen, als eben vernünftigerweise *nötig* und *möglich* ist. Entsprechende Sorgfalt darf man von verantwortungsbewussten Erziehern erwarten.

„Lebensfremde"

Zum anderen hören sich aber manche Ausführungen der Gerichte so an, als ob doch überspitzte, lebensfremde Anforderungen an die Aufsichtspflichtigen gestellt werden würden, wenn man z.B. liest:

„... hätte die Aufsichtspflichtige alles tun müssen, was den eingetretenen Schaden hätte vermeiden können."

Schaden allein „beweist" gar nichts

Nun ist nicht zu leugnen, dass derartige „Leitsätze" eines Gerichts ohne Kenntnis des konkreten Sachverhaltes (insbesondere im Hinblick auf den genauen Geschehensablauf) für sich allein genommen geeignet sind, Verunsicherung der „betroffenen" Erzieher hervorzurufen. Denn das hört sich beim flüchtigen Lesen so an, als ob allein der Schadenseintritt bereits beweise, dass die Aufsichtsperson ihn hätte verhindern müssen und können. So ist das jedoch nicht zu interpretieren. Zwar wird durchaus genau überprüft, warum es zu einem Schadensfall gekommen ist, vor allem dann natürlich, wenn die Folgen sehr schwer wiegend sind. Diese Verpflichtung ist zum Schutz der Kinder zu bejahen. Das bedeutet aber nicht etwa, dass nun jedes Spiel, bei dem theoretisch eine *Selbst-* oder *Fremdgefährdung* nicht auszuschließen ist, untersagt werden müsse. Sonst dürften Kinder ja keine Ball-, Kletter-, Geländespiele und Ähnliches mehr treiben; auch nicht schaukeln, Roller, Rad oder Ski fahren, nicht zum Baden gehen, Wanderungen in den Bergen unternehmen oder alleine zum Kindergarten oder zur Schule und wieder nach Hause gehen. Denn hierbei sind eigene oder fremde Verletzungen zweifellos nicht auszuschließen.

Spiel und Sport muss möglich bleiben

Keine überspitzten Anforderungen, aber gute Vorbereitung

Bei den verschiedenen Spiel- oder Sportarten ist andererseits aber bekannt und daher von den Aufsichtspflichtigen immer zu bedenken, dass sie gut *vorbereitet*, unter Umständen zunächst unter genauer Anleitung *vorgeführt*, *erlernt* und nur allmählich selbst ausprobiert werden. Außerdem sind die Vorkehrungen zu treffen, die in Anbetracht des „schwächsten Gliedes der Kette" nötig sind.

Beispiel: So ist es selbstverständlich, sich bei Ausflügen nach den Schwächsten zu orientieren, wenn man die Gruppe nicht teilen kann.

Beschäftigen die Kinder sich mit Spielen, die sie aus eigener Erfahrung kennen, auf deren Besonderheiten und eventuelle Gefährdungen sie in pädagogisch sinnvoller Weise hingewiesen wurden (z.B. Ballspiele auf dem Heimgelände), so braucht man die Kinder nicht ständig „im Auge zu haben" (wie es so eigenartig heißt). Stetes „Gängeln" und „Kommandieren" ist nämlich mit Sicherheit keine sinnvolle Ausübung der Aufsicht.

Erziehung zur Selbstständigkeit

Man kann dadurch auch keine Erziehung zur Freiheit, Selbstständigkeit und Selbstverantwortlichkeit erzielen. Eine solche Art von Aufsicht stellt auch nicht etwa die sicherste Unfallverhütung dar. Denn gerade Kinder, die unaufhörlich mit genauen Geboten und Verboten (also mit ständiger Bevormundung) bei Spiel und Arbeit bedacht werden, nehmen erfahrungsgemäß jede sich nur irgendwie bietende Gelegenheit wahr, um aus den aufgezwungenen Normen auszubrechen, wenn sie sich für einen Au-

aber: behutsam vorgehen

genblick unbeobachtet glauben. Das behutsame Heranführen zur Selbstständigkeit (das in § 1626 Abs. 2 S. 1 für die gesamte Erziehung postuliert wird) ist daher das Hauptproblem der Aufsichtspflicht.

Zusammenfassung

- Aufsichtspflicht kann durch **Gesetz** oder **Vereinbarung** bestehen.
- Die **Erfüllung** der Aufsichtspflicht ist stets unter pädagogischen Aspekten jeweils abgestellt auf den konkreten Einzelfall zu betrachten.
- Delegation der Aufsichtspflicht ist zwar grundsätzlich möglich, aber nicht stets zulässig und befreit auch nicht völlig von der eigenen Verpflichtung.
- **Aufsichtspflichtige haften nur, wenn sie sich nicht entlasten können.** Hinweise oder Schilder wie: „Eltern haften für ihre Kinder" sind in dieser Generalität einfach falsch.

D. Die Rechtsfolgen bei Verletzung der Aufsichtspflicht

I. Vorbemerkung

Einzelfall entscheidet

Mehrere Rechtsfolgen denkbar

Wenn eine Aufsichtspflichtverletzung vorliegt, ergeben sich daraus für die Betreffenden unterschiedliche rechtliche Konsequenzen. Art und Ausmaß der Rechtsfolgen hängen auch hier vom Einzelfall und zwar verständlicherweise vor allem davon ab, ob und gegebenenfalls welche Schäden durch die Verletzung der Aufsichtspflicht entstanden sind. Eine Rolle spielt dabei auch die Frage, ob den zu Beaufsichtigenden selbst ein Verschulden an dem eingetretenen Schaden vorgeworfen werden kann oder nicht. Weiter ist von Bedeutung, ob die zu Beaufsichtigenden oder ein Dritter durch sie zu Schaden gekommen sind. – Auch ergeben sich für berufliche Erzieher noch Probleme mit dem Dienstherrn bzw. Arbeitgeber, die bei den Eltern oder bei einem Vormund naturgemäß entfallen. – Aufsichtspflichtverletzungen können unter Umständen auch ein Strafverfahren nach sich ziehen, das sich gegen die einzelnen Aufsichtführenden und/oder die Leitung der betreffenden Institution richten kann.

Für jede Person, die kraft Gesetzes oder Vertrages zur Führung der Aufsicht über Minderjährige oder sonstige der Aufsicht bedürftige Personen (vgl. § 832 Abs. 1 S. 1) verpflichtet ist, erhebt sich daher die Frage, mit welchen Konsequenzen der oben angedeuteten Art man rechnen muss und inwieweit man sich gegen die einzelnen Rechtsfolgen durch entsprechende Versicherungen schützen kann. Denn es lässt sich bei realistischer Betrachtung nicht ausschließen, dass Erzieher/-innen (und damit zugleich ausnahmslos: Aufsichtspflichtige) Fehler machen, die Aufsichtspflichtverletzungen darstellen können.

In den Kapiteln II. bis VII. werden daher folgende Konsequenzen von Aufsichtspflichtverletzungen behandelt:

- Schadensersatzpflicht,
- Haftungsumfang,
- Regressansprüche sozialpädagogischer Träger,
- arbeits- und dienstrechtliche Folgen,
- strafrechtliche Folgen,
- Versicherungsschutz.

II. Schadensersatzpflicht

1. Allgemeine Grundsätze

Wenn Minderjährige einen Schaden erlitten oder einen solchen hervorgerufen haben, erhebt sich immer die Frage, wer für diese Schäden aufzukommen hat. Dieselbe Problematik ergibt sich auch bei wegen ihres geistigen oder körperlichen Zustandes Aufsichtsbedürftigen.

Minderjährige generell aufsichtsbedürftig, andere Personen nicht

Bei Minderjährigen geht die herrschende Meinung[13] aus einem weiter reichenden Schutzgedanken heraus von einer generellen Aufsichtsbedürftigkeit aus und berücksichtigt die individuelle Entwicklung der betreffenden Minderjährigen erst bei der Frage, welches Maß und welcher Umfang der Aufsicht im Einzelfall nötig ist. Bei den anderen Personen muss dagegen eine „Einzel-Bedürftigkeit" vorliegen, die sich nicht generell auf eine bestimmte Personengruppe erstreckt. So werden gemäß § 1896 zu betreuende Personen – zu Recht – nicht schlechthin für aufsichtsbedürftig gehalten. Das gilt selbst für Geisteskranke. Diese bedürfen natürlich zu ihrem eigenen Schutz sowie zum Schutz der Allgemeinheit oftmals auch einer gewissen Aufsicht, die vom konkreten Einzelfall und der jeweiligen Situation abhängt.

Widerrechtliches Handeln genügt

Für eine *Haftung* ist bei Aufsichtspflicht-Fällen unerheblich, ob die Aufsichtsbedürftigen deliktsfähig (s. dazu §§ 827, 828) waren und auch schuldhaft gehandelt haben oder nicht. Ihre schädigende Handlung muss lediglich *widerrechtlich* (d.h., gesetzlich nicht zu rechtfertigen [z.B. durch Notwehr]) gewesen sein und den geltend gemachten Schaden verursacht haben (vgl. § 832 Abs. 1 S. 1).

Gesamtschuldner?

Ist der aufsichtsbedürftige „Täter" aufgrund der §§ 828, 823, 276 selbst zivilrechtlich verantwortlich, so haften „Täter" und Aufsichtspflichtiger *gesamtschuldnerisch* (vgl. §§ 830 Abs. 1, 840 Abs. 1). Das bedeutet, dass der Geschädigte (= Gläubiger) nach seinem Belieben von einem der (beiden) Schuldner die Leistung (= Ersatz des Schadens) ganz oder zu einem Teil fordern kann, da jeder für sich die ganze Leistung (= Schadensersatz) schuldet (vgl. § 421). Derjenige, der zahlen musste, hat zwar nach § 426 gegenüber seinem „Mit"-Schuldner einen Ausgleichsanspruch (d.h. auf anteilige Erstattung des geleisteten Schadensersatzes). Bei Aufsichtspflichtsfällen gilt jedoch die *Sonderheit*, dass der Aufsichtspflichtige den vollen Betrag beim „Täter" zurückfordern kann (vgl. § 840 Abs. 2). Wenn der aufsichtsbedürftige „Täter" aber nur aus Billigkeitsgründen haftet (siehe dazu § 829), so ist *allein* der Aufsichtspflichtige zum Schadensersatz verpflichtet (vgl. § 840 Abs. 2).

Regress bei den zu Beaufsichtigenden möglich

2. Schädigungen Dritter durch Aufsichtsbedürftige

Haftung für vermutetes Verschulden

Während bei Schadensfällen sonst immer der Geschädigte nachweisen muss, dass der Schädiger (hier also: der Aufsichtspflichtige) den angerichteten Schaden verschuldete, hat das BGB hinsichtlich der Verletzung der Aufsichtspflicht (das wäre ja hier das Verschulden) in § 832 eine Haftung für *vermutetes Verschulden* geschaffen, wenn ein Dritter hierdurch Schäden erlitten hat.

---

[13] Vgl. BGH, NJW 1976, S. 1145 sowie *Jauernig/Teichmann*, § 832 Rz. 3.

Gesetzliche doppelte Vermutung

Es handelt sich dabei um eine „doppelte Vermutung“:

Verschulden und Ursächlichkeit

a) dass eine Verletzung der Aufsichtspflicht vorliegt und
b) dass diese kausal für den eingetretenen Schaden war.

Gegenteiliger Nachweis möglich und nötig (sog. Entlastungsbeweis)

Diese Vermutung ist zwar *widerlegbar*, wie § 832 Abs. 1 S. 2 zeigt. Diese Gesetzeslage zwingt aber den Aufsichtspflichtigen im Gegensatz zu anderen angeblichen Schädigern dazu, nun selbst aktiv zu werden, das heißt: er muss versuchen, sich zu *entlasten*. Er kann also nicht abwarten, ob man ihm ein schuldhaftes Verhalten nachweisen kann. Der Geschädigte braucht nämlich nur vorzutragen, dass ihm von einem gemäß § 832 Aufsichtsbedürftigen ein Schaden in Höhe von Euro ... rechtswidrig zugefügt wurde und dass „XYZ“ kraft Gesetzes oder Vertrages aufsichtspflichtig war.

Beweislastumkehr belastet und verunsichert

Diese so genannte *Umkehr der Beweislast* trägt sicher wesentlich dazu bei, dass die Aufsichtspflichtigen (insbesondere im sozialpädagogischen Bereich) sich in ihrer Erziehungsarbeit behindert fühlen und zum Teil auch mehr oder weniger stark verunsichert sind. Die gesetzliche Regelung ist dennoch kein Anlass zur Sorge, wenn die betroffenen Erzieher und damit Aufsichtspflichtigen das getan haben, was man von ihnen zum Schutze der ihnen anvertrauten Kinder und anderer Personen (sog. „Dritter“) erwarten und verlangen konnte. Die Erwartung ergibt sich aus den pädagogischen Erkenntnissen aus den Situationen, die konkret zum Schadensereignis führten. Was man hier von den Aufsichtspflichtigen verlangen konnte, folgt aus ihren gesamten persönlichen Verhältnissen. Dabei spielen vor allem ihre Belastungen (z.B. Größe der Gruppe) und die konkrete „Unternehmung“ (Basteln, Ballspiel, Ausflüge, Wandern, Schwimmen, Radfahren, Inline-Skating, Rutschen, Schaukeln, Turnen, Klettern etc.) eine maßgebende Rolle.

Nachweis der Pflichterfüllung erforderlich

Wegen der *Umkehr der Beweislast* haben in Schadensfällen die Aufsichtspflichtigen somit nachzuweisen, dass sie die ihnen obliegende Aufsichtspflicht erfüllt haben. Dabei ist es unerheblich, ob die betreffende Person „sonst immer“ sehr sorgfältig ihren Pflichten nachgekommen ist. Allein entscheidend für die Beurteilung der Aufsichtspflichtverletzung ist der konkrete Einzelfall, der zum Schadensfall führte.

Keine überspitzten Anforderungen

Zum Schutz unbekannter Dritter, die durch Aufsichtsbedürftige zu Schaden kommen können – vor allem aber zum Schutz der Aufsichtsbedürftigen selbst (da sie u.U. schon verantwortlich und damit schadensersatzpflichtig sind[14] und gegen sie ergehende Gerichtsentscheide gemäß § 197 Abs. 1 Nr. 3 erst nach 30 Jahren verjähren würden) – werden an den Entlastungsbeweis grundsätzlich strenge Anforderungen gestellt. Darauf hat der *Bundesgerichtshof* mehrfach hingewiesen.[15] Diese Auffassung ist zu billigen, weil der *BGH* in seinen Entscheidungen zugleich zum Ausdruck gebracht hat, dass keine überspitzten Anforderungen an die Aufsichtspflicht zu stellen seien. Es müsse allerdings gefragt werden,
„was verständige Erzieher nach vernünftigen Anforderungen unternehmen müssen, um Schädigungen durch Kinder zu verhindern“[16]. Das Maß der gebotenen Aufsicht bestimme sich nach: *„Alter, Eigenart, Charakter, der gesamten Entwicklung des Kindes“* sowie danach, *„was den Aufsichtspflichtigen in ihren jeweiligen*

---

[14] Vgl. §§ 830, 840 sowie dazu Seite 17.
[15] Vgl. z.B. *BGH* in RdJB 1969, S. 58.
[16] BGH in NJW 1993, S. 1003.

Verhältnissen zugemutet werden konnte. Der Überwachung der Kinder und ihres dabei gezeigten Verhaltens seien aber natürliche Grenzen gesetzt"[17].

In einem weiteren Urteil hat der *BGH*[18] betont, dass sich hinsichtlich der Gefahren, die fast jedes Spiel in der Öffentlichkeit mit sich bringen kann, starre Regeln über die an die Aufsichtspflichtigen zu stellenden Anforderungen nicht aufstellen lassen, insbesondere nicht eine ständige Beobachtung der Kinder verlangt werden könne. Solange die Straße bzw. der Bürgersteig als Spielraum nicht zu entbehren sei, lasse sich nur auf einen erträglichen Ausgleich der Interessen der Kinder und der Allgemeinheit hinwirken. Die Aufsichtspflichtigen hätten jedoch dafür Sorge zu tragen, die Gefahren „auf das geringe Maß herabzumindern, das jedermann in der Nähe spielender Kinder Verständigerweise in Rechnung stellen muss". Außerdem sei das Spielen auf Gehwegen einer Straße in einem reinen Wohnviertel mit geringem durchgehenden Fußgängerverkehr üblich, auch mit Kinderfahrzeugen wie Dreirädern und Rollern.

Keine starren Regeln

In einem anderen Urteil hat unser oberstes Zivilgericht darüber hinaus betont, dass die Möglichkeit zum Spielen „im Freien" Kindern erhalten bleiben müsse, „solange das mit den Verkehrsverhältnissen nur irgendwie vereinbar sei"[19].

Spielmöglichkeit ist zu erhalten

Trotz Verletzung der Aufsichtspflicht keine Haftung

Der *Entlastungsbeweis* kann aber auch dann haftungsbefreiend geführt werden, wenn vom Aufsichtspflichtigen nachgewiesen werden kann, dass der eingetretene Schaden auch bei gehöriger Aufsichtsführung entstanden sein würde (vgl. § 832 Abs. 1 S. 2).

Unabwendbare Schadensfälle

Das bedeutet Folgendes: Die Aufsichtsperson will und kann gar nicht bestreiten, dass sie sich nicht in der erforderlichen Weise verhalten hat. Sie kann aber nachweisen, dass der Schaden in keinem Falle hätte vermieden werden können.

Pflichtverletzung insoweit unerheblich

Beispiel: In einem Erholungsheim lässt die zuständige Erzieherin die von ihr zu betreuenden Kinder nachts für mehrere Stunden allein. Nachdem die 8- bis 10-jährigen Kinder eingeschlafen sind, geht sie zum Tanzen. Bei ihrer Rückkehr stellt sich heraus, dass ein 8-jähriger Junge so unglücklich aus seinem Bett gefallen ist, dass er sich hierbei den Arm gebrochen hat.

Obwohl man Kinder nachts nicht allein in einem Heim sich selbst überlassen darf, hätte sich dieses Schadensereignis auch bei Anwesenheit der Aufsichtsperson nicht vermeiden lassen. Denn man kann von einer Erzieherin nicht verlangen, dass sie sich nachts im Schlafsaal der Kinder aufhält. Abgesehen davon, ist selbst dann nicht auszuschließen, dass sich derartige Unfälle ereignen.

Ausnahme Folgeschäden: Wenn allerdings durch die Abwesenheit der zuständigen Aufsichtsperson ein zusätzlicher Schaden eintritt (z.B. infolge der hierdurch verspäteten ärztlichen Versorgung), kann sie natürlich insoweit zur Haftung herangezogen werden.

In diesen Fällen genügt jedoch *nicht die bloße Möglichkeit*, dass der Schaden auch bei Erfüllung der Aufsichtspflicht hätte entstehen können. Es ist vielmehr erforderlich, dass das konkrete Schadensereignis auch bei gehöriger Aufsicht eingetreten wäre.

Konkreter Fall entscheidet

---

[17] BGH in FamRZ 1962, S. 424 und FamRZ 1964, S. 84.

[18] *BGH* in NJW 1993 S. 1003.

[19] BGH in FamRZ 1957, S. 206.

Strenge Anforderungen

Es versteht sich von selbst, dass an diese Alternative des Entlastungsbeweises von den Gerichten strenge Anforderungen gestellt werden.

Andere Konsequenzen

Dass eine solche Verletzung der Aufsichtspflicht natürlich nicht ohne Konsequenzen für die betreffende Erzieherin bleibt, lässt sich denken, da der zuständige Arbeitgeber (= Träger) ein derartiges Verhalten wahrscheinlich nicht hinnehmen wird. – Ähnlich verhält es sich, wenn trotz Aufsichtspflichtsverletzung gar kein Schaden entstanden ist (siehe dazu Seite 31).

3. Schädigung der Aufsichtsbedürftigen

Wie auf Seite 9 ausgeführt, ist der Aufsichtspflichtige kraft Gesetz oder Vertrag vornehmlich verpflichtet, dafür Sorge zu tragen, dass die ihm anvertrauten Aufsichtsbedürftigen selbst nicht geschädigt werden; in Schadensfällen richtet sich eine Haftung nach § 823 (s. dazu Seite 9).

Beweislast

Umfang der Nachweise

Im Schuldrecht gilt zwar der Grundsatz, dass derjenige, der behauptet, gegenüber einem anderen (= Schuldner) einen Anspruch zu haben, dies auch beweisen muss. Das gilt auch für deliktische Ansprüche nach § 823. Der dem Geschädigten obliegende Beweis erstreckt sich auf die schädigende Handlung (= Ereignis = hier Aufsichtspflichtverletzung) sowie auf das Verschulden (= Vorsatz oder Fahrlässigkeit).

Anerkannte Beweisregel: Beweis des ersten Anscheins

Von der Rechtsprechung wird seit langem dem Umstand Rechnung getragen, dass es einem Geschädigten oftmals schwer fällt, diesen Nachweis zu erbringen. Vielfach wird daher dem Geschädigten die Beweisführung durch die von den Gerichten entwickelten Grundsätze über den *Beweis des ersten Anscheins* (prima-facie-Beweis) erleichtert. Dieser beinhaltet Folgendes: Steht ein Sachverhalt fest, der nach der Lebenserfahrung auf einen bestimmten Geschehensablauf hinweist, so ist dieser regelmäßige Verlauf im Wege des *Anscheinsbeweises* als bewiesen anzusehen, wenn der Fall „das Gepräge des Üblichen und Typischen trägt“[20].

Geschehensablauf „typisch“?

Der Anscheinsbeweis gilt also nur für *typische* Geschehensabläufe. Nur bei diesen darf der Regelablauf ohne Ausschluss anderer denkbarer Möglichkeiten *prima facie* vermutet werden.

Beispiele: Anscheinsbeweis für Verschulden bei Auffahren auf vorausfahrendes Kfz; bei schleuderndem Kfz; bei Zusammenstoß hinsichtlich des Wartepflichtigen; bei Unfall auf dem „Zebrastreifen“; bei Nichtbeachtung bestehender oder gebotener Schutzvorkehrungen (Unfall- oder Feuerverhütungsvorschriften, Streupflicht etc.); Kind fällt vom Balkon oder ertrinkt im Baggersee.

Schaden spricht für Pflichtverletzung

Wenn eine aufsichtsbedürftige Person selbst einen Schaden erleidet, so wird also *prima facie* (siehe dazu oben) vermutet, dass dies mangels gehöriger Aufsicht geschah. Denn es wird als typisch und somit der Lebenserfahrung entsprechend angesehen, dass durch ausreichende Aufsichtsführung Schäden von den zu Beaufsichtigenden oder von Dritten abgewendet werden können. Treten dennoch bei den unter Aufsicht Stehenden Schäden auf,

Entlastungsbeweis aber möglich

muss daher der Anschein der Verletzung der Aufsichtspflicht vom zuständigen Erzieher, Pfleger, den Eltern oder dem Vormund etc. durch entsprechenden Beweis entkräftet werden.

---

[20] *BGH* NJW 1982, S. 2488; 1987 S. 2876; 2004 S. 3623; *Palandt/Grüneberg*, 69. Aufl., Vorbem. 131 zu § 249.

Ergebnis:
Bei Aufsichtspflichtsfällen gilt also immer die Umkehr der Beweislast, d.h., unabhängig davon, ob

Bei Aufsichtspflichtsfällen stets Umkehr der Beweislast

- der zu Beaufsichtigende selbst einen Schaden erlitten oder
- einem Dritten einen solchen zugefügt hat.

Somit haben Aufsichtspflichtige stets nachzuweisen, dass sie ihren Verpflichtungen nachgekommen sind.

Zusammenfasssung

- Bei Schadensfällen im Aufsichtsbereich müssen Geschädigte nicht nachweisen, dass die Aufsichtspflicht verletzt wurde, sondern die Aufsichtspflichtigen, dass sie ihre Aufsicht gehörig erfüllt haben oder der Schadensfall unvermeidbar war (sog. **Entlastungsbeweis**).
- Dieser Entlastungsbeweis ist auch zu führen, wenn Aufsichtsbedürftige selbst zu Schaden kommen.
- An den Entlastungsbeweis werden **keine überspitzten Anforderungen** gestellt.
- **Aufsichtspflichtige haften nur dann, wenn ihnen kein Entlastungsbeweis gelingt.** (Das gilt auch für Eltern von mdj. Kindern.)
- Neben einer Schadensersatzpflicht der Aufsichtspflichtigen kommt **u.U. eine eigene Haftung der Aufsichtsbedürftigen** nach den §§ 827, 828, 829 in Betracht. Wird sie bejaht, haften Aufsichtspflichtige und Aufsichtsbedürftige als **Gesamtschuldner** (§§ 830, 840 Abs. 1), d.h.:
  - die Geschädigten haben die freie Wahl, an wen sie sich wenden (§ 421),
  - haben Aufsichtspflichtige Schadensersatz leisten müssen, können sie diesen von den Aufsichtsbedürftigen zurückfordern! Nur bei der Billigkeitshaftung (vgl. dazu § 829) ist es umgekehrt der Fall (§ 840 Abs. 2).

III. Ersatzpflichtige und Haftungsumfang

1. Vormund und Pfleger

Haftung für jedes Verschulden

Sie haften bei Aufsichtspflichtsverletzungen unmittelbar für jede Art des Verschuldens (also auch bei „leichtester" Fahrlässigkeit) ihrem Mündel oder Dritten gegenüber (vgl. dazu §§ 1631, 1833, 1915, 832, 823, 276).

2. Inhaber elterlicher Sorge

Gegenüber Dritten

Kommen andere Personen (= „Dritte") zu Schaden, so haften die Eltern, sofern sie die Personensorge besitzen (vgl. § 1631 Abs. 1) oder die Aufsicht durch Vereinbarung übernommen haben (wie das z.B. beim sog. *Besuchsrecht* getrennt lebender Eltern der Fall ist), *Dritten gegenüber* ebenfalls für jede Art des Verschuldens.

Gegenüber dem Kind

Wenn ihren Kindern jedoch selbst ein Schaden durch die Aufsichtspflichtsverletzung entstanden ist, haben personensorgeberechtigte Eltern nur für die Sorgfalt einzustehen, die sie in eigenen Angelegenheiten anzuwenden pflegen (§ 1664 Abs. 1 iVbm § 277)[21], d.h. aber in jedem Fall ab grober Fahrlässigkeit.

---

[21] Ständige Rechtsprechung des *BGH* (vgl. z.B. BGH/Z 103 S. 345 sowie vom 15.6.2004 – VI ZR 60/03).

Gesamtschuldner

Sind für einen Schaden infolge einer Aufsichtspflichtsverletzung beide Elternteile verantwortlich, so haften sie als Gesamtschuldner (§§ 1664 Abs. 2, 830 Abs. 1, 840).

3. Aufsichtspflichtige in sozialpädagogischen Einrichtungen

Es gilt zwar der Grundsatz, dass immer der „Täter" für unerlaubte Handlungen und Vertragsverletzungen selbst haftet, also auch bei Aufsichtspflichtsverletzungen. *Sonderheiten* gelten jedoch in sozialpädagogischen Einrichtungen (siehe nachfolgend).

a) Juristische Personen

Haftung für „Mitglieder"

Träger soz.-päd. Einrichtungen mit der Rechtsform einer juristischen Person (des privaten und des öffentlichen Rechts) haften bei jedem schuldhaften Handeln ihrer satzungsmäßigen *Vertreter* (§§ 30, 31, 89).

Beispiele: Vorstandsmitglieder und alle sonstigen durch die Satzung (z.B. des e.V.) für besondere Aufgaben bestellte Personen (freie Träger haben überwiegend diese Rechtsform).

Haftung wie für eigenes Tun

Diese Träger soz.-päd. Einrichtungen haften für Aufsichtspflichtsverletzungen dann so, als wenn sie diese selbst begangen hätten.

Organhaftung

Organisationsmängel

Darüber hinaus haftet der Träger auch dann, wenn kein konkretes Verschulden seiner Vertreter (= „Organe") feststellbar oder nachweislich ist, sofern der Schaden auf mangelnder Organisation, unzureichender Überwachung oder Überforderung seiner Vertreter oder auf Verletzung der Verkehrssicherungspflicht beruht.

Definition: Verkehrssicherungspflicht

Darunter wird die Pflicht verstanden, alle zumutbaren Vorkehrungen zur gefahrlosen Benutzung der Einrichtung zu treffen.

Beispiele: Sicherung/Überwachung von elektrischen Anlagen, Spielgeräten, Fenstern, Türen, Treppen, Kellerschächten etc.; Räum- und Streupflicht.

Haftung für Erfüllungs- und Verrichtungsgehilfen

Jede *juristische Person* haftet aber nicht nur für die in den §§ 30 und 31 BGB genannten Personen (siehe dazu oben), sondern darüber hinaus auch für zum Schadensersatz verpflichtende Handlungen sämtlicher Personen, deren sie sich zur Erfüllung ihrer vertraglichen Verpflichtungen (die Erfüllung der Aufsichtspflicht) bedient (a) oder die sie zu sonstigen Verrichtungen (b) bestellt hat (vgl. §§ 278 bzw. 831).

Beispiele:
(a) Heimleiter, Erzieher, Therapeut etc.
(b) Hausmeister, Köchin, Putzfrau etc.

Haftung bei privatrechtl. Handeln

Für die juristischen Personen des *öffentlichen Rechts* gelten diese haftungsrechtlichen Grundsätze jedoch nur, soweit diese oder ihre Vertreter (im weitesten Sinne des Wortes) privatrechtlich tätig wurden.

Beispiele: Bei allen sich aus Kaufverträgen ergebenden Verpflichtungen; wenn der Hausmeister eines städt. Heimes jemand beim Abladen von Gegenständen verletzt.

Haftung bei hoheitlichem Handeln

Handelt die juristische Person des öffentlichen Rechts aber *hoheitlich* (was naturgemäß überwiegend der Fall ist), so haftet der öffentliche Träger gemäß § 839 BGB in Verbindung mit Art. 34 GG. Das ist immer dann der Fall, wenn jemand in Ausübung eines ihm anvertrauten öffentlichen Amtes die ihm Dritten gegenüber obliegenden *Amtspflichten* verletzt. Das gilt namentlich *im Bereich der öffentlichen Erziehung* (z.B. im Rahmen des SGB VIII) und der damit verbundenen Aufsichtspflicht.

Schutzzweck

Dass die juristische Person für den Schaden aufkommen muss und nicht die Aufsichtsperson, dient (wegen der Leistungsfähigkeit) dem Schutz der Geschädigten. Die Folge ist, dass in solchen Fällen die Ansprüche *nur* an den Träger (= jur. Person) gestellt werden können und müssen.

b) Nichtrechtsfähige Vereine

Sonderheiten gegenüber dem e.V.

Wenn der Träger der sozialpädagogischen Einrichtung, in deren Bereich eine Aufsichtspflichtsverletzung zu Schadensersatzforderungen führt, keine juristische Person ist, sondern ein nichtrechtsfähiger (= nicht eingetragener) Verein (z.B.: Elternkreise/-initiativen/-vereinigungen), so gelten nach der in der *Rechtslehre* herrschenden Meinung[22] dieselben Rechtsvorschriften wie für den e.V. (s. dazu Seite 22), jedoch mit folgenden Sonderheiten:

Schäden der zu Beaufsichtigenden

Bei einem Vorgehen des geschädigten Aufsichtsbedürftigen aus Vertragsverletzung (= Verletzung der vertraglich übernommenen Aufsichtspflicht) beschränkt sich die Haftung auf das Vereinsvermögen, auch wenn sich dies nicht aus der Satzung ergibt[23]. Daneben haftet derjenige, der den Aufnahmevertrag für den zu Beaufsichtigenden abgeschlossen hat, nach § 54 S. 2 persönlich.

Schäden Dritter

Wurden Dritte durch den Aufsichtsbedürftigen infolge der Aufsichtsverletzung geschädigt und machen nun Ansprüche gegen den nicht rechtsfähigen Verein nach § 832 geltend, kann die in § 831 Abs. 1 S. 2 vorgesehene *Entlastungsmöglichkeit* den Träger von der Schadensersatzpflicht befreien. Er müsste nach dieser Vorschrift nachweisen können, dass er sowohl bei Auswahl und Einsatz der Aufsichtsperson als auch bei deren Einweisung und Überwachung die erforderliche Sorgfalt beachtet hat oder dass der eingetretene Schaden auch bei Anwendung dieser Sorgfalt entstanden wäre[24]. – Bestehen jedoch zum Dritten Vertragsbeziehungen, entfiele aber diese Entlastungsmöglichkeit gem. § 278.

Entlastung möglich

c) Sonstige private Träger

Aufsichtspflichtsverletzungen und damit Schadensersatzprobleme können aber auch bei von Privatpersonen betriebenen sozialpädagogischen Einrichtungen (meist: Säuglingsheime, Kindergärten, Erholungs-, Erziehungsheime) oder bei zu einem bestimmten Zweck entstandenen Jugend- oder Freizeitgruppen (insbesondere bei gemeinsamen Fahrten) entstehen.

Haftung von Privatpersonen

Betreibt eine *Einzelperson* diese Einrichtung, haftet sie für eigenes Verschulden und hat für ihre Angestellten bei Vertragsbeziehungen zum Geschädigten gem. § 278 und sonst nur gem. § 831 einzustehen (s.o.).

Haftung von Elterninitiativen

Besteht der „*Träger*" aus einer *Elterninitiative*, die ohne Satzung oder sonstige verbindliche Regeln/Bestimmungen einem bestimmten Zweck dient (nämlich der Betreuung ihrer Kinder), so finden die Vorschriften

---

[22] Nachweise z.B. bei *Palandt/Ellenberger*, 69. Aufl., § 54 Rz. 1.

[23] Aus Gründen der Rechtssicherheit empfiehlt sich aber eine Aufnahme einer solchen Regelung in die Satzung des nicht eingetragenen Vereins.

[24] Letzteres entspricht § 832 Abs. 1 S. 2 BGB (vgl. hierzu Seite 19)

über die sog. „BGB-Gesellschaft" Anwendung (= §§ 705 ff.). Hier haften die einzelnen Mitglieder (= „Gesellschafter") nur „wie in eigenen Angelegenheiten" (§§ 708, 277), also erst ab grob fahrlässigem oder vorsätzlichem Fehlverhalten.

4. Sonstige Personengruppen

„Sporadische" Gruppen

Bei *zufällig* und nur *kurzzeitig* entstehenden Gruppen/Gemeinschaften, die einmalig oder sporadisch etwas gemeinsam „unternehmen", kann man nur von einer Haftungsverpflichtung sprechen, wenn durch die Gemeinsamkeit des Gruppenzweckes ein oder mehrere Mitglieder gegenüber den anderen eine Art *Garantenstellung* erlangt haben. Das könnte dann vorliegen, wenn man von einem Leiter dieser Jugendgruppe sprechen kann. Voraussetzung wäre vor allem aber, dass man diesem Leiter überhaupt eine Verletzung der Aufsicht (das hieße hier: besondere Vorkehrungen, Sorgfaltsmaßnahmen, die die betreffende Unternehmung erforderten, nicht beachtet zu haben) vorwerfen muss (d.h.: ihm kein Entlastungsbeweis gelingt).

Haftung nur bei Garantenstellung

§ 277 als Maßstab

Gruppenmitglieder, die eine solche Garantenstellung anderen Mitgliedern gegenüber einnehmen, haben grundsätzlich nur für vorsätzlich oder grob fahrlässig begangene Aufsichtspflichtsverletzungen einzustehen (Sorgfalt wie in eigenen Angelegenheiten, § 277).

Bei allen tatsächlichen Lebensgemeinschaften

Tatsächliche Lebensgemeinschaften

Wohngemeinschaften jeder Art, seien es eine sog. „WG" oder das Zusammenleben zweier Partner mit ihren jeweiligen (also nicht gemeinsamen) Kindern oder sog. „Stiefeltern", Vater mit nichtehelichem Kind, Verwandte, Freunde in derselben Wohnung etc.

entstehen insbesondere dann solche Garantenstellungen gegenüber den genannten Kindern, wenn es gilt, Gefahren von ihnen abzuwenden, die sich entweder aus dem eigenen „vorhergegangenen Tun" ergeben haben

Beispiel: eine solche Person geht mit dem Kind zum Baden an einen See

oder die aus allgemeinen Umständen herrühren.

Beispiel: das gemeinsam benutzte Zelt oder Auto fängt Feuer

Umfang der Verantwortlichkeit

Bei besonders enger Lebensgemeinschaft oder Vertrauensstellung erscheint es gerechtfertigt, für das „normale" Verschulden (also mit Ausnahme der leichten Fahrlässigkeit) einstehen zu müssen; desgleichen bei „vorausgegangenem eigenem Tun" (siehe oben).

Bei allen anderen Garantenstellungen ist nur für Vorsatz und grobe Fahrlässigkeit einzustehen.

Haftung bei Gefälligkeit

Aber auch bei der sog. *„Gefälligkeitsaufsicht"* kann man nicht davon ausgehen, dass in keinem Fall gehaftet würde, wenn „etwas passiert". Das erfordert schon der Schutz der zu Beaufsichtigenden, aber auch die Bereitschaft, sich zur Aufsicht zur Verfügung zu stellen. Wenn dies auch nicht in rechtsgeschäftlichem Sinn „mit Bindungswillen" geschehen sein mag (vgl. Seite 8), so bedeutet es doch im täglichen Leben, dass man „eine gewisse" Verantwortung zu übernehmen bereit war.

Verantwortlichkeit situationsabhängig

Aus diesem Grund hat jemand, der aus Gefälligkeit eine zu beaufsichtigende Person vorübergehend „in Betreuung" (im weitesten Sinn) genommen hat, *immer für: vorsätzliches und grob fahrlässiges Handeln* einzustehen.

Wenn die Zuordnung zu dem Betreffenden für das Kind eine neue Situation schafft (z.B. Nachbarin nimmt Kind im Pkw mit), ist darüber hinaus auch für die in eigenen Angelegenheiten angewandte *Sorgfalt* gemäß § 277 zu haften.

Hat die „gefällige" Person mit dem Kind etwas unternommen, was spezifische Sorgfalt notwendig macht (z.B. Schwimmen, Bergwandern, Radeln usw.), so hat sie auch die *gewöhnliche* Fahrlässigkeit zu vertreten.

Falls bei „Gefälligkeitsaufsichten" im konkreten Schadensfall nicht die Person selbst zugegen war, sondern diese die Kinder von jemandem, der zu seinem Haushalt, Betrieb etc. gehört, betreuen ließ, ist unter denselben Gesichtspunkten entsprechend zu prüfen, ob gemäß § 831 für diese Personen einzustehen ist.

IV. Regressansprüche der Träger sozialpädagogischer Einrichtungen

Begriff

Als Regress (= Rückgriff) bezeichnet man das Zurückgreifen eines Ersatzpflichtigen auf denjenigen, für den er Schadensersatz leisten musste.

Voraussetzung

Voraussetzung für Regressansprüche eines Trägers sozialpädagogischer Einrichtungen gegenüber demjenigen, der im in Betracht kommenden Fall die Aufsichtspflicht verletzte, ist somit, dass der Träger einem Geschädigten/Verletzten deswegen Schadensersatz leisten musste. Das ist jedoch nur noch selten der Fall (siehe dazu nachfolgende Kapitel 1.–3.).

Selten erfüllt

1. Allgemeine Haftpflichtversicherungen

Die Träger sind inzwischen fast ausnahmslos für die sie treffenden Haftungsrisiken versichert, soweit es sich um öffentliche und freie Träger handelt. Das gilt aber auch für die Mehrzahl der privaten sozialpädagogischen Einrichtungen.

Kein Regress, wenn Versicherung zahlt

Wenn eine Versicherung den Schadensersatz übernehmen muss, der Träger selbst also gar nichts zu leisten braucht, kann er auch nicht die Aufsichtsperson in Regress nehmen, die den Schaden verursacht hatte, da keine „Ersatzleistung" vorliegt.

2. Gesetzlicher Unfallversicherungsschutz in sozialpädagogischen Einrichtungen

Erlaubnispflichtige Tageseinrichtungen

Nach § 2 Abs. 1 Nr. 8a SGB VII besteht gesetzlicher Unfallversicherungsschutz für Kinder in Tageseinrichtungen, deren Träger für den Betrieb der Einrichtung eine Erlaubnis nach § 45 SGB VIII oder aufgrund entsprechender landesrechtlicher Regelungen benötigen. Von § 22 Abs. S. 1 SGB VIII werden Tageseinrichtungen definiert als Einrichtungen, in denen sich Kinder für einen Teil des Tages oder ganztags aufhalten und in Gruppen i.S.d. § 22 Abs. 2 Nr. 1 und Abs. 3 gefördert werden. **Tageseinrichtungen** stellen eine auf gewisse Dauer angelegte Verbindung von Personen und Sachen, die mit einer Baulichkeit verbunden sind, unter Verantwortung eines Trägers dar[25]. Der organisatorische Rahmen muss weit gehend vom Träger vorgegeben sein und darf kaum

Weitere Kriterien

[25] BT-Drucks. 11/5948, S. 82

Elemente der Selbstorganisation aufweisen. Die Tätigkeit der Einrichtung muss regelmäßig (d.h.: fortlaufend wiederkehrend) erfolgen; einmalige Unterbringung und Betreuung genügt daher nicht. Sind diese Voraussetzungen erfüllt, besteht gesetzlicher Unfallversicherungsschutz in folgenden sozialpädagogischen Einrichtungen:

Erfasste Einrichtungen

Krabbelstuben, Kinderkrippen, Kindergärten und andere Vorschuleinrichtungen, Horte etc.

Die altersmäßige Zusammensetzung und die Größe der Einrichtung der Kindergruppen spielt dabei keine Rolle. Vom gesetzlichen Unfallversicherungsschutz erfasst werden daher auch Kleinsteinrichtungen.

Nicht einbezogen sind aber alle Jugendfreizeit-/Bildungseinrichtungen

Vom gesetzlichen Unfallversicherungsschutz des § 2 Abs. 1 Nr. 8a SGB VII *nicht erfasst* werden – unverständlicherweise – jedoch:

Jugendfreizeiteinrichtungen, d.h., alle Einrichtungen, die der Freizeitgestaltung von Kindern und Jugendlichen dienen (z.B. Jugendfreizeitheime, Jugendherbergen, Kinder- und Jugend-Clubs, pädagogisch betreute Kinder-/Jugend-Spielplätze, Jugend-Bastel-/Werkräume),

Jugendbildungseinrichtungen, d.h., alle Einrichtungen, die der außerschulischen Bildung von Kindern und Jugendlichen dienen (z.B. Schullandheime).

Kinder in Tagespflege sind seit 1.10.2005 auch gesetzlich unfallversichert

Durch das KICK wurde der gesetzliche Unfallversicherungsschutz seit 1.10.2005 erweitert auf Kinder, die durch geeignete Tagespflegepersonen iSd § 23 Abs. 3 SGB VIII betreut werden (§ 2 Abs. 1 Nr. 8a SGB VII). Da dies nur das zuständige JA verbindlich feststellen kann, erstreckt sich der gesetzliche Unfallversicherungsschutz nur auf vom JA vermittelte Tagespflege-Fälle (meist *Tagesmütter* genannt). Erfasst werden dann gemäß § 2 Abs. 1 Nr. 9 iVbm § 8 Abs. 2 SGB VII alle Unfälle der Kinder

Beschränkt auf vom JA vermittelte Fälle

- während des Aufenthalts bei Tagespflegepersonen,
- auf dem Hin- und Heimweg zu Tagespflegepersonen,
- bei Ausflügen (Spielplatz, Kindertheater, Spazierengehen, Baden etc.) mit Tagespflegepersonen,
- wenn Tagespflegepersonen die Betreuung der Kinder im Haushalt ihrer Personensorgeberechtigten übernehmen.

Weitere nicht versicherte Kinder

Nicht gesetzlich unfallversichert sind daher Kinder in selbst organisierter Kindertagespflege (Eltern-Kind-Gruppen o.ä.), Früh-/Förderstellen, sozialpädiatrischen Abteilungen/Zentren in Kliniken, in Kinder- und Wohnheimen sowie die eigenen Kinder der Tagespflegepersonen.

Tagespflegepersonen selbst sind versichert

Die Tagespflegepersonen selbst sind in allen oben genannten Fällen gesetzlich unfallversichert (§ 2 Abs. 1 Nr. 9 iVbm § 8 Abs. 2 SGB VII).

Die gesetzliche Unfallversicherung beinhaltet Folgendes:

Übernahme der Haftung

Verbleibende Haftungsfälle

Die gesetzliche Unfallversicherung übernimmt die Haftung für Unfälle, die die Kinder während des Besuches der (oben genannten) Einrichtungen erleiden. Somit können die dort Aufsichtspflichtigen von ihren Trägern allenfalls dann in Regress genommen werden, wenn infolge einer Aufsichtspflichtsverletzung nicht die zu Beaufsichtigenden, sondern andere Personen zu Schaden gekommen sind.

Beispiele: Die Kinder beschädigen geparkte oder vorbeifahrende Autos mit Steinen. Das Mobiliar wird durch zündelnde Kindergartenkinder beschädigt.

Regressmöglichkeiten

Allerdings kann der Träger der gesetzlichen Unfallversicherung die konkret Verantwortlichen (= die die Aufsichtspflicht verletzten) in Regress nehmen, wenn diese grob fahrlässig oder vorsätzlich handelten (vgl. § 110 SGB VII).

a) Unfälle im Sinne des SGB VII

Schutz bei allen Veranstaltungen

Unfälle iSd SGB VII sind alle von außen auf den Körper einwirkenden Ereignisse, die während des Besuchs einer vom SGB VII erfassten Einrichtung (siehe dazu oben unter 2.) zu einem Gesundheitsschaden oder zum Tod führen – und zwar unabhängig von der zugrunde liegenden Ursache und Verschulden (vgl. § 8 Abs. 1 S. 2 SGB VII). Damit werden alle mit dem Besuch der betreffenden Einrichtung bzw. mit der Betreuung durch die o.a. Tagespflegepersonen sich ergebenden Unternehmungen erfasst.

Beispiele: Kinderfeste außerhalb der ‚normalen' Kindergartenzeit, Darbietungen auf Elternabenden oder sonstigen Feiern, Wanderungen o.ä.

Hin- und Rückweg mitversichert

Darüber hinaus ist auch der Hin- und Rückweg mitversichert (§ 8 Abs. 2 Nr. 1–4 SGB VII), selbst wenn nicht der kürzeste Weg eingehalten oder er zeitlich unterbrochen wird. Das gilt aber nur, wenn das Kind allein unterwegs ist, denn Kinder können nicht mit denselben Maßstäben gemessen werden wie Erwachsene. Insbesondere an „Kindergartenkinder" sowie an Kinder unter 14 Jahren können schon wegen des in diesen Altersstufen vorhandenen besonders ausgeprägten Spieltriebes und der damit verbundenen „Unberechenbarkeiten" keine strengen Anforderungen gestellt werden. So gehört es z.B. zum natürlichen Verhalten dieser Kinder, dass sie sich mit den anderen balgen. Somit sind daraus entstehende Verletzungen auch Unfälle infolge einer versicherten Tätigkeit iSd § 8 Abs. 1 S. 1 SGB VII, zumal „verbotswidriges Handeln" einen Versicherungsfall nicht ausschließt (§ 7 Abs. 2 SGB VII).

Keine strengen Maßstäbe

b) Einschränkungen des gesetzlichen Unfallversicherungsschutzes

Kein Ersatz von Sach-, Drittschäden und Schmerzensgeld

Nach den Bestimmungen der §§ 26 ff. SGB VII umfasst der gesetzliche Unfallversicherungsschutz *nicht*:

Schmerzensgeldansprüche[26], Sachschäden sowie Schäden, die die Kinder Dritten (z.B. Erziehern, Besuchern, Passanten, Lieferanten) zufügen.

Andere Kinder der betreffenden sozialpädagogischen Einrichtungen gelten jedoch nicht als „Dritte", so dass nach dem SGB VII gesetzlicher Unfallversicherungsschutz besteht, wenn z.B. ein Kindergartenkind ein anderes verletzt.

Haftung der Träger

Damit der vom gesetzlichen Unfallversicherungsschutz erfasste Personenkreis aber nicht schlechter gestellt ist als andere Unfallopfer, haftet der Unternehmer (= hier: der Träger der sozialpädagogischen Einrichtung) bei Unfällen, die vom Träger oder seinen Angestellten

a) vorsätzlich oder
b) auf dem Hin- oder Heimweg

„herbeigeführt" wurden (vgl. § 104 Abs. 1 S. 1 SGB VII).

---

26 Das *BVerfG* hält das mit dem GG für vereinbar (BVerfGE 34 S. 118).

Vorsätzlich herbeigeführt ist ein Unfall nicht nur bei direktem Vorsatz, also wenn der Schadensfall vom Träger oder seinen Beschäftigten beabsichtigt wurde (was kaum vorkommt), sondern auch bei *bedingtem* Vorsatz, d.h., wenn der Schaden als mögliche Folge einer Handlung billigend in Kauf genommen wurde.

Beispiel: Ein Erzieher gibt einem Kind eine sog. „Ohrfeige" und verletzt es dabei.

Schuldhafte Wegeunfälle

Wegeunfälle sind dann schuldhaft herbeigeführt, wenn sie anlässlich des Besuches einer vom Versicherungsschutz erfassten Einrichtung (vgl. Seiten 25/26) vom Träger (oder von seinen Beschäftigten) oder von einer Kindertagespflegeperson schuldhaft (d.h.: fahrlässig oder gar vorsätzlich) verursacht wurden.

Beispiele: Ein Kind wird von einer sog. Tagesmutter nach Hause gefahren und dann bei einem von ihr schuldhaft verursachten Unfall verletzt. – Das oben stehende Beispiel.

Ergebnis:
- Bei vom Träger oder seinen Angestellten vorsätzlich oder auf dem Hin- oder Heimweg herbeigeführten Unfällen tritt die gesetzliche Unfallversicherung mit ihren Leistungen nicht ein, sondern dann ist der Träger (bei Verschulden in seinem Bereich) den Kindern zum Schadensersatz einschließlich der Zahlung von Schmerzensgeld und Ersatz von Sachschäden verpflichtet.
- Bei allen nicht hierunter fallenden Schadensfällen bestehen also nur die eingeschränkten Ersatzansprüche (s.o.) im Rahmen des § 110 SGB VII gegenüber den Trägern der gesetzlichen Unfallversicherung.

c) Vorzüge der gesetzlichen Unfallversicherung

Kein Prozessrisiko für Geschädigte

Mit dieser – wenn auch etwas eingeschränkten – Haftung hat der Gesetzgeber dem gesicherten Rechtsanspruch auf die gesetzlichen Leistungen der Unfallversicherung Vorrang gegeben gegenüber etwaigen weiter gehenden Ansprüchen (Sachschäden und Schmerzensgeld) wegen Aufsichtspflichtsverletzungen. Dafür ersparen sich die verletzten Kinder (bzw. deren gesetzliche Vertreter) aber langwierige Prozesse mit unsicherem Ausgang und erheblichem Kostenrisiko.

Regressansprüche kaum noch möglich

Zugleich sind die in Kindergärten (und in den anderen vom gesetzlichen Unfallversicherungsschutz erfassten soz.-päd. Einrichtungen[27]) Tätigen hierdurch von Regressansprüchen der Träger freigestellt worden, also auch die Aufsichtspflichtigen. Sie müssen nur noch bei vorsätzlichen Aufsichtspflichtsverletzungen mit Regressansprüchen ihrer Träger und (ab grob fahrlässigem Verhalten) mit Regress des Trägers der Unfall- oder (bei der sicher seltenen Mitnahme von Kindern im Pkw) der Kfz-Haftpflichtversicherung rechnen (§ 110 SGB VII).

3. Verbleibende Regressansprüche

Regressansprüche der Träger sozialpädagogischer Einrichtungen kommen daher nur noch in den nicht in die gesetzliche Unfallversicherung einbezogenen Institutionen (siehe Seite 25/26) sowie dann in Betracht, wenn

---

[27] Siehe dazu Seiten 25/26.

die zu beaufsichtigenden Kinder andere Personen (z.B. Besucher, Lieferanten, Passanten) geschädigt haben und der Träger deswegen Schadensersatz leisten musste (siehe dazu auch Seite 25) .

„Öffentliche" Träger

Aber auch in diesen Fällen muss nicht stets mit Regress gerechnet werden. Denn soweit es sich um „öffentliche" Träger

Beispiele: Bund, Länder, Bezirke oder Landschaftsverbände, Landkreise, Gemeinden oder sonstige juristische Personen des öffentlichen Rechts (z.B. in Bayern: Bayer. Jugendring, Bayer. Rotes Kreuz)

Haftungsprivileg

handelt, ist ein Regress gemäß § 839 BGB in Verbindung mit Art. 34 GG nur möglich, wenn die Aufsichtspflichtsverletzung als vorsätzlich oder grob fahrlässig bezeichnet werden muss. Das bedeutet, dass für die in Einrichtungen öffentlicher Träger Tätigen ein Haftungsprivileg besteht, denn sie müssen bei leichter und „normaler" Fahrlässigkeit – im Gegensatz zu bei freien Trägern Beschäftigten (siehe dazu nachstehend) – nicht mit Regressansprüchen rechnen.

Andere Träger

Bei anderen Trägern (d.h., sog. „freie" Träger[28] oder Privatpersonen) besteht dieses Haftungsprivileg gesetzlich zwar nicht. Rechtsprechung und Lehre haben aber zunehmend anerkannt, dass es unbillig wäre, das Betriebsrisiko der Arbeitgeber durch Regressmöglichkeiten auf ihre Arbeitnehmer abzuwälzen. Inzwischen werden daher auch hier Regressbeschränkungen anerkannt. Sie haben zu einer Reduzierung des Haftungsrisikos beruflich Aufsichtspflichtiger geführt. Daraus ergibt sich Folgendes:

Begrenzte Regressmöglichkeiten

Regressmöglichkeiten anderer Träger (und damit eine Haftung der dort Aufsichtspflichtigen)

Leichte Fahrlässigkeit
Normale Fahrlässigkeit
Grobe Fahrlässigkeit
Vorsatz

- entfallen bei leichter Fahrlässigkeit völlig[29],
- bestehen bei normaler Fahrlässigkeit nur anteilig, d.h., entstandene Schäden werden unter abwägender Berücksichtigung der Gesamtumstände (Schadensanlass, -folgen, Verschulden, Betriebsrisiko) nach Billigkeits- und Zumutbarkeitsgesichtspunkten aufgeteilt[29],
- bestehen bei grober Fahrlässigkeit grundsätzlich uneingeschränkt[30],
- bestehen bei Vorsatz in vollem Umfang.

Haftungsbeschränkung von Vereins- und Stiftungsvorständen

Vereins- und Stiftungsvorstände, die für ihre Tätigkeit nicht mehr als EUR 500 pro Jahr erhalten, können seit 2009 selbst nur noch bei Vorliegen von grober Fahrlässigkeit oder Vorsatz in Regress genommen werden, wenn sie einen Schaden (z.B. durch Organisationsmängel) verursacht haben (vgl. §§ 31a Abs. 1, 86 S. 1). Werden sie in diesem Zusammenhang von einem Dritten auf Schadensersatz in Anspruch genommen, haben sie, wenn sie nicht vorsätzlich oder grob fahrlässig gehandelt haben, gegen den Verein einen Freistellungsanspruch (§§ 31a Abs. 2, 86 S. 1). Dieser wandelt sich in einen Ersatzanspruch gegen den Verein (oder Stiftung) um, wenn sie bereits an Geschädigte Schadensersatz geleistet haben sollten.[30a]

---

[28] Vgl. § 74 SGB VIII sowie Seite 38.
[29] *BGH*, NJW 1991, S. 1685; BAG, NJW 1995, S. 211.
[30] Nach *BAG* (NJW 1990, S. 470) und BGH (NJW 1996, S. 1532) sind jedoch im Einzelfall bei besonderem Missverhältnis von Verdienst und Schadensrisiko Haftungsbeschränkungen möglich.
[30a] *Palandt/Ellenberger*, § 31a, Rz. 5.

Haftung bei Aufsichtspflichtsverletzungen

Träger der soz.-päd. Einrichtung	**Aufsichts-pflichtige**	**Geschä-digte**	**Ersatzpflichtige, Umfang der Ersatzpflicht**	**Regress* möglich**
jur. Pers. des öffentl. Rechts *Beispiele: Gemeinden, Landkreise, Bezirke, Länder, Landschaftsverbände*	Berufliche Erzieher im weitesten Sinn aber auch: anderes Erziehungs- und Aufsichts-personal	a) Aufsichts-bedürftige selbst	Träger haftet bei jedem Verschulden seiner Mitarbeiter (Beamte, Angest. Arbeiter, Aushilfen, Praktikanten) gem. § 839, Art. 34 GG	Nur bei: Vorsatz und grober Fahrlässigkeit
		b) Dritte	desgl., jedoch mit Entlastgsmöglkt. gemäß § 831	
jur. Pers. des priv. Rechts *Beispiele: freie Verbände (Diak. Werk, PWV, Caritas, AWO etc.)*		a)	Träger haftet bei jedem Verschulden seiner Mitarbeiter (§§ 30, 31; 278)	bei: Vorsatz + grober F.: uneingeschränkt bei: „normaler“ Fahrlkt.: quotenmäß. Verteilung bei: leichter Fahrlkt. (nach hM) kein Regress
		b)	Haftung gem. §§ 30, 31, jedoch mit Entlastgsmöglkt. gemäß § 831	
nichtrechtsfähige Vereine *Beispiele: Bürgerinitiativen, Elternvereinigungen*		a)	Träger haftet nach hM wie ein e. V. (s.o.), jedoch nur mit seinem Vereinsvermögen und (daneben!) das vertragsschließende Mitglied	
		b)	Träger haftet wie bei a), jedoch mit Entlastgsmöglkt. gem. § 831	
Privat-Personen *Beispiele: Pflegeeltern priv. Heime, Kindertagesstätten*		a)	Privat-Pers. haftet für jedes eigene Verschulden und für das ihrer Mitarb. gem. §§ 823, 278	
		b)	desgl. für Mitarb., jedoch mit Entlastgs.-möglkt. gemäß § 831	
sporadische Gruppen, Wohn-, Elterngemeinschaften ohne jede Satzung o. Ä.	Mitglied der Gemeinschaft bzw. Gruppe	a)	Nur der konkret Aufsichtführende haftet, jedoch nur wie bei eigenen Kindern (§ 1664 i.V.m. § 277)	entfällt
		b)	Nur der konkret Aufsichtführende haftet bei jedem Verschulden	
entfällt	Eltern	a)	haften nur wie in eigenen Angelegenheiten (§ 1664 iVbm § 277)	entfällt
		b)	haften bei jedem Verschulden	
	Bei tatsächl. Lebensgemeinschaften	a) und b)	Die betreffende Person haftet nur wie in eigenen Angelegenheiten (gem. §§ 823, 277)	entfällt
	Pfleger, Vormund	a) und b)	Sie haften bei jedem Verschulden	entfällt
	Gefällige Verwandte, Freunde etc.	a) und b)	Die betreffende Person haftet nur wie in eigenen Angelegenheiten (gem. §§ 823, 277)	entfällt

* Er entfällt, wenn gesetzliche oder private Unfall-Versicherung eintreten musste.

V. Arbeits- und dienstrechtliche Folgen

Verletzung der Dienstpflichten

Jede Verletzung der Aufsichtspflicht stellt zugleich eine Verletzung der sich aus dem Dienst- bzw. Arbeitsverhältnis ergebenden Verpflichtungen dar. Der Dienstherr bzw. Arbeitgeber kann solche Vorkommnisse zum Anlass für eine Abmahnung, verstärkte Überwachung, Kontrollen, die Zurückstellung von einer anstehenden Beförderung, den Entzug von Leitungsfunktionen, Versetzung oder sogar als Anlass zur Kündigung nehmen.

Schadenseintritt ist zweitrangig

Hierbei ist es grundsätzlich unerheblich, ob der Arbeitgeber/Dienstherr durch die Aufsichtspflichtsverletzung zum Schadensersatz herangezogen wurde oder nicht. Das wird besonders dann deutlich, wenn nur infolge „glücklicher Umstände" kein Schaden entstanden oder dieser sehr gering geblieben ist. – Selbst wenn die betreffende Aufsichtsperson im konkreten Fall nachweisen kann, dass der Schadensfall auch bei Erfüllung der Pflichten entstanden wäre (vgl. den Fall von Seite 19), kann dem Arbeitgeber/Dienstherrn nicht zugemutet werden, unzuverlässige Mitarbeiter in ihren bisherigen Funktionen zu belassen.

Unzuverlässig?

Wahrung der Verhältnismäßigkeit

Art und Schwere der begangenen Aufsichtspflichtsverletzung müssen allerdings in einem angemessenen Verhältnis zum beabsichtigten Vorgehen des Arbeitgebers/Dienstherrn stehen. Man kann jedoch nicht von ihm verlangen, dass er angeblich „einmalige" Verfehlungen bei entsprechenden Beteuerungen gänzlich übergeht, zumal ihm selbst daraus ein erheblicher Vorwurf gemacht werden kann, wenn später wirklich „etwas passiert". (Das gilt nicht zuletzt schon deshalb, weil darin eine Verletzung der Aufsichtspflicht des Arbeitgebers/Dienstherrn gesehen werden kann und sich dann auch für ihn zivilrechtliche und u.U. auch strafrechtliche Folgen ergeben könnten.)

Kündigung

Bevor eine *Kündigung* in Betracht kommt, ist stets zu prüfen, ob nicht eine andere Beschäftigung im Bereich des Arbeitgebers/Dienstherrn möglich und zumutbar ist (z.B. in der Verwaltung). Dies ergibt sich aus den Bestimmungen des Kündigungsschutzgesetzes, die allerdings nach dessen §§ 1, 23 während der ersten sechs Monate sowie bei Arbeitgebern mit nicht mehr als fünf (bei Arbeitsverträgen ab 2004: zehn) Arbeitnehmern nicht anwendbar sind. In diesen Fällen kann nämlich ohne jede Begründung gekündigt werden.

VI. Strafrechtliche Folgen

Aufsichtspflichtsverletzungen können auch Strafverfahren nach sich ziehen, wenn darin zugleich eine Verwirklichung eines Straftatbestandes liegt.

1. Verletzung der Fürsorge- oder Erziehungspflicht

Strafbarkeitsvoraussetzungen

Noch nicht 16 Jahre alte Personen

Mit Freiheitsstrafe bis zu drei Jahren oder mit Geldstrafe bis zu einem Netto-Jahresverdienst kann bestraft werden, wer „seine Fürsorge- oder Erziehungspflicht gegenüber einer Person unter 16 Jahren gröblich verletzt und dadurch die Schutzbefohlenen in die Gefahr bringt, in ihrer körperlichen oder psychischen Entwicklung erheblich geschädigt zu werden oder einen kriminellen Lebenswandel zu führen oder der Prostitution nachzugehen" (vgl. § 171 iVm § 40 StGB).

Objektive Gefährdung genügt

Die objektive Gefährdung der „Schutzbefohlenen" genügt. Die im § 171 StGB genannten Folgen müssen daher noch nicht eingetreten, aber bei normaler Weiterentwicklung wahrscheinlich sein.

Eine „gröbliche" Verletzung liegt dann vor, wenn sie subjektiv und objektiv als besonders schwerwiegend anzusehen ist.

Vorsatz ist erforderlich, wobei es genügt, dass Pflichtverletzung und Gefährdung billigend in Kauf genommen wurden (= bedingter Vorsatz).

2. Körperverletzungen infolge Aufsichtspflichtverletzungen

Werden infolge einer Aufsichtspflichtverletzung Aufsichtspflichtige oder Dritte (d.h. andere Personen) körperlich oder an ihrer Gesundheit geschädigt, so kann eine Bestrafung wegen Körperverletzung in Betracht kommen. Dabei ist zwischen vorsätzlicher und fahrlässiger Körperverletzung zu unterscheiden:

Vorsatz

Vorsatz liegt nicht nur dann vor, wenn die Aufsichtspflichtverletzung begangen wurde, um eine Körperverletzung Aufsichtsbedürftiger oder Dritter herbeizuführen (was wohl selten vorkommen wird), sondern auch dann, wenn eine – vorhersehbare – Körperverletzung billigend „in Kauf genommen" wurde (wovon z.B. bei körperlichen Züchtigungen Minderjähriger stets auszugehen ist) – sog. bedingter Vorsatz (s. o.).

Seit 2.11.2000 ist zudem jede körperliche Bestrafung Minderjähriger (ausnahmslos) unzulässig (vgl. § 1631 Abs. 2 S. 2 BGB)[31].

Fahrlässigkeit

Fahrlässigkeit liegt vor, wenn infolge mangelnder Aufsicht Aufsichtsbedürftige (oder Dritte) unbeabsichtigt verletzt wurden, d.h.: wenn nicht bedacht wurde, dass hierdurch jemand verletzt werden konnte.

Strafmaß

Bei vorsätzlicher Körperverletzung kommt nach § 223 StGB entweder eine Bestrafung zu einer Geldstrafe bis zu einem Netto-Jahresverdienst (vgl. dazu § 40 StGB) oder Freiheitsstrafe bis zu fünf Jahren in Betracht. – Bei fahrlässiger Körperverletzung kommt gemäß § 229 StGB ebenfalls eine Geldstrafe oder Freiheitsstrafe bis zu drei Jahren in Betracht.

3. Misshandlung von Schutzbefohlenen

Geschützte Personen: alle Minderjährigen, Kranke, Gebrechliche

Wer Personen unter 18 Jahren *oder* wegen Gebrechlichkeit oder Krankheit *Wehrlose*, die seiner Fürsorge oder Obhut unterstehen oder seinem Hausstand angehören *oder* die von dem Fürsorgepflichtigen seiner Gewalt überlassen worden oder durch ein Dienst- oder Arbeitsverhältnis von ihm abhängig sind, *quält* oder *roh misshandelt*, wird gemäß § 225 Abs. 1 StGB mit Freiheitsstrafe von sechs Monaten bis zu zehn Jahren bestraft. Dieselbe Strafe droht demjenigen, der durch böswillige Vernachlässigung seiner Pflicht, für diese Personen zu sorgen, sie an der Gesundheit schädigt. Bei Gefahr erheblicher gesundheitlicher, körperlicher oder seelischer Schädigungen oder bei Todesgefahr droht Freiheitsstrafe von einem bis zu zehn Jahren (§ 225 Abs. 3 StGB).

4. Fahrlässige Tötung

Wer durch Fahrlässigkeit den Tod eines Menschen verursacht, wird mit Geldstrafe bis zu einem Netto-Jahresverdienst oder mit Freiheitsstrafe bis zu fünf Jahren bestraft (§ 222 iVbm § 40 StGB).

Das Maß der Sorgfalt richtet sich *objektiv* nach den Umständen (Unternehmungen) und *subjektiv* nach den persönlichen Kenntnissen und Fähigkeiten. Diese Sorgfaltspflicht wird, wie der *BGH* betont hat, insbesondere durch den ausgeübten Beruf begründet. Daher darf man nichts mit den zu

[31] Siehe dazu Seite 270 ff. sowie *Schleicher*, Jugendhilfe 2001 S. 181 ff.

Beaufsichtigenden unternehmen, von dem man sich sagen muss, dass man der damit verbundenen Aufgabe (= Aufsicht) nicht gewachsen ist[32] oder, dass Gefahr besteht. Das gilt z.B. bei Touren mit einer Gruppe im Gebirge (insbesondere im Winter), beim Baden in unbekannten Gewässern oder ohne ausreichende Abkühlung der Kinder nach einer Wanderung.

5. Die Strafverfolgung

Auf Antrag oder von Amts wegen?

Sie tritt bei allen durch Fahrlässigkeit verursachten Körperverletzungen sowie bei vorsätzlich begangenen sog. leichten Körperverletzungen (= § 223 StGB) *nur auf Antrag* ein, es sei denn, dass die Strafverfolgungsbehörde wegen des „besonderen öffentlichen Interesses" an der Strafverfolgung ein Einschreiten *von Amts wegen* für geboten erachtet (§ 230 Abs. 1 StGB). Das wird meist angenommen, wenn der Vorfall sich in soz-päd. Einrichtungen ereignet.

Antragsberechtigte

Antragsberechtigt ist für Verletzte, die geschäftsunfähig oder beschränkt geschäftsfähig sind, der gesetzliche Vertreter in den persönlichen Angelegenheiten sowie der Personensorgeberechtigte (§ 77 Abs. 3 StGB).

Der Strafantrag kann von den Antragsberechtigten bis zur Verkündung des Urteils zurückgenommen (aber dann nicht noch einmal gestellt) werden (§ 77d Abs. 1 StGB).

Verfolgung von Amts wegen

Wenn die Körperverletzung durch einen kraft seines Berufes Aufsichtspflichtigen begangen wurde, bejaht die Staatsanwaltschaft grundsätzlich das öffentliche Interesse an der Strafverfolgung.

(Bei allen anderen oben unter 1., 3. und 4. behandelten Straftaten tritt die Strafverfolgung von Amts wegen ein!)

VII. Versicherungsschutz

Haftpflichtversicherungen

Gegen das Risiko von Aufsichtspflichtverletzungen können sich die Aufsichtspflichtigen in gewissem Umfang versichern. So besteht die Möglichkeit, eine Privat- oder Berufshaftpflichtversicherung abzuschließen, die in Fällen der Schadensersatzverpflichtung die fälligen Zahlungen übernimmt (arbeits- und strafrechtliche Folgen sind aber nicht versicherbar). Außerdem kann eine Rechtsschutzversicherung abgeschlossen werden, die zusätzlich die Kosten der zivil-/arbeits-/dienst- und strafrechtlichen Verfahren übernimmt. Einen besseren Schutz bieten die Berufsverbände und die Gewerkschaften, denn ihre Mitglieder sind automatisch haftpflicht- und rechtsschutzversichert. Sie übernehmen in Aufsichtspflichtfällen also:

Rechtsschutzversicherung

Dreifacher Schutz bei Berufsverbänden

Abwehr + Übernahme von Schadensersatz

a) die Abwehr von Schadensersatzansprüchen der Verletzten oder Regressansprüchen ihrer Krankenkasse, sonstiger Versicherungsträger, Arbeitgeber/Dienstherrn bzw. gegebenenfalls die Erstattung der sich hieraus ergebenden Zahlungsverpflichtungen,

Vertretung bei zivilrechtlichen Verfahren

b) die Vertretung bei arbeits- oder dienstrechtlichen Auseinandersetzungen mit dem Arbeitgeber/Dienstherrn, falls dieser wegen des Vorfalls rechtliche Schritte (siehe dazu Seite 31) gegen den Aufsichtspflichtigen unternimmt,

Vertretung bei strafrechtlichen Verfahren

c) die Vertretung in einem sich aus einer Aufsichtspflichtverletzung eventuell ergebenden Strafprozess (z.B. wegen fahrlässiger Körperverletzung begangen durch Verletzung der Aufsichtspflicht).

---

[32] BGHSt 10, 143.

Gerichts- und Anwaltskosten

Der Versicherungsschutz umfasst auch die anfallenden Gerichts-[33] und Anwaltskosten, wenn der Versicherungsfall ordnungsgemäß gemeldet wurde[34]. Bevor man sich jedoch an einen Rechtsanwalt wendet, muss dies mit dem Versicherungsträger oder Berufsverband vereinbart werden. Das gilt auch dann, wenn in dem abgeschlossenen Versicherungsvertrag „freie Anwaltswahl" zugesichert wird, da der Versicherungsträger sich in den „allgemeinen Bedingungen" verständlicherweise vorbehalten haben wird, dass er zunächst prüft, ob

a) überhaupt ein „Versicherungsfall" vorliegt,
b) eine Regulierung ohne Anwalt möglich ist.

Versicherungsbedingungen vorher lesen!

Vor *Abschluss* einer Haftpflichtversicherung empfiehlt es sich, die Leistungen derselben genauestens anzuschauen und nicht allein den Beitrag. So kann man leicht Reklame machen, dass die eigenen minderjährigen Kinder ohne Aufpreis mitversichert sind. Da diese selten haftbar gemacht werden können (vgl. §§ 827, 829), muss auch die Versicherung kaum einmal eintreten. – Wichtig sind die Haftungssummen! Ungünstig ist eine Unterteilung in Personen- und in Sachschäden (besser ist ein „Pauschalsystem").

Ausschluss

Zu beachten ist auch, dass die Versicherungsträger grundsätzlich bei *vorsätzlichem Handeln* (= auch bei bedingtem Vorsatz[35]) den *Ausschluss* der Versicherungsleistungen vorsehen und sich zumeist bei grob fahrlässigem Verhalten den Regress bei ihren Versicherten vorbehalten.

Konsequenzen von Aufsichtspflichtverletzungen

Schadensersatz – arbeits-/dienstrechtliche Folgen – Strafverfolgung.
- Private Haftpflichtversicherungen der Träger soz.-päd. Einrichtungen sowie der dort häufig bestehende gesetzliche Unfallversicherungsschutz nach dem SGB VII verringern das Haftungsrisiko Aufsichtspflichtiger. Die verbleibenden Regressmöglichkeiten der Träger beschränkt die Rechtsprechung auf vorsätzliches und grob fahrlässiges Fehlverhalten.

Versicherungen der Aufsichtspersonen:
- Privat- oder Berufshaftpflichtversicherungen schützen vor einem Schadensersatz-Risiko. Arbeits- und strafrechtliche Folgen sind aber nicht versicherbar. Die Kosten gerichtlicher Verfahren (in allen Bereichen) können durch eine Rechtsschutzversicherung abgedeckt werden; Berufsverbände/Gewerkschaften bieten ihren Mitgliedern diesen kompletten Schutz kostenlos.

Arbeitsrechtliche Folgen können sein:
- Abmahnung, Kontrollen, verstärkte Überwachung, Nichtbeförderung, Entzug von Leitungsfunktionen, Versetzung oder auch Kündigung.

Strafrechtliche Folgen können sein:
- Geld- oder Freiheitsstrafen wegen: Verletzung der Fürsorge- oder Erziehungspflicht (§ 171 StGB), Körperverletzungen (§§ 223, 229, 230 StGB), Misshandlung von Schutzbefohlenen (§ 225 StGB), fahrlässiger Tötung (§ 222 StGB).

---

[33] Bußgelder, Auflagen (Zahlungen an gemeinnützige Vereine), Geldstrafen fallen natürlich nicht hierunter.
[34] Hierzu genau die Versicherungsbedingungen lesen.
[35] Siehe dazu oben Seite 32.

Abschließend sei noch darauf hingewiesen, dass die oben genannten drei Gerichtsverfahren, die aus einer behaupteten oder tatsächlich begangenen Aufsichtspflichtverletzung entstehen *können*, unabhängig voneinander eingeleitet werden *können* und dann auch durchgeführt werden würden und daher auch verschiedene Entscheidungen ergeben *können*.

Unabhängigkeit der einzelnen Gerichtsverfahren

Beispiele: Ein Strafverfahren wird von Amts wegen eingeleitet, obwohl weder vom Geschädigten Ansprüche geltend gemacht noch vom Träger arbeits- oder dienstrechtliche Schritte unternommen wurden.

Auch wenn man wegen einer Körperverletzung (begangen durch Aufsichtspflichtverletzung) in einem Zivilprozess für schadensersatzpflichtig erklärt wurde, stellt das noch nicht unbedingt einen Grund für eine Kündigung oder für eine strafrechtliche Verurteilung dar.

Kapitel 3. Jugendhilferecht[36]

Übersicht

A. Begriff, Zielsetzungen 35
B. Aufgaben 36
C. Freie und öffentliche Jugendhilfe 37
D. Prinzipien der Jugendhilfe 40
E. Jugendhilfeleistungen 54
F. „Andere" Aufgaben der Jugendhilfe 102
G. Datenschutz 117

A. Begriff, Zielsetzungen

Vorbemerkung:

Entstehung des SGB VIII

1991 schuf das KJHG das SGB VIII (vgl. Art. 1 KJHG), das das 1922 entstandene (zuletzt 1961 novellierte) *JWG* ablöste. Das SGB VIII wurde seitdem vor allem durch folgende Gesetze (z.T. erheblich) geändert:

Gesetzesänderungen

KindRG, BeistandsschaftsG, KinderrechteverbesserungsG, TAG, KICK, Kinderförderungsgesetz.

Begriff

Der Begriff „Jugendhilfe" ist sehr komplex. Er hat sich weniger systematisch als pragmatisch gebildet. Das vormalige *JWG* wie auch das derzeitige SGB VIII verwenden den Begriff „Jugendhilfe", ohne ihn zu definieren, setzen dessen Inhalt also als bekannt voraus. In § 1 Abs. 3 werden allerdings als *„Grundziele"* der Jugendhilfe genannt:

Zielsetzungen

1. junge Menschen in ihrer individuellen und sozialen Entwicklung zu fördern und dazu beizutragen, Benachteiligungen zu vermeiden oder abzubauen,
2. Eltern und andere Erziehungsberechtigte bei der Erziehung zu beraten und zu unterstützen,
3. Kinder und Jugendliche vor Gefahren für ihr Wohl zu schützen,
4. dazu beizutragen, positive Lebensbedingungen für junge Menschen und ihre Familien sowie eine kinder- und familienfreundliche Umwelt zu erhalten oder zu schaffen.

[36] Paragrafen dieses Kapitels ohne Zusatz bezeichnen das SGB VIII.

Aufgabenstellung

Jugendhilfe muss zunehmend als ein Glied innerhalb der Dienstleistungsangebote unseres modernen Sozialstaates verstanden werden, das einen wichtigen Beitrag zum Grundrechtsschutz zu leisten hat. Das bedeutet, Jugendhilfe hat jungen Menschen (vgl. dazu § 7 Abs. 1 Nr. 4) bei der individuellen und sozialen Entfaltung ihrer Persönlichkeit Hilfestellungen anzubieten, dabei ihre Menschenwürde zu achten, die Chancengleichheit, insbesondere die Gleichberechtigung (vgl. dazu § 1 SGB I u. § 9 Nr. 3 SGB VIII), zu wahren und ihre Emanzipation zu fördern. Dabei ist immer das gesamte Umfeld der jungen Menschen (Familie, Freunde, Arbeits-, Ausbildungsstätte, Kommune) in alle Jugendhilfe-Aktivitäten einzubeziehen.

Verkürzt ausgedrückt ist Jugendhilfe also umfassende Sozialisationshilfe. Sie muss sich daher in erster Linie an den konkreten Bedürfnissen und Problemen der jungen Menschen ausrichten und dabei alltags- und lebensweltorientiert sein.

B. Aufgaben

Terminologie des SGB VIII

Bedeutung der Unterscheidung von Leistungen und anderen Aufgaben

Das SGB VIII unterteilt in § 2 die gesamten Aufgaben der Jugendhilfe in „Leistungen" (§§ 11–41) und „andere Aufgaben" (§§ 42–60). Beide Bereiche sind Pflichtaufgaben des JA (§ 3 Abs. 2 S. 2).[37] Die Unterscheidung von „Leistung" und „anderer Aufgabe" ist für die Anwendung einzelner Vorschriften von Bedeutung, z. B. für die Umschreibung der originären Aufgaben der freien Träger der Jugendhilfe (§ 3), die örtliche Zuständigkeit der öffentlichen Trägers der Jugendhilfe (§§ 86 ff.), den Datenschutz (§§ 61 ff.) und die Kostenbeteiligung (§§ 90 ff.).

Aufgaben der Jugendhilfe (§ 2)	
Leistungen der Jugendhilfe	**Andere Aufgaben der Jugendhilfe**
– Jugendarbeit (§§ 11, 12) – Jugendsozialarbeit (§ 13) – Erzieherischer Kinder- und Jugendschutz (§ 14) – Angebote zur Förderung der Erziehung in der Familie (§§ 16-21) – Angebote zur Förderung von Kindern in Tagespflege u. Tageseinrichtungen (§§ 22–25) – Hilfe zur Erziehung und ergänzende Leistungen (§§ 27–35, 39–40) – Eingliederungshilfe für seelisch behinderte Minderjährige und ergänzende Leistungen (§§ 35a, 39, 40) – Hilfe für junge Volljährige und Nachbetreuung (§ 41)	– Inobhutnahme Minderjähriger (§ 42) – Pflegekinderschutz (§§ 43, 44) – Heimaufsicht (§§ 45–49) – FamG-Arbeit[34] (§ 50) – Adoptionsvermittlung (§ 51) – Jugendgerichts-Hilfe (§ 52) – Beratung und Unterstützung von Müttern bei Vaterschaftsfeststellung u. Geltendmachung von Unterhaltsansprüchen (§ 52a) – Beratung und Unterstützung von Pflegern und Vormündern (§ 53) – Erlaubnis für Vereinsvormundschaften (§ 54) – Beistandschaften, Amtspflegschaften, Amtsvormundschaften (§§ 55–58) – Auskunft über Nichtabgabe u. Nichtersetzung von Sorgeerklärungen (§ 58a) – Beurkundungen, Beglaubigungen (§ 59) – Aufnahme vollstreckbarer Urkunden (§ 60)

[37] Hier ist – irreführend – die Bezeichnung „Hilfe" üblich (siehe dazu Seite 115).

Weitere Aufgaben der Träger der öffentlichen Jugendhilfe

Die Aufzählung der Aufgaben der Träger Jugendhilfe in § 2 ist nicht abschließend. Das SGB VIII enthält weitere Annex-Aufgaben:

- die Befassung des Jugendhilfeausschusses mit allen Angelegenheiten der Jugendhilfe (§ 71),
- die Förderung der freien Träger der Jugendhilfe (§ 74),
- die Anerkennung der Träger der freien Jugendhilfe (§ 75),
- die Jugendhilfeplanung (§ 80),
- die Geltendmachung von Kostenerstattung (§§ 89 bis 89h),
- die Erhebung von Teilnahme- und Kostenbeiträgen (§§ 90 bis 94),
- die Überleitung von Ansprüchen (§ 95),
- die Geltendmachung von Ansprüchen (§ 97) sowie
- statistische Erhebungen (§§ 98 ff.).

Zudem werden den Trägern der öffentlichen Jugendhilfe außerhalb des SGB VIII zugewiesen:

- die Adoptionsvermittlung (AdVermiG),
- die Gewährung von Unterhaltsvorschuss (UhVG),
- die Wahl der Jugendschöffen (JGG),
- die Stellungnahmen nach dem Namensänderungsgesetz,
- nach dem BauGB zur Bauleitplanung (§ 4 Abs. 1 BauGB) sowie
- nach dem StrafvollzugsG bei Mutter-Kind-Unterbringung (§ 80 StrafVollzugsG)
- und Anordnungen nach dem JugendschutzG (§ 9 JuSchG).

„Leistungen“ Kennzeichen: freiwillig

Die „Leistungen“ der Jugendhilfe stellen die Sozialleistungen im eigentlichen Sinn dar, die daher ausnahmslos Angebotscharakter haben. Ihre Inanspruchnahme ist also stets freiwillig und geprägt von der Mitwirkung der Leistungsberechtigten (vgl. §§ 8, 36 Abs. 1) sowie von ihrem Wunsch und Wahlrecht (§§ 5, 36). Letzteres steht in engem Zusammenhang mit dem gesetzlich anerkannten (vgl. § 3 Abs. 1) autonomen Betätigungsrecht der freien Träger, die die „Leistungen“ der Jugendhilfe zusammen (d.h. unter Wahrung ihres gem. § 4 Abs. 1–3 bestehenden Vorranges[38]) mit den Trägern der öffentlichen Jugendhilfe erbringen (§ 3 Abs. 2 S. 1).

„Andere Aufgaben“: überwiegend hoheitlich

Bei den „anderen Aufgaben“ handelt es sich vor allem um *hoheitlich ausgestaltete Tätigkeiten*, die im Wesentlichen aufgrund des staatlichen Wächteramtes[39] zu erfüllen sind, also nicht zur Disposition der Betroffenen stehen (vgl. z.B. §§ 42–44). Diese Jugendhilfe-Aufgaben obliegen daher grundsätzlich den Jugendämtern, sofern sie diese (soweit möglich) nicht den freien Trägern übertragen haben (vgl. §§ 3 Abs. 3, 76).

C. Freie und öffentliche Jugendhilfe

I. Unterscheidung

Trägerschaft entscheidend

Die Unterscheidung richtet sich danach, wer Träger der einzelnen Jugendhilfemaßnahmen ist. Sind dies private Organisationen (d.h. gemeinnützige

[38] Siehe dazu Seiten 39 f.

[39] Siehe dazu Seite 259.

Gesetzliche Terminologie

oder – selten – gewerbliche), so spricht das SGB VIII von *„Trägern der freien Jugendhilfe"* oder von *„freier Jugendhilfe"* (z.B. in: §§ 4, 74 Abs. 2, 77). Wird die Jugendhilfe dagegen von hoheitlichen Organisationen (d.h.: kommunalen oder staatlichen) erbracht, so spricht das SGB VIII von *„Trägern der öffentlichen Jugendhilfe"* (z.B. in: §§ 3, 61, 69, 72, 79, 80) oder von *„öffentlicher Jugendhilfe"* (z.B. in: §§ 4, 8).

Freie Jugendhilfe-Träger

Träger der freien Jugendhilfe sind nicht nur alle Jugendverbände, Jugendwohlfahrtsverbände, Kirchen und sonstige Religionsgemeinschaften, sondern auch Jugendgemeinschaften, Bürgerinitiativen, sonstige Selbsthilfeorganisationen etc. (sog. sonstige freie Träger), und zwar unabhängig von ihrer Rechtsform und ihrer Anerkennung[40], die nach dem SGB VIII zwar nicht mehr Förderungsvoraussetzung ist; jedoch besteht diesbezüglich eine Privilegierung (vgl. im Einzelnen § 74 Abs. 1 S. 2 u. Abs. 6).

Öffentliche Jugendhilfe-Träger

Träger der öffentlichen Jugendhilfe sind die örtlichen Träger (d.h. die Landkreise und kreisfreien Städte sowie – bei entsprechendem Landesrecht – auch kreisangehörige Gemeinden) und die überörtlichen Träger, die das jeweilige Landesrecht bestimmt (vgl. § 69 Abs. 1 u. 2); dies können Kommunalverbände oder staatliche Behörden sein.

Organisation

Sie errichten je ein aus Verwaltung und Jugendhilfe- bzw. Landesjugendhilfe-Ausschuss bestehendes Jugendamt bzw. Landesjugendamt (vgl. dazu §§ 69, 70, 71).

Begriffe der Praxis

In der Jugendhilfepraxis sind auch die Begriffe: *„freie und öffentliche Träger"* oder *„freie und öffentliche Jugendhilfeträger"* sehr gebräuchlich. Im SGB VIII wurden sie jedoch entgegen der Empfehlung der Fachverbände nicht übernommen.

Verflechtung

Die Tätigkeiten der freien und öffentlichen Jugendhilfe stehen nicht beziehungslos nebeneinander, sondern sind traditionell z.T. eng miteinander verflochten. (Das *BVerfG* spricht insoweit von der „gemeinsamen Bemühung von Staat und freien Jugend- und Wohlfahrtsorganisationen".[41])

Zusammenarbeit

Die partnerschaftliche Zusammenarbeit der freien und öffentlichen Jugendhilfe (vgl. dazu § 4 Abs. 1 S. 1) findet überwiegend im Jugendhilfeausschuss (§ 71) statt. Sie schafft die Basis für ein plurales Jugendhilfeangebot iSd § 3 Abs. 1 und damit die Voraussetzung für die Ausübung des in § 5 garantierten individuellen Wunsch- und Wahlrechts der Leistungsberechtigten (s. dazu Seiten 41 ff.).

Bei JuHi-Leistungen überwiegen freie Träger

In der Jugendhilfepraxis erbringen die freien Jugendhilfeträger den größeren – in weiten Teilbereichen den ganz überwiegenden – Anteil der Jugendhilfeleistungen, insbesondere bei Kindergärten, Heimen sowie im Bereich der Jugendarbeit. Das drückt sich auch in der Zahl der insgesamt in der Jugendhilfe tätigen Personen aus, von denen fast zwei Drittel bei freien Trägern beschäftigt sind[42]. Für das Gebiet der sog. *„neuen" Bundesländer* gilt das noch in verstärktem Maße.

Bei „anderen Aufgaben" überwiegen öffentliche Träger

Ein gewisser Dualismus zwischen freier und öffentlicher Jugendhilfe besteht allerdings nur für den Bereich der sog. „Jugendhilfeleistungen" (vgl. dazu §§ 2 Abs. 2, 3 Abs. 2 S. 1). Denn die sog. „anderen Aufgaben" der Jugendhilfe[43] werden zunächst nur von den öffentlichen Trägern wahrgenommen, es sei denn, diese haben im Rahmen des nach § 76 Abs. 1 möglichen Umfangs freie Träger an diesen Aufgaben beteiligt oder diese ganz an sie delegiert.

---

[40] Siehe dazu § 75.

[41] BVerfGE 22, S. 180, 200.

[42] BT-Drucks. 11/5948, S. 48

[43] Siehe dazu § 2 Abs. 3 sowie die Seiten 37 und 102 ff.

Verpflichtungen treffen nur die öffentl. Träger

Leistungsverpflichtungen des SGB VIII richten sich nur an die öffentlichen Jugendhilfeträger (vgl. § 3 Abs. 2 S. 2). Die freien Träger können also nie zur Übernahme von Jugendhilfeleistungen gezwungen werden. Das erscheint angesichts der öffentlichen Subventionen und des Subsidiaritätsprinzips problematisch.

II. Subsidiaritätsprinzip

Hintergrund

Der – auf die katholische Soziallehre zurückgehende – Subsidiaritätsgrundsatz gebietet das Zurücktreten größerer hinter kleinere Gemeinschaften und einzelne Personen („passive Subsidiarität") sowie deren Unterstützung („aktive Subsidiarität"). Das Subsidiaritätsprinzip hat im SGB VIII zweifachen Niederschlag gefunden, nämlich in § 1 Abs. 2 (der Art. 6 Abs. 2 GG wörtlich wiedergibt) bezüglich des Vorranges elterlicher Erziehungsverantwortung[44] und in den §§ 4, 74 hinsichtlich des Nachranges öffentlicher gegenüber freier Jugendhilfe. Letzterer bedeutet für das Jugendhilferecht Folgendes:

Zweifacher Nachrang

Vorrang elterlicher Erziehung

Förderung der freien Jugendhilfe

Der öffentliche Jugendhilfeträger muss nach Feststellung eines bestimmten Jugendhilfebedarfes zunächst prüfen, ob in seinem Bereich genügend Veranstaltungen, Dienste und Einrichtungen zur Verfügung stehen (§§ 79 Abs. 1, 2, 80 Abs. 1). Müssen diese ausgebaut oder gar erst neu geschaffen werden, so hat der öffentliche Jugendhilfeträger deren Ausbau oder Schaffung unter Trägerschaft der freien Jugendhilfe anzuregen und zu fördern (d.h. vor allem auch finanziell) und von eigenen diesbezüglichen Aktivitäten abzusehen (vgl. §§ 4 Abs. 2, 3, 74 Abs. 1). Wenn jedoch die Anregung nebst Förderungsbereitschaft nicht zum Ziel führen, dann kann und muss der öffentliche Jugendhilfeträger die erforderlichen Jugendhilfeangebote selbst rechtzeitig und ausreichend zur Verfügung stellen. Das ist auch dann der Fall, wenn die freien Träger keine angemessenen Eigenleistungen (d.h. nicht nur finanzielle, sondern auch personelle, räumliche wie sachliche) erbringen können oder wollen (vgl. dazu § 74 Abs. 1 Nr. 4 u. Abs. 3 S. 2).

Gesamtverantwortung der öffentlichen Jugendhilfe

Grenzen der Förderung der freien Jugendhilfe

Wenn geeignete Jugendhilfeangebote freier und/oder öffentlicher Träger vorhanden sind, besteht jedoch keine Förderungspflicht des JA für weitere Angebote freier Träger. Entsprechendes gilt, wenn der Ausbau öffentlicher Dienste und Einrichtungen erheblich kostengünstiger wäre als der Aufwand für die Förderung neuer Projekte freier Träger. Noch weniger kann vom öffentlichen Träger verlangt werden, bereits bestehende eigene Angebote zugunsten der Neuschaffung entsprechender durch freie Träger aufzugeben. Denn das Subsidiaritätsprinzip stellt *nicht etwa eine Funktionssperre*[45] für das JA dar, sondern ist einerseits Ausdruck der Verpflichtung des Staates, „für eine gerechtere Sozialordnung" zu sorgen, und soll zugleich eine „vernünftige Aufgabenverteilung und eine möglichst wirtschaftliche Verwendung der zur Verfügung stehenden öffentlichen Mittel sicherstellen"[46]. Die Heranziehung der freien Jugendhilfeträger zur Erledigung von Jugendhilfeaufgaben liegt also im pflichtgemäßen Ermessen der öffentlichen Jugendhilfeträger. – Die Entscheidung über die konkreten Jugendhilfeplanungen sowie über die Förderungen der freien Jugendhilfe (generell

Keine Funktionssperre für die öffentl. JuHi

Entscheidend ist der Jugendhilfeausschuss

[44] Siehe dazu Seiten 258 f. und 40.

[45] *Fieseler/Herborth*, S. 210.

[46] BVerfGE 22, S. 180, 200.

wie im Einzelfall) steht übrigens stets dem Jugendhilfeausschuss zu und gehört selbst bei geringen Summen nie zu den Aufgaben der laufenden Verwaltung des JA (vgl. § 71 Abs. 2 Nr. 2).

D. Prinzipien der Jugendhilfe

I. Nachrang gegenüber dem Elternrecht

Jugendhilfe schränkt Elternrecht nicht ein

Bei der Ausgestaltung der „Leistungen" wie bei der Erfüllung der „anderen Aufgaben" der Jugendhilfe ist wegen des im Art. 6 Abs. 2 GG als Grundrecht geschützten Erziehungsvorranges die von den Eltern (oder anderen Personensorgeberechtigten) bestimmte Grundrichtung der Erziehung zu beachten (§§ 1 Abs. 2, 9 Nr. 1). *Denn durch die Inanspruchnahme von Jugendhilfe tritt keine Beschränkung des elterlichen Erziehungsrechts ein.* Nach Ansicht des SGB VIII-Gesetzgebers ergeben sich daher für die Jugendhilfe auch keine eigenständigen Befugnisse, Angelegenheiten der elterlichen Sorge für Kinder und Jugendliche wahrzunehmen.[47] Die im Rahmen von Jugendhilfeleistungen tätig werdenden Personen (z.B. Pflegeeltern, Erzieher in Heimen o.ä. Einrichtungen) besitzen zwar die sog. „Alltagssorge"[48] (vgl. § 1688 Abs. 1 u. 2 BGB). Diese kann aber jederzeit durch einen Inhaber der elterlichen Sorge außer Kraft gesetzt werden (vgl. § 1688 Abs. 3 S. 1 BGB). Allerdings besteht auch in diesem Fall (ähnlich wie im Schulbereich) eine faktische Einschränkung der elterlichen Sorge.

II. Freie Entfaltung der Persönlichkeit junger Menschen

Zielsetzungen

Die Jugendhilfe muss (dem als Grundrecht für alle Menschen geschaffenen Art. 2 Abs. 1 des GG sowie dem in § 1 Abs. 1 SGB VIII und § 1626 Abs. 2 BGB verankerten Grundgedanken des Sorgerechts entsprechend) stets die wachsende Fähigkeit und das Bedürfnis der Minderjährigen zu selbstständigem, verantwortungsbewusstem Handeln berücksichtigen (§ 9 Nr. 2).

Außerdem hat die Jugendhilfe die jeweiligen sozialen und kulturellen Interessen und Eigenarten junger Menschen und ihrer Familien zu beachten (§ 9 Nr. 2). Diese Vorschrift konkretisiert den *Grundsatz der Individualisierung der Jugendhilfe* und will dabei zugleich die besondere Situation ausländischer Minderjähriger angemessen berücksichtigen.

Ferner muss die Jugendhilfe die unterschiedliche Lebenslage von Mädchen und Jungen beachten, Benachteiligungen abbauen und die *Gleichberechtigung fördern* (§ 9 Nr. 3). Dabei reicht es nicht aus, Mädchen und Jungen den gleichen Zugang zu den einzelnen Jugendhilfeangeboten zu eröffnen. Vielmehr müssen stärker als bisher üblich mädchenspezifische Ansätze in die Jugendhilfearbeit einbezogen werden.

---

[47] BT-Drucks. 11/5948, S. 52; aA: *Münder*, Soz.Arbeit 1990, 211; *Rummel* ZfJ 1990, 294.

[48] Siehe Seite 213 ff.

III. Wunsch- und Wahlrecht

Generelles Recht der Jugendhilfe-Adressaten

§ 5 Abs. 1 S. 1 gewährt Leistungsberechtigten grundsätzlich das Recht, zwischen den einzelnen Einrichtungen und Diensten verschiedener Träger wählen und hinsichtlich der Gestaltung der konkreten Jugendhilfe Wünsche äußern zu können. Für die stationären und teilstationären Hilfen der Hilfe zur Erziehung, der Eingliederungshilfe der seelisch behinderten Kinder und Jugendlichen und der Hilfe für junge Volljährige wird das Wunsch- und Wahlrecht in § 36 Abs. 1 S. 3-5 geregelt.

Betrifft: Einrichtungen/ Dienste

Leistungsberechtigte sind die nach dem SGB VIII Anspruchsberechtigten, die nicht immer identisch sind mit den Leistungsempfängern, wie das insbesondere bei der Hilfe zur Erziehung der Fall ist (denn dort sind gemäß § 27 Abs. 1 Leistungsberechtigte die Personensorgeinhaber[49]). Wer Leistungsberechtigter ist, ergibt sich aus den einzelnen Normen des SGB VIII. Das Wunsch- und Wahlrecht nach § 36 Abs. 1 steht auch den Kindern und Jugendlichen zu. Beim Wunsch- und Wahlrecht nach § 5 steht den Kindern/Jugendlichen ein Beteiligungsrecht nach § 8 zu.

Hinweispflicht des JA

Das JA ist verpflichtet, die Leistungsberechtigten auf ihr Wunsch- und Wahlrecht hinzuweisen (§§ 5 Abs. 1 S. 2, 36 Abs. 1 S. 3), was die Subjektrolle der Leistungsberechtigten unterstreicht. Der bloße Hinweis auf das Wunsch- und Wahlrecht ist nicht ausreichend.[50] Der Träger der öffentlichen Jugendhilfe muss umfassend und verständlich über die Leistungsangebote aller Träger, die Inhalte, Methoden und Arbeitsformen informieren. Daneben gelten die allgemeinen Aufklärungs-, Beratungs- und Auskunftspflichten nach den §§ 13-15 SGB VIII. Außerdem wird hierdurch der öffentliche Jugendhilfeträger verpflichtet, das plurale Angebotsspektrum der Jugendhilfe, von dem § 3 Abs. 1 ausgeht, zu verwirklichen. Das Wunsch- und Wahlrecht stellt somit die Konkretisierung des Individualisierungsprinzips der Jugendhilfe dar.

Problematik

Richtig verstanden müsste danach jedes Jugendhilfeangebot sowohl von freien wie auch von öffentlichen Trägern erfolgen, was Letztere gemäß ihrer Planungs- und Gesamtverantwortung (vgl. §§ 79, 80) zu gewährleisten hätten. Jedoch gerät das Wunsch- und Wahlrecht *zum Subsidiaritätsprinzip* des § 4 Abs. 2 in ein gewisses Spannungsverhältnis mit der Folge, dass es in der Praxis vielfach nur unter dem Gesichtspunkt, ob insgesamt ausreichende Angebote vorhanden sind, und nicht unter dem der *Angebots- und Trägervielfalt* gesehen wird. Die Konsequenz ist dann meist, dass die in den §§ 5 Abs. 1 S. 2, 36 Abs. 1 S. 3 zwingend vorgesehene Verpflichtung, die Leistungsberechtigten auf ihr Wunsch- und Wahlrecht hinzuweisen, fälschlicherweise auch im zuvor genannten Sinn interpretiert wird. Damit die gesetzliche Zielsetzung nicht ins Leere läuft, ist daher immer wieder darauf hinzuweisen, dass die öffentliche Jugendhilfe aufgrund ihrer Gesamtverantwortung für ein plurales örtliches Angebot sorgen muss.

Einschränkungen bei Unterbringung in Einrichtungen

Eine weitere Einschränkung des Wunsch- und Wahlrechts enthalten §§ 5 Abs. 2 S. 2, 36 Abs. 1 S. 4:

Wird die Erbringung einer in § 78a genannten stationären oder teilstationären Jugendhilfeleistungen in einer Einrichtung gewünscht, mit deren Träger vorab keine Vereinbarungen über Leistungsinhalte, Entgelte und

---

[49] Siehe dazu Seite 78.
[50] Vgl. *Papenheim* in LPK-SGB VIII § 5 Rn. 6.

Grundsätze der Qualitätsentwicklung nach § 78b bestehen, so soll der Wahl nur entsprochen werden, wenn die Erbringung der Leistung in dieser Einrichtung im Einzelfall oder nach Maßgabe des Hilfeplanes geboten ist (§ 36 Abs. 1 S. 4). Anderenfalls beschränkt sich das Wunsch- und Wahlrecht auf Einrichtungen, mit denen Vereinbarungen nach § 78b bestehen.

Mehrkosten als Sperre

Ähnlich wie in § 3 Abs. 2 S. 4 SGB XII wird in den §§ 5 Abs. 2 S. 1 das bezüglich der Gestaltung der Jugendhilfeleistungen bestehende Wunsch- und Wahlrecht aus Kostengründen eingeschränkt. Denn ihm soll nur entsprochen werden, wenn es nicht „mit *unverhältnismäßigen* Mehrkosten verbunden ist". Die größte Bedeutung hat die Vorschrift bei stationären Jugendhilfeleistungen, insbesondere bei Unterbringungen in Pflegefamilien und Heimen, denn dort können geäußerte Wünsche, die die Auswahl dieser Unterbringungsmöglichkeiten betreffen, kaum aus Kostengründen abgelehnt werden, da sämtliche anderen Einrichtungen erheblich preisgünstiger sind als Heime; bei Letzteren könnten allerdings gerade in Ballungsgebieten die näheren erheblich teurer sein als weit entfernt und abseits „auf dem flachen Land" gelegene.

Erfolgsprognose jedoch vorrangig

Daher ist zu beachten, dass nicht allein fiskalisches Denken ausschlaggebend sein darf, sondern die Jugendhilfe sich mehr von der Erfolgsprognose leiten zu lassen hat. Denn bei einer nicht gewollten oder gar aufgezwungenen Jugendhilfeleistung ist deren Erfolglosigkeit meist vorprogrammiert und kostet daher bald mehr als eine gewünschte, die zunächst vielleicht teurer, dafür aber effektiv ist, somit meist auch kürzer und im Endeffekt daher sogar billiger ausfallen kann.

§ 5 betrifft nicht: Auswahl der Jugendhilfe

Das Wunsch- und Wahlrecht der §§ 5, 36 bezieht sich jedoch nicht etwa darauf, ob Jugendhilfe zu gewähren ist oder nicht oder auf die Auswahl geeigneter Jugendhilfeleistungen. Diese Entscheidungen obliegen vielmehr dem Jugendamt. (Bei Aufstellung des Hilfeplans sind aber diesbezügliche Vorstellungen der Leistungsberechtigten zu berücksichtigen.) § 36a beschränkt daher die Kostentragungspflicht generell auf vom JA eingeleitete HzE und Eingliederungshilfen, damit das JA nicht als bloße „Zahlstelle" fungiert.

IV. Beteiligungsrechte Minderjähriger

Minderjährige fast nie Leistungsberechtigte

Die Rechtsstellung der Minderjährigen ist im SGB VIII eher als „stark verkümmert" zu bezeichnen. Denn Leistungsberechtigte sind fast ausnahmslos nur deren Personensorgeinhaber (= Eltern, Vormund oder Pfleger) und nicht die Minderjährigen selbst, wie sich z.B. aus § 27 Abs. 1 für die Hilfe zur Erziehung ergibt (vgl. dazu S. 78). Echte Ausnahmen stellen nur die §§ 18 Abs. 3 S. 1, 24 Abs. 1 S. 1, 35a Abs. 1 S. 1, 42 Abs. 1 S. 1 Nr. 1 dar.

Partizipation

Allerdings sind Minderjährige bei allen sie betreffenden Entscheidungsprozessen – ihrem Entwicklungsstand entsprechend – einzubeziehen und in geeigneter Weise auf ihre Rechte im Verwaltungsverfahren sowie in Verfahren vor den Familien- und Verwaltungsgerichten hinzuweisen (§ 8 Abs. 1).

Kein Alterslimit

Damit werden die in Art. 2 Abs. 1 GG sowie die in den §§ 1 SGB I, 1626 Abs. 2 BGB, 60, 159 und 164 FamFG enthaltenen Garantien zur Wahrung ihrer freien Persönlichkeitsentfaltung und ihrem Bedürfnis nach Selbstständigkeit und der Berücksichtigung ihrer Bindungen, Neigungen, Eignungen und ihren Willen (ohne altersmäßige Untergrenze) Rechnung getragen.

Aufgabenstellung

Dabei kommt der Jugendhilfe nicht nur die Aufgabe der Beachtung dieser Rechte und Aufklärung hierüber zu. Vielmehr hat sie die Minderjährigen auch zu befähigen, von diesen ihnen gesetzlich eingeräumten Rechten sinnvoll Gebrauch machen und damit zu einer selbstständigen, eigenverantwortlichen und gemeinschaftsfähigen Persönlichkeit heranreifen zu können.

Recht auf Anhörung und Beratung

Minderjährige haben nach § 8 Abs. 2 ausdrücklich das Recht (es war auch zuvor schon ohne gesetzliche Regelung anerkannt), sich in allen Angelegenheiten „der Erziehung und Entwicklung" (diese Formulierung umfasst alle Belange Minderjähriger, stellt also keine Einschränkung dar) an das JA zu wenden. (An freie Träger können sie sich natürlich auch wenden, jedoch sind diese nicht wie das JA gemäß § 3 Abs. 2 S. 2 zu Jugendhilfeleistungen verpflichtet.[51]) Hier wird zum einen die *Subjektstellung Minderjähriger* deutlich und zugleich durch die erhaltenen Informationen die Möglichkeit des JA erweitert, den Minderjährigen und ihren Familien evtl. rechtzeitig geeignete Jugendhilfeangebote machen und damit besser *präventiv wirken* zu können (so kann das gemäß Art. 6 Abs. 2 GG bestehende *staatliche Wächteramt*[52] auch besser ausgeübt werden). Das Recht Minderjähriger auf Anhörung und Beratung läuft allerdings ins Leere, wenn beim JA nicht entsprechende Ressourcen vorhanden sind, wie z.B. die Diskussionen um Kinder-Büros, Kinder-Beauftragte oder einen Anwalt/Ombudsmann des Kindes zeigen.

Ein Recht der Jugendhilfe zu bestimmten Befugnissen lässt sich aus § 8 Abs. 2 jedoch grundsätzlich nicht herleiten. Vielmehr haben alle daraufhin erfolgten Jugendhilfeleistungen nur *Angebotscharakter* (es sei denn, es kommt ein Vorgehen nach § 8a Abs. 3 oder § 42 in Betracht).

Not- und Konfliktberatung ohne Kenntnis der Eltern

In Konsequenz ihres Rechts auf Anhörung und Beratung kann eine Beratung Minderjähriger auch ohne Kenntnis ihrer Personensorgeinhaber erfolgen, wenn sie aufgrund einer Konflikt- und Notlage

(das ist nicht nach objektiven, allgemein gültigen Gesichtspunkten, sondern aus der subjektiven Perspektive der Minderjährigen zu beurteilen)

erforderlich ist

(dies liegt somit im pflichtgemäßen Ermessen der freien wie öffentlichen Jugendhilfeträger)

Diskretionsproblematik

und die Information der Personensorgeinhaber den Beratungszweck vereiteln würde (vgl. § 8 Abs. 3). Damit soll dem Umstand Rechnung getragen werden, dass Minderjährige sich meist nur dann einer Beratungsstelle anvertrauen, wenn absolute Vertraulichkeit garantiert ist, sie also sicher sein können, dass ihre Beratungsgespräche niemandem (insbesondere nicht: Schule, Ausbildern, Arbeitgebern, Polizei, aber oftmals auch nicht ihren Eltern oder ihrem Vormund) bekannt werden, ohne dass sie damit ausdrücklich einverstanden sind.

Konflikt- u. Notlagen

In Betracht kommen nicht nur durch elterliches Verhalten bedingte Situationen (z.B. Aufzwingen einer unerwünschten Ausbildung, rigide Kontaktverbote, Gewalttätigkeiten, sexueller Missbrauch). Es genügt, dass die konkrete Lage (z.B. drohendes Scheitern der Ausbildung, Alkohol- oder Drogenabhängigkeit, Schwangerschaft) die „geheime" Beratung erforderlich macht.

---

[51] Siehe dazu auch Seite 36.

[52] Siehe dazu Seite 259.

Beratungsdauer

§ 8 Abs. 3 ermöglicht eine kurzfristige (aber u.U. auch eine längerfristige) Konfliktberatung, bei der zunächst einmal ohne Konfrontationen mit den meist involvierten Personen oder Stellen (s.o.) nach Lösungen gesucht werden kann, wenn (und solange) durch die Einbeziehung der Personensorgeberechtigten der Beratungszweck vereitelt würde. Dadurch lassen sich in vielen Fällen zumindest Zuspitzungen und damit einhergehende weitere Gefährdungen oder gar Schädigungen evtl. vermeiden.

Beteiligungsrechte der Kinder/Jugendlichen werden nicht nur in § 8 eingeräumt. Beteiligungsrechte sieht ferner § 36 Abs. 1 vor. In einigen Bundesländern sieht das Kommunalverfassungsrecht die Einrichtung eines Jugendgemeinderates vor, z. B. in Baden-Württemberg in § 41a Gemeindeordnung.

V. Kinderschutz

Verpflichtung zu Kinderschutz

Ein weiterer Grundsatz der Kinder- und Jugendhilfe ist die Verpflichtung zum Kinderschutz (§ 8a). Den Jugendämtern obliegt, wie bereits die Umschreibung der Ziele der Jugendhilfe in § 1 Abs. 3 zeigt, der Kinderschutz. Mit dem Schutzauftrag wird das staatliche Wächteramt (Art. 6 Abs. 3 GG) – also die Verpflichtung des Staates, darüber zu wachen, dass die Eltern ihr verfassungsrechtlich garantiertes Erziehungsrecht zum Wohl des Kindes ausüben – konkretisiert.[53] Ist dieses Wohl gefährdet, müssen die Eltern unterstützt, ggfs. muss aber auch in ihr Recht eingegriffen werden.

Frühwarnsysteme

Der Schutz nach § 8a greift erst, wenn das Jugendamt oder ein freier Jugendhilfeträger Kenntnis von der Gefährdung des Wohles des Kindes/Jugendlichen hat. Um hiervon Kenntnis zu erlangen, wird seit einigen Jahren diskutiert, wie mittels Frühwarnsystemen Fälle von Kindeswohlgefährdungen im elterlichen Haushalt aufgedeckt werden können. So haben z.B. die meisten Bundesländer weitere Vorsorgeuntersuchungen der Kinder eingeführt. Diese alleine sind indessen nicht ausreichend, um frühzeitig eine Kindes-/Jugendwohlgefährdung zu erkennen.

1. Information und Risikoeinschätzung durch das Jugendamt

Gewichtige Anhaltspunkte

Voraussetzungen für ein Tätigwerden des Jugendamtes sind gewichtige Anhaltspunkte (§ 8a Abs. 1 S. 1). Bleiben Hinweise unterhalb dieser Schwelle, muss das Jugendamt nicht tätig werden. Anhaltspunkte beinhalten tatsächliche Umstände. Bloße Vermutungen und Wertungen sind nicht ausreichend. Vermutungen liegen allerdings vor, wenn diese einen Tatsachenkern enthalten. Gewichtig sind die Anhaltspunkte, wenn nach den dem Jugendamt bekannten Tatsachen eine Gefährdung des Wohles eines Kindes oder eines Jugendlichen von vornherein nicht ausgeschlossen werden kann.[54] Feststehen muss die Gefährdung des Wohles des Kindes oder des Jugendlichen nicht. Gerade dies soll ja in dem Verfahren nach § 8a abgeklärt werden. Sind die Anhaltspunkte nicht gewichtig, muss das Jugendamt nicht tätig werden.

---

[53] Vgl. *Bringewart*, LPK-SGB VIII, § 8a Rn. 12 f.

[54] Vgl. *Bringewart*, LPK-SGB VIII, § 8a Rn. 19.

Bekanntwerden der Anhaltspunkte

Die gewichtigen Anhaltspunkte müssen dem Jugendamt bekannt werden. Hieraus folgt zunächst, dass das Jugendamt nicht selbst aktiv nach Anhaltspunkten suchen, sondern erst aktiv werden muss, wenn es durch Hinweise von außen oder bei der Wahrnehmung von ihm übertragenen Aufgaben Anhaltspunkte für die Gefährdung des Wohls eines Kindes oder eines Jugendlichen wahrnimmt. Unerheblich ist, wie dem Jugendamt die Tatsachen vorgetragen werden (schriftlich, mündlich, telefonisch, elektronisch), ob der Betroffene eine Nähe zum Kind/Jugendlichen hat oder das Jugendamt die Anhaltspunkte (z.B. bei einer Beratung nach § 8 Abs. 2) feststellt und ob der Hinweis namentlich oder anonym erfolgt. Das Jugendamt muss sicherstellen, dass die Hinweise dokumentiert (Anfertigung eines Aktenvermerks) werden und die zuständigen Stellen über die Hinweise unverzüglich in Kenntnis gesetzt werden. Unerheblich ist, wem im Jugendamt der Hinweis zugeht. Das Gesetz spricht lediglich von „Jugendamt“. Kein Bekanntwerden i.S.v. § 8a Abs. 1 S. 1 ist die außerdienstliche Kenntnisnahme durch Bedienstete des Jugendamtes.

Hinweis auf eine Gefährdung des Wohles des Kindes/Jugendlichen

Die gewichtigen Anhaltspunkte müssen auf eine Gefährdung des Wohls eines Kindes oder Jugendlichen hindeuten. Der Gesetzgeber knüpft damit an § 1666 BGB an. Nach dieser Vorschrift liegt eine Kindeswohlgefährdung vor, wenn „das körperliche, geistige oder seelische Wohl des Kindes oder sein Vermögen durch mißbräuchliche Ausübung der elterlichen Sorge, durch Vernachlässigung des Kindes, durch unverschuldetes Versagen der Eltern oder durch das Verhalten eines Dritten gefährdet“ ist. In der Kommentarliteratur geht man von einer Kindeswohlgefährdung aus, wenn eine gegenwärtige oder zumindest unmittelbar bevorstehende Gefahr für die Kindesentwicklung abzusehen ist, die bei ihrer Fortdauer eine erhebliche Schädigung des körperlichen, geistigen oder seelischen Wohls des Kindes mit ziemlicher Sicherheit herbeiführen wird. Als Beispiele werden sexueller Missbrauch, Misshandlung und Vernachlässigung genannt.

Informationsrecht und -pflicht

Liegen gewichtige Anhaltspunkte vor, ist das Jugendamt zur Informationsgewinnung berechtigt und verpflichtet. Diese Informationsgewinnung dient der Vorbereitung der Risikoabschätzung nach § 8a Abs. 1 S. 1 und ist (datenschutzrechtlich) auf die für diesen Zweck erforderlichen Informationen begrenzt. Mitumfasst ist auch die Abklärung, ob die Eltern bereit sind, Hilfen in Anspruch zu nehmen, mit denen das Gefährdungsrisiko abgewendet werden kann.

Zunächst Befragung des Betroffenen

Die Informationsgewinnung hat grundsätzlich wegen des datenschutzrechtlichen Ersterhebungsgrundsatzes beim Betroffenen (Personensorgeberechtigten, Erziehungsberechtigten, Kind – in kindgerechter Form -, Jugendlichen) selbst zu erfolgen (§ 62 Abs. 2 S. 1). Ohne oder gegen den Willen der Betroffenen dürfen Informationen bei Dritten (Nachbarn, Kindergarten, Schule, etc.) erhoben werden, soweit dies zur Erfüllung des Schutzauftrags nach § 8a erforderlich (z.B. weil die Eltern bei der Aufklärung des Sachverhalts nicht mitwirken) ist oder wenn die Hilfe durch die Datenerhebung beim Dritten gefährdet würde (z.B. wegen des Verdachts sexuellen Missbrauchs).

Beweismittel

Wie das Jugendamt weitere Informationen gewinnt, wird nicht vorgeschrieben. Dem Jugendamt stehen damit die in § 21 SGB X aufgezählten Beweismittel zur Verfügung. In Betracht kommen Hausbesuch, Besichtigung von Aufenthaltsorten des Kindes, Zeugenvernehmung etc.

Mitwirkungspflicht der Eltern

Die Eltern sind im Rahmen ihrer Elternverantwortung zur Mitwirkung verpflichtet. Wirken sie nicht mit, z.B. sie öffnen die Tür nicht bzw. sie verweigern die Erteilung von Auskünften, stehen dem Jugendamt keine Zwangsmittel zur Seite. Auf solche hat der Gesetzgeber bewusst verzichtet. Gegebenenfalls ist das Familiengericht einzuschalten (§ 8a Abs. 3 S. 1). Hierauf sollten die Eltern hingewiesen werden.

Weitere Maßnahmen

Bestätigt die Informationsgewinnung die Gefährdung des Kindes/Jugendlichen nicht, muss das Jugendamt das Verfahren einstellen. Es darf keine weiteren Informationen sammeln.[55] Ansonsten muss das Gefährdungsrisiko im Team von mehreren Fachkräften abgeschätzt und das weitere Vorgehen beraten werden (§ 8a Abs. 1 S. 1).

Zusammenwirken mehrerer Fachkräfte

Zusammenwirken der Fachkräfte erfordert ein fachlich-methodisches Vorgehen der Fachkräfte, das die unterschiedlichen Fachrichtungen der Beteiligten bei der Abschätzung der Art und des Ausmaßes des Gefährdungsrisikos hinreichend zur Geltung bringt.[56] Soweit Fachkräfte beteiligt sind, die nicht der verantwortlichen Stelle angehören, müssen die Daten anonymisiert bzw. pseudonymisiert werden (§ 64 Abs. 2), soweit die Aufgabenerfüllung dies zulässt. Zur Entscheidung können weitere Experten hinzugezogen werden (z.B. Mediziner).

Hilfeangebote

Das Jugendamt hat den Personensorgeberechtigten bzw. Erziehungsberechtigten Hilfeangebote zu unterbreiten, soweit diese zur Beseitigung der Gefährdung geeignet sind. Der Begriff Hilfen unterliegt dabei einem weiten Verständnis. Mit ihm werden alle Hilfen der Jugendhilfe gemeint. In der Praxis kommt indessen vor allem der Hilfe zur Erziehung und der Eingliederungshilfe für seelisch behinderte Kinder und Jugendliche besondere Bedeutung zu.

Eingriffe in das Erziehungsrecht

Eingriffe in das Erziehungsrecht kommen nur in Betracht, wenn die Hilfen nicht angenommen werden oder nicht erfolgversprechend sind.

Anrufung des Familiengerichts

Das Jugendamt hat das Familiengericht anzurufen, wenn die Eltern nicht bereit oder in der Lage sind, die Gefährdung des Kindeswohls abzuwenden oder an der Abwendung dieser Gefährdung mitzuwirken. Bei der Entscheidung, ob ein Tätigwerden des Familiengerichts nach § 8a Abs. 3 erforderlich ist, hat das Jugendamt einen Beurteilungsspielraum, der nur begrenzt gerichtlich nachprüfbar ist. Gelangt das Jugendamt zur Überzeugung, dass ein Tätigwerden des Familiengerichts erforderlich ist, so muss es dieses anrufen. Seinen Antrag an das Familiengericht muss es ausreichend begründen. Eine Verpflichtung zur Anrufung des Familiengerichts besteht bereits dann, wenn die Eltern nicht zur Mitwirkung bereit sind.

Übermittlung von Daten an das Familiengericht

Die Verpflichtung zur Anrufung des Familiengerichts allein berechtigt noch nicht zur Übermittlung der Daten. Ob dies zulässig ist, beurteilt sich nach datenschutzrechtlichen Vorschriften. Zulässig ist sie, wenn die Voraussetzungen des rechtfertigenden Notstands (§ 34 StGB) oder eine sonstige Übermittlungsbefugnis vorliegt. Weiter ist in diesem Zusammenhang § 65 zu beachten. Bei der Zulässigkeit der Weitergabe von Daten ist auch die Art der Informationsgewinnung von Bedeutung. Wurden die Informationen nicht den Sozialarbeitern von den Betroffenen anvertraut, sondern hat er diese von Dritten erfahren, ist eine Weitergabe gemäß § 69 SGB X zulässig.

---

55 Vgl. *Bringewart*, LPK-SGB VIII, § 8a Rn. 28.

56 Vgl. *Bringewart*, LPK-SGB VIII, § 8a Rn. 32.

Beschwerderecht des Jugendamts

Kommt das Familiengericht zu einer Entscheidung, die nach Auffassung des Jugendamts das Wohl des Kindes nicht genügend berücksichtigt, hat das Jugendamt ein Beschwerderecht (§ 162 Abs. 3 S. 2 FamFG).

Entscheidung des Familiengerichts
- Eingriff in das Sorgerecht

Die Entscheidung des Familiengerichts kann zunächst sorgerechtliche Maßnahmen zum Gegenstand haben. In Betracht kommen verschiedene Eingriffe in das Sorgerecht. Maßnahmen i. S. d. §§ 1666, 1666a BGB können Ermahnungen, Gebote, die Verpflichtung, Beratung oder andere Hilfen in Anspruch zu nehmen, oder der teilweise oder vollständige Entzug der Personensorge sein (s. dazu Seiten 313 ff.). Bei seiner Entscheidung hat das Familiengericht den Verhältnismäßigkeitsgrundsatz zu beachten. Wird das Kind von seinen Eltern getrennt, ist i.d.R. über weitere Maßnahmen bzw. Hilfen für das Kind zu entscheiden.

- Eingriffe in das Umgangsrecht

Von der Entscheidung über das Sorgerecht ist die über das Umgangsrecht zu trennen. Einschränkungen des Sorgerechts haben keine Auswirkungen auf das Umgangsrecht. Soll auch dieses eingeschränkt werden, so ist eine eigenständige Entscheidung des Familiengerichts erforderlich. Auch hier kommen unterschiedliche Entscheidungen des Gerichts in Betracht: Festlegung des Umfangs des Umgangsrechts, Anordnung des begleiteten oder beschützten Umgangs bis hin zum Ausschluss des Umgangsrechts.

Keine Verpflichtung des Jugendamts

Das Familiengericht ist nicht befugt, verbindliche Anordnungen gegenüber dem Träger der öffentlichen Jugendhilfe zu treffen. Es ist deshalb ein kooperativer Entscheidungsprozess von Familiengericht und Jugendamt anzustreben.

Inobhutnahme des Kindes/Jugendlichen

Bei dringenden Gefahren verweist § 8a Abs. 3 S. 2 auf die Inobhutnahme. Hierbei handelt es sich nicht nur um eine Rechtsfolgen-, sondern um eine Rechtsgrundverweisung mit der Folge, dass die Voraussetzungen der Inobhutnahme nach § 42 zu überprüfen sind. § 8a Abs. 3 S. 2 ist keine eigenständige Rechtsgrundlage für die Inobhutnahme.

Einschaltung anderer Stellen

In Fällen, in denen dies erforderlich ist und die Befugnisse und fachlichen Kompetenzen des Jugendamts nicht ausreichend sind, ist das Jugendamt verpflichtet, die Eltern auf die Inanspruchnahme anderer Einrichtungen und Dienste hinzuweisen, z.B. medizinische Dienste. Ggfs. ist die Polizei hinzuzuziehen.

2. Einbeziehung der freien Träger der Jugendhilfe in den Schutzauftrag

Vereinbarungen mit freien Trägern

Das Gesetz bezieht die freien Träger nicht unmittelbar in den Schutzauftrag nach § 8a Abs. 2 ein, da der Gesetzgeber insoweit verfassungsrechtliche Bedenken hatte. Vielmehr haben die öffentlichen Träger der Jugendhilfe durch Vereinbarungen mit den freien Trägern sicherzustellen, dass auch diese dem Schutzauftrag nachkommen. In der Literatur wird insoweit von einer zulässigen Begrenzung der Autonomie der freien Träger ausgegangen. Eine Ablehnung entsprechender Vereinbarungen wird für rechtswidrig gehalten. Bei der Vereinbarung handelt es sich um einen öffentlich-rechtlichen Vertrag

Zuständiges Jugendamt

Welche öffentlichen Träger für die Vereinbarung zuständig sind, wird gesetzlich nicht geregelt. Im Schrifttum wird insoweit eine analoge Anwendung von § 78e befürwortet. Demnach ist der örtliche Träger zuständig, in dessen Bereich die Einrichtung ihren Sitz hat bzw. der Dienst seine Aufgaben wahrnimmt.

Inhalt der Vereinbarung

In der Vereinbarung sollen die freien Träger zur Wahrnehmung des Schutzauftrages angehalten werden. Hierbei hat die Einrichtung oder der Dienst Fachkräfte einzusetzen. Hierzu gehört zunächst die Informationsgewinnung und Risikoeinschätzung. Weiter ist in der Vereinbarung sicherzustellen, dass erfahrene Fachkräfte zur Risikoabschätzung hinzugezogen werden, z.B. bei Verdacht auf sexuellen Missbrauch.

Die Fachkräfte werden durch die Vereinbarung verpflichtet, die Eltern zur Inanspruchnahme von Hilfen zu motivieren, insbesondere bei Vernachlässigung.

Eine Information des Jugendamtes ist nur die ultima ratio.

3. Folgen eines Verstoßes gegen den Kinderschutz

Strafrechtliche Konsequenzen

Der Schutz der Kinder und Jugendlichen unterliegt der strafrechtlichen Kontrolle. Die sozialpädagogischen Fachkräfte haben eine Garantenpflicht zur Abwendung von Kindeswohlgefährdungen. Unerheblich ist insoweit, ob diese Garantenpflicht auf tatsächlicher Übernahme der Schutzaufgabe, auf freiwilliger Übernahme oder auf vertraglicher oder gesetzlicher Verpflichtung beruht. Sie sind nach gefestigter strafrechtlicher Erkenntnis sog. Beschützergaranten, d.h. sie müssen mit strafrechtlicher Verfolgung rechnen, wenn das Kind bzw. der Jugendliche zu Schaden kommt. Die juristische geht insoweit weiter als die sozialpädagogische Literatur. In der sozialpädagogischen Literatur wird stark auf den Erhalt des Zugangs zur Familie abgestellt. Die strafrechtliche Literatur verlangt demgegenüber, dass eine bloße Hoffnung auf eine Verbesserung der familiären Verhältnisse nicht ausreichend sei. Übergeordnetes Ziel sei, das Kind bzw. den Jugendlichen vor Schäden zu bewahren. Aus dem Schutzauftrag folgt zunächst, dass aktive Schädigungshandlungen gegenüber dem Kind zu unterbleiben haben. Darüber hinaus verbietet der Schutzauftrag auch das Untätigbleiben. Ergeben sich Hinweise für konkrete Gefährdungssituationen, müssen diese abgeklärt werden. Nicht aus dem Schutzauftrag folgt indessen die Pflicht zu unaufgeforderten Hausbesuchen ohne Verdachtsmomente. Insoweit würden verfassungsrechtliche Grenzen überschritten.

Schadenersatz

Ferner kommen bei unzureichender Wahrnehmung des Schutzauftrags Schadensersatzansprüche in Betracht.

VI. Geltungsbereich der öffentlichen Jugendhilfe

Tatsächlicher Aufenthalt im Inland nötig
Bei Ausländern: rechtmäßiger Aufenthalt im Inland nötig

Das SGB VIII begrenzt zwar die Gewährung der Jugendhilfe nicht mehr auf deutsche Kinder (wie das § 1 *JWG* es getan hatte), sondern stellt nur noch auf den *tatsächlichen* Aufenthalt im Inland ab (vgl. § 6 Abs. 1). **Ausländer** können jedoch Leistungen der Jugendhilfe nur beanspruchen, wenn sie entweder *rechtmäßig*

Beispiele: unbefristete Niederlassungserlaubnis gem. §§ 9, 19, 23 Abs. 2 AufenthG oder befristete Aufenthaltserlaubnis gem. §§ 16/17; 18–21; 22–26; 27–36 AufenthG

oder *aufgrund einer ausländerrechtlichen Duldung* nach § 60a AufenthG

Beispiele: Gefahr politischer Verfolgung, Folter oder Todesstrafe; völkerrechtliche oder humanitäre Gründe; Wahrung politischer Interessen der BRD

ihren *gewöhnlichen Aufenthalt* im Inland haben (vgl. § 6 Abs. 2). Das setzt nach § 30 Abs. 3 S. 2 SGB I voraus, dass jemand sich im Inland „unter Umständen aufhält, die erkennen lassen, dass er an diesem Ort oder in diesem Gebiet nicht nur vorübergehend verweilt". Hierzu ist nach der Rechtsprechung erforderlich, dass sich die Leistungsberechtigten in der Bundesrepublik Deutschland tatsächlich aufhalten und während des Zeitraumes, während dem die Jugendhilfe geleistet wird, nicht ins Ausland umziehen wollen.[57]

Keine Gleichstellung mit Deutschen

Die schwierige Lage junger Ausländer, die häufig zu Spannungen in deren Familien führt, hätte eine Gleichstellung mit deutschen jungen Menschen geboten. Entsprechende Forderungen während der Beratung des KJHG waren jedoch – vor allem aus Kostengründen – leider erfolglos geblieben. Damit ist ein wichtiger Ansatzpunkt für eine bessere Integrationsmöglichkeit junger Ausländer (und deren Familien) vertan und den (von der Bundesregierung positiv aufgenommenen) Zielsetzungen des 8. Jugendberichtes zuwidergehandelt worden.

Bei externer HzE droht Ausländern Ausweisung

Problematisch ist außerdem, dass die Gewährung von HzE außerhalb der eigenen Familie u.U. zur sog. „Ermessensausweisung" (d.h.: wegen Beeinträchtigung „sonstiger erheblicher Interessen der BRD") führen kann (vgl. § 55 Abs. 1, 2 Nr. 7 AufenthG). Das gilt jedoch nicht für Minderjährige, deren Eltern (oder deren allein sorgeberechtigter Elternteil) sich rechtmäßig in der BRD aufhalten (§ 55 Abs. 2 Nr. 7 HS 2 AufenthG). Anderen Minderjährigen droht aber in folgenden Fällen grundsätzlich die Ausweisung:

Betroffene Minderjährige

- bei Gewährung von HzE außerhalb der eigenen Familie, (HzE gem. §§ 33–35 oder die Eltern haben die BRD wieder verlassen)
- bei Gewährung von Hilfe zur Erziehung für unbegleitete Mdje.

Jungen Volljährigen droht Ausweisung

Jungen Volljährigen droht bei Erhalt von (irgendwelchen) Jugendhilfeleistungen aber stets die Ausweisung (vgl. § 55 Abs. 2 Nr. 7 AufenthG).

Mitteilungspflichten „öffentlicher Stellen"

Zum Vollzug der vorgenannten Ausweisungsmöglichkeiten besteht nach § 87 AufenthG für sämtliche „öffentlichen Stellen" *Übermittlungspflicht* gegenüber den Ausländerbehörden. Das bedeutet, dass diese jenen auf Ersuchen alle ihnen „bekannt gewordenen Umstände" zu übermitteln haben, soweit dies zur Erfüllung ihrer Aufgaben erforderlich ist (vgl. § 87 Abs. 2 AufenthG). Dazu gehören nach § 71 Abs. 2 Nr. 1d SGB X alle personenbezogenen Daten (einschließlich der Angaben über das künftig zu erwartende soziale Verhalten), die für eine Entscheidung über den weiteren Aufenthalt oder dessen Beendigung erforderlich sind. Darüber hinaus besteht nach § 87 Abs. 2 AufenthG für sämtliche öffentliche Stellen (auch ohne Ersuchen) „unverzügliche" Übermittlungspflicht, sobald sie von einem Ausweisungsgrund[58] Kenntnis erlangen. Das JA ist jedoch nicht generell zu diesen Mitteilungen verpflichtet. Denn nach § 88 Abs. 1 AufenthG „unterbleibt" eine Übermittlung personenbezogener Daten und sonstiger Angaben nach § 87 AufenthG, soweit besondere gesetzliche „Verwendungsregelungen" entgegenstehen. Zu diesen gehören auch die besonde-

---

[57] Vgl. *Winkler* in BeckOK-SGB VIII § 6 Rn. 15.

[58] D.h.: Aufenthalt ohne Aufenthaltstitel, Verstoß gegen räumliche Beschränkungen oder sonstiger Ausweisungsgrund (z.B. Ermessensausweisung nach § 55 AufenthG).

JA muss aber die §§ 64, 65 SGB VIII beachten

ren Datenschutzbestimmungen der §§ 64, 65 SGB VIII. Das bedeutet, dass eine Übermittlung von personenbezogenen Daten von Minderjährigen und jungen Volljährigen durch das JA an Ausländerbehörden nur erfolgen muss (und somit darf), wenn

- dadurch der Erfolg einer Jugendhilfeleistung nicht gefährdet wird (vgl. § 64 Abs. 2 sowie Seite 123 ff.) und
- eine Offenbarungsbefugnis gemäß § 65 vorliegt (siehe dazu Seite 125).

Zu berücksichtigende Umstände bei Ermessensausweisungen

Bei allen **Ermessensausweisungen** sind nach § 55 Abs. 3 AufenthG zu berücksichtigen

1. die Dauer des rechtmäßigen Aufenthalts und die schutzwürdigen persönlichen, wirtschaftlichen und sonstigen Bindungen des Ausländers im Bundesgebiet,
2. die Folgen der Ausweisung für die Familienangehörigen, die sich rechtmäßig im Bundesgebiet aufhalten und mit ihm in familiärer Lebensgemeinschaft leben,
3. ob eine Aussetzung der Abschiebung solange in Betracht kommt, wie sie aus tatsächlichen oder rechtlichen Gründen unmöglich ist und keine Aufenthaltserlaubnis erteilt wird.

Besonderer Ausweisungsschutz für bestimmte Personen

Außerdem genießen **minderjährige und junge volljährige Ausländer** nach § 56 Abs. 1 AufenthG einen besonderen Ausweisungsschutz, wenn sie

1. eine Niederlassungserlaubnis iSd § 9 AufenthG besitzen *und* sich mindestens fünf Jahre rechtmäßig in der BRD aufhalten,
2. eine Aufenthaltserlaubnis besitzen und in der BRD geboren *oder* als Minderjährige eingereist sind und sich mindestens fünf Jahre in der BRD rechtmäßig aufhalten,
3. eine Aufenthaltserlaubnis besitzen, sich mindestens fünf Jahre rechtmäßig in der BRD aufhalten *und* mit einem der in den Nrn. 1 u. 2 bezeichneten Ausländern in ehelicher oder lebenspartnerschaftlicher Lebensgemeinschaft leben,
4. mit einem deutschen Familienangehörigen (oder Lebenspartner) in familiärer (oder lebenspartnerschaftlicher) Lebensgemeinschaft leben,
5. als Asylberechtigter anerkannt, die Rechtsstellung eines ausländischen Flüchtlings genießen *oder* einen von einer Behörde der BRD ausgestellten Reiseausweis nach dem Abkommen vom 28.7.1951 über die Rechtsstellung der Flüchtlinge besitzen.

Minderjährige Ausländer, die nicht zu den vorgenannten geschützten Personen gehören, genießen, sofern deren Eltern oder deren allein sorgeberechtigter Elternteil sich rechtmäßig in der BRD aufhalten, dennoch einen besonderen Ausweisungsschutz. Für sie kommt nämlich gemäß § 56 Abs. 2 S. 2 AufenthG nur eine sog. „Ermessensausweisung" (siehe dazu oben) in Betracht, d.h.: nur bei rechtskräftiger Verurteilung zu Jugendstrafe von mindestens zwei Jahren wegen vorsätzlich begangener Straftaten (vgl. dazu § 53 AufenthG).

Asylbewerber können gem. § 60 Abs. 4 AufenthG nur ausgewiesen werden, wenn das Asylverfahren ohne Anerkennung als Asylberechtigter oder ohne Feststellung eines Abschiebungshindernisses nach § 60 Abs. 1 AufenthG *unanfechtbar abgeschlossen* wird. (Es sei denn, es liegt ein Ausweisungsgrund iSd § 56 Abs. 1 AufenthG [schwerwiegende Gründe der öffentlichen Sicherheit und Ordnung] vor.)

Internationale Abkommen gehen vor

Weiteren Ausweisungsschutz genießen Ausländer durch supranationale und binationale Abkommen, die gegenüber dem nationalen Recht Vorrang genießen (vgl. Art. 25 GG) und daher nach § 6 Abs. 4 ausdrücklich „unberührt" bleiben. Es handelt sich dabei um folgende Abkommen:

EFA

– *EFA – das Europäische Fürsorgeabkommen* v. 11.12.1953 (EFA), dem die BRD 1956 beigetreten ist,

Gleichstellung mit Inländern

Hiernach sind die dem EFA beigetretenen Staaten (Belgien, Dänemark, Frankreich, Griechenland, Großbritannien, Irland, Island, Italien, Luxemburg, Malta, Niederlande, Norwegen, Schweden, Spanien, Türkei) verpflichtet, in ihrem Gebiet sich erlaubt (s.o.) aufhaltenden Angehörigen der anderen Mitgliedstaaten genauso öffentliche Fürsorge – und somit u.a. Jugendhilfe – zu gewähren wie eigenen Staatsangehörigen. Es beschränkt zugleich die Ausweisung.

MSA

– das *Haager Minderjährigenschutzabkommen (MSA)* v. 5.11.1961, dem die BRD 1971 beigetreten ist,

Hiernach ist die BRD verpflichtet, allen Minderjährigen, die im Inland ihren gewöhnlichen Aufenthalt haben (vgl. dazu § 30 Abs. 3 S. 2 SGB I), die nach unserem Recht vorgesehenen Schutzmaßnahmen für ihre Person und ihr Vermögen zu gewähren, und zwar unabhängig davon, ob das Herkunftsland der Minderjährigen dem MSA beigetreten ist oder nicht. – Für „notwendige Schutzmaßnahmen" in dringenden Fällen genügt der bloße tatsächliche Aufenthalt, auch wenn er nur vorübergehend oder nicht rechtmäßig ist.

Haager Übereinkommen über Kindesentführung

– das *Haager Übereinkommen über die zivilrechtlichen Aspekte internationaler Kindesentführung* v. 25.10.1980, dem die BRD erst am 1.12.1990 beigetreten ist,

KSÜ

– das *Haager Kinderschutzübereinkommen (KSÜ)* v. 19.10.1996

Das KSÜ, das zwar bereits in Kraft getreten ist, für das die EG aber erst zum 5.6.2010 eine gemeinsame Hinterlegung der Ratifizierungsurkunden angestrebt, soll zukünftig an die Stelle des MSA treten. Es regelt u.a. öffentlich-rechtliche, insbesondere individuelle jugendhilferechtliche Maßnahmen zum Schutz des Kindes und sieht vor, dass die Behörden am gewöhnlichen Aufenthaltsort des Kindes zuständig sind.

Brüssel IIa-Verordnung

– die Brüssel II a-Verordnung v. 27.11.2003

Die Verordnung regelt (insoweit wie das KSÜ) Schutzmaßnahmen für Minderjährige, die ihren gewöhnlichen Aufenthalt in einem der Mitgliedstaaten haben; sie ergänzt zudem das HKÜ.

Unbegleitete minderj. Flüchtlinge

– die Richtline 2003/9/EG des Rates zur Festlegung von Mindestnormen für die Aufnahme von Asylbewerbern in den Mitgliedstaaten v. 27.1.2003

Die Richtlinie enthält u.a. Bestimmungen über die sicherzustellenden Lebensbedingungen von Asylbewerbern und berücksichtigt dabei auch zusätzliche Belastungen, etwa von unbegleiteten minderjährigen Flüchtlingen.

UN-Konvention

– *UN-Konvention über die Rechte des Kindes* v. 20.11.1989, die am 2.9.1990 in Kraft getreten, aber von der BRD erst am 17.2.1992 ratifiziert worden ist,

Beitritt der BRD

In ihrer Präambel wird zunächst die Anerkennung der Rechte aller Menschen ohne Unterscheidung nach Rasse, ..., nationaler Herkunft etc. in Übereinstimmung der allgemeinen Menschenrechtskonvention bekräftigt; und Art. 2 verpflichtet dann die einzelnen Beitrittsstaaten zur Achtung und Gewährleistung dieser Rechte ohne jeden – auch nationalen – Unterschied und sichert in Art. 3 allen Minderjährigen Schutz und Fürsorge in ihrem Hoheitsgebiet sowie in Art. 4 alle geeigneten Maßnahmen zur Verwirklichung der in der Charta anerkannten Kindesrechte zu.

Flüchtlingskonvention

– die *Genfer Flüchtlingskonvention* v. 28.7.1951
Sie verpflichtet u.a., Flüchtlinge und Angehörige der Aufnahmestaaten auf dem Gebiet der öffentlichen Fürsorge gleich zu behandeln.

Österreich

– Abkommen mit *Österreich* über „Fürsorge und Jugendwohlfahrtspflege" v. 17.1.1966
Es verpflichtet die Vertragsstaaten, Angehörige des jeweils anderen Staates in Angelegenheiten der Fürsorge und der Jugendwohlfahrt wie eigene Staatsangehörige zu behandeln.

Schweiz

– Abkommen mit der *Schweiz* über die „Fürsorge für Hilfsbedürftige" v. 14.7.1952; zur Zuständigkeit des LJA siehe Art. 21 KJHG.

Ergebnis: Ausweisung doch stark reduziert

Somit sind die konkreten Gefahren einer Ausweisung insgesamt doch stark reduziert.

VII. Verhältnis zu anderen Leistungen und Verpflichtungen

Nachranggrundsatz

§ 10 regelt das Verhältnis von Jugendhilfeleistungen zu Leistungen und Verpflichtungen „Anderer" (d.h., von Privatpersonen oder anderen öffentlichen Trägern).

Vorrang der Leistungen anderer

§ 10 Abs. 1 führt die Verpflichtungen und Leistungen auf, die gegenüber Jugendhilfeleistungen vorrangig sind, wobei die Nennung der Träger anderer Sozialleistungen und der Schulen im Satz 1 keine abschließende Aufzählung ist (vgl. „insbesondere").

Vorrang gegenüber der Jugendhilfe haben die Leistungen der Kranken-, Pflege-, Unfall- und Rentenversicherung, der Arbeitsförderung, der sozialen Entschädigung (Impfopferentschädigung, Kriminalopferentschädigung) und der sozialen Entschädigung.

Das Verhältnis der Jugendhilfe gegenüber den Schulen war in der jüngeren Vergangenheit insbesondere bei der Frage umstritten, wer für die Kosten eines Integrationshelfers aufkommen muss. Da die Stellung eines solchen in den Schulgesetzen nicht vorgesehen ist, sind diese über die Jugendhilfe zu finanzieren.

§ 10 Abs. 1 Satz 2 regelt, dass auf Rechtsvorschriften beruhende Leistungen „Anderer" (s.o.) nicht deshalb versagt werden dürfen, weil nach dem SGB VIII entsprechende Leistungen vorgesehen sind.

Vorrang von Unterhaltspflichten

§ 10 Abs. 2 regelt die Heranziehung Unterhaltspflichtiger zu Kosten für Leistungen und vorläufige Maßnahmen des SGB VIII. Einzelheiten regeln insoweit die §§ 90–97b SGB VIII.

Verhältnis zur Grundsicherung nach dem SGB II

§ 10 Abs. 3 S. 1 legt fest, dass generell Jugendhilfeleistungen Vorrang haben gegenüber Leistungen nach dem SGB II. § 10 Abs. 3 S. 2 schränkt diesen Grundsatz aber bei Leistungen zur Eingliederung junger Menschen in den Arbeitsmarkt (§§ 3 Abs. 2, 14–16 SGB II) stark ein. Leistungskonkurrenzen ergeben sich zunächst zu den arbeitsweltbezogenen Leistungen der Jugendsozialarbeit nach § 13 und zu den sozialpädagogischen Hilfen zur beruflichen Ausbildung und Eingliederung in die Arbeitswelt. Soweit die Leistungen nach dem SGB II mit jenen nach dem SGB VIII kongruent sind, haben die Leistungen nach dem SGB II Vorrang. Dies gilt insbesondere für die sozialpädagogisch begleiteten Ausbildungs- und Beschäftigungsmaßnahmen (§ 13 Abs. 1 und 2). Für die Leistungen für eine Unterkunft in sozialpädagogisch betreuten Wohnformen haben dagegen jene der Kinder- und Jugendhilfe Vorrang. Dies gilt auch für die Schulsozialarbeit und die Hilfen zur schulischen Ausbildung.[59] Leistungen nach dem SGB VIII sind ferner bei jungen Menschen, die das 25. Lebensjahr vollendet haben, und bei ausländischen jungen Menschen, die keine Arbeitserlaubnis haben und diese auch nicht erhalten können, ferner bei jungen Menschen, die nicht erwerbsfähig oder stationär untergebracht sind, zu erbringen.

Verhältnis gegenüber der Sozialhilfe

§ 10 Abs. 4 S. 1 regelt den Vorrang von Jugendhilfeleistungen gegenüber Sozialhilfeleistungen nach dem SGB XII.

Für körperl. oder geistig Behinderte vorrangig SGB XII-Maßnahmen

Für körperlich oder geistig behinderte (oder von einer solchen Behinderung bedrohte) Minderjährige gilt jedoch Folgendes: Für sie kommen vorrangig Eingliederungshilfe des SGB XII und Jugendhilfeleistungen nur ergänzend in Betracht (vgl. § 10 Abs. 1 S. 2 SGB VIII), d.h.: nur wenn entweder Eingliederungshilfe des SGB XII nicht ausreicht oder konkreter Erziehungsbedarf iSd § 27 SGB VIII (s. dazu Seite 78) vorliegt.

Seelisch behinderte Kinder und Jugendliche haben dagegen einen Anspruch auf Eingliederungshilfe nach dem SGB VIII (§ 35a)[60]. Mit Erlass dieser Vorschrift wurde die äußerst schwierige Abgrenzung von „seelischer Behinderung" und „Gefährdung der seelischen Entwicklung" endlich überwunden. – Die *Abgrenzungsprobleme* von „seelischer" und „geistiger" Behinderung bleiben jedoch bestehen (da der Gesetzgeber den Anregungen der Praxis nicht gefolgt ist, alle Hilfeleistungen für behinderte junge Menschen der Jugendhilfe zuzuordnen) und nach wie vor ist nicht geregelt, welcher Leistungsträger bei Lern- und Mehrfachbehinderungen zuständig ist. – Diese Hilfen kommen gemäß § 41 auch für „junge" Volljährige (d.h., nach § 7 Abs. 1 Nr. 3 noch nicht 27 J. alt) in Betracht.[61]

Frühförderung nach LandesR

Da die Unterscheidung zwischen den einzelnen Behinderungen in der Kleinkindphase besonders schwierig (bzw. kaum möglich) ist, kann Landesrecht Maßnahmen der Frühförderung für Kinder *unabhängig von der Art ihrer Behinderung* anderen Leistungsträgern als denen der Jugendhilfe zuordnen (vgl. § 10 Abs. 2 S. 3). Geschieht das jedoch nicht, so muss hier in jedem Einzelfall die Zuordnung nach der Art der Behinderung erfolgen. Weil dies sehr schwierig ist, ist aufgrund des Nachrangs aller Sozialhilfe-Maßnahmen bei Unklarheiten dann in der Regel Jugendhilfe zu gewähren.

Zusammenfasssung

> Verhaltensauffällige und seelisch behinderte Mdje erhalten stets JuHi, körperlich u. geistig Behinderte vorrangig Sozialhilfe u. nur ergänzend JuHi. Zuordnungs-Probleme bestehen bei Lern- u. Mehrfach-Behinderungen, Abgrenzungs-Probleme bei Kleinkindern u. zwischen seelischer u. geistiger Behinderung.
>
> In Zweifelsfällen ist wegen des Nachrangs des SGB XII stets JuHi zu leisten.

[59] Vgl. *Meysen* in: Handbuch KJHR Kap 2.2 Rn. 39.
[60] Näher unten Seite 99 f.
[61] Näher unten Seite 101.

E. Jugendhilfeleistungen

I. Jugendarbeit

Definitionen

Das *JWG* unterteilte in § 2 die gesamte öffentliche Jugendhilfe in Jugendpflege und Jugendfürsorge, ohne diese jedoch näher zu definieren. In der Praxis wurde die Jugendpflege zunehmend auch Jugendarbeit genannt. Bei diesem Jugendhilfebereich handelt es sich um ein Sozialisationsfeld für junge Menschen, in dem grundsätzlich die Gesamtheit ihrer Lebensbezüge angesprochen wird. Das SGB VIII definiert (wohl deshalb) den Begriff Jugendarbeit ebenfalls nicht, nennt aber in § 11 Abs. 3 ihre Schwerpunkte:

Gesetzliche Schwerpunkte

1. außerschulische Jugendbildung mit allgemeiner, politischer, sozialer, gesundheitlicher, kultureller, naturkundlicher und technischer Bildung,
2. Jugendarbeit in Sport, Spiel und Geselligkeit,
   Die Jugendarbeit soll soziale Umgangsformen vermitteln.[62] Aus der Nennung des Sports in § 11 Abs. 3 Nr. 2 folgt kein genereller Förderanspruch der Sportvereine.[63] Zur Jugendarbeit in Spiel gehört vor allem die Bereitstellung von Spielplätzen[64], z.B. Abenteuerspielplätze. Einzelheiten werden in den Baugesetzen der Länder geregelt. Geselligkeit meint nicht Maßnahmen, die ausschließlich der Unterhaltung und Entspannung dienen. Auch bei diesen müssen soziale Zielsetzungen verfolgt werden.
3. arbeitswelt-, schul- und familienbezogene Jugendarbeit,
   Die arbeitsweltbezogenen Angebote der Jugendarbeit dienen vor allem der Unterstützung der Berufsfindung und der Berufsausbildung.[65] Arbeitsweltbezogene Angebote gibt es ferner von den Agenturen für Arbeit (z.B. Berufsorientierung und Berufsorientierungsmaßnahmen). Die schulbezogene Jugendarbeit soll die Lebensräume Schule, Familie und Freizeit miteinander verbinden.[66]
4. internationale Jugendarbeit,
   Die Maßnahmen der internationalen Jugendarbeit sollen das Verständnis der Kinder und Jugendlichen für andere Nationen und Kulturen fördern. Sie umfasst einerseits die Herstellung von Kontakten mit ausländischen Kindern und Jugendlichen durch grenzüberschreitende Austauschprogramme, andererseits mit ausländischen Kindern und Jugendlichen in Deutschland.
5. Kinder- und Jugenderholung,
   Mit den Maßnahmen der Kinder- und Jugenderholung sind insbesondere Ferienlager sowie Feriennaherholungsheime gemeint. Mit diesen Maßnahmen soll ermöglicht werden, dass junge Menschen über längere Zeit in einer Gruppe zusammenleben können. Nicht gemeint sind Aufenthalte aus gesundheitlichen Gründen. Leistungsträger für diese Maßnahmen sind die Krankenkassen, die Sozialämter und sonstige Träger der medizinischen Rehabilitation.[67] Auch bloße billige Urlaubsangebote sind keine Maßnahmen i.S.v. Nr. 5.[68]
6. Jugendberatung.
   Die Jugendberatung wurde zunächst in Jugendberatungsstellen durchgeführt. In den letzten Jahren wurde verstärkt die ambulante Jugendarbeit praktiziert

---

[62] Vgl. *Steffan*, in LPK-SGB VIII, § 11 Rn 16.
[63] Vgl. BayVGH BayVBl. 1993, 112 (114).
[64] Vgl. *Wiesner/Struck* § 11 RdNr. 21.
[65] Vgl. *Wiesner/Struck* § 11 RdNr. 22.
[66] Vgl. *Wiesner/Struck* § 11 RdNr. 22.
[67] Vgl. *Wiesner/Struck* § 11 RdNr. 24.
[68] Vgl. *Kunkel/Steffan*, LPK-SGB VIII, § 11 Rn. 20.

(Streetwork). Die Jugendberatung wendet sich insbesondere an Kinder und Jugendliche in spezifischen Gefahrensituationen wie Alkoholgefährdung, Drogengefährdung, Kriminalität, berufliche Perspektivlosigkeit.[69]

Keine abschließende Regelung

Diese Aufzählung stellt weder eine abschließende Regelung dar, noch ist damit eine inhaltliche Fixierung oder Vorstrukturierung der Praxis erfolgt. Im Hinblick auf die Vielgestaltigkeit der Jugendarbeit, angesichts des autonomen Betätigungsrechts der hier ganz überwiegend agierenden freien Träger wie auch wegen der weiteren Ausgestaltungsmöglichkeiten durch Landesrecht (vgl. § 15) wäre dies auch gar nicht möglich. Hinzu kommt, dass gerade die Jugendarbeit durch die Vielzahl von Trägern unterschiedlicher Wertorientierungen und die Vielfalt von Inhalten, Methoden und Arbeitsformen geprägt ist (wie dies § 3 Abs. 1 für die gesamte Jugendhilfe statuiert), weil sie nur dadurch die Jugend erreichen und damit wirken kann. Das berücksichtigt auch § 11 Abs. 2 S. 1. Er benennt abschließend die Träger der Jugendarbeit, nämlich die Jugendverbände, -gruppen und -initiativen sowie die „anderen" (d.h.: freien) und die öffentlichen Jugendhilfeträger.

Vielfalt von Trägern, Inhalten, Methoden und Arbeitsformen

Adressatenkreis

Jugendarbeit umfasst die sog. *offene Jugendarbeit* (die sich allgemein an *junge Menschen* iSd § 7 Abs. 1 Nr. 4 wendet) ebenso wie die gemeinwesenorientierten *und die nur für Mitglieder* der einzelnen Jugendverbände und -gruppen gedachten Angebote (§ 11 Abs. 2 S. 2). Dabei stellt § 11 Abs. 4 ausdrücklich sicher, dass in alle Angebote auch Personen über 27 Jahre in angemessenem Umfang einbezogen werden können (wie das schon immer Praxis war). Dies ist vor allem bei bildungs-, erholungs-, familienbezogenen, kulturellen und politischen Angeboten sowie bei internationalen Begegnungen bedeutsam. Angemessen meint, dass die über 27jährigen in der Minderzahl bleiben müssen.[70]

Offene Jugendarbeit

Freizeiteinrichtungen

Problematik

Da die offene Jugendarbeit ein wichtiges und zugleich schwieriges Arbeitsfeld darstellt, soll sie exemplarisch etwas näher angesprochen werden. Hier findet Jugendarbeit vor allem im Rahmen von diversen Freizeitangeboten (insbesondere Wochenend- und Ferienfreizeiten) und Freizeiteinrichtungen (Freizeitheimen, Jugendhäusern, Häusern der offenen Tür, Jugendzentren) statt. Letzterer Bereich gehört mit zu den schwierigsten Feldern der Jugendarbeit, weil es infolge der Reizüberflutung durch die Medien (Zeitschriften, TV, Film, Video, PC, Internet etc.) einerseits sowie der kommerziellen Konkurrenz (Discos, Bars, Cafés etc.) andererseits nicht einfach ist, attraktive Angebote seitens der Jugendhilfe zu machen. Hinzu kommt, dass hier Mitgestaltung und Mitbestimmung infolge der meist sehr unterschiedlichen Altersstruktur, der dadurch bedingten gegensätzlichen Interessenlage sowie der ständigen Fluktuation des Klientel (aber auch durch den oft bestehenden Interessengegensatz zu den Zielsetzungen der in diesem Bereich Tätigen) fast permanente und nur schwer lösbare Probleme schaffen, deren Bewältigung dann nicht selten alle anderen Aktivitäten überlagert und somit mehr oder minder lähmt. Hauptkonfliktstoffe sind dabei immer wieder die Öffnungszeiten, Alkohol und Gewalt gegen Sachen wie Personen.

---

[69] Vgl. *Wiesner/Struck* § 11 RdNr. 24.

[70] Vgl. *Wabnitz*: Recht der Finanzierung der Jugendarbeit und Jugendsozialarbeit. 2003. Rn. 52

Zielsetzung

Prävention

Ziel der gesamten Jugendarbeit ist, die zur Förderung der Entwicklung junger Menschen erforderlichen Angebote zur Verfügung zu stellen, die ihren Interessen entsprechen. Sie sollen von ihnen mitbestimmt und mitgestaltet werden (Partizipation), um sie zur Selbstbestimmung zu befähigen sowie zu gesellschaftlicher Mitverantwortung und zu sozialem Engagement anzuregen und hinzuführen (§ 11 Abs. 1 S. 2). Angebote, die dies besser gewährleisten, sind daher bevorzugt zu fördern. Diese vom SGB VIII – zu Recht – für die Jugendarbeit als wesentlich herausgestellten Merkmale und Förderungskriterien verdeutlichen deren Funktion als geeignetes Feld sozialen Lernens und gesellschaftlicher wie auch politischer Partizipation. Bedingung hierfür ist eine gute personelle und materielle Ausstattung. Nur dann kann die Jugendarbeit ihre Funktion als eminent wichtiges Präventions-Instrument erfüllen.

Erhebung von Kosten- u. Teilnahmebeiträgen

§ 90 Abs. 1 Nr. 1 sieht zwar für die Inanspruchnahme von Angeboten der Jugendarbeit Kosten- und Teilnahmebeiträge vor, die aber an der Zumutbarkeit orientiert werden können (§ 90 Abs. 2). Zu beachten ist dabei, dass junge Menschen dadurch nicht vor der Inanspruchnahme von Angeboten der Jugendarbeit abgeschreckt werden. Daher können die Teilnahme- oder Kostenbeiträge auf Antrag ganz oder teilweise erlassen oder vom Träger der öffentlichen Jugendhilfe übernommen werden, wenn die Belastung den Minderjährigen und ihren Eltern oder den jungen Volljährigen nicht zuzumuten ist und die Förderung für die Entwicklung der jungen Menschen erforderlich ist.

II. Förderung der Jugendverbände

Verpflichtungen der öffentlichen Jugendhilfeträger

Förderungsvoraussetzungen

Zielsetzungen

Jugendhilfe und ihre Wirksamkeit sind abhängig von ihren Ressourcen. Das gilt in ganz besonderem Maße auch für die Jugendarbeit. Das SGB VIII verpflichtet daher die öffentlichen Jugendhilfeträger (gemäß § 69 Abs. 1 also in der Regel die Landkreise und kreisfreien Städte), für die Jugendarbeit einen angemessenen Anteil vom gesamten Jugendhilfeetat zu verwenden (§ 79 Abs. 2 S. 2) sowie die eigenverantwortliche Tätigkeit der Jugendverbände und Jugendgruppen unter Wahrung ihres satzungsmäßigen Eigenlebens und Stärkung ihrer Selbsthilfemöglichkeiten zu fördern, sofern diese die an die Angebote der Jugendarbeit im Einzelfall zu stellenden fachlichen Voraussetzungen erfüllen, die Gewähr für eine zweckentsprechende und wirtschaftliche Verwendung der Mittel bieten, gemeinnützige Ziele verfolgen, angemessene Eigenleistungen erbringen sowie die Gewähr für eine den Zielen des Grundgesetzes förderliche Arbeit bieten (vgl. §§ 4 Abs. 3, 12 Abs. 1, 74 Abs. 1 S. 1). Dabei dürfen jedoch die Förderungsbedingungen nicht die Autonomie der freien Träger beschneiden (vgl. den Verweis auf § 4 Abs. 1 in § 74 Abs. 2 S. 2). Ein Rechtsanspruch der Kinder/Jugendlichen wird dagegen von der überwiegenden Meinung verneint.[71]

Anerkennung als Träger

Auf Dauer angelegte Förderungen setzen außerdem in der Regel die Anerkennung als Träger der freien Jugendhilfe voraus (§ 74 Abs. 1 S. 2). Davon kann bei Jugendgruppen/-initiativen bei Vorliegen der sonstigen, o.a. Förderungsvoraussetzungen abgesehen werden, damit kein Zwang zum Anschluss an einen Verband oder zu vereinsmäßigen Förmlichkeiten

[71] Vgl. etwa *Fischer/Schellhorn* SGB VIII/KJHG, § 11 Rn. 4

entsteht, die der Spontaneität derartiger Gruppierungen, z.T. aber auch ihrer Lebensfähigkeit abträglich sein könnten.

Überregionale Aktivität

Bei überregionaler Bedeutung (wie internationalen Begegnungen) ist auch die Förderung seitens des Bundes vorgesehen (§ 83 Abs. 1).

Jugendpläne

Im Einzelnen erfolgt die Förderung im Rahmen der *kommunalen und Landesjugendpläne* sowie durch den *Bundesjugendplan* (vgl. dazu §§ 79, 80, 82, 83).

III. Jugendsozialarbeit

Zielsetzungen

Jugendsozialarbeit hat zum Ziel, für *junge Menschen* (d.h., gemäß § 7 Abs. 1 Nr. 4: für noch nicht 27 Jahre alte Personen), sozialpädagogische Hilfen anzubieten, die ihre schulische und berufliche Ausbildung, ihre Eingliederung in die Arbeitswelt und ihre soziale Integration fördern, sofern diese Personen zum Ausgleich sozialer Benachteiligungen oder zur Überwindung individueller Beeinträchtigungen in erhöhtem Maße auf Unterstützung angewiesen sind (§ 13 Abs. 1).

Soziale Benachteiligungen

Soziale Benachteiligungen sind für bestimmte gesellschaftliche Gruppen oder Gruppen junger Menschen typische Benachteiligungen.[72] Diese liegen vor, wenn eine altersgemäße soziale Integration nicht wenigstens durchschnittlich gelungen ist.[73] Zum Adressatenkreis der Jugendsozialarbeit zählen u.a.[74] Jugendliche und junge Menschen ohne Ausbildung bzw. ohne Arbeitsstelle, Schulverweigerer, Jugendliche ohne Schulabschluss, junge Menschen mit Lernproblemen, Abbrecher von Maßnahmen der Arbeitsverwaltung, Ausbildungsabbrecher, Langzeitarbeitslose, Jugendliche mit Sprachproblemen, junge Menschen aus sozialen Brennpunkten, junge Menschen mit Schwierigkeiten bei der Wohnraumbeschaffung und –erhaltung, junge Menschen aus Spätaussiedler- und Ausländerfamilien besonders benachteiligte Mädchen und Frauen[75]. Eine generelle Einbeziehung der Mädchen und jungen Frauen wäre dagegen zu weitgehend.[76]

Individuelle Beeinträchtigungen

Individuelle Beeinträchtigungen sind alle physischen, psychischen und sonstigen Beeinträchtigungen, die die Entwicklung und Teilhabe von Kindern und Jugendlichen in der Gesellschaft erschweren,[77] z.B. Drogen- und Medikamentenabhängigkeit, Überschuldung, Delinquenz, Behinderung, erhebliche wirtschaftliche Benachteiligung, besondere Lern- und Leistungsschwächen, Verhaltensauffälligkeiten.

In erhöhtem Maße angewiesen

Junge Menschen sind in erhöhtem Maße auf Maßnahmen der Jugendsozialarbeit angewiesen, wenn schulische, ausbildungsbezogene, berufliche oder allgemeine soziale Schwierigkeiten vorliegen, die eine durchschnittliche schulische oder berufliche Qualifikation, die Einmündung in das Arbeitsleben oder die soziale Integration gefährden.[78]

---

[72] Vgl. *Berntzen* in: Jans/Happe/Saurbier/Maas KJHG § 13 RdNr. 18.

[73] Vgl. *Wabnitz*: Recht der Finanzierung der Jugendarbeit und der Jugendsozialarbeit. 2003. RdNr. 90.

[74] Vgl. *Wiesner/Struck* § 13 RdNr. 4; *Wabnitz*: Recht der Finanzierung der Jugendarbeit und der Jugendsozialarbeit. 2003. RdNr. 90.

[75] Vgl. *Berntzen* in: Jans/Happe/Saurbier/Maas KJHG § 13 RdNr. 18; *Münder/Struth* ZfJ 2002, S. 125 (129); *Wabnitz*: Recht der Finanzierung der Jugendarbeit und der Jugendsozialarbeit. 2003. RdNr. 90; a.A. *Nonninger* in: LPK-SGB VIII § 13 Rn. 8.

[76] Vgl. *Mrozynski* § 13 RdNr. 5; a.A. *Kunkel*: Kinder- und Jugendhilfe, S. 72.

[77] Vgl. *Wabnitz*: Recht der Finanzierung der Jugendarbeit und der Jugendsozialarbeit. 2003. RdNr. 90.

[78] Vgl. *Nonninger* in: LPK-SGB VIII § 13 Rn. 10.

Erforderlichkeit

Nicht erforderlich sind die Leistungen der Jugendsozialarbeit, wenn die Leistungen anderer Sozialleistungsträger – vor allem der Agenturen für Arbeit – oder der Schulverwaltungen ausreichend sind (vgl. insoweit § 10 Abs. 1). Die Leistungen der Grundsicherung für Arbeitsuchende sind dagegen grundsätzlich nachrangig gegenüber den Leistungen der Kinder- und Jugendhilfe (§ 10 Abs. 3 S. 1 SGB III). Vorrang haben dagegen die Leistungen nach den §§ 3 Abs. 2 und 14 bis 16 SGB II, die demselben Zweck wie die Jugendsozialarbeit dienen (§ 10 Abs. 3 S. 2 SGB VIII). Die Leistungen der beruflichen Integration junger Menschen, die nach dem SGB II leistungsberechtigt sind, werden nach dem SGB II erbracht. Leistungsberechtigt nach dem SGB II sind junge Menschen zwischen 15 und 25 Jahren, die Arbeit suchen, erwerbsfähig und hilfebedürftig sind. Nicht leistungsberechtigt sind sie, wenn sie für mehr als 6 Monate stationär untergebracht sind. Die genannten Personen können nach dem SGB II Leistungen zur Eingliederung in Arbeit und Ausbildung, psychosoziale Betreuung, Vermittlung in Arbeit und Ausbildung oder in eine Arbeitsgelegenheit erhalten. Die allgemeinen Integrationshilfen sind gegenüber § 13 Abs. 2 nicht vorrangig.

Ausbildungs- und Beschäftigungsmaßnahmen

Ausbildungs-/ Berufshilfen

Vernetzung

Angebote

Dem *Subsidiaritätsprinzip* (vgl. § 4 Abs. 2 sowie oben Kapitel C. II.) der Jugendhilfe entsprechend können geeignete sozialpädagogisch begleitete Ausbildungs- und Beschäftigungsmaßnahmen, die den Fähigkeiten und dem Entwicklungsstand der jungen Menschen Rechnung tragen, nur angeboten werden, soweit deren Ausbildung nicht durch Maßnahmen und Programme anderer Träger und Organisationen (insbesondere der Schul- und Arbeitsverwaltung, aber auch der betrieblichen und außerbetrieblichen Träger) sichergestellt werden (§ 13 Abs. 2). Wegen des Vorrangs der Eingliederungsmaßnahmen nach dem SGB II kann die Jugendhilfe nur denjenigen eigene Ausbildungs- und Beschäftigungsmaßnahmen anbieten, die keinen betrieblichen Ausbildungs- oder Beschäftigungsplatz finden. Denn primäre Aufgabe der Jugendhilfe ist es, sozialpädagogische Hilfen anzubieten (§ 13 Abs. 1). Daher kommt hier vor allem eine Zusammenarbeit der Jugendhilfe mit den anderen Trägern von Ausbildungs- und Beschäftigungsprogrammen (oder eine Begleitung derselben) in Betracht, mit denen ohnehin die Angebote der Jugendsozialarbeit vorher abgestimmt werden sollen (§ 13 Abs. 4). Dies ist z.B. bei diversen Angeboten für sog. Lernschwache, Lerngestörte, Berufsunreife sowie für Berufsanfänger und Arbeitslose *schon vor Schaffung* des SGB VIII der Fall gewesen.

Gewährung von Unterkunft

Unterhalt Krankenhilfe

Wohnheime Projekte

Während der Teilnahme an schulischen oder beruflichen Bildungsmaßnahmen oder bei Berufseingliederungshilfen der Jugendhilfe kann den jungen Menschen auch Unterkunft in sozialpädagogisch begleiteten Wohnformen angeboten werden (§ 13 Abs. 3 S. 1). Vorrang haben die Leistungen nach den §§ 65 Abs. 3, 66 SGB III. Die Leistung nach § 22 SGB II ist dagegen nachrangig (§ 10 Abs. 3 SGB VII). In diesen Fällen sollen auch der *notwendige Unterhalt* sichergestellt sowie Krankenhilfe nach Maßgabe des § 40 geleistet werden (§ 13 Abs. 3 S. 2), wenn keine Leistungen aus der gesetzlichen Krankenversicherung beansprucht werden können, was aber die Regel ist. – Diese Vorschrift bildet die Rechtsgrundlage für die Förderung von Jugendwohnheimen sowie von Wohn-, Ausbildungs- und Beschäftigungs-Projekten der Jugendhilfe.

Abgrenzungsfragen

Abgrenzungsprobleme können zur Jugendarbeit (vgl. § 11 Abs. 2 Nr. 3) sowie zur Hilfe zur Erziehung (vgl. § 27 Abs. 3 S. 2) entstehen. Ersteres spielt für die Träger der Jugendhilfe nur intern eine Rolle. Der Unterschied zur o.a. Hilfe zur Erziehung besteht darin, dass die Jugendsozialarbeit auch allgemeine Angebote vorsieht, während eine Hilfe zur Erziehung ausschließlich einzelfallbezogen und nur dann in Betracht kommt, wenn wegen eines konkreten Erziehungsdefizits die Hilfe zur Erziehung erforderlich ist (vgl. § 27 Abs. 1 sowie Seite 78).

Zuständigkeit des LJA

Im Bereich der Jugendsozialarbeit ist auch das LJA für die Anregung und Förderung von überregionalen Einrichtungen, die eine Schul- oder Berufsausbildung anbieten, zuständig (vgl. § 85 Abs. 2 Nr. 3 HS 2).

Heranziehung zu den Kosten nur bei § 13 Abs. 3

Diese Jugendhilfeleistungen sind grundsätzlich *kostenfrei. Ausnahme: Bei Unterbringungen gemäß § 13 Abs. 3* haben jedoch die jungen Volljährigen selbst und bei Minderjährigen diese nebst ihren Eltern aufgrund entsprechender Leistungsbescheide der Jugendämter zu den Kosten beizutragen (vgl. §§ 91 Abs. 1 Nr. 1, 92 Abs. 1 Nr. 1, Abs. 2). Der Umfang der Heranziehung richtet sich nach Sozialhilfegrundsätzen (vgl. §§ 93, 94). Von Heranziehung der Eltern zur Kostenübernahme ist immer abzusehen, wenn Minderjährige schwanger sind *oder* ein leibliches Kind unter sechs Jahren betreuen (§ 93 Abs. 4 S. 2). – Von der Heranziehung soll im Einzelfall *teilweise oder ganz abgesehen werden, wenn sonst Ziel und Zweck der Leistung gefährdet würden oder sich eine besondere Härte ergäbe* oder anzunehmen ist, der damit verbundene Verwaltungsaufwand stehe in keinem angemessenen Verhältnis zum Kostenbeitrag (§ 92 Abs. 6).

Ausnahmen

IV. Erzieherischer Kinder- und Jugendschutz

Aufgabenhintergrund

Junge Menschen wachsen heute auf in einer gesellschaftlichen Situation, die geprägt ist vom Streben nach raschem, hohem Lebensstandard und sozialer Anerkennung, verbunden mit starkem Konkurrenzdruck im Arbeits- wie Privatleben. Hinzu kommt, dass das verbreitete Konsum- und Anspruchsdenken, das vor allem durch die Bild-Medien noch verstärkt wird, häufig zu unerfüllbaren Ausbildungs- und Berufswünschen führt. Die daraus resultierenden Verunsicherungen und die geradezu vorprogrammierten Misserfolge können von der Familie nicht mehr aufgefangen werden, da diese meist mit denselben Problemen konfrontiert und mit deren Bewältigung oft selbst überfordert ist. Die in den Medien vorgegaukelten Verhaltens-Schemata greifen im täglichen Leben nicht. Die junge Generation fühlt sich daher allein gelassen, einsam, ziel- und perspektivlos. Das führt zu einem Fluchtverhalten, das gekennzeichnet ist durch:

– exzessiven Medienkonsum, Spielsucht an Automaten, Cliquen-Bildung mit Gewaltausübung, häufig wechselnden sexuellen Kontakten, übermäßigem Alkoholgenuss, Konsum von Drogen aller Art.

Zielsetzungen

Die hiervon ausgehenden Gefährdungen stellen für die gesamte Jugendhilfe eine Herausforderung dar, der sie nicht nur repressiv durch die Kontrolle der gesetzlichen Jugendschutzbestimmungen (s. dazu unten), sondern vor allem offensiv begegnen muss durch entsprechende präventive, erzieherische Angebote, die über eine Aufklärung und Beratung hinausgehen. Hier sind im Sinne der *Einmischungsstrategie* der Jugendhilfe u.a. alternative Angebote für die Jugend zu entwickeln (d.h.: Ausbau der Jugendarbeit) sowie auf die Konzessionsvergabepraxis der Kommunen an kommerzielle Betreiber problematischer Freizeitangebote Einfluss zu neh-

Vernetzung

men. Des Weiteren ist vor allem Aufklärungs- und Zusammenarbeit mit allen anzustreben, die „mit der Jugend zu tun haben", d.h. mit Vereinen, Ausbildern, Arbeitgebern, Industrie- und Handwerkskammern, Schulen, Gast- wie Vergnügungsstätten aller Art sowie mit anderen Behörden (von Gewerbeaufsichtsämtern über Polizei bis hin zur Staatsanwaltschaft). Denn nur durch eine solche Vernetzung kann Jugendschutz wirksam werden.

Spezieller Jugendschutz des SGB VIII

Weitere Jugendschutzaufgaben nach anderen Gesetzen

Durch die Bezeichnung „erzieherisch" in § 14 soll zum Ausdruck kommen, dass dieser Bereich der Jugendhilfe nicht identisch ist mit den anderen Jugendschutzaufgaben nach dem Jugendschutzgesetz, dem Staatsvertrag über den Schutz der Menschenwürde und den Jugendschutz in Rundfunk und Telemedien (Jugendmedienschutz-Staatsvertrag – JMStV), dem Jugendarbeitsschutzgesetz und der Jugendarbeitsschutzverordnung. Diese sind oben im Kapitel „Rechtliche Bedeutung der Altersstufen" zusammengestellt (siehe Seite 1).

V. Förderung der Erziehung in der Familie

Hintergrund

Gegenwärtig finden tief greifende, nicht auf den Produktionssektor begrenzte gesellschaftliche Modernisierungs- und Wandlungsprozesse statt, die sich auch massiv auf die familiale Lebensführung auswirken. Sie bewirken, dass familiäre Veränderungen derzeit in einem zuvor nicht gekannten Tempo ablaufen und sich dabei die Lebenslagen der Familien aus der Sicht der Kinder betrachtet zumeist verschlechtert haben. Ihre Situation wird laufend maßgeblich beeinflusst durch:

- zunehmende Mobilität der Familien,
- vielgestaltigere familiale Lebensformen,
- Zunahme von „Trennungs- und Scheidungs-Waisen" durch abnehmende Stabilität von Erwachsenenbeziehungen,
- Rückgang verwandtschaftlicher Bindungen und Solidarität,
- ständiges Ansteigen der Lebenshaltungskosten,
- beengte Wohnverhältnisse,
- zunehmende Berufstätigkeit beider Elternteile,
- vermehrte Anforderungen an schulische Ausbildung,
- ansteigende Arbeitslosigkeit verbunden mit Perspektivlosigkeit und Identitätsverlust.

Überlastete Familien

Diese Faktoren belasten die Familien und führen dazu, dass diese kaum noch alle auf sie zukommenden Anforderungen für eine zukunftsorientierte Sozialisation ihrer Kinder eigenständig erfüllen können. Familien sind vielmehr damit zunehmend überfordert und benötigen somit unabhängig von ihrer Schichtzugehörigkeit und von besonderen Problemlagen in ansteigendem Maße – gelegentlich oder über einen längeren Zeitraum – Unterstützung von außen.[79]

Verfassungslage

Nach unserer Verfassung stehen Ehe und Familie unter besonderem Schutz der staatlichen Ordnung (Art. 6 Abs. 1 GG). Daraus ergibt sich nicht nur (negativ) ein Abwehrrecht der Bürger gegen störende – oder gar schädigende – Eingriffe des Staates in Ehe und Familie, sondern daraus resultiert zugleich (positiv) die Verpflichtung des Staates, Ehe und Familie vor Beeinträchtigungen durch andere Kräfte zu bewahren und sie durch

---

[79] 7. Jugendbericht, BT-Drucks. 10/6730, S. 33.

geeignete Maßnahmen zu fördern[80]. Auch das in Art. 6 Abs. 2 S. 2 GG statuierte sog. „Wächteramt" des Staates beschränkt sich nicht auf einen staatlichen Schutz gegen Missbräuche elterlicher Erziehung, sondern beinhaltet außerdem die staatliche Verpflichtung, Jugendhilfeleistungen zur Förderung der Elternverantwortung sowie zur Stärkung der elterlichen Erziehungskraft zur Verfügung zu stellen. – Auch im RegE zum KJHG wurde von einer verfassungsrechtlich verankerten Schutz- und Förderpflicht des Staates ausgegangen, deren Ziel nicht etwa eine Einmischung des Staates in familiäre Aufgaben, sondern partnerschaftliche Hilfe unter Achtung familialer Autonomie sein muss.[81]

Zielsetzung

Hauptzielsetzung des SGB VIII ist es daher, die Familie durch geeignete Jugendhilfeangebote bei ihren Erziehungsaufgaben zu unterstützen. Um dies zu unterstreichen und den Strukturwandel des JA von einer eingreifenden Behörde zum Partner der Familie zu betonen und zu verstärken, hat das SGB VIII den Jugendhilfeleistungen zur Förderung der Erziehung in der Familie einen eigenen Abschnitt gewidmet (vgl. §§ 16–21) und dabei versucht, den unterschiedlichen familiären Lebenslagen durch entsprechende Förderangebote besser Rechnung zu tragen. Dabei geht das SGB VIII nicht vom traditionellen Familienbegriff des verheirateten Elternpaares mit Kindern aus, sondern versteht darunter die „ganze Bandbreite familiärer Situationen". Dazu zählen z.B. auch: Ein-Eltern- und Stiefeltern-Familien, eingetragene Lebenspartnerschaften, unverheiratete Paare mit (nicht notwendig gemeinsamen) Kindern, Pflegeeltern sowie Kinder, die von nahen Verwandten (Tanten/Onkeln, Großeltern) erzogen werden.

Perspektivenwandel

„Familie" wird weit ausgelegt

Abgrenzung zur Erziehungsberatung

Die Angebote zur Förderung der Erziehung in der Familie nach §§ 16–21 unterscheiden sich von der Hilfe zur Erziehung nach § 28 zunächst dadurch, dass Erstere allgemeine, Letztere jedoch konkrete einzelfallbedingte Beratungsangebote darstellen, sowie dadurch, dass hier die speziellen Voraussetzungen des § 27 Abs. 1 (siehe dazu Seite 78) nicht vorliegen müssen.

1. Allgemeine Förderung

Adressatenkreis

Zielsetzung

Leistungen zur allgemeinen Förderung der Erziehung in der Familie wenden sich gleichermaßen an Eltern und andere Erziehungsberechtigte (Vormund, Pfleger) wie an die jungen Menschen selbst und sollen dazu beitragen, dass die Familie (zur weiten Auslegung siehe oben) ihre Erziehungsverantwortung besser wahrnehmen und *Konfliktsituationen gewaltfrei lösen* kann (§ 16 Abs. 1). Dazu nennt § 16 Abs. 2 in einem nicht abschließenden („insbesondere") Katalog für diesen Bereich besonders wichtig erscheinende Jugendhilfeangebote:

Katalog ist nicht abschließend

1. Familienbildung, die zur Aktivierung der Mitarbeit in Kindergärten, Horten, Pflegestellen, Mütterzentren sowie anderen Selbst- und Nachbarschaftshilfen besser befähigt sowie junge Menschen auf Partnerschaft, Ehe und das Zusammenleben mit Kindern vorbereitet,
   Die Angebote der Familienbildung sollen die Erziehenden zur Erziehung befähigen eine Professionalisierung wird nicht angestrebt. Zu den Angeboten der Familienbildung zählen u.a. Seminare (z.B. Kommunikationstraining), Ge-

---

[80] *BVerfGE* 55, 76.
[81] BT-Drucks. 11/5948, S. 42.

sprächskreise (Eltern-Kind-Gruppen), Kurse (Kochen, Nähen, Säuglingskurse) und Elternbriefe.

2. Beratung in allgemeinen Fragen der Erziehung und Entwicklung junger Menschen,
   Die Familienberatung nach § 16 Abs. 2 Nr. 2 setzt im Gegensatz zur Beratung nach § 28 kein Erziehungsdefizit voraus und ist nicht auf den Einzelfall ausgerichtet („allgemeinen").[82] Die Familienberatung erfolgt bei einem konkreten Anlass. Beraten werden die in § 16 Abs. 1 S. 1 genannten Personen.
3. Familienfreizeit und -erholung, insbesondere in belastenden Familiensituationen, die bei Bedarf die erzieherische Betreuung der Kinder einschließen.
   Die Angebote der Familienfreizeit und Familienerholung (§ 16 Abs. 2 Nr. 3) sollen den Erziehungsberechtigten dabei helfen, außerhalb des familiären Konfliktfeldes unter professioneller Hilfestellung nach Lösungsmöglichkeiten zu suchen. „Belastende Familiensituationen" i.S.d. Vorschrift sind z.B. Trennung, Scheidung, Situationen Alleinerziehender, Leben in Arbeitslosigkeit, Obdachlosigkeit"[83]. Belastende Situationen können ferner in kinderreichen Familien, Familien aus sozialen Brennpunkten und Familien mit kranken oder behinderten Kindern vorliegen.[84] Das Vorliegen einer belastenden Situation ist aber nicht zwingend erforderlich („insbesondere"). Zu den Leistungen nach § 16 Abs. 2 Nr. 3 SGB VIII gehören u.a. kostengünstige Angebote für Urlaub und Wochenendfreizeiten. Die Leistung nach § 16 Abs. 2 Nr. 3 SGB VIII beinhaltet auch die Kinderbetreuung. Die Betreuung Jugendlicher ist gesetzlich nicht vorgesehen, aber möglich und sinnvoll.[85]

Überwiegend freie Träger

Diese Familienhilfen werden weitgehend von den freien Jugendhilfeträgern erbracht. Sie stellen gemäß § 16 Abs. 1 S. 1 aber Pflichtaufgaben für die öffentlichen Jugendhilfeträger dar (denn Sollvorschriften haben „Muss-Charakter"), ein Rechtsanspruch auf die Angebote des § 16 besteht nach h.M. allerdings nicht.[86] Den kommunalen Jugendhilfeträgern kommt hier infolge des Subsidiaritätsprinzips (siehe dazu Seite 39) vor allem die Förderungs- und Finanzierungspflicht gegenüber den freien Trägern zu; die Letztverantwortung liegt jedoch bei den Kommunen (§§ 4, 74, 79).

Aber Pflichtaufgabe der öffentlichen Jugendhilfe-Träger

Inhalt und Umfang kann Landesrecht näher regeln

Um den unterschiedlichen Finanzierungsmöglichkeiten der einzelnen Bundesländer Rechnung zu tragen, kann das Landesrecht das Nähere über Inhalt und Umfang dieser Jugendhilfeaufgaben regeln (§ 16 Abs. 3).

Kosten

Die allgemeinen Beratungsangebote nach § 16 Abs. 2 Nr. 2 sind *kostenfrei*; ansonsten können (unter Berücksichtigung der unterschiedlichen Leistungsfähigkeit) abgestufte Teilnahme- oder Kostenbeiträge festgesetzt werden (vgl. § 90 Abs. 1 S. 1 Nr. 2). Diese können auf Antrag teilweise oder ganz erlassen (oder vom öffentlichen Jugendhilfe-Träger übernommen) werden, wenn die Belastung den Minderjährigen und ihren Eltern oder den jungen Menschen (§ 7 Nr. 4) nicht zumutbar ist *(soweit nicht das jeweilige Landesrecht eine andere Regelung trifft, richtet sich das nach den §§ 82–85, 87, 88 SGB XII)* und die Förderung für die Entwicklung der Minderjährigen oder der jungen Menschen erforderlich ist (vgl. § 90 Abs. 2 S. 1 u. Abs. 4).

---

82 Vgl. *Wiesner/Struck* § 16 RdNr. 20.

83 Vgl. *Münder*: Familien- und Jugendhilferecht, S. 84.

84 Vgl. *Wiesner/Struck* § 16 RdNr. 23.

85 Vgl. *Wiesner/Struck* § 16 RdNr. 24.

86 Vgl. *Kunkel* in; LPK-SGB VIII § 16 Rn. 2, aA *Schleicher* in: *Fieseler/Schleicher/Busch*, GK-SGB VIII § 16 Rn. 3.

2. Partnerschafts-, Trennungs- und Scheidungsberatung

Inhalte

Die Jugendhilfeleistungen des § 17 beinhalten die fachliche Beratung in allen Fragen ehelicher oder nichtehelicher Partnerschaft sowie familialen Zusammenlebens, sofern minderjährige Kinder eines (oder beider) Partner mit betroffen sind. Das gilt insbesondere bei Konflikten und Krisen, die die Partnerschaft oder Familiengemeinschaft bedrohen oder zu ihrer Auflösung führen.

Adressatenkreis

§ 17 Abs. 1 S. 1 nennt als Leistungsberechtigte nur Mütter und Väter (und zwar unabhängig von ihrer Sorgeberechtigung) und gewährt ihnen einen (einklagbaren) Rechtsanspruch auf Beratung. Diese Jugendhilfeleistung umfasst jedoch auch die Beratung junger Menschen, die Probleme oder Konflikte beim Zusammenleben mit ihren Eltern (oder deren Partnern) haben oder die selbst zu einem partnerschaftlichen Zusammenleben finden wollen (vielleicht unter Ablösung von ihren Eltern).

Hintergrund

Anerkanntermaßen leiden Kinder unter Partnerschaftsproblemen/-veränderungen oder gar -konflikten ihrer Eltern vor allem dann, wenn diese zu vorübergehender oder endgültiger Trennung der Partner führen, weil ihnen damit selbst auch der Verlust (mindestens) einer engen Bezugsperson droht bzw. damit verbunden ist. Hinzu kommt, dass für sie die Entscheidungen der Erwachsenen meist nur sehr schwer (oder gar nicht) zu verstehen und daher schon deshalb kaum zu verkraften sind. Das gilt vor allem dann, wenn die Konsequenz für sie eine Fremdunterbringung ist. Entwicklungs- und Persönlichkeitsstörungen sind daher erschreckend häufig die Folge, die sich später oft belastend auf ihre eigenen Partnerbeziehungen auswirken. § 17 sieht deshalb neben den allgemeinen Beratungsangeboten der Jugendhilfe spezielle für Fragen der Partnerschaft, Trennung und Scheidung vor. Die Berechtigten haben einen Anspruch auf die Beratung. Diesen können sie ggfs. durch Widerspruch und Leistungsklage geltend machen, was aber aufgrund der Dauer dieser Verfahren in der Praxis keine Bedeutung hat. Bei unterbliebener oder fehlerhafter Beratung kommt bei öffentlichen Trägern der Jugendhilfe ein Amtshaftungsanspruch (§ 839 BGB i. V. m. Art. 34 GG) in Betracht.

Zielsetzungen

Zunächst sollen diese Beratungsangebote bei den Eltern die Bereitschaft wecken bzw. gegebenenfalls stärken, ein partnerschaftliches Zusammenleben in der Familie aufzubauen, evtl. bestehende Konflikte und Krisen zu bewältigen und ihre Partnerschaft und/oder Lebensgemeinschaft fortzuführen (vgl. § 17 Abs. 1 S. 2 Nr. 1 und 2). Falls dies nicht möglich ist, soll die Jugendhilfe versuchen, dann wenigstens für den Trennungs- oder Scheidungsfall Bedingungen dafür zu schaffen, dass die Eltern sich weiterhin für ihre Kinder verantwortlich fühlen und ihre elterlichen Aufgaben erfüllen (§ 17 Abs. 1 S. 2 Nr. 3).

Gemeinsame Konzeption

Dafür bietet erfahrungsgemäß ein gemeinsam erarbeitetes, einvernehmliches Konzept, das dann auch als Grundlage für eine Entscheidung des FamG dienen kann, noch am ehesten günstige Voraussetzungen. Daher muss zunächst das Interesse der Eltern (wie auch das ihrer Anwälte) an der Entwicklung einer solchen Konzeption geweckt und dann auch hierbei fachliche Hilfestellung durch die Jugendhilfe geleistet werden, damit bei der Einigung der Erwachsenen das Kindeswohl nicht „verloren geht".

Kindeswohl beachten

Seit 1.7.1998 bei Scheidung Regelung der elterlichen Sorge nur noch auf Antrag

Über das Sorgerecht entscheidet das FamG im Scheidungsverfahren nur auf Antrag eines Elternteils (§ 1671 BGB). Ansonsten bleibt es bei der vor der Scheidung bestehenden Sorgerechtslage – also häufig beim gemeinsamen Sorgerecht. Der Gesetzgeber wollte die Autonomie der Eltern durch

Abbau von staatlichen Reglementierungen stärken[87] sowie dem Umstand besser Rechnung zu tragen, dass trotz Auflösung der Ehe die Elternverantwortung bestehen bleibt. Denn es wird ja nur die Partnerschaft, nicht jedoch die Elternschaft beendet (s. dazu auch Seite 212 ff.).

Partnerschaft endet, Elternschaft aber nicht

FamG muss dem JA Scheidungsverfahren melden

Um sicherzustellen, dass die Betroffenen mit der Entscheidung über die künftige Wahrnehmung der elterlichen Verantwortung nicht *„allein gelassen"* werden, sondern ihren Anspruch auf Beratung möglichst frühzeitig geltend machen können, muss das FamG das JA von Scheidungsverfahren benachrichtigen, wenn gemeinschaftliche minderjährige Kinder vorhanden sind (§ 17 Abs. 3), damit die Betroffenen rechtzeitig über das Leistungsangebot der Jugendhilfe zur Entwicklung eines einvernehmlichen Konzeptes zur Wahrnehmung der elterlichen Sorge informiert werden.[88]

Problematik

Die Autonomie der Eltern derart zu bekräftigen bedeutet, darauf zu setzen, dass bei ihnen generell ausreichendes Verantwortungsbewusstsein vorhanden und keine Hilfe von außen nötig ist. Davon kann jedoch – quer durch alle sozialen Schichten – bei weitem nicht bei allen Eltern ausgegangen werden. Viele sind vielmehr mit der Regelung der Ausübung der elterlichen Sorge nach ihrer Scheidung enorm belastet oder auch überfordert, so dass die Belange der Kinder allzu leicht ins Hintertreffen geraten. Dies gilt besonders dann, wenn die Eltern sehr in ihre eigene Auseinandersetzung verstrickt sind (*sog. Problem- und „Knaller"-Fälle*). In diesen Konstellationen ist daher zu befürchten, dass die Eltern gerade dann fachliche Besprechung und Beratung scheuen, daher weder JA noch FamG von bestehenden Problemen Kenntnis erlangen und somit trotz vorhandenem Bedarf keine Hilfe erfolgt. *Dieser Reformbereich war deshalb z.T. heftig umstritten.*[89]

Beteiligung des Kindes

In alle Beratungen sind die Kinder entsprechend ihrem Entwicklungsstand einzubeziehen (vgl. §§ 8 Abs. 1 S. 1, 17 Abs. 2).

Trägerschaft

Dem Subsidiaritätsprinzip (vgl. dazu §§ 3, 4 sowie Seite 39 f.) entsprechend werden diese Jugendhilfeleistungen vorrangig von den freien Jugendhilfeträgern erbracht. Die öffentlichen Jugendhilfeträger haben diesen gegenüber zwar die Förderungs- und Finanzierungspflicht, behalten dabei aber die Gesamtverantwortung (vgl. § 4 Abs. 3 sowie §§ 74 und 79).

Abgrenzungen

Überschneidungen scheinen sich mit den Hilfen zur Erziehung gemäß § 28 S. 1 HS 2 zu ergeben. Der Unterschied liegt jedoch darin, dass bei allen Hilfen zur Erziehung die speziellen Voraussetzungen des § 27 Abs. 1 (siehe dazu Seite 78 f.) erfüllt sein müssen.[90]

Kostenfreiheit

Diese Jugendhilfeleistungen sind *kostenlos* (vgl. §§ 90, 91).

---

[87] Vgl. BT-Drucks. 13/4899, S. 63.

[88] BT-Drucks. 13/8511, S. 66.

[89] Siehe dazu *Schleicher* in: *Fieseler/Schleicher/Busch*, GK-SGB VIII, § 17, Rz. 13.

[90] Zu Überschneidungen von Ehe- und Familienberatungsstellen, die auch Partnerschafts, Ehe, Trennungs- und Scheidungsberatungen anbieten: *Schleicher* in: *Fieseler/Schleicher/Busch*, GK-SGB VIII, § 17, Rz. 22.

3. Beratung und Unterstützung Alleinerziehender und Umgangsberechtigter

Hintergrund

Wandel der Familie

In sog. unvollständigen Familien (Ein-Eltern-Familien) wachsen Kinder in der Regel unter erschwerten Bedingungen auf, weil der allein erziehende Elternteil durch die ausschließliche Belastung mit der Erwerbs- und Hausarbeit sowie mit der Erziehung häufig überfordert ist. Repräsentative Erhebungen weisen zudem nach, dass sich insbesondere die wirtschaftliche Lage geschiedener (und z.T. auch verwitweter) Mütter nach Auflösung der Partnerschaft im Allgemeinen spürbar verschlechtert und damit meist auch einen sozialen Abstieg nach sich zieht. Entsprechendes gilt für die Situation von Müttern mit nichtehelichen Kindern.

Aufgabenstellung

Da die Zahl unvollständiger Familien ständig zunimmt[91], gewährt § 18 Abs. 1 Nr. 1 daher allein erziehenden Eltern einen Rechtsanspruch auf Beratung und Unterstützung in sämtlichen Angelegenheiten der Personensorge, also vor allem bei Erziehungsfragen, der Aufenthaltsbestimmung etc., aber auch bei der Geltendmachung von bürgerlich-rechtlichen Unterhaltsansprüchen und Unterhaltsersatzansprüchen.

Beratung u. Unterstützung

Auf die Beratung nach § 18 Abs. 1 Nr. 1 besteht ein Rechtsanspruch. Dieser kann bei Ablehnung ggfs. mit Widerspruch und Klage verfolgt werden. Dies hat wegen der langen Verfahrensdauer in der Praxis keine Bedeutung. Bei unterbliebener oder fehlerhafter Beratung oder Unterstützung kommt bei öffentlichen Trägern der Jugendhilfe ein Anspruch aus Amtshaftung in Betracht (§ 839 BGB i. V. m. Art. 34 GG).

Umfang

Keine Vertretung

Keine finanzielle Hilfe

Die Jugendhilfe-Leistungen nach § 18 Abs. 1 umfassen fast alle Formen der tatsächlichen wie rechtlichen Beratung und Unterstützung[92], also nicht nur Information und Aufklärung über bestehende Ansprüche, sondern auch Motivierung oder Bestärkung, diese geltend zu machen, Hinweise auf Möglichkeiten kostenloser Rechtsberatung, Hilfe bei der Abfassung von entsprechenden Schreiben (z.B. Zahlungsaufforderungen) und Anträgen (z.B. auf Prozesskostenhilfe) bis hin zur Hilfe beim Erstellen einer Klageschrift. Diese Jugendhilfe-Leistungen beinhalten aber keine gesetzliche Vertretung[93] (das ist nur der Fall, wenn das JA Unterhalts-Beistand oder Unterhalts-Pfleger ist) oder gar die gerichtliche Durchsetzung dieser Ansprüche durch das JA.[94] Denn das wäre keine außerdienstliche Rechtsdienstleistung mehr, die von Behörden im Rahmen ihrer Zuständigkeit ausgeübt wird", wie das nach § 2 Abs. 1 *Rechtsdienstleistungsgesetz* erforderlich wäre. Außerdem ist nach unserem Prozessrecht nur die Bevollmächtigung natürlicher Personen, aber nicht die von Behörden möglich (§ 52 ZPO). – Die Vorschrift gewährt keine finanziellen Hilfen, insbesondere keine Erstattung von irgendwelchen Kosten und Auslagen, Prozesskostenvorschüsse oder gar Unterhaltsersatzleistungen (s. dazu oben).

---

[91] Mehr als 150 000 minderjährige Kinder kommen jährlich allein durch Scheidungen hinzu (siehe dazu Seite 198).

[92] Zur Auslegung des Begriffs *Schleicher* in *Fieseler/Schleicher/Busch*, GK-SGB VIII, § 18 Rz. 30 und § 50, Rz. 44.

[93] Ebenso *Wiesner/Kaufmann*, § 18, Rz. 12.

[94] DIV-Gutachten, DAVorm. 1992, 51; *Oberloskamp*, DAVorm. 1997, 65 ff.

Für Mütter nichtehelicher Kinder

Beratung, Unterstützung bei Unterh.-Ansprüchen gegen den Vater

besteht nach § 18 Abs. 1 Nr. 2 ein *einklagbares Recht* auf Beratung und Unterstützung (zum Umfang s.o.) bei der Geltendmachung der ihnen gegenüber dem Vater des Kindes zustehenden Ansprüche. Es handelt sich dabei um folgende Ansprüche:

Entbindungskosten

- den Ersatz der ihr *eventuell* entstandenen *Entbindungskosten* sowie weiterer ihr dadurch erwachsenen Aufwendungen nach § 1615 l Abs. 1 Satz 2 BGB (die allerdings wegen der weit reichenden Erstattungsregelung der §§ 195 ff. Reichsversicherungsordnung nur von geringer Bedeutung sind),

Unterhaltsansprüche

- Unterhaltsansprüche nach § 1615 l Abs. 1 Satz 1 BGB für sechs Wochen *vor* und acht Wochen *nach* der Geburt in der sog. gesetzlichen Mutterschutz-Zeit (vgl. §§ 3 Abs. 2, 6 Abs. 1 *Mutterschutzgesetz*),
- Unterhaltsansprüche bei schwangerschaftsbedingtem Ausfall in der Erwerbstätigkeit frühestens vier Monate vor und – im Regelfall – längstens drei Jahre nach der Entbindung – bei grober Unbilligkeit (insbesondere im Hinblick auf die Kindesbelange, wie z.B. schwere Erkrankung oder Behinderung) jedoch auch zeitlich unbegrenzt darüber hinaus (vgl. § 1615 l Abs. 2 Satz 1 und 3 BGB),

Unterhaltsansprüche

- Unterhaltsansprüche, wenn wegen Pflege oder Erziehung des Kindes keine Erwerbstätigkeit erwartet werden kann – zur Anspruchsdauer gelten vorstehende Ausführungen entsprechend (vgl. § 1615 l Abs. 2 Satz 2 und 3 BGB).

Vaterschaftsfeststellung erforderlich

Sämtliche vorgenannten Ansprüche sind zwar davon abhängig, dass eine Vaterschaftsfeststellung vorliegt. Zuvor können jedoch schon Vorbereitungen für die Geltendmachung dieser Ansprüche getroffen werden, wenn die Mutter bereit ist, an der Vaterschaftsfeststellung mitzuwirken.

Umfang der Hilfe

Beratung und Unterstützung beinhaltet, die Mütter über Ansprüche nach § 1615 l BGB und deren Umfang zu informieren, sie bei deren Geltendmachung zu bestärken sowie ihr bei entsprechenden Schriftsätzen behilflich zu sein oder diese auch zu entwerfen.

Keine Vertretung und keine finanzielle Hilfe

Dazu gehört jedoch nicht die gerichtliche Durchsetzung dieser Ansprüche (s. dazu Seite 65). – Die Vorschrift gewährt keine finanziellen Hilfen, insbesondere keine Erstattung von irgendwelchen Kosten und Auslagen, Prozesskostenvorschüsse oder gar Unterhaltsersatzleistungen.

Vätern steht der Anspruch zu, wenn sie nach § 1615 l Abs. 4 BGB unterhaltsberechtigt sind.

Hilfe bei nichtehelicher Geburt

Hilfe bezüglich:

Sobald das JA von der Geburt eines nichtehelichen Kindes durch das Standesamt gemäß § 52a Abs. 4 informiert wurde oder anderweitig davon Kenntnis erlangt hat, ist es gemäß § 52a Abs. 1 verpflichtet, der Mutter unverzüglich vor allem bei der Vaterschafts-Feststellung und der Geltendmachung von Unterhalts-Ansprüchen des Kindes Beratung und Unterstützung anzubieten. Hierbei hat das JA hinzuweisen auf:

Vaterschaftsfeststellung

- die Bedeutung der Vaterschaftsfeststellung,
- die Möglichkeiten, wie die Vaterschaft festgestellt werden kann, insbesondere bei welchen Stellen die Vaterschaft anerkannt werden kann,

Unterhalt für das Kind

- die Möglichkeit, die Verpflichtung zur Erfüllung von Unterhaltsansprüchen gegenüber einem Kind nach § 59 Abs. 1 S. 1 Nr. 3 beurkunden zu lassen,

- die Möglichkeit, eine Beistandschaft zu beantragen (was auch pränatal in Betracht kommt, vgl. §§ 1713 Abs. 1 S. 1, 1714 S. 2), sowie auf die Rechtsfolgen einer solchen Beistandschaft (s. dazu Seite 287 ff.),
- die Möglichkeiten der gemeinsamen elterlichen Sorge durch Abgabe einer gemeinsamen Sorgeerklärung (s. dazu Seite 292 ff. – Diesbezüglich haben beide Eltern gem. § 18 Abs. 2 einen Rechtsanspruch auf Beratung durch das JA.)

Beistandschaft

Sorgeerklärung

Das JA hat der Mutter in diesem Zusammenhang ein persönliches Gespräch anzubieten, das in der Regel in ihrer persönlichen Umgebung stattfinden soll, wenn sie dies wünscht (§ 52a Abs. 1 S. 3 u. 4).

Persönliches Gespräch ist vom JA anzubieten

Das Angebot nach § 52a Absatz 1 kann auch schon vor der Geburt des Kindes erfolgen, wenn anzunehmen ist, dass seine Eltern bei der Geburt nicht miteinander verheiratet sein werden (§ 52a Abs. 2).

Auch pränatal möglich

Beratung und Unterstützung bei Ausübung des Umgangsrechts

Bei Kontakten zwischen dem Kind und sog. „Umgangsberechtigten" (siehe dazu §§ 1684, 1685 sowie Seite 320 ff.) besteht in der Praxis vor allem im Hinblick auf das – trotz aller noch so berechtigt erscheinender Wünsche der Erwachsenen – stets vorrangige Kindeswohl (siehe dazu Seite 323 ff.) großer Hilfebedarf. § 18 Abs. 3 SGB VIII sieht daher für das Kind sowie für sämtliche „Umgangsberechtigten" ausdrücklich einen Rechtsanspruch auf Beratung und Unterstützung vor. Diese Jugendhilfeleistungen sind besonders relevant bei:

Kindeswohl stets vorrangig

Besonders relevante Konstellationen

- Trennung oder Scheidung verheirateter Eltern,
- getrennt lebenden, nicht miteinander verheirateten Eltern,
- Trennung der Eltern von Lebenspartnern,
- Beschränkung oder Entzug der elterlichen Sorge.

Hilfestellung bei Besuchskontakten

Bei Herstellung von Besuchskontakten soll vermittelt und in geeigneten Fällen Hilfestellung geleistet werden, und zwar unabhängig davon, ob eine (vereinbarte oder gerichtliche) Umgangsregelung vorliegt oder nicht (§ 18 Abs. 3 S. 4). Auch hier ist sorgsam auf das Kindeswohl zu achten (s.o. sowie Seite 323 f.).

Kindeswohl beachten

Beratung und Unterstützung junger Volljähriger bei der Durchsetzung von Unterhalts- und Unterhaltskostenansprüchen

Junge Volljährige, die das 21. Lebensjahr noch nicht vollendet haben, haben gegen das Jugendamt Anspruch auf Beratung und Unterstützung bei der Durchsetzung ihrer Unterhalts- und Unterhaltsersatzansprüche (§ 18 Abs. 4). § 18 Abs. 4 wird durch § 59 Nr. 1 ergänzt, der das Jugendamt berechtigt, Unterhaltsansprüche zu beurkunden.

Alle vorgenannten Jugendhilfeleistungen sind kostenlos (vgl. §§ 90, 91).

Kostenfreiheit

Zusammenfasssung

Mütter nichtehelicher Kinder haben Anspruch auf kostenlose Beratung und Unterstützung durch das JA bei der

- Vaterschaftsfeststellung (§ 52a),
- Geltendmachung von Unterhaltsansprüchen für ihr Kind (§ 52a) sowie von eigenen Unterhaltsansprüchen nach § 1615 l BGB (§ 18 Abs. 1 Nr. 2),
- Ausübung der Personensorge inkl. der Geltendmachung von Unterhalts- oder Unterhaltsersatz-Ansprüchen (§ 18 Abs. 1 Nr. 1),
- Ausübung des Umgangsrechts (§ 18 Abs. 3 S. 3).

Weiter besteht gem. § 52a Abs. 1 S. 2 die Hinweis-Pflicht des JA auf die Möglichkeit
- einer kostenlosen Beistandschaft gem. §§ 1712 ff. BGB,
- der gemeinsamen elterlichen Sorge gem. §§ 1626a–e BGB. (Hier besteht gem. § 18 Abs. 2 ein Rechtsanspruch auf Beratung.)

4. Mutter-/Vater-Kind-Einrichtungen

Für allein Erziehende mit Kindern unter sechs Jahren

Eltern, die allein für ein Kind unter sechs Jahren zu sorgen haben oder tatsächlich sorgen, sollen von der Jugendhilfe Betreuung und Unterkunft gemeinsam mit ihrem Kind in einer geeigneten Wohnform angeboten werden, wenn (und solange) sie aufgrund ihrer Persönlichkeitsentwicklung dieser Form zur Unterstützung bei der Pflege und Erziehung ihres Kindes bedürfen (§ 19 Abs. 1 S. 1).

Einbezug älterer Kinder

Um eine – für alle Familienmitglieder äußerst problematische – anderweitige Unterbringung älterer Geschwister zu vermeiden, schließt § 19 Abs. 1 S. 2 deren Aufnahme und Betreuung in den oben genannten Wohnformen (ohne jede Altersbegrenzung nach oben) ein, sofern ihr betroffener Elternteil für sie allein zu sorgen hat (d.h.: erzieherisch und/oder pflegerisch).

Schwangere

In den oben genannten Wohnformen *können* auch *Schwangere* betreut werden (§ 19 Abs. 1 S. 3). Dadurch wurde die Präventivwirkung dieser Jugendhilfeleistungen noch verstärkt.

Rechtsgrundlage für diverse Einrichtungen

Mit § 19 wollte der Gesetzgeber nur eine gesetzliche Absicherung der etablierten stationären Mutter-Kind-Einrichtungen, aber keine neue Rechtsgrundlage für andere Formen familialer Hilfen in Wohn-Einrichtungen schaffen.

Abgrenzungen

Es ist daher auf folgende *Abgrenzungen* zu anderen Sozialleistungen hinzuweisen:

Hilfen nach den §§ 18, 31, 41

Zusätzlich zu den stationären Hilfen nach § 19 kommen ambulante Jugendhilfeleistungen wie Beratung nach §§ 18, 41 oder sozialpädagogische Familienhilfe gemäß § 31 in Betracht.

Frauenhäuser

Frauenhäuser werden von § 19 grundsätzlich *nicht* erfasst, da dort die Zuflucht für Frauen vor Übergriffen ihrer Partner im Vordergrund steht und somit generell Sozialhilfeleistungen nach dem SGB II und § 68 SGB XII in Betracht kommen. Wenn allerdings die Bedrängnis, Drangsalierung oder Unterjochung durch deren Partner bei den Schwangeren oder Müttern zu Unselbstständigkeit und/oder Persönlichkeitsstörungen geführt haben, kommen wegen der Vorrang-Regelung des § 10 Abs. 2 S. 1 SGB VIII (siehe dazu Seite 52 f.) evtl. doch Hilfen nach § 19 SGB VIII (s. dazu oben) und damit die Finanzierung durch die öffentlichen Jugendhilfeträger in Betracht.

Während des Strafvollzugs

Die Unterbringung von Müttern und Kindern in Mutter-Kind-Einrichtungen nach §§ 80, 142 *Strafvollzugsgesetz*, vor der das JA zwar anzuhören, aber nicht entscheidungsbefugt ist, kann grundsätzlich nur über das SGB XII und *nicht über § 19 SGB VIII* finanziert werden, es sei denn, inhaftierte Mütter benötigen infolge ihrer Persönlichkeitsentwicklung bei der Pflege und Erziehung noch nicht 6 Jahre alter Kinder Unterstützung.

Rechtsgrundlage für diverse Einrichtungen

In erster Linie sollte § 19 SGB VIII das bereits bestehende Angebot an Mutter-Kind-Einrichtungen und ähnlichen Wohnformen (wie Außenwohngruppen) gesetzlich absichern.

Zielsetzungen

Dabei soll durch betreute Unterbringung zusammen mit anderen Müttern allein Stehenden geholfen werden, die durch die Geburt eines Kindes für sie entstehenden Schwierigkeiten zu bewältigen. Das gilt vor allem, wenn sie sich in einer Schul- oder Berufsausbildung befinden, nun nicht mehr in ihrer Familie wohnen können oder wollen, oder wenn sie wegen körperlicher, seelischer oder geistiger Behinderung die Betreuung des Kindes nicht ohne fremde Hilfe bewältigen können. Dabei haben sich vielfach die sog. Außenwohngruppen gegenüber traditionellen Mutter-Kind-Heimen deshalb als vorteilhaft erwiesen, weil sie unter realitätsnäheren Alltagsbedingungen besser die Verselbstständigung der Mütter zu fördern vermögen als Heime (insbesondere solche mit Vollversorgung); auf sie kann jedoch nicht etwa verzichtet werden.

Außenwohngruppen

Viele Mütter, die sich typischerweise in Mutter-Kind-Einrichtungen befinden, sind sehr jung und/oder haben keinen Ausbildungsabschluss und somit kaum eine echte berufliche Perspektive. Da sie aber auf eine Berufstätigkeit angewiesen sind, wenn sie das Leben eines Tages wieder außerhalb von Einrichtungen meistern wollen, erschien es dem Gesetzgeber zu wenig, ihnen nur anzubieten, eine Ausbildung oder Berufstätigkeit fortzuführen oder aufzunehmen. Vielmehr soll während der Zeit ihrer Unterbringung in o.a. Einrichtungen darauf hingewirkt werden, dass die Mütter eine schulische oder berufliche Ausbildung beginnen oder fortführen oder eine Berufstätigkeit aufnehmen (§ 19 Abs. 2).

Berufliche Perspektiven verbessern

Die angemessene Betreuung des Kindes muss dann natürlich durch andere Mütter, Tagespflege, Krippenplätze o.ä. gesichert sein, was auch wieder Aufgabe der Jugendhilfe ist. – Verweigern sich die Mütter, darf deswegen nicht die Hilfe eingestellt werden.

Diskrepanz zur Rechtsprechung

Der *Bundesrat* hatte gegen diese Gesetzesregelung – vergeblich – Bedenken erhoben, weil die höchst richterliche Rechtsprechung Ehegatten, die ein Kind in diesem Alter betreuen, im Scheidungsfall gemäß § 1570 BGB nicht für verpflichtet ansieht, eine Erwerbstätigkeit aufzunehmen, sondern ihnen zubilligt, sich ausschließlich der Erziehung und Betreuung ihres Kindes zu widmen.

Einbezug der Väter

Da auch allein erziehende Väter mit ähnlichen Problemlagen konfrontiert sein können, wurde § 19 im Hinblick auf Art. 3 Abs. 2 GG auf Väter ausgedehnt.

Unterhalt Krankenhilfe

Diese Jugendhilfeleistungen umfassen auch den *notwendigen Unterhalt* der betreuten Personen (Pflegegeld, Taschengeld, ggfs. einmalige Leistungen) *sowie die Krankenhilfe* nach Maßgabe des § 40 (§ 19 Abs. 3).[95] Beides ist somit allen Kindern (unabhängig von ihrem Alter) sowie deren Elternteilen zu gewähren. Damit ist die Verweisung der Betroffenen an verschiedene Stellen (mal JA – mal Sozialamt), wie das zuvor nötig war, entbehrlich geworden und der ungute „Drehtür-Effekt“ entfallen.

Abgrenzungen

Während es bei den Jugendhilfeleistungen nach § 19 SGB VIII vorrangig um Hilfen zur Erziehung sowie zur Persönlichkeitsentwicklung und Lebensbewältigung geht (siehe dazu Seite 68), beinhalten die Hilfe für Schwangere und Mütter nach § 50 SGB XII ärztliche Betreuung und Hilfe sowie Hebammenhilfe, Versorgung mit Heil-, Verbands- und Arzneimitteln, Anstalts- und Heimpflege, Finanzierung von häuslicher Wartung und Pflege, insbesondere durch nahe stehende Personen und Nachbarn.

---

[95] Auch diese „Soll-Vorschrift“ hat „Muss-Charakter“, so dass nur in begründeten Ausnahmefällen (die hier nicht denkbar sind, da finanzielle Argumente unzulässig wären) davon abgewichen werden könnte.

Heranziehung zu den Kosten

Bezüglich der Kostenheranziehung gilt Folgendes:

Zu den Kosten zählen die für Betreuung und Unterkunft, der gewährte notwendige Lebensunterhalt sowie etwaige Krankenhilfe (§ 91 Abs. 3).
Nach § 92 Abs. 1 Nr. 3–5 werden zu den Betreuungs- und Unterkunftskosten

– der mdj. Kinder	diese selbst und ihre Eltern
– des Elternteils	dieser selbst und sein Ehegatte*
– der Schwangeren	diese selbst und ihr Ehegatte*

herangezogen – die *Eltern* der Schwangeren bzw. der Mutter (oder des Vaters) noch nicht 6 Jahre alter Kinder *dagegen nicht* (vgl. § 92 Abs. 4 S. 2).

* oder Lebenspartner iSd Lebenspartnerschaftsgesetzes

Vorleistungspflicht des JA

Bei der Gewährung dürfen keine Kostenüberlegungen mit einfließen oder diese gar von der Prüfung des Kostenbeitrages abhängig gemacht werden. Vielmehr besteht für das JA gemäß § 91 Abs. 5 *Vorleistungspflicht* und es darf erst danach prüfen, in welchem Umfang (vgl. dazu §§ 92 Abs. 1 und 93, 94) die Verpflichteten zu den Kosten heranzuziehen sind (dies geschieht gemäß § 92 Abs. 2 durch späteren separaten Leistungsbescheid).

Absehen von Heranziehung

Von einer Kostenheranziehung soll gemäß § 92 Abs. 5 im Einzelfall teilweise oder ganz abgesehen werden, wenn sonst Ziel und Zweck der Jugendhilfe (d.h., Förderung der Selbstständigkeit, Stärkung ihrer Erziehungsfähigkeit, persönliche Betreuung ihres Kindes) gefährdet würden (z.B. weil sie es dann lieber abwechselnd bei Verwandten oder Bekannten unterbringen) oder sich aus der Heranziehung eine besondere Härte ergäbe.

5. Notwendige Betreuung und Versorgung des Kindes in der Familie

Zielsetzungen

Die Vorschrift will verhindern helfen, dass bei Ausfall des betreuenden Elternteils eine familiale Notsituation entsteht, bei der sonst nämlich nur äußerst problematische Lösungen bestehen: *Entweder* sind die Kinder dann tagsüber weit gehend unbetreut auf sich allein angewiesen *oder* sie werden ohne eigentlichen erzieherischen Anlass in Heimen untergebracht (weil für vorübergehende Unterbringungen Pflegefamilien mangels Bereitschaft meist nicht zur Verfügung stehen) *oder* der andere Elternteil muss unter Hinnahme eines erheblichen finanziellen und sozialen Abstieges seine Erwerbstätigkeit erheblich einschränken oder ganz aufgeben (was meist zum Verlust seines Arbeitsplatzes mit der Folge drohender Dauerarbeitslosigkeit und Sozialhilfebezuges führt). All diese „Lösungen" gehen letztlich zu Lasten der Kinder. Zielsetzung der Vorschrift ist es daher, in derartigen Situationen durch entsprechende Jugendhilfeleistungen dem Kind den familialen Lebensraum zu erhalten und die mit der Trennung von Eltern und eventuellen Geschwistern sowie die mit dem Milieuwechsel verbundenen Probleme oder gar Schädigungen zu vermeiden.

Fremdunterbringung vermeiden

Denn die *Hilfe* nach § 70 SGB XII steht nur Bedürftigen zu, und die Bezahlung einer Haushalts- und Erziehungshilfe übersteigt selbst die finanziellen Möglichkeiten gehobener Einkommensgruppen. § 20 sieht daher Folgendes vor:

Voraussetzung: ein Elternteil fällt aus

Wenn der Elternteil, der bisher im gemeinschaftlichen Haushalt ein gemeinsames Kind, d.h., es ist *unter 14 Jahre alt* (vgl. § 7 Abs. 1 Nr. 1), überwiegend betreut hatte, für die Wahrnehmung dieser Aufgaben entweder aus gesundheitlichen Gründen ausfällt,

Beispiele: Entbindung, Krankheit (einschließlich Entzug wegen Drogen, Tabletten, Alkoholabhängigkeit), Unfall, Kur,

oder aus anderen zwingenden Gründen ausfällt,

Beispiele: ausbildungs- oder berufsbedingter Ortswechsel, Auslandsaufenthalt, Trennung der Eltern[96], Inhaftierung, Tod

so soll nach § 20 Abs. 1 *der andere Elternteil* bei der Betreuung und Versorgung im elterlichen Haushalt lebender Kinder durch geeignete Jugendhilfeleistungen unterstützt werden, wenn:

Weitere Voraussetzungen

1. der andere Elternteil wegen berufsbedingter Abwesenheit zur Wahrnehmung dieser Aufgaben nicht in der Lage ist und
2. Jugendhilfeleistungen erforderlich sind, um das Kindeswohl zu gewährleisten, sowie
   Nicht erforderlich ist die Hilfe, wenn der andere Elternteil Urlaub nehmen oder sich von der Arbeit freistellen lassen kann, eine andere im Haushalt lebende Person das Kind versorgen und betreuen kann oder ein anderer Sozialleistungsträger vorrangige Leistungen erbringt (§ 10 Abs. 1), z. B. die Haushaltshilfe nach § 38 SGB V.
3. keine ausreichenden Tagesbetreuungsangebote vorhanden sind

Beispiele: Krippen, Krabbelstuben, Tages-Pflegestellen, Kindergärten, Kinderhäuser/-zentren, Nachbarschaftshilfen.

Rechtsanspruch

Sind sämtliche Voraussetzungen erfüllt, so muss diese Jugendhilfeleistung im Regelfall auch gewährt werden[97].

„Totaler“ Betreuungsausfall

Fällt ein allein erziehender Elternteil oder fallen beide Eltern für die Betreuung gemeinsamer Kinder (s.o.) aus gesundheitlichen (s.o.) oder anderen zwingenden Gründen (s.o.) aus, so sollen bei Fehlen ausreichender Tagesbetreuungsangebote (s.o.) die Kinder durch die Jugendhilfe im elterlichen Haushalt versorgt und betreut werden, wenn (und solange) es für das Kindeswohl erforderlich ist (§ 20 Abs. 2). Da in diesen Fällen kein anderer Elternteil zur Verfügung steht, sind hier die Betreuung und Versorgung des Kindes besonders wichtig.

Stief- und Pflegeeltern

Fraglich ist, ob die Vorschrift auch für Stief- und Pflegeeltern Anwendung finden kann. In der „Definitionsnorm“ des § 7 ist der Begriff „Eltern“ nicht enthalten, und familienrechtlich betrachtet würde sie nur leibliche und Adoptiveltern einschließen. Geht man aber vom sehr viel weiteren Familienbegriff des SGB VIII bei den Jugendhilfeleistungen zur Förderung der Erziehung in der Familie aus (der dort die „ganze Bandbreite familiärer Situationen“ erfassen will)[98] sowie vom Sinn und Zweck der Regelung, Kindern „problematische Situationen“ (vor allem einen Milieuwechsel) zu ersparen, so erscheint die Vorschrift auch für Stief- und Pflegeeltern anwendbar[99].

---

[96] Einschränkend *Kunkel*, LPK-SGB VIII, § 20 Rz. 3, nur für Fälle der Unzumutbarkeit „des Verbleibens im Haushalt“; a.A.: *Schellhorn/Fischer*, SGB VIII/KJHG, § 20 Rz. 13; unklar *Mrozynski*, § 20, Rz. 1 („ zumindest bis zur Regelung … nach den §§ 1671, 1672 …“).

[97] Vgl. auch Gesetzesbegründung (BT-Drucks. 11/6002, S. 4).

[98] Siehe BT-Drucks. 11/6748, S. 81 bzw. BT-Drucks. 11/5948, S. 59 sowie Seite 61.

[99] Ebenso: *Münder*, § 20 Rz. 2.

Anwendungsprobleme

Diverse Äußerungen aus JA-Kreisen und Literatur zeigen, dass die Auslegung der Vorschrift in der Praxis recht unterschiedlich gehandhabt wird. So wird z.T. vertreten, *elterliche Ausbildungs- und Arbeitswünsche seien keine zwingenden Gründe*[100] und bei § 20 Abs. 2 sei besonders zu prüfen, ob überhaupt damit zu rechnen sei, dass die elterliche Betreuung und Versorgung in absehbarer Zeit wieder aufgenommen werden könne und damit eine Haushaltsfortführung sinnvoll sei. In dieser Allgemeinheit sind solche Aussagen weder falsch noch richtig. Zweifellos ergibt es wenig Sinn, bei Krankenhausaufenthalten auf unbestimmt lange Zeit mit geringer Rückkehrwahrscheinlichkeit oder bei Tod dem Kind einen „verwaisten" Familienhaushalt unbegrenzt erhalten zu wollen. Vielmehr ist hier nach anderen, perspektivereicheren Lösungen (z.B. Pflegefamilie) zu suchen. Andererseits muss insbesondere bei mehreren Kindern auch bei vielleicht geringfügigeren Rückkehrchancen überlegt werden, ob die Finanzierung einer Betreuungsperson in der Familienwohnung für die Entwicklungsmöglichkeiten des(r) Kindes(r) nicht erheblich besser und kostengünstiger ist als ihr Herausreißen aus sämtlichen sozialen Bezügen durch anderweitige Unterbringung, da hier wohl meist nur die für die Kinder ungünstigere (und zugleich die für die Jugendhilfe teuerste) Alternative Heim in Betracht kommen wird. – Ähnlich ist es bei Ausbildungs- und Berufswünschen oder Strafhaft der Eltern, die zu langer Abwesenheit führen.

Abwägungen

Kindeswohl ist oberste Zielsetzung

Wenn die Jugendhilfe das Kindeswohl als oberste Zielsetzung beachten und nach der Intention des SGB VIII den Eltern bei ihrer Erziehungsverantwortung Hilfe leisten soll, dann hat sie hier über § 20 „einzuspringen" und nicht nach Abwehrargumenten zu suchen. – Es erweist sich dabei die Gesetzesüberschrift „in Notsituationen" meines Erachtens auch als zumindest problematisch. Klar muss jedenfalls sein, dass hierbei die „Not" des Kindes gemeint ist und nicht die des bisher überwiegend betreuenden Elternteils.

Notsituation für Kind ist entscheidend

Arten der Hilfeleistung

Welche Hilfe im Einzelnen zu gewähren ist, bleibt dem pflichtgemäßen Ermessen der Jugendhilfe anhand der konkreten Situation überlassen, die nach Möglichkeit vor allem eine Fremdunterbringung vermeiden helfen soll. Es kommen insbesondere beratende sowie betreuende ambulante Jugendhilfeleistungen, aber auch finanzielle Unterstützung, z.B. die Bezahlung einer gelegentlichen oder ständigen (= stundenweise, halbtags oder bei Fällen von § 20 Abs. 2 auch ganztags, evtl. sogar „rund um die Uhr") Erziehungs- und/oder Haushaltshilfe, in Betracht.

Verwandte, Nachbarn

Der *Gesetzentwurf* zu § 20 hatte in einem Absatz 3 vorgesehen, dass die Leistungen von der Familie nahe stehenden oder von ehrenamtlichen Personen mit Anspruch auf angemessene Entschädigung oder im Bedarfsfall auch von Fachkräften übernommen werden sollten. Auf Intervention des *Bundesrates* hin, der eine Kommerzialisierung allgemein üblicher Verwandten- und Nachbarschaftshilfen, Missbrauch sowie nicht einschätzbare Kostenbelastungen befürchtete, und den Jugendhilfeträgern bei der Festlegung von Art und Umfang der Hilfen möglichst Freiheit lassen wollte, ist diese Vorschrift zwar nicht Gesetz geworden. Das heißt jedoch nicht, dass im Einzelfall nicht entsprechend verfahren werden kann bzw. zum

---

[100] *Münder*, § 20, Rz. 6 (weil hierfür die §§ 22–25 vorgesehen seien) a.A.: *Mrozynski*, § 20, Rz. 1; einschränkend: *Kunkel*, LPK-SGB VIII, § 20 Rz. 3 (aber nur, wenn Abwesenheit nicht abgewendet werden kann); *Schellhorn/Fischer*, SGB VIII/KJHG, § 20 Rz. 13 (nur nach Abwägung im Einzelfall – z.B. um Sozialhilfebezug abzuwenden).

Wohle des Kindes sogar werden muss. *Missbrauch* kann durch Heranziehung der Eltern zu Kostenbeiträgen (siehe dazu §§ 91 Abs. 1 Nr. 3, 92 Abs. 1 Nr. 5, Abs. 2) vorgebeugt werden.

Verhältnis zu anderen Sozialleistungen

Diese Hilfe ist gegenüber den Haushaltshilfen der gesetzlichen Kranken, Renten- und Unfallversicherung sowie der Bundesagentur für Arbeit (vgl. § 38 SGB V, § 42 SGB VII, § 54 SGB IX, § 26d Bundesversorgungsgesetz) *nachrangig* (§ 10 Abs. 1 S. 1 SGB VIII), d.h., diese sind zunächst auszuschöpfen.

Zur Haushaltshilfe nach § 70 SGB XII besteht kein Rangproblem, da dort keine Kinderbetreuung (vor allem keine Erziehungsleistungen und Entwicklungsförderung) vorgesehen ist. Diese Aufgaben obliegen vielmehr allein der Jugendhilfe.

Zur sozialpädagogischen Familienhilfe nach § 31 besteht keine Überschneidung. Die Hilfen nach § 20 setzen zwar auch ein erzieherisches Bedürfnis voraus (vgl. Abs. 1 Nr. 2), jedoch nicht im Sinne eines Erziehungsdefizites, wie das gemäß § 27 Abs. 1 bei allen HzE Voraussetzung ist (vgl. Seite 78).

Kosten

Die Eltern werden zu den Kosten der Betreuung und Versorgung herangezogen (§ 91 Abs. 1 Nr. 3). Zur Vorleistungspflicht des JA und zum Absehen von der Heranziehung zu den Kosten siehe §§ 91 Abs. 5, 92 Abs. 5.

VI. Förderung von Kindern in Kindertagespflege und Tageseinrichtungen

Gesellschaftlicher Hintergrund

Der Wandel von Familien- und Gesellschaftsstrukturen wirkt sich nicht zuletzt auf die Erziehung und Entwicklung der Kinder aus. So wächst fast jedes fünfte Kind in einer Ein-Eltern-Familie und jedes zweite Kind als Einzelkind auf; jede dritte Mutter ist inzwischen erwerbstätig (und diese Zahlen steigen ständig).

Großer Betreuungsbedarf

Da zunehmend Betreuungsmöglichkeiten durch Eltern, Verwandte oder Bekannte sich verringern, besteht somit ein großer Betreuungsbedarf von Kleinkindern.

Der *Referentenentwurf* zum KJHG hatte daher einen Rechtsanspruch auf einen Kindergartenplatz vorgesehen gehabt. Dem widersetzten sich jedoch vor allem aus Kostengründen einige Bundesländer. Hinzu kam, dass umstritten war, ob für Kleinkinder unter drei Jahren jede Betreuung außerhalb der Familie nicht stets eine „Notlösung“ und daher nicht generell, sondern nur bei besonderem Bedarf im Einzelfall förderungswürdig sei. [Dieser Streit besteht fort.] An diesen Widerständen und den daraus resultierenden Kontroversen wäre beinahe das gesamte KJHG gescheitert! „In letzter Minute“ wurde aber noch ein Kompromiss gefunden, der diesen Bereich zunächst völlig den Ländern überließ.

Anspruch auf einen Kindergartenplatz in Etappen verwirklicht

Der lange Weg zum Anspruch auf einen Kindergartenplatz

Das *„Schwangeren- und Familienhilfegesetz“* vom 27.7.1992 sah dann ab 1996 einen Rechtsanspruch auf einen Kindergartenplatz vor, der aber durch das am 15.12.1995 erlassene 2. SGB VIII ÄndG bis Ende 1999 relativiert (und damit wieder verschoben) worden war. Seit 1996 ist in § 24 ein Rechtsanspruch auf einen Kindergartenplatz für Kinder ab drei Jahren verankert (was bislang aber noch nicht *kostenfrei*[101] bedeutet). Bis Ende

[101] Außer in *Rheinland-Pfalz* seit 1.8.2010. Einzelne Bundesländer stellen aber immerhin das letzte Kindergartenjahr (d.h.: das der Schulpflicht vorausgehende Jahr) beitragsfrei (d.h.: Hamburg, Hessen, *Saarland*, Sachsen, Schleswig-Holstein, *Berlin* und *Niedersachsen*) und in weiteren Ländern ist das geplant.

1998 bestanden diesbezüglich Landesrechtsvorbehalte; danach galt der Rechtsanspruch zwar *einschränkungslos.* Das TAG hat aber in § 24a eine erneute Übergangsregelung für alle noch nicht schulpflichtigen Kinder geschaffen, die bis zum 30.9.2010 (!) den öffentlichen Jugendhilfeträgern partielle Abweichungen bezüglich der Ausgestaltung des Förderangebots ermöglichte.

Kein Anspruch für Kinder unter drei Jahren

Für Kinder unter drei Jahren besteht auch nach Erlass des Kinderförderungsgesetzes kein Anspruch auf einen Platz in einer Tageseinrichtung oder in Kindertagespflege. Die Träger der öffentlichen Jugendhilfe mussten aber bis zum 1. Oktober 2010 ein ausreichendes Angebot für bestimmte Kinder schaffen (§ 24a Abs. 2).

Eltern-Wünsche

Beide Tagespflegearten stehen *gleichberechtigt* nebeneinander. Diesbezügliche Elternwünsche sind daher gem. § 5 zu berücksichtigen. – Befürchtungen, das JA könne verpflichtet werden, „Babysitter" und „Haushaltshilfen" zu finanzieren, übersehen, dass nur geeignete Tagespflegepersonen finanziert werden, die vom JA vermittelt wurden (vgl. § 23 Abs. 1) und, dass Eltern zu Kostenbeiträgen herangezogen werden können (vgl. hierzu § 90 Abs. 1 u. 3 sowie Seiten 77, 78).

1. Kindertagespflege

Betreuung in fremder oder in eigener Familie möglich

Neben der traditionellen Form der Betreuung in einer anderen Familie (Tagespflegestelle, Tagesmutter) sieht das SGB VIII (im Gegensatz zum *JWG*) ausdrücklich auch die Betreuung von Kindern in der eigenen Familie durch eine fremde Pflegeperson als förderungswürdig an (vgl. § 22 Abs. 1 S. 2). Damit trägt das SGB VIII dem Umstand Rechnung, dass die Betreuung von Kindern in ihrer eigenen Familie idR unproblematischer ist als die in einer fremden, zumal der zweimalige „Transport" pro Tag meist weitere Probleme mit sich bringt.

Eignungskriterien für Tagespflegepersonen

Zur Kindertagespflege geeignet sind nach § 23 Abs. 3 nur Personen, die sich durch ihre Persönlichkeit, Sachkompetenz und Kooperationsbereitschaft mit Erziehungsberechtigten und anderen Pflegepersonen auszeichnen sowie über kindgerechte Räumlichkeiten und über vertiefte Kenntnisse hinsichtlich der Anforderungen der Kindertagespflege verfügen, die sie in qualifizierten Lehrgängen erworben oder in anderer Weise nachgewiesen haben.

Förderungsumfang

Die Förderung in Kindertagespflege umfasst gem. § 23 Abs. 1 die Vermittlung des Kindes zu einer geeigneten Tagespflegeperson, deren fachliche Beratung, Begleitung und weitere Qualifizierung sowie die Zahlung einer laufenden Geldleistung.

Vermittlung zu einer geeigneten Person

Für öffentliche Jugendhilfeträger besteht kein Vermittlungsmonopol, denn die Tätigkeit anderer wird durch § 23 nicht berührt. Es können also auch privat-gemeinnützige sowie privat-gewerbliche Anbieter Tagespflegepersonen vermitteln.

Laufende Geldleistungen

Die laufende Geldleistung umfasst

- die Erstattung des angemessenen Sachaufwands (Verpflegungs-, Spielzeug-, Material-, Fahrt- sowie (anteilig) Heizungskosten, Strom, Wasser, Müllkosten etc.),
- einen angemessenen Beitrag zur Anerkennung ihrer Förderleistung,
- die Erstattung von Aufwendungen für Beiträge zu einer Unfallversicherung sowie die hälftige Erstattung von Aufwendungen für eine ange-

messene Alterssicherung der Tagespflegeperson (jeweils gegen entsprechenden Nachweis).

Höhe der Geldleistungen

Soweit Landesrecht nicht etwas anderes bestimmt, wird die Höhe der laufenden Geldleistungen vom öffentlichen Jugendhilfeträger festgelegt (§ 23 Abs. 2a S. 1). Der *Deutsche Verein für öffentliche und private Fürsorge* in Berlin empfiehlt, auf der Basis von 60% der jährlich fortzuschreibenden Sätze für die Vollzeitpflege (siehe dazu Seite 94 f.) nach dem Kindessalter und dem zeitlichen Betreuungsumfang zu differenzieren. Diese Empfehlungen sehen für eine Tagespflege von 8 bis 12 Stunden für Kinder unter 7 Jahren monatlich 473,– EUR sowie für Schulkinder monatlich 547,– EUR vor (siehe NDV 2009, 379).

Verwandten-Pflege

Über die Gewährung einer Geldleistung an *unterhaltspflichtige* Personen entscheidet der öffentliche Jugendhilfeträger nach pflichtgemäßem Ermessen (§ 23 Abs. 1 S. 3). Gemäß § 1601 BGB betrifft dies nur Großeltern, die den Förderungsauftrag nach § 22 Abs. 2 erfüllen. Anderen Verwandten (meist Tanten/Onkel) steht dagegen ein Rechtsanspruch auf laufende Geldleistungen iSd § 23 Abs. 1 S. 1 zu.

Anspruchsberechtigte Steuerfreiheit

Anspruchsberechtigt sind die Tagespflegepersonen – nicht etwa die Eltern der Kinder. Die *laufenden Geldleistungen* sind nach § 3 Nr. 11 EStG *einkommenssteuerfrei*.

Tagespflege-Vermittlung ohne das Vorliegen der gesetzl. Bedarfskriterien

Geeignete Tagespflegepersonen iSd § 23 Abs. 3 können auch vermittelt werden, wenn die Bedarfskriterien nach § 24 Abs. 3 nicht vorliegen (§ 24 Abs. 5 S. 1). In diesem Fall besteht zwar keine Pflicht zur Gewährung einer laufenden Geldleistung nach § 23 Abs. 1 (vgl. § 24 Abs. 5 S. 1). Um die Attraktivität der Inanspruchnahme einer Vermittlung durch das JA (und damit der Möglichkeit der Überprüfung der Geeignetheit privat finanzierter Tagespflege) zu erhöhen, kann das JA aber nach pflichtgemäßem Ermessen Beiträge für eine Unfallversicherung sowie (zu 50%) die Aufwendungen zu einer angemessenen Alterssicherung der Tagespflegepersonen (gegen Nachweis) erstatten (§ 24 Abs. 5 S. 2).

Vorhaltepflicht der öffentl. JuHi-Träger

§ 24 Abs. 3 S. 1 verpflichtet die Träger der öffentlichen Jugendhilfe, für Kinder im Alter unter drei Jahren mindestens Plätze in Kindertagespflege vorzuhalten (zur Übergangsregelung s. Seite 74), wenn

- die Kindertagespflege für die Entwicklung des Kindes zu einer eigenverantwortlichen und gemeinschaftsfähigen Persönlichkeit geboten ist oder die Erziehungsberechtigten einer Erwerbstätigkeit nachgehen, eine Erwerbstätigkeit aufnehmen[102], oder Arbeit suchend sind, sich in einer beruflichen Bildungsmaßnahme, in der Schulausbildung oder Hochschulausbildung befinden oder Leistungen zur Eingliederung in Arbeit nach den §§ 16 ff. SGB II erhalten.

Keine gesetzl. Vorgaben zur tägl. Betreuungszeit

Der Umfang der täglichen Betreuungszeit wurde gesetzlich nicht vorgegeben, sondern hat sich im Hinblick auf die in § 24 Abs. 3 S. 1 genannten Kriterien (siehe dazu vorstehend) nach dem jeweiligen individuellen Bedarf zu richten (vgl. § 24 Abs. 3 S. 2).

Gesetzliche Zielsetzungen

Kindertagespflege soll
- die Persönlichkeitsentwicklung des Kindes fördern,
- die familiäre Erziehung und Bildung unterstützen und ergänzen,

---

[102] Vgl. § 10 SGB II, § 11 SGB XII.

– den Eltern dabei helfen, Erwerbstätigkeit und Kindererziehung besser miteinander vereinbaren zu können.

Gesetzl. Definition des Förderauftrags

Die Förderung umfasst nach § 22 Abs. 3 Erziehung, Bildung und Betreuung des Kindes und bezieht sich auf seine soziale, emotionale, körperliche und geistige Entwicklung. Sie schließt die Vermittlung orientierender Werte und Regeln ein. Sie soll sich am Alter und Entwicklungsstand, den sprachlichen und sonstigen Fähigkeiten, an der Lebenssituation sowie an den Interessen und Bedürfnissen des einzelnen Kindes orientieren und seine ethnische Herkunft berücksichtigen.

Verpflichtungen des JA

§ 23 Abs. 4 ergänzt den gesetzlichen Förderauftrag noch um folgende Verpflichtungen des JA:

Beratung

Erziehungsberechtigte und Tagespflegepersonen haben Anspruch auf Beratung in allen Fragen der Kindertagespflege durch das JA. Zusammenschlüsse von Tagespflegepersonen sollen außerdem unterstützt und gefördert werden. Für Ausfallzeiten einer Tagespflegeperson ist rechtzeitig eine andere Betreuungsmöglichkeit für das Kind sicherzustellen.

Unterstützung und Förderung

Betreuung sicherstellen

Information der Eltern über bestehende Angebote

Das JA oder die von ihm beauftragte Stelle sind verpflichtet, Eltern über das Platzangebot in Kindertagespflege und Kindertageseinrichtungen im örtlichen Einzugsbereich sowie über deren pädagogische Konzeptionen zu informieren sowie sie bei der Auswahl derselben zu beraten (§ 24 Abs. 4 S. 1). – Um den Trägern der öffentlichen Jugendhilfe ihre Planung zu erleichtern und nachfragenden Eltern eine Sicherheit hinsichtlich des Betreuungsbeginns für ihre Kinder zu ermöglichen, kann das jeweilige Landesrecht bestimmen, dass Eltern innerhalb einer bestimmten Frist *vor* einer beabsichtigten Inanspruchnahme von Kindertagespflege oder Kindertageseinrichtungen das JA (oder die beauftragte Stelle) zu informieren haben (§ 24 Abs. 4 S. 2).

Landesrecht kann Informationspflicht der Eltern vorsehen

Kooperation

Eine gute Zusammenarbeit zwischen den Eltern (oder anderen Personensorgeberechtigten) und der Tagespflegeperson ist im Interesse des Kindeswohls als auch für die *Kontinuität des Erziehungsprozesses* anzustreben. Daher fordert § 23 Abs. 3 S. 1 die Bereitschaft der Tagespflegeperson zur Kooperation mit den Eltern und räumt beiden Seiten einen *Rechtsanspruch auf fachliche Beratung* ein. Dies ist besonders wichtig, da in aller Regel die Betreuungspersonen keine Fachkräfte sind und so mögliche Konflikte gelöst oder gar vermieden werden können. Die Beratungsangebote der Jugendämter haben daher die Aufgabe, die Tagespflege (auf beiden Seiten) gut vorzubereiten und sie dann kontinuierlich zu begleiten. Da dies zeitaufwendig ist, kann dies nur bei einer Verbesserung der bisherigen Arbeitsbedingungen (kleinere „Fallzahlen“, flexible Arbeitszeitgestaltung für Hausbesuche, Ausweitung der Sprechstunden etc.) geleistet werden. Andernfalls verläuft ein guter Ansatz des TAG im Sande.

Beratungsanspruch

Problematik „Fallzahlen“

Zusammenschlüsse von Pflegepersonen

Da Pflegepersonen bei ihrer verantwortungsvollen Tätigkeit auf sich allein gestellt sind, schließen sie sich zunehmend *zum Erfahrungsaustausch* wie zur gegenseitigen Unterstützung zusammen. § 23 Abs. 4 S. 3 erklärt im Interesse der Qualifizierung der Tagespflege die Beratung, Förderung und Unterstützung solcher Zusammenschlüsse zur Aufgabe des JA. Zu dieser gehören außer der Fachberatung auch Supervisionsangebote sowie das Bereitstellen erforderlicher Räume sowie von Sach- und Geldmitteln. Ähnliches gilt für Formen selbst organisierter Betreuung von Kindern, die schon deshalb stärkerer Mitverantwortung der Eltern bedürfen und daher eher

Selbsthilfegruppen

geeignet sind, Schwierigkeiten abzubauen oder zu vermeiden, die durch die Teilung der Sozialisation (in familiale und in die der Tagespflege) entstehen können. § 25 sieht daher hier ebenfalls die Beratung (s.o.) und Unterstützung (s.o.) vor.

Kostenregelung

Für die Kindertagespflege können *Teilnahme- oder Kostenbeiträge* festgesetzt werden, wobei das jeweilige Landesrecht diesbezüglich eine *Staffelung nach Einkommensgruppen und Kinderzahl oder nach Familienangehörigen* vorschreiben oder selbst festsetzen kann (vgl. § 90 Abs. 1). Auf Antrag sollen diese teilweise oder ganz erlassen oder vom öffentlichen Jugendhilfeträger übernommen werden, wenn die Belastung nicht zuzumuten ist (§ 90 Abs. 3 S. 1). Soweit nicht das Landesrecht eine andere Regelung trifft, gelten für diese Feststellung die §§ 82–85, 87, 88 des SGB XII (§ 90 Abs. 4 S. 1).

Seit 1.10.2005 besteht Unfallversicherungsschutz für Kinder

Durch das KICK wurde der gesetzliche Unfallversicherungsschutz seit 1.10.2005 erweitert auf Kinder, die durch geeignete Tagespflegepersonen betreut werden (§ 2 Abs. 1 Nr. 8a SGB VII; s. dazu Seite 25 f.).

2. Tageseinrichtungen

Gesetzliche Definition

Tageseinrichtungen werden in § 22 Abs. 1 S. 1 definiert als Einrichtungen, in denen sich Kinder (d.h.: gem. § 7 Abs. 1 Nr. 1: *unter 14 Jahren*) entweder für einen Teil des Tages (meist vormittags oder nachmittags) oder ganztags (also nicht über Nacht) aufhalten und in Gruppen gefördert werden. Typische Beispiele für solche Einrichtungen werden (im Gegensatz zu früher) gesetzlich nicht mehr aufgeführt. In Betracht kommen insbesondere

Beispiele: Krippen, Krabbelstuben, Kinderhäuser, Kindergärten, Horte u.Ä.,

sofern diese eine gewisse Mindestplatzzahl und eine Organisationsstruktur aufweisen. (Dies folgt aus der Wortwahl „Einrichtung".) Anderenfalls handelt es sich um „Kindertagespflege" (siehe dazu Seiten 74 ff.). Einzelheiten der Abgrenzung der Tageseinrichtung gegenüber der Kindertagespflege regelt das Landesrecht (§ 22 Abs. 1 S. 3).

Zielsetzungen, Förderauftrag

Zielsetzungen und Förderauftrag der Tageseinrichtungen für Kinder sind dieselben wie bei der Kindertagespflege (vgl. § 22 Abs. 2 u. 3 sowie Seite 74). Zur Sicherstellung der Qualität der Förderung der Kinder verpflichtet der vom TAG geschaffene § 22a Abs. 1 die öffentlichen Jugendhilfeträger, die Qualität der Förderung in ihren Einrichtungen durch Einsatz von pädagogischen Konzeptionen und Verfahren zur Evaluation der geleisteten Arbeit sicherzustellen und weiterzuentwickeln. Dabei ist zu beachten, dass

Verpflichtungen zur Qualitätssicherung für öffentl. JuHi-Träger

- das Angebot sich pädagogisch und organisatorisch an den Bedürfnissen der Kinder und ihrer Familien orientiert (§ 22a Abs. 3 S. 1),
- durch entsprechende Zusammenarbeit mit den Sozialhilfeträgern bei der Planung, konzeptionellen Ausgestaltung und Finanzierung des Angebots Kinder mit und ohne Behinderung gemeinsam gefördert werden, sofern der Hilfebedarf dies zulässt (§ 22a Abs. 4),
- bei Schließung von Einrichtungen in Ferienzeiten für Kinder, die nicht von ihren Erziehungsberechtigten betreut werden können, eine anderweitige Betreuungsmöglichkeit sichergestellt ist (§ 22a Abs. 3 S. 2),
- die Realisierung des Förderungsauftrags nach Maßgabe von § 22a Abs. 1–4 auch in den Einrichtungen anderer Träger sichergestellt ist (§ 22a Abs. 5).

Kostenregelung

Die Kostenregelung für Tageseinrichtungen ist dieselbe wie die für die Kindertagespflege (vgl. § 90 Abs. 3 S. 1; siehe dazu Seite 77).

VII. Hilfe zur Erziehung

Im vierten Abschnitt der „Leistungen" der Jugendhilfe (= §§ 27–40) ist u.a. die „Hilfe zur Erziehung" geregelt.

1. Voraussetzungen für die Gewährung

Gelten für alle HzE

§ 27 Abs. 1 legt die Voraussetzungen der Hilfe zur Erziehung für alle Hilfen nach den §§ 28–35 fest.

Voraussetzung 1: Personensorgeberechtigter

Anspruchsberechtigter der Hilfe zur Erziehung ist der Personenberechtigte, nicht das Kind/der Jugendliche.

Personenberechtigter sind nach § 7 Abs. 1 Nr. 5 die natürlichen Eltern, Adoptiveltern, Vormund und Ergänzungspfleger. Ist der Personenberechtigte mit der Hilfe nicht einverstanden, ist aber das Wohl des Kindes/Jugendlichen gefährdet und ist der Personenberechtigte nicht in der Lage oder bereit, die Gefährdung abzuwenden, muss das Jugendamt das Familiengericht einschalten (§ 8a Abs. 3), das über den teilweisen oder völligen Entzug des Sorgerechts entscheiden muss (§ 1666 BGB).

Die Festlegung der Anspruchsberechtigung des Personensorgeberechtigten ist ein bedauerlicher Rückschritt gegenüber dem JWG, da hiernach die öffentliche Jugendhilfe das Recht des Kindes auf Erziehung zu gewährleisten hatte (vgl. § 6 JWG u. § 8 SGB I a.F.).

Kinder nur Erziehungsobjekte?

Noch bedauerlicher (als die Gesetzesverschlechterung ohnehin schon) war jedoch die amtliche Begründung hierzu, die diesbezüglich sowohl ein eigenständiges Erziehungsrecht der Jugendhilfe abstritt und auf die Forderung des Bundesrates, die Minderjährigen ebenfalls als Anspruchsinhaber in das SGB VIII aufzunehmen, sich dazu verstieg, zu behaupten, der Anspruch auf HzE könne deshalb nicht gleichzeitig Eltern und Kindern zustehen, weil die Eltern „Erziehungssubjekt" und Kinder nur „Erziehungsobjekt" seien (!)[103]

Partizipation

Allerdings sind Minderjährige gemäß § 8 Abs. 1 (siehe dazu Seite 42 ff.) und bei der Aufstellung des Hilfeplanes (vgl. dazu § 36 sowie unten) sowie bei der Gewährung sämtlicher Hilfen zur Erziehung zu beteiligen.

Voraussetzung 2: Erziehungsbedarf

Problematische Formulierung

Das Vorliegen eines konkreten Erziehungsbedarfs ist einheitliche Voraussetzung für die Gewährung sämtlicher Hilfen zur Erziehung und vor Auswahl der jeweiligen Hilfeart stets zu überprüfen. Voraussetzung ist danach, dass eine dem Wohl der Minderjährigen *entsprechende Erziehung nicht gewährleistet und daher Hilfe zur Erziehung für ihre Entwicklung geeignet und notwendig* ist (§ 27 Abs. 1). Bei der Formulierung dieses konkreten Hilfebedarfs hat das SGB VIII zwar die als diskriminierend empfundenen abgestuften Etikettierungen des *JWG („Gefährdung", „Schädigung", „Verwahrlosung")* abgeschafft und durch die weniger belastende Formulierung *„wenn entsprechende Hilfeleistung nicht gewährleistet ist"* ersetzt. Aber auch diese Terminologie hat stigmatisierende Wirkung, da die Betroffenen sie als Eingeständnis eigener Unzulänglichkeit bei der Erziehung ihrer Kinder empfinden, wenn sie HzE beantragen. Dies ist somit wenig geeignet, die z.T. immer noch bestehenden Barrieren gegenüber dem JA abbauen zu helfen.

---

[103] Vgl. BT-Drucks. 11/5948, S. 68 und BT-Drucks. 11/6002, S. 5.

Ein Erziehungsbedarf besteht, wenn der Erziehungsstand des Kindes/Jugendlichen nicht dem eines Gleichaltrigen, gleichen Geschlechts im Milieu des Kindes/Jugendlichen entspricht.

Voraussetzung 3: Geeignetheit der Hilfe zur Erziehung

Geeignet ist die Hilfe zur Erziehung, wenn der Personenberechtigte bereit ist, mitzuwirken, und mit der Hilfe zur Erziehung der im Einzelfall festgestellte Bedarf gedeckt werden kann.

Voraussetzung 4: Notwendigkeit der Hilfe zur Erziehung

Notwendig ist die Hilfe zur Erziehung, wenn sie geeignet ist, den erzieherischen Bedarf zu decken, und der erzieherische Bedarf weder mit Mitteln der Eltern, anderen Hilfen nach dem SGB VIII, anderen Sozialleistungen und Leistungen der Schule gedeckt werden kann.

Maßnahmen im Ausland

Soll die Maßnahme im Ausland durchgeführt werden, ist außerdem erforderlich, dass nach dem Hilfeplan erforderlich ist, dass die Maßnahme im Ausland ausgeführt wird (§ 27 Abs. 2 S. 3).

2. Maßnahmen der Hilfe zur Erziehung

Rechtsanspruch

Auf die Hilfe zur Erziehung besteht ein Rechtsanspruch, wenn die obigen Voraussetzungen erfüllt sind. Verweigert das Jugendamt die Hilfe zur Erziehung, obwohl deren Voraussetzungen vorliegen, kann nach erfolglosem Widerspruch vor dem Verwaltungsgericht geklagt werden. Die Verwendung des Begriffes „soll" in den §§ 28 ff. SGB VIII steht dem nicht entgegen.

Gesetzlicher Katalog ist nicht abschließend

Gleichrang der HzE

Auswahlkriterien

§ 27 Abs. 2 legt fest, dass Art und Umfang der einzelnen *Hilfe zur Erziehung* sich nach dem jeweiligen Erziehungsbedarf im Einzelfall zu richten haben und das soziale Umfeld der Minderjährigen einbeziehen sollen. Dabei wird nur beispielhaft auf die Hilfearten der §§ 28–35 verwiesen (vgl.: *„insbesondere")*, so dass Raum für die Entwicklung weiterer dem Einzelfall gerecht werdender Lösungen bleibt. Zugleich wird damit die *Gleichrangigkeit der ambulanten und teilstationären Hilfen zur Erziehung neben den klassischen Formen der Fremdunterbringung* (insbesondere der Heimerziehung) manifestiert und somit deren Auswahl allein von pädagogischen Gesichtspunkten entsprechend dem Einzelbedarf abhängig gemacht.

Nur z.T. Abstufung

Nebeneinander möglich

Die gesetzliche Reihenfolge der einzelnen HzE stellt nur zum Teil eine Abstufung nach Gewicht des Anlasses oder Intensität der HzE dar (vgl. §§ 31 u. 32 sowie 34 u. 35). Insbesondere müssen nicht etwa die ersteren vor den später aufgeführten HzE ausprobiert worden sein. (So kann z.B. Heimerziehung ohne vorherige Erziehungsbeistandschaft gewährt werden.) Auch ist ein Nebeneinander denkbar (z.B. § 32 zusammen mit § 28 oder § 30).

Anspruch auf HzE entfällt nicht dadurch, dass eine andere unterhaltspflichtige Person bereit und geeignet ist, diese Aufgabe in Zusammenarbeit mit dem JA zu übernehmen (§ 27 Abs. 2a). Hiermit wird bewusst Vollzeitpflege für Großeltern offen gelassen.

Therapeutische Hilfen, Ausbildungs- und Beschäftigungsmaßnahmen

§ 27 Abs. 3 stellt – auf Anregung des Bundesrates – klar, dass Hilfe zur Erziehung insbesondere die Gewährung pädagogischer und damit verbundener therapeutischer Leistungen umfasst und bei Bedarf auch Ausbildungs- und Beschäftigungsmaßnahmen iSd § 13 Abs. 2 (siehe dazu Seite 57 f.) einschließt.

Gesetzlicher Katalog der Hilfe zur Erziehung

- § 27 Abs. 3 Pädagogisch-therapeutische Leistungen
- §§ 27 Abs. 3/13 Abs. 2 Ausbildungs- u. Beschäftigungsmaßnahmen
- § 27 Abs. 4 Unterstützung mdj. Mütter, die sich in einer Einrichtung oder Pflegefamilie befinden, bei Pflege u. Erziehung ihrer Kinder
- § 28 Erziehungsberatung
- § 29 Soziale Gruppenarbeit
- § 30 Erziehungsbeistand, Betreuungshelfer
- § 31 Sozialpädagogische Familienhilfe
- § 32 Erziehung in einer Tagesgruppe
- § 33 Vollzeitpflege
- § 34 Heimerziehung, sonstige betreute Wohnform
- § 35 Intensive sozialpädagogische Einzelbetreuung

a) Erziehungsberatung

Die Erziehungsberatung wird im SGB VIII an verschiedenen Stellen als Jugendhilfe-Aufgabe genannt.

(vgl. §§ 1 Abs. 3 Nr. 2, 16 Abs. 2 Nr. 2, 17, 18 Abs. 1, 28, 36 Abs. 1 S. 1, 37 Abs. 1 u. 2, 51 Abs. 2, 53 Abs. 2–4).

„Funktionelle" EB

Meist wird unterschieden zwischen „funktioneller" und „institutioneller" Erziehungsberatung. Von Ersterer wird dann gesprochen, wenn Personen in ihrer Funktion (z.B. Erzieher, Lehrer, Sozialarbeiter/Sozialpädagogen) bei Erziehungsproblemen um Rat gebeten werden oder diesen von sich aus geben. Wenn jedoch diese Hilfe bei größeren Erziehungsschwierigkeiten nicht ausreicht, sondern die kontinuierliche Unterstützung durch

„Institutionelle" EB

Dienste (= „Institutionen"), die mit besonderen wissenschaftlichen Erkenntnissen und Methoden arbeiten, nötig ist, spricht man von „institutioneller" Erziehungsberatung bzw. von Erziehungsberatungsstellen. Nur auf Letztere bezieht sich das Folgende.

§ 28 bildet die Rechtsgrundlage für die „institutionelle" Erziehungsberatung freier wie öffentlicher Jugendhilfe-Träger.

Voraussetzung

Voraussetzung für die Gewährung dieser HzE ist auch hier die Erfüllung der in § 27 Abs. 1 festgelegten Bedingungen (siehe dazu Seite 78).

Bezeichnungen

Die Aufgaben der Beratungsdienste und Einrichtungen, die traditionell „Erziehungsberatungsstelle" oder auch als „Beratungsstellen für Kinder, Jugendliche und Eltern", „Jugend- und Erziehungsberatung" oder als „Familienberatung" bezeichnet werden, beschreibt § 28 S. 1. Danach

Zielsetzung

sollen sie Kinder, Jugendliche, Eltern und andere Erziehungsberechtigte bei der Klärung und Bewältigung individueller und familienbezogener Probleme und der zugrunde liegenden Faktoren, bei der Lösung von Erziehungsfragen sowie bei Trennung und Scheidung unterstützen.

Verschiedene Fachkräfte

Dabei sollen Fachkräfte verschiedener Fachrichtungen, die mit unterschiedlichen methodischen Ansätzen vertraut sind, zusammenwirken (§ 28 S. 2), denn diese multidisziplinäre Besetzung gewährleistet am besten, dass ein differenzierter Zugang zur Situation der Klienten ermöglicht wird, dass unterschiedliche Sichtweisen einbezogen werden und die Auswahl der Behandlungs- und Therapieangebote flexibel erfolgt.

Datenschutz wichtig

Der hier besonders wichtige Datenschutz, den die §§ 61 ff. (siehe dazu Seite 117 ff.) sowie § 203 StGB (siehe dazu Seite 127) gewährleisten, ist eine wesentliche Voraussetzung für die Inanspruchnahme dieser Angebote.

Kostenfreiheit

Die Teilnahme ist kostenfrei (vgl. §§ 90, 91).

Überschneidungen und Abgrenzungen zur Beratung nach § 17

Überschneidungen ergeben sich zu den Beratungsangeboten nach § 17. Der Unterschied liegt zwar darin, dass bei jenen die Voraussetzungen des § 27 Abs. 1 (siehe dazu Seite 78) nicht erfüllt sein müssen und dort nicht die Minderjährigen, sondern die Erwachsenen Anlass der Beratung sind. So betrachtet, würde § 17 bei Trennung und Scheidung der Eltern sozusagen die „Einstiegsnorm" für die Beratung sein und Erziehungsberatung nach § 28 wäre nur dann zu leisten, wenn sich herausstellt, dass auch erzieherische Probleme, Schwierigkeiten oder Defizite vorhanden sind. Diese – theoretisch zweifellos vorgegebene – Zuordnung bereitet jedoch *Schwierigkeiten in der Praxis*. Diese wirken sich zumindest dann negativ auf die Klienten aus, wenn hierfür verschiedene Dienste (vielleicht auch noch von unterschiedlichen Trägern) vorhanden sind und somit die Beratung weitergegeben werden muss, weil dadurch kaum eine notwendig einheitliche, am Kindeswohl orientierte Jugendhilfe gewährleistet werden kann. Daher ist von Folgendem auszugehen: Wenn im Einzelfall nicht gravierende Gründe für einen Wechsel der Beratungsstelle vorliegen, hat der zuerst konsultierte Beratungsdienst grundsätzlich die gesamte Beratung durchzuführen. Denn jeder personelle Wechsel in der Beratung stellt für die betroffene Familie eine zusätzliche Belastung dar, weil dann ihre ganze „Geschichte" nochmals aufgerollt werden muss. Zudem widerspricht dies auch dem schützenswerten Interesse der Familien, nicht mehr Personen als nötig Einblick in ihre Verhältnisse zu geben (Bild vom *„umstellten Klienten")*. Außerdem führt ein derartiges „Weiterreichen" der Klienten meist zu deren Verunsicherung und somit zur Ineffizienz der Jugendhilfe *(„Drehtür-Hilfe")*.[104]

Personeller Wechsel ist problematisch

b) Soziale Gruppenarbeit

Ursprung im JGG

Diese HzE ist nach modellhaften Erprobungen mit Jugendlichen in der Jugendhilfe sowie im Rahmen von Weisungen nach dem JGG entstanden. In der Praxis sind dafür unterschiedliche Bezeichnungen gebräuchlich *(Erziehungs-, Übungs-, Erfahrungskurse, soziale Trainingskurse)*. Gemeinsam ist ihnen, dass in diesen Kursen mit unterschiedlichen Arbeitsmethoden versucht wird, soziales Lernen von Jugendlichen und älteren Kindern zu fördern. Dabei dominieren drei methodische Schwerpunkte:

Methoden

- der handlungs- und erlebnisorientierte Ansatz (Freizeitpädagogik),
- der themenorientierte Ansatz (verbale Methoden),
- eine Mischform aus beiden Ansätzen.

Adressaten

Intentionen

Bei Vorliegen der Voraussetzungen des § 27 Abs. 1 (siehe dazu Seite 78) ist die soziale Gruppenarbeit für ältere Kinder (ab ca. 12 J.) sowie für Jugendliche als Hilfe bei der Überwindung von Entwicklungsschwierigkeiten und Verhaltensproblemen gedacht (§ 29 S. 1). Weitere Zielsetzung ist, durch ein gruppenpädagogisches Konzept die Entwicklung Minderjähriger unter Erhalt des Lebensbezuges zu ihrer Familie und unter Einbeziehung

---

[104] *Schleicher* in GK-SGB VIII, § 17, Rz. 21.

des gesamten Umfeldes durch soziales Lernen in der Gruppe zu fördern (§ 29 S. 2). Leitender Gedanke ist, bei den Adressaten positive Verhaltens-Änderungen zu bewirken und dadurch ihren Verbleib in der eigenen Familie zu ermöglichen. Soziale Gruppenarbeit ist damit in der *Schnittstelle* zwischen offenen sozialpädagogischen Angeboten der Jugendarbeit, Beratungshilfen und der Erziehung außerhalb der eigenen Familie angesiedelt.

Kostenfreiheit

Diese HzE ist kostenfrei (vgl. §§ 90, 91).

c) Erziehungsbeistand und Betreuungshelfer

Formlos möglich

Die aus der „Schutzaufsicht" entwickelte und ursprünglich ehrenamtlich angelegte Erziehungsbeistandschaft war *im JWG* die einzige ausdrücklich geregelte ambulante erzieherische Hilfe. Sie hat sich längst zu einer pädagogisch fundierten Hilfe zur Erziehung entwickelt, die fast ausschließlich von Fachkräften freier und öffentlicher Träger geleistet wird. Das SGB VIII hat diese bewährte ambulante HzE übernommen, jedoch von den bisherigen Förmlichkeiten der Bestellung eines Erziehungsbeistands sowie ihres zwangsweisen Einsatzes durch Gerichte abgesehen, weil sich beides in der Praxis als sehr hinderlich erwiesen und z.T. zur Umgehung dieser Hilfemöglichkeit geführt hatte.

Zielsetzungen

§ 30 legt daher nur noch fest, dass der Erziehungsbeistand Minderjährige bei der Bewältigung von Entwicklungsproblemen möglichst unter Einbeziehung ihres sozialen Umfeldes unterstützen und unter Erhaltung des Lebensbezuges zur Familie ihre Verselbstständigung fördern soll. Die Vorschrift besagt nicht, wer die Erziehungsbeistandschaft übernimmt. In der Praxis stellt sie in der Regel eine kontinuierliche (meist ein bis drei Jahre) Einzelbetreuung durch hauptamtliche sozialpädagogische Fachkräfte freier oder öffentlicher Träger dar, die nicht selten eine Fremdunterbringung auf Dauer vermeiden hilft.

Durchführung

Obwohl Adressatenkreis des § 30 nur die Minderjährigen sind, sind deren Personensorge-Inhaber Leistungsberechtigte (vgl. § 27 sowie S. 78). Bei der Aufstellung des Hilfeplanes (und dessen kontinuierlicher Überprüfung) sind Beide einzubeziehen (§ 36 Abs. 2 S. 2). Aufbau einer Vertrauensbasis und Akzeptanz sowie fachliche Distanz zeichnen die Arbeit der Erziehungsbeistände aus. Sie beinhaltet neben pädagogischer Beeinflussung die Beratung und Unterstützung in lebenspraktischen Angelegenheiten (familiale und andere soziale Beziehungen, Ausbildung, Beruf). Sie findet in Einzel- und Gruppengesprächen statt und erfordert neben spezieller erzieherischer und therapeutischer auch besondere rechtliche Kompetenz. – Erziehungsbeistände besitzen keine Kontroll- oder gar Eingriffsbefugnisse und *(im Gegensatz zum früheren JWG)* auch kein Zugangs- oder Auskunftsrecht.

Betreuungshelfer

Im Hinblick darauf, dass die Betreuungs-Weisung bei der gleichzeitig erfolgten Novellierung des JGG ausdrücklich in das Gesetz aufgenommen wurde und von der Jugendhilfe zu leisten ist, hat das SGB VIII in § 30 Erziehungsbeistand und Betreuungshelfer ohne unterschiedliche Aufgabenstellung oder Handlungsanweisung nebeneinander gestellt und wollte es von den Erfahrungen in der Praxis abhängig machen, ob beide Rechtsinstitute verschmelzen sollen.[105] Das ist jedoch sehr *problematisch*, da die Intentionen und Methoden der Jugendhilfe und des Jugendstrafrechts grund-

---

105 Vgl. BT-Drucks. 11/5948, S. 70.

verschieden sind, wenn auch Erziehung gemeinsame Zielsetzung ist. Denn während im Jugendstrafrecht die Verbindlichkeit dominiert, stehen für die Jugendhilfe der Aufbau einer vertrauensvollen Beziehung und der pädagogische Aushandlungsprozess sowie die Akzeptanz der Maßnahmen im Vordergrund. Das zeigt sich auch hier:

Jede Anordnungs-Möglichkeit, die Aufnahme in das Erziehungs-Register (und Auskunft hieraus), zeitliche Begrenzung, Kontrolle und Sanktionsdruck ist den HzE fremd, im Jugendstrafrecht bei der Betreuungs-Weisung dagegen vorhanden (vgl. §§ 10 Abs. 1 S. 3 Nr. 5, 11 Abs. 1 u. 3, 38 Abs. 2 JGG, 60 Abs. 1 Nr. 2, 61 BZRG). Hinzu kommt folgende Problematik:

Problematik

Durch die Jugendgerichte können nur die Minderjährigen verpflichtet werden, nicht jedoch der öffentliche Jugendhilfe-Träger. Das JA kann (und muss) daher in diesen Fällen dann selbstständig prüfen, ob die Leistungsvoraussetzungen des § 27 Abs. 1 SGB VIII erfüllt sind, d.h., ob ein Betreuungshelfer die geeignete und notwendige Hilfeform ist. Das ergibt sich schon aus dem Prinzip der Gewaltenteilung, so dass es unerheblich ist, dass bei der Betreuungs-Weisung nicht ausdrücklich auf das SGB VIII verwiesen wird (vgl. § 10 JGG).[106]

Diskrepanz von SGB VIII und JGG

Noch problematischer erscheint es, wenn ein Jugendgericht gemäß § 12 Nr. 1 JGG Delinquenten auferlegt, unter den im SGB VIII genannten Voraussetzungen HzE in Form der Erziehungsbeistandschaft in Anspruch zu nehmen. Denn außer den vorstehend genannten Bedenken kommt hier noch hinzu, dass diese HzE (wie alle anderen HzE auch) nur möglich ist, wenn die Personensorge-Berechtigten der Minderjährigen damit einverstanden sind, da Erstere ja gemäß § 27 Abs. 1 Anspruchsinhaber sämtlicher HzE sind (siehe dazu Seite 78).

AnO durch Jugendgericht problematisch

Allerdings hat die Jugendhilfe weit gehende Einflussmöglichkeiten auf die jugendrichterlichen Maßnahmen, denn sowohl die JGH als auch das JA wirken in den Verfahren vor den Jugendgerichten mit:

Hier hat die JGH sich zu den zu ergreifenden jugendrichterlichen Maßnahmen zu äußern (§ 38 Abs. 2 S. 2 JGG), und das JA hat frühzeitig zu prüfen, ob für Jugendliche und Heranwachsende Jugendhilfeleistungen in Betracht kommen, und diese gegebenenfalls bereits einzuleiten (§ 52 Abs. 2 SGB VIII). Somit kann die Jugendhilfe Einfluss nehmen, um unerwünscht erscheinende Weisungen nach den §§ 10 Abs. 1 S. 3 Nr. 5, 12 JGG zu vermeiden.

Einflussnahme der Jugendhilfe

Zusammenfasssung

Erziehungsbeistandschaft ist eine längerfristig angelegte (meist ein bis drei Jahre) ambulante HzE. Anlässe sind: persönliche, familiale, schulische, soziale Schwierigkeiten bis hin zu Straftaten.

Zielsetzungen dieser auch formlos möglichen HzE sind gemäß § 30 SGB VIII:

- die Bewältigung von Entwicklungs-Problemen durch kontinuierliche Beratung u. Unterstützung durch eine feste Bezugsperson,
- Förderung der Verselbstständigung unter Erhaltung des Lebensbezugs zur Familie.

Adressat dieser ambulanten HzE sind die Minderjährigen selbst (§ 30). Personensorge-Inhaber sind aber gem. § 27 Abs. 1 die Leistungsberechtigten.

[106] Im Ergebnis ebenso: *Mrozynski*, § 30, Anm. 3b.

Erziehungsbeistände besitzen keinerlei Befugnisse; alles basiert auf Freiwilligkeit.

Diese HzE wird fast nur von hauptamtlichen Fachkräften freier und öffentlicher Träger geleistet und ist *kostenfrei*.

Jugendgerichte können Minderjährigen auferlegen, einen Erziehungsbeistand in Anspruch zu nehmen (vgl. § 12 JGG), was diese verpflichtet, nicht jedoch das JA; außerdem müssen die Sorge-Inhaber zustimmen.

Betreuungshelfer haben nach § 30 SGB VIII zwar dieselben Aufgaben wie Erziehungsbeistände, sind im JGG aber mit zeitlicher Begrenzung, Kontrolle und Sanktionsdruck vorgesehen, was den HzE widerspricht.

Kostenfreiheit

Beide HzE sind kostenfrei (vgl. §§ 90, 91).

d) Intensive sozialpädagogische Einzelbetreuung

Zielsetzungen

Adressatenkreis

Durch diese HzE soll Jugendlichen (vgl. § 7 Abs. 1 Nr. 2), die zur sozialen Integration und zur eigenverantwortlichen Lebensführung einer intensiven Unterstützung bedürfen und die sich allen anderen ambulanten Hilfsangeboten entziehen sowie aufgrund ihrer aktuellen Lebenssituation besonders gefährdet sind, geholfen werden (§ 35). Gedacht ist vor allem an Jugendliche und junge Volljährige (siehe § 41 Abs. 3) aus dem Punker-, Drogen-, Prostituierten- und Nichtsesshaften-Milieu, die am Rand der Gesellschaft leben, weil sie sich den gewöhnlichen Sozialisationsinstanzen (Familie, Schule, Arbeitswelt) weit gehend entzogen haben. Wenn die Gesellschaft sie nicht völlig aufgeben will, muss versucht werden, ihnen durch intensive Einzelbetreuung zu helfen. Dies geschieht überwiegend außerhalb der Familie durch Dienste, die *Jugendberater, Aufsichts- oder Schutzhelfer, flexible Betreuung o.ä. genannt* werden. Dabei ist mitunter eine Ansprechbereitschaft oder auch Präsenz „rund um die Uhr" erforderlich, zumindest aber ein Sich-Einlassen auf ihr Milieu mit all seinen Schattenseiten unter Hintanstellung von bürgerlichen Perspektiven. Denn es gilt, meist mehr oder weniger konkret, eine geschlossene Unterbringung (in Heimen, Psychiatrie oder Strafanstalten) mit dem vorgezeichneten „ewigen Kreislauf der Wiederkehr" zu verhindern oder diese durch intensive Einzelbetreuung zu überwinden. Hierzu können auch z.T. erlebnispädagogische Aufenthalte unter Herausreißen aus dem gesamten Umfeld in Betracht kommen, wie es auf Schiffen, Erlebnis-Camps o.ä. unter realistischen Survival-Bedingungen erprobt wird. Im Ausland ist dies aber nur „bei besonderem Bedarf" zulässig (§ 27 Abs. 2 S. 3) und zuvor soll „zum Ausschluss einer seelischen Störung mit Krankheitswert" die Stellungnahme von Fachspezialisten iSd § 35a Abs. 1a S. 1 eingeholt werden (§ 36 Abs. 3 S. 1).

Vermeidung geschlossener Unterbringung

Erlebnispädagogische Aufenthalte

Einschränkungen bei Auslandsprojekten

Kosten in der Kritik

Intensive Einzelbetreuung bedeutet stets, dass eine sozialpädagogische Fachkraft nur für wenige (evtl. sogar nur eine) Person zuständig ist, was in Zeiten knapper Kassen immer wieder auf z.T. vehemente Kritik stößt (z.B. in dem Münchner Fall „Mehmet"). Dabei wird übersehen, dass die sonst in Betracht kommende (und meist auch geforderte) Alternative die Heim- oder Anstalts-Unterbringung darstellt, die oft noch kostenträchtiger ist und bei der die notwendige intensive Einzelbetreuung nur selten gewährleistet werden kann. Hinzu kommt, dass sich immer wieder zeigt, dass sich der betroffene Personenkreis selbst in geschlossenen Einrichtungen kaum festhalten lässt und die „Karriere" damit vorgezeichnet ist.

Die intensive Einzelbetreuung kommt auch für noch nicht 27 Jahre alte Volljährige in Betracht (vgl. § 41 Abs. 1 u. 2, § 7 Nr. 3). Beginnt sie vor Vollendung des 21. Lebensjahres, soll sie aber nur in begründeten Einzelfällen für einen begrenzten weiteren Zeitraum fortgesetzt werden (§ 41 Abs. 1 S. 2).

Für Volljährige möglich

Von der Erziehungsbeistandschaft (§ 30) unterscheidet sich diese HzE vor allem durch ihre stärkere Intensität sowie dadurch, dass meist der Lebensmittelpunkt der Adressaten nicht mehr deren Familie und somit die HzE selten familienbezogen ist.

Abgrenzungen

Der Unterschied zur HzE nach § 31 besteht darin, dass hier die Hilfe außerhalb der Familie ansetzt, weil es sich meist um junge Menschen handelt, die sich schon aus ihrer Familie gelöst haben.

Bei erlebnispädagogischen Angeboten scheinen sich Überschneidungen zur HzE nach § 29 zu ergeben. Diese grenzen sich jedoch von jenen durch die dort fehlende intensive Einzelbetreuung ab.

Überschneidungen

Zur sonstigen betreuten Wohnform des § 34 können sich Überschneidungen ergeben, da häufig der Aufbau angemessenen selbstständigen Wohnens Teil des Betreuungskonzepts ist.

Die ambulante intensive sozialpädagogische Einzelbetreuung ist *grundsätzlich kostenfrei*, bei der stationären (vgl. z.B. betreutes Wohnen) besteht jedoch für die Betroffenen Kostenpflicht (vgl. § 91 Abs. 1 Nr. 5c). – Zur Kostenheranziehung siehe im Einzelnen §§ 92 Abs. 1 Nr. 1, 4, 5 und 94 Abs. 1 iVbm § 93 sowie die KostenbeitragsVO, die nach Einkommensgruppen gestaffelte Pauschalbeträge für Eltern, Ehegatten und Lebenspartner enthält.

Kostenregelung

e) Sozialpädagogische Familienhilfe

Gratwanderung von Hilfe und Kontrolle

Die SPFH des § 31 wurde schon zu Zeiten des *JWG* als intensive ambulante Hilfe entwickelt. Ihr kommt innerhalb der HzE besondere Bedeutung zu, weil sie als einzige Hilfeart zum größten Teil direkt in der häuslichen Umgebung der Familie geleistet wird. Damit ist sie auf dem schmalen Grat zwischen effektiver Befähigung zur Selbsthilfe, sozialer Kontrolle der Familie und dem häufig letzten Ausweg zur Vermeidung von Fremdunterbringung angesiedelt.

Die SPFH zielt darauf ab, dass die Selbsthilfekräfte einer Familie mit vielschichtigen Schwierigkeiten innerhalb eines mittelfristigen Zeitraumes soweit aktiviert werden können, dass die Familienmitglieder Erziehungsschwierigkeiten, Alltagsprobleme, Krisen und Konflikte sowie Kontakte mit Ämtern und Institutionen selbstständig bewältigen oder gelernt haben, sich rechtzeitig geeignete Unterstützung zu holen. Das Familiensystem soll nach Möglichkeit weiter bestehen können und die Fremdunterbringung von Kindern oder Jugendlichen nicht erforderlich werden.

Voraussetzungen für die SPFH sind:
- eine dem Kindeswohl entsprechende Erziehung ist nicht gewährleistet,
- diese Jugendhilfe ist geeignet und notwendig,
- die Familie ist zur Annahme der Hilfe (besser: zur Mitarbeit) bereit.

Zielsetzungen der SPFH sind:
Stärkung, Wiederherstellung, Sicherung der Erziehungsfähigkeit der Familie, indem die Ressourcen der Familie geweckt und gestärkt werden, um

Benachteiligungen von Minderjährigen und deren Eltern zu vermeiden bzw. vorhandene abzubauen. Das gilt vor allem dann, wenn Familien sich in schwierigen Lebenslagen, insbesondere in konkreten Krisensituationen befinden. Die SPFH zielt dann darauf ab, das Selbsthilfepotenzial der Familie innerhalb eines mittelfristigen Zeitraumes so weit zu aktivieren bzw. zu stärken, dass die bestehenden Schwierigkeiten behoben werden können. Dabei soll das Familiensystem nach Möglichkeit erhalten und die Fremdunterbringung von Kindern und Jugendlichen vermieden werden. Hier ist *Hilfe zur Selbsthilfe* zu leisten. – Die SPFH wird zunehmend auch präventiv eingesetzt.

Innere Krisen

Die SPFH kommt sowohl bei Krisen innerhalb der Familie

Beispiele: Geburt oder Rückkehr eines Kindes in die Familie; Erziehungsschwierigkeiten; Überforderung der Eltern bei der Kinderbetreuung, Haushaltsführung, Alltagsbewältigung; organische oder psychische Erkrankungen oder Alkohol, Medikamenten, Drogen-Missbrauch; Beziehungsstörungen; Partnerverlust durch Trennung, Scheidung oder Tod etc.

Äußere Krisen

als auch bei Krisen außerhalb der Familie

Beispiele: schlechte Wohnsituation, soziale Isolation; häufiges Schulversagen; Arbeitslosigkeit; hohe Verschuldung, Armut etc.

in Betracht.

Durchführung:
Erreicht werden sollen die Zielsetzungen der SPFH durch eine intensive Begleitung, Betreuung und Unterstützung der Familie

- bei ihren Erziehungsaufgaben,
- bei der Bewältigung von Alltagsproblemen,
- bei der Lösung von Konflikten und Krisen (innerhalb und außerhalb der Familie),
- beim Kontakt mit Ämtern und anderen Institutionen.

Praktische Lebenshilfe

Dabei ist z.T. ganz praktische Lebenshilfe zu geben. Intention ist aber auch hier, *Hilfe zur Selbsthilfe* zu leisten. Das setzt eine häufige (zeitweilig auch ständige) Anwesenheit in der Familie (meist 5–20 Wochenstunden) für einen längeren Zeitraum (in der Praxis überwiegend ein bis zwei Jahre) voraus. Damit ist die SPFH die intensivste Form ambulanter Hilfen, da sie am weitesten in den Innenraum Familie hineinreicht und ihr viel abverlangt. Sie erfordert daher eine erhebliche Motivation der Familienmitglieder sowie das Aushandeln akzeptabler Kompromisse zwischen Familien und Familienhelfern.

SPFH ist intensivste Form ambulanter HzE

Die SPFH wird in der Praxis meist vom JA bzw. ASD initiiert und koordiniert und von freien Trägern durchgeführt. Dem Hilfeplan (§ 36) und dem Wunsch- und Wahlrecht der Betroffenen (§ 5) kommt auch hier besondere Bedeutung zu.

Kostenfreiheit

Diese HzE ist für die betroffenen Familien kostenfrei (vgl. §§ 90, 91).

Finanzierung

Die Finanzierung durch die öffentlichen Jugendhilfe-Träger erfolgt entweder einzeln oder pauschal, zum Teil auch nach einem kombinierten System.

Abgrenzungen:
Von der Jugendhilfe nach § 20 unterscheidet sich die SPFH dadurch, dass Erstere rein betreuende und pflegerische Funktion hat, während hier er-

zieherische Hilfen infolge eines Erziehungsdefizits ausgeglichen werden müssen.

Von der HzE nach § 30 unterscheidet sich die SPFH dadurch, dass sie nicht – wie jene – einen einzelnen (meist schon älteren) Minderjährigen betrifft und weit gehend dessen Beratung und die Förderung seines Selbstständigwerdens beinhaltet, sondern auf die Familie als Ganzes abzielt, im Gegensatz zu jener fast ausschließlich innerhalb der Familie stattfindet und neben der Beratung und Unterstützung auch ganz lebenspraktische Hilfen umfasst.

f) Erziehung in einer Tagesgruppe

Konzeption

Hier handelt es sich um eine HzE, die an der Schnittstelle zwischen ambulanten und stationären Hilfen angesiedelt ist und dabei die Grenzen zwischen den einzelnen Hilfeformen dadurch überwindet, dass sie die personellen und fachlichen Ressourcen einer Einrichtung nutzt, ohne dass die Minderjährigen aus ihrer Familie und ihren sonstigen sozialen Bezügen herausgerissen werden. Denn die Tagesgruppe ist entweder in eigenen Einrichtungen (z.B. heilpädagogischen Tagesstätten) oder in einer (meist heilpädagogischen) Pflegestelle angesiedelt oder einer Heimeinrichtung angegliedert (vgl. § 32 S. 2). Dort soll die Entwicklung der Minderjährigen durch soziales Lernen in der Gruppe, Begleitung schulischer Förderung sowie Elternarbeit unterstützt und dadurch der Verbleib der Minderjährigen in ihrer Familie gesichert werden (§ 32 S. 1).

Drei Komponenten

Diese HzE besteht also aus drei Komponenten:

- soziales Lernen in der Gruppe
- Begleitung der schulischen Förderung
- Elternarbeit.

Fehlt eines dieser Elemente, so handelt es sich nicht um HzE iSd § 32 (z.B. bei reiner Hausaufgabenbetreuung).

Obwohl gesetzlich vorgesehen ist, dass diese Hilfe auch in geeigneten Formen der Familienpflege geleistet werden kann (§ 32 S. 2), erscheint es jedoch fraglich, ob hier soziales Lernen in der Gruppe und Elternarbeit stattfinden kann.

Kostenregelung

Die Kostenregelung entspricht der für die HzE nach § 35 (siehe dazu § 91 Abs. 2 Nr. 2 sowie Seite 83).

Abgrenzung zur Tagespflege

Von der Tagespflege nach § 23 unterscheidet sich die HzE nach § 32 durch die Altersstruktur der Kinder sowie dadurch, dass sie – im Gegensatz zu jener – einen Erziehungsbedarf iSd § 27 (s. dazu Seite 78) voraussetzt. Letzteres unterscheidet sie auch von der Betreuung im Hort.

Abgrenzungen

Gegenüber der sozialen Gruppenarbeit nach § 29 ist diese HzE durch größere Kontinuität sowie (in der Regel) intensivere Arbeitsformen (siehe die vorstehend genannten Aufgaben) gekennzeichnet und grenzt sich von der Förderung in Tagespflege und Tageseinrichtungen durch die in § 27 Abs. 1 festgelegten Leistungsvoraussetzungen (siehe dazu auch Seite 78) sowie die unterschiedliche Kostenregelung ab (bei Letzterer werden gemäß § 91 Abs. 2 Nr. 2 Kostenbeiträge erhoben – *Erstere* ist dagegen gemäß §§ 90, 91 *kostenfrei*).

g) Vollzeitpflege

Vorbemerkungen:
Im Zusammenhang mit Pflegeverhältnissen Minderjähriger besteht keine einheitliche Terminologie. Vielmehr sind sehr unterschiedliche Bezeichnungen gebräuchlich.

Terminologie des SGB VIII

Das SGB VIII verwendet die Begriffe „Kindertagespflege" und „Tagespflegeperson" (vgl. §§ 22, 22a, 23, 43), „andere Familie" und „Vollzeitpflege" (vgl. § 33), „Pflegeperson" (vgl. §§ 37, 44) sowie „Pflegestelle" und „Familienpflege" (vgl. §§ 33, 44).

Terminologie der Praxis

In der Jugendhilfe-Praxis werden folgende Begriffe verwendet:

Adoptions-, Bereitschafts-, Familien-, Kurzzeit-, Vollzeit-, Tages-, Teilzeit-, Übergangs-, Verwandten-, Wochen-Pflege sowie Pflegefamilie, Pflegenester, Pflegeperson, Pflegestelle, Sonderpflegestelle, Tagesmütter/-väter.

Pflegeverhältnisse und HzE

Schon im Hinblick auf die verschiedenen Voraussetzungen und Kostenfolgen sind Pflegeverhältnisse im Rahmen einer HzE sowie andere Pflegeverhältnisse voneinander zu trennen. Erstere werden nur aufgrund einer Entscheidung des JA gewährt. Bei Letzteren ist das zwar nicht nötig, obwohl auch diese meistens auf Vermittlung des JA und seltener direkt durch Vereinbarung zwischen den Personensorge-Inhabern und den Pflegepersonen zustande kommen.

Jugendhilferechtlich ergeben sich folgende Zuordnungen:

Ehepaare, Lebenspartner, Einzelpersonen

– Ehepaare, eingetragene Lebenspartner oder Einzelpersonen (einschließlich Verwandter des Kindes wie Tante/Onkel, Großeltern) können eine Pflegeperson/Pflegestelle oder eine Pflegefamilie sein. Sie können alle auch „andere Familie" iSd § 33 sein, so dass bei entsprechender Eignung auch bei ihnen HzE als Vollzeitpflege durchgeführt werden kann und somit von der Jugendhilfe die Erziehungs- und Unterhaltskosten sowie die Krankenhilfe zu übernehmen sind, da diese ja „außerhalb des Elternhauses" anfallen (vgl. §§ 39 Abs. 1, 40 Satz 1).[107]

Tagespflege

– Tages- oder Teilzeitpflege sowie Tagesmütter/-väter sind den §§ 22 ff. zuzuordnen. Bei Familien-, Kurzzeit-, Übergangs-, Vollzeitpflege sowie bei Pflegenestern kann die Zuordnung nicht generell, sondern muss nach dem jeweiligen Einzelfall erfolgen.

Bereitschaftspflege

– Bereitschaftspflege ist ein Hilfeangebot für Minderjährige, die sich in einer akuten Not- bzw. Krisensituation befinden und daher vom JA gemäß § 42 in Obhut genommen werden müssen. Sie stellt eine vorläufige Schutzmaßnahme und keine HzE iSd § 33 dar.

Sonderpflegestellen

– Sonderpflegestellen sind gemäß § 33 S. 2 für besonders in ihrer Entwicklung beeinträchtigte (insbesondere für schwer verhaltensgestörte) Minderjährige vorgesehen, die professioneller Erziehung und/oder therapeutischer Betreuung durch Fachkräfte bedürfen. Sie werden in der Praxis z.T. auch „sozialpädagogische Pflegestelle", „heilpädagogische Pflegestelle", „Erziehungsfamilie" oder „Erziehungsstelle" genannt.

Adoptionspflege

– Die Adoptionspflege (siehe dazu Seite 345 f.) stellt eine eigene Pflegeart dar. Sie ist keine Vollzeitpflege iSd § 33, denn sie soll nicht ein Erziehungs-Defizit ausgleichen (wenn dies auch der Hintergrund dieser Unterbringung ist), sondern sie dient dazu, ein neues Eltern-Kind-Verhältnis „für immer" aufbauen zu helfen.

---

[107] Ebenso *Kunkel*, in LPK-SGB VIII, § 33, Rz. 2.

Das SGB VIII definiert die Vollzeitpflege nicht, sondern setzt den Begriff als bekannt voraus (vgl. § 33). Im Kontext der §§ 22, 23 und 32 einerseits sowie dem Wortlaut des § 33 andererseits ergibt sich jedoch eindeutig folgende Definition:

Definition Vollzeitpflege

Vollzeitpflege ist eine zeitlich befristete oder auf Dauer angelegte Erziehung von Minderjährigen in einer anderen (d.h.: verwandten, bekannten oder fremden) Familie, wobei z.T. von „Dauerpflege" und (bei Heimkehr in die eigene Familie am Wochenende) von „Wochenpflege" gesprochen wird.

Förderungsvoraussetzungen

Die Vollzeitpflege nach § 33 setzt als HzE (leider) stets voraus, dass eine dem Kindeswohl entsprechende Erziehung des Minderjährigen in seiner Herkunftsfamilie nicht gewährleistet und daher eine (zeitweilige oder langfristige) Unterbringung in einer anderen (s.o.) Familie für seine Entwicklung geeignet und notwendig ist (vgl. § 27 Abs. 1). Dies ist bedauerlich, weil das Feststellenmüssen eines Erziehungsbedarfs sicherlich eher geeignet ist, die Betroffenen von der Inanspruchnahme dieser HzE abzuhalten, als zu ihr anzuregen (siehe dazu auch Seite 78). Zugleich hat das für die Minderjährigen einen äußerst prekären Stigmatisierungseffekt, der sich trotz Datenschutzes (siehe dazu §§ 61–64 – jeweils Abs. 1 – sowie Seite 117 ff.) langfristig negativ auf sie auswirken kann. Aber abgesehen davon ist auch der Denkansatz verfehlt. Denn es ist nicht einzusehen, wenn z.B. bei einem alleinerziehenden Elternteil, der am selben Ort berufstätig ist und daher sein Kind nach der Arbeit aus einer Tagespflegestelle abholen kann, ohne die Feststellung eines Erziehungsdefizites Jugendhilfe nach § 23 gewährt werden kann, jedoch bei Eltern, die z.B. Pendler oder zeitweilig auswärtig berufstätig sind, dieser Tatbestand festgehalten werden muss. Noch krasser wird die Diskrepanz der unterschiedlichen Voraussetzungen bei Tages- und Vollzeitpflegestellen, wenn das Kind nur deshalb nicht täglich aus der Pflegestelle in seine Familie zurückkehren kann, weil im näheren, täglich erreichbaren Umkreis kein Tages-Pflegeplatz vermittelt werden konnte.

Problematik

Kritik

Pflegekindperspektiven

Die Unterbringung in Vollzeitpflege soll für Minderjährige, deren Erziehung und Entwicklung in der eigenen Familie nicht gewährleistet ist, eine zeitlich befristete Erziehungshilfe oder eine auf Dauer angelegte Lebensform bieten (§ 33 S. 1). Beide Formen stellt die Vorschrift zwar gleichberechtigt nebeneinander und macht die Auswahl von den Umständen des Einzelfalles abhängig, wobei sowohl das Alter und die konkrete Entwicklung der Minderjährigen als auch ihre Bindungen sowie die Möglichkeiten der Verbesserung der Erziehungsbedingungen in ihrer Herkunftsfamilie (das ist also nicht zwingend die leibliche) maßgebend sind. Dabei hat die Prognose des JA aus der Perspektive der Minderjährigen zu erfolgen und danach erst eine dementsprechende Auswahl der passenden Pflegefamilie.

Zielsetzung des SGB VIII

Rückkehrchancen

Das SGB VIII propagiert bei Pflegekindern grundsätzlich die Rückkehr in die Herkunftsfamilie. Daher ist das JA primär verpflichtet, durch entsprechende Beratung und Unterstützung die Beziehungen der Minderjährigen zu ihrer Familie zu fördern und deren Erziehungsmöglichkeiten so zu verbessern, dass sie wieder zu Hause erzogen werden können, sofern dies innerhalb eines im Hinblick auf die Entwicklung vertretbaren Zeitraums möglich ist (vgl. § 37 Abs. 1 S. 2 u. 3). Ist das jedoch nicht der Fall, so soll mit allen Beteiligten (d.h. mit Herkunfts-, Pflegefamilie und Kind) eine dem Kindeswohl förderliche und auf Dauer angelegte andere Lebensperspektive gemeinsam erarbeitet werden (§ 37 Abs. 1 S. 4). Denn aus tatsächlichen wie rechtlichen Gründen können sich für Minderjährige hieraus gravierende Folgen ergeben. Bei weiterem kontinuierlich gutem Verlauf in der Pflegefamilie erwächst daraus nämlich fast unweigerlich die Konsequenz der mehr oder weniger endgültigen Ablösung von deren Herkunftsfamilie, weil die Rechtsprechung wegen der dann immer stärker werdenden Einbettung in die Pflegefamilie bei länger als zwei Jahre dauernden Pflegeverhältnissen entsprechende Herausnahmeverlangen der leiblichen Eltern nach § 1632 Abs. 4 meist ablehnt.[108]

Beratungspflicht des JA

Damit dem JA die Entscheidung nicht allein überlassen wird, ob auf eine Rückkehr des Kindes in die leibliche Familie hingearbeitet oder dessen Verbleib in der Pflegefamilie (mit den sich hieraus ergebenden o.a. Konsequenzen) gefördert wird, ist die vorherige Beratung der Eltern, ihre Einbeziehung in den Hilfeplan und die weitere Zusammenarbeit mit ihnen (dazu Seite 97) besonders wichtig.

Dilemma der Pflegekinder

Diese Vorschrift zeigt besonders deutlich, dass die Situation von Pflegekindern immer dadurch gekennzeichnet ist, dass sie sich im Spannungsfeld von zwei Familien befinden und die leiblichen Eltern bei auf Dauer angelegten Pflegeverhältnissen es riskieren, ihr Kind nicht wieder zurückzuerhalten. Dies schafft für alle Beteiligten (Kind, Pflege- und leibliche Eltern) große Probleme, die eine sorgsame Beratung aller Seiten vor und während der Inpflegenahme erfordert – eine wahrlich schwer zu lösende verantwortungsvolle Aufgabe der Jugendhilfe. Bei guter Kooperation zwischen Pflege- und leiblicher Familie können diesbezügliche Konflikte und (meist dramatisch verlaufende) Entscheidungssituationen jedoch häufig vermieden werden. Das JA ist daher verpflichtet (vgl. dazu § 3 Abs. 2 S. 2), auf eine Zusammenarbeit der Eltern und Pflegepersonen hinzuwirken und hat Letztere zu beraten und zu unterstützen; das gilt auch für Zusammenschlüsse von Pflegepersonen

Kindeswohl beachten

(vgl. § 37 Abs. 1 u. Abs. 2). Dabei ist jedoch stets das Kindeswohl zu wahren und nicht die (subjektiv betrachtet) evtl. noch so berechtigten Interessen der Eltern oder der Pflegepersonen!

Kostenregelung

Die Kostenregelung entspricht gem. § 91 Abs. 1 der HzE des § 35 (s. dazu S. 85).

Ausübung der Personensorge durch Pflegepersonen

Ausübung elterlicher Sorge durch Pflegeeltern

Kraft Gesetzes (vgl. § 1688 Abs. 1 BGB) können Pflegeeltern, bei denen das Kind für längere Zeit in Familienpflege lebt, für ihr Pflegekind selbstständig entscheiden und die Sorgerechts-Inhaber insoweit vertreten

Befugnisse

- in Angelegenheiten des täglichen Lebens (siehe dazu unten),
- bei der Verwaltung des Arbeitsverdienstes des Kindes,
- bei der Geltendmachung und Verwaltung von Unterhalts-, Versicherungs-, Versorgungs- und sonstigen Sozialleistungen für das Kind,
- bei Gefahr im Verzug (hier besteht das sog. *Notvertretungsrecht*, vgl. dazu § 1629 Abs. 1 S. 4 sowie Seite 286).

[108] *Lakies* unter Hinweis auf eine (von ihm durchgeführte) Untersuchung (ZfJ 1990, 552), siehe dazu auch Seite 280.

Sorgerechtsinhaber können allerdings Pflegeeltern (in jederzeit widerruflicher Weise) darüber hinausgehende Ermächtigungen erteilen.[109]

Beschränkungen durch Eltern oder FamG

Die Ermächtigung zur Ausübung der o.a. Bereiche der elterlichen Sorge gilt jedoch nur, wenn all diese Befugnisse nicht ausdrücklich von den Personensorge-Inhabern oder vom FamG eingeschränkt oder ausgeschlossen wurden (vgl. § 1688 Abs. 3 S. 1 u. 2 BGB).

Wenn dies aber dazu führt, dass dies eine dem Pflegekind förderliche Erziehung nicht mehr ermöglicht, sind die Pflegeltern berechtigt wie verpflichtet, das JA zur Vermittlung anzurufen (vgl. § 38).[110] Bringt dies keine dem Wohl des Pflegekindes gerecht werdende Lösung, muss das JA prüfen, ob es gemäß § 8a Abs. 3 das FamG hiervon informiert.

Sog. „Alltagssorge" durch Pflegepersonen

Zu den Angelegenheiten des täglichen Lebens gehören:
- Organisation des täglichen Lebens inkl. Freizeitgestaltung und Hausaufgaben,
- Kauf von Spielzeug (inkl. Audio-, Video-, PC-Zubehör), Kleidung,
- Teilnahme an freiwilligen Schulveranstaltungen (Ausflüge, Feste, Reisen etc.),
- Planung und Finanzierung von Ausflügen und Urlaubsreisen,
- Teilnahme an sportlichen, musischen, kulturellen Veranstaltungen,
- Arztbesuche (mit Ausnahme von Zahnregulierungen, Operationen).

Darüber Hinausgehendes bleibt Eltern vorbehalten

Nicht dazu gehören Entscheidungen über:
- die generelle Veränderung des Aufenthaltes,
- An-/Abmeldung in Kindergärten und anderen Tageseinrichtungen,
- Ein-, Umschulungen, Schulwechsel,
- Ausbildungs- und Berufswahl,
- Nachhilfeunterricht,
- Unterbringung in Heimen, Internaten, Kranken, Heil, Pflege-Anstalten,
- Fragen der religiösen Erziehung,
- Beitritt in Vereine,
- Kreditaufnahmen.

Die vorgenannten Entscheidungen gehören also *nicht* zur sog. „Alltagssorge", sondern bleiben vielmehr den Eltern (oder sonstigen PS-Inhabern) vorbehalten, sofern sie dieselben nicht ausdrücklich an die Pflegepersonen delegiert haben.

h) Heimerziehung

Die Erziehung in Heimen und ähnlichen Einrichtungen stellt eine weitere klassische Jugendhilfeleistung dar.

Pflegefamilie oder Heim?

Das Verhältnis von Familien- und Heimerziehung ist nach wie vor kontrovers. Man kann – verkürzt dargestellt – Folgendes festhalten:

Heute wird wegen ihrer positiven Bindungswirkungen bei Kleinkindern von einem absoluten Vorrang der Pflegefamilien ausgegangen. Bei älteren Kindern (ab 10–12 Jahren) sowie bei Jugendlichen, bei denen eine Ablösung von der eigenen Familie fast schon eher eine altersmäßige Entwicklung sein kann, wird dagegen die Erziehung in Heimen und ähnli-

---

[109] Ebenso *Schwab*, Rz. 670.

[110] Das ist auch bei Kompetenzstreit von PS-Inhabern u. Pflegeeltern vorgesehen.

chen Einrichtungen mit ihren vielfältigeren Differenzierungsformen, und die daher eher eine Verselbstständigung als pädagogisches Ziel ermöglichen, durchaus als die evtl. bessere Alternative angesehen, zumal es für diese Altersgruppe meist zu wenige (bereite wie geeignete) Pflegefamilien/-stellen gibt.

Probleme von Fremdunterbringungen

Jede Fremdunterbringung ist für Kinder wie Eltern ein gravierender Eingriff, der alle sehr belastet. Er ist mit dem Abbruch vertrauter Verhältnisse und gewachsener Beziehungen sowie mit dem Risiko des Gelingens eines Neuanfanges verbunden. Fremdunterbringung will daher wohl überlegt sein. Das darf andererseits aber auch nicht dazu führen, dass so lange mit einer Herausnahme aus der eigenen Familie gewartet wird, bis jede sinnvolle Hilfe zur Erziehung buchstäblich zu spät kommt und dieses „Versagen" der Erziehung dann wieder der Fremdunterbringung angelastet wird. In diesem Spannungsverhältnis steht jede Fremdplatzierung.

Angebotscharakter

§ 27 Abs. 1 erfüllt?

Da auch Heimunterbringungen Angebotscharakter haben, sind sie von der Einwilligung der Personensorge-Inhaber abhängig. (Anders ist es nur bei nach § 42 erfolgten [siehe dazu die Seiten 102 ff.] oder vom FamG nach §§ 1666, 1666a BGB angeordneten [siehe dazu Seite 309 ff.] Heimunterbringungen.) – Auch hier sind die Bedingungen des § 27 Abs. 1 (siehe dazu Seite 78) zu erfüllen.

Gesetzliche Zielsetzungen

Rückkehr möglich?

Heime

Alternativen

Die Zielsetzungen dieser HzE enthält § 34:

Danach soll sie durch eine Verbindung von Alltagserleben und pädagogischen und therapeutischen Angeboten Minderjährige in ihrer Entwicklung fördern. Dabei soll je nach Alter und Entwicklungsstand der Minderjährigen sowie den Möglichkeiten der Verbesserung der Erziehungsbedingungen in der Herkunftsfamilie primär versucht werden, ihre Rückkehr in ihre Familie zu erreichen. Ist dies nicht möglich oder nicht sinnvoll, so soll die Erziehung in einer anderen Familie vorbereitet werden oder eine auf längere Zeit angelegte Lebensform geboten und auf ein selbstständiges Leben vorbereitet werden. Dabei kommen neben den bewährten Heimen (d.h.: von eingruppigen Klein-Heimen über größere dezentralisierte Einrichtungen mit familienähnlichen Wohngruppen bis hin zu Kinder- und Jugend-Dörfern) je nach Alter, Entwicklung und sonstigen Umständen vor allem auch betreute, selbstständige Jugend-Wohngemeinschaften sowie betreutes Einzelwohnen in Betracht. Die beiden Letzteren haben sich in der Praxis als Übergangshilfe zwischen Heimerziehung und selbstständiger Lebensführung ebenso bewährt wie als eigenständige Hilfeform.

Weitere Zielsetzungen für Jugendliche

Bei Jugendlichen kommt stets als Zielsetzung hinzu, sie in allen Fragen der Ausbildung, Beschäftigung sowie Lebensführung zu beraten und zu unterstützen (z.B. auf Maßnahmen im Rahmen der Jugendsozialarbeit hinzuweisen) und sie auf ein selbstständiges Leben vorzubereiten (§ 34 S. 3). Dabei sind die Eltern der Minderjährigen stets in die Beratungen einzubeziehen und sie über die Konsequenzen im Einzelnen aufzuklären (vgl. § 36 Abs. 1 S. 1).

Hilfeplan, Beratung, Zusammenarbeit

Dabei ist auch hier besonders auf die Bedeutung der Aufstellung eines Hilfeplanes sowie der Beratung und Zusammenarbeit mit den Eltern gemäß §§ 36, 37 hinzuweisen (siehe dazu auch Seite 97).

Über Volljährigkeit hinaus möglich

Nach Erreichen der Volljährigkeit können sich hier u.U. Jugendhilfeleistungen nach § 41 anschließen (s. dazu Seite 101 f.).

Ausübung elterl. Sorge durch Erzieher/ Betreuer

Während der Unterbringung in Heimen oder anderen Einrichtungen oder Wohnformen werden die Eltern (oder sonstigen PS-Inhaber) zwar nicht in ihrer elterlichen Sorge beschränkt. Jedoch gilt für die dort verantwortlichen ErzieherInnen dasselbe Vertretungsrecht, das Pflegepersonen zusteht (vgl. § 1688 Abs. 2 BGB), sofern diese keine Einschränkungen vorgenommen haben (§ 1688 Abs. 3 BGB).[111]

Geschlossene Unterbringung genehmigungspflichtig

Zu betonen ist, dass die Unterbringung in einer Heim- oder ähnlichen Einrichtung keinesfalls die Befugnis zur sog. „geschlossenen Unterbringung“ einschließt. Dafür ist vielmehr gemäß § 1631b BGB stets die vorherige Genehmigung des FamG nötig (siehe dazu Seiten 278 ff.). Zu bedauern ist jedoch auch hier, dass diese Genehmigung die Personensorge-Berechtigten einholen müssen und nicht auch die entsprechende Einrichtung (zu den Konsequenzen siehe Seite 279). Besser wäre es, wenn hier eine diesbezügliche Verpflichtung vorgesehen wäre.

Kostenregelung

Die Kostenregelung entspricht der HzE des § 35 (vgl. § 91 Abs. 1 Nr. 5b sowie Seite 85).

Zusammenfasssung

Pflegeverhältnisse, Heimerziehung, sonstige betreute Wohnformen:

Angesichts divergierender Voraussetzungen und Kosten sind allgemeine Pflegeverhältnisse von der HzE nach § 33 zu trennen.

Heimerziehung und betreute Wohnformen können nur durch das JA gewährt werden. Sie kommen nur bei Vorliegen der Voraussetzungen des § 27 in Betracht (s. dazu Seite 78).

Bei Pflegeverhältnissen ist das nicht zwingend der Fall. Sie können daher mit und ohne Mitwirkung des JA begründet werden.

Für Tages-/Teilzeitpflege, Tagesmütter/-väter kommen die §§ 22 ff. und nicht § 33 zur Anwendung; bei Familien, Kurzzeit, Übergangs, Vollzeitpflege und Pflegenestern hängt dies vom konkreten Einzelfall ab.

In *Sonderpflegestellen* (§ 33 S. 2) wird HzE für besonders in ihrer Entwicklung beeinträchtigte Minderjährige gewährt, die Betreuung durch Fachkräfte benötigen.

Bereitschaftspflege stellt keine HzE iSd § 33, sondern eine vorläufige Schutzmaßnahme gem. § 42 dar.

Adoptionspflege gem. § 1744 BGB ist keine HzE iSd § 33, da sie kein Erziehungsdefizit ausgleichen, sondern ein neues Eltern-Kind-Verhältnis „für immer“ aufbauen soll.

Findet HzE in „Einrichtungen“ statt und ist diese mit Unterbringung über Tag und Nacht verbunden, so spricht man von Heimerziehung oder Erziehung in betreuten Wohnformen. Sie richtet sich nach §§ 27 u. 34.

[111] Siehe im Einzelnen dazu Seite 90 f.

3. Unterhalt, Krankenhilfe

Vorbemerkungen

Voraussetzungen wie bei HzE

Die §§ 39 und 40 regeln Annexleistungen zur HzE. Sie können nur beansprucht werden, wenn Hilfe zur Erziehung nach den §§ 32-35, also Erziehung in einer Tagesgruppe, Vollzeitpflege, Erziehung in einem Heim oder einer sonstigen betreuten Wohnform oder intensive sozialpädagogische Einzelbetreuung erbracht wird. Unterhalt und Krankenhilfe ist ferner zu leisten, wenn „innovative" HzE erbracht wird, die den genannten Hilfen entsprechen. Bedürftigkeit ist nicht Voraussetzung des Unterhalts oder Krankenhilfe. – Finanzielle Hilfen zum Lebensunterhalt ohne jegliche „Jugendhilfebeteiligung" können also (weiterhin) nur vom Sozialhilfeträger übernommen werden. Unterhaltsverpflichtungen (d.h. gemäß §§ 1589, 1601 BGB: von Eltern und Großeltern) bleiben von der Gewährung „wirtschaftlicher Jugendhilfe" unberührt (vgl. § 10 Abs. 1 sowie auch Seite 52 f.), d.h.: sie bleiben weiter bestehen.

Sonst: Sozialhilfe

Leistungen zum Unterhalt Minderjähriger (§ 39)

§ 39 bestimmt zunächst, dass zur Gewährung von HzE gemäß den §§ 32–35 auch gehört, neben den Erziehungskosten den notwendigen Lebensunterhalt des Minderjährigen außerhalb seines Elternhauses sicherzustellen (vgl. § 39 Abs. 1 S. 1: „... auch"). Das bedeutet Folgendes:

Erziehungs- und Unterbringungskosten

Taschengeld

Es ist außer den Erziehungskosten auch der notwendige Unterhalt der Minderjährigen sicherzustellen (vgl. § 39 Abs. 1 u. 2 S. 1). – Bekommt eine minderjährige Mutter in einer Einrichtung oder Pflegefamilie ein Kind, so ist auch dessen Unterhalt sicherzustellen (§ 39 Abs. 7). – Zusätzlich ist den Minderjährigen ein angemessener Barbetrag *(Taschengeld)* zur persönlichen Verfügung zu stellen, dessen Höhe (nach Altersgruppen gestaffelt) von der nach Landesrecht zuständigen Behörde festgesetzt wird (§ 39 Abs. 2 S. 2 u. 3).

Pflegegeld

Für die Hilfe zur Erziehung in Vollzeitpflege sehen die Absätze 3–6 des § 39 Sonderregelungen vor. Sie betreffen das sog. Pflegegeld, für dessen Berechnung somit (erstmalig) bundeseinheitliche Grundsätze (im Detail bestehen jedoch ländermäßige Unterschiede) vorhanden sind. Es setzt sich gemäß § 39 Abs. 3 zusammen aus:

– den laufenden Leistungen sowie einmaligen Beihilfen oder Zuschüssen.

Berechnung der laufenden Leistungen

Pauschale

Landesrecht maßgeblich

Dabei sollen die laufenden Leistungen auf der Grundlage der tatsächlichen Kosten (d.h.: die Kosten des gesamten Lebensbedarfs sowie die der Erziehung), soweit sie einen angemessenen Umfang nicht übersteigen, nicht rechnerisch, sondern durch monatliche Pauschalbeträge gewährt werden; dabei sind die Verhältnisse am Ort der Pflegestelle maßgeblich (§ 39 Absatz 4 S. 5). So kann z.B. auch ein höherer Aufwand z.B. in heilpädagogischen Pflegestellen berücksichtigt werden. Die monatlichen Pauschalbeträge sollen die zuständigen Landesbehörden nach Altersgruppen gestaffelt festsetzen (vgl. § 39 Abs. 5). Der *Deutsche Verein für Öffentliche und Private Fürsorge* (Berlin) gibt hierzu kontinuierlich Empfehlungen heraus, die bei Vollzeitpflege für materielle Aufwendungen seit 1.1.2007 Folgendes vorsehen:[112]

---

[112] NDV 2009, S. 379.

Altersstaffelung vorgeschrieben

- für Kinder unter 7 Jahren 473,– EUR
- für Kinder von 7–14 Jahren 547,– EUR
- für Jugendliche (14–18 Jahre) 628,– EUR

(wobei der Anteil der Unterkunftskosten [d.h.: Miete inkl. Nebenkosten] jeweils 82,40 EUR beträgt).

Hinzu kommt für die Erziehung für alle Altersstufen ein einheitlicher Betrag von 220,– EUR.

Erhält die Pflegeperson für ein Pflegekind Steuerermäßigung oder Kindergeld, so wird das Pflegegeld um 1/4 des gesetzlichen Erstkindergeldes (derzeit: 144,– EUR) gekürzt; wenn es das einzige oder das älteste (leibliche oder Pflege-) Kind in der Pflegefamilie ist, wird es um 1/2 gekürzt (vgl. § 39 Abs. 6).

Beihilfen, Zuschüsse

Zusätzlich zum Pflegegeld können einmalige Beihilfen und Zuschüsse gewährt werden (§ 39 Abs. 3).

Beispiele: Erstausstattung einer Pflegestelle, Urlaubs- u. Ferienreisen, Weihnachten, Geburtstag, Firmung, Konfirmation etc.

Krankenhilfe (§ 40)
Sie kommt (mit Ausnahme der Eingliederungshilfen in Tages- oder anderen teilstationären Einrichtungen) in denselben Fällen wie die Unterhaltsleistungen nach § 39 in Betracht. (Zum Umfang vgl. § 40 Satz 1 i.V.m. §§ 47–52 SGB XII sowie § 40 Sätze 2–4.)

4. Kostenbeteiligung

Zum Teil Kostenfreiheit

Kostenfrei (vgl. § 91 Abs. 1 u. 2) werden gewährt:
Pädagogisch-therapeutische Leistungen (§ 27 Abs. 3), Ausbildungs-/Beschäftigungs-Maßnahmen (§§ 27 Abs. 3/13 Abs. 2), Erziehungsberatung (§ 28), Soziale Gruppenarbeit (§ 29), Erziehungsbeistand/Betreuungshelfer (§ 30), Sozialpädagogische Familienhilfe (§ 31).

Kostenpflicht

Kostenpflichtig (vgl. § 91 Abs. 1 Nr. 5 u. 6, Abs. 2 Nr. 2 u. 3) sind:
Erziehung in einer Tagesgruppe (§ 32), Vollzeitpflege (§ 33), Heimerziehung/sonstige betreute Wohnform (§ 34), Intensive sozialpädagogische Einzelbetreuung (§ 35), Eingliederungshilfe für seelisch Behinderte (§ 35a).

In Fällen der Kostenheranziehung haben zunächst stets die öffentlichen Jugendhilfeträger die gesamten Kosten zu übernehmen. Dann errechnen sie den jeweiligen Kostenbeitrag und erlassen entsprechende Leistungsbescheide (vgl. §§ 91 Abs. 5, 92 Abs. 2). Dabei gilt Folgendes:

Einheitlich für Erziehungs- u. Eingliederungshilfen

Weil die Eingliederungshilfe für seelisch behinderte Minderjährige der Jugendhilfe zugeordnet ist, gilt für diese und die HzE in § 94 eine einheitliche Regelung bzgl. der Kostenheranziehung, die von der abweicht, die für die anderen Jugendhilfeleistungen vorgesehen ist (§ 94 Abs. 1). Daraus folgt:

Pauschalierte Kostenbeiträge

Heranziehen junger Menschen

Zu voll- wie teilstationären Leistungen werden nach Einkommen gestaffelte pauschale Kostenbeiträge erhoben, die sich aus einer (alle zwei Jahre anzupassenden) *Rechtsverordnung des Bundes* ergeben (§§ 91 Abs. 1, 92 Abs. 1, 94 Abs. 5). Junge Menschen iSd § 7 Abs. 1 Nr. 4 müssen aber ihr Einkommen (nach den Abzügen gem. § 93 Abs. 2 u. 3) voll einsetzen (§ 94 Abs. 6 S. 1), also über die Pauschalsätze hinaus.

Rangfolge bei der Heranziehung

Bei der Heranziehung zu den Kosten besteht nach § 94 Abs. 1 S. 3 u. 4 folgende Rangfolge:

- zunächst die Minderjährigen und jungen Menschen selbst,
- danach eventuelle Ehegatten oder Lebenspartner,
- zuletzt die Eltern.

Berücksichtigung von Einkommen und Unterhaltspflichten

Nach § 94 Abs. 3 ist bzgl. der Höhe der Kosten-Heranziehung bei Eltern, Ehegatten oder Lebenspartnern deren jeweiliges Einkommen iSd § 93 maßgebend sowie angemessen zu berücksichtigen, wie viele Personen mindestens im gleichen Rang wie der im Rahmen der Jugendhilfe untergebrachte junge Mensch ihnen gegenüber außerdem noch unterhaltsberechtigt sind (s. dazu § 1584 bzw. § 1609 BGB).

Kindergeldeinsatz

Werden Leistungen über Tag und Nacht erbracht und erhält ein Elternteil Kindergeld, so besteht mindestens in dieser Höhe Kostenbeitragspflicht; wird diese nicht erfüllt, kann das Kindergeld direkt bei der gewährenden Stelle eingezogen werden (vgl. § 94 Abs. 3).

Anrechnung von Betreuungsleistungen der Eltern

Halten sich junge Menschen iSd § 7 Abs. 1 Nr. 4 nicht nur im Rahmen von Umgangskontakten bei Kostenbeitragspflichtigen auf, so wird – zur Vermeidung von Doppelbelastungen – deren tatsächliche Betreuungsleistung über Tag und Nacht auf den Kostenbeitrag angerechnet (§ 94 Abs. 4).

5. Verfahren

Beratungspflicht des JA

Um die in Betracht kommende Hilfe zur Erziehung richtig auswählen und vorbereiten, aber auch eine bessere Akzeptanz bei der betroffenen Familie (insbesondere den Minderjährigen) und damit bessere Effizienz erzielen zu können, ist das JA gemäß § 36 Abs. 1 S. 1 verpflichtet, die Personensorgeinhaber und die Minderjährigen eingehend zu beraten.

Dabei ist mit ihnen zu besprechen,

- ob sie Jugendhilfe in Anspruch nehmen wollen,
- welche HzE aus Sicht des JA in Betracht kommt,
- welche *tatsächlichen* und *rechtlichen* Folgen der zu gewährenden HzE zu bedenken sind

(vor allem die entwicklungs-, bindungs-, schul- u. ausbildungsmäßigen Folgen, aber auch die rechtlichen Konsequenzen einer HzE, d.h. von den Auswirkungen auf das Sorgerecht [Hinweis auf §§ 1688[113], 1632 Abs. 4[114]] bis hin zu evtl. sich ergebenden finanziellen Belastungen gemäß den §§ 91–94 SGB VIII).

Wünsche der Betroffenen

Denn nur so kann erreicht werden, dass sich Eltern und Kind nicht als „Opfer“ einer Maßnahme des JA, sondern als Entscheidungsbeteiligte verstehen, deren Beitrag wesentlich für den angestrebten Erfolg der jeweiligen HzE ist. Dies gilt daher auch bei Änderungen von Umfang oder Art der HzE (§ 36 Abs. 1 S. 1) sowie in besonderem Maße bei Fremdunterbringungen, bei denen die Personensorge-Berechtigten und die Minderjährigen daher auch bei der Auswahl der Pflegestelle oder der Einrichtung beteiligt werden müssen (§ 36 Abs. 1 S. 3), damit sie ihr Wunsch- und Wahlrecht (siehe dazu Seite 41 f.) ausüben können. Dieses bezieht sich jedoch nicht auf die Gewährung und Ausgestaltung der HzE, so dass bei

Klarstellung

[113] Siehe dazu Seite 90 f.
[114] Siehe dazu Seite 280 f.

diesbezüglicher Uneinigkeit evtl. keine HzE geleistet werden kann. Denn trotz Rechtsanspruchs der Personensorgeberechtigten (s.o.) liegt die fachliche wie rechtliche Verantwortung für die Auswahl und Gewährung der richtigen HzE immer beim JA.

Adoption sinnvoll?

Bei einer voraussichtlich langfristigen Fremdunterbringung muss zu alledem vom JA geprüft werden, ob eine Adoption in Betracht kommt (§ 36 Abs. 1 S. 2). Das darf auch in Anbetracht der großen Zahl von (vergeblichen) Adoptionsbewerbern aber keinesfalls missverstanden werden als eine Aufforderung, leibliche Eltern stets dahingehend zu motivieren, es sei denn, die Rückführung des Kindes zu ihnen erscheint tatsächlich von vornherein aussichtslos.

Aufstellung eines Hilfeplanes

Gemeinsame Aufstellung

Angesichts der weit reichenden Auswirkungen der einzelnen HzE auf die Entwicklung der Minderjährigen bedarf es in der Praxis erheblicher Anstrengungen zur Qualifizierung der Entscheidungs- und Hilfeprozesse. § 36 Abs. 2 sieht daher bei einer voraussichtlich auf längere Zeit angelegten HzE die Aufstellung eines Hilfeplanes vor, den mehrere Fachkräfte zusammen mit den Personensorge-Berechtigten und dem Minderjährigen (soweit dies alters- und entwicklungsmäßig angezeigt ist) erstellen und – gegebenenfalls – dabei die Pflege-Eltern oder Mitarbeiter der Einrichtungen bzw. Dienste miteinbeziehen sollen. Der Hilfeplan soll außer den Feststellungen über den individuellen erzieherischen Bedarf die am besten zu gewährende konkrete Hilfe zur Erziehung festlegen und dann später regelmäßig die weitere Geeignetheit und Notwendigkeit der ausgewählten HzE überprüfen. Hier haben sich in der Praxis verschiedene Modelle entwikkelt („Erziehungsplanungen", „Erziehungskonferenzen", „Arbeitskreise") und bewährt, die allerdings noch nicht immer die Betroffenen angemessen einbeziehen. Es gilt, diese Modelle auszubauen bzw. Ähnliches einzuführen, damit überall akzeptable Standards von Fachlichkeit und Rechtsstaatlichkeit erzielt werden.[115]

Praxismodelle ausbauen

Beteiligung eines Arztes

Erscheinen Eingliederungshilfen nach § 35a (siehe dazu Seite 99 f.) erforderlich, so ist § 36 Abs. 3 zu beachten, d.h.: bei der Aufstellung und Änderung des Hilfeplanes sowie bei der Durchführung der Hilfen muss ein Arzt, der über besondere Erfahrungen in der Hilfe für Behinderte verfügt, beteiligt werden.

Bundesagentur für Arbeit

Erscheinen berufliche Eingliederungsmaßnahmen erforderlich, so sollen auch die Stellen der Bundesagentur für Arbeit beteiligt werden.

Qualifizierungsansatz und Perspektivenentwicklung

Verwechslungsgefahr

Insgesamt dient der Hilfeplan außer einer qualifizierteren Entscheidungsfindung vor allem der Erarbeitung langfristiger Perspektiven. Er darf jedoch nicht verwechselt werden mit dem konkreten Erziehungs- und/oder Behandlungskonzept, das im Falle einer Fremdunterbringung die betreffende Einrichtung für die bei ihr durchzuführende HzE selbst aufstellt (deren Konzeption ist aber in die Entscheidung über die Auswahl der Einrichtung einzubeziehen), sondern stellt die Vorbereitung und Begleitung der HzE durch die Jugendhilfe in Zusammenarbeit mit allen Betroffenen dar.

[115] Geplant ist hier seitens des *BMJ*, in einem neu zu schaffenden § 81a SGB VIII *„Arbeitskreise zu fall-übergreifenden Lösungen"* vorzusehen.

Entwicklung der Entscheidung zur Gewährung von HzE

Partizipation der Betroffenen
(§ 36 Abs. 1)

- Beratung der Personensorge-Inhaber und der Minderjährigen
- ihre Beteiligung bei Auswahl von Pflegestelle oder Einrichtung
- Berücksichtigung ihres diesbezgl. Wunsch- und Wahlrechts

Hilfe-Plan
(§ 36 Abs. 2)

- Zusammenwirken mehrerer Fachkräfte bei Entscheidungen über die im Einzelfall angezeigte Hilfeart, wenn voraussichtlich für längere Zeit HzE zu leisten ist
- Erstellung eines Hilfeplans mit Personensorge-Inhabern und Minderjährigen
- Einbeziehung der Hilfe leistenden Personen, Dienste/Einrichtungen bei Erstellung und Überprüfung des Hilfeplans
- Auswahl der geeignet und notwendig erscheinenden konkreten HzE
- kontinuierliche Überprüfung der Effizienz der ausgewählten HzE

Kooperation mit allen Beteiligten bei HzE außerhalb der eigenen Familie
(§ 37)

- Zusammenarbeit von Personensorge-Inhabern und Erziehungs-/Pflege-Personen
- Beratung und Unterstützung der Herkunftsfamilie zur Verbesserung der Erziehungs-Bedingungen (wegen Rückkehr-Option)
- Entscheidung über Fremd-Unterbringung auf Zeit oder Dauer
- Berücksichtigung der Entwicklungsbedingungen der Minderjährigen (inkl. Zeit-Faktor)
- Erarbeitung einer auf Dauer angelegten Lebens-Perspektive (inkl. Prüfung, ob Adoption möglich ist), wenn Rückkehr in Herkunftsfamilie mangels Verbesserung der Erziehungs-Situation nicht in Betracht kommt

6. Ende der Hilfe zur Erziehung

Da die Hilfe zur Erziehung nur Angebotscharakter hat, also auf der Freiwilligkeit der Personensorge-Inhaber basiert, sind Zwangsmaßnahmen jetzt nur noch über §§ 1666, 1666a BGB, 8a, 42 SGB VIII, 12 JGG (s. zu Letzterem Seite 139 f.) möglich. Daher muss jede HzE aufgehoben werden, wenn die Personensorgeberechtigten dies beantragen. In diesen Fällen muss das JA jedoch prüfen, ob es gemäß § 8a Abs. 3 das FamG anrufen muss. – Ansonsten endet die HzE, wenn ihre Zielsetzungen erfüllt sind. – Das FamG kann aber keine HzE anordnen[116].

[116] Siehe dazu mit eingehender Begründung *Häbel* in *Fieseler/Schleicher/Busch*, GK-SGB VIII, § 27 Rz. 82.

VIII. Eingliederungshilfe für seelisch behinderte Kinder und Jugendliche

Ziele der Eingliederungshilfe

Die Eingliederungshilfe für seelisch behinderte Kinder und Jugendliche (§ 35a) soll einerseits die Behinderung verhindern, beseitigen oder mildern. Andererseits soll das behinderte Kind bzw. der behinderte Jugendliche in die Gesellschaft eingegliedert werden, d.h. es sollen die behinderungsspezifischen Nachteile ausgeglichen werden. Zur Eingliederung in die Gesellschaft sollen Maßnahmen durchgeführt werden, die das behinderte Kind bzw. den behinderten Jugendlichen in die Gemeinschaft (Familie, soziales Umfeld, Schule) integriert und die Teilnahme am kulturellen und öffentlichen Leben erleichtert. Weiter soll die Ausübung eines angemessenen Berufs oder einer angemessenen Tätigkeit ermöglicht werden. Schließlich soll Pflegebedürftigkeit beseitigt werden.

Abgrenzung zur Sozialhilfe

Eingliederungshilfe nach § 35a erhalten nur seelisch behinderte Kinder und Jugendliche. Körperlich und geistig behinderte Kinder und Jugendliche erhalten demgegenüber Eingliederungshilfe nach dem SGB XII, soweit die Voraussetzungen der §§ 53 ff. SGB XII erfüllt sind. Dies macht eine präzise Abgrenzung der körperlichen und insbesondere der geistigen Behinderung gegenüber der seelischen Behinderung erforderlich, was in der Praxis aber mit erheblichen Problemen verbunden sein kann. Bei vielen Betroffenen sind Mehrfachbehinderungen anzutreffen oder die anzutreffende Gesundheitsbeeinträchtigung kann unterschiedliche Auswirkungen haben, z.B. kann bei einem autistischen Kind eine geistige Behinderung, es kann aber auch nur eine Entwicklungsverzögerung vorliegen. Liegt eine Mehrfachbehinderung vor, ist maßgeblich, auf welcher Behinderung der Schwerpunkt liegt. Zur Feststellung der Behinderungsart ist ein Gutachten erforderlich. Dieses wird i.d.R. vom medizinischen Dienst des Gesundheitsamtes oder durch eine Psychologische Beratungsstelle erstellt. Das Gutachten muss innerhalb von zwei Wochen erstellt werden (§ 14 Abs. 5 SGB IX).

Abgrenzung zur Hilfe zur Erziehung

Abgrenzungsprobleme bestehen ferner gegenüber der Hilfe zur Erziehung nach den §§ 27 ff. Denn auch bei der Hilfe zur Erziehung liegt eine drohende Persönlichkeitsstörung vor und auch diese beinhaltet therapeutische Angebote. Bei der Abgrenzung ist darauf abzustellen, ob der Schwerpunkt der Hilfe bei den pädagogischen Leistungen oder bei den therapeutischen Angeboten liegt. Nur im ersten Fall sind die Leistungen nach den §§ 27 ff. zu erbringen.

Die Bundesländer können für die Frühförderung besondere Zuständigkeitsregelungen treffen (vgl. § 10 Abs. 2 S. 3). Zur Frühförderung vgl. auch § 30 SGB IX.

Anspruch auf Eingliederungshilfe nach § 35a SGB VIII haben nur Kinder oder Jugendliche. Seelisch behinderte junge Volljährige können Eingliederungshilfe nach § 41 SGB VIII erhalten. Sonstige seelisch behinderte Erwachsene erhalten keine Leistungen nach dem SGB VIII. Bei diesen kommen Leistungen nach den §§ 53 ff. SGB XII in Betracht, soweit die weiteren Voraussetzungen dieser Vorschrift vorliegen.

Seelische Behinderung

Der Behinderungsbegriff in § 35a Abs. 1 S. 1 ist zweigliedrig aufgebaut. Eine Behinderung setzt danach voraus:

1. ein Abweichen der seelischen Gesundheit vom lebensaltertypischen Zustand für wahrscheinlich länger als 6 Monate,

Ob eine solche Beeinträchtigung vorliegt, ist durch ein Gutachten auf der Grundlage der ICD zu klären (§ 35 Abs. 1a).

2. die Beeinträchtigung der Teilhabe am Leben in der Gesellschaft Zwischen diesen beiden Tatbestandsmerkmalen muss eine kausale Beziehung bestehen.

Anspruch

Liegen die oben genannten Voraussetzungen vor, besteht ein Rechtsanspruch auf die Eingliederungshilfe („haben Anspruch").

Anspruchsberechtigte

Anspruchsberechtigter ist – anders als bei der Hilfe zur Erziehung – das Kind oder der Jugendliche. Geltend zu machen ist der Anspruch indessen durch den gesetzlichen Vertreter, i.d.R. also durch die Eltern (vgl. § 1629 BGB).

Leistungsarten

Die Eingliederungshilfe kann nach § 35a Abs. 2 in ambulanter Form (z.B. durch psychosoziale Dienste, in Beratungsstellen sowie in psychologischen oder in ärztlichen Praxen oder in Frühförderstellen), in Tageseinrichtungen für Kinder und andere teilstationären Einrichtungen, bei geeigneten Pflegepersonen und in Einrichtungen über Tag und Nacht und in sonstigen Wohnformen erbracht werden.

Leistungsinhalt

Bezüglich der Leistungen der Eingliederungshilfe für seelisch behinderte Kinder und Jugendliche verweist § 35a Abs. 3 auf die §§ 54, 56 und 57 SGB XII. Die Eingliederungshilfe beinhaltet damit Leistungen der medizinischen Rehabilitation, der Teilhabe am Arbeitsleben und der Teilhabe am Leben in der Gemeinschaft. Zusätzlich werden vor allem Leistungen für eine angemessene Schul- und Berufsausbildung und heilpädagogische Leistungen erbracht. Es kommt die Gewährung der Leistungen als persönliches Budget in Betracht.

Unterhalt/ Krankenhilfe

Weiter besteht ein Anspruch auf Unterhalt und Krankenhilfe nach den §§ 39, 40.[117]

Kombination mit Hilfe zur Erziehung

§ 35a Abs. 4 S. 1 ermöglicht, die Eingliederungshilfe mit der Hilfe zur Erziehung (§§ 27 ff. zu kombinieren.

Beispiel: gleichzeitige Therapie wegen der seelischen Behinderung (Beispiel: Legasthenietherapie) und erzieherische Hilfe wegen eines bestehenden Erziehungsbedarfs.

Voraussetzung der Kombination ist, dass die Voraussetzungen beider Leistungen erfüllt sind.

Zuständigkeit und Verfahren

Sachlich zuständig für die Eingliederungshilfe für seelisch behinderte Kinder/Jugendliche ist der örtliche Träger der Jugendhilfe, da keine abweichende Zuständigkeit bestimmt ist. Örtlich zuständig ist grundsätzlich der örtliche Träger, in dessen Bereich die Eltern ihren gewöhnlichen Aufenthalt haben (§ 86 Abs. 1 SGB VIII). Zur hiervon abweichenden örtlichen Zuständigkeit s. die §§ 86 ff. SGB VIII.

Bei der Eingliederungshilfe für seelisch behinderte Kinder und Jugendliche gelten die §§ 36, 36a SGB VIII.[118]

Kostenbeteiligung

Bei den ambulanten Hilfen erfolgt keine Heranziehung zu den Kosten. Demgegenüber werden bei teilstationären und stationären Hilfen das Kind/der Jugendliche und die Eltern zu den Kosten der Eingliederungshilfe herangezogen werden (vgl. §§ 91 Abs. 1 Nr. 6, Abs. 2 § 92 Abs. 1 Nr. 1 und 5).[119]

---

[117] Insoweit gelten die Ausführungen auf Seite 94 f. entsprechend.

[118] Insoweit gelten die Ausführungen auf Seite 96 f. entsprechend.

[119] Insoweit gelten die Ausführungen auf Seite 95 entsprechend.

IX. Hilfe für junge Volljährige

Mit der Volljährigkeit enden zwar die HzE, nicht jedoch die Jugendhilfe generell (vgl. §§ 11–14, 16 ff. sowie § 41). Gemäß letzterer Vorschrift können Volljährige unter folgenden Voraussetzungen Hilfe erhalten:

Voraussetzungen

- Sie dürfen noch nicht 27 Jahre alt sein (§ 41 Abs. 1 S. 1 iVbm § 7 Abs. 1 Nr. 3).
- Die Hilfe muss aufgrund ihrer individuellen Situation für ihre Persönlichkeitsentwicklung und eigenverantwortliche Lebensführung notwendig sein (§ 41 Abs. 1 S. 1).

Die vorstehenden Bedingungen treten an die Stelle der in § 27 Abs. 1 festgelegten Voraussetzungen für die Gewährung von HzE für Minderjährige.

Mögliche Hilfen

Außer der sozialpädagogischen Familienhilfe (§ 31) und der Erziehung in einer Tagesgruppe (§ 32) können für junge Volljährige alle HzE gewährt werden, einschließlich pädagogischer und therapeutischer Leistungen, Ausbildungs- und Beschäftigungsmaßnahmen, Eingliederungshilfe gemäß § 35a SGB VIII iVbm §§ 54, 55 SGB XII sowie Unterhalt (siehe dazu Seite 94 f.) gemäß § 39 (vgl. § 41 Abs. 2).

Mögliche HzE

Von den HzE kommen für junge Volljährige vor allem in Betracht:
- soziale Gruppenarbeit (§ 29), Erziehungsbeistand/Betreuungshelfer (§ 30), in betreuten Wohnformen oder Heimeinrichtungen wohnen (§ 34) und die intensive sozialpädagogische Einzelbetreuung (§ 35) sowie wirtschaftliche Jugendhilfe (§ 39).

Zeitraum

Die individuell notwendig erscheinende HzE wird in der Regel nur bis zur Vollendung des 21. Lebensjahres gewährt, soll jedoch in begründeten Einzelfällen für einen begrenzten Zeitraum darüber hinaus fortgesetzt werden (§ 41 Abs. 1 S. 2). Davon ist vor allem dann auszugehen, wenn:

- Ausbildungs-/Beschäftigungsmaßnahmen noch nicht beendet sind *oder* anderenfalls ein akutes Abgleiten in das Drogenmilieu oder in die Kriminalität zu befürchten ist.

Nachbetreuung

Bei Vollendung des 27. Lebensjahres müssen alle Jugendhilfeleistungen eingestellt werden (§ 41 Abs. 1 S. 1 iVbm § 7 Abs. 1 Nr. 3). Jedoch kommt dann eventuell noch eine Nachbetreuung zur Hilfe bei seiner Verselbstständigung in Betracht (§ 41 Abs. 3), d.h. Beratung sowie tatsächliche, aber auch finanzielle Unterstützung (z.B. durch weiteres Wohnenlassen in einer betreuten Wohnform zu ermäßigtem Kostenbeitrag).

Vorrang vor § 67 SGB XII

Die Jugendhilfeleistungen für junge Volljährige sind gegenüber dem *JWG* durch das SGB VIII erheblich erweitert worden[120]. Sie gehen Hilfen zur Überwindung besonderer sozialer Schwierigkeiten nach §§ 67 ff. SGB XII vor (§ 10 Abs. 2 S. 1).

Kostentragung

Die jungen Volljährigen werden gemäß § 92 Abs. 1 Nr. 2 iVbm § 91 Abs. 1 Nr. 1, 4 u. 8 zu den Kosten der Hilfen, die in teilstationärer oder stationärer Form stattfinden, herangezogen. Das JA ist aber vorleistungspflichtig (§ 92 Abs. 3) und erhebt dann den nach den §§ 93, 94 sich zu er-

[120] Denn nach den §§ 6 Abs. 3, 75a *JWG* konnten nur vor Volljährigkeit bereits begonnene Ausbildungs- und Berufsvorbereitungsmaßnahmen gefördert werden.

rechnenden Kostenbeitrag durch Leistungsbescheid (§ 93 Abs. 2). – Von einer Kostenheranziehung soll aber gemäß § 92 Abs. 5 im Einzelfall teilweise oder ganz abgesehen werden, wenn sonst Ziel und Zweck der Jugendhilfe gefährdet würden (weil z.B. der Volljährige dann lieber darauf verzichtet und dadurch eine erhebliche Gefährdung für seine Entwicklung zu befürchten ist), sich aus der Heranziehung für ihn eine besondere Härte ergäbe oder der damit verbundene Verwaltungsaufwand unverhältnismäßig wäre. – Bezüglich der Eltern und Ehegatten (bzw. eingetragener Lebenspartner) findet gemäß § 95 Abs. 1 u. 2 die Überleitung evtl. bestehender Unterhaltsansprüche auf den öffentlichen Jugendhilfeträger statt, d.h., er kann diese dann gegen jene geltend machen.

F. „Andere" Aufgaben der Jugendhilfe

Sonderheiten

Im Gegensatz zu den Leistungen der Jugendhilfe (vgl. dazu § 2 Abs. 2) gelten für diese in § 2 Abs. 3 (abschließend) aufgeführten Jugendhilfeaufgaben (vgl. zu Beiden Seite 36 f.) weder das Prinzip der Freiwilligkeit noch dazu Wunsch- und Wahlrecht oder ihre Mitwirkungsrechte, da diese Jugendhilfebereiche hoheitlich ausgestaltet und daher in erster Linie den öffentlichen Trägern vorbehalten sind; diese können die freien Jugendhilfeträger aber an einigen dieser Aufgaben beteiligen oder sie ihnen ganz übertragen (vgl. §§ 3 Abs. 3 S. 2, 76 Abs. 1). Die *Letztverantwortlichkeit* bleibt jedoch stets beim öffentlichen Jugendhilfeträger (§ 76 Abs. 2).

I. Inobhutnahme von Minderjährigen in Notsituationen

Recht und Pflicht zur Inobhutnahme

§ 42 verpflichtet und berechtigt das Jugendamt zur Inobhutnahme von Kindern und Jugendlichen. Eine Inobhutnahme kommt z.B. in Betracht, wenn ein misshandeltes Kind beim Jugendamt vorspricht und um seine Inobhutnahme bittet bzw. ein Kind nachts betrunken im Stadtpark aufgegriffen wird.

Ziel der Inobhutnahme

Ziel der Inobhutnahme ist, die betroffenen Kinder bzw. Jugendlichen vorläufig bei geeigneten Personen oder Einrichtungen unterzubringen.

Begriff der Inobhutnahme

„Inobhutnahme" ist eine zeitlich befristete Intervention zum Schutz der Kinder und Jugendlichen in Krisen- und Notsituationen.[121] Sie beinhaltet die vorläufige Unterbringung bei einer geeigneten Person oder in einer geeigneten Einrichtung und Sorge für das physische und psychische Wohl, die Beratung in seiner gegenwärtigen Lage und das Aufzeigen von Möglichkeiten[122].

1. Voraussetzungen der Inobhutnahme

Kind oder Jugendlicher

Eine Inobhutnahme kommt nur bei einem Kind oder einem Jugendlichen in Betracht. Kind ist, wer das 14. Lebensjahr (§ 7 Abs. 1 Nr. 1), Jugendlicher, wer das 14., aber noch nicht das 18. Lebensjahr vollendet hat (§ 7 Abs. 1 Nr. 2). Junge Volljährige können nicht nach § 42 in Obhut genom-

---

[121] Vgl. *Wiesner* § 42 RdNr. 1.
[122] Vgl. VGH BW 18.3.02 7 S 1818/01.

men werden. Bei diesen kommt nur eine Inobhutnahme nach den Polizeigesetzen bzw. den Unterbringungsgesetzen der Länder in Betracht.

Vorliegen eines Grundes für die Inobhutnahme – Bitte des Kindes/ Jugendlichen

Das Jugendamt ist berechtigt und verpflichtet, ein Kind oder einen Jugendlichen in Obhut zu nehmen, wenn dieses/dieser darum bittet (sog. Selbstmelder; § 42 Abs. 1 S. 1 Nr. 1). Für die Bitte des Kindes oder Jugendlichen ist keine Form vorgeschrieben. Eine Begründung des Kindes ist nicht erforderlich.[123] Ein subjektives Schutzbedürfnis des Kindes/Jugendlichen ist ausreichend,[124] z.B. wenn es sich weigert, wieder nach Hause zurückzukehren, oder wenn die Eltern sich weigern, das Kind/den Jugendlichen wieder aufzunehmen. Die Aufnahme kann nicht von der Angabe des Namens des Kindes/Jugendlichen abhängig gemacht werden, sondern muss im Einzelfall anonym erfolgen.[125] Der Bitte muss der Personensorgeberechtigte nicht zustimmen. Eine Verletzung des Erziehungsrechts der Eltern (Art. 6 Abs. 2 GG) ist in der Inobhutnahme nicht enthalten. Dem Erziehungsrecht wird durch das weitere Verfahren hinreichend Rechnung getragen.[126]

– Dringende Gefahr für das Wohl des Kindes/Jugendlichen

Das Jugendamt ist ferner zur Inobhutnahme eines Kindes oder eines Jugendlichen verpflichtet, wenn eine dringende Gefahr für dessen Wohl besteht (§ 42 Abs. 1 S. 1 Nr. 2). Die Vorschrift kommt insbesondere in Fällen zur Anwendung, in denen das Kind oder der Jugendliche durch einen Dritten (Polizei, Lehrer, Verwandte, Nachbarn) dem Jugendamt zugeführt werden. Dies kann auch gegen den Willen des Kindes oder Jugendlichen erfolgen.

Eine *dringende Gefahr* besteht, wenn „bei ungehindertem Verlauf des objektiv zu erwartenden Geschehens mit hinreichender Wahrscheinlichkeit das Wohl des Kindes oder des Jugendlichen gefährdet wird."[127] Eine Verletzung oder Schädigung muss nicht unmittelbar bevorstehen. Je höher der mögliche Schaden sein kann, umso geringer muss die Wahrscheinlichkeit des Schadenseintritts sein.[128] Ob eine Kindeswohlgefährdung vorliegt, ist im Einzelfall unter Berücksichtigung aller Umstände zu prüfen.[129] Eine dringende Gefahr liegt z.B. vor, wenn das Kind oder der Jugendliche sich an einem sein Wohl gefährdenden Ort aufhält (Prostitutions- oder Drogenmilieu), aber auch, wenn ein Kind unterversorgt ist (z.B. nach einem Verkehrsunfall der Eltern).

Die Inobhutnahme nach § 42 Abs. 1 S. 1 Nr. 2 setzt voraus, dass die *Personensorgeberechtigten nicht widersprechen* oder eine familiengerichtliche Entscheidung nicht rechtzeitig eingeholt werden kann. Anders als bei Nr. 1 ist die Information der Personensorgeberechtigten Tatbestandsvoraussetzung. Damit wird der unterschiedlichen Interessenlage Rechnung getragen. Wird das Kind oder der Jugendliche von der Polizei aufgegriffen, setzen diese sich bereits mit den Eltern in Verbindung. Dem Jugendamt wird das

---

[123] Vgl. *Wiesner* § 42 RdNr. 7.

[124] Vgl. OLG Zweibrücken FamRZ 1996, 1026 (1027); Strick in MünchKomm. § 42 RdNr. 9.

[125] Vgl. *Wiesner* § 42 RdNr. 7; FK-SGB VIII § 42 Rn. 35.

[126] Vgl. *Wiesner* SGB VIII § 42 RdNr. 7.

[127] Vgl. *Wiesner* SGB VIII § 42 RdNr. 11.

[128] Vgl. BVerwGE 47, 31 (40).

[129] Vgl. *Czerner* ZfJ 2000, 379.

Kind/der Jugendliche nur zugeführt, wenn der Erziehungsberechtigte die Gefährdung nicht abwendet.

Widersprechen die Personensorgeberechtigten, darf das Jugendamt das Kind/den Jugendlichen nur in Obhut nehmen, wenn und solange eine Entscheidung des Familiengerichts nicht rechtzeitig eingeholt werden kann. Gemeint ist damit, dass trotz unverzüglicher Anrufung des Familiengerichts bis zu dessen Entscheidung bereits Maßnahmen der Abwendung einer Gefährdung getroffen werden müssen.

Das Jugendamt hat das Familiengericht auch dann anzurufen, wenn die Personensorgeberechtigten sich unterschiedlich äußern.[130]

– Unbegleitet einreisende Minderjährige

Das Jugendamt hat unbegleitet nach Deutschland einreisende Kinder oder Jugendliche, deren Erziehungs- oder Personensorgeberechtigten sich nicht in Deutschland aufhalten, in Obhut zu nehmen (sog. unbegleitet einreisende Minderjährige, § 42 Abs. 1 S. 1 Nr. 3). Nicht anzuwenden ist die Vorschrift bei Ferienaufenthalten des Kindes oder des Jugendlichen.

Bei Kindern und bei Jugendlichen, die das 16. Lebensjahr noch nicht vollendet haben, ist der Privilegierungstatbestand des § 14 Abs. 2 S. 1 Nr. 2 AsylVfG erfüllt, so dass sie nicht der Wohnpflicht in einer Aufnahmeeinrichtung nach § 47 Abs. 1 AsylVfG unterliegen. Bei 16 und 17jährigen Jugendlichen steht die Inobhutnahme dagegen in Widerspruch mit dieser Wohnpflicht. In der Praxis scheitert die Inobhutnahme oftmals daran, dass das Jugendamt nicht über die Aufnahme in ein Ausländerwohnheim informiert werden muss. In der Lit. wird zur Lösung der Pflichtenkollision Folgendes vorgeschlagen: Die Ausländerbehörde informiert das Jugendamt über die Aufnahme des Jugendlichen. Das Jugendamt prüft den erzieherischen Bedarf. Besteht dieser, wird der Jugendliche aus der Aufnahmeeinrichtung entlassen. Besteht er dagegen nicht, verbleibt der Jugendliche in der Aufnahmeeinrichtung.[131] Eine Kollision kann ferner mit der Wohnpflicht nach § 15a AufenthG entstehen.

Das Jugendamt hat eine Erstversorgung des eingereisten Minderjährigen sicherzustellen. Möglichst schnell nach der Einreise ist ein Vormund oder ein Pfleger zu bestellen (§ 42 Abs. 3 S. 4 SGB VIII).

Unmittelbare Rückführung des Kindes/Jugendlichen nicht möglich

Ist eine unmittelbare Rückführung des Kindes oder des Jugendlichen möglich, kommt eine Inobhutnahme nach § 42 nicht in Betracht. Ein Kind/Jugendlicher ist insbesondere dann in Obhut zu nehmen, wenn das Kind/der Jugendliche die Adresse bzw. die Telefonnr. der Eltern nicht angeben will oder kann (z.B. wegen Drogenkonsums) oder wenn die Eltern nicht erreichbar sind.

2. Inhalt der Inobhutnahme

Zweck der Inobhutnahme

Die Inobhutnahme bezweckt, Kindern und Jugendlichen in akuten Krisen- bzw. Gefahrensituationen sozialpädagogische Schutzmaßnahmen bereitzustellen.

Unterbringung des Kindes/Jugendlichen

Unterbringung des Kindes oder des Jugendlichen bei einer geeigneten Person oder in einer geeigneten Einrichtung.

Aus der Befugnis zur Unterbringung in § 42 Abs. 1 S. 2 folgt das Recht zur Bestimmung des Aufenthalts des Minderjährigen. Eine Befugnis zu

[130] Vgl. *Wiesner* § 42 RdNr. 15.
[131] Vgl. *Wiesner* § 42 RdNr. 18.

freiheitsentziehenden Maßnahmen enthält die Vorschrift nicht. Diese wird in § 42 Abs. 5 geregelt.

Die in Obhut genommenen Kinder und Jugendlichen werden bei einer geeigneten Person, in einer geeigneten Einrichtung oder einer sonstigen betreuten Wohnform untergebracht. Die Einrichtung bzw. die Betreuungsperson müssen über die erforderliche fachliche Kompetenz und Ausstattung verfügen. Einrichtungen i.d.S. sind z.B. Kinder- und Jugendnotdienst, Jugendschutzstellen, Jugendschutzzentren und Mädchen(Frauen)häuser sowie im Einzelfall geeignete Einrichtungen der Kinder- und Jugendpsychiatrie. Geeignete Einrichtungen sind auch die Stellen der sog. familiären Bereitschaftsbetreuung sowie für unbegleitet eingereiste ausländische Kinder/Jugendliche eingerichtete Clearinghäuser. Geeignete Personen und Einrichtungen sind nur solche, die eine ausreichende Betreuung des Kindes/Jugendlichen gewährleisten. Die Unterbringung in Polizeigewahrsam oder in einem Hotel oder einer Pension ohne pädagogische Betreuung ist nicht ausreichend.[132]

Gewährleistungspflicht des JA

Auf Grund der Gewährleistungspflicht nach § 79 hat das Jugendamt für ein bedarfgerechtes Angebot Sorge zu tragen. Dabei muss das Jugendamt insbesondere sicherstellen, dass den zielgruppenspezifischen, insbesondere den geschlechtsspezifischen Anforderungen Rechnung getragen wird.[133] Die Angebote müssen leicht und rund um die Uhr erreichbar sein.[134] Eine ausdrückliche Verpflichtung zur Schaffung solcher Einrichtungen fehlt dem SGB VIII. Sie findet sich aber vereinzelt in den Ländern, z.B. in § 27 Abs. 2 JuFöG Schleswig-Holstein.

Übertragung an die freien Träger

Die Aufgaben im Zusammenhang mit der Inobhutnahme sind grundsätzlich vom Jugendamt wahrzunehmen. Das Jugendamt kann allerdings anerkannte Träger der freien Jugendhilfe (§ 75) an der Durchführung der Inobhutnahme beteiligen. Es bleibt aber auch dann für die Erfüllung der Aufgabe verantwortlich (§ 76 Abs. 2). Durch die Übertragung der Aufgabe an einen anerkannten Träger der freien Jugendhilfe wird ein öffentlichrechtliches Auftragsverhältnis begründet, das zu Aufwendungsersatzansprüchen der freien Träger nach § 670 BGB analog führt.

Wegnahme des Kindes

§ 42 Abs. 1 S. 2 Hs. 2 berechtigt das Jugendamt zur Wegnahme des Kindes oder des Jugendlichen von anderen Personen. Seit Inkrafttreten von § 42 n.F. ist der Begriff der „anderen Personen" in einem weiten Sinne zu verstehen. Die Wegnahme ist damit auch beim Personensorgeberechtigten zulässig.

Voraussetzungen

Die Wegnahme setzt eine dringende Gefahr für das Wohl des Kindes oder des Jugendlichen voraus. Nicht erforderlich ist, dass die Gefahr von der anderen Person ausgeht. Ausreichend ist, dass die andere Person nicht bereit ist, die Gefahr abzuwenden. Hohe Anforderungen sind an die Inobhutnahme eines Neugeborenen zu stellen. Ein Säugling darf unmittelbar nach seiner Geburt gegen den Willen der Mutter nur aus deren Obhut genommen werden, wenn außergewöhnlich zwingende Gründe vorliegen.[135]

---

132 Vgl. *Wiesner* SGB VIII § 42 RdNr. 23; VGH Ba-Wü. ZfJ 2004, 153; Dieter Menzel/Wilfried Ziegler: Jugendhilferecht. 1997. RdNr. 183.

133 Vgl. *Wiesner* SGB VIII § 42 RdNr. 27.

134 Vgl. *Wiesner* SGB VIII § 42 RdNr. 28.

135 Vgl. EuGHMR FamRZ 2005, 585.

Kein unmittelbarer Zwang

§ 42 Abs. 1 S. 2 Hs. 2 berechtigt das Jugendamt nicht zur Anwendung unmittelbaren Zwangs. Das Jugendamt darf weder die Wohnung aufbrechen noch darf es die Gegenwehr der Personensorgeberechtigten oder sonstiger Personen mit Gewalt überwinden.

Hinzuziehung der Polizei

Ist der Einsatz von Gewalt erforderlich, muss das Jugendamt Beamte des Polizeivollzugsdienstes hinzuziehen. Mitarbeiter und Mitarbeiterinnen des Jugendamtes selbst dürfen nur bei einer gegenwärtigen, nicht anders abwendbaren Gefahr für Leib oder Leben des Kindes oder anderer Personen Gewalt einsetzen, wenn eine Abwägung der widerstreitenden Interessen ergibt, dass durch die Gewaltanwendung das hierdurch geschützte Interesse wesentlich überwiegt (§ 34 StGB). In diesem Fall sind sie gerechtfertigt und müssen keine strafrechtliche Ahndung befürchten. Dasselbe gilt, wenn sie selbst angegriffen werden.

Erziehung, Beaufsichtigung und Betreuung

Bei den Hilfen und Unterstützungsmöglichkeiten hat das Jugendamt nicht nur geeignete Angebote nach dem SGB VIII zu prüfen, sondern auch zu klären, ob eine Überweisung oder Vermittlung an andere Stellen in Betracht kommt, z.B. an Drogenberatungsstellen, Kinder- und Jugendpsychiatrie, Jugendsozialarbeit oder Schuldnerberatung.

Ausübung der Erziehungsrechte

Während der Inobhutnahme übt das Jugendamt Erziehungsrechte aus. Die Inobhutnahme führt indessen nicht zum Verlust des Sorgerechts der Personensorgeberechtigten.[136] Dies zeigt sich allein schon daran, dass das Jugendamt den mutmaßlichen Willen des Personensorge- bzw. Erziehungsberechtigten zu berücksichtigen hat (§ 42 Abs. 2 S. 4 Hs. 2). Umstritten ist, in welchem Verhältnis die Befugnisse des Jugendamts zur elterlichen Sorge stehen.[137]

Vornahme von Rechtshandlungen

Das Jugendamt ist berechtigt, alle zum Wohl des Kindes oder Jugendlichen notwendigen Rechtshandlungen vorzunehmen. Mit der Inobhutnahme erhält das Jugendamt kraft öffentlichen Rechts eine Rechtsposition, die das elterliche Sorgerecht für die Dauer der Inobhutnahme überlagert.[138] U.a. hat das Jugendamt die Befugnis zur Vertretung des Kindes/Jugendlichen. So darf es z.B. einen ärztlichen Behandlungsvertrag abschließen. Bei der Ausübung des Sorgerechts hat das Jugendamt den mutmaßlichen Willen des Personensorgeberechtigten zu berücksichtigen (§ 42 Abs. 2 S. 4 Hs. 2). Insoweit steht dem Jugendamt kein Entscheidungsspielraum zu. In der Praxis ist die Feststellung des mutmaßlichen Willens nicht immer einfach.

Sorgfältige Auswahl der Stelle

Aus der Rechtsstellung des Jugendamts ergibt sich insbesondere dessen Verpflichtung bei der Aufnahme des Kindes/Jugendlichen in Bereitschaftspflege die Pflegeperson sorgfältig auszuwählen und zu kontrollieren. Eigene unmittelbare Aufsichtspflichten hat es dagegen nicht.[139] Verletzt das Jugendamt seine Pflichten, kommen Schadensersatzansprüche aus Amtspflichtverletzung (§ 839 BGB i.V.m. Art. 34 GG) in Betracht.

Unterhalt und Krankenhilfe

Während der Inobhutnahme hat das Jugendamt Unterhalt zu gewähren (§ 42 Abs. 2 S. 3). Dies geschieht durch die Zahlung entweder von Leistungsentgelten oder von mit den Bereitschaftsstellen vereinbarten Pau-

---

136 H.M., vgl. Strick in MünchKomm. § 42 SGB VIII RdNr. 4.

137 Vgl. *Röchling* in: LPK-SGB VIII § 42 RdNr. 17 ff.

138 Vgl. *Wiesner* RdNr. 31; *Röchling* in: LPK-SGB VIII § 42 RdNr. 19 ff.; *Ollmann* FamRZ 2000, 261 (262); FK-SGB VIII § 42 RdNr. 44).

139 Vgl. OLG Stuttgart JAamt 2005, 474.

schalbeträgen. Ferner hat es, soweit dies nicht anderweitig – z.B. durch eine gesetzliche Krankenkasse – sichergestellt ist (vgl. § 10 Abs. 1 S. 2), Krankenhilfe zu leisten.

Freiheitsentziehende Maßnahmen

Unter den Voraussetzungen des § 42 Abs. 5 ist das Jugendamt zu freiheitsentziehenden Maßnahme berechtigt. Die Regelung gilt sowohl für Selbstmelder als auch bei dringender Gefahr als auch bei unbegleitet eingereisten Minderjährigen.

Freiheitsentziehende Maßnahmen

Freiheitsentziehende Maßnahmen liegen dann vor, wenn das Kind auf einem beschränkten Raum festgehalten, ständig überwacht und die Aufnahme von Kontakten mit Personen außerhalb des Raums verhindert wird. Bloße Freiheitsbeschränkungen sind dagegen z.B. die Sicherung von Kleinkindern, begrenzte Ausgehzeiten oder der Abschluss eines Hauses oder eines Gebäudetraktes während der Nachtstunden.[140]

Gründe

Für die Freiheitsentziehung ist eine bloße dringende Gefahr für das Wohl des Kindes oder des Jugendlichen nicht ausreichend. Gründe einer freiheitsentziehenden Maßnahme können sein:

- Lebensgefahr
  Lebensgefahr besteht sowohl bei einer Gefahr einer Tötung eines anderen Menschen als auch einer Selbsttötung.
- Leibesgefahr
  Leibesgefahr ist nicht jede drohende einfache Körperverletzung, sondern nur schwere Körperverletzungen einschließlich drohender schwerer Erkrankungen.

Geeignetheit und Erforderlichkeit

Die Freiheitsentziehung muss geeignet und erforderlich sein, die bezeichneten Gefahren abzuwenden. Hierbei ist insbesondere zu prüfen, ob die Gefahr mit milderen Mitteln abgewendet werden kann.

Die Freiheitsentziehung darf nur für den Tag der Freiheitsentziehung und den darauf folgenden Tag ohne gerichtliche Entscheidung erfolgen (§ 42 Abs. 5 S. 2). Soll die Maßnahme darüber hinaus aufrechterhalten werden, ist eine Entscheidung des Gerichts erforderlich.

Das Jugendamt ist verpflichtet, das Familiengericht zumindest in den Fällen, in denen absehbar ist, dass die Gefahr für Leben oder Leib nicht bis zum Ablauf des zweiten Tages behoben sein wird, unverzüglich anzurufen, damit dessen Entscheidung rechtzeitig vorliegt.

Str. ist, wie zu verfahren ist, wenn die Gefahr nach Ablauf des zweiten Tages vorliegt, aber eine Anrufung des Gerichts unterblieben ist oder dessen Entscheidung noch nicht vorliegt. Teilweise wird im Schrifttum die Auffassung vertreten, dass in diesem Fall die Freiheitsentziehung aufrechterhalten werden kann, weil die Gefährdung von Leib und Leben das Freiheitsinteresse des Kindes oder Jugendlichen überwiegt und damit der Rechtfertigungsgrund des § 34 StGB erfüllt ist.

Für die freiheitsentziehende Maßnahme bedarf es eines gesonderten Verwaltungsakts.

---

[140] Vgl. *Wiesner* SGB VIII § 42 RdNr. 56.

3. Verfahren der Inobhutnahme

Zuständigkeit

Für die Inobhutnahme eines Kindes oder Jugendlichen ist der örtliche Träger der öffentlichen Jugendhilfe sachlich zuständig (§ 85 Abs. 1). Die örtliche Zuständigkeit richtet sich nach dem tatsächlichen Aufenthaltsort des Kindes/Jugendlichen (§ 87).

Das Jugendamt, das die Inobhutnahme vorgenommen hat, hat einen Anspruch auf Erstattung der Kosten gegen das Jugendamt, in dem das Kind/der Jugendliche seinen gewöhnlichen Aufenthalt hat.

Verwaltungsakt

Die Entscheidung über die Inobhutnahme eines Kindes/eines Jugendlichen ist ein Verwaltungsakt. Der Verwaltungsakt kann schriftlich, mündlich oder konkludent mit der Unterbringung des Kindes oder des Jugendlichen erlassen werden (vgl. § 33 SGB X). Adressat des Verwaltungsakts ist das Kind/der Jugendliche unabhängig von seinem Alter. In dem Verwaltungsakt wird die vorläufige Ausübung der elterlichen Sorge, der Aufenthalt des Kindes oder des Jugendlichen sowie die zu gewährende pädagogischen Hilfen bestimmt. Das Jugendamt ist berechtigt, sofortige Vollziehbarkeit des Verwaltungsakts anzuordnen.

§ 36 SGB I ist nicht anzuwenden, da es sich bei einer Inobhutnahme nicht um eine Sozialleistung, sondern um eine andere Aufgabe handelt. Eine andere Interpretation würde zu einer nicht vertretbaren Kürzung des Rechtsschutzes von Kindern und Jugendlichen unter 15 Jahren führen.

Kontakt zu Vertrauensperson

Wer Vertrauensperson i.S.v. § 42 ist, bestimmt das Kind/der Jugendliche. Eine Verpflichtung zur Benennung einer solchen Person besteht nicht. Vertrauenspersonen müssen nicht zwingend die Eltern, sondern können auch andere Personen (Geschwister, Freunde, Priester) sein. Vor allem bei Konflikten mit den Eltern wird sich das Kind oder der Jugendliche häufig an andere Personen wenden.

Das Jugendamt muss den Kontakt auch dann ermöglichen, wenn es die genannte Person nicht für vertrauenswürdig hält. Nur wenn Tatsachen vorliegen, aus denen sich eine Gefahr für das Wohl des Kindes oder des Jugendlichen (§ 1666 BGB) ergibt, muss es den Kontakt unterbinden. In diesem Fall muss es die Benachrichtigung einer anderen Vertrauensperson ermöglichen.[141]

Benachrichtigung der Eltern

Das Jugendamt hat die Eltern unverzüglich über die Inobhutnahme nach § 42 Abs. 1 S. 1 Nr. 1 (Selbstmelder) oder Nr. 2 (dringende Gefahr) zu benachrichtigen.[142] Die Information beschränkt sich nicht auf die bloße Mitteilung der Inobhutnahme, sondern umfasst aufgrund des Schutzzwecks der Norm auch die Pflicht des Jugendamtes, zwischen Eltern und Kind bzw. Jugendlichen zu vermitteln.[143]

Unverzüglich

Unverzüglich ist die Information der Eltern, wenn sie ohne schuldhaftes Zögern des Jugendamts erfolgt. Nicht schuldhaft ist das Zögern, wenn das Jugendamt zunächst abklärt, ob eine Rückführung des Kindes/des Jugendlichen in die Familie oder eine Anrufung des Familiengerichts bei Widerspruch sinnvoll ist. Insoweit wird von einer unverzüglichen Information im Schrifttum auch dann ausgegangen, wenn sie im Einzelfall erst nach ein bis

[141] Str.; vgl. *Wiesner* SGB VIII § 42 RdNr. 29.
[142] Zu den Problemen der Information der Eltern nach Abs. 1 S. 1 Nr. 2 s. *Wiesner* § 42 RdNr. 35.
[143] Vgl. *Wiesner* SGB VIII § 42 Rn. 36.

zwei Tagen erfolgt.[144] Ob dies ausreichend ist, hängt nicht nur von den Möglichkeiten der Erreichbarkeit (Tages- bzw. Nachtzeit, Entfernung, Telefonanschluss, etc.), sondern auch vom Alter ab. So ist bei Kindern unbedingt noch am selben Tag ein telefonischer Kontakt oder eventuell auch ein Fax, E-Mail oder Telegramm erforderlich, während bei älteren Minderjährigen eine Benachrichtigung auch noch am nächsten Tag eventuell auch postalisch) geschehen kann. Hier kommt es vor allem auf die voraussichtlichen „Ängste und Sorgen" der Personensorge-Berechtigten an, sowie darauf, ob bisher überhaupt Kontakte bestanden, ob sie Kenntnis vom „Entweichen“ „Herumtreiben“ etc. haben oder nicht

Keine Zensur zulässig

Der Umfang der Benachrichtigung ist (in beiden Fällen) nicht geregelt und steht somit im pflichtgemäßen Ermessen des JA. So kann es schädlich sein, den Eltern brieflich oder auch telefonisch bereits den gesamten Hintergrund für die Inobhutnahme mitzuteilen; vielmehr ist dies besser der persönlichen gemeinsamen Beratung vorzubehalten. Auf keinen Fall erscheint jedoch eine Telefon- oder Briefzensur der Minderjährigen zulässig, auch nicht aus Sicherheitsgründen. Dann ist schon eher der beabsichtigte oder tatsächliche Unterbringungsort vor den Minderjährigen zu verbergen.

Abschätzung des Gefährungsrisikos

Mit dem Personensorge- oder Erziehungsberechtigten muss das Gefährdungsrisiko abgeschätzt werden (§ 42 Abs. 3 S. 1). Ggfs. erfolgt diese Risikoabschätzung bereits in dem Verfahren nach § 8a Abs. 1 S. 2.

Hilfeplanverfahren

Widersprechen die Personensorgeberechtigten der Inobhutnahme nicht, ist ein Hilfeplanverfahren nach § 36 SGB VIII einzuleiten. Die Inobhutnahme endet erst mit der Entscheidung über die Gewährung einer Anschlusshilfe (§ 42 Abs. 4 Nr. 2). Mit dieser Regelung stellt der Gesetzgeber sicher, dass eine Lücke in der sozialpädagogischen Unterstützung geschlossen wird.[145]

Übergabe des Kindes

Widersprechen die Personensorge- oder Erziehungsberechtigten der Inobhutnahme, hat das Jugendamt das Kind/den Jugendlichen den Personensorge- oder Erziehungsberechtigten zu übergeben, sofern nach seiner Einschätzung eine Gefährdung des Kindeswohls nicht besteht oder die Personensorge- oder Erziehungsberechtigten bereit und in der Lage sind, die Gefährdung abzuwenden (§ 42 Abs. 3 S. 2 Nr. 1).

Übergabe bedeutet, dass dem Personensorge- oder Erziehungsberechtigten Gelegenheit zu geben ist, das Kind/den Jugendlichen an einem genau bezeichneten Ort abzuholen. Das Jugendamt hat dafür Sorge zu tragen, dass sich das Kind zur Übergabe bereithält. Es ist aber nicht berechtigt, das Kind zwangsweise festzuhalten.[146] Eine Verpflichtung, das Kind/den Jugendlichen zu den Eltern zu begleiten, besteht nicht. Im Einzelfall ist das Jugendamt aber berechtigt, dies zu tun, insbesondere wenn die Personensorge- oder Erziehungsberechtigten nicht in der Lage sind, das Kind abzuholen.

---

[144] Vgl. FK-SGB VIII § 42 RdNr. 33, Strick in MünchKomm. § 42 RdNr. 9.; Wiesner in Wiesner SGB VIII RdNr. 37; enger wohl *Röchling* in: LPK-SGB VIII § 42 RdNr. 38.

[145] S. die Regierungsbegründung in BT-Drucks 15/2676 S. 37. Zu den verfassungsrechtlichen Bedenken s. FK-SGB VIII RdNr. 8. Zu den Zuständigkeitsproblemen s. *Wiesner* § 42 RdNr. 42.

[146] Vgl. *Wiesner* § 42 RdNr. 44.

Anrufung des Familiengerichts

Liegen die Voraussetzungen für die Übergabe des Kindes nicht vor, ist das Jugendamt verpflichtet, das Familiengericht anzurufen. Ermessen steht dem Jugendamt insoweit nicht zu.[147] Es muss die Entscheidung des Familiengerichts herbeiführen, wenn der Personensorgeberechtigte nicht bereit oder in der Lage ist, die Gefährdung abzuwenden. Das Familiengericht hat nicht darüber zu entscheiden, ob die Inobhutnahme rechtmäßig war. Es hat vielmehr die notwendigen sorgerechtlichen Entscheidungen zu treffen. Inhalt der Entscheidungen des Familiengerichts können insbesondere Maßnahmen nach § 1666 BGB sein, z.B. die Verpflichtung der Eltern zur Inanspruchnahme bestimmter Hilfen, der Entzug des elterlichen Sorgerechts und die Übertragung auf einen Pfleger.[148]

Die Anrufung des Familiengerichts muss unverzüglich erfolgen. Verzögert sich danach die Entscheidung des Familiengerichts, kann dies dem Jugendamt nicht vorgeworfen werden.

Kann der Personensorgeberechtigte oder der Erziehungsberechtigte nicht erreicht werden, ist ebenfalls das Familiengericht einzuschalten (§ 42 Abs. 3 S. 3).

Bestellung eines Vormunds/Pflegers

Bei der Inobhutnahme eines ausländischen Kindes oder Jugendlichen, das unbegleitet einreist und in der Bundesrepublik Deutschland keinen Personensorge- oder Erziehungsberechtigten hat, ist unverzüglich ein Pfleger oder ein Vormund zu bestellen. Die Bestellung erfolgt durch das Familiengericht. Das Gericht ist innerhalb weniger Tage einzuschalten. Bei verspäteter Einschaltung erlischt der Kostenerstattungsanspruch gegen den überörtlichen Träger nach § 89d.[149]

Rechtsmittel

Die Inobhutnahme Minderjähriger durch das JA ist ein Verwaltungsakt, der nur im verwaltungsgerichtlichen Verfahren angefochten werden kann, d.h., zunächst käme hier ein Widerspruch gemäß §§ 68 ff. VwGO beim JA und dann Anfechtungsklage beim Verwaltungsgericht (§ 42 VwGO) in Betracht. Denn der Gesetzgeber ist Anregungen, die Kontrolle dem VG oder FamG zu übertragen, bisher nicht gefolgt.

4. Ende der Inobhutnahme

Die Dauer der Inobhutnahme ist vor allem für die Kostenerstattung von Bedeutung.[150]

Übergabe des Kindes/Jugendlichen

Die Inobhutnahme endet mit der Übergabe des Kindes oder des Jugendlichen an den Personensorge- oder Erziehungsberechtigten und mit der Entscheidung über die Gewährung von Hilfen (§ 42 Abs. 4). Eine Entscheidung über die Gewährung von Hilfen meint nicht nur die Hilfen nach dem SGB VIII, sondern alle Leistungen nach dem SGB.[151]

Eine Übergabe an den Personensorge- oder den Erziehungsberechtigten liegt auch dann vor, wenn das Kind bzw. der Jugendliche nicht in den elterlichen Haushalt zurückkehrt, sondern z.B. in einem Internat, einer Aufnahmeeinrichtung oder einer Sammelunterkunft untergebracht wird.[152]

---

[147] Vgl. *Czerner* ZfJ 2000, 371 (377).

[148] Vgl. *Wiesner* § 42 RdNr. 47.

[149] Vgl. BVerwG ZfJ 2000,31; krit. zur Praxis, bei Jugendlichen auf eine Bestellung eines Vormund oder Pflegers zu verzichten *Wiesner* § 42 RdNr. 50).

[150] Vgl. BVerwG ZfJ 2000, 31, BVerwG ZfJ 2005, 23.

[151] Vgl. *Wiesner* SGB VIII § 42 RdNr. 53.

[152] Vgl. *Wiesner* SGB VIII § 42 RdNr. 52.

Die Inobhutnahme endet dagegen nicht, wenn das Kind bzw. der Jugendliche in einer stationären Einrichtung untergebracht wird.
Trotz fehlender gesetzlicher Regelung endet die Inobhutnahme ferner, wenn das Kind sich der Inobhutnahme entzieht.[153]

5. Kostenbeteiligung

Zu den Kosten der Inobhutnahme können die Personensorgeberechtigten nach § 91 Abs. 1 Nr. 6 i.V.m. § 93 herangezogen werden.

Inobhutnahme

Inobhutnahme ist gem. § 42 Abs. 1 S. 2 die *vorläufige* Unterbringung von Minderjährigen

- bei einer geeigneten Person *oder*
- in einer geeigneten Einrichtung *oder*
- in einer geeigneten sonstigen Wohnform.

Voraussetzungen jeder Inobhutnahme (§ 42 Abs. 1 S. 1):

- Minderjährige sind entweder ohne *oder* in unzureichender Obhut,
- PS-Inhaber widersprechen nicht *oder* bei Widerspruch kann FamG-E nicht rechtzeitig eingeholt werden,
- eine geeignete Unterbringungsmöglichkeit ist vorhanden.

Verbindliche Verpflichtung des JA zur Inobhutnahme:

- Minderjährige bitten das JA darum (§ 42 Abs. 1 S. 1 Nr. 1),
- wegen dringender Kindeswohlgefährdung (§ 42 Abs. 1 S. 1 Nr. 2),
- ausländische Mdje. kommen unbegleitet in die BRD und weder Personensorge- noch Erziehungsberechtigte halten sich hier auf (§ 42 Abs. 1 S. 1 Nr. 3).

Pflichten des JA bei jeder Inobhutnahme:

- den Mdjen. ist unverzüglich die Benachrichtigung einer Person ihres Vertrauens zu ermöglichen (§ 42 Abs. 2 S. 2),
- Personensorge-/Erziehungs-Berechtigte unverzüglich benachrichtigen u. mit ihnen Gefährdungsrisiko abschätzen (§ 42 Abs. 3 S. 1), und bei deren Widerspruch oder Nichterreichbarkeit unverzüglich entweder Übergabe der Mdjen. oder Herbeiführung einer FamG-E über erforderliche Maßnahmen (vgl. § 42 Abs. 3 S. 2 u. 3),
- beraten, unterstützen, Perspektiven entwickeln (§ 42 Abs. 2 S. 1),
- unverzügliche Einleitung eines Hilfeplanverfahrens zur Gewährung einer Hilfe, sofern die Personensorgeberechtigten der Inobhutnahme nicht widersprechen (§ 42 Abs. 3 S. 5),
- notwendige Unterhalt/Krankenhilfe sicherstellen (§ 42 Abs. 2 S. 3),
- Vornahme aller zum Kindeswohl notwendigen Rechtshandlungen unter angemessener Berücksichtigung des mutmaßlichen Willens der Personensorge-/Erziehungsberechtigten (§ 42 Abs. 2 S. 4).

Freiheitsentziehende Maßnahmen gem. § 42 Abs. 5 nur zulässig, wenn

- sie erforderlich sind, um eine dringende Gefahr für Leib oder Leben der Minderjährigen oder für andere Personen abzuwenden und
- das FamG diese spätestens im Laufe des nächsten Tages genehmigt.

[153] Vgl. *Wiesner* SGB VIII § 42 RdNr. 54.

II. Pflegekinderschutz

Reduzierte Aufsicht

Das SGB VIII hat die zu Zeiten des *JWG* bestehende ständige Aufsicht des JA über sämtliche Pflegeverhältnisse erheblich reduziert, insbesondere die Erlaubnispflicht weit gehend eingeschränkt, da das „Wächteramt“ des JA hier nur *Missbrauchs-Aufsicht* beinhaltet (zur Problematik von Pflegekindverhältnissen und zur unterschiedlichen Terminologie siehe Seite 88 ff.).

Fünf Arten von Pflegeverhältnissen

Hier sind fünf verschiedene Arten von Pflegeverhältnissen zu unterscheiden:

1. Tagespflege ohne JA-Vermittlung (*ohne* Erziehungsdefizit)
2. Tagespflege gemäß §§ 22 ff. (*ohne* Erziehungsdefizit)
3. Tagespflege als Hilfe zur Erziehung (*mit* Erziehungsdefizit) gemäß § 32 S. 2 oder § 33 S. 2
4. Wochen- u. Dauerpflege als HzE (*mit* Erziehungsdefizit) gemäß § 32 S. 2 oder § 33 S. 2
5. Wochen- u. Dauerpflege mit/ohne JA-Vermittlung (*ohne* Erziehungsdefizit)

Erlaubnisvorbehalt nur zur Mindeststandardsicherung

Im Hinblick auf die spezifischen Anforderungen der Kindertagespflege wurde deren Erlaubnis durch das TAG seit 1.1.2005 von der Erlaubnis für Vollzeitpflege des § 44 abgekoppelt und eigenständig in § 43 völlig neu geregelt. Der dort installierte Erlaubnisvorbehalt beinhaltet allerdings nur eine Mindeststandard-Sicherung, da die an eine Erlaubnis zu stellenden Voraussetzungen reduziert werden sollten. Danach benötigen Tagespflegepersonen nur noch dann eine Pflegeerlaubnis, wenn *sämtliche* nachfolgenden Merkmale erfüllt sind:

Erlaubnispflichtige Tagespflegefälle

- Kinderbetreuung außerhalb von deren Wohnung in anderen Räumen
  (d.h., entweder in angemieteten oder in Räumen der Tagespflegeperson)
- während des Tages
  (d.h., auch in Abend- oder Nachtstunden, da hier nur gegenüber der Vollpflege nach § 44 abgegrenzt werden sollte)
- mehr als fünfzehn Stunden wöchentlich
  (d.h., die – voraussichtlich – von der Tagespflegeperson – unabhängig von der Kinderzahl – insgesamt aufgewendete Betreuungszeit)
- gegen Entgelt
  (d.h., nicht notwendig „erwerbsmäßig“, sondern lediglich mehr als gegen bloße Erstattung getätigter Aufwendungen, da Betreuungen durch „gefällige“ Verwandte, Freunde, Nachbarn etc. erlaubnisfrei bleiben sollten)
- länger als drei Monate
  (d.h., maßgeblich ist hier die voraussichtliche Betreuungsdauer)

Erlaubnisfreie Tagespflege

Erlaubnisfrei sind damit alle Pflegeverhältnisse, bei denen auch nur eines der vorgenannten Kriterien nicht vorliegt bzw. nicht zu prognostizieren ist.

Beispiele: jegliche Betreuung von Kindern in deren Wohnung/Elternhaus unabhängig von deren Dauer und von einer Bezahlung (z.B. durch Tagesmütter, Kinderfrauen, Babysitter, Au-pair-Mädchen etc.);
außerhalb ihrer Wohnung/Elternhaus unabhängig von deren Dauer jegliche unentgeltliche Betreuung

Problematische Regelung

Es erscheint fraglich, ob diese Regelung einem Pflegekinderschutz noch gerecht wird.

Zuständigkeit

Örtlich und sachlich zuständig für die Erlaubniserteilung ist der örtliche öffentliche Jugendhilfeträger, in dessen Bereich die Pflegeperson ihren gewöhnlichen Aufenthalt hat (§ 87a Abs. 1). Nach § 43 Abs. 2 wird die Erlaubnis nur denjenigen Personen erteilt, die für die Kindertagespflege geeignet sind, d.h., die

Eignung ist Voraussetzung für die Erlaubniserteilung

Kriterien

- sich durch ihre Persönlichkeit, Sachkompetenz und Kooperationsbereitschaft mit Erziehungs-Berechtigten und anderen Tagespflegepersonen auszeichnen,
- über vertiefte Kenntnisse hinsichtlich der Anforderungen der Kindertagespflege verfügen, die sie in qualifizierten Lehrgängen erworben oder in anderer Weise nachgewiesen haben und
- über kindgerechte Räumlichkeiten verfügen.

Rechtsanspruch auf Erlaubniserteilung

Bei vorliegender Eignung haben Tagespflegepersonen einen einklagbaren Rechtsanspruch auf Erteilung einer Pflegeerlaubnis. Diese wird nicht für das jeweils zu betreuende Kind erteilt, sondern berechtigt generell zur Betreuung von bis zu fünf fremden Kindern und ist auf fünf Jahre befristet (vgl. § 43 Abs. 3).

Umfang der Erlaubnis

Bei fehlender Erlaubnis ist Bußgeld möglich

Die Betreuung eines Kindes in Tagespflege ohne erforderliche Erlaubnis kann (in jedem Einzelfall) mit Geldbuße bis zu 500,– EUR geahndet werden (vgl. § 104 Abs. 1 Nr. 1 iVbm Abs. 2).

Nähere Ausgestaltung landesrechtlich möglich

Näheres kann das Landesrecht regeln, das insbesondere die Zahl der zu betreuenden Kinder weiter einschränken oder vorsehen kann, dass die Erlaubnis im Einzelfall für weniger als fünf Kinder erteilt wird (§ 43 Abs. 3 S. 4).

Keine Kontroll-/Überwachungsmöglichkeiten des JA

Im Gegensatz zur Erlaubnis bei Vollzeitpflege (§ 44) und bei Einrichtungen (§ 45) sieht § 43 weder negative Versagungsgründe noch Kontroll- oder Überwachungsbefugnisse für das JA vor. Allerdings sind Kindertagespflegepersonen verpflichtet, das JA über wichtige Ereignisse zu unterrichten, die für die Betreuung der Kinder bedeutsam sind (§ 43 Abs. 3 S. 6). Die Erlaubnisvorschrift sieht auch keine Möglichkeit der Rücknahme oder den Widerruf einer erteilten Erlaubnis vor. Landesrecht kann dies aber vorsehen. Ansonsten ist dies nur unter den Voraussetzungen der §§ 44 ff. SGB X möglich.

III. Heimaufsicht

Grundsätze → SGB VIII
Details → LandesR

Das SGB VIII hat in den §§ 45–48a bundeseinheitliche Grundsätze der Heimaufsicht aufgestellt (ohne jedoch diesen – in der Praxis gebräuchlichen – Begriff zu verwenden), Einzelheiten aber dem Landesrecht überlassen (§ 49). Zielsetzung ist, möglichen Gefahren für das Wohl der zu betreuenden Minderjährigen künftig bereits im Rahmen des Erlaubnisverfahrens und ansonsten durch regelmäßige Überprüfung der Tages- und Heimeinrichtungen (einschließlich der betreuten Wohnformen) zu begegnen. – **Die Zuständigkeit liegt grundsätzlich beim LJA**, das auch für die Beratung der Träger von Einrichtungen schon bei der Planung sowie später bei der Betriebsführung zuständig ist (vgl. § 85 Abs. 2 Nr. 6 u. 7). Die Beratungsaufgaben können aber für den örtlichen Bereich z.T. auch vom JA wahrgenommen werden (§ 85 Abs. 3).

Zielsetzungen

Ohne Betriebserlaubnis Geldbuße

Das Betreiben von Einrichtungen iSd § 45 Abs. 1 S. 1 oder von sonstigen Wohnformen iSd § 48a Abs. 1 ohne erforderliche Erlaubnis kann mit Geldbußen bis zu 15 000,– EUR geahndet werden (vgl. § 104).

IV. Mitwirkung in familiengerichtlichen Verfahren

Beispiele

Wahrung des Kindeswohls durch das JA

Familiengerichte und Vormundschaftsgerichte haben Entscheidungen zu treffen, die elementare Auswirkungen für die gesamte Entwicklung eines Minderjährigen (z.T. sogar für sein gesamtes Leben) haben (z.B. Sorgerechtsregelungen im Scheidungsfall, Sorgerechtsentzüge, Vormundbestellungen, Anordnung des Verbleibs in einer Pflegestelle gegen den Willen der Eltern, Adoptionen). Dabei gerät das Kindeswohl meist in den Rechtsstreit der Erwachsenen und damit allzu leicht in den Hintergrund. Daraus resultiert die Gefahr, dass die Entscheidungen der Erwachsenen sich nicht so vom Kindeswohl leiten lassen, wie das nötig ist. Da das Kind aber weitaus am schwächsten und daher schon deswegen am schützenswertesten von allen involvierten Personen ist, hat das JA (generell wie speziell) die Aufgabe, die Interessen des Kindes zur Geltung zu bringen, und zwar stets offensiv, ja geradezu rigoros.

Anhörung des JA

Aus den vorgenannten Gründen müssen die FamG vor ihren Entscheidungen, die Minderjährige betreffen, nicht nur gemäß §§ 159, 160 FamFG die Eltern (bzw. sonstige Personensorge-Berechtigte) und die Minderjährigen, sondern gemäß § 162 FamFG auch das JA anhören, d.h.: rechtzeitig über das Verfahren informieren und ihm die Möglichkeit zur Mitwirkung iSd § 50 Abs. 1 u. 2 (s. dazu unten) geben. Daraus leiten die Gerichte überwiegend eine Verpflichtung des JA zu einer gutachterlichen Stellungnahme für die Gerichte ab, der sie meist durch genaue Terminsetzung (und z.T. auch durch Themenvorgaben) Nachdruck zu verleihen suchen (leider fast immer mit Erfolg). Diese Vorgehensweise ist nicht nur strikt abzulehnen. Sie ist auch rechtswidrig! Das ergibt sich aus Folgendem[154]:

Gerichtliche Praxis z.T. unzulässig

Begründung: Unabhängigkeit des JA

Das JA ist Teil der öffentlichen Verwaltung, deren Aufgaben sich unmittelbar aus dem Gesetz ergeben. Es kann daher durch Gerichte weder zum Tätigwerden ermächtigt noch verpflichtet werden.

Kein Fall der Amtshilfe

Das JA ist den Gerichten auch nicht zur Amtshilfe verpflichtet, wie teilweise behauptet wird. Denn das verfassungsrechtliche Gebot des Art. 35 Abs. 1 GG gebietet nur Behörden mit gleichen Befugnissen, einander Amtshilfe zu leisten (sozusagen als „verlängerter Arm" der ersuchenden Stelle). § 3 Abs. 2 Nr. 2 SGB X stellt aber klar, dass es sich nicht um Amtshilfe handelt, wenn die begehrte Hilfeleistung in Handlungen besteht, die der ersuchten Behörde als eigene Aufgaben obliegen. Das ist hier evident, denn FamG/VG und JA sind völlig verschiedene Behörden mit ganz unterschiedlichen Aufgaben und Befugnissen.[155]

Selbstständigkeit des JA

Eine solche Verpflichtung kann auch nicht etwa aus der Formulierung des § 50 Abs. 1 S. 2 hergeleitet werden (wie das der Bundesrat im Gesetzgebungsverfahren meinte), auf dessen Betreiben die jetzige Formulierung zurückgeht („... hat ... mitzuwirken" statt: „... wirkt mit").[156] Denn daraus ergibt sich eben nur die (unbestrittene) Verpflichtung des JA, an diesen Gerichtsverfahren mitzuwirken. Wie, in welchem Umfang und mit wel-

---

[154] Ausführlich dazu *Schleicher* in *Fieseler/Schleicher/Busch*, GK-SGB VIII, § 50, Rz. 12 ff. (m.w.Nachw.).

[155] Ausführlich dazu *Schleicher* in *Fieseler/Schleicher/Busch*, GK-SGB VIII, § 50, Rz. 7 ff. (m.w.Nachw.).

[156] Siehe BT-Drucks 11/5948, S. 138.

cher Zielsetzung es dies tut, muss das JA jedoch selbst entscheiden – und zwar nach fachlichen, ausschließlich am Kindeswohl orientierten Gesichtspunkten und nicht nach den Interessen des FamG.

JA kein Hilfsorgan von FamG/VG

Der Gesetzgeber wollte bereits durch die Formulierung der Überschrift zu § 50 („Mitwirkung") zum Ausdruck bringen, dass das JA hier „als Träger eigener Aufgaben" tätig wird, dabei eine „eigenständige Position gegenüber dem Gericht hat", „nicht Hilfsorgan des Gerichts" und somit auch „nicht weisungsgebunden" ist.[157] Dies ist zu begrüßen. Denn die Gerichte vertreten häufig die Meinung, aus dem Anhörungsrecht des JA ergäbe sich zugleich dessen Verpflichtung zu einer Art gutachtlichen Stellungnahme vor Gericht (s.o. Seite 114). Noch weniger ist das JA Ermittlungsbehörde der Gerichte[158].

JA ist keine Ermittlungsbehörde

Bezeichnung Gerichts*hilfe* irreführend

Es ist also lediglich ein weit verbreiteter Irrtum, wenn diese wichtige Aufgabe des JA, die Interessen des Kindes vor Gericht zu wahren, in der Praxis als „Familien- und Vormundschaftsgerichts*hilfe*" bezeichnet wird. Es wäre viel eher der Ausdruck „Kinder- (oder: Minderjährigen-) Hilfe" gerechtfertigt. Am besten ist es jedoch, diese wichtige Jugendhilfeaufgabe „Familiengerichts*arbeit*" zu nennen. Damit kann man nämlich einerseits von vornherein jedes Missverständnis, das JA würde für die Gerichte tätig, vermeiden und zugleich auch deutlich darauf hinweisen, dass es sich hier um eine gesetzlich vorgesehene, eigenständige Aufgabe der Jugendhilfe in Form der Zusammenarbeit mit den FamG und VG handelt, bei der häufig sehr viel „Überzeugungsarbeit" geleistet werden muss, um das Kindeswohl hinreichend zur Geltung zu bringen.

Minderjährigenhilfe oder Gerichtsarbeit wäre richtig

Primär JA-Aufgabe, freie Träger aber möglich

Für das JA ist die „Familiengerichtsarbeit" eine Pflichtaufgabe, an der es jedoch die anerkannten freien Jugendhilfeträger beteiligen oder ihnen deren Ausführung übertragen kann; die *Letztverantwortung* bleibt jedoch stets beim JA (vgl. §§ 3 Abs. 3 u. 76).

Aufgabenstellung nach dem SGB VIII

Fachliche Aspekte einbringen

Bei allen Maßnahmen, die die Personensorge für Minderjährige betreffen, unterstützt das JA die FamG (§ 50 Abs. 1 S. 1), d.h., das JA bringt – je nach Erforderlichkeit des Einzelfalles – die fachlichen Gesichtspunkte vor Gericht zur Geltung, die für die weitere Entwicklung der Minderjährigen wesentlich sind[159].

Die Mitwirkungspflicht des JA gemäß § 50 Abs. 1 S. 2 beinhaltet Folgendes:

Hilfeangebot möglich?

Die gesetzlich festgelegte Anhörung ist für das JA Anlass, eingehend zu prüfen, ob (und gegebenenfalls inwieweit) im Einzelfall ein fachgerechtes Leistungs- und Hilfeangebot erfolgen muss – und zwar im Hinblick auf das Kind möglichst wenig beeinträchtigende Konfliktlösungen zu erzielen. Dabei kommt der Perspektive weiterer Hilfsmöglichkeiten besondere Bedeutung zu.

Grenzen der Mitwirkung

Die konkrete Mitwirkung des JA im jeweiligen Gerichtsverfahren wird bestimmt durch seine gesetzliche Aufgabenstellung sowie den Datenschutz. Das bedeutet:

---

157 So ausdrücklich die Gesetzesbegründung, BT-Drucks. 11/5948, S. 87.

158 Dazu *Schleicher*, aaO, Rz. 16 ff.

159 Zur Divergenz der Funktionen von JA u. FamG/VG (Hilfe- bzw. Entscheidung) *Schleicher*, aaO, § 50, Rz. 7–11.

Kindeswohl vertreten „Anwalt des Kindes"

Das JA hat Jugendhilfe zu leisten und damit allein das Wohl des Kindes zu wahren sowie berechtigte Interessen anderer Familienmitglieder zu beachten, sofern diese hierzu nicht in Widerspruch stehen. Diese Aufgabenstellung ergibt sich aus den §§ 1 und 17 (siehe dazu Seiten 40 f., 63 ff.). Mit der Formulierung, „... in Verfahren ... mitzuwirken", sollte zudem zum Ausdruck kommen, dass hier nur eine ständige Zusammenarbeit dem Kindeswohl dienen kann, nicht jedoch, dass das JA etwa Ermittlungsbehörde der Gerichte sei (s. dazu auch oben).

Mitteilung an Gerichte nur zum Kindeswohl

Unter diesem Blickwinkel ist auch § 50 Abs. 2 zu sehen, d.h.: Das JA unterrichtet in Sorgerechtsverfahren die Gerichte nur dann über angebotene und erbrachte Jugendhilfeleistungen, bringt erzieherische und soziale Entwicklungsaspekte ein und weist auf weitere Hilfsmöglichkeiten hin, wenn ihm dies im Interesse des Kindes und seiner Familie gerechtfertigt erscheint.

Datenschutz beachten

Bei alledem muss das JA strikt die Datenschutzbestimmungen des SGB VIII beachten, insbesondere § 64 Abs. 2 und § 65 Abs. 1 Nr. 2 (siehe dazu Seite 117 ff.)[160].

Verfehlte Sicht

Es ist also nicht nur sozialpädagogisch völlig verfehlt, wenn z.T. noch gegenüber Klienten erklärt wird: „Sie wissen ja, dass ich einen Bericht an das Gericht geben muss", sondern dieses Vorgehen verstößt auch zugleich gegen datenschutz- wie strafrechtliche Bestimmungen, die aus Gründen des besonderen Vertrauensschutzes die Offenbarung von Sozialdaten – zu Recht – verbieten, denn es geht um das hohe Rechtsgut der Selbstbestimmung des Menschen (s. dazu Seite 117).

Zu den Aufgaben des JA bei einer *Kindeswohlgefährdung* s. S. 44 ff.

V. Beistandschaften, Amtspflegschaften, Amtsvormundschaften

JA als Beistand, Pfleger, Vormund

In den vom BGB vorgesehenen Fällen (siehe dazu Seite 287 ff.; 358 ff.; 367 ff.) wird das JA (und nicht der öffentliche Jugendhilfeträger) Beistand, Pfleger oder Vormund (§ 55 Abs. 1), d.h.: das JA besitzt für diesen Fall ausnahmsweise eigene Rechtspersönlichkeit und tritt daher bei Ausführung seiner Aufgaben als Behörde selbst auf.

Aufgabenerfüllung durch JA-Mitarbeiter als gesetzl. Vertreter

Die Ausübung der Aufgaben in o.a. Funktionen überträgt das JA einzelnen seiner Beamten oder Angestellten (§ 55 Abs. 2 S. 1), die dann insoweit gesetzliche Vertreter der Minderjährigen sind (§ 55 Abs. 2 S. 3). Auf die Führung der Beistandschaften, Amtspflegschaften, Amtsvormundschaften kommen die Bestimmungen des BGB zur Anwendung, soweit sich nicht aus dem SGB VIII etwas anderes ergibt (§ 56 Abs. 1). Das ist z.B. gemäß § 56 Abs. 2–4 der Fall.

Mitteilungspflichten gegenüber dem FamG

Den Eintritt von gesetzlichen Amtsvormundschaften (s. dazu Seite 361 f.) hat das JA dem FamilienG unverzüglich mitzuteilen (§ 57). Bei bestellten Amtsvormundschaften (s. dazu Seite 361 f.) sowie bei Pflegschaften ist dies nicht nötig, weil diese ohnehin vom FamilienG eingerichtet werden (s. dazu Seite 367 ff.). Bei Beistandschaften entfällt ebenfalls eine Mitteilungspflicht, weil hier keinerlei Kontrolle durch das FamilienG besteht (s. dazu Seite 289).

---

160 Dazu *Schleicher* in *Fieseler/Schleicher/Busch, Wabnitz*, GK-SGB VIII, § 50, Rz. 67.

G. Datenschutz

I. Vorbemerkungen

Hintergrund: Offenbarungszwang

Die in der Jugendhilfe Tätigen erhalten überwiegend sehr persönliche Daten von ihren Klienten (z.B. über Einkommen, Schulden, Beruf, Gesundheit, Partnerbeziehungen, psychologische Probleme, Straftaten). Denn ohne Offenbarung ihrer Privatheit können sie entweder nicht die richtige oder gar keine Hilfe bekommen. Die betroffenen Bürger müssen sich daher darauf verlassen können, dass mit den von ihnen preisgegebenen höchstpersönlichen Informationen sehr sorgfältig umgegangen wird, sie insbesondere nicht zugleich für andere Zwecke verwendet werden, sie also weder anderen Personen noch Stellen zugänglich sind. Denn es ist schlechterdings unmöglich, eine vertrauensvolle helfende Beziehung zu Klienten aufzubauen, wenn diese befürchten müssen, dass die der Jugendhilfe bekannt gewordenen Sachverhalte an andere Stellen oder Gerichte weitergegeben werden. Auch wenn die Gerichte dies erwarten oder sogar nachdrücklich fordern (s. dazu Seite 114), ist auch ihnen hier meist Einhalt zu gebieten, denn die Wahrung des Datenschutzes sowie der gesetzlichen Schweigepflicht und des Dienstgeheimnisses (siehe dazu unten Kapitel IX.) stehen dem überwiegend entgegen. Aus diesem Grund wurde bei Schaffung des Sozialgesetzbuches im Jahre 1975 eine Vorschrift aufgenommen, die jedem einen Anspruch gewährt, dass Einzelangaben über seine persönlichen und sachlichen Verhältnisse (diese werden „Sozialdaten" genannt) von den einzelnen Leistungsträgern (d.h. der Renten-, Kranken-, Sozial-, Jugendhilfe etc.) als **Sozialgeheimnis** (das ist seitdem der offizielle gesetzgeberische Ausdruck) gewahrt und nicht unbefugt offenbart werden (§ 35 Abs. 1 S. 1 SGB I). Wann eine Offenbarung von Sozialdaten zulässig ist, regeln die §§ 67–78 des SGB X, und zwar unabhängig davon, in welchem „Datenträger" sie sich befinden (Dateien, Akten, EDV) oder ob sie überhaupt nicht aufgezeichnet worden sind. Die §§ 78a–80 SGB X regeln zusätzlich die Datenverarbeitung (d.h.: die Speicherung, Veränderung, Nutzung) und die §§ 81–84a SGB X die Rechte der Betroffenen (d.h.: Ansprüche auf Auskunft, Schadensersatz, Berichtigung, Sperrung, Löschung).

Schutz vor Weitergabe

Wahrung des Sozialgeheimnisses

BVerfG: Grundrecht

1983 hat dann das *BVerfG* im sog. *„Volkszählungsurteil"* aus verfassungsrechtlichen Gründen weitere Anforderungen an den Datenschutz gestellt. Es hat nämlich aus Art. 2 Abs. 1 GG (freie Persönlichkeitsentfaltung) iVbm Art. 1 GG (Unantastbarkeit der Menschenwürde) ein Grundrecht des einzelnen Menschen auf **informationelle Selbstbestimmung** abgeleitet.[161] Damit hat das *BVerfG* dem Datenschutz nicht nur Verfassungsrang verschafft, sondern zugleich dem Einzelnen einen Garantieanspruch zuerkannt, selbst zu entscheiden, wann und innerhalb welcher Grenzen seine persönlichen Lebenssachverhalte offenbart werden.

Eingriffsvoraussetzungen sind eng begrenzt

Eingriffsmöglichkeiten in dieses „neue" Grundrecht hat das *BVerfG* eng begrenzt. Sie sind nur zulässig, wenn:

- Voraussetzungen und Umfang für den Bürger klar erkennbar sind,
- das Allgemeininteresse unter Wahrung der Verhältnismäßigkeit überwiegt und

[161] *BVerfGE* 65, S. 1 = NDV 1984, S. 155 = NJW 1984, S. 419.

– der Verwendungszweck bereichsspezifisch und präzise bestimmt ist.

Eigener Datenschutz im SGB VIII

Diesen Anforderungen war im Bereich der Jugendhilfe durch die §§ 67–77 aF SGB X nicht genügend Rechnung getragen. Es ist daher sehr zu begrüßen, dass in der Schlussphase des Gesetzgebungsverfahrens zum KJHG auf Anregung des Bundesrates noch ein bereichsspezifischer Datenschutz für die gesamte Jugendhilfe aufgenommen wurde, der z.T. eine Konkretisierung, aber z.T. auch eine bedeutsame Erweiterung der datenschutzrechtlichen Regelungen der im SGB I und X enthaltenen Vorschriften (s.o.) darstellt (was im Hinblick auf die vom *BVerfG* aufgestellten verfassungsrechtlichen Anforderungen trotz der allgemeinen „Sperre" des § 37 S. 2 SGB I möglich war). Dieser Teil des SGB VIII ist vielleicht der einzige echte, neu geschaffene Bereich gegenüber dem *JWG* (d.h. der nicht nur etwas gesetzlich legitimiert hat, was vor Schaffung des SGB VIII schon Praxis war). Er ist aber mit Sicherheit der für die gesamte Jugendhilfe bedeutsamste Teil des SGB VIII, denn seine speziellen Datenschutzbestimmungen zwingen die Praxis (hoffentlich), Arbeitsweise und Funktion der Jugendhilfe stets zu überdenken und neu zu bestimmen.

Bedeutsamster Teil des SGB VIII

Datenschutz zwingt z. Reflexion d. Handelns

Definitionen

Wichtige Datenschutzbegriffe sollen der Erläuterung des speziellen Datenschutzes des SGB VIII vorangestellt werden:

Datei

Eine *Datei* ist gemäß § 67 Abs. 3 SGB X:

1. eine Sammlung von *Sozialdaten*, die durch automatisierte Verfahren nach bestimmten Merkmalen ausgewertet werden kann (automatisierte Datei) *oder*
2. jede sonstige Sammlung von Sozialdaten, die gleichartig aufgebaut ist und nach bestimmten Merkmalen zugänglich ist und ausgewertet werden kann *(nicht automatisierte Datei)*.

Nicht hierzu gehören Akten/Aktensammlungen, es sei denn, dass sie durch automatisierte Verfahren verarbeitet, genutzt und ausgewertet werden können.

Sozialdaten

Sozialdaten sind Einzelangaben über persönliche oder sachliche Verhältnisse einer bestimmten (oder bestimmbaren) Person („Betroffener"), die von einer Stelle iSd § 35 SGB I im Hinblick auf ihre Aufgaben nach dem SGB erhoben, verarbeitet oder genützt werden (§ 67 Abs. 1 S. 1 SGB X).

Datenerhebung

Datenerhebung ist das Beschaffen von Daten über den Betroffenen (§ 67 Abs. 5 SGB X).

Verarbeiten

Verarbeiten ist das Speichern, Verändern, Übermitteln, Sperren und Löschen von Sozialdaten (§ 67 Abs. 6 S. 1 SGB X).

Speichern

Speichern ist das Erfassen, Aufnehmen oder Aufbewahren von Sozialdaten auf einem Datenträger zum Zwecke ihrer weiteren Verarbeitung oder Nutzung (§ 67 Abs. 6 S. 2 Nr. 1 SGB X).

Verändern

Verändern ist das inhaltliche Umgestalten gespeicherter Sozialdaten (§ 67 Abs. 6 S. 2 Nr. 2 SGB X).

Übermitteln

Übermitteln ist gem. § 67 Abs. 6 S. 2 Nr. 3 SGB X das Bekanntgeben gespeicherter oder durch Datenverarbeitung gewonnener Sozialdaten an einen Dritten („Empfänger") in der Weise, dass

a) die Daten durch die speichernde Stelle an den Empfänger weitergegeben werden oder
b) der Empfänger von der speichernden Stelle zur Einsicht oder zum Abruf bereit gehaltene Daten einsieht oder abruft.

Übermitteln im Sinne dieses Gesetzbuches ist auch das Bekanntgeben nicht gespeicherter Sozialdaten (§ 67 Abs. 6 S. 2 Nr. 3 SGB X).

Sperren

Sperren ist das vollständige oder teilweise Untersagen der weiteren Verarbeitung oder Nutzung von Sozialdaten durch entsprechende Kennzeichnung (§ 67 Abs. 6 S. 2 Nr. 4 SGB X).

Löschen

Löschen ist das Unkenntlichmachen gespeicherter Sozialdaten (§ 67 Abs. 6 S. 2 Nr. 5 SGB X).

Nutzen

Nutzen ist jede Verwendung von Sozialdaten, soweit es sich nicht um Verarbeitung handelt; dazu zählt auch die Weitergabe innerhalb der verantwortlichen Stelle (§ 67 Abs. 7 SGB X).

Anonymisieren

Anonymisieren ist das Verändern von Sozialdaten derart, dass die Einzelangaben über persönliche sachliche Verhältnisse nicht mehr oder nur mit einem unverhältnismäßig großen Aufwand an Zeit, Kosten- und Arbeitskraft einer bestimmten oder bestimmbaren Person zugeordnet werden können (§ 67 Abs. 8 SGB X).

Pseudonymisieren

Pseudonymisieren ist das Ersetzen von Namen/anderen Identifikationsmerkmalen durch Kennzeichen, um die Bestimmung des Betroffenen auszuschließen oder wesentlich zu erschweren (§ 67 Abs. 8a SGB X).

Dritter

Dritter ist jede Person oder Stelle außerhalb der verantwortlichen Stelle mit Ausnahme der Betroffenen sowie der Daten erhebenden, verarbeitenden oder nutzenden Personen oder Stellen (§ 67 Abs. 10 SGB X).

Öffentliche Stelle

Öffentliche Stelle ist jede Bundes- oder Landesbehörde einschließlich der Organe der Rechtspflege (vgl. § 2 Abs. 1 u. 2 BDSG).

Nichtöffentliche Stelle

Nichtöffentliche Stelle ist jede natürliche und juristische Person, Gesellschaft und andere Personenvereinigung des Privatrechts, soweit sie nicht unter § 81 Abs. 3 SGB X fallen (vgl. § 67 Abs. 11 SGB X).

Verantwortliche Stelle

Verantwortliche Stelle ist jede Person oder Stelle, die Sozialdaten für sich selbst erhebt, verarbeitet oder nutzt oder dies durch andere im Auftrag vornehmen lässt; werden Sozialdaten bei einem Leistungsträger im Sinne von § 12 SGB I erhoben, verarbeitet oder genutzt, ist verantwortliche Stelle der Leistungsträger; ist der Leistungsträger eine Gebietskörperschaft, so sind verantwortliche Stelle die Organisationseinheiten, die eine Aufgabe nach einem der besonderen Teile des SGB funktional durchführen (vgl. § 67 Abs. 9 SGB X).

II. Anwendungsbereich

Verhältnis der Datenschutznormen des SGB VIII zu denen von SGB I u. X

§ 61 Abs. 1 SGB VIII stellt klar, dass in der Jugendhilfe außer den eigenen bereichsspezifischen Datenschutznormen (vgl. §§ 61–68) auch die für sämtliche Sozialleistungsträger geltenden Datenschutzvorschriften zu beachten sind, d.h. § 35 SGB I (Wahrung des „Sozialgeheimnisses“) sowie die §§ 67–85a SGB X. Das bedeutet Folgendes:

§§ 61–68 SGB VIII sind vorrangig gegenüber SGB X
Bindend für alle Stellen der öffentl. u. freien Träger

Die Datenschutzbestimmungen des SGB VIII kommen zu den bereits bestehenden Vorschriften des SGB I und X hinzu (vgl. § 61 Abs. 1 S. 1), d.h., sie gehen diesen im Einzelfall vor. Sie gelten für alle Stellen der öffentlichen Jugendhilfeträger, soweit diese JuHi-Aufgaben wahrnehmen (§ 61 Abs. 1 S. 2), also unabhängig davon, wie deren Dienste oder Einrichtungen heißen, ob sie in deren „Zentralbehörde“ JA eingegliedert sind oder eigene Behörden darstellen (wie z.B. z.T. der ASD). Sie gelten auch

Verantwortung der öffentlichen Träger bzgl. Datenschutzwahrung durch freie Träger

für kreisangehörige Gemeinden und Gemeindeverbände, soweit diese gemäß § 69 Abs. 5 Jugendhilfeaufgaben wahrnehmen, ohne örtliche Jugendhilfeträger zu sein (§ 61 Abs. 1 S. 3). – Werden von freien Jugendhilfeträgern Einrichtungen oder Dienste in Anspruch genommen, so ist sicherzustellen (das bedeutet nach § 3 Abs. 2 S. 2 durch die öffentlichen Jugendhilfeträger), dass ebenfalls der Datenschutz in vollem Umfang gewährleistet ist (§ 61 Abs. 3) – eine schwer zu lösende Aufgabe, da hier einerseits Kontrollen nötig sind, aber andererseits die Eigenständigkeit der freien Träger zu wahren ist (vgl. § 4 Abs. 1 S. 2). Das bedeutet, dass der öffentliche Jugendhilfeträger nur überprüfen kann (und muss!), welche Maßnahmen der freie Träger generell ergreift, um den Schutz von Sozialdaten zu gewährleisten. Es ist jedoch keine konkrete Einzelüberprüfung zulässig. (Diese würde ohnehin eine unzulässige Verwendung der betreffenden Sozialdaten darstellen.)

III. Datenerhebung

Beginn des Schutzes

Der Schutz der Sozialdaten beginnt mit ihrer Erhebung (und zwar egal, wie das geschieht). Kennzeichnend für die Erhebung ist, dass die Datengewinnung gezielt betrieben wird. Zufällig erlangte Informationen werden darunter also nicht verstanden (die jedoch ebenfalls geheimhaltungspflichtig sind!).

Voraussetzungen

Nach § 62 Abs. 1 ist die Datenerhebung nur dann zulässig, soweit ihre Kenntnis zur Erfüllung der jeweiligen Aufgabe (damit ist der Einzelfall gemeint) erforderlich ist. Das bedeutet, dass alle in der Jugendhilfe Tätige vorher für sich klären müssen, welche Informationen sie für die jeweilige Jugendhilfeaufgabe wirklich benötigen. Um dies feststellen zu können, müssen sie zuvor ihre Arbeit sowie ihr Vorgehen genau überdenken und

Erhebung „auf Vorrat" unzulässig

dürfen auf keinen Fall Daten „auf Vorrat" sammeln[162], wie das früher (oder auch heute noch?) „gerne" geschah („Wenn sich schon mal die Gelegenheit bietet, Informationen zu bekommen, so sollte man sie nutzen."). Diese Art des Vorgehens ist selbst dann nicht gerechtfertigt, wenn die Betroffenen bereit sind, diese Daten preiszugeben.

Die Datenerhebung ist also nur zulässig, wenn sie:

erforderlich sowie zweck- und einzelfallorientiert ist.

Problematik

So plausibel und rechtsstaatlich wichtig und richtig das alles ist, so kann die Bestimmung des erforderlichen Datenbedarfs im Einzelfall jedoch durchaus problematisch sein, da im Jugendhilferecht die Leistungsvoraussetzungen fast immer durch unbestimmte Rechtsbegriffe („Kindeswohl, erzieherischer Bedarf, für Entwicklung geeignet und notwendig, Gefährdung der Entwicklung" etc.) umschrieben werden, die stets im Einzelfall ausfüllungsbedürftig sind. Dies hat nach vorheriger rechtlicher und fachlicher Abwägung zu geschehen und ist entsprechend der *BVerfG-E* von 1983 zum Volkszählungsgesetz (siehe oben unter I.) den Betroffenen transparent zu machen.

Beratungsfälle

Die Fachlichkeit spielt auch die entscheidende Rolle bei der Datenverarbeitung in reinen Beratungsfällen außerhalb eines Verwaltungsverfahrens.

---

[162] So auch ausdrücklich *BVerfG*, E v. 13.7.2007 – 1 BvR 1550/03; 2357/04; 603/05.

Denn hier gibt es keinerlei rechtliche Vorgaben. Die vorstehenden Grundsätze der Erforderlichkeit sowie der Zweck- und Einzelfallorientierung sind jedoch im Hinblick auf die o.a. *BVerfG*-E hier ebenfalls zu beachten[163].

Grundsatz: Erhebung nur beim Betroffenen

Zur Garantie des Rechts auf informationelle Selbstbestimmung schreibt § 62 Abs. 2 (§ 67a Abs. 2 SGB X entspricht dem weit gehend) vor, dass Daten (von Ausnahmen gemäß § 62 Abs. 3 abgesehen) nur beim Betroffenen erhoben werden dürfen (nicht also über andere Personen). Dabei muss der Klient über die Rechtsgrundlage der Erhebung und über den Verwendungszweck aufgeklärt werden, soweit dieser nicht offenkundig ist (z.B.: er will Sorgerechtsänderung erreichen). – Diese Vorschrift ist zwar sanktionslos gestaltet, Verstöße hiergegen[164] stellen jedoch zweifellos eine Verletzung sozialpädagogischer Prinzipien sowie der Dienstpflichten dar.

Ausnahmen

In bestimmten Fällen dürfen aber auch ohne Mitwirkung der Betroffenen (im zuvor beschriebenen Sinn) Sozialdaten erhoben werden. Dies betrifft zunächst gemäß § 62 Abs. 3 folgende Ausnahmefälle:

1. Wenn ein Gesetz dies erlaubt oder gar vorschreibt, wie das z.B. in § 87 AufenthG *(früher § 76 AuslG)* iVbm § 71 Abs. 2 Nr. 1d SGB X der Fall ist (s. dazu auch Seite 49 f.)

2. a) Wenn die Erhebung beim Betroffenen nicht möglich ist
   (z.B. bei der Suche nach einer Fremdunterbringungsmöglichkeit; davon darf aber nicht ausgegangen werden, weil er Auskünfte verweigert!)

   oder

   b) die Aufgabe die Erhebung bei einem anderen erfordert
   (z.B. Vater möchte Besuchsrecht gegen den Willen der Mutter durchsetzen; hier müssen auch bei ihr Daten erhoben werden)

   und

   c) die Kenntnis der Daten erforderlich ist für:
   - die Feststellung der Voraussetzungen oder die Erfüllung einer Leistung nach dem SGB VIII **oder**
   - die Feststellung der Voraussetzungen für die Erstattung einer Leistung nach § 50 SGB X **oder**
   - die Wahrnehmung einer Aufgabe nach den §§ 42–48a, 52 **oder**
   - die Erfüllung des Schutzauftrages bei Kindeswohlgefährdungen nach § 8a

Gefährliche Ausnahme

3. Wenn die Erhebung beim Betroffenen einen unverhältnismäßigen Aufwand erfordern würde und keine Anhaltspunkte dafür bestehen, dass schutzwürdige Belange des Betroffenen beeinträchtigt werden.
   Dies ist eine gefährliche Ausnahme, denn es ist zu fragen, warum das Instrumentarium der §§ 61 ff. (insbesondere § 65) nicht ausreichen soll. Daher ist meines Erachtens von dieser Ausnahme des § 62 Abs. 3 Nr. 3 kein Gebrauch zu machen!

4. Wenn die Erhebung beim Betroffenen den Zugang zur Hilfe ernsthaft gefährdet
   (z.B. bei Anzeichen von Gewalt, insbesondere sexuellem Missbrauch)

---

[163] Ebenso: *Maas*, NDV 1990, S. 216.

[164] Zur Löschungspflicht unzulässig erhobener Daten *Kunkel*, LPK-SGB VIII § 61, Rz. 80.

Weitere Ausnahme

Einen weiteren Ausnahmefall enthält § 62 Abs. 4 S. 1:

Sind die Betroffenen nicht identisch mit den Leistungsberechtigten der Jugendhilfe

Beispiele: Minderjährige, da nach *§* 27 Abs. 1 nicht sie, sondern deren Eltern für die Hilfe zur Erziehung leistungsberechtigt sind (s. dazu Seite 78)

oder sonst an der Jugendhilfeleistung beteiligt

Beispiele: nicht sorgeberechtigter geschiedener Vater, volljährige Geschwister, Großeltern, Lehrer, Ausbilder, Arbeitgeber,

Kindeswohl entscheidet

so dürfen die Daten über die Betroffenen (= Minderjährigen) auch beim Leistungsberechtigten (= Personensorge-Inhaber) oder den anderen „nicht beteiligten" Personen erhoben werden, wenn die Kenntnis der Daten für die Jugendhilfeleistung notwendig ist. Das ist nach fachlichen, allein am Kindeswohl orientierten Gesichtspunkten zu entscheiden.

IV. Datenspeicherung

Voraussetzungen wie bei der Erhebung

Datenerhebung und Datenspeicherung hängen eng zusammen. Daher gelten hier dieselben Zulässigkeitsvoraussetzungen wie dort, d.h., auch die Speicherung von Daten muss erforderlich sein und darf nur zweck- und einzelfallorientiert erfolgen. Nur unter diesen Voraussetzungen ist die Aufnahme von Sozialdaten in Akten oder die Speicherung auf sonstigen Datenträgern zulässig (vgl. § 63 Abs. 1 SGB VIII, § 67 Abs. 6 Nr. 1 SGB X). Andere Daten dürfen also nicht in die Akten aufgenommen oder sonst wo gespeichert werden.

Aktentrennung

§ 63 Abs. 2 S. 1 enthält den Grundsatz der Aktentrennung, denn danach ist die *Zusammenführung von Akten nur zulässig, wenn* und solange dies wegen eines unmittelbaren Sachzusammenhanges erforderlich (das ist eng auszulegen) ist. Das gilt nach § 62 Abs. 2 S. 2 auch für die Daten, die für Jugendhilfeleistungen erhoben worden sind (z.B. zur Scheidungsberatung nach § 17 oder zur Gewährung von HzE), und solchen, die zur Erfüllung sog. „anderer Aufgaben" der Jugendhilfe (s. dazu § 2 Abs. 2 sowie Seite 37) dienen (z.B. der Zusammenarbeit mit FamG oder dem Pflegekinderschutz).

Verschiedene Akten anlegen

Es sind also häufig zwei getrennte Akten anzulegen, d.h., eine (chronologisch geordnete) *allgemeine* Leistungsakte und eine *spezielle* Leistungsakte (auch „Fallakte" oder „Arbeitsplatzakte" genannt), die die sehr persönlichen Daten über die Hilfe Suchenden und evtl. über prozesshafte Interaktionen zwischen Klient und JA-Mitarbeiter enthält, wie das vor allem bei Beratungsakten der Fall ist. Letztere sind also immer getrennt von allgemeinen Leistungsakten zu führen.

Notizen bald vernichten

Daneben kann es noch eine 3. Art von „Akten" geben, die jedoch besser nur als Notizen oder Gedächtnisstützen bezeichnet werden sollten. Im datenschutzrechtlichen Sinne gelten sie jedoch als Akten, sofern sie „Bestandteil eines Vorgangs werden sollen" (= Umkehrschluss aus § 3 Abs. 3 S. 2 BDSG). Da diese nur für den persönlichen Gebrauch bestimmt sind, dürfen sie nicht mit den anderen Akten zusammengeführt werden (und sind am besten bald zu vernichten).

Weitere Beispiele zu allen drei Aktenarten enthalten die (sehr zu empfehlenden) 71 Thesen zur „Aktenführung in der kommunalen Sozialverwaltung", die der „Deutsche Verein für Öffentliche und Private Fürsorge", Fachausschuss IX (Organisation sozialer Dienste) in NDV 1990, S. 335–339 veröffentlicht hat und die im Einzelnen auch auf Datenschutzfragen eingehen *(sie sind nach wie vor aktuell).*

V. Datenverwendung

Zweckbindungsprinzip

Nach § 64 Abs. 1 dürfen Daten (was eigentlich in der Jugendhilfearbeit selbstverständlich sein sollte) nur zu dem Zweck verwendet werden, zu dem sie erhoben (d.h.: rechtmäßig gemäß § 62) worden sind (Zweckbindungsprinzip); anderenfalls ist eine Legitimation (die sog. Offenbarungsbefugnis der §§ 64, 65) erforderlich (siehe dazu unten VI.). *Der Erhebungs- und Verwendungszweck müssen sich also decken.*

Dieser Verwendungsgrundsatz wird in § 64 Abs. 3 auf anonymisierte (siehe dazu § 67 Abs. 8 SGB X) Jugendhilfeplanungen nach § 80 ausgedehnt, sofern dies zur Erfüllung dieser Aufgaben jeweils erforderlich ist.

Zweckänderung

Erneute Legitimation erforderlich

Ist der Bürger mit der Datenerhebung einverstanden, so deckt dies auch die zweckgebundene Verwendung und die vom *BVerfG* aufgestellten verfassungsrechtlichen Anforderungen (s.o. unter I.) sind erfüllt. Bei einer Zweckänderung ist also eine neue Legitimation erforderlich (d.h.: entweder erneute „Freigabe" der Daten *oder* eine gesetzliche Befugnis). Das gilt auch, wenn sich dies innerhalb derselben Stelle abspielt (z.B. im JA oder ASD).

Beispiel: Wurde zunächst eine Scheidungsberatung nach *§* 17 durchgeführt und wirkt später JA/ASD im Rahmen der Anhörung nach § 162 Abs. 1 FamFG im Scheidungsverfahren gemäß *§* 50 SGB VIII mit, so bedarf es hier der zusätzlichen Legitimation der Betroffenen. Das gilt auch, wenn ein enger zeitlicher Zusammenhang zwischen beiden Vorgängen besteht.

VI. Datenweitergabe/Offenbarungsbefugnis

Definition

Spezielle Legitimation erforderlich

Schutz des SGB VIII, wenn Hilfe sonst gefährdet wäre

Unter Offenbarung von Daten ist deren Weitergabe unter Änderung des Verwendungszwecks an andere öffentliche oder nichtöffentliche Stellen zu verstehen, auch wenn es sich um solche innerhalb desselben Leistungsträgers (Landkreis, kreisfreie Stadt) oder auch derselben Behörde handelt (z.B. eine andere Abteilung oder Dienst des JA). Denn dann liegt eine Abweichung vom Erhebungszweck vor, die stets der besonderen *Legitimation* (d.h. entweder einer erneuten Einwilligung der Betroffenen *oder* einer speziellen gesetzlichen Offenbarungsbefugnis) bedarf. Diese regelt für die Jugendhilfe das SGB VIII. Das ist zu begrüßen, da somit die sehr weit gehende Offenbarungsbefugnisnorm des § 69 SGB X, die von der Aufgabe her die Befugnis rechtfertigt (!), in der Jugendhilfe nicht uneingeschränkt zur Anwendung kommt, sondern durch §§ 64 Abs. 2 und 65 reduziert wird. Eine Weitergabe von personenbezogenen Daten ist nämlich (selbst wenn sie der Erfüllung gesetzlicher sozialer Aufgaben dient) nach § 64 Abs. 2 ausdrücklich nur insoweit zulässig, als dadurch der Erfolg einer zu gewährenden Jugendhilfeleistung nicht infrage gestellt wird. Das muss von der jeweiligen Stelle (JA, ASD oder anderer Jugendhilfedienst) im konkreten Einzelfall (und nicht etwa generell) sorgfältig geprüft werden, damit die gesetzlich vorrangig für schutzwürdig anerkannten Interessen der Klienten auch wirklich gewahrt werden. Zwar nicht gesetzlich vorgeschrieben, aber sozialpädagogisch zu beachten ist, dass diese Entscheidung nicht von der jeweiligen Stelle allein, sondern zumindest nach Besprechung (besser: im Einvernehmen) mit den Betroffenen erfolgt.

Bei Weitergabe an externe Fachkräfte ist Verschlüsselung nötig

Bei jeder (zulässigen) Weitergabe von Sozialdaten an Fachkräfte, die der verantwortlichen Stelle nicht angehören, ist vorgeschrieben, dass diese Sozialdaten zuvor anonymisiert oder pseudonymisiert werden, soweit die Aufgabenerfüllung dies zulässt (§ 64 Abs. 2a).

Kriterien für Verwendung

Entscheidend für die Verwendung von Daten ist stets die Zweckbindung ihrer Erhebung. Denn das informationelle Selbstbestimmungsrecht des Bürgers erfordert es, dass er die Entscheidung darüber hat (und behält), zu welchen Zwecken die einmal von ihm erhobenen Daten später verwendet werden. Die *Zweckänderung* ist also das Wesensmerkmal der Weitergabe oder Offenbarung von Daten und nicht so sehr deren Transport von einer Stelle zur anderen, sofern die Aufgabe dieselbe bleibt. Das bedeutet, dass z.B. mehrere Stellen des JA, die zur Fremdunterbringung eines Minderjährigen benötigt werden, alle zu diesem Zweck erhobenen Daten ohne zusätzliche Genehmigung erhalten können. Andererseits dürfen zu einem anderen Zweck erhobene Daten von derselben Stelle nicht ohne erneute *Legitimation* (s.o.) für andere ihr ebenfalls obliegende Aufgaben verwendet werden.

Problemfälle

Bei der Datenverwendung können für das JA und/oder den ASD (= je nach Organisationsmodell) vor allem Konflikte bei Beratungsfällen auftreten, die später in einem gerichtlichen Verfahren münden, in dem dann die Mitwirkung gemäß §§ 50, 52 von JA oder ASD vorgesehen ist (siehe dazu oben unter F. V.). Hier ist die Wirksamkeit der Beratung gesetzlich vorrangig vor der Mitwirkung im gerichtlichen Verfahren, d.h., es ist nur dann zulässig, Einzelheiten aus Beratungsgesprächen (einschließlich ihrem positiven oder negativen Ergebnis) zu verlautbaren, wenn die Klienten damit ausdrücklich einverstanden sind. Anderenfalls bleiben nur folgende Lösungen:

- entweder wird den Gerichten mitgeteilt, dass Jugendhilfeleistungen angeboten worden sind, ohne deren Ergebnis zu benennen, oder
- es werden alternative Hilfeempfehlungen abgegeben
  z.B.: „Sollte das Gericht zur Überzeugung gelangen, dass … dann …, sollte es …, dann …“[165],

auch wenn das im Einzelfall unbefriedigend erscheinen mag.

Trennung von Beratung und Mitwirkung in gerichtlichen Verfahren

Schon aus datenschutzrechtlichen Gründen muss eine klare Trennung der Beratungen nach § 17 von der Mitwirkung in gerichtlichen Verfahren erfolgen[166]. Das bedeutet, dass die bei der Beratung erhobenen Daten nur unter den oben genannten Voraussetzungen für die Mitwirkung vor den FamG verwendet werden dürfen. Dabei ist es unerheblich, ob diese Aufgaben von verschiedenen oder vom selben Träger wahrgenommen werden, hierfür unterschiedliche Dienste zuständig sind oder diesbezüglich sogar Personalunion besteht.

Personelle Aufgabentrennung

Wegen der auftretenden Zielsetzungskonflikte von JA und FamG[167], die dem Vertrauensschutz sowie der Konsolidierung der familiären Situation

---

[165] *Mörsberger,* ZfJ 1990, S. 371.

[166] Ebenso: *Mörsberger* in ZfJ 1990, 370 und *Wiesner,* SGB VIII, § 50, Rz. 57.

[167] Dazu *Schleicher,* in: *Fieseler/Schleicher/Busch/Wabnitz,* GK-SGB VIII, § 17, Rz. 32, 33 sowie § 50 Rz. 7–11.

abträglich sind, rät der *9. Deutsche Familiengerichtstag*[168] „in Konfliktfällen" zur personellen Aufgabentrennung.[169] Abgesehen davon, dass das zu einer völlig unerwünschten *„Drehtür-Hilfe"* führen würde, kann man m.E. dadurch die bestehende Problematik nicht lösen, da auch die im Rahmen der Aufgabenerfüllung nach § 50 erhobenen Daten dem besonderen Vertrauensschutz nach § 65 Abs. 1 S. 1 unterliegen.[170]

Gesteigerter Offenbarungsschutz nach § 65

Voraussetzungen

Voraussetzung ist, dass es sich um „persönliche und erzieherische Hilfe" handelt. Dieser Begriff knüpft an § 11 S. 2 SGB I an, wo diese Sozialleistungen in Abgrenzung zu Sach- und Geldleistungen den Dienstleistungen zugeordnet werden. Die Vorschrift erfasst also nicht nur die HzE, sondern auch Jugendhilfeleistungen gemäß §§ 11 ff. und §§ 22 ff., sofern es sich dort nicht um Geld- und Sachleistungen handelt und damit auch „andere Aufgaben" der Jugendhilfe (s. dazu unter F.). (Dabei können bezüglich der Intensität des Datenschutzes im Einzelfall durchaus Abgrenzungsschwierigkeiten bestehen.)

„Anvertraute" Daten

Weitere Voraussetzung ist, dass die Daten zum Zweck der vorgenannten Hilfen „anvertraut" wurden. Mangels jeglicher näherer Definition im Gesetzestext wie einer Gesetzesbegründung ist nicht verwunderlich, dass dieser Begriff in der Praxis unterschiedlich interpretiert wird. Der Schutzzweck des bereichsspezifischen Datenschutzes des SGB VIII sowie die in § 203 StGB vorgenommene gleichrangige Verwendung mit „sonst bekannt geworden" gebieten m.E., den Begriff „anvertraut" weit auszulegen.[171] Darunter fallen folglich alle Informationen, bei denen die Betroffenen sich auf die Verschwiegenheit der betreffenden JA-Mitarbeiter verlassen. Daher müssen diese Daten auch gar nicht im Einzelnen „mitgeteilt" worden sein. Vielmehr genügt es, dass Einblick in die persönlichen Verhältnisse gewährt wurde (wie z.B. anlässlich von Hausbesuchen). Denn geschützt werden sollen die Klienten, die zur Erlangung von Jugendhilfe ihren Privatbereich meist sehr weit öffnen müssen. Für eine weite Auslegung spricht weiter, dass gerade auch bei denjenigen Personen, die nicht dem Personenkreis des § 203 StGB angehören,

Beispiele: Erzieher(innen)/Kindergärtnerinnen, Diplompädagogen, Verwaltungsfachkräfte des JA und seiner Dienste

der Vertrauensschutz für die Klienten erreicht werden sollte. Das zeigt auch, dass der Normadressat in § 65 „der Mitarbeiter" eines öffentlichen Jugendhilfeträgers ist und nicht die Behörde, Stelle oder Dienst oder der Träger selbst.

Offenbarungsfälle

Wenn diese vorgenannten Voraussetzungen erfüllt sind, dürfen personenbezogene Daten nur in folgenden sechs Fällen offenbart werden, wenn:

---

168 FamRZ 1992, S. 144 unter II 2 c.

169 FamRZ 1992, 144, unter II 2 c.

170 Dazu *Schleicher*, GK-SGB VIII, § 50, Rz. 64 u. 67 sowie § 17 Rz. 27.

171 Ebenso: *Maas*, NDV 1990, S. 215 (219) und sich daran anschließend: *Habermann/Tries* NDV 1990 S. 48 (49) u. *Lakies*, ZfJ 1991, S. 22 (33); einschränkend jedoch *Mörsberger*, ZfJ 1990, S. 365 (371); *Münder*, § 65 Rz. 6 ff.; a.A.: *Kunkel*, LPK-SGB VIII, § 65 Rz. 8.

1. die Betroffenen hierzu ausdrücklich die Einwilligung erteilen (§ 65 Abs. 1 S. 1 Nr. 1),
2. ohne die Weitergabe der Daten angesichts einer Kindeswohlgefährdung eine dem JA notwendig erscheinende gerichtliche Entscheidung nicht ermöglicht werden könnte (§ 65 Abs. 1 S. 1 Nr. 2),

   Beispiele: Entscheidungen des FamG gemäß § 1666, § 1632 Abs. 4 oder § 1628

3. personeller oder örtlicher Zuständigkeitswechsel sowie Anhaltspunkte für Kindeswohlgefährdungen vorliegen (vgl. § 65 Abs. 1 S. 1 Nr. 3),
4. Fachkräfte zur Abschätzung des Gefährdungsrisikos nach § 8a hinzugezogen werden – dann jedoch anonymisiert oder pseudonymisiert (vgl. § 65 Abs. 1 S. 1 Nr. 3),
5. es um die Verhinderung drohender, aber noch abwendbarer Straftaten iSd § 138 StGB geht (§ 65 Abs. 1 S. 1 Nr. 5),
6. rechtfertigender Notstand iSd § 34 StGB vorliegt, denn in diesen Fällen dürfen die in § 203 Abs. 1 u. 3 StGB genannten Personen ihre gesetzliche Schweigepflicht durchbrechen (§ 65 Abs. 1 S. 1 Nr. 5).

Außerdem ist auch hier § 64 Abs. 2 zu beachten, d.h., vor einer Datenweitergabe ist zusätzlich zur Zweckbindungsprüfung (s.o.) von der jeweiligen Jugendhilfestelle zu bedenken, ob dadurch nicht der Erfolg der Hilfe in Frage gestellt wird. Denn dieser Zulässigkeitsvorbehalt gilt auch für § 65.[172]

VII. Datenlöschung

Wenn Daten zu dem erhobenen Zweck nicht mehr benötigt werden, so besteht nach § 84 Abs. 2 S. 2 SGB X die Verpflichtung zur teilweisen oder völligen Löschung dieser Daten, die in Akten oder auf sonstigen Datenträgern gespeichert sind, sofern dadurch keine schutzwürdigen Interessen der Betroffenen beeinträchtigt werden können. Dazu genügt es, dass die Daten unkenntlich gemacht werden (§ 67 Abs. 6 Nr. 5 SGB X). Diese Verpflichtung besteht gem. § 84 Abs. 2 S. 1 SGB X auch, wenn die Speicherung der Sozialdaten unzulässig ist (z.B. weil sie zu Unrecht bei Dritten erhoben oder ohne erforderliches Einverständnis weitergegeben wurden).

VIII. Datensperrung

Voraussetzung

Wenn jedoch Grund zu der Annahme besteht, dass durch eine Löschung schutzwürdige Interessen der Betroffenen beeinträchtigt würden oder eine Löschung wegen der besonderen Art der Speicherung nicht oder nur mit unverhältnismäßig hohem Aufwand möglich ist, tritt gemäß § 84 Abs. 3 SGB X an Stelle der Löschung eine Sperrung (s. dazu Seite 119) der Daten ein. Dasselbe gilt nach § 20 Abs. 4 BDSG, soweit die Richtigkeit vom Betroffenen bestritten wird und sich weder die Richtigkeit noch die Unrichtigkeit feststellen lässt.

Folgen

Gesperrte Daten dürfen ohne Einwilligung der Betroffenen nur übermittelt oder genutzt werden, wenn

1. es zu wissenschaftlichen Zwecken, zur Behebung einer bestehenden Beweisnot oder aus sonstigen im überwiegenden Interesse der spei-

[172] Wiesner/Mörsberger, § 64, Rz. 18.

chernden Stelle oder eines Dritten liegenden Gründen unerlässlich ist *und*

2. die Daten hierfür übermittelt oder genutzt werden dürften, wenn sie nicht gesperrt wären (§ 84 Abs. 4 SGB X).

IX. Amts- und Dienstgeheimnisse

Gesetzliche Schweigepflicht

Bei der Weitergabe von Daten sind jedoch nicht nur Datenschutzbestimmungen, sondern zusätzlich auch noch die gesetzliche Schweigepflicht zu beachten, die nach dem StGB (sowie nach dem Beamtenrecht) gilt. Diese besteht u.a. für alle staatlich anerkannten Sozialarbeiter/Sozialpädagogen sowie für alle Ehe-, Familien-, Erziehungs-, Jugend- oder Suchtberater von amtlich anerkannten entsprechenden Beratungsstellen (vgl. § 203 Abs. 1 Nr. 4 und 5 StGB); dazu zählen auch deren berufsmäßige Gehilfen und Praktikanten (§ 203 Abs. 3 S. 2 StGB). Voraussetzung ist, dass ihnen ein „fremdes Geheimnis", insbesondere wenn es zum persönlichen Lebens, Betriebs- oder Geschäftsbereich gehört, „anvertraut" oder „sonst bekannt geworden" ist (s. dazu Seite 125).

Öffentlicher Dienst

Wenn diese Personen als Angestellte oder Beamte im öffentlichen Dienst stehen, unterliegen sie auch dann der Schweigepflicht, wenn ihnen persönlich Daten im Rahmen ihrer Tätigkeit nicht selbst offenbart, aber bekannt geworden sind (vgl. §§ 203 Abs. 2, 353b StGB). Das bedeutet, dass diese Personen zur Weitergabe von Daten außer der Einwilligung der von den Daten Betroffenen auch der Genehmigung ihres Dienstvorgesetzten bedürfen. – Insofern sind also auch die nicht in § 203 Abs. 1 StGB genannten Erzieher(innen) sowie Verwaltungsfachkräfte der Jugend-, Sozial- und Gesundheitsämter zur Verschwiegenheit verpflichtet!

Aussagen im Strafprozess

Andererseits haben (mit Ausnahme der Berater nach §§ 3 und 8 *Schwangerenkonfliktgesetz* und der Berater für Fragen der Betäubungsmittelabhängigkeit) aber sämtliche vorgenannten Personen im Strafprozess kein Aussageverweigerungsrecht (§ 53 Abs. 1 StPO). Sie dürfen jedoch nur aussagen, sofern ihr Dienstvorgesetzter ihnen zum Beweisthema die Aussagegenehmigung erteilt hat (§ 54 StPO). Nach beamtenrechtlichen Bestimmungen darf diese nur versagt werden, wenn die Aussage für den Bund oder ein Bundesland nachteilig wäre oder hierdurch die Erfüllung öffentlicher Aufgaben ernstlich gefährdet oder erheblich erschwert würde. – Wenn die Aussagegenehmigung erteilt wird, müssen die Betreffenden also aussagen!

Aussageverweigerungsrecht in sonstigen gerichtlichen Verfahren

In Zivil-, Arbeits-, Verwaltungs- und Sozialgerichtsverfahren sind die von § 203 Abs. 1–3 StGB erfassten Personen (s.o.) jedoch berechtigt, die Aussage zu verweigern (vgl. §§ 383 Abs. 1 Nr. 6 ZPO, 15 FGG, 46 ArbGG, 98 VwGO, 118 SGG). *Das gilt aber nicht, wenn* die Person, der gegenüber sie geheimhaltungspflichtig sind, sie von der Verschwiegenheit entbindet (§§ 385 Abs. 2 ZPO, 15 FGG, 46 ArbGG, 98 VwGO, 118 SGG).

Kapitel 4. Jugendstrafrecht

Übersicht

A. Strafrechtliche Verantwortlichkeit 129
B. Die jugendgerichtlichen Maßnahmen (Erziehungsmaßregeln, Zuchtmittel, Jugendstrafe, Maßregeln der Besserung und Sicherung); Eintragungen in das Bundeszentralregister (Das „Vorbestraftsein") . . . 135
C. Die Jugendgerichte 163
D. Das Jugendstrafverfahren 167
E. Rechtsmittelmöglichkeiten 177
F. Die Kosten des Jugendstrafverfahrens 181

Vorbemerkungen

Zielsetzungen des Jugendstrafrechts

Das Jugendstrafrecht ist ein Sonderstrafrecht für junge Täter. Es hat sich zum Ziel gesetzt, Straftäter, die ihre Tat in dem kritischen Übergangsstadium von Kindheit und Erwachsensein begangen haben, nicht einfach zu bestrafen, sondern durch individuelle Maßnahmen so zur Verantwortung zu ziehen, dass sie von weiteren Straftaten abgehalten werden. Dem liegt die Erkenntnis zugrunde, dass Jugenddelinquenz häufig eher ein episodenhaftes und vorübergehendes Verhalten ist, das sich später im Erwachsenenalter meist nicht wiederholt oder sich auf wenige Bagatellverstöße reduziert.

Dies war auch das Ergebnis der Untersuchung der Ad-hoc-Kommission „Diversion" vom 5.2.1988, von dem die Konferenzen der Jugend- und Justizminister/senatoren (der alten Bundesländer) im Mai bzw. Sept. 1988 zustimmend Kenntnis genommen haben.[173]

„Täter"- und „Erziehungs"-Strafrecht

Im Vordergrund aller jugendstrafrechtlicher Überlegungen müssen daher die Erforschung der Täterpersönlichkeit – und nicht primär die Tat – sowie die richtige „Behandlung" des Täters stehen. Denn es ist seit langem anerkannt, dass fast alle Straftaten Jugendlicher (14–18 Jahre) und Heranwachsender (18–21 Jahre) ihre Ursache in ihrer Entwicklung/Sozialisation haben, die der Staat bei seinen strafrechtlichen Sanktionen daher beachten muss. Seine Reaktionen dürfen deshalb nicht primär (wie sonst im Strafrecht) von Vergeltung, Sühne, Buße, Sicherung der Allgemeinheit und Abschreckung bestimmt sein, sondern es muss versucht werden, die durch die Straftat aufgedeckten Entwicklungs- und Sozialisationsdefizite durch geeignete Hilfsmaßnahmen auszugleichen und – sofern möglich – zu beheben. Jugendstrafrecht muss daher Täterstrafrecht und Erziehungsstrafrecht sein.

Regelung von: Sanktionen und Verfahren

Aus diesen Erkenntnissen hat 1923 die jugendstrafrechtliche Gesetzgebung mit der Schaffung des Jugendgerichtsgesetzes (JGG) begonnen, das 1943 und 1953 weit gehend umgestaltet wurde und vor allem durch das 1. JGG-ÄndG aus dem Jahr 1990 weitere umfangreiche Änderungen erfahren hat. Das JGG hat – neben verfahrensrechtlichen Besonderheiten – abschließend die Reaktionsmöglichkeiten des Staates auf solche Straftaten festgelegt (vgl. die Übersicht auf den Seiten 160/161), die von noch nicht 21 Jahre alten Tätern begangen werden (vgl. § 1 Abs. 1 JGG). Allerdings kommen für volljährige Täter (= Heranwachsende) nicht auto-

[173] *BMJ*, „Diversion" im Deutschen Strafrecht, 1989 S. 11 ff.

matisch die besonderen jugendrichterlichen Maßnahmen zur Anwendung, sondern nur bei Vorliegen bestimmter Voraussetzungen (s. dazu Seiten 131–133).

Reformdiskussionen

Reformdiskussionen werden immer wieder überlagert von Forderungen nach einer Verschärfung des Jugendstrafrechts, deren Hintergrund meist spektakuläre Kapitalverbrechen minderjähriger oder junger volljähriger Straftäter sind. So z.B. anlässlich der Taten zweier Jugendlicher, die zum Tod von Dominik Brunner am Münchener S-Bahnhof Solln führten oder die Prügelattacken von Schweizer Schülern gegenüber Obdachlosen und Passanten in der Münchener Innenstadt.

Unterschiede JGG – StGB

Das JGG unterscheidet sich von den „allgemeinen Vorschriften" (so die Gesetzessprache z.B. im § 1 Abs. 1 JGG) – zur Verdeutlichung meist als „Erwachsenenstrafrecht" bezeichnet – durch eigene Strafmaßnahmen (§ 5 JGG), ein besonderes (Jugend–) Strafverfahren (§§ 43 ff. JGG) und einen gesonderten Jugendstrafvollzug (Jugendstrafvollzugsregelungen der Länder).

Zieldefinition in § 2 JGG

Im Jahr 2007 wurde mit dem § 2 JGG die allgemein anerkannte, bis dahin aber gesetzlich nicht geregelte Zieldefinition des Jugendstrafrechts, der die Orientierung des Jugendstrafrechts am Erziehungsgedanken festschreibt, in das JGG eingefügt. Demnach sind nicht nur die Rechtsfolgen, sondern auch das Jugendstrafverfahren selbst vorrangig an pädagogischen und jugendpsychologischen Erkenntnissen auszurichten.

A. Strafrechtliche Verantwortlichkeit

Schuldfähigkeit ist Voraussetzung

Nach unserem Strafrecht kann nur derjenige für von ihm begangene Straftaten selbst zur Verantwortung gezogen werden, der im Strafrecht für schuldfähig gehalten wird (siehe dazu §§ 19–21 StGB). Diese strafrechtliche Verantwortlichkeit wird meist als *Strafmündigkeit* bezeichnet, wobei drei Arten zu unterscheiden sind:

Drei Arten

Strafunmündigkeit, bedingte und volle Strafmündigkeit.

I. Strafunmündigkeit

Personenkreis

Kinder (so werden im Jugendrecht alle Minderjährigen genannt, die noch nicht das 14. Lebensjahr vollendet haben (vgl. z.B. § 7 Abs. 1 Nr. 1 SGB VIII).

Erziehung statt Strafmaßnahmen

Kinder sind selbst bei Begehung schwerer Straftaten[174] nicht strafrechtlich verantwortlich. Für sie können dann allerdings gemäß §§ 1631 Abs. 3, 1666, 1666a BGB Erziehungsmaßnahmen durch das FamG angeordnet werden (vgl. dazu S. 266, 311 und 313). Ansonsten kommen für sie die Angebote der Jugendhilfe in Betracht, die allerdings – vom Vorgehen nach den § 42 Abs. 1 SGB VIII abgesehen – vom Einverständnis der Sorgeberechtigten abhängen (siehe dazu Seiten 98, 102 ff.).

---

[174] In diesen Fällen kommen immer wieder (vereinzelt) von politischer – nicht jedoch von justizieller – Seite Forderungen nach einer Herabsetzung der Strafmündigkeit auf. Umgekehrt wird bisweilen auch ein Heraufsetzen der Altersgrenze auf 16 bzw. 18 Jahre gefordert. Zum Thema vgl. die Nachweise bei *Eisenberg*, § 3 Rz. 3a.

Tatzeitpunkt ist maßgeblich

Maßgebend ist (natürlich) der Zeitpunkt der Tat, nicht etwa deren Entdeckung/Aufklärung. Stellt sich im Laufe des Strafverfahrens heraus, dass eine Tat vor Vollendung des 14. Lebensjahres begangen wurde, so ist das Verfahren, da es sich um eine Prozessvoraussetzung handelt, (insoweit) einzustellen.

Regelung im StGB und im JGG

Bis zum 31.12.1974 war die Strafunmündigkeit von Kindern im JGG geregelt (§ 1 Abs. 3 JGG aF). Seit 1.1.1975 ist diese Vorschrift nun im § 19 StGB zu finden. Aus der Festlegung der Geltung des JGG für Jugendliche und Heranwachsende, § 1 Abs. 1 JGG, ergibt sich jedoch auch, dass das Jugendstrafrecht für Kinder nicht anwendbar ist.

II. Bedingte Strafmündigkeit

Personenkreis

Verantwortlichkeit

Wer bei Begehung der Tat zwar schon 14, aber noch nicht 18 Jahre alt ist, wird im Jugendrecht als Jugendlicher bezeichnet (vgl. z.B. § 7 Abs. 1 Nr. 2 SGB VIII und § 1 Abs. 2 JGG) und ist gemäß § 3 S. 1 JGG strafrechtlich nur dann verantwortlich, wenn er zur Tatzeit nach seiner sittlichen und geistigen Entwicklung reif genug ist (= ethische und verstandesmäßige Reife), das Unrecht der Tat einzusehen (Einsichtsfähigkeit) und nach dieser Einsicht zu handeln (Handlungs- oder Steuerungsfähigkeit). Für diese Täter kommen dann die Maßnahmen des JGG zur Anwendung. Fehlte diese Verantwortlichkeit jedoch zur Tatzeit, so kommen (wie bei Kindern – s. dazu oben A. I.) nur familiengerichtliche Maßnahmen in Betracht (§ 3 S. 2 JGG). Sie werden im sog. Erziehungsregister eingetragen (§ 60 Abs. 1 Nr. 1 BZRG).

Regelung im JGG

Überprüfung jedes Einzelfalles notwendig

Diese Verantwortlichkeit muss für jede Tat gesondert überprüft, kann also bei mehreren zur Last gelegten Straftaten nicht „pauschal" angenommen oder verneint werden.

Kriterien

Hierzu ist nach Einleitung des Verfahrens eine „Untersuchung" des Beschuldigten durchzuführen (§ 43 JGG), wobei nicht eine rein medizinische gemeint ist. Vielmehr sind neben entwicklungspsychologischen auch schichtspezifische Aspekte zu berücksichtigen. Es empfiehlt sich daher, immer die Jugendgerichtshilfe zu dieser Frage zu hören (vgl. dazu § 38 JGG sowie Seite 174) und bei Zweifelsfragen einen Sachverständigen (am besten: Jugendpsychologen/-psychiater) hinzuzuziehen.

Im Zweifelsfall nicht strafmündig

Bleiben Zweifel, ist nach dem Grundsatz „in dubio pro reo" (im Zweifelsfall für den Angeklagten) Strafunmündigkeit anzunehmen.

III. Volle Strafmündigkeit

1. Volljährige

Generell strafmündig

Ausnahmen

Täter, die bei Begehung einer Straftat bereits volljährig sind, sind grundsätzlich uneingeschränkt strafmündig. Ihre strafrechtliche Verantwortlichkeit kann nur im speziellen Fall wegen verminderter Schuldfähigkeit oder völliger Schuldunfähigkeit im Sinne der §§ 20, 21 StGB eingeschränkt oder ausgeschlossen sein. Im ersteren Fall käme dann Strafmilderung gem. § 49 StGB in Betracht, im Letzteren dagegen gar keine Bestrafung, sondern nur eine Unterbringung in einem psychiatrischen Krankenhaus oder in einer Entziehungsanstalt (vgl. §§ 63, 64 und 67 ff. StGB).

Ist ein Täter zum Tatzeitpunkt jedoch noch nicht 21 Jahre alt, so ist für ihn unter bestimmten Voraussetzungen noch Jugendstrafrecht anwendbar (s. dazu nachstehend III. 3.).

Jugendstrafrecht evtl. anwendbar

2. Heranwachsende

Volljährige, die zur Zeit der Tat zwar schon 18, aber noch nicht 21 Jahre alt sind, werden als Heranwachsende bezeichnet (§ 1 Abs. 2 JGG).

Historische Entwicklung

Das JGG von 1923 und 1943 galt nur für Jugendliche, sah allerdings den Strafvollzug von noch nicht 20 Jahre alten verurteilten Straftätern in Jugendstrafanstalten vor. Von der Jugendgerichtspraxis wurde jedoch schon bald gefordert, auf die Altersgruppen der Heranwachsenden ebenfalls das Jugendstrafrecht anzuwenden, weil diese Tätergruppe noch nicht als „fertige Erwachsene" (im Sinne einer abgeschlossenen Persönlichkeitsentwicklung) angesehen werden könne und daher für sie noch die differenzierenden Einwirkungsmöglichkeiten des Jugendstrafrechts in Betracht kommen müssten.

Obwohl sich diese – durch zahlreiche wissenschaftliche Untersuchungen belegte – Erkenntnis in der Praxis inzwischen schon lange durchgesetzt hat, konnte sich der Gesetzgeber bis heute nicht entschließen, die Heranwachsenden voll in das Jugendstrafrecht einzubeziehen. Im Gegenteil wird anlässlich spektakulärer Kapitalverbrechen z.T. für HW die generelle Anwendung des „Erwachsenenstrafrechts" gefordert.[175]

3. Besondere Voraussetzungen der Anwendung des Jugendstrafrechts auf Heranwachsende (§ 105 JGG)

Für Heranwachsende stets Jugendgerichte zuständig; diese entscheiden, ob JGG oder StGB.

Bei Heranwachsenden muss in jedem Einzelfall individuell geprüft werden, ob auf Grund ihres Entwicklungsstandes noch Jugendstrafrecht angewendet werden kann, oder ob bereits die Regelungen des Erwachsenenstrafrechts für sie gelten (§§ 105, 106 JGG).

Hierbei kommt der Persönlichkeitserforschung (43 JGG) der Heranwachsenden, die vor allem Aufgabe der JGH ist (vgl. dazu §§ 38, 107 JGG sowie Seiten 174 ff.), besondere Bedeutung zu. Auch bei Anwendung des Erwachsenenstrafrechts bleiben aber die Jugendgerichte zuständig.

Voraussetzungen für Anwendung des JGG auf Heranwachsende

Die Kriterien für die Prüfung der besonderen Anwendungsvoraussetzungen sind folgende:

Das Jugendgericht kann auf einen Heranwachsenden nur dann Jugendstrafrecht anwenden, wenn

entweder

Stichwort „Reifeverzögerung"

„die Gesamtwürdigung der Persönlichkeit des Täters bei Berücksichtigung auch der Umweltbedingungen ergibt, dass er zur Zeit der Tat nach seiner sittlichen und geistigen Entwicklung noch einem Jugendlichen gleichstand" (§ 105 Abs. 1 Nr. 1 JGG)

oder

Stichwort „Jugendverfehlung"

„es sich nach der Art, den Umständen oder den Beweggründen der Tat um eine Jugendverfehlung handelt" (§ 105 Abs. 1 Nr. 2 JGG).

In der Praxis überwiegt Anwendung des JGG

Die Anwendung dieser Vorschrift bereitet in der Praxis Schwierigkeiten, weil sie so unbestimmt gefasst ist, dass selbst bei Hinzuziehung von Sachverständigen Unsicherheiten unausbleiblich sind. § 105 JGG bietet

---

[175] Nachweise z.B. bei *Eisenberg*, § 105, Rz. 6a.

gleichwohl den Gerichten die Möglichkeit im Einzelfall den unterschiedlichen Persönlichkeitsentwicklungen Heranwachsender Rechnung zu tragen. Im Jahr 2007 wurden bundesweit rund 63% der angeklagten Heranwachsenden nach Jugendstrafrecht verurteilt.

a) Gleichstellung mit Jugendlichen („Reifeverzögerung")

Problematische Bezeichnung

Bedenklich – weil unklar – ist die Formulierung in § 105 Abs. 1 Nr. 1 JGG (Vorschrift bitte lesen!). Es gibt nämlich weder „den" Jugendlichen noch „den" Heranwachsenden als feststehenden Typus, so dass sich schon deshalb kein verlässlicher Vergleichsmaßstab finden lässt.

„Marburger Richtlinien"

Dies hatte die Praxis nach Inkrafttreten des JGG schon 1953 sofort erkannt und daher auf der Arbeitstagung der „Deutschen Vereinigung für Jugendpsychiatrie" im Jahre 1954 in Marburg versucht, Kriterien für die Anwendung des § 105 JGG zu entwickeln. Diese werden „Marburger Richtlinien" genannt. Deren – nicht unproblematische – psychosoziale Bezeichnungen[176] gehen davon aus, dass die Jugendgerichte Heranwachsende dann einem Jugendlichen gleichstellen sollen, wenn sie einerseits bestimmte für Jugendliche typische Züge aufweisen, andererseits die für Erwachsene charakteristischen Merkmale noch vermissen lassen.

Was ist „typisch" für Jugendliche?

Als für Jugendliche typische Züge gelten nach den „Marburger Richtlinien":

ungenügende Ausformung der Persönlichkeit, Hilflosigkeit (die sich nicht selten hinter Trotz und Arroganz versteckt), naiv-vertrauensseliges Verhalten, dem Augenblick leben, starke Anlehnungsbedürftigkeit, spielerische Einstellung zur Arbeit, Neigung zum Tagträumen, Hang zu abenteuerlichem Handeln, Hineinleben in selbstwerterhöhende Rollen, mangelnder Anschluss an Altersgenossen.

Ergänzend wird noch auf folgende Kriterien für Jugendliche hingewiesen:

impulsives, unmittelbar aus der Situation vorschießendes Handeln, Neigung zu kindlich-jugendlichem Stimmungswechsel ohne rechten Anlass, Fehlen einer Integration von Eros und Sexus (wichtig besonders bei Sittlichkeitsdelikten), jugendliche Übersteigerung des Abenteuerdranges, des Wanderdranges, der Geltungssucht und ähnlicher „phasenspezifischer" Tendenzen.

Was ist „typisch" für Erwachsene?

Als charakteristische Züge Erwachsener gelten nach den „Marburger Richtlinien":

eine gewisse Lebensplanung, Fähigkeit zu selbstständigem Urteilen und Entscheiden, Fähigkeit zu zeitlich überschauendem Denken, Fähigkeit, Gefühlsurteile rational zu unterbauen, ernsthafte Einstellung zur Arbeit, eine gewisse Eigenständigkeit gegenüber anderen Menschen.

Richtige Betrachtungsweise ist: eher noch Jugendlicher oder eher schon Erwachsener?

Obwohl die „Marburger Richtlinien" letztlich auch nur vage Entwicklungsmerkmale beinhalten, beeinflussen sie in der Praxis immer noch die Entscheidungen darüber, ob ein Heranwachsender zur Tatzeit nach seiner Gesamtentwicklung schon (eher) zur Gruppe der Erwachsenen oder doch noch (eher) zu der der Jugendlichen gehörte. (Nichts anderes kann es nämlich bedeuten zu entscheiden, ob für ihn – noch – Jugendstrafrecht oder – schon – „Erwachsenenstrafrecht" angewendet werden soll.)

---

176 Siehe auch *Eisenberg*, § 105, Rz. 23 ff.

„Reifeverzögerung": problematischer Begriff

Der in Schrifttum und Praxis gebräuchliche Ausdruck „Reifeverzögerung" ist jedoch bedenklich, weil er die Vorstellung erwecken kann, es handele sich um „geistig zurückgebliebene" Erwachsene. Das ist jedoch vom Gesetzgeber (natürlich) nicht gemeint.

b) „Jugendverfehlung"

Begriff

Auch dieser Begriff (§ 105 Abs. 1 Nr. 2) ist mehrdeutig und damit sehr unbestimmt. In der Praxis wird von einer Jugendverfehlung meist dann ausgegangen, wenn die Tat

- nach ihren äußeren Umständen oder der Art ihrer Begehung oder nach den Beweggründen des Täters
- als für Jugendliche charakteristisch erscheint. Dabei spielt die konkrete Entwicklung des Heranwachsenden sowie die Schwere der Tat keine Rolle, sondern allein das „Erscheinungsbild" seiner Tat.

Als sog. **„typische Jugendverfehlungen"** werden z.B. angesehen:

Beispiele: Straftaten aus Geltungsbedürfnis, Abenteuerlust, Rauflust, Zerstörungswut, Heimweh, Neugierde begangene Straftaten, „sinnlose" Straftaten wie: Beschädigung öffentlicher Einrichtungen (Telefonzellen, Wartehäuschen, Straßenlaternen, -schilder etc.) oder privaten Eigentums (Autoantennen und -spiegel abbrechen, Autoreifen zerstechen, Fensterscheiben einwerfen, Gartenhäuschen aufbrechen und verwüsten etc.), sowie eine Reihe „spezifischer" Delikte wie z.B.: Entwendung von Kfz zum vorübergehenden Gebrauch („Spritztour"), Automatenknacken, Ladenhausdiebstähle, „Schwarzfahren" sowie „Affekt"-Handlungen (wie z.B. Beleidigungen und Körperverletzungen).

c) Anwendung des Jugendstrafrechts

Anwendung des JStrafR = Regelfall

Der Gesetzgeber hat zwar 1953 die Anwendung des Jugendstrafrechts auf Heranwachsende als Ausnahmefälle angesehen. In der Praxis wurde aber schon bald die Tendenz deutlich, auf Heranwachsende weit möglichst Jugendstrafrecht anzuwenden. Daran hat auch die Herabsetzung des Volljährigkeitsalters auf 18 Jahre (seit 1.1.1975) nichts geändert, da es ja nicht um die strafrechtliche Verantwortlichkeit des Heranwachsenden geht, die – schon immer – uneingeschränkt besteht, sondern darum, ob die Anwendung der spezifischen jugendstrafrechtlichen Maßnahmen (s. dazu Seiten 160/161) im Einzelfall (noch) sinnvoller ist als die des „Erwachsenenstrafrechts" (d.h.: Geld- oder Freiheitsstrafe). – Im Jahre 2004 wurden in 63,5% der Fälle Jugendstrafrecht und nur in 36,5% der Fälle Erwachsenen-Strafrecht angewendet.[177]

Kontroverse Änderungsforderungen

In Lehre und Praxis wird zum Teil zwar gefordert, das Jugendstrafrecht uneingeschränkt für Heranwachsende zu öffnen, aber es wird zum Teil auch verlangt, für Heranwachsende generell das „Erwachsenenstrafrecht" anzuwenden[178] (s. dazu auch Seite 131).

---

[177] Vgl. *Statistisches Bundesamt*, Rechtspflege, Fachserie 10, Reihe 3, Strafverfolgung.
[178] Nachweise z.B. bei *Eisenberg*, § 105, Rz. 6a.

d) Anwendung des „Erwachsenenstrafrechts"

Jugendgerichte bleiben zuständig

Wird auf einen Heranwachsenden das Erwachsenenstrafrecht angewandt, so verbleibt es bei der Zuständigkeit der Jugendgerichte (siehe Seite 131). Es gelten jedoch hinsichtlich der zu erwartenden Sanktionen folgende Besonderheiten:

Besonderheit Sicherungsverwahrung

Gemäß § 106 Abs. 3 darf Sicherungsverwahrung zwar nicht im Urteil angeordnet, aber unter den übrigen Voraussetzungen des § 66 StGB diesbezüglich ein *Vorbehalt* festgehalten werden:

Voraussetzungen

- bei Verurteilungen von mindestens fünf Jahren wegen Verbrechen (d.h.: gem. § 12 Abs. 1 StGB mit mindestens ein Jahr Freiheitsstrafe bedrohte Straftaten) oder wegen Sexual-Straftaten nach den §§ 174–174c, 176, 179 Abs. 1–4, 180, 182, 224, 225 Abs. 1 und 2, 323a StGB, durch welche das Opfer seelisch oder körperlich schwer geschädigt oder einer solchen Gefahr ausgesetzt worden ist,
- wenn es sich dabei um eine Wiederholungstat handelt *und*
- die Gesamtwürdigung ergibt, dass der Täter infolge eines Hanges zu solchen Straftaten für die Allgemeinheit gefährlich ist.

Sicherungsverwahrung auch nachträglich möglich

Besteht vor Entlassung aus dem Strafvollzug oder der Psychiatrie „mit hoher Wahrscheinlichkeit" Wiederholungsgefahr, kann die Sicherungsverwahrung auch noch nachträglich angeordnet werden (vgl. § 106 Abs. 5, 6 JGG).

Waren keine der Verurteilung zugrunde liegenden Straftaten *nach* dem 1.4.2004 begangen worden und konnte deshalb die Sicherungsverwahrung nicht nach § 106 Abs. 3 S. 2 JGG *vorbehalten* werden, so hat das Gericht seit 1.5.2007 als Tatsachen i.S.d. § 106 Abs. 3 S. 1 JGG auch solche zu berücksichtigen, die im Zeitpunkt der Verurteilung bereits erkennbar waren (§ 106 Abs. 5 S. 2 JGG).[178a]

Statt lebenslänglich 10–15 Jahre Freiheitsstrafe möglich

Bei Kapitalverbrechen kann statt lebenslanger Freiheitsstrafe eine zeitige Strafe von 10 bis 15 Jahren verhängt werden (§ 106 Abs. 1 JGG).

Aberkennung der bürgerlichen Ehrenrechte?

Von der Aberkennung der bürgerlichen Ehrenrechte (vgl. dazu § 45 StGB) kann abgesehen werden (§ 106 Abs. 2 JGG).

Zur Wiederholung des Themas „Strafrechtliche Verantwortlichkeit" siehe nachfolgende Übersicht (S. 135).

[178a] Zur Diskussion über die Sicherungsverwahrung siehe auch die Ausführungen auf Seiten 160/161 unten.

Strafrechtliche Verantwortlichkeit			
Einfluss des Alters zur Tatzeit auf die strafrechtliche Verantwortlichkeit (§ 1 Abs. 2 JGG)			
noch nicht 14 („Kinder“)	14-18 („Jugendliche“)	18-21 („Heranwachsende“)	ab 21 („Erwachsene“)
strafunmündig	bedingt strafmündig	voll strafmündig	voll strafmündig
Die Täter sind noch nicht strafrechtlich verantwortlich (§§ 19, 20 StGB). Für sie kommen daher nur Erziehungsmaßnahmen des BGB in Betracht.	Für sie sind nur bei Einsichts- u. Steuerungsfähigkeit zur Tatzeit Maßnahmen des JGG anwendbar. – Sonst: nur Maßnahmen von FamG (§ 3 S. 2 JGG).	Sie sind stets strafrechtlich veantwortlich. Je nach Reife oder Tat (§ 105 JGG) kommen für sie entweder Maßnahmen des JGG oder Sanktionen des StGB (mit Sonderheiten) zur Anwendung.	Sie sind stets strafrechtlich verantwortlich. Für diese Täter kommen unabhängig von Reife/Tat immer nur Maßnahmen des StGB zur Anwendung.
zuständig: FamG (§ 3 S. 2 JGG)	zuständig: Jugendgerichte (§§ 33 ff. JGG)	zuständig: Jugendgerichte – auch bei Anwendung des StGB (§§ 33 ff.,107,108 JGG)	zuständig: allg. Strafgerichte (§§ 24 ff., 74 ff., 120 ff. GVG)
Das Alter zurzeit der Verurteilung ist jeweils unerheblich; maßgeblich ist stets die Tatzeit (vgl. Wortlaut des § 1 Abs. 2 JGG).			

B. Die jugendgerichtlichen Maßnahmen[179]

I. Vorläufige Maßnahmen

1. Anstaltsunterbringung zur Untersuchung des Entwicklungsstandes (Unterbringung zur Beobachtung)

Zweck

Zur Klärung der strafrechtlichen Verantwortlichkeit eines Jugendlichen (vgl. § 3 JGG) oder des Entwicklungsstandes eines Heranwachsenden (vgl. § 105 JGG) kann der für die Eröffnung des Hauptverfahrens zuständige Jugendrichter die Unterbringung zur Untersuchung des Beschuldigten (Angeklagter heißt er erst nach Prozesseröffnung) bis zu sechs Wochen in einer geeigneten Anstalt (z.B. Jugendpsychiatrische Abteilung einer Nervenklinik) anordnen (§§ 73 Abs. 1, 109 Abs. 1 JGG).

Zulässigkeit

Diese einschneidende Maßnahme kommt nur in Betracht, wenn eine ambulante Untersuchung durch einen Sachverständigen (Jugendpsychologe, Psychiater) nach dessen Meinung nicht ausreicht (vgl. § 73 Abs. 1 S. 1 JGG) *und* die Bedeutung der Strafsache dies rechtfertigt. Sonst muss nach dem Grundsatz der Verhältnismäßigkeit die Lücke in der Aufklärung hingenommen werden; Zweifel wirken sich zu Gunsten des Täters aus.

---

[179] Siehe dazu die Übersicht auf Seiten 160/161.

Verteidigerbestellung

Vor dieser richterlichen Anordnung ist der Verteidiger des Beschuldigten anzuhören (§ 73 Abs. 1 S. 1 JGG). Hat er keinen Verteidiger, muss ihm der vorsitzende Richter einen bestellen (§ 68 Nr. 4 JGG).

Rechtsmittel bewirkt Aufschiebung

Dieser Anordnungsbeschluss ist mit der „sofortigen Beschwerde" (= muss binnen einer Woche seit Bekanntmachung erfolgen, § 311 StPO) anfechtbar, die aufschiebende Wirkung hat (§ 73 Abs. 2 JGG), d.h.: bevor nicht darüber entschieden ist, darf die Unterbringung nicht erfolgen.

2. Vorläufige Anordnungen über die Erziehung

Voraussetzungen

Gegen hinreichend tatverdächtige Jugendliche kann der Jugendrichter schon vor Prozessbeginn vorläufige erzieherische Anordnungen treffen oder die Gewährung von Leistungen nach dem SGB VIII anregen (§ 71 Abs. 1 JGG). In Betracht kommen vor allem

Mögliche Anordnungen

- die Hilfen zur Erziehung der §§ 28 ff. SGB VIII (s. dazu Seite 139 ff.),
- den Weisungen (s. dazu Seite 138) entsprechende Anordnungen
- und bei Rückfallgefährdung einstweilige Unterbringung in geeigneten Heimen (§ 71 Abs. 2 JGG).

Aufhebung

Die getroffenen Anordnungen sind wieder aufzuheben, wenn sie entbehrlich oder unzweckmäßig geworden sind. Die Aufhebung muss spätestens mit Rechtskraft (Unanfechtbarkeit) des Urteils erfolgen (§ 71 Abs. 1 JGG).

Rechtsmittel generell ohne Aufschiebung

Rechtsmittel ist die „einfache" (= fristlose) Beschwerde, die generell keine aufschiebende Wirkung hat (§§ 304 Abs. 1, 307 StPO).

Nicht für Heranwachsende

Für Heranwachsende sind vorläufige Erziehungsanordnungen nicht möglich, weil erzieherische Einwirkungen auf sie wegen ihrer Volljährigkeit rechtlich nicht mehr zulässig sind (vgl. §§ 71 Abs. 1, 109 JGG).

3. Einstweilige Heimunterbringung

Voraussetzungen

Wenn Jugendstrafe zu „erwarten" ist (zu den Voraussetzungen siehe Seite 144), kann der Jugendrichter auch die Unterbringung in einem geeigneten (und aufnahmebereiten) Heim der Jugendhilfe anordnen, wenn dies im Hinblick auf die zu erwartenden jugendrichterlichen Maßnahmen geboten ist oder um den Jugendlichen vor einer weiteren Gefährdung seiner Entwicklung (insbesondere vor der Begehung neuer Straftaten) zu bewahren (§ 71 Abs. 2 S. 1 JGG).

In der Praxis selten

Diese Bestimmung will die Nachteile der Untersuchungshaft vermeiden helfen. Sie hat in der Praxis aber deshalb keine große Bedeutung, weil sich die meisten Heime gegen solche Aufnahmen sträuben.

Bezüglich Aufhebung, Rechtsmittel und *Nichtanwendung auf Heranwachsende* gilt das oben unter 2. Gesagte.

Haftbefehlvorschriften gelten analog

Im Übrigen gelten die Vorschriften der §§ 114–115a, 117–118b, 120, 125, 126 StPO über den Haftbefehl sinngemäß (§ 71 Abs. 2 S. 2 JGG), da diese Unterbringung (einen echten) Freiheitsentzug darstellt, der daher auch auf einen im Urteil verhängten Jugendarrest oder auf Jugendstrafe (teilweise oder ganz) angerechnet werden kann (vgl. §§ 52, 52a JGG).

4. Untersuchungshaft

Konsequenzen für die Jugendlichen

Die Untersuchungshaft hat für den Jugendlichen besonders nachteilige Folgen. Er erleidet durch sie meist einen schweren Schock, der zu Folgeschäden führen kann. Außerdem kommen die Jugendlichen dadurch in für sie schädliche Kontakte mit meist viel älteren, zum Teil schwerstkriminellen Gefangenen. Denn der Vollzug in eigenen Anstalten ist in der Praxis häufig nicht möglich, obwohl er vom Gesetzgeber („nach Möglichkeit") gefordert wird (vgl. § 89c Abs. 1 JGG).

Für Jugendliche als letztes Mittel gedacht

U-Haft darf daher für Jugendliche nur dann verhängt und vollstreckt werden, wenn ihr Zweck (Flucht, Verdunkelung oder Wiederholung von Straftaten zu vermeiden) nicht durch vorläufige Erziehungsanordnungen (s.o. Seite 136) oder durch andere Maßnahmen (z.B. Meldepflicht, Anordnungen über den Aufenthalt, Verpflichtung zur Inanspruchnahme eines Erziehungsbeistandes oder Betreuungshelfers [s. dazu Seite 140], Überwachung durch Jugendgerichtshilfe und Bewährungshelfer etc.) oder durch Unterbringung in einem Erziehungsheim (s.o. unter B. 3.) erreicht werden kann (§ 72 Abs. 1 und 3 JGG).

- In der Praxis wird (leider) dennoch selbst bei geringeren Delikten (mehrfacher Ladendiebstahl) häufig U-Haft angeordnet.

Verfahren ist zu beschleunigen

Ist für Jugendliche U-Haft angeordnet, so ist das Gerichtsverfahren beschleunigt durchzuführen (§ 72 Abs. 5 JGG), um wenigstens ihre Dauer möglichst kurz zu halten. Auf Jugendarrest kann sie (auf Jugendstrafe muss sie generell) teilweise oder ganz angerechnet werden (vgl. §§ 52, 52a JGG).

Anrechnung auf Jugendarrest/-strafe

Vollzug der U-Haft

Die U-Haft wird (sofern möglich) in einer gesonderten Anstalt und nicht in einer allgemeinen JVA vollzogen oder, wenn keine Jugendstrafe zu erwarten ist, in einer Jugendarrestanstalt (§ 89c Abs. 1 JGG). Dabei soll die U-Haft erzieherisch gestaltet werden (§ 93 Abs. 2 JGG). Daher besteht – im Gegensatz zu Erwachsenen – für Jugendliche und HW Arbeitspflicht (Nr. 80 Abs. 2 S. 1 UVollzO). Da es fast ausnahmslos an sinnvollen Beschäftigungen mangelt, ist dies pädagogisch fragwürdig und wegen der Unschuldsvermutung (Art. 6 Abs. 2 MRK) auch verfassungsrechtlich äußerst bedenklich.

Keine Sonderheiten für Heranwachsende

Für Heranwachsende gelten die Sonderheiten des § 72 JGG nicht (vgl. § 109 JGG).

II. Endgültige Maßnahmen

1. Erziehungsmaßregeln (§ 9 JGG)

Erziehung statt Sühne

Sie werden vom Jugendrichter „aus Anlass" der Straftat (also nicht: „wegen" derselben) angeordnet (§ 5 Abs. 1 JGG). Damit soll bereits zum Ausdruck kommen, dass hier nicht die Tatvergeltung (durch Buße und/oder Sühne) der Tat, sondern die „Erziehung" des Täters bezweckt wird.

Zwei Arten

Das JGG kennt gemäß § 9 JGG zwei Arten von Erziehungsmaßregeln: Weisungen und Hilfen zur Erziehung.

- *Weisungen* sind in § 10 JGG geregelt(s. dazu Seite 138),
- *Hilfe zur Erziehung* (§ 12 JGG) gliedert sich in:

- die Verpflichtung zur Inanspruchnahme eines Erziehungsbeistandes oder Betreuungshelfers gemäß § 30 SGB VIII (s. dazu Seite 140),
- die Verpflichtung zur Inanspruchnahme von Heimerziehung oder betreuten Wohnformen iSd § 34 SGB VIII (s. dazu Seite 141).

Vorrang vor Zuchtmitteln und Jugendstrafe

Die Erziehungsmaßregeln sind als die dem jugendlichen Straftäter angemessene Reaktion des Staates vorgesehen. Nur wenn sie nicht ausreichen, werden Straftaten Jugendlicher mit Zuchtmitteln oder Jugendstrafe geahndet (§ 5 Abs. 2 JGG), die jeweils bereits Sühnecharakter haben (vgl. § 13 Abs. 1 und § 17 Abs. 2 JGG). Die Vergeltung der Straftat tritt also im Jugendstrafrecht gegenüber dem Ziel, den Täter zu erziehen, zurück *(Subsidiaritätsprinzip)*. Man spricht daher auch vom JGG als einem „Erziehungsstrafrecht" (vgl. § 2 JGG). Allerdings empfinden die betroffenen Jugendlichen auch Erziehungsmaßregeln oft als Strafe (z.B. Weisungen wie: Arbeitsauflagen oder Moped-, Lokal-, Umgangsverbote oder sich um einen Ausgleich mit dem Opfer der Straftat zu bemühen). Andererseits erscheinen dagegen die Zuchtmittel der „Verwarnung" (§ 14 JGG) und die „Auflage", sich zu entschuldigen (§ 15 JGG), weniger einschneidend und damit subjektiv als „geringere Strafe".

Wertigkeit zweifelhaft

Auswahl durch FamG ist zwar möglich, aber selten

Wird keine Jugendstrafe verhängt, können die Auswahl und Anordnung von Weisungen auch dem FamG überlassen werden (§ 53 JGG). Das geschieht – wegen zu befürchtender Verzögerungen – jedoch meist nur selten, obwohl dies zum Abbau der Diskriminierung der Erziehungsmaßregeln wie der Straftäter beitragen könnte.

Verbindungsmöglichkeiten

Erziehungsmaßregeln können einzeln oder nebeneinander oder zusammen mit Zuchtmitteln (ausgenommen Heimerziehung iSd § 34 SGB VIII und Jugendarrest), Weisungen, Auflagen und Erziehungsbeistandschaft können auch zusätzlich zur Jugendstrafe angeordnet werden (vgl. § 8 Abs. 1 u. 2 JGG).

a) Weisungen (§ 10 JGG)

Ge- und Verbote

Hierunter fallen sämtliche Gebote und Verbote, welche die Lebensführung der Straftäter regeln und dadurch ihre Erziehung fördern und sichern sollen (§ 10 Abs. 1 S. 1 JGG). Es dürfen dabei an die Lebensführung der Täter keine unzumutbaren Anforderungen gestellt werden (§ 10 Abs. 1 S. 2 JGG). So wäre es z.B. unzulässig anzuordnen, einen Sparvertrag abzuschließen, einer bestimmten Jugendgruppe oder Verein beizutreten, drei Monate lang sonntags beim Pfarrer die Beichte abzulegen, eine bestimmte Ausbildung zu beginnen oder eine Frau, die vom Täter ein Kind bekommt, zu heiraten.

Unzulässige Weisungen

Gesetzliche Beispiele

In § 10 Abs. 1 werden als Beispiele (vgl. „insbesondere") folgende für Jugendliche wie Heranwachsende anwendbare (vgl. § 105 Abs. 1 JGG) Weisungen genannt:

1. bzgl. Aufenthaltsort (bestimmte Lokale, Plätze, Stadtteile oder sonstige Orte zu meiden) – § 10 Abs. 1 S. 3 Nr. 1 JGG
2. bzgl. der Wohnung (in einer bestimmten Familie oder in einem Heim zu wohnen) – § 10 Abs. 1 S. 3 Nr. 2 JGG
3. Annahme einer (frei wählbaren) Ausbildungs- oder Arbeitsstelle) – § 10 Abs. 1 S. 3 Nr. 3 JGG
4. Arbeitsleistungen zu erbringen (z.B. in Sozialeinrichtungen wie Krankenhäusern, Alten- und Pflegeheimen oder Spielplätzen, Parks, Büchereien etc.) – § 10 Abs. 1 S. 3 Nr. 4 JGG

5. sich der Betreuung und Aufsicht einer bestimmten Person (Betreuungshelfer) zu unterstellen (gem. § 11 Abs. 1 S. 2 JGG idR max. ein Jahr) – § 10 Abs. 1 S. 3 Nr. 5 JGG (sog. „Betreuungsweisung")
6. an einem sozialen Trainingskurs teilzunehmen (gem. § 11 Abs. 1 S. 2 JGG idR max. sechs Monate) – § 10 Abs. 1 S. 3 Nr. 6 JGG
7. sich zu bemühen, einen Ausgleich mit dem Verletzten zu erreichen (Täter-Opfer-Ausgleich) – § 10 Abs. 1 S. 3 Nr. 7 JGG
8. Umgang mit bestimmten Personen oder den Besuch von Gast- oder Vergnügungsstätten zu unterlassen – § 10 Abs. 1 S. 3 Nr. 8 JGG
9. an einem Verkehrsunterricht teilzunehmen – § 10 Abs. 1 S. 3 Nr. 9 JGG
10. sich einer heilerzieherischen Behandlung oder Entziehungskur zu unterziehen – § 10 Abs. 2 JGG

(Bei Jugendlichen müssen die Erziehungsberechtigten und gesetzlichen Vertreter und ab 16 Jahren sollen sie auch selbst zustimmen, § 10 Abs. 2 JGG. – Trotz ungleich schlechterer Erfolgsaussichten kann beides insbesondere bei „unansprechbaren" Drogenabhängigen auch gegen den Willen der Minderjährigen angeordnet, die Durchführung aber nicht erzwungen, sondern nur bei schuldhafter Weigerung mit Jugendarrest geahndet werden, vgl. § 11 Abs. 3 JGG. Grundsätzlich ist auch ein Sachverständigengutachten nötig, RL 9 zu § 10 JGG).

Kein abschließender Katalog

Die gesetzlichen Beispiele stellen aber nicht etwa einen abschließenden Katalog der Weisungen dar, sondern lassen für zumutbare (s.o.) Weisungen jeder Art weiteren Spielraum (vgl. § 10 Abs. 1 S. 3 JGG: „insbesondere").

Arbeitsleistungen werden häufig nur allgemein angeordnet (z.B.: 60 Stunden) und deren Auswahl und Kontrolle dann Organisationen wie der „Brücke" übertragen.

Dauer

Die Laufzeit der Weisungen wird vom Richter festgelegt. Sie soll grundsätzlich zwei Jahre nicht überschreiten. Wenn dies aus Erziehungsgründen geboten ist, kann der Richter die Laufzeit auch bis auf insgesamt drei Jahre verlängern (§ 11 Abs. 1 u. 2 JGG). – Aus erzieherischen Gründen kann der Richter auch nachträglich noch die Weisungen ändern (z.B. wenn sie sich als schwer durchführbar erwiesen haben) oder ganz von ihnen befreien (§ 11 Abs. 1 u. 2 JGG).

Änderungen möglich

Bei Verstößen Jugendarrest

Die Einhaltung der Weisungen wird vom Jugendrichter in Zusammenarbeit mit der Jugendgerichtshilfe (§ 38 Abs. 2 S. 5 JGG) überwacht. Werden Weisungen nicht erfüllt, so kann ihre Befolgung zwar nicht erzwungen, aber dann Jugendarrest (bis zu vier Wochen) verhängt werden, sofern die Nichtbefolgung schuldhaft sowie eine entsprechende Belehrung erfolgt war; kommt der Betreffende daraufhin doch noch der Weisung nach, so sieht der Richter vom Vollzug des Jugendarrestes ab (§ 11 Abs. 3 S. 3 JGG).

b) Hilfe zur Erziehung (§ 12 JGG)

Seit 1991 keine Anordnungskompetenz mehr

Zu Zeiten des JWG konnten Jugendgerichte Jugendhilfemaßnahmen direkt als Erziehungsmaßregeln anordnen – nämlich die Erziehungsbeistandschaft und die Fürsorgeerziehung. Diese Kompetenz besteht seit 1991 nicht mehr. Seitdem kann das Jugendgericht Jugendlichen als strafrechtliche Sanktion nur noch „auferlegen", unter den im SGB VIII genannten Voraussetzungen (d.h.: insbesondere unter Beachtung der §§ 27 u. 36 SGB

VIII) HzE in Form der Erziehungsbeistandschaft iSd § 30 SGB VIII oder als Heimerziehung oder in einer sonstigen betreuten Wohnform iSd § 34 SGB VIII „in Anspruch zu nehmen" (§ 12 JGG). Adressat sind seither also ausschließlich die Jugendlichen. Weder JA, noch freie Träger, noch Personensorge-Inhaber können vom Jugendgericht zur Mitwirkung verpflichtet werden[180], denn die Durchführung dieser Anordnungen obliegt nicht den Jugendgerichten, sondern richtet sich nach dem SGB VIII (vgl. auch § 82 Abs. 2 JGG). Somit hängt die Realisierung dieser Erziehungsmaßregeln von der Zustimmung der Personensorge-Inhaber sowie davon ab, ob das Jugendamt die angeordnete HzE überhaupt vorhält und sie mit trägt, d.h. sie für sinnvoll und durchführbar hält.[181] – Wird die HzE nicht eingeleitet, kommt daher nur eine Mitteilung an das FamG und durch jenes evtl. eine Beschränkung der Personensorge gem. §§ 1666, 1666a BGB nebst Pflegerbestellung gem. § 1909 BGB in der Hoffnung in Betracht, dass dieser dann die HzE beantragt. Entsprechendes gilt beim Scheitern der HzE.

Adressat: Jugendliche, nicht: Eltern oder JA

Bei Nichtzustandekommen FamG-Maßnahmen möglich

Stellung des JA

Seit 1993 ist (aus Sorge um die richterliche Unabhängigkeit) in § 12 JGG das Einvernehmen des Jugendamts durch die Formulierung „nach Anhörung des Jugendamts" ersetzt worden. Inhaltlich hat sich dadurch aber keine Änderung ergeben, denn nach wie vor kann es nur dann zu diesen beiden HzE kommen, wenn das JA entscheidet, dass diese HzE im Einzelfall sinnvoll sind und auch wirksam angeboten werden können. Denn diese Anordnungen verpflichten die betreffenden Minderjährigen – nicht jedoch etwa das JA (s.o.).

Problematik

Insgesamt erscheint es problematisch, Jugendhilfe-Leistungen, die auf vertrauensvoller Zusammenarbeit und daher Freiwilligkeit basieren, mit repressiven Maßnahmen des JGG zu verzahnen. Zudem ist das inkonsequent, da die HzE gem. § 27 Abs. 1 SGB VIII ja nicht für Minderjährige, sondern für deren Personensorge-Inhaber vorgesehen sind (s. dazu Seite 78).

aa) Erziehungsbeistand/Betreuungshelfer

Unterschiede JGG – SGB VIII

Im Jugendhilferecht wird nicht zwischen Erziehungsbeistand und Betreuungshelfer unterschieden (vgl. § 30 SGB VIII sowie Seite 82 ff.) und beide sind auch für „junge Volljährige" (d.h. gemäß § 7 Abs. 1 Nr. 3 SGB VIII: 18–27 J. alt) vorgesehen (§ 41 Abs. 2 SGB VIII). Im JGG sind sie aber (unverständlicherweise) unterschiedlich ausgestaltet:

- Als sog. „Betreuungsweisung" (§ 10 Abs. 1 Nr. 5 JGG) ist der Betreuungshelfer auch für Heranwachsende vorgesehen, die Erziehungsbeistandschaft jedoch nicht (vgl. § 105 Abs. 1 JGG).
- Während Erstere nicht länger als ein Jahr dauern soll, ist Letztere zeitlich unbegrenzt (vgl. § 11 Abs. 1 S. 2 u. § 12 JGG).
- Bei Ersterer ist ein „Ungehorsamsarrest" vorgesehen – bei Letzterer nicht (vgl. § 11 Abs. 3 JGG).

Jugendrichter können Jugendlichen nach Anhörung des JA (s. dazu oben unter b)) „auferlegen", unter den Voraussetzungen des SGB VIII ei-

[180] Ebenso *Häbel* in *Fieseler/Schleicher/Busch/Wabnitz*, GK-SGB VIII, § 27 Rz. 85.
[181] Zur Problematik siehe oben Seite 82 f.

nen Erziehungsbeistand oder Betreuungshelfer in Anspruch zu nehmen (§ 12 JGG).

Zu Voraussetzungen, Verpflichtung und Gestaltung siehe oben Kapitel 2.

Kostenfrei

Da diese HzE unter den Voraussetzungen des SGB VIII gewährt werden, richtet sich auch die Kostentragung nach dem SGB VIII, d.h.: sie sind kostenfrei (vgl. §§ 90, 91 SGB VIII).

bb) Heimerziehung, betreutes Wohnen

Jugendrichter können Jugendlichen nach Anhörung des JA (s. dazu oben Kapitel 3) „auferlegen“, unter den Voraussetzungen des SGB VIII HzE iSd § 34 SGB VIII (= Heimerziehung oder betreute Wohnformen) in Anspruch zu nehmen (§ 12 JGG).

Zu Voraussetzungen, Verpflichtung und Gestaltung siehe oben Kapitel 3.

Kosten

Da diese HzE unter den Voraussetzungen des SGB VIII gewährt werden, richtet sich auch die Kostentragung nach dem SGB VIII (s. dazu Seite 85).

2. Zuchtmittel (§§ 13 ff. JGG)

Zielsetzung

Die Zuchtmittel stehen als Folgen einer Jugendstraftat zwischen den reinen Erziehungsmaßnahmen und der echten Kriminalstrafe. Mit ihnen ahndet der Jugendrichter Straftaten, bei denen er Jugendstrafe für noch nicht geboten hält, jedoch meint, dass dem Täter eindringlich zum Bewusstsein gebracht werden muss, dass er für das von ihm begangene Unrecht einzustehen hat (§ 13 Abs. 1 JGG), ohne dass die Zuchtmittel die Rechtswirkungen einer (Kriminal-)Strafe haben (§ 13 Abs. 3 JGG).

Abgrenzung von Erziehungsmaßregeln

Wenn auch die Zuchtmittel schon Sühnecharakter haben, so ist dennoch eine exakte Abgrenzung von den Erziehungsmaßregeln nicht möglich. So sind die Auflagen des § 15 JGG letztlich nichts anderes als besondere – allerdings genau festgelegte – Weisungen. Auch sind schon viele Weisungen (s.o.) und Heimunterbringung sicherlich einschneidender als die Verwarnung oder einzelne Auflagen. Der eigentliche Unterschied zwischen Erziehungsmaßregeln und Zuchtmitteln besteht darin, dass Erstere eine *erzieherische Lang-Einwirkung*, Letztere dagegen eine eher *drastische Kurz-Einwirkung* (vor allem der Jugendarrest) bezwecken.

Das JGG kennt drei verschiedene Zuchtmittel:

- Verwarnung (§ 14)
- Auflagen (§ 15)
- Jugendarrest (§ 16).

Verbindungsmöglichkeiten

Zuchtmittel können einzeln oder nebeneinander oder zusammen mit Erziehungsmaßregeln (ausgenommen Jugendarrest und Heimerziehung iSd § 34 SGB VIII), Auflagen auch neben Jugendstrafe angeordnet werden (vgl. § 8 Abs. 1 u. 2 JGG).

Auch für HW

Alle Zuchtmittel kommen auch für Heranwachsende, für die Jugendstrafrecht angewendet wird, in Betracht (§ 105 Abs. 1 JGG).

a) Verwarnung

Zielsetzung, Problematik

Durch die Verwarnung soll dem Täter das Unrecht der Tat eindringlich vorgehalten werden (§ 14 JGG). Diese Maßnahme als selbstständige Sanktion ist problematisch, weil auch sie natürlich erst nach Rechtskraft des Urteils vollzogen werden kann. Nach so langer Zeit ist eine solche ermahnende Zurechtweisung einerseits sicherlich zu wenig und andererseits neben anderen Erziehungsmaßregeln oder Zuchtmitteln zweifellos entbehrlich, da sie in ihnen bereits enthalten ist.

Absehen von der Strafverfolgung („Diversion")

Sinnvoll kann dagegen die nach § 45 Abs. 3 JGG vorgesehene Einstellung des Verfahrens sein. Das kommt bei geständigen Tätern (vor allem bei Ersttätern) in Betracht, bei denen der Jugendstaatsanwalt eine Ahndung durch ein Urteil für entbehrlich hält und daher beim Jugendrichter beantragt, den Täter nur zu ermahnen oder ihm Auflagen nach § 15 JGG oder Arbeitsauflagen zu machen oder seine Teilnahme am Verkehrsunterricht anzuordnen. Diese Einstellung des Verfahrens unter Auflagen kann und wird der Betreffende als letzte „Warnung" verstehen, nicht dagegen die Verwarnung des § 14 JGG als Ergebnis eines aufwendigen Prozesses. Näheres hierzu s.u. D. I. 2.)

b) Auflagen

Abschließender Katalog

Als Auflagen kommen nach § 15 Abs. 1 JGG in Betracht:

1. nach Kräften den durch die Tat verursachten Schaden wieder gutzumachen,
2. sich persönlich bei dem Verletzten zu entschuldigen,
3. Arbeitsleistungen zu erbringen oder
4. einen Geldbetrag zugunsten einer gemeinnützigen Einrichtung zu zahlen.

Diese Regelung ist abschließend, d.h.: weitere Auflagen sind nicht möglich.

Zumutbarkeit

Die Auflagen dürfen (ebenso wie die Weisungen gemäß § 10 Abs. 1 S. 2 JGG) an den Jugendlichen keine unzumutbaren Anforderungen stellen (§ 15 Abs. 1 S. 2 JGG).

„Zwangsspende"

Die Zahlung eines Geldbetrages gemäß § 15 Abs. 1 S. 1 Nr. 4 JGG soll der Jugendrichter nur unter den in § 15 Abs. 2 JGG genannten Voraussetzungen anordnen (Vorschrift bitte lesen!).

Problematik

Diese Auflage bedarf deshalb einer sorgfältigen Prüfung, weil sie im Ergebnis nicht zur Umgehung der im Jugendstrafrecht unzulässigen Geldstrafe (vgl. § 5 JGG) führen darf.

Änderung und Befreiung möglich

Werden die Auflagen ohne Verschulden vom Verurteilten nicht erfüllt, so kann der Jugendrichter sie aus Erziehungsgründen später ändern oder von der Erfüllung ganz oder teilweise befreien (§ 15 Abs. 3 S. 1 JGG).

Bei Verstößen: Jugendarrest

Liegt dagegen ein Verschulden des Betreffenden vor, kann der Jugendrichter gegen ihn Jugendarrest verhängen, wenn er hierüber im Urteil belehrt worden war (§ 15 Abs. 3 S. 2 JGG).

Verpflichtung bleibt bestehen

Nach Vollstreckung des Jugendarrestes sind die Auflagen grundsätzlich erneut zu erfüllen, jedoch kann der Richter sie dann auch teilweise oder ganz für erledigt erklären (§ 15 Abs. 1 S. 3 JGG).

c) Jugendarrest

Vollzug

Der Jugendarrest wird in eigens eingerichteten Jugendarrestanstalten (also nicht in Jugendstrafanstalten) oder in Freizeitarresträumen der Landesjustizverwaltung vollzogen, wobei der dortige Jugendrichter Vollzugsleiter ist (§ 90 Abs. 2 JGG).

Der Vollzug des Jugendarrestes soll das Ehrgefühl des Jugendlichen wekken und ihm eindringlich zum Bewusstsein bringen, dass er für das von ihm begangene Unrecht einzustehen hat. Gleichzeitig soll der Vollzug des

Jugendarrestes erzieherisch gestaltet werden und dem Jugendlichen helfen, die Schwierigkeiten zu bewältigen, die zur Begehung der Straftat beigetragen haben (§ 90 Abs. 1 JGG).

Freiheitsentzug

Der Jugendarrest ist somit Freiheitsentzug mit *Sühnecharakter*, der daher auch *nicht zur Bewährung* ausgesetzt wird (§ 87 Abs. 1 JGG). Allerdings kann von der Vollstreckung nachträglich teilweise oder ganz abgesehen werden (vgl. § 87 Abs. 3 JGG).

Problematik

Die Verhängung von Jugendarrest ist problematisch, weil außer einer Schockwirkung (die angeblich heilsam sein soll) nichts Erzieherisches erzielt werden kann. Das zeigen auch die hohen Rückfallquoten. Dennoch kann auf ihn wohl nicht ganz verzichtet werden, weil sonst in zahlreichen Fällen, in denen weniger ein Bedürfnis nach Erziehung, sondern nach Ahndung besteht, sicherlich gleich Jugendstrafe (s. dazu unten Kapitel VII.) angeordnet werden würde.

Drei Versionen

Das JGG unterscheidet: Freizeit, Kurz- und Dauerarrest (§ 16 Abs. 1 JGG).

aa) Freizeitarrest

Kaum durchführbar

Er wird für ein bis zwei wöchentliche Freizeiten verhängt (vgl. § 16 Abs. 2 JGG) und ist damit praktisch nicht zu vollziehen, selbst wenn die Vollstreckung am Wohnort der Verurteilten möglich sein sollte. Anderenfalls käme es zu einem – völlig unsinnigen – Einsperren für kurze tägliche Abschnitte. Daher ist gesetzlich eine „Umrechnung" von einem Freizeitarrest in zwei Tage Kurzarrest vorgesehen (§ 16 Abs. 3 S. 2 JGG).

Umrechnung in Wochenend-Arreste

bb) Kurzarrest

Statt Freizeitarrest Wochenendarreste

Weil der Vollzug von Freizeitarrest praktisch undurchführbar ist, sieht das JGG den Kurzarrest vor, „wenn der zusammenhängende Vollzug aus Gründen der Erziehung zweckmäßig erscheint und weder die Ausbildung noch die Arbeit des Täters beeinträchtigt werden" (§ 16 Abs. 3 S. 1 JGG). Dabei stehen zwei Tage Kurzarrest einer Freizeit gleich (§ 16 Abs. 3 S. 2 JGG). Daher wird der Freizeitarrest immer in Kurzarrest umgewandelt und dann an Wochenenden vollzogen (sog. Wochenendarrest).

cc) Dauerarrest

1–4 Wochen

Er beträgt mindestens eine Woche und höchstens vier Wochen und wird nach vollen Tagen (z.B. 10 Tage) oder Wochen (z.B. drei Wochen) bemessen (§ 16 Abs. 4 JGG).

Problematik

Auf den Missbrauch des Dauerarrestes als kurze Ersatzfreiheitsstrafe ist zwar oft – zu Recht – hingewiesen worden. Er erscheint nur unter dem Aspekt gerechtfertigt, dass seine Folgen nicht so einschneidend sind, wie die der Jugendstrafe (siehe: lange Dauer und „Vorbestraftsein"; vgl. dazu Seite 162).

3. Jugendstrafe (§ 17 JGG)

Kriminalstrafe

Die einzige Kriminalstrafe des gesamten Jugendstrafrechts ist die Jugendstrafe und stellt die schärfste repressive Sanktion dar, die das JGG bereit hält. Sie ist eine selbstständige, unabhängig vom Erwachsenenstrafrecht ausgestaltete Freiheitsstrafe (RL 1 zu § 17 JGG), die (für Jugendliche immer und bei HW, wenn JStR angewendet wird) in eigenen Jugendstrafanstalten vollzogen wird (vgl. §§ 17 Abs. 1 JGG u. z.B. § 98 JStVollzG Bln). Sie enthält alle Elemente des allgemeinen Strafbegriffs (Vergeltung, Sühne, Abschreckung, Besserung, Schutz der Allgemeinheit, Ehrenrührigkeit). Sie soll den „Täter entsühnen und in die Gesellschaft wieder einordnen".[182]

Erziehungsanspruch

Dennoch wird die Jugendstrafe als „Erziehungsstrafe" angesehen, die so zu bemessen sei, dass die erforderliche erzieherische Einwirkung möglich ist (§ 18 Abs. 2 JGG). – Wegen der völlig unzureichenden Ausstattung der Jugendstrafanstalten mit Erziehern, Sozialpädagogen u.Ä. steht dieser (z.B. in § 3 JStVollzG NRW und §§ 2 und 3 JStVollzG Bln näher angesprochene) Erziehungsanspruch jedoch nur auf dem Papier.

Verbindungsmöglichkeit

Neben der Jugendstrafe kommen auch Weisungen und Erziehungsbeistandschaft (§ 30 SGB VIII) sowie Auflagen in Betracht (vgl. § 8 Abs. 2 JGG).

Gilt auch für HW

Jugendstrafe kommt für Jugendliche wie Heranwachsende in Frage (vgl. §§ 17 und 105 JGG).

a) Voraussetzungen der Jugendstrafe

Jugendstrafe als "ultima ratio"

Jugendstrafe ist das äußerste Mittel (ultima ratio) des gesamten Jugendstrafrechts und darf daher nur angewendet werden, wenn alle anderen Maßnahmen des JGG nicht ausreichen. Jugendstrafe kommt deshalb nach § 17 Abs. 2 JGG nur dann in Betracht, wenn:

Voraussetzungen

- wegen der in der Tat hervorgetretenen **schädlichen Neigungen** Erziehungsmaßregeln oder Zuchtmittel zur Erziehung nicht ausreichen, oder
- wegen der **Schwere der Schuld** Strafe erforderlich ist.

Gerichtspraxis

In der Praxis wird die Jugendstrafe wegen ihres hohen Mindestmaßes (sechs Monate) und der Unzulänglichkeiten im Vollzug nur selten angewandt. Bei Jugendlichen beträgt der Anteil der Jugendstrafe ca. 10% und bei Heranwachsenden ca. 20% aller Verurteilungen.[183]

aa) Schädliche Neigungen

Begriff

Der Begriff stammt aus dem österreichischen Recht und stellt nichts anderes als eine Verdeutschung des Ausdrucks „kriminelle Neigungen" dar.

Definition

Schädliche Neigungen werden meist als erhebliche Anlage- oder Erziehungsmängel definiert, die ohne längere Gesamterziehung des Täters die Gefahr von Störungen der Gemeinschaftsordnung durch weitere Straftaten begründen[184], wobei diese nicht ganz unerheblicher Art sein dürfen (daher keine Jugendstrafe bei Hang zu Bagatelldelikten). Bloße Gelegenheits-, Konflikts- und Notkriminalität deuten auch bei Wiederholungsgefahr noch nicht auf schädliche Neigungen hin.

Diagnose entscheidet

Ob schädliche Neigungen vorliegen, ist eine Frage der Diagnose, d.h., die Tat muss das Ergebnis der kriminellen Neigungen sein. Hierzu ist im JGH-Bericht (s. dazu Seite 175) eingehend Stellung zu nehmen, dem in der Praxis eine nicht zu unterschätzende Bedeutung zukommt.

---

[182] So der Bundesgerichthof in einem Urteil aus dem Jahr 1963 zur Frage des Verhältnisses zwischen Jugendstrafe und Jugendarrest (BGHSt 18, 207, 209).
[183] *Statistisches Bundesamt*, Rechtspflege, Fachserie 10, Reihe 3, Strafverfolgung.
[184] Ständige Rechtsprechung des BGH, s. dazu *Eisenberg*, § 17 Rz 18a.

Kriterien problematisch

Überwiegend wird angenommen, dass es unerheblich sei, ob die schädlichen Neigungen auf Verschulden, ererbter Charakteranlage (ohnehin problematisch), neurotischer Fehlentwicklung, falscher Erziehung, Verführung oder sonstigen Umwelteinflüssen beruhen. Das lässt sich jedoch nur dann vertreten, wenn diese kriminellen Neigungen so massiv sind, dass Erziehungsmaßregeln und Zuchtmittel zur Erziehung wirklich nicht ausreichen (vgl. § 17 Abs. 2 JGG). Auch hier kommt es meist entscheidend auf den JGH-Bericht an.

„Hervortreten" in der Straftat

Das JGG verlangt, dass die schädlichen Neigungen in der abzuurteilenden Tat hervorgetreten sein müssen (§ 17 Abs. 2 JGG). Das ist wiederum eine Frage der Bewertung, die mit Hilfe der JGH zu erfolgen hat. Dabei geht es um das Problem, ob die vorliegende Tat symptomatische Bedeutung für die kriminelle Neigung des Täters hat oder nicht.

Jugendstrafe letztes Mittel

Persönlichkeitserforschung

§ 17 Abs. 2 JGG lässt Jugendstrafe ausdrücklich nur dann zu, wenn Erziehungsmaßregeln und Zuchtmittel zur Erziehung des Täters nicht ausreichen. Dies kann nur nach eingehender Persönlichkeitserforschung – vor allem durch die JGH (s. Seite 174) – erfolgen, wobei zu berücksichtigen ist, dass derzeit der Jugendstrafvollzug seinen erzieherischen Auftrag nicht zu erfüllen vermag (s. Seite 144).

bb) Schuldspruch ohne Strafausspruch (= „bedingte Verurteilung", § 27 JGG)

Bei Zweifeln an schädlichen Neigungen

Kann auch nach Erschöpfung der Ermittlungsmöglichkeiten nicht mit Sicherheit vom Jugendgericht beurteilt werden, ob

in der Straftat schädliche Neigungen von einem Umfang hervorgetreten sind, dass eine Jugendstrafe erforderlich ist,

so kann sich das Gericht zunächst darauf beschränken, die Schuld des Täters festzustellen (z.B. „hat drei Diebstähle begangen"), die Entscheidung über die Verhängung der Jugendstrafe (= „wird zu ... verurteilt") aber noch für eine (vom Gericht zu bestimmende) Bewährungszeit auszusetzen (§ 27 JGG).

„In dubio pro reo"

Diese jugendrichterliche Maßnahme ist letztlich eine Konsequenz aus dem das gesamte Strafrecht beherrschenden Grundsatz: „in dubio pro reo" (im Zweifel für den Angeklagten).

Aufschub des Strafausspruches

Diese nur im Jugendstrafrecht vorgesehene Maßnahme der „Aussetzung der Verhängung der Jugendstrafe" (so die Gesetzessprache), die auch „bedingte Verurteilung" genannt wird, entspricht der dem angelsächsischen Recht bekannten Trennung von Schuldspruch und Strafausspruch, d.h.: Letzterer wird hier noch bis zum Ablauf der Bewährungszeit „aufgeschoben" (ausgesetzt).

Bewährungshelfer

Bewährungsdauer ein bis zwei Jahre

Tilgung oder Verbüßung?

Für die Bewährungszeit erhält der Täter einen Bewährungshelfer, der eventuelle Weisungen des Gerichts zu überwachen und über die Lebensführung des Probanden in vom Gericht festgelegten Zeitabständen zu berichten hat (§ 29 JGG). – Sollte sich in dieser Bewährungszeit, die minimum ein bis maximal zwei Jahre beträgt (§ 28 JGG), herausstellen, dass die Straftaten doch nicht auf schädliche Neigungen von einem Umfang zurückzuführen waren, die Jugendstrafe erforderlich macht, so wird der gesamte Schuldspruch getilgt (vgl. §§ 30 Abs. 2, 62 Abs. 1 u. 2 JGG). Im negativen Fall erkennt allerdings das Gericht auf die Strafe, die es dem Täter als Jugendstrafe gegeben hätte, wenn die schädlichen Neigungen gleich hätten sicher beurteilt werden können, und entscheidet zugleich, ob sie zur Bewährung ausgesetzt wird oder der Täter dann diese Strafe „absitzen" muss (vgl. § 30 Abs. 1 JGG). – Bevor das Gericht das Scheitern der Bewährung feststellt, kann es allerdings auch die Bewährungszeit bis auf zwei Jahre verlängern (§ 28 Abs. 2 JGG), um den Probanden eine weitere Chance der Bewährung zu geben.

Verlängerte Bewährung statt Verbüßung

Chance, aber auch Risiko

In diesem Schuldspruch ohne Strafausspruch liegt also eine große Chance und zugleich ein großes Risiko:

Schafft der Betroffene die Bewährung, ist er mit keinem Strafmakel behaftet; anderenfalls muss er erneut eine lange Bewährungszeit auf sich nehmen oder die ihm zugedachte Jugendstrafe verbüßen und sich dann als vorbestraft bezeichnen (vgl. § 53 Abs. 1 iVbm § 32 BZRG).

Gilt auch für HW

Der Schuldspruch ohne Strafausspruch kommt auch für Heranwachsende, für die Jugendstrafrecht angewendet wird, in Betracht (§ 105 Abs. 1 JGG).

cc) Schwere der Schuld

Nach § 17 Abs. 2 JGG muss das Jugendgericht dann Jugendstrafe verhängen, wenn „wegen der Schwere der Schuld Strafe erforderlich ist".

Sühnegedanke

Mit dieser Bestimmung stellt das JGG allein auf das Schuldprinzip ab, das das allgemeine Strafrecht beherrscht, und durchbricht damit bewusst den Grundsatz der „Erziehungsstrafe" zu Gunsten des Sühnegedankens.

Verwerflichkeit der Tatausführung

„Schwere der Schuld" bedeutet, dass die persönliche Vorwerfbarkeit der Tat besonders groß sein muss. Dabei spielen Tatausführung, Beweggründe, Stärke des verbrecherischen Willens sowie Verhalten nach der Tat eine maßgebliche Rolle.

Beispiele: Brutalität gegenüber bereits Wehrlosen; heimtückischer Überfall; Gebrauch von Waffen; Geiselnahme; Rache; Habgier; Anstiftung; Erzwingen der Tat durch Drohung; Bandenbildung für die Tat; Liegenlassen schwer verletzter Opfer; Einschüchterung von Zeugen; Verdacht auf andere lenken.

Letztes Mittel des Jugendstrafrechts

Die Schwere der Schuld muss die Jugendstrafe erforderlich machen (§ 17 Abs. 2 JGG), also keine andere Wahl zulassen. Das wird dann angenommen, wenn ein Absehen von Strafe zu Gunsten von Erziehungsmaßregeln oder Zuchtmitteln in unerträglichem Widerspruch zum „allgemeinen Gerechtigkeitsgefühl" stehen würde – so vor allem bei sog. Kapital verbrechen (vorsätzlichen Tötungsdelikten).[185]

Problematik: schwere Tatfolgen

In der Praxis gehen die Gerichte leider oftmals auch bei schweren Tatfolgen von der Schwere der Schuld aus und verhängen dann Jugendstrafe (z.B.: schwere Sach- oder Körperschäden, Tod eines Menschen). Das ist nach der eindeutigen Gesetzesformulierung nicht zulässig,[186] wenn die Tat z.B. nur leicht fahrlässig geschah.

Beispiel: Verkehrsunfall mit Schwerverletzten oder gar mit Todesopfern.

---

185 BGHSt 18, 207 (209).

186 BGHSt 15, 224.

b) Rechtsfolgen der Verhängung der Jugendstrafe

Wird Jugendstrafe verhängt, so beträgt die Mindeststrafe (immer!) sechs Monate, die Höchststrafe bei Jugendlichen („normalerweise") fünf Jahre, bei Heranwachsenden zehn Jahre (§ 18 Abs. 1 S. 1 bzw. § 105 Abs. 3 JGG[187]). Bei Kapitalverbrechen, bei denen das „Erwachsenenstrafrecht" mehr als zehn Jahre Freiheitsstrafe androht (vorsätzliche Tötungsdelikte, insbesondere Mord), ist allerdings bei Jugendlichen ebenfalls Jugendstrafe bis zu zehn Jahren möglich (§ 18 Abs. 1 S. 2 JGG). – Die Strafrahmen des allgemeinen Strafrechts gelten im Jugendstrafrecht also nicht (§ 18 Abs. 1 S. 3 JGG). So ist z.B. die Mindeststrafandrohung für Geiselnahme (gemäß § 239b StGB: fünf Jahre) für die Jugendgerichte unbeachtlich; sie können also dafür z.B. auch neun Monate verhängen.

Im Normalfall: 6 Mon. bis 5 J.

Bei Heranwachsenden und bei Kapitalverbrechen: bis zu 10 Jahren

StGB-Strafrahmen gilt im JGG nicht

Das Höchstmaß der Jugendstrafe gilt jeweils auch dann, wenn wegen mehrerer Straftaten eine Einheitsstrafe (vgl. § 31 JGG sowie Seite 150) gebildet wird. Diese gesetzliche Regelung geht davon aus, dass Jugendstrafe „Erziehungsstrafe" ist (zur Problematik vgl. Seite 144). Sie hält daher eine kürzere Einwirkung auf den Täter als sechs Monate für sinnlos, desgleichen eine längere als fünf Jahre. – Die Ausnahmen bei Heranwachsenden sowie bei Kapitalverbrechen Jugendlicher werden mit dem dort vorhandenen größeren Gewicht des Sühnegedankens gerechtfertigt.

Hohe Mindeststrafe

Begründung fragwürdig

aa) Jugendstrafe mit Bewährung

Bei Verurteilungen zu einer bestimmten Jugendstrafe bis zu einem Jahr ist Strafaussetzung zur Bewährung vorgesehen, „wenn zu erwarten ist, dass der Täter sich schon die Verurteilung zur Warnung dienen lassen und auch ohne die Einwirkung des Strafvollzugs unter der erzieherischen Einwirkung in der Bewährungszeit künftig einen ‚rechtschaffenen' (= straffreien) Lebenswandel führen wird" (§ 21 Abs. 1 S. 1 JGG). Dabei sind die Persönlichkeit des Täters, sein Vorleben, die Umstände seiner Tat, sein Verhalten nach der Tat, seine Lebensverhältnisse sowie die Wirkungen zu berücksichtigen, die von der Strafaussetzung für ihn zu erwarten sind (§ 21 Abs. 1 S. 2 JGG). Die Aussetzung kann im Urteil oder nachträglich (aber vor Beginn des Strafvollzugs) durch Beschluss erfolgen (vgl. § 57 Abs. 1 u. 2 JGG). Hierbei kommt dem JGH-Bericht (s. dazu Seite 175) jeweils entscheidende Bedeutung zu.

Bis zu 1 Jahr

Bei günstiger Prognose

Beträgt die Jugendstrafe mehr als ein Jahr, aber nicht mehr als zwei Jahre, so setzt das Gericht die Vollstreckung der Jugendstrafe ebenfalls zur Bewährung aus, wenn die oben genannten Voraussetzungen vorliegen und nicht die Vollstreckung der Jugendstrafe im Hinblick auf die Entwicklung des Jugendlichen geboten ist (vgl. § 21 Abs. 2 JGG). Dies ist nur dann der Fall, wenn ambulante Maßnahmen (insbesondere: Betreuungsweisung, sozialer Trainingskurs und Täter-Opfer-Ausgleich) aussichtslos erscheinen (hierzu ist meist die Heranziehung eines Sachverständigen gemäß § 43 Abs. 3 JGG nötig[188]). Seit 1991 ist also auch die Vollstreckung von Jugendstrafen bis zu zwei Jahren nur noch in den oben genannten Ausnahmefällen ungünstiger Prognose zulässig.

Bis zu zwei Jahren

Strafverbüßung bei negativer Prognose

---

[187] Siehe aber § 106 Abs. 1 JGG, der – statt lebenslänglicher Freiheitsstrafe – eine Maximalstrafe von 15 Jahren bei Heranwachsenden vorsieht, wenn allgemeines Strafrecht anzuwenden ist.

[188] Gesetzesbegründung zum 1. JGG-ÄndG (BT-Drucks. 11/5829, S. 20).

Keine Generalprävention

Bei der Frage der Strafaussetzung zur Bewährung lässt das JGG – im Gegensatz zu § 56 Abs. 3 StGB – für generalpräventive Gesichtspunkte (insbesondere für die der Abschreckung und der Verteidigung der Rechtsordnung) also generell keinen Raum. Das gilt selbst beim Vorliegen schwerer Schuld.

Teil-Bewährung nicht möglich, aber: Reststrafen-Bewährung

Die Strafaussetzung zur Bewährung kann nicht auf einen Teil der Jugendstrafe beschränkt werden (vgl. § 21 Abs. 3 S. 1 JGG). Jedoch ist nach Vollstreckung eines Teiles die Aussetzung des Strafrestes zur Bewährung möglich (vgl. § 88 JGG).

Gilt auch für HW

Die Bestimmungen der Strafaussetzung zur Bewährung gelten auch für Heranwachsende, für die Jugendstrafrecht angewendet wird (vgl. § 105 Abs. 1 JGG).

(1) Bewährungszeit

Normal-Dauer: 2–3 Jahre

Im Urteil wird die Dauer der Bewährungszeit festgelegt, die aber erst mit der Rechtskraft (Unanfechtbarkeit) des Urteils zu laufen beginnt (§ 22 Abs. 1 u. 2 JGG)[189]. Sie darf zwei Jahre nicht unter- und drei Jahre nicht überschreiten (§ 22 Abs. 1 S. 2 JGG), kann aber auch nachträglich verkürzt oder verlängert werden (§ 22 Abs. 2 JGG) Sie darf jedoch nie kürzer sein als ein Jahr (bei Strafen von mehr als einem Jahr: zwei Jahre). Das Höchstmaß der Bewährungszeit beträgt vier Jahre. Diese flexible Regelung kann einerseits besonders günstige Entwicklungen honorieren und zugleich dem Scheitern der Bewährung zunächst noch mit einer Verlängerung begegnen (vgl. § 26 Abs. 2 JGG). – Die zur Verbüßung drohende Strafe und die Bewährungszeit können also unterschiedlich lang sein (z.B. die Jugendstrafe beträgt 1 Jahr und die Bewährungszeit 2 1/2 Jahre).

Verkürzung auf 1 J. und Verlängerung auf 4 J. möglich

Bewährungsplan

Der Vorsitzende Richter stellt – sinnvollerweise zusammen mit dem bestellten Bewährungshelfer – einen Bewährungsplan auf, in dem die Weisungen und Auflagen (die Vorschriften über deren Auswahl, Änderung, Befreiung und Erzwingung durch Jugendarrest gelten hier analog, vgl. § 23 Abs. 1 S. 4 JGG) für den Probanden sowie von ihm evtl. gemachte Zusagen und Anerbieten enthalten sind (§§ 23, 60 JGG). Dieser Bewährungsplan wird den Probanden ausgehändigt, wobei ihnen der Richter seine Bedeutung – vor allem in Hinblick auf die Widerrufsmöglichkeit der Aussetzung der Vollstreckung – erklärt. Zugleich gibt ihnen der Richter auf, jeden Aufenthalts-, Ausbildungs- oder Arbeitsplatz-Wechsel anzuzeigen (§ 60 Abs. 1 JGG). Die Probanden sollen versprechen, dass sie die Weisungen und Auflagen erfüllen wollen und den Bewährungsplan ebenso unterschreiben wie ihre Erziehungsberechtigten und ihre gesetzlichen Vertreter (§ 60 Abs. 3 JGG).

Eine nachträgliche Änderung des Bewährungsplanes ist bei entsprechender Belehrung (s.o.) möglich (§ 60 Abs. 1 S. 4 JGG).

Bewährungshelfer

Im Gegensatz zu § 56d Abs. 1 StGB ist im JGG *ausnahmslos* vorgesehen, dass in der Bewährungszeit die Probanden für höchstens zwei Jahre (nachträgliche Änderung ist jedoch gemäß § 24 Abs. 2 JGG möglich) einen hauptamtlichen oder ehrenamtlichen Bewährungshelfer bekommen, der ihnen in allen Bereichen helfend und betreuend zur Seite steht (§ 24 Abs. 1 und 3 JGG). Um diese Aufgaben erfüllen zu können, haben Be-

Betreuungsfunktion

[189] Wird Rechtsmittel eingelegt, verzögert sich also die gesamte Bewährung um viele Monate, was problematisch erscheint.

währungshelfer das Recht auf Zutritt zu den Probanden und auf Auskunft von deren Erziehern, Lehrern und Ausbildern über ihre Lebensführung (§ 24 Abs. 3 JGG).

Kontrollfunktion

Der Bewährungshelfer überwacht im Einvernehmen mit dem Richter die Einhaltung des Bewährungsplanes (§ 24 Abs. 3 S. 2 JGG). Der Richter kann dem Bewährungshelfer für diese Tätigkeit Anweisungen erteilen, insbesondere die Zeitabstände festlegen, in denen er ihm über die Lebensführung des Probanden zu berichten hat (§ 25 JGG). Dabei muss er dem Richter nicht jeden Verstoß gegen den Bewährungsplan, sondern nur solche Verstöße mitteilen, die als „gröblich" oder als „beharrlich" angesehen werden müssen (§ 25 S. 4 JGG). Die Wertung der Lebensführung des Probanden erfolgt also zunächst durch den Bewährungshelfer, der sich dabei aber an die gesetzlichen Widerrufsgründe des § 26 Abs. 1 JGG (s. unten (3)) zu halten hat. Das bedeutet, dass er nur das dem Richter mitteilen muss, was die Bewährung ernsthaft gefährdet; dies gilt selbst bei Straftaten![190] – Mangels Bewährungshelfer übernimmt dies alles die JGH (§ 38 Abs. 2 S. 5 JGG).

Beurteilungsspielraum des BWH

(2) Erfolgreiche Bewährung

Straferlass

Wenn kein gesetzlicher Grund bestand, die Strafaussetzung zu widerrufen (vgl. § 26 Abs. 1 JGG), so erlässt der Richter nach Ablauf der Bewährungszeit die Jugendstrafe (§ 26a S. 1 JGG) und erklärt grundsätzlich den Strafmakel als beseitigt (vgl. § 100 JGG). Damit ist das „Damoklesschwert" der drohenden Verbüßung der im Urteil festgesetzten Strafe abgewendet worden. Es darf dann nur noch Strafgerichten und der StA Auskunft über die Verurteilung erteilt werden, und nach weiteren fünf Jahren wird der Eintrag getilgt (vgl. §§ 41 Abs. 3, 46 Abs. 1 Nr. 1 f BZRG). Wurden jedoch Straftaten gegen die sexuelle Selbstbestimmung gemäß §§ 174–180, 182 StGB begangen, so wird der Strafmakel nicht beseitigt (§ 100 S. 2 JGG) und die Auskunft beschränkt sich nicht nur auf Strafgerichte und Staatsanwaltschaften bei laufenden Strafverfahren, sondern ist dann auch allen obersten Bundes- und Landes-, Verfassungsschutz- und Ausländer-Behörden sowie der Kriminalpolizei zugänglich (vgl. § 41 Abs. 3 S. 2 iVm Abs. 1 BZRG).

Beseitigung des Strafmakels

Nicht möglich bei Sexualdelikten

(3) Scheitern der Bewährung (= Widerruf der Strafaussetzung, § 26 JGG)

Widerrufsgründe:

Der Richter widerruft gemäß § 26 JGG die Aussetzung der Jugendstrafe (d.h.: deren Strafvollzug wird angeordnet), wenn der Proband (= der unter Bewährung Stehende) entweder

„Wiederholungstäter" (§ 26 Abs. 1 S. 1 Nr. 1 JGG)

1. in der Bewährungszeit eine Straftat begeht *und* dadurch zeigt, dass die Erwartung, die der Bewährung zugrunde lag, sich nicht erfüllt hat,

Unschuldsvermutung

Es führt also nicht jede Straftat zum Widerruf (z.B. nicht: geringfügige oder völlig anders geartete Straftaten); dieser kommt vielmehr nur in Betracht, wenn die Legal- und Sozial-Prognose, die der laufenden Bewährung zugrunde lag, erschüttert wird, wobei Tat-Motive, Ausführung wie Folgen entscheidend sind. – Aufgrund der *Unschuldsvermutung* (Art. 6 Abs. 2 MRK) liegt eine Straftat aber erst ab

[190] Sehr viel weitergehend die RL JGG zu §§ 24 und 25 Nr. 3 S. 2 und 3; kritisch dazu: *Eisenberg*, § 25 JGG, Rz. 17.

entsprechender rechtskräftiger (= unanfechtbarer) Verurteilung vor. Hiervon weicht die hM jedoch bei eindeutigen Fällen ab, was verfassungsrechtlich problematisch ist.[191]

oder

„Rückfallgefahr“ (§ 26 Abs. 1 S. 1 Nr. 2 JGG)

2. gegen Weisungen (= iSd § 10 JGG) „gröblich“ (d.h.: schwerwiegend) oder „beharrlich“ (d.h.: wiederholt und hartnäckig) verstößt oder sich der Aufsicht und Leitung des Bewährungshelfers „beharrlich“ (s.o.) entzieht *und* dadurch Anlass zu der Besorgnis gibt, dass er erneut Straftaten begehen wird

Hier hängt der Widerruf also „fast allein“ von der Beurteilung des Bewährungshelfers ab.

oder

„Schwere Verstöße gegen Auflagen“ (§ 26 Abs. 1 S. 1 Nr. 3 JGG)

3. „gröblich“ (s.o.) oder „beharrlich“ (s.o.) gegen Auflagen iSd § 15 JGG) verstößt.

Hier droht der Widerruf bereits ohne Besorgnis der Rückfälligkeit, worin wieder die Ahndungsfunktion der „Bewährungsstrafe“ deutlich wird.

Abschließende Regelung

Diese Widerrufsgründe sind abschließend in § 26 Abs. 1 JGG festgelegt. Sie führen aber nur dann zum Scheitern der Bewährung, wenn es nicht ausreicht, weitere Weisungen oder Auflagen zu erteilen oder die Bewährungs- oder Unterstellungszeit bis auf vier Jahre zu verlängern oder im Anschluss an die Bewährung erneut einen Bewährungshelfer zu bestellen (§ 26 Abs. 2 JGG), also nur bei ungünstiger Prognose.

Prognose entscheidet

Widerruf bis zum Straferlass möglich

Der Widerruf einer Bewährung wegen einschlägiger Straftaten kann nach hM bis zum Erlass der Jugendstrafe (§ 26a JGG) erfolgen, also auch noch nach Ablauf der Bewährungszeit, wobei nach hM hierfür keine Frist besteht.[192] Das erscheint sehr problematisch.[193]

(4) Das Prinzip der Einbeziehung alter Verurteilungen

Aus erz. Gründen stets einheitliche Reaktionen

Wird in der Bewährungszeit eine andere Straftat begangen, so entsteht das Problem der Einbeziehung der neuen Tat gemäß § 31 JGG. Das Jugendstrafrecht geht nämlich grundsätzlich davon aus, dass jugendrichterliche Maßnahmen immer einheitlich festzusetzen sind (also keine Gesamtstrafenbildung wie in den §§ 54, 55 StGB erfolgt), weil es im Jugendstrafrecht als Täter- und Erziehungsstrafrecht weniger auf die Ahndung der Tat als auf die Gesamtwirkung der Maßnahmen ankommt (sog. *Einheitsprinzip*).

Konsequenzen bei bestehender Bewährung

Das bedeutet für die Verurteilung von Straftaten, die in der Bewährungszeit begangen wurden, Folgendes:

Da die 1. Verurteilung noch nicht erledigt ist (= Bewährungszeit läuft noch), wird sie in die 2. Verurteilung miteinbezogen, ohne dass hierdurch die laufende Bewährung widerrufen werden muss (vgl. § 31 Abs. 2 S. 1 JGG „... wird nur einheitlich auf ... oder Jugendstrafe erkannt“).

Entscheidungsmöglichkeiten

Dabei sind folgende Konstellationen denkbar:

[191] Zur Problematik *Eisenberg*, §§ 26, 26a, Rz. 5.
[192] Nachweise z.B. bei *Eisenberg*, §§ 26, 26a, Rz. 18 ff.
[193] Ablehnend *Eisenberg*, §§ 26, 26a, Rz. 22, (widerspricht Erziehungsgedanken und Beschleunigungsgebot).

1. Das Ersturteil lautet (z.B.) acht Monate Jugendstrafe auf Bewährung. – Wenn es sich bei der 2. Straftat um ein ganz anderes Delikt handelt, das nicht auf (erneute) schädliche Neigungen schließen lässt (z.B.: erst Jugendstrafe wegen diverser Einbrüche, jetzt eine Beleidigung oder Körperverletzung), so könnten die acht Monate Jugendstrafe zur Bewährung bestehen bleiben und zusätzlich Erziehungsmaßregeln (z.B. Weisungen) und/oder Zuchtmittel (z.B. Auflagen nach § 15 JGG) angeordnet werden (vgl. § 31 Abs. 1 S. 2 JGG: „... Maßnahmen mit Strafe ...“). **Bewährung läuft weiter u. Erz.maßregeln/Zuchtmittel kommen hinzu**
2. Aber auch wenn wiederum schädliche Neigungen angenommen werden (z.B.: wie oben, 2. Tat, aber Ladendiebstahl), entsteht kein weiteres Problem, sofern das Gericht nun (zusammen mit der alten Jugendstrafe) auf insgesamt nicht mehr als 12 Monate erkennt. (Die Bewährungszeit wird dann neu festgesetzt und ein neuer Bewährungsplan erstellt.) **Aufstockung der Jugendstrafe auf max. 2 Jahre und erneute Bewährung**
   Kommt das Gericht zu einer „Einheits“-Strafe von mehr als 12 Monaten, kann die (noch laufende) Bewährung ebenfalls aufrechterhalten werden, wenn nicht wegen negativer Entwicklung des Probanden die Strafvollstreckung geboten erscheint (zu Bewährungszeit und Bewährungsplan siehe oben). Das Gericht muss aber (insgesamt) zwei Jahre Jugendstrafe für ausreichend halten, weil sonst keine Bewährung mehr zulässig ist (vgl. § 21 Abs. 2 u. 3 JGG).
3. Will das Gericht bei 2. aus erzieherischen Gründen die durch eine Einbeziehung der neuen Straftat drohende Strafvollstreckung vermeiden, so kann es von der Einbeziehung absehen (§ 31 Abs. 3 S. 1 JGG), die Bewährung weiterlaufen lassen und für die 2. Tat Jugendstrafe mit oder ohne Bewährung verhängen. **Bewährung bleibt und erneut Jugendstrafe mit oder ohne Bewährung**
4. Hat das Gericht wegen der erneuten Straftat die laufende Bewährung widerrufen, so wird das 2. Urteil ebenfalls grundsätzlich einbezogen (vgl. § 31 Abs. 2 JGG) und damit idR eine „Gesamt“-Jugendstrafe gebildet. Erscheint die Gesamtdauer zu lang, so kann davon jedoch abgesehen werden (§ 31 Abs. 3 JGG) und für die 2. Tat eine gesonderte Jugendstrafe ausgesprochen werden. **Bewährungswiderruf**
5. Befindet sich ein Straftäter bereits im Strafvollzug, so wird das diesbezügliche Urteil ebenfalls einbezogen und wiederum nur einheitlich auf Maßnahmen oder Jugendstrafe erkannt (§ 31 Abs. 2 S. 1 JGG), sofern es nicht aus erzieherischen Gründen zweckmäßig erscheint, davon abzusehen (§ 31 Abs. 3 S. 1 JGG). **Täter im Strafvollzug**

Das Einbeziehungsprinzip gilt auch für Heranwachsende, für die Jugendstrafrecht angewendet wird (§ 105 Abs. 1 JGG). **Gilt alles auch für HW**

bb) Jugendstrafe ohne Bewährung

(1) Strafvollstreckung

Da der bisherige Jugendstrafvollzug nicht den Anforderungen an einen effktiven Rechtsschutz für Jugendstrafgefangene entsprach und insofern verfassungsrechtlich zu beanstanden war, hat das BVerfG 2006[194] die Bundesländer verpflichtet, den Jugendstrafvollzug neu zu regeln. Dementsprechend haben elf Bundesländer[195] Jugendstrafvollzugsgesetze erlassen, die

[194] BVerfGE v. 31.5.2006, NJW 2006, 2093.
[195] Berlin, Brandenburg, Bremen, Hamburg, Mecklenburg-Vorpommern, Rheinland-Pfalz, Saarland, Sachsen, Sachsen-Anhalt, Schleswig-Holstein und Thüringen.

sich inhaltlich und vom Aufbau her an einem Musterentwurf orientieren und sich insoweit ähneln. Baden-Württemberg, Hessen und Nordrhein-Westfalen sind von dieser Linie abgewichen und haben eigene Jugendstrafvollzugsgesetze erlassen. In den Ländern Bayern und Niedersachsen gelten „allgemeine" Strafvollzugsgesetze (für Erwachsene), die jeweils Abschnitte, bzw. (Sonder-)Regelungen zum Vollzug der Jugendstrafe enthalten. Es bietet sich somit innerhalb Deutschlands ein uneinheitliches Bild des Jugendstrafvollzugs.

Eigene Jugendstrafanstalten

Jugendrichter ist Vollstreckungsleiter

Die Vollstreckung der Jugendstrafe erfolgt durch Freiheitsentzug in eigenen Jugendstrafanstalten (z.B. § 98 JStVollzG Bln; § 112 JStVollzG NRW). Vollstreckungsleiter ist der Jugendrichter, der im ersten Rechtszug (= Verfahren) die Verhandlung geleitet hat (§§ 82 Abs. 1, 84 Abs. 1 JGG). Befindet sich der Verurteilte jedoch in einer außerhalb seiner Zuständigkeit liegenden Jugendstrafanstalt, so ist der dortige Jugendrichter zuständig (§ 85 Abs. 2 JGG).

Strafvollzug für Volljährige

Der Strafvollzug für Volljährige, die noch nicht das 24. Lebensjahr vollendet haben, findet ebenfalls in Jugendstrafanstalten statt, es sei denn, sie eignen sich nicht mehr für erzieherische Einwirkungen; dann erfolgt der Vollzug in allgemeinen Strafvollzugsanstalten (§ 89b Abs. 1 JGG). Diese Entscheidung fällt der Vollstreckungsleiter (§ 89b Abs. 2 JGG).

(2) Vorzeitige Entlassung

Strafrest zur Bewährung

Wenn bereits 1/3 der Strafe verbüßt wurde und verantwortet werden kann zu erproben, ob der Verurteilte außerhalb des Jugendstrafvollzugs einen „rechtschaffenen (= straffreien) Lebenswandel" führen wird, kann der Vollstreckungsleiter nach Anhören des Staatsanwalts den Strafrest einer bestimmten Jugendstrafe zur Bewährung aussetzen; grundsätzlich müssen aber mindestens sechs Monate verbüßt sein (§ 88 Abs. 1–3 JGG). Die Bestimmungen der Strafaussetzung zur Bewährung (§§ 21 bis 26a JGG) gelten dann sinngemäß – Bewährungsplan, Bewährungszeit, Bewährungshelfer, Erlass der Reststrafe, Widerruf der Bewährung etc. – nur dass an die Stelle des erstinstanzlichen Vorsitzenden Richters der Vollstreckungsleiter tritt (§ 88 Abs. 6 S. 1 und 2 JGG). – Dies gilt auch für Heranwachsende, für die Jugendstrafrecht angewendet wurde (§ 110 Abs. 1 JGG).

Gilt auch für HW

Zur Frage des „Vorbestraftseins" siehe unten B. III. Eintragungen in das Bundeszentral-/Erziehungsregister („Das Vorbestraftsein")

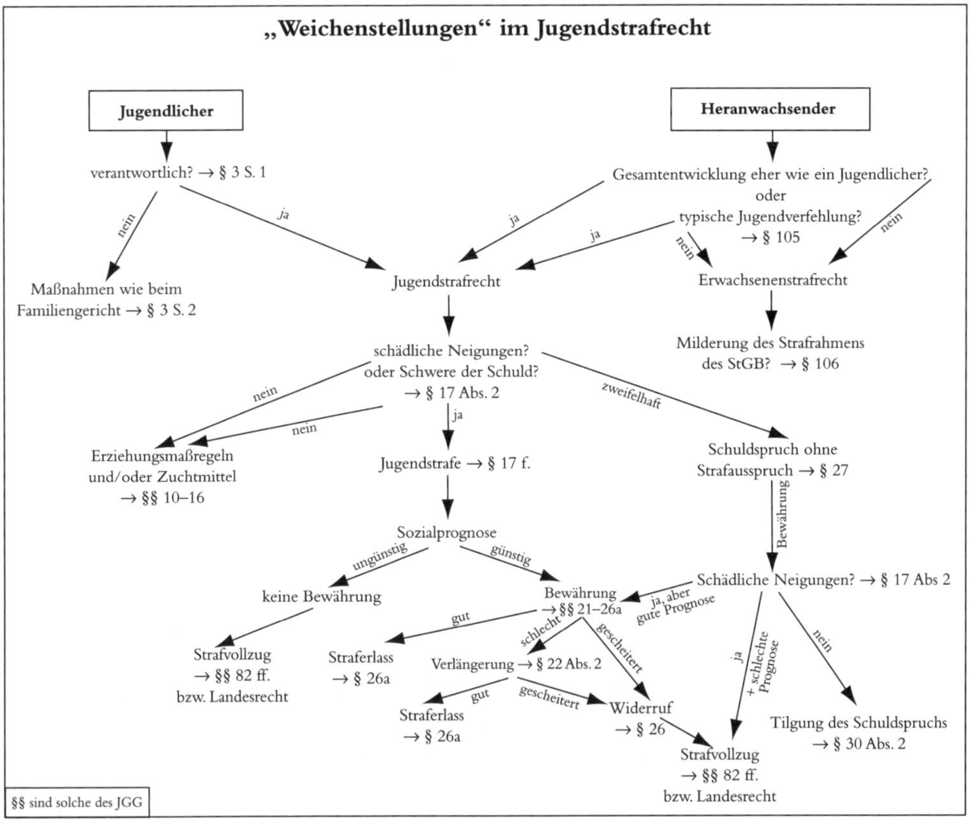

4. Maßregeln der Besserung und Sicherung (7 JGG)

Abschließender Katalog

Maßregeln der Besserung und Sicherung sind in § 61 StGB abschließend geregelt. Diese orientieren sich nicht am Verschulden des Täters, sondern an dessen Gefährlichkeit; sie dienen dem Schutz der Gesellschaft. Die Maßregeln sind abschließend in § 61 StGB aufgezählt:

1. die Unterbringung in einem psychiatrischen Krankenhaus,
2. die Unterbringung in einer Entziehungsanstalt,
3. die Unterbringung in der Sicherungsverwahrung,
4. die Führungsaufsicht,
5. die Entziehung der Fahrerlaubnis,
6. das Berufsverbot.

Präventiv- und Schutzfunktion

Diese – z.T. freiheitsentziehenden (vgl. Ziffern 1.–3.) – Maßregeln der Besserung und Sicherung sind Ausfluss der Schutz- und Präventivfunktion des Strafrechts, wobei seit 1975 die Intention der Besserung (auch durch die Reihenfolge der Wortwahl) stärker in den Vordergrund getreten ist.

Voraussetzungen der Anordnung

Voraussetzung für die Verhängung von Maßregeln ist eine *negative Gefährlichkeits-Prognose.* Dabei muss die vom Straftäter ausgehende Gefährlichkeit so groß sein, dass der Schutz der Allgemeinheit nicht anders als durch eine der gesetzlich vorgesehenen Maßregeln gewährleistet ist und diese muss im Verhältnis zu der vom Täter ausgehenden Gefahr stehen (vgl. § 62 StGB). Dieser (unser gesamtes Rechtssystem beherrschende) *Grundsatz der Verhältnismäßigkeit* gebietet daher auch, dass bei mehreren geeignet erscheinenden Maßregeln diejenige auszuwählen ist, die den Täter am wenigsten beschwert; dabei können auch mehrere Maßregeln nebeneinander angeordnet werden, insbesondere die Maßregeln der Ziffern 4–6 neben den anderen Maßregeln (vgl. dazu § 72 StGB).

Kumulierung möglich

Im JGG nur bestimmte Maßregeln zulässig

Wegen des Erziehungszweckes des JGG sieht das Jugendstrafrecht nur die Maßregeln der Unterbringung in einem psychiatrischen Krankenhaus oder in einer Entziehungsanstalt, die Führungsaufsicht oder die Entziehung der Fahrerlaubnis vor (vgl. § 7 Abs. 1 JGG). Diese sollen im folgenden Text (4. a–d) vorgestellt werden. Sie kommen auch für HW in Betracht (§ 105 Abs. 1 JGG); wird für HW kein Jugendstrafrecht angewendet, sind zwar Berufsverbote, jedoch keine Sicherungsverwahrung möglich (vgl. § 106 JGG). Letztere kann aber bei bestimmten gravierenden Straftaten von HW angedroht oder nachträglich angeordnet werden (s. dazu Seite 134).

a) Psychiatrisches Krankenhaus

Zielsetzung und Personenkreis

Die Unterbringung in einem psychiatrischen Krankenhaus dient der Heilung von Straftätern, die wegen krankhafter seelischer Störungen, Bewusstseinsstörungen, Schwachsinns oder anderer schwerer Abartigkeiten für vermindert oder überhaupt nicht schuldfähig erklärt worden sind (vgl. §§ 63, 20, 21 StGB).

Sie kommt dagegen nicht in Betracht bei Straftaten von schuldunfähigen Kindern (vgl. dazu § 19 StGB) oder von iSd § 3 JGG nicht verantwortlichen (vgl. dazu Seite 130) Jugendlichen.

Voraussetzungen der Anordnung

Die Voraussetzungen für die Anordnung der Unterbringung in einem psychiatrischen Krankenhaus sind gemäß § 63 StGB folgende:

- Vom Täter muss eine rechtswidrige Tat im Zustand verminderter Schuldfähigkeit oder (totaler) Schuldunfähigkeit begangen worden sein.
- Die Gesamtwürdigung des Täters muss ergeben, dass von ihm infolge seines Zustandes weiterhin erhebliche rechtswidrige Taten zu erwarten sind und er deshalb für die Allgemeinheit gefährlich ist.

Neben oder an Stelle anderer Sanktionen

Ist der Jugendliche oder Heranwachsende als vermindert schuldfähig iSd § 21 StGB (siehe dazu oben) angesehen worden, so wird die Unterbringung *neben* (- im Fall völliger Schuldunfähigkeit [§ 20 StGB] dagegen: *an Stelle*) einer jugendrichterlichen Maßnahme angeordnet. Im ersteren Fall wird dann die Behandlung des Täters in der Psychiatrie vorweg vollzogen und die dort verbrachte Zeit auf eine (evtl. ausgesprochene) Jugendstrafe angerechnet, bis 2/3 erledigt sind (vgl. dazu § 67 Abs. 2 u. 4 StGB). Die restliche Jugendstrafe kann nach der Entlassung aus der Psychiatrie bei günstiger Sozialprognose auch dann zur Bewährung ausgesetzt werden, wenn durch die Anrechnung bereits die Hälfte der Strafe erledigt ist (§ 67 Abs. 5 StGB). Die Jugendgerichte können aber auch gänzlich von der Verhängung von Jugendstrafe und Zuchtmit-

Anrechnung auf Jugendstrafe

teln absehen, wenn die Unterbringung in der Psychiatrie die Ahndung entbehrlich erscheinen lässt (§ 5 Abs. 3 JGG).

Absehen von anderen Sanktionen

Die Unterbringung in der Psychiatrie kann auch zur Bewährung ausgesetzt werden, wenn der erwartete Besserungs- und Sicherungs-Zweck durch familiäre oder anderweitige Betreuung (z.B. freiwillige Therapie) gewährleistet erscheint; in diesen Fällen tritt (automatisch) Führungsaufsicht (s. dazu Seite 156 ff.) ein (vgl. § 67b StGB). – Wann die Aussetzung der Unterbringung widerrufen wird, regelt § 67g StGB.

Bewährung möglich: Dann tritt FA ein

Die Dauer der Unterbringung in der Psychiatrie ist nicht festgelegt – auch keine Höchstdauer (vgl. § 67d Abs. 1 StGB)! Diese (problematische) Regelung wird damit gerechtfertigt, dass sich bei derartigen Erkrankungen die Behandlungsdauer nicht vorhersagen (und damit nicht festlegen) lasse (bei Alkohol- und Drogenabhängigen hält man dies jedoch für möglich, vgl. § 67d Abs. 1 StGB). – Allerdings muss mindestens einmal im Jahr überprüft werden, ob die Unterbringung nicht zur Bewährung ausgesetzt werden kann (§ 67e Abs. 1 und 2 StGB). – Wegfall der Voraussetzungen oder Unverhältnismäßigkeit führt zur Erledigungserklärung und grundsätzlich zum Eintritt der Führungsaufsicht (vgl. § 67d Abs. 6 StGB).

Flexible Zeitdauer

Jährliche Überprüfung

b) Entziehungsanstalt

Vorrangiger Zweck = Heilung

Diese Maßregel bezweckt in erster Linie die Heilung des Täters und erst nachrangig die Sicherung vor dem Täter.

Voraussetzungen

Die Voraussetzungen für eine Einweisung in eine Entziehungsanstalt sind gemäß § 64 StGB folgende:

Alkohol-/Drogenabhängigkeit

- Beim Straftäter muss ein Hang (d.h.: eine ihn treibende Neigung) vorliegen, berauschende Mittel im Übermaß zu sich zu nehmen.

  Beispiele: alkoholische Getränke, Rauschgifte (Haschisch, Morphine, Opium, Kokain, Heroin, LSD, Äther etc.), u.U. auch Schmerz- oder Schlaftabletten

Hang- oder Rauschtat

- Der Täter muss eine rechtswidrige Tat entweder im Rauschzustand begangen haben oder diese Tat muss auf seinen Hang zurückgehen.

  Beispiele: Aufbrechen eines Kioskes und Entwenden von Alkohol; Einbruch in einer Apotheke; Raub zur Drogenbeschaffung

Schuldunfähigkeit

- Die Schuldunfähigkeit des Täters muss entweder erwiesen oder nicht auszuschließen gewesen sein.

Wiederholungsgefahr

- Es muss die Gefahr bestehen, dass der Täter infolge seines Hanges weitere erhebliche rechtswidrige Taten begehen wird.

  Allgemeingefährlichkeit muss hier (im Gegensatz zu § 63 StGB) also nicht vorliegen. – Selbstgefährdung des Täters allein reicht andererseits nicht aus.

Entzug nicht völlig aussichtslos

- Die Entziehungskur darf nicht „von vornherein" aussichtslos sein, denn sonst ist sie unzulässig.[196] Diese Feststellung kann nur durch ein Sachverständigen-Gutachten getroffen werden (vgl. §§ 80a, 246a StPO).

Besonderer Vollzug für Jugendl. und HW

Bei der Anordnung für Jugendliche und Heranwachsende wird diese Maßregel in Einrichtungen vollzogen, in denen die für die Behandlung derartiger junger Straftäter erforderlichen besonderen therapeutischen und

[196] BVerfG, BGBl. I 1994, S. 3012.

sozialen Hilfen zur Verfügung stehen und der Vollzug auch „aufgelockert und weit gehend in freien Formen" durchgeführt werden kann (vgl. §§ 93a, 110 Abs. 1 JGG).

Beispiel: Zu denken wäre vor allem an therapeutische Wohngemeinschaften (die in der Praxis allerdings leider nur selten vorhanden sind).

Aussetzung zur Bewährung möglich

Die Einweisung in eine Entziehungsanstalt kann zur Bewährung ausgesetzt werden, wenn besondere Umstände dies rechtfertigen und der erstrebte Zweck auch so erreicht werden kann; in diesem Fall tritt automatisch FA (s. dazu Seite 157 ff.) ein (vgl. § 67b StGB).

Beispiel: Der Jugendliche macht die Zusage, sich freiwillig einem Entzug zu unterziehen.

Scheitert der freiwillige Entzug, so wird die Aussetzung der Maßregel widerrufen und der Entzug zwangsweise fortgeführt; dabei dürfen (insgesamt) jedoch zwei Jahre Entziehungszeit nicht überschritten werden (vgl. hierzu sowie zu den anderen Widerrufsgründen § 67g StGB).

Dauer und Überprüfung

Der gerichtlich angeordnete Entzug darf insgesamt zwei Jahre nicht überschreiten (§ 67d Abs. 1 StGB). Er ist jedoch zuvor regelmäßig – mindestens alle sechs Monate – zu überprüfen (§ 67e Abs. 2 StGB). Spätestens dann muss der Untergebrachte entlassen werden; die Maßregel ist damit erledigt (§ 67d Abs. 3 StGB). – Stellt sich jedoch vorher schon heraus, dass der Entzug erfolglos sein wird, so kann das Jugendgericht (noch nachträglich!) den Jugendlichen oder Heranwachsenden in ein psychiatrisches Krankenhaus einweisen (§ 67a Abs. 1 StGB).

c) Führungsaufsicht

Zielsetzung

Diese seit 1975 bestehende Maßregel der Besserung und Sicherung ist „Nachfolgerin" der – praktisch bedeutungslos gebliebenen – ehemaligen Polizeiaufsicht. Sie soll aber nicht allein Sicherungsaufgaben erfüllen, sondern enthält auch Gedanken aus dem Rechtsinstitut der Erziehungsbeistandschaft und stellt somit eine aktive Sozialisierungshilfe dar (beaufsichtigende Kontrolle und helfende Betreuung). In der Praxis gelingt eine sinnvolle Integration dieser „Zweigleisigkeit" meist schon infolge von Überbelastung durch zu hohe Fall-Zahlen nicht, so dass sich viele Führungsaufsicht-Stellen auf das Sammeln von Daten und Informationen beschränken.[197]

Unterschiede zur Bewährungshilfe

Die Führungsaufsicht (FA) der §§ 68–68g StGB ähnelt als nicht freiheitsentziehende Maßregel der Bewährungshilfe (BWH), unterscheidet sich von dieser aber doch wesentlich:

- FA kann nie alleinige Reaktion auf eine Straftat sein, sondern nur im Zusammenhang mit Freiheitsstrafen oder freiheitsentziehenden Maßregeln der Besserung und Sicherung eintreten.
- FA kommt für einen anderen Täterkreis in Betracht als die BWH, nämlich für Täter mit (überwiegend) ungünstiger Sozialprognose, die überdies als besonders gefährlich angesehen werden.
- Bei der FA wird der Proband wesentlich stärker überwacht als bei der BWH.

[197] *Eisenberg*, § 7, Rz. 3.

Die FA tritt in verschiedenen Formen auf. Sie besteht entweder: neben strafrechtlichen Sanktionen oder: ist deren Vollzug vorgeschaltet oder: folgt diesem nach.

– FA kann gerichtlich angeordnet werden, sie tritt z.T. aber auch kraft Gesetzes (= „automatisch") ein (vgl. § 68 StGB).

FA durch *richterliche Anordnung* (§ 68 Abs. 1 StGB):

Gerichtlich angeordnete FA bei Wiederholungsgefahr

Hat ein Jugendl. oder HW wegen einer Straftat, bei der das Gesetz FA besonders vorsieht, eine Jugendstrafe erhalten, so kann daneben FA angeordnet werden, wenn die Gefahr der Begehung weiterer Straftaten besteht.

Beispiele: bei bestimmten Sittlichkeits- und Körperverletzungs- und Eigentumsdelikten (vgl. §§ 181b; 263 Abs. 6 StGB); bei schweren Eingriffen in die persönliche Freiheit wie: Erpressung, Raub, Geiselnahme, erpresserischer Menschenraub (vgl. §§ 249–255 → § 256 StGB; 239a–239b → § 239c StGB), bei Brandstiftungen (vgl. §§ 306–308 → 321 StGB), u.U. aber auch schon bei wiederholten Diebstählen und Einbrüchen (vgl. §§ 242–244a → 245 StGB).

FA *kraft Gesetzes* (vgl. §§ 68 Abs. 2, 67b, c, d, 68 f StGB):

Gesetzl. eintretende FA

Bei Bewährung

– Bei AnO der Aussetzung der Vollstreckung einer freiheitsentziehenden Maßregel zur Bewährung (insbesondere: Unterbringung in die Psychiatrie oder zum Entzug, vgl. § 67b Abs. 2 StGB); desgleichen, wenn die anfangs vollzogene Maßregel erst später zur Bewährung ausgesetzt wird (vgl. § 67d Abs. 2 S. 2 StGB), – nicht jedoch, wenn die Entlassung aus der freiheitsentziehenden Maßregel wegen Ablauf ihrer Höchstfrist erfolgt (vgl. § 67d Abs. 3 StGB) – obwohl dies hier auch sehr sinnvoll sein könnte.

Bei Verzicht auf Vollzug von Maßregeln

– Hat ein Verurteilter ausnahmsweise vor dem Vollzug einer Maßregel nach § 61 StGB seine Strafe antreten müssen (vgl. dazu § 67 Abs. 1 u. 2 StGB), so ist vor Beendigung des Strafvollzugs zu überprüfen, ob nun der Maßregelvollzug (z.B.: die Unterbringung in der Psychiatrie oder einer Entziehungsanstalt) noch erforderlich ist (vgl. § 67c Abs. 1 S. 1 StGB). Ist dies nicht der Fall, so wird die Maßregel zur Bewährung ausgesetzt und es tritt FA ein (§ 67c Abs. 1 S. 2 StGB).

Keine Unterbringung innerhalb von 3 Jahren

– Ist bei einem Straftäter drei Jahre nach seiner rechtskräftigen Verurteilung immer noch nicht mit dem Vollzug der Unterbringung begonnen worden, so muss das Gericht prüfen, ob diese Maßregel jetzt noch nötig erscheint (nachdem der Täter so lange nicht mehr „aufgefallen" ist!). Wenn das Gericht dann die Maßregel noch nicht „für erledigt" erklären möchte (was es könnte), so kann es die Maßregel zur Bewährung aussetzen, wodurch wieder FA eintreten würde (vgl. dazu § 67c Abs. 2 StGB).

„Vollverbüßer"

– Wenn ein Täter eine Freiheitsstrafe von mindestens zwei Jahren voll verbüßen musste (also nicht ein Strafrest zur Bewährung ausgesetzt wurde), so tritt grundsätzlich FA ein, wenn es sich um vorsätzliche Straftaten handelte (§ 68 f Abs. 1 S. 1 StGB). FA tritt jedoch in diesen Fällen nicht ein, wenn nach der Entlassung eine freiheitsentziehende Maßregel vollzogen wird (§ 68 f Abs. 1 S. 2 StGB) oder dem Gericht nun eine günstige Sozialprognose vorliegt (vgl. § 68 f Abs. 2 StGB).

Ausnahmen

Zeitdauer: idR 2–5 Jahre

Gerichtliche wie gesetzliche FA dauern mindestens zwei und höchstens fünf Jahre; dabei werden Zeiten, in denen der Verurteilte flüchtig oder auf behördliche Anordnung hin verwahrt ist,

Beispiele: Unterbringung in psychiatrischen, Entziehungs, Jugendarrest- oder Jugendstrafanstalten

nicht eingerechnet (vgl. § 68c Abs. 1 u. 2 StGB); sie unterbrechen also die Dauer der FA. Die Gerichte können die Höchstdauer (gleich oder später) abkürzen und diese Entscheidung auch revidieren (vgl. §§ 68c Abs. 1 S. 2, 68d StGB); sie heben die FA auf, wenn zu erwarten ist, dass der Verurteilte keine Straftaten mehr begehen wird (§ 68e Abs. 1 StGB).

Aufsichtsstelle und Bewährungshelfer

Während der FA untersteht der Verurteilte einer Aufsichtsstelle und erhält einen Bewährungshelfer (§ 68a Abs. 1 StGB). Beide haben dem Verurteilten „helfend und betreuend zur Seite zu stehen"; hierbei müssen beide Institutionen gegenseitiges Einvernehmen herstellen (§ 68a Abs. 2 StGB); anderenfalls entscheidet das Gericht (§ 68a Abs. 4 StGB). Die Überwachung erfolgt dagegen durch die Aufsichtsstelle im Einvernehmen mit dem Gericht, während der BWH hier nur unterstützend mitwirkt (vgl. § 68a Abs. 3 StGB); dabei kann das Gericht der Aufsichtsstelle wie dem BWH Anweisungen erteilen (§ 68a Abs. 5 StGB).

Gerichtliche Weisungen

Das Gericht kann dem Verurteilten für die Dauer der FA Weisungen erteilen; dabei dürfen an seine Lebensführung keine unzumutbaren Anforderungen gestellt werden (vgl. § 68b StGB).[198] Der Unterschied zu den Weisungen des JGG besteht darin, dass bei Verstößen dort allenfalls Jugendarrest, hier jedoch dem Jugendlichen oder Heranwachsenden Freiheitsstrafe (= Jugendstrafe) droht, wenn die Aufsichtsstelle dies bei Gericht beantragt (vgl. § 145a StGB); dabei ist der BWH nur anzuhören, kann bei Meinungsverschiedenheiten aber nicht das Gericht anrufen (vgl. § 68a Abs. 6 StGB).

Bei Verstößen droht Jugendstrafe

Problematische Regelung

Diese Regelung der strafbewehrten Weisungen ist sehr problematisch, denn aus ihr spricht das Vergeltungsstrafrecht, das dem Resozialisierungsbemühen des Jugendstrafrechts zu wenig Rechnung trägt. Zudem bleibt dieser Straftatbestand bei Schuldunfähigen wirkungslos. § 145a StGB erscheint daher allenfalls bei „Vollverbüßern" (siehe dazu oben) gerechtfertigt, weil bei diesen sonst kein Zwang zur Einhaltung von Weisungen mehr besteht.

Zusammentreffen von FA und Bewährung

§ 68g StGB regelt das Zusammentreffen von FA und Strafaussetzung zur Bewährung.

Beispiele: Rückfalltäter iSd § 68 Abs. 1 StGB wird wegen guter Führung vorzeitig entlassen (vgl. dazu § 88 JGG). – Während einer schon länger gut verlaufenen FA begeht der Betreffende eine andere, nicht so schwerwiegende Tat und erhält für diese Jugendstrafe mit Bewährung.

Das Gesetz gibt dabei der FA grundsätzlich den Vorrang (vgl. § 68g Abs. 1 StGB). Bestehen jedoch FA und Bewährung wegen derselben Tat (siehe vorstehendes erstes Beispiel), so kann das Gericht das Ruhen der FA während der Bewährungszeit mit der Folge anordnen, dass im Falle des Scheiterns der Bewährung die Bewährungszeit dann nicht auf die Dauer der FA angerechnet wird (§ 68g Abs. 2 StGB). Verläuft jedoch die Bewährung erfolgreich, so bewirkt dies, dass dann die (für dieselbe Tat angeordnete) FA endet (vgl. § 68g Abs. 3 StGB).

[198] Nach Auffassung des *BVerfG* (NStZ 1981, 21) verstößt das weder gegen das Verbot der Doppelbestrafung (Art. 103 Abs. 3 GG) noch gegen den Verhältnismässigkeits-Grundsatz.

d) Fahrverbot und Entziehung der Fahrerlaubnis

aa) Fahrverbot

„Nebenstrafe"

Das Fahrverbot gehört zwar nicht zu den Maßregeln der Besserung und Sicherung, sondern gilt als sog. „Nebenstrafe" (vgl. §§ 61 und 44 StGB). Diese Sanktion wird jedoch aus Gründen des Sachzusammenhanges hier erläutert.

Zeitraum: 1–3 Monate

Wird eine Straftat im Zusammenhang mit dem Führen von Kfz begangen, so kann das Jugendgericht ein Fahrverbot von 1–3 Monaten aussprechen (vgl. §§ 44 Abs. 1 StGB, 76 Satz 1 JGG). Das Fahrverbot wird grundsätzlich mit der Rechtskraft (= Unanfechtbarkeit) des Urteils bzw. mit der amtlichen Verwahrung des Führerscheins wirksam (§ 44 Abs. 2 S. 1 und 2 StGB). Wird der Verurteilte jedoch auf behördliche AnO in einer Anstalt „verwahrt", (z.B.: Unterbringung in Psychiatrie-, Entziehungs-, Jugendarrest-, Jugendstrafanstalten), so wird diese Zeit (natürlich) nicht für das Fahrverbot mitgezählt (§ 44 Abs. 3 S. 2 StGB).

Diese Maßnahme kommt vor allem bzgl. führerscheinfreier Fahrzeuge Jugendlicher in Betracht und ansonsten als „Vorstufe" zum Führerscheinentzug.

bb) Entziehung der Fahrerlaubnis

Voraussetzung: ungeeignet für Kfz

Diese Maßregel kommt bei im Zusammenhang mit Kfz begangenen Straftaten in Betracht, wenn „sich aus der Tat ergibt", dass der Täter zum Führen von Kfz ungeeignet ist (§ 69 Abs. 1 S. 1 StGB). Damit gilt der Verhältnismäßigkeitsgrundsatz des § 62 StGB als gewahrt (vgl. § 69 Abs. 1 S. 2 StGB). Nach § 69 Abs. 2 ist von dieser Ungeeignetheit stets auszugehen bei: Trunkenheit im Straßenverkehr, grob verkehrswidriger und rücksichtsloser Gefährdung des Straßenverkehrs, unerlaubtem Entfernen vom Unfallort und Vollrausch. Ansonsten kommt sie vor allem bei schuldunfähigen oder vermindert schuldfähigen Tätern (vgl. § 69 Abs. 1 S. 1 StGB) sowie bei fehlender charakterlicher Zuverlässigkeit in Betracht.

Fahrerlaubnis erlischt

Beim Führerscheinentzug erlischt mit der Rechtskraft des Urteils die Fahrerlaubnis und der Führerschein wird eingezogen (§ 69 Abs. 3 StGB).

„Führerscheinsperre" 6 Monate – 5 Jahre oder auch für immer

Im Urteil wird bestimmt, wie lange dem Verurteilten kein neuer Führerschein erteilt werden darf (= grundsätzlich sechs Monate bis fünf Jahre); in krassen Fällen „lebenslänglich", vgl. § 69a Abs. 1 StGB). Diese „Führerschein-Sperren" können vom Gericht vorzeitig aufgehoben werden (vgl. dazu § 69a Abs. 7 StGB). Der Führerscheinentzug bewirkt, dass der Verurteilte grundsätzlich eine erneute Führerscheinprüfung ablegen muss, bevor er eine neue Fahrerlaubnis ausgestellt bekommt. – Besitzt der Verurteilte gar keinen Führerschein (oder nicht den für das benutzte Kfz), so wird nur die „Führerscheinsperre" ausgesprochen (§ 69a Abs. 1 S. 3 StGB).

Führerscheinprüfung erneut nötig

Zur Wiederholung des Themas „jugendgerichtliche Maßnahmen" siehe nachfolgende Übersicht (S. 160/161).

Übersicht über die jugendgerichtlichen Maßnahmen

vorläufige Maßnahmen	endgültige Maßnahmen
Unterbringung Zur Untersuchung des Entwicklungsstandes (§ 73 JGG) Dauer: max. sechs Wochen	**Erziehungsmaßregeln** (§§ 9–12 JGG) ↓
Anregung von Jugendhilfe, vorläufige Erziehungs-anordnungen* (§ 71 Abs. 1 JGG) Dauer: max. bis zur Rechtskraft des Urteils	**Weisungen** (§§ 10, 11 JGG) z. B. Täter-Opfer-Ausgleich, Gebote und Verbote bzgl. der Lebensführung Dauer: max. drei Jahre
Einstweilige Unterbringung in einem Erziehungsheim* (§ 71 Abs. 2 JGG) Dauer: max. bis zur Rechtskraft des Urteils	**Erziehungsbeistandschaft*** (§ 12 Nr. 1 JGG) zeitlich nicht begrenzt, endet jedoch spätestens bei Volljährigkeit
Untersuchungshaft – nur in Ausnahmefällen zulässig* – (§ 72 JGG) Dauer: max. bis zur Rechtskraft des Urteils	**Betreutes Wohnen, Heimerziehung*** (§ 12 Nr. 2 JGG) zeitlich nicht begrenzt, endet jedoch spätestens bei Volljährigkeit

* Für Heranwachsende gemäß § 105 Abs. 1 bzw. § 109 Abs. 1 JGG nicht anwendbar.

– Bei allen Maßnahmen sind die Richtlinien zum Jugendgerichtsgesetz (RL JGG) zu beachten. Erziehungsmaßregeln und Zuchtmittel (auch mehrere) können nebeneinander angeordnet (§ 8 Abs. 1 S. 1 JGG), Hilfe zur Erziehung nach § 12 Nr. 2 JGG darf jedoch nicht mit Jugendarrest verbunden werden (§ 8 Abs. 1 S. 2 JGG).

– Neben der Jugendstrafe sind nur Weisungen, Auflagen sowie Erziehungsbeistandschaft zulässig (§ 8 Abs. 2 JGG).

– Der Verlust der bürgerlichen Ehrenrechte darf nicht angeordnet werden (vgl. § 6 JGG).

– Seit Juli 2008 ist gemäß § 7 Abs. 2 JGG die Anordnung der nachträglichen Sicherungsverwahrung bei Jugendlichen, die wegen eines Verbrechens zu einer Jugendstrafe von mindestens sieben Jahren verurteilt worden sind und bei denen sich während der Haft Anzeichen für eine besondere Gefährlichkeit ergeben, unter den dort genannten Voraussetzungen möglich. Der Europäische Gerichtshof für Menschenrechte hat mit Urteil vom 17.12.2009 (NStZ 2010, 263) die nachträgliche Sicherungsverwahrung in Deutschland als nicht vereinbar mit der EMRK angesehen, da sie wegen ihres freiheitsentziehenden Charakters gegen Art. 5 (Recht auf Freiheit und Sicherheit) und 7 (Keine Strafe ohne Gesetz) der Europäischen Menschenrechtskonvention (EMRK) verstößt.

Der BGH hingegen sieht in seinem Urteil vom 9.3.2010 (NStZ 2010, 381) die neue Regelung des § 7 Abs.2 JGG ungeachtet ihrer strafrechtlichen Ausgestaltung

Übersicht über die jugendgerichtlichen Maßnahmen

<table>
<tr><th colspan="4">endgültige Maßnahmen</th></tr>
<tr><td>Zuchtmittel
(§§ 13–16 JGG)</td><td colspan="2">Jugendstrafe
(§§ 17–30 JGG)</td><td>Maßregeln
der Besserung und Sicherung
(§ 7 JGG)</td></tr>
<tr><td>Verwarnung
(§ 14 JGG)</td><td rowspan="2">mit Bewährung
(§§ 21–26a JGG)
möglich bei: Strafen bis zu 2 Jahren (§ 21 Abs. 1, Abs. 2 JGG)
Bewähr.-zeit 2–3 Jahre (§ 22 JGG)</td><td rowspan="2">ohne Bewährung
(§ 18 JGG)
grundsätzlich 6 Mon. – 5 J. (bei Kapitalverbrechen: bis 10 Jahre)</td><td>Unterbringung in psychiatrisch. Krankenhaus
(§ 63 StGB)
ohne zeitliche Begrenzung</td></tr>
<tr><td>Auflagen
(§ 15 JGG)
Schadensersatz
Entschuldigung
Arbeitsleistungen
„Zwangsspende“</td><td>Unterbringung in Entziehungsanstalt
(§ 64 StGB)
Dauer: max. 2 Jahre</td></tr>
<tr><td rowspan="2">Jugendarrest
(§ 16 JGG)
Freizeitarrest
(1–2 Wochenenden)
Kurzarrest
(2–4 Tage)
Dauerarrest
(1–4 Wochen)</td><td colspan="2" rowspan="2">Aussetzung der Verhängung der Jugendstrafe
(„Schuldspruch ohne Strafausspruch“)
(§§ 27–30 JGG)
Bewährungszeit: 1–2 Jahre
(§ 28 JGG)</td><td>Führungsaufsicht
(§§ 68–68g StGB)
Dauer: 2–5 Jahre</td></tr>
<tr><td>Entziehung der Fahrerlaubnis
(§§ 69–69b StGB)
Dauer: 6 Monate – 5 Jahre
– in Ausnahmefällen: für immer –</td></tr>
</table>

nicht als Strafe, sondern als Maßregel der Besserung und Sicherung (= reine Präventivmaßnahme) an und hält sie für vereinbar mit höherrangigem Recht.

Im September 2010 hat die Einigung zwischen Union und FDP zum Entwurf eines sog. „Unterbringungsgesetzes“ geführt, das u.a. folgende Regelungen vorsieht:

- die Beschränkung der Sicherungsverwahrung auf schwere Gewalttaten und Sexualdelikte
- eine Ausweitung des bereits existierenden Vorbehalts der Sicherungsverwahrung im Urteil
- die deutliche Unterscheidung der Sicherungsverwahrung von der Strafhaft durch bessere Unterbringung, mehr Therapieangebote und größere Freiheiten für die Täter in neu zu gründenden Einrichtungen.

Zum Vorbehalt der Sicherungsverwahrung und deren nachträgliche Anordnung für Heranwachsende siehe § 106 Abs. 5 und 6 JGG und S. 134.[199]

[199] Kritisch zur Sicherungsverwahrung bei Verurteilung nach Jugendstrafrecht *Ullenbruch*, NJW 2008, S. 2609; Brettel, ZRP 2010, S. 121.

III. Eintragungen in das Bundeszentral-/ Erziehungsregister („Das Vorbestraftsein")

Begriff

Ist ein Straftäter „vorbestraft", so versteht man darunter, dass er zu einer Kriminalstrafe verurteilt wurde, die der unbeschränkten Auskunftspflicht unterliegt, d.h., wenn sie im Führungszeugnis erscheint (vgl. dazu §§ 53, 32 sowie 45, 46 BZRG).

Nicht vorbestraft bei: Erziehungsmaßregeln und Zuchtmitteln

Erziehungsmaßregeln führen niemals zum „Vorbestraftsein", da sie nur „aus Anlass einer Straftat" angeordnet werden (vgl. § 5 Abs. 1 JGG); desgleichen die Zuchtmittel (§ 13 Abs. 3 JGG). Zwar werden sie ins Bundeszentralregister eingetragen, aber – da es sich hierbei um leichtere Sanktionen handelt – grundsätzlich nur in das (gesondert geführte) „Erziehungsregister" (§ 60 Abs. 1 Nr. 2 BZRG),

Sie werden in das (allgemeine) Bundeszentralregister nur dann eingetragen, wenn sie *zusammen mit* Entscheidungen gem. § 27 JGG *oder* mit Jugendstrafe *oder* mit Maßregeln der Besserung und Sicherung verbunden sind (§ 5 Abs. 2 BZRG).

aus dem nur beschränkt Auskunft erteilt wird.

Eintrag nur in das Erziehungsregister mit beschränkter Auskunft

Auskünfte erhalten: JA, LJA, Staatsanwaltschaften, Gerichte, Justizvollzugsbehörden, Bundes- u. Landesministerien, Verfassungsschutzämter, Einbürgerungs-, Ausländer-, Gnadenbehörden, Kriminaldienststellen (vgl. §§ 41, 61 BZRG).

und dessen Inhalt nicht zu den Eintragungen gehört, die im Führungszeugnis erscheinen (vgl. § 32 Abs. 1 S. 1 iVbm § 5 Abs. 2 u. § 32 Abs. 2 Nr. 2 BZRG), so dass hier der Makel des „Vorbestraftseins" entfällt (vgl. § 53 Abs. 1 BZRG).

Eintrag in das Bundeszentralregister

In das Bundeszentralregister werden dagegen die Verurteilungen zu einer Jugendstrafe, zu einer Maßregel der Besserung und Sicherung oder bei Feststellung der Schuld gemäß § 27 JGG (s.o.) eingetragen (vgl. § 4 Nr. 1, 2 und 4 BZRG)

Bei Bewährungsstrafen grundsätzl. „unbestraft"

Aber selbst die Verurteilung zu Jugendstrafe führt nicht immer zum „Vorbestraftsein", denn es erscheinen die zur Bewährung ausgesetzten Jugendstrafen (einschließlich der vorzeitigen Entlassung zur Bewährung) nicht im Führungszeugnis (vgl. § 32 Abs. 2 Nr. 2, 3 BZRG), so dass sich die betr. Verurteilten schon während ihrer Bewährungszeit als „unbestraft" bezeichnen dürfen (vgl. § 53 Abs. 1 BZRG). Dasselbe Resultat kann auch

Strafmakelbeseitigung

bei verbüßten Strafen durch vorzeitige Beseitigung des Strafmakels (siehe §§ 97 ff., 111 JGG) erzielt werden (vgl. § 32 Abs. 2 Nr. 4 BZRG).

Maßregeln der Besserung und Sicherung

Die Verurteilung zu Maßregeln der Besserung und Sicherung, zu Nebenfolgen und Nebenstrafen (vgl. §§ 6, 7 JGG sowie Seiten 153 ff.) allein oder iVbm Erziehungsmaßregeln oder Zuchtmitteln erscheint ebenfalls nicht im Führungszeugnis (§ 32 Abs. 2 Nr. 8 BZRG). Das gilt aber nicht

Ausnahmen

bei Straftaten gegen die sexuelle Selbstbestimmung nach den §§ 174–180, 182 StGB (§ 32 Abs. 1 S. 2 JGG).

Vergünstigung des Jugendstrafrechts

Diese **Einschränkung des „Vorbestraftseins"** stellt eine wesentliche Vergünstigung gegenüber dem Erwachsenenstrafrecht dar, nach dem selbst bei geringer zweiter Geldstrafe (innerhalb von zwei Jahren) sowie bei erfolgreicher Bewährung dieser Strafmakel noch mindestens drei Jahre besteht (vgl. §§ 32 Abs. 2 Nr. 5, 33 Abs. 1, 34 Abs. 1 Nr. 1a BZRG).

C. Die Jugendgerichte

Immer zuständig für: Jugendl. und Heranw.

Jugendgerichte werden die nach den Bestimmungen des JGG besonders besetzten Strafabteilungen der Amts- und Landgerichte genannt, die über alle „Verfehlungen" (= Straftaten) von Jugendlichen und Heranwachsenden in erster Instanz zu entscheiden haben (vgl. §§ 33 Abs. 1, 107, 108 Abs. 1 JGG).

Auch bei Anwendung von „Erwachsenenstrafrecht"

Die Jugendgerichte sind für Heranwachsende auch dann zuständig, wenn für sie die Anwendung des „Erwachsenenstrafrechts" zu erwarten ist (§ 108 Abs. 2 JGG), und sie bleiben auch zuständig, wenn „Erwachsenenstrafrecht" auf sie angewendet wird (vgl. § 106 Abs. 1 JGG).

Jugendschutzsachen

Jugendkammern (s. dazu Seite 166) sind (neben den allgemeinen Strafkammern der LG) auch für sog. „Jugendschutzsachen" (= Straftaten Erwachsener durch die ein Kind oder ein Jugendlicher verletzt oder unmittelbar gefährdet wird, sowie Verstöße Erwachsener gegen Vorschriften, die dem Jugendschutz oder der Jugenderziehung dienen) zuständig (§§ 26, 74b GVG).

Staatsschutzsachen

Für sog. „Staatsschutzsachen"[200] von Jugendlichen oder Heranwachsenden sind jedoch immer die bei den LG bzw. OLG gebildeten besonderen Staatsschutzkammern bzw. Staatsschutzsenate zuständig (§§ 102 JGG, 74a, 120 GVG).

Nur bei Berufungen, nicht bei Revisionen

In zweiter Instanz sind die Jugendgerichte (= Jugendkammern) nur für Berufungen gegen erstinstanzliche Urteile zuständig; für Revisionen sind dagegen die allgemeinen Strafgerichte (OLG bzw. BGH) zuständig (s. dazu Seite 166).

I. Die Jugendrichter und Jugendstaatsanwälte

Erzieherische Befähigung

Für die Auswahl der Richter (und Staatsanwälte) an den Jugendgerichten stellt der Gesetzgeber die Forderung auf, dass sie „erzieherisch befähigt und in der Jugenderziehung erfahren sein sollen" (§ 37 JGG).

Keine Spezialausbildung

Diese bloße „Soll-Vorschrift" bietet jedoch nicht etwa die Gewähr dafür, dass die Jugendgerichte mit erstklassigen Fachkräften besetzt werden, denn es gibt keine Spezialausbildung für Jugendrichter. Nach dem unsere ordentliche Gerichtsbarkeit beherrschenden Prinzip muss vielmehr jeder Richter die Befähigung zu jedem Richteramt haben. So wird derjenige Jugendrichter, der sich dafür interessiert (aus welchen Gründen auch immer dies geschehen mag), ohne dass er Kenntnisse auf dem Gebiet der Jugendpsychologie, -psychiatrie oder -kriminologie nachweisen muss.

Aufgabenkreis

Den Jugendrichtern „sollen" für die Jugendlichen die Erziehungsaufgaben des FamG übertragen werden (§ 34 Abs. 2 S. 1 JGG). Dies sind nach § 34 Abs. 3 JGG:

- Unterstützung der Eltern, des Vormunds und Pflegers durch geeignete Maßnahmen (§§ 1631 Abs. 3, 1800, 1915 BGB),
- Maßnahmen zur Abwendung einer Gefährdung des Minderjährigen (§§ 1666, 1666a, 1837 Abs. 4, 1915 BGB).

---

[200] Darunter sind Straftaten zu verstehen, die gegen den Bestand des Staates, seine Funktionsfähigkeit oder die verfassungsmäßige Ordnung gerichtet sind (vgl. §§ 80 ff. StGB).

Problematik

Hiervon kann aus besonderen Gründen abgewichen werden, namentlich wenn Jugendrichter für den Bezirk mehrerer Amtsgerichte bestellt sind (§ 34 Abs. 2 S. 2 JGG). Diese Personalunion soll durch bessere Kenntnis des Straftäters eine einheitlichere erzieherische Einwirkung auf ihn ermöglichen. Sie bringt aber auch Gefahren mit sich. So kann es (auf beiden Seiten) zu Voreingenommenheiten, insbesondere dazu kommen, dass alle richterlichen Maßnahmen (also auch die des Familiengericht) als Bestrafung und nicht als Erziehung verstanden werden.

II. Die Jugendschöffen

Ebenso wie die Berufsrichter „sollen" die Jugendschöffen erzieherisch befähigt und in der Jugenderziehung erfahren sein (§ 35 Abs. 2 S. 2 JGG).

Ehrenamtliche Laienrichter mit gleichem Stimmrecht

Auswahl der Jugendschöffen:

Jugendhilfeausschuss

Wahlausschuss

Es handelt sich bei ihnen um ehrenamtliche Laienrichter, die – wie die allgemeinen Schöffen auch – volle Richterfunktion ausüben, und zwar mit gleichem Stimmrecht wie die Berufsrichter. Ihre Auswahl unterscheidet sich allerdings erheblich von der allgemeinen Schöffenwahl, bei der eine mehr zufällige Repräsentanz der Bevölkerung angestrebt wird. Die Jugendschöffen werden vom Jugendhilfeausschuss vorgeschlagen und dann vom nach § 40 GVG gebildeten Ausschuss des Gerichts (bestehend aus einem Jugendrichter, einem Verwaltungsbeamten und zehn Vertrauensleuten des Stadtrates bzw. Kreistages) für fünf Jahre gewählt, wobei es sich um die gleiche Anzahl von Frauen und Männern handeln soll (§ 35 Abs. 1 JGG). Meist sind es in der Jugendarbeit tätige Personen. – Die vom Jugendhilfeausschuss erstellte Vorschlagsliste ist im örtlich zuständigen Jugendgericht nach vorheriger Bekanntmachung eine Woche lang zu jedermanns Einsicht aufzulegen (vgl. § 35 Abs. 3 JGG), damit Einsprüche zum Schöffenwahlausschuss möglich sind.

Mitwirkung bei jeder Hauptverhandlung

Zu jeder Hauptverhandlung beim Jugendschöffengericht und der Jugendkammer sollen dann immer jeweils eine Frau und ein Mann als Jugendschöffen herangezogen werden (§§ 33a Abs. 1 S. 2, 33b Abs. 1 JGG).

III. Der Jugendrichter als Einzelrichter

Aufgabenbereiche

Sein Aufgabenbereich lässt sich in vier Teile gliedern:

Ermittlungen

1. Ihm obliegen alle Aufgaben, die ein Strafrichter beim Amtsgericht nach StPO und GVG im Strafverfahren hat (§ 34 Abs. 1 JGG). Dazu gehören insbesondere alle richterlichen Ermittlungshandlungen im Vorverfahren.

   Beispiele: Erlass von Haftbefehlen, Haftkontrolle und -prüfung; Anordnung von Untersuchungen, Durchsuchungen, Beschlagnahmen; Einnahme des richterlichen Augenscheins; richterliche Vernehmung der Beschuldigten und Zeugen – auch im Wege der Rechtshilfe für andere Jugendgerichte; Entscheidungen über die Einstellung des Verfahrens oder Eröffnung der Hauptverhandlung.

Begrenzte Strafgewalt

2. Er verhandelt und entscheidet über Straftaten Jugendlicher und Heranwachsender, wenn für diese nur Erziehungsmaßregeln, Zuchtmittel, Fahrverbot, Entzug der Fahrerlaubnis oder Nebenfolgen gemäß § 7 JGG zu erwarten sind (§§ 39 Abs. 1, 108 JGG), also über weniger gravierende Fälle. Für Strafsachen, die gegen Jugendliche und Erwachsene gemäß § 103 JGG verbunden sind, ist der Jugendrichter *nicht zuständig*. Er kann auch Jugendstrafe verhängen, wenn sich das Erfordernis erst in der Hauptverhandlung herausstellen sollte. Allerdings ist er dann in sei-

ner Strafgewalt begrenzt, d.h., er darf nur Jugendstrafe bis zu einem Jahr aussprechen; die Unterbringung in einem psychiatrischen Krankenhaus darf er nicht anordnen (§ 39 Abs. 2 JGG).

3. Der Jugendrichter ist zugleich Vorsitzender des Jugendschöffengerichts (§ 33a Abs. 1 S. 1 JGG) und trifft als solcher wiederum alle Ermittlungshandlungen im Vorverfahren (s. dazu Seiten 167 ff.) allein. **Vorsitzender des JugSchöffG**
4. Weiter ist er Vollstreckungsleiter für Jugendarrest und Jugendstrafe und damit u.a. zuständig für eine vorzeitige Entlassung der Verurteilten (vgl. dazu §§ 82, 84, 88 JGG) und für den Jugendarrest sogar Vollzugsleiter, wenn in seinem Bezirk eine Jugendarrestanstalt liegt (vgl. dazu § 90 Abs. 2 S. 2 JGG sowie die Jugendarrestvollzugsordnung – JAVollzO). **Vollstreckungsleiter für Jugendarrest/-strafe** **Für Jugendarrest auch Vollzugsleiter**

IV. Das Jugendschöffengericht

Besetzung

Das Jugendschöffengericht (beim Amtsgericht) ist mit dem Jugendrichter (Vorsitzender) und zwei Jugendschöffen (es sollen jeweils sein: eine Frau und ein Mann) besetzt (§ 33a Abs. 1 JGG).

„Allgemeinzuständigkeit"/ „Auffangzuständigkeit"

Die Mehrzahl sämtlicher Jugendstrafverfahren findet vor diesem Gericht statt, da es die sog. „allgemeine Zuständigkeit" (auch „Auffangzuständigkeit" genannt) besitzt. Denn es ist zuständig für alle Straftaten von Jugendlichen und Heranwachsenden, die nicht zur Zuständigkeit des Jugendrichters (= „Bagatellsachen") oder der Jugendkammer (= schwerwiegende Delikte) gehören (§§ 40 Abs. 1, 108 Abs. 1 JGG).

Strafgewalt: bis 5 J. Jugendstrafe bis 4 J. allg. Strafe

Es hat grundsätzlich Strafgewalt bis zu fünf Jahren Jugendstrafe. Wendet es aber gegen Heranwachsende oder in Jugendschutzsachen „Erwachsenenstrafrecht" an, so reicht seine Strafgewalt jedoch nur bis zu vier Jahren (§§ 108 Abs. 3 S. 1 JGG, 24 Abs. 2 GVG). Ist im Einzelfall *höhere Strafe* oder die Unterbringung in einem psychiatrischen Krankenhaus oder in Sicherungsverwahrung (§ 106 Abs. 3, 5, 6 JGG) zu erwarten, ist es zur *Abgabe an die Jugendkammer* verpflichtet (§ 108 Abs. 3 S. 2 JGG). **Abgabe an JugKammer**

Wenn das Jugendschöffengericht nach Erhalt der Anklageschrift durch die Staatsanwaltschaft feststellt, dass es sich um eine besonders umfangreiche Strafsache handelt (z.B. Bandensache oder sehr zahlreiche Straftaten), so kann es die Sache der Jugendkammer vorlegen (§ 40 Abs. 2 JGG). Diese entscheidet dann, ob es die Sache übernehmen will oder nicht; dieser Beschluss kann nicht angefochten werden (§ 40 Abs. 4 JGG).

Kein erweitertes Schöffengericht

Diese Abgabemöglichkeit besteht deshalb, weil es im Jugendstrafrecht kein erweitertes Schöffengericht (zwei Berufs- und zwei Laienrichter) gibt wie im „Erwachsenenstrafrecht" und daher sehr umfangreiche Strafsachen die Leistungsfähigkeit des Jugendschöffengerichts (mit nur einem Berufsrichter) übersteigen können.

Sitzungsleitung hat Berufsrichter

Volles Stimmrecht der Schöffen

Die Sitzungen des Jugendschöffengerichts werden von dem Jugendrichter als Vorsitzenden geleitet. Die Jugendschöffen haben jedoch – wie alle Laienrichter – dieselben Funktionen und Befugnisse wie andere Berufsrichter als Beisitzer. Vor allem hat ihre Stimme bei jeder Entscheidung des Gerichts gleiches Gewicht. Sie können also den Vorsitzenden überstimmen (§§ 30 Abs. 1, 194 Abs. 2, 196 Abs. 1 GVG).

V. Die Jugendkammer

Seit 1993 besteht bei jedem Landgericht eine *kleine* Jugendkammer und eine *große* Jugendkammer, wobei Erstere mit einem Berufsrichter und zwei Jugendschöffen, Letztere zusätzlich mit einem weiteren Berufsrichter besetzt ist (vgl. § 33b JGG sowie §§ 60, 74 GVG).

Kleine Jugendkammer

Die kleine Jugendkammer fungiert nur als Berufungsgericht gegen Urteile des Jugendeinzelrichters (vgl. § 33b Abs. 1 HS 2 JGG).

Große Jugendkammer

Die große Jugendkammer dagegen ist sowohl in 1. als auch in 2. Instanz zuständig. In 1. Instanz ist sie zuständig für:

Zuständigkeit in 1. Instanz

1. alle Kapitalverbrechen (vorsätzliche Straftaten mit Todesfolge), die nach „Erwachsenenstrafrecht" vor das Schwurgericht gehören (§§ 41 Abs. 1 Nr. 1 JGG, 74 Abs. 2 GVG)
2. alle Jugendschutzsachen (siehe dazu Seite 163) – neben der allgemeinen Strafkammer – (§§ 26 Abs. 1, 74b GVG)
3. Verfahren gegen Heranwachsende, bei denen Freiheitsstrafe von mehr als vier Jahren zu erwarten ist (§ 108 Abs. 3 S. 2 JGG)
4. Verfahren gegen Jugendl. und HW, wenn nach „Erwachsenenstrafrecht" die große Strafkammer zuständig wäre (§ 41 Abs. 1 Nr. 3 JGG)
5. wegen ihres besonderen Umfangs auf Vorlage des Jugendschöffengerichts übernommene Verfahren (§ 41 Abs. 1 Nr. 2 JGG)
6. Fälle, in denen die StA wegen der besonderen Schutzbedürftigkeit von als Zeugen in Betracht kommenden Opfern von Straftaten dies beantragt hat (§ 41 Abs. 1 Nr. 4 JGG).

Zuständigkeit in 2. Instanz

In zweiter Instanz ist die große Jugendkammer Berufungsgericht[201] gegen Urteile des Jugendschöffengerichts (§ 41 Abs. 2 JGG).

VI. Das Oberlandesgericht

Zuständigkeit

Über Revisionen (keine Tatsachen, sondern reine „Rechtsfragen"-Instanz[202]) gegen Urteile des Jugendrichters und des Jugendschöffengerichts entscheidet ein Strafsenat des Oberlandesgerichts (drei Berufsrichter) als zweite (und zugleich letzte) Instanz; desgleichen über Beschwerden gegen Entscheidungen der Jugendkammer, die diese in der Voruntersuchung oder im Hauptverfahren getroffen hat (§ 121 Abs. 1 GVG). – Revisionen gegen die Berufungsurteile der Jugendkammer gibt es nicht (§ 55 Abs. 2 S. 2 JGG), da im Jugendstrafrecht immer nur eine Rechtsmittelmöglichkeit besteht (siehe dazu Seite 179).

VII. Der Bundesgerichtshof

Revisionen gegen Jugendkammer

Gegen erstinstanzliche Urteile der Jugendkammer (vgl. oben Kapitel V.) ist nur die Revision gegeben, für die ein Strafsenat des Bundesgerichtshofes (fünf Berufsrichter) zuständig ist (§ 135 Abs. 1 GVG).

Bei Kapitalverbrechen fehlt also – wie im „Erwachsenenstrafrecht" – eine zweite Tatsacheninstanz, was nicht unproblematisch ist (siehe dazu oben Kapitel C. V. Nr. 1.).

---

[201] Zur Berufung siehe Seite 179.

[202] Zur Revision siehe Seite 179.

D. Das Jugendstrafverfahren[202a]

Besonderheiten aus erzieherischen Gründen

Grundsätzlich gelten die allgemeinen verfahrensrechtlichen Bestimmungen der StPO und des GVG. Das JGG enthält jedoch einige Besonderheiten gegenüber dem Strafverfahren für Erwachsene, die den Erziehungsgedanken des Jugendstrafrechts auch im Verfahren Rechnung tragen wollen.

I. Das Vorverfahren

Zur Vorbereitung des Hauptverfahrens

Es dient der Vorbereitung des Hauptverfahrens vor den Jugendgerichten und beginnt mit den staatsanwaltschaftlichen Ermittlungen, die sich hier aber nicht nur auf die Tat, sondern vor allem auf die Persönlichkeitserforschung des Täters richten (§ 43 JGG).

1. Persönlichkeitserforschung

Erforschung des Täterbildes

Entscheidende Voraussetzung für eine richtige und damit erfolgreiche Anwendung der jugendrichterlichen Maßnahmen ist eine sorgfältige Persönlichkeitsermittlung des Täters. Das „Täterbild" muss erstellt werden, denn im Mittelpunkt des Jugendstrafrechts steht der Täter und nicht (wie im „Erwachsenenstrafrecht") die Tat. Es kommt nämlich nicht in erster Linie auf das Geschehene, sondern darauf an, wie der Täter in seiner weiteren Entwicklung am besten positiv beeinflusst werden kann.

Hauptverfahren nötig?

Die Persönlichkeitserforschung des Täters soll bereits im Vorverfahren erfolgen (§ 43 Abs. 1 JGG), denn ihr Ergebnis ist entscheidend für die Frage, ob überhaupt das Hauptverfahren (= die Verhandlung und Entscheidung über die Tat) eröffnet werden soll (vgl. § 45 JGG) und (wenn ja) vor welchem Gericht (d.h.: Jugendrichter oder Jugendschöffengericht[203]).

Anhörung des sozialen Umfelds

Daher sollen (d.h.: es darf nur in begründeten Ausnahmefällen davon abgesehen werden) die Erziehungsberechtigten, gesetzliche Vertreter, Schule, Ausbildende zuvor angehört werden. Die Anhörung der Schule oder des Auszubildenden unterbleibt aber, wenn die Jugendlichen davon unerwünschte Nachteile (wie z.B. den Verlust ihres Ausbildungs- oder Arbeitsplatzes) zu besorgen hätten (§ 43 Abs. 1 S. 3 JGG). – Soweit erforderlich, ist eine Untersuchung der Beschuldigten, namentlich zur Feststellung ihres Entwicklungsstandes oder anderer für das Verfahren wesentlicher Eigenschaften, herbeizuführen; damit sollen (nach Möglichkeit) zur Untersuchung von Jugendlichen befähigte Sachverständige beauftragt werden (§ 43 Abs. 2 JGG).

Untersuchung der Beschuldigten

JGH-Aufgabe

Diese eminent wichtige Persönlichkeitsermittlung ist Aufgabe der Jugendgerichtshilfe (s. dazu Seite 174), wenn nicht ein Sachverständigengutachten benötigt wird (vgl. §§ 38 Abs. 2 S. 2, 43 Abs. 1 S. 3 u. Abs. 2 JGG).

Gilt auch für HW

Dies gilt alles auch für Heranwachsende (vgl. §§ 107 Abs. 1, 109 Abs. 1 JGG).

[202a] Lesenswert zum Thema der Aufsatz von Hanft in: Jura 2008, 368 ff.

[203] Siehe dazu oben C. III. und IV.

2. Absehen von der Strafverfolgung („Diversion")

Kriminologischer Hintergrund

Neuere kriminologische Forschungen haben erwiesen, dass Kriminalität im Jugendalter meist nicht Indiz für ein erzieherisches Defizit ist, sondern überwiegend als entwicklungsbedingte Auffälligkeit mit dem Eintritt in das Erwachsenenalter abklingt und sich nicht wiederholt.[204] Kriminalistische Untersuchungen haben weiter ergeben, dass im Bereich der leichten und mittleren Jugend-Delinquenz der Verzicht der Justiz auf formelle Sanktionen zugunsten informeller Erledigungen kriminalpolitisch von Bedeutung ist, da diese nicht allein zu einer humaneren und schnelleren Bewältigung von Jugendkriminalität führen, sondern ihnen auch im Hinblick auf Prävention und Rückfallvermeidung höhere Effizienz zukommt[204] als justiziellen Sanktionen.

Umdenken führte zur „Diversion"

Ergebnis dieser kriminologischen Erkenntnisse war ein Umdenken in der Jugendstrafrechtspflege, die bei uns seit 1980 verstärkt die Möglichkeiten einer informellen Verfahrenserledigung im Vorfeld der förmlichen jugendrichterlichen Verurteilung nutzt. Dieses Konzept des Jugendstrafrechts wird *Diversion* (Ablenkung, Umleitung) genannt und fußt auf Entwicklungen in den USA der 70er-Jahre. Der Begriff dient dabei der Sammelbezeichnung für sämtliche kriminologischen Tendenzen und Strategien, weitest möglich informelle Verfahrensweisen an die Stelle förmlicher justizieller Strafverfolgung zu setzen, d.h., Kriminalitätsfälle Jugendlicher und Heranwachsender werden „umgelenkt" von förmlichen Strafverfahren hin zu mehr informeller Sozialkontrolle. Diversion intendiert dabei zweierlei: bezüglich der Klientel eine Verminderung der Stigmatisierung und eine Verstärkung von Problemlösungshilfe und hinsichtlich der Justiz den Abbau unnötiger Sozialkontrolle sowie deren Entlastung.

Definition

Zielsetzung

Diversion trägt überdies dem Umstand Rechnung, dass die Konfrontation mit Polizei und StA insbesondere von Jugendlichen und Heranwachsenden bereits als Sanktion empfunden wird und zumeist auch weitere Reaktionen mit Sanktionscharakter in ihrem sozialen Umfeld (Eltern, Lehrer, Ausbilder, Nachbarn, Freunde Bekannte) auslöst. Ausgangspunkt für den Ansatz der Diversion im Jugendstrafrecht ist weiter die durch kriminologische Forschungen belegte Erkenntnis, dass Strafverfolgung oftmals mehr Schaden stiftet als Nutzen bringt. Denn eine strafrechtliche Intervention führt häufig eher zu einer Stabilisierung des abweichenden Verhaltens, als dass sie den Betroffenen bei der Lösung der hinter der Straftat stehenden Probleme hilft und damit von weiteren Delikten abhält. Diversion ist somit die gesellschaftliche Bewältigung der Jugendkriminalität außerhalb justizieller Instanzen. Die §§ 45, 47 JGG eröffnen die Möglichkeit, ein förmliches Verfahren mit Verurteilung zu vermeiden (Diversion), wenn das aus erzieherischen Gründen angezeigt ist (s. dazu nachfolgend sowie unten Kapitel D. II. 2.). Wegen der Unschuldsvermutung (Art. 6 Abs. 2 MRK) ist das jedoch nur bei eindeutig überführten oder geständigen Tätern unbedenklich.

Diversionsmöglichkeiten

Einstellung durch StA (§ 45 Abs. 1 und 2 JGG)

Der Staatsanwalt kann ohne Zustimmung des Richters von der Strafverfolgung absehen, wenn:

1. die Schuld des Täters als gering anzusehen ist *und* kein öffentliches Interesse an der Strafverfolgung besteht, sog. „Bagatellfälle" (§ 45 Abs. 1 JGG) *oder*:

[204] BT-Drucks. 11/5829, S. 1.

2. bereits eine erzieherische Maßnahme (z.B. Ermahnung o.ä. durch Eltern, Vormund, Heim, Schule, Ausbilder, JGH, Bewährungshelfer oder Staatsanwalt selbst) angeordnet wurde, die eine Erhebung der Anklage und Ahndung durch den Jugendrichter entbehrlich macht (§ 45 Abs. 2 JGG).

Einstellung durch Richter (§ 45 Abs. 3 JGG)

Ist der Beschuldigte geständig und hält der Staatsanwalt eine Ahndung durch Urteil für entbehrlich, so kann er bei dem Jugendrichter *anregen*, dem Jugendlichen Weisungen gemäß § 10 Abs. 1 S. 3 Nrn. 4, 7 und 9 JGG zu erteilen („Arbeitsweisung", Täter-Opfer-Ausgleich, Teilnahme an einem Verkehrsunterricht), ihm Auflagen (§ 13 Abs. 2 Nr. 2 iVm § 15 JGG) zu machen, oder eine Ermahnung auszusprechen.

Entspricht der Jugendrichter dieser Anregung, so sieht der Staatsanwalt von der Verfolgung (= Anklage) ab (vgl. § 45 Abs. 3 JGG).

Diversion auch für HW

Diversion kommt auch für Heranwachsende, für die Jugendstrafrecht angewendet wird, in Betracht (vgl. § 109 Abs. 2 S. 1 JGG).

3. Vernehmung der Beschuldigten

Vor Anklageerhebung

Belehrung über Rechte

Wenn Jugendstrafe zu erwarten ist, die Sache also §§ 39 Abs. 1, 40 Abs. 1 JGG vor das Jugendschöffengericht kommt,[205] so soll der Staatsanwalt oder der Vorsitzende des Jugendgerichts die Beschuldigten vor Erhebung der Anklage vernehmen (§ 44 JGG), um sich – ohne die Zwänge der Hauptverhandlung – schon ein persönliches Bild von den Betreffenden machen zu können (was jedoch aus Zeitmangel meist unterbleibt). Wird diese Vernehmung durchgeführt, so müssen die Jugendlichen über den Tatvorwurf sowie über ihr Recht, Entlastungsbeweise beantragen, zum Tatvorwurf schweigen und sich vorher von einem Verteidiger ihrer Wahl beraten lassen zu können, gem. § 136 StPO belehrt werden. Weiter ist § 136a StPO (verbotene Vernehmungsmethoden: z.B. Misshandlung, Täuschung, Hypnose, körperliche Eingriffe) einzuhalten.

Für HW möglich

Für Heranwachsende ist eine Vernehmung vor der Hauptverhandlung gesetzlich zwar nicht vorgesehen (vgl. § 109 JGG), aber möglich (vgl. RL 1 Satz 2 zu § 44 JGG).

4. Inhalt der Anklageschrift

Pädagogische Aspekte beachten

Wenn Anklage erhoben wird, gelten zwar grundsätzlich die allgemeinen Regelungen des § 200 StPO. Jedoch soll im Jugendstrafverfahren das wesentliche Ergebnis der Ermittlungen (also einschließlich der Persönlichkeitserforschung) so dargestellt werden, dass die Kenntnisnahme durch die Beschuldigten möglichst keine Nachteile für ihre Erziehung verursacht (§ 46 JGG). Das bedeutet, dass z.B. Ausführungen über mangelnde elterliche Fürsorge und Erziehung oder über schädliche Einflüsse der Eltern oder des Heimes in der Anklageschrift zu vermeiden sind.

Verständlichkeit

Andererseits soll die Anklageschrift den gegen die Jugendlichen erhobenen Vorwurf klar erkennen lassen. Sie muss deshalb auch sprachlich so abgefasst sein, dass sie den Jugendlichen verständlich ist.

Auch für HW

§ 46 JGG gilt zwar nicht für HW (vgl. § 109 JGG); dennoch sind dessen Grundgedanken zu beachten (RL 2 zu § 46 JGG).

---

[205] Siehe dazu oben C. IV.

II. Das Hauptverfahren

1. Eröffnung

Voraussetzungen

Die Jugendgerichte eröffnen auf Antrag der Staatsanwaltschaft (= Anklageschrift) das Hauptverfahren, wenn Angeklagte der Tat hinreichend verdächtig und strafrechtlich verantwortlich iSd § 3 JGG (s. dazu Seite 130) sind. Anderenfalls wird die Eröffnung des Hauptverfahrens abgelehnt. – Diese Voraussetzungen kann das Gericht aufgrund der ihm vorliegenden Ergebnisse der Ermittlungen des Vorverfahrens prüfen.

2. Einstellung des Verfahrens

Das Jugendgericht kann auch noch nach Erhebung der Anklage (mit Zustimmung des Staatsanwaltes) das Verfahren durch Beschluss gemäß § 47 Abs. 1 u. 2 JGG einstellen, wenn:

1. § 153 StPO erfüllt ist (geringe Schuld *und* fehlendes öffentliches Interesse → „Bagatellstraftaten") oder
2. § 45 Abs. 2 JGG erfüllt ist (vgl. dazu oben Seite 169),
3. bereits eingeleitete oder durchgeführte erzieherische Maßnahmen nach § 45 Abs. 3 S. 1 JGG ein Urteil entbehrlich machen
4. Angeklagte ihm mangels Reife iSd § 3 JGG strafrechtlich nicht verantwortlich erscheinen

Einstellung nach erhobener Anklage

Die Einstellung kann auch noch in der Hauptverhandlung erfolgen (§ 47 Abs. 2 S. 2 JGG) – sogar noch in der Berufungs- oder Revisionsverhandlung[206], wenn sich z.B. erst dann durch ein Gutachten herausstellt, dass beim Täter die strafrechtliche Verantwortlichkeit gemäß § 3 JGG[207] nicht vorliegt. (Dann wird nämlich die Einstellung einem „Freispruch mangels Verantwortlichkeit" vorgezogen.)

Einstellungsbeschluss ist unanfechtbar

Der Einstellungsbeschluss (der begründet werden muss) ist unanfechtbar (§ 47 Abs. 2 S. 3 JGG). Die Gründe werden dem Angeklagten nur mitgeteilt, wenn keine erzieherischen Nachteile (z.B. bei der Annahme der „Geringfügigkeit" iSd § 153 StPO) zu befürchten sind, weil ihn das in seinem Verhalten bestärken könnte (§ 47 Abs. 2 S. 4 JGG).

Vorteil gegenüber StGB

Auch hier ist das Jugendstrafverfahren also viel flexibler als das „Erwachsenenstrafrecht" und kann somit besser auf die jeweiligen Täter eingehen.

Gilt auch für HW

Diese Möglichkeiten gelten auch für Heranwachsende (§ 109 Abs. 2 JGG).

3. Strafbefehl und beschleunigtes Verfahren

Bei Jugendlichen beides unzulässig

Bei Heranwachs. Ersteres unzulässig

Das Strafbefehlsverfahren (§§ 407 ff. StPO) und das beschleunigte Verfahren (§§ 212 ff. StPO) des allgemeinen Verfahrensrechts sind gegen Jugendliche (bei nach JGG behandelten HW jedoch nur Ersteres) unzulässig (vgl. §§ 79, 109 Abs. 2 JGG), weil sie eine Würdigung der Persönlichkeit des Täters nicht in ausreichendem Maße gestatten (§ 79 JGG). Dem praktischen Bedürfnis nach Vereinfachung und Beschleunigung bei der Aburteilung der Bagatellkriminalität kommt das Jugendstrafrecht durch die (ähnli-

---

[206] *Eisenberg*, § 47 Rz. 6 m.w.Nachw.

[207] Siehe dazu Seite 130.

che) Verfahrensart des vereinfachten Jugendverfahrens entgegen (s. dazu nachfolgend Nr. 4.).

4. Das vereinfachte Jugendverfahren

Zur Vereinfachung, Beschleunigung und jugendgemäßen Gestaltung des Verfahrens kann der Jugendrichter von Verfahrensvorschriften des allgemeinen Strafprozesses abweichen (§ 78 Abs. 3 S. 1 JGG).

Bedeutsam in der Praxis

Wegen der von vielen Förmlichkeiten befreiten Möglichkeiten spielt das vereinfachte Jugendverfahren in der Praxis bei der Aburteilung einfach gelagerter Fälle eine große Rolle.

Nicht für HW

Für Heranwachsende gilt dies nicht (vgl. § 109 JGG).

a) Voraussetzungen

Leichte und eindeutige Fälle

- Es darf keine Jugendstrafe, sondern nur: Weisungen, Erziehungsbeistandschaft, Zuchtmittel, Fahrverbot, Entziehung der Fahrerlaubnis, Verfall oder Einziehung (vgl. §§ 44, 73, 74 StGB) zu erwarten sein (§ 76 S. 1 JGG).
- Es darf die Wahrheitserforschung nicht beeinträchtigt werden (§ 78 Abs. 3 S. 1 JGG); die Täter müssen also geständig oder eindeutig der Tat überführt worden sein.
- Der Staatsanwalt muss dieses Verfahren mündlich oder schriftlich ausdrücklich beantragen (§ 76 S. 1 JGG).

b) Rechtsfolgen

- **Keine Anklageschrift** – Der staatsanwaltschaftliche Antrag ersetzt die Anklageerhebung (§ 76 S. 2 JGG).
- **Keine Ladungsfristen** – Der Jugendrichter ist nicht an Ladungsfristen (vgl. § 217 StPO) gebunden, kann also z.B. die gemäß § 78 Abs. 1 S. 1 JGG vorgeschriebene mündliche Verhandlung unmittelbar nach Vorführung des auf frischer Tat Ertappten ansetzen.
- **Verhandlung ohne StA** – Der Staatsanwalt muss an dieser mündlichen Verhandlung nicht teilnehmen (§ 78 Abs. 2 S. 1 JGG); es kann dann die Einstellung des Verfahrens auch ohne seine Zustimmung beschlossen werden (§ 78 Abs. 2 S. 2 JGG).
- **Teilnahme der Erziehungsberechtigten und gesetzl. Vertreter** – Für die Erziehungsberechtigten und die gesetzlichen Vertreter des Angeklagten muss allerdings die Möglichkeit der Teilnahme sowie eine Auskunftsmöglichkeit – wie sonst auch (vgl. § 67 JGG) – gewährleistet sein (§ 78 Abs. 3 S. 2 JGG).
- **Verhandlung ohne Angeklagten** – Ohne Angeklagte darf nur gemäß § 50 JGG verhandelt werden (s. dazu Seite 173) und auch nur dann, wenn ihnen dadurch ihr verfassungsmäßig geschützter Anspruch auf rechtliches Gehör (Art. 103 GG) nicht beschnitten wird (§ 78 Abs. 3 S. 2 JGG).
- **Nur beschränkte Strafen möglich** – Die Entscheidung ergeht durch Urteil, das nicht auf Hilfe zur Erziehung iSd § 12 Nr. 2 JGG (Heimerziehung), Unterbringung in einer Entziehungsanstalt oder Jugendstrafe lauten darf (§ 78 Abs. 1 JGG).
- **Uneingeschränkte Rechtsmittel** – Das Urteil ist nach den gleichen Prinzipien (vgl. Seite 177 ff.) anfechtbar wie ein Urteil im förmlichen Jugendstrafverfahren.

5. Privat- und Nebenklage

Privatklage bei Jugdl. unzulässig

Privatklage bei HW möglich

Weil durch die Straftat Verletzte als private Ankläger (z.B. in Fällen des Hausfriedensbruchs, der Beleidigung, der Körperverletzung, der Bedrohung oder Sachbeschädigung, vgl. die Aufzählung in § 374 Abs. 1 StPO) das Verfahren oftmals ohne Rücksicht auf erzieherische Überlegungen allein aus ihrem eigenen Vergeltungsbedürfnis und zur Durchsetzung ihrer subjektiven Rechte betreiben würden, ist die Privatklage gegen Jugendliche unzulässig – nicht jedoch gegen Heranwachsende (vgl. §§ 80 Abs. 1, 109 JGG). Die Nebenklage gemäß § 395 ff. StPO ist dagegen in den in § 80 Abs. 3 genannten Fällen möglich.

Schadensersatz gegenüber Jugendlichen stets nur im Zivilprozess

Aus den oben genannten Gründen sind auch die Vorschriften über die Entschädigung der Verletzten (§§ 403–406c StPO) im Strafverfahren gegen Jugendliche nicht anwendbar (§ 81); dies gilt nicht für Heranwachsende (§ 109 Abs. 2 S. 1 JGG). Verletzte sind also zur Durchsetzung ihrer Schadensersatzansprüche gegen Jugendliche allein auf den Zivilprozess angewiesen.

6. Hauptverhandlung

Problematik ihrer Gestaltung

Wie wichtig es ist, die Hauptverhandlung gegen Jugendliche und Heranwachsende sinnvoll zu gestalten und aus ihr alles fern zu halten, was sich für die Betreffenden nachteilig auswirken kann, braucht nicht betont zu werden. Es sollte selbstverständlich sein. In der Praxis liegt hier jedoch vieles im Argen, weil die Richter häufig meinen, die Verhandlung müsse einen „nachhaltigen Eindruck" auf die Täter machen, um sie vor weiteren Straftaten abzuhalten. Meist führt das dazu, dass die Betreffenden alles über sich ergehen lassen, ohne Anteil zu nehmen, und hinterher das alles von sich „abschütteln". Das trägt zweifellos nur zu weiterer Abstumpfung und der damit einhergehenden Rückfälligkeit (über 50% bei Jugendstrafe, ansonsten ca. 33%) bei.

Auf die sinnvolle Gestaltung einer Hauptverhandlung kann hier jedoch aus Platzgründen nicht eingegangen werden. Es muss sich vielmehr auf eine kurze Darstellung der wesentlichen Sonderheiten gegenüber dem „Erwachsenenstrafrecht" beschränkt werden.

a) Ausschluss der Öffentlichkeit

Stets bei Jugendlichen

Zugelassene Personen

Im Gegensatz zum „Erwachsenenstrafrecht" ist die Hauptverhandlung gegen Jugendliche grundsätzlich *nicht öffentlich* (§ 48 Abs. 1 JGG). Das bedeutet, dass neben den am Verfahren Beteiligten (Erziehungsberechtigte, gesetzliche Vertreter, Verteidiger, JGH) nur Erziehungsbeistand, Betreuungs-, Bewährungshelfer sowie den (durch die Tat) Verletzten die Anwesenheit gestattet ist (§ 48 Abs. 2 S. 1 JGG). Andere kann der Vorsitzende nur aus besonderen Gründen zur Verhandlung zulassen, namentlich zu Ausbildungszwecken (z.B. angehende Sozialarbeiter/Sozialpädagogen, Rechtsreferendare), wobei es sich dann nicht um Pauschal-, sondern um Einzelgenehmigungen handelt (§ 48 Abs. 2 S. 3 JGG). – Auch Rundfunk- und Pressevertreter können zugelassen werden. Dies geschieht jedoch nur, wenn gewährleistet ist, dass weder Name noch Bild und möglichst auch keine Angaben erscheinen, die auf die Person der Jugendlichen hindeuten.

Die Öffentlichkeit ist aus erzieherischen Gründen ausgeschlossen, weil die Jugendlichen durch Zuschauer nicht gehemmt, aber auch nicht zur Geltungssucht animiert werden sollen. Zudem können hierdurch meist schulische, berufliche und soziale Schwierigkeiten vermieden werden, die bei der Öffentlichkeit des Verfahrens zu befürchten wären.

Pädagogische Gründe

Hauptverhandlungen gegen Heranwachsende sind – leider – grundsätzlich öffentlich (vgl. § 109 Abs. 1 S. 1 JGG), obwohl hier die Problemlage kaum anders einzuschätzen ist. Es kann allerdings die Öffentlichkeit ausgeschlossen werden, wenn „dies im Interesse des Heranwachsenden geboten ist" (§ 109 Abs. 1 S. 4 JGG), also aus den gleichen Gründen, die bei Jugendlichen zur generellen Nichtöffentlichkeit führten (s.o.); dies geschieht aber leider nur selten.

Bei HW grundsätzl. öffentlich

Wird in demselben Verfahren gemäß § 103 JGG auch gegen Heranwachsende oder Erwachsene verhandelt, so besteht – leider – grundsätzlich Öffentlichkeit, wenn nicht deren Ausschluss im Interesse der Erziehung jugendlicher Angeklagter geboten ist (§ 48 Abs. 3 JGG) und daher im Einzelfall angeordnet wird.

Verfahren gegen Jugendl. und HW

b) Anwesenheit der Angeklagten

Weil das Gericht wegen der Auswahl geeigneter jugendrichterlicher Maßnahmen unbedingt auch einen persönlichen Eindruck von den Angeklagten gewinnen soll, kann selbst bei geringfügigeren Straftaten oder bei Nichterscheinen der Angeklagten grundsätzlich nicht ohne sie verhandelt werden (was im „Erwachsenenrecht" möglich wäre, vgl. §§ 232, 233 StPO). Im Jugendstrafverfahren müssten neben diesen allgemeinen Voraussetzungen noch „besondere Gründe" für eine Verhandlung ohne die Jugendlichen hinzukommen (z.B. sehr weite Anreise) und der Staatsanwalt müsste zustimmen (§ 50 Abs. 1 JGG).

Verhandlung ohne Jugendliche nur in besonderen Fällen

Für Heranwachsende gelten diese Grundsätze nicht (vgl. § 109 JGG).

Gilt nicht für HW

Anders als die StPO sieht das JGG erweiterte Möglichkeiten für einen zeitweiligen Ausschluss jugendlicher Angeklagter in der Hauptverhandlung vor. So soll der Vorsitzende Jugendliche für die Dauer von solchen Erörterungen ausschließen, von denen Nachteile für deren Erziehung entstehen können (§ 51 Abs. 1 S. 1 JGG). Das kommt vor allem dann in Betracht, wenn Erziehungs- und/oder Beziehungsprobleme der Eltern, des Vormundes oder von anderen Erziehern und deren Einfluss auf die Straftat besprochen werden sollen. – Der Vorsitzende muss den Angeklagten dann allerdings von dem in ihrer Abwesenheit Verhandelten insoweit berichten, als dies für ihre Verteidigung erforderlich ist (§ 51 Abs. 1 S. 2 JGG).

Zeitw. Ausschluss von Verhandlung

Informationspflicht

Aus denselben Gründen soll umgekehrt der Vorsitzende Angehörige, Erziehungsberechtigte, gesetzliche Vertreter von der Verhandlung (zeitweilig oder ganz) ausschließen, soweit gegen ihre Anwesenheit Bedenken bestehen (§ 51 Abs. 2 JGG).

Ausschluss von Angehörigen möglich

Für Heranwachsende gilt dies nicht (vgl. § 109 JGG).

Gilt nicht für HW

c) Vereidigung von Zeugen

Die Frage der Vereidigung von Zeugen richtet sich nach Wegfall des § 49 JGG im Jahr 2004 nach § 59 Abs. 1 S. 1 StPO (zur Vereidigung von Sachverständigen siehe § 79 StPO).

7. Jugendgerichtshilfe

a) Aufgaben

Wesen und Aufgaben der JGH

Die erforderliche umfassende Persönlichkeitsermittlung der jugendlichen oder heranwachsenden Täter (s. dazu oben Seite 167) sowie ihre besondere Hilfsbedürftigkeit hatten bereits 1923 dazu geführt, dass in das Jugendgerichtsverfahren ein besonderes Organ eingebaut wurde: die Jugendgerichtshilfe (JGH). Seit 1953 ist der Aufgabenbereich der JGH eingehender beschrieben (vgl. § 38 JGG). Danach hat die JGH im Wesentlichen folgende vier Aufgaben:

Täter-Hilfe
- Hilfe für die Beschuldigten (vgl. § 38 Abs. 2 S. 1 u. 9),

Ermittlungen
- Unterstützung der Gerichte und Ermittlungsbehörden insbesondere durch Erforschung der Persönlichkeit, Entwicklung und Umwelt der Beschuldigten (vgl. § 38 Abs. 2 S. 1 u. 2),

Stellungnahmen
- Stellungnahme zu den zu ergreifenden Maßnahmen (vgl. § 38 Abs. 2. S. 2),

Täter-Überwachung
- Überwachung der Beschuldigten (vgl. § 38 Abs. 2 S. 5 u. 6).

Ist der Jugendliche strafmündig?

Anwendung von JGG oder StGB?

Zur Feststellung der Ursachen der Straftat(en) sowie des Reifegrades des Täters zur Beurteilung der strafrechtlichen Verantwortlichkeit Jugendlicher gemäß § 3 JGG oder zur Anwendung des „Erwachsenen-“ bzw. des Jugendstrafrechts gemäß § 105 JGG bedarf es besonders sorgfältiger und fachkundiger Ermittlungen. Diese können weder Jugendrichter noch Jugendstaatsanwalt oder gar die Polizei leisten, da sie kaum über jugendpsychologische Fachkenntnisse verfügen und – vor allem die Polizei – vornehmlich in Sachverhaltserforschung geschult sind. Hinzu kommt, dass Täter, deren Eltern, ein Vormund, sonstige Erzieher, Lehrer, andere Ausbilder, Verwandte etc. eher dem Vertreter der JGH als den Strafverfolgungsorganen unvoreingenomen begegnen werden.

Wichtige Funktionen für Jugendl. und HW

Hier kommt also der JGH für jugendliche und heranwachsende (vgl. §§ 38, 107 JGG) Beschuldigte eine wichtige Aufgabe zu.

(Einzelheiten zur Persönlichkeitserforschung gemäß § 38 Abs. 2 S. 2 JGG und ihre Bedeutung im Jugendstrafverfahren vgl. oben Seite 167.)

Vor und während der Verhandlung

Betreuung

Die JGH tritt nicht erst in der Hauptverhandlung auf. Sie ist vielmehr so früh wie möglich im gesamten Verfahren – also bereits im Vorverfahren – heranzuziehen (§§ 38 Abs. 3 S. 1 u. 2, 43 Abs. 1 S. 1 JGG). Nur so kann gewährleistet werden, dass beschuldigte Jugendliche oder Heranwachsende betreut und bei der Bewältigung der Tat unterstützt werden können. Hierzu gehören nicht nur Beratungsgespräche mit den Beschuldigten und ihrer Familie, sondern auch mit Ausbildern und Arbeitgebern. Ziel dieser Betreuung ist es, Jugendliche oder Heranwachsende vor einem weiteren Abgleiten in die Kriminalität zu bewahren, zumal Täter in dieser Entwicklungsphase zu emotionalen „Kurzschlusshandlungen“ (Abbrechen der schulischen oder sonstigen Ausbildung, Aufgabe des Arbeitsplatzes etc.) neigen. Die JGH muss dabei frühzeitig die Gewährung von Jugendhilfeleistungen prüfen und davon Staatsanwalt oder Richter unterrichten, um evtl. ein Absehen von Verfolgung (§ 45 JGG) oder eine Verfahrenseinstellung (§ 47 JGG) anzuregen (§ 52 Abs. 2 SGB VIII).[208]

HzE prüfen

Verfahren zu beenden?

---

[208] Siehe dazu Seite 168 und 170.

Problematik

Voraussetzung für ein Tätigwerden der JGH ist wegen der durch Art. 1 GG geschützten Privatsphäre ein hinreichender Tatverdacht, weil sonst die Hilfefunktion der JGH ins Gegenteil verkehrt werden würde.

Rederecht

Vorschlagsrecht zum Strafrahmen

JGH-Bericht

Die JGH nimmt an der Hauptverhandlung teil und erhält auf Verlangen jederzeit das Wort (§ 50 Abs. 3 JGG). Sie hat dabei die Aufgabe, sich zu den jugendstrafrechtlichen Maßnahmen[209] sowie zu ihren Auswirkungen zu äußern, die sinnvollerweise bei den einzelnen Jugendlichen oder Heranwachsenden zu ergreifen sind (§ 38 Abs. 2 S. 2 und Abs. 3 S. 3 JGG). Wenn die JGH auch nur eine Art Vorschlagsrecht besitzt, so kann sich diese Funktion bei entsprechend fundiertem Bericht und Vortrag vor Gericht doch in der Praxis als maßgebliche Orientierungshilfe für die Jugendgerichte auswirken. Hier kommt den Sozialarbeitern/Sozialpädagogen (als wünschenswerten JGH-Vertretern) eine eminent wichtige Funktion im Jugendstrafverfahren zu.

Betreuung nach der Verurteilung

Die JGH hat die verurteilten Jugendlichen oder Heranwachsenden nach Abschluss ihres Strafprozesses zu betreuen, indem sie mit ihnen während und nach dem Vollzug (von HzE iSd § 12 Nr. 2 JGG[210], Jugendarrest oder Jugendstrafe) „in Verbindung bleiben und sich seiner Wiedereingliederung in die Gemeinschaft annehmen“ soll (vgl. § 38 Abs. 2 letzter Satz JGG).

Überwachung der Weisungen und Auflagen

Doppelfunktion: Hilfe und Kontrolle

Darüber hinaus hat die JGH die Aufgabe, die Einhaltung der erteilten Weisungen und Auflagen zu überwachen, sofern kein Bewährungshelfer bestellt wurde (§ 38 Abs. 2 S. 5 u. 7 JGG). Dabei hat die JGH (nach ihrer Wertung!) nur erhebliche Zuwiderhandlungen dem Richter mitzuteilen (§ 38 Abs. 2 S. 6 JGG). – Hieraus entsteht der für Sozialarbeiter/Sozialpädagogen typische (schwer lösbare) Konflikt, zugleich helfen und kontrollieren zu sollen.

b) Zuständigkeit

JA und freie Verbände arbeiten zusammen

Die für Jugendliche wie Heranwachsende wichtige JGH (siehe Seite 174 wird von den Jugendämtern (§ 52 SGB VIII) im Zusammenwirken mit den Trägern der freien Jugendhilfe (insbesondere: Caritas, Diakonisches Werk, AWO, PWV) ausgeübt (§§ 38 Abs. 1, 107 JGG, § 4 Abs. 1 SGB VIII). Das bedeutet, dass die Jugendämter die freien Jugendhilfeträger zur Mitarbeit heranzuziehen und sie dabei nach Maßgabe der §§ 4 Abs. 3, 74 SGB VIII zu unterstützen haben. In letzter Verantwortung hat jedoch die Jugendamtsverwaltung die JGH als Pflichtaufgabe durchzuführen (vgl. §§ 2 Abs. 2 Nr. 8, 52, 79 Abs. 1 SGB VIII, § 38 Abs. 1 JGG). Dabei handelt es sich um eine eigenständige Aufgabe der Jugendhilfe und nicht etwa um einen „Hilfsdienst“ für die Justiz (s. dazu auch Seite 176).

c) Durchführung

Freie Träger

Bei den freien Jugendhilfevereinigungen wird die JGH meist von hauptamtlichen Fachkräften (Sozialarbeitern/Sozialpädagogen) wahrgenommen, die in persönlichen Gesprächen mit den Tätern, ihren Eltern, sonstigen Erziehern oder anderen gesetzlichen Vertretern (Vormund) sowie mit ihren Ausbildern versuchen, ihre Persönlichkeit sowie die Tatumstände zu

---

[209] Vgl. dazu die Übersicht auf den Seiten 160/161.
[210] Siehe dazu Seite 140.

erforschen, um dann geeignete jugendrichterliche Maßnahmen vorschlagen zu können (vgl. §§ 43 Abs. 1, 38 Abs. 2 JGG).

Besonderheiten bei Jugendämtern

Entsprechend wird beim JA verfahren, wobei allerdings die betreffenden Vertreter des JA z.T. keine sozialpädagogische Ausbildung besitzen, sondern als Verwaltungsbeamte/-angestellte sich allein durch ihre bisherige Tätigkeit qualifizieren.

Kritik an fachlicher Auswahl und Qualifikation

Wenn man dann noch bedenkt, wie wenig sinnvoll es ist, dass immer noch bei einigen Jugendämtern die Trennung von „Innen"- und „Außendienst" dazu führt, dass noch nicht einmal die Person vor Gericht auftritt, die die Ermittlungen vorgenommen hat, kann es eigentlich nicht verwundern, dass von allen Betroffenen (Tätern und deren Angehörigen, von den Gerichten – und nicht zuletzt von den JGH-Vertretern) zunehmend die mangelnde Effizienz der Arbeit beklagt wird.

Personenidentität vorgeschrieben

Seit 1991 ist zwar in § 38 Abs. 2 S. 4 JGG festgelegt, dass in der Hauptverhandlung der Vertreter der JGH auftreten soll, der die „Nachforschungen angestellt hat", so dass nur in begründeten Ausnahmefällen davon abgewichen werden darf. In der Praxis wird dies dennoch immer noch nicht genügend beachtet.[211]

Arbeitsüberlastung

In der Praxis wird eine effiziente Arbeit der JGH – abgesehen von den Schwierigkeiten, die sich aus der Natur der vielfältigen Aufgaben ergeben – vor allem durch die Arbeitsüberlastung der JGH wie der Jugendgerichte sehr erschwert. Das führt leider nicht selten dazu, dass die zuständigen JGH-Vertreter erst kurz vor dem Gerichtstermin ihre Arbeit beginnen und daher häufig kaum persönlichen Kontakt zu dem Täter herstellen können. Dann gerät die Hilfe für die Beschuldigten wie für das Gericht weit gehend zu einer eiligen Routinehandlung, die der Aufgabenstellung der JGH nicht gerecht werden kann.

Interessenkonflikte

Ein weiteres Problem besteht darin, dass vielfach (nicht zuletzt von der Justiz) die JGH – fälschlicherweise – in erster Linie als Gerichtshilfe betrachtet und daher der Wahrheitsfindung Priorität vor dem Schutz der beschuldigten/angeklagten Jugendlichen/Heranwachsenden eingeräumt wird (der Name „JGH" ist ja auch missverständlich). Die JGH ist jedoch unzweifelhaft eine eigenständige Jugendhilfeleistung der Jugendämter (vgl. §§ 2 Abs. 2 Nr. 8, 52 SGB VIII) und hat somit allein die Förderung junger Menschen und deren Familien zur Aufgabe (vgl. §§ 1 Abs. 2, 2 Abs. 1 SGB VIII). Auch wenn diese im Einzelfall den justiziellen Interessen zuwiderlaufen kann, entbindet das die JGH nicht von ihrer gesetzlichen Verpflichtung.[212] Bei der JGH wird das zwischen JGG und SGB VIII bestehende Spannungsverhältnis besonders deutlich. Der Gesetzgeber des 1. JGG-ÄndG und SGB VIII verzichtete 1990 leider auf die Problemlösung, um ihre Reformvorhaben nicht zu gefährden[213] und bis heute ist diese „Baustelle" nicht wieder in Angriff genommen worden.

d) Verfahrensrechtliche Stellung

Recht und Pflicht zum Tätigwerden

– Die JGH ist im gesamten Verfahren gegen Jugendliche und Heranwachsende so früh wie möglich heranzuziehen (§§ 38 Abs. 3, 107 JGG). Sie hat damit das Recht (und somit natürlich auch die Pflicht!), sich von

---

[211] Ablehnende Kritik übt (sehr eingehend) auch *Eisenberg*, § 38, Rz. 33 ff.
[212] Siehe dazu Seite 174.
[213] Vgl. BT-Drs. 11/5829, S. 14/15 sowie BT-Drs. 11/5948, S. 117.

sich aus einzuschalten, falls ihre Heranziehung bislang unterblieben ist und sie von einem Jugendgerichtsverfahren Kenntnis erhält.

- → Im Fall des Erlasses eines Haftbefehls, der Vollstreckung der U-Haft und der vorläufigen Festnahme (§ 128 StPO) ist die Jugendgerichtshilfe unverzüglich zu unterrichten (vgl. § 72a JGG). **Unterrichtungspflicht**
- Der JGH ist der schriftliche oder mündliche Kontakt mit verhafteten Beschuldigten in demselben Umfang gestattet wie einem Verteidiger (§ 72b JGG), ohne dass ihr nach hM jedoch Anspruch auf Akteneinsicht zugestanden wird.[214] **Kontaktrecht**
- Die JGH hat ein Recht (und die Pflicht) auf Anwesenheit in der Hauptverhandlung, deren Ort und Zeit ihr mitzuteilen sind (§ 50 Abs. 3 JGG). In der Hauptverhandlung ist der JGH auf Verlangen das Wort zu erteilen (§ 50 Abs. 3 JGG). Der JGH steht jedoch kein Recht zur selbstständigen, unmittelbaren Befragung der Angeklagten oder der Zeugen zu; sie kann auch keine Beweisanträge stellen.[215] **Anhörungs- und Rederecht**
- Will das Jugendgericht Weisungen erteilen, muss es zuvor immer die JGH dazu anhören (§ 38 Abs. 3 S. 3 JGG). Ansonsten kann sie sich (von sich aus) zu den jugendrichterlichen Maßnahmen, die nach ihrer Meinung sinnvollerweise zu ergreifen sind, äußern (§ 38 Abs. 2 S. 2 JGG).
- Ein Zeugnisverweigerungsrecht steht der JGH (leider) nicht zu.[216] **Kein Zeugnisverweigerungsrecht**
- Ein Verstoß gegen diese Mitwirkungsrechte stellt eine Gesetzesverletzung iSd § 337 StPO und zugleich eine Verletzung der allgemeinen Aufklärungspflicht und damit einen Revisionsgrund dar, der zur Urteilsaufhebung führen muss. **Verstöße sind Revisionsgrund**
- Ein eigenes Rechtsmittelrecht besitzt die JGH nicht, sie kann also nicht Berufung oder Revision einlegen. **Kein Rechtsmittelrecht**

Dies gilt alles auch in Verfahren für Heranwachsende, für die Jugendstrafrecht angewendet wird (§ 109 Abs. 2 S. 1 JGG). **Gilt auch für HW**

E. Rechtsmittelmöglichkeiten

I. Anfechtungsberechtigte

Personenkreis

Verurteilten, ihren Erziehungsberechtigten sowie deren gesetzlichen Vertretern (meist haben die Eltern ja beide Funktionen inne) wird grundsätzlich[217] das Recht zugestanden, sich – unabhängig voneinander – gegen die Verurteilung durch Einlegen eines Rechtsmittels (Berufung oder Revision) zu wehren (§ 55 Abs. 2 S. 2 JGG). Andere haben kein Rechtsmittelrecht (z.B. Pflegeeltern, Erziehungsbeistand, Betreuungshelfer, Bewährungshelfer, JGH, Jugendamt).

Selbstständigkeit der Jugendlichen

Jugendlichen wird also selbst das Recht zugestanden, den Prozess vor die nächste Instanz zu bringen, obwohl sie nur beschränkt geschäftsfähig und damit auch noch nicht prozessfähig sind.[218] Im Strafprozess werden Ju-

---

[214] Nachweise z.B. bei *Eisenberg*, § 38, Rz. 27.
[215] Dazu eingehend *Eisenberg*, § 38, Rz. 28.
[216] Dazu eingehend *Eisenberg*, § 38, Rz. 30.
[217] Zu den Einschränkungen vgl. Seite 178 ff.
[218] Einen Zivilprozess – Schadensersatzklage z.B. – könnten sie nicht selbst betreiben; das müssten ihre gesetzlichen Vertreter für sie tun.

gendliche dagegen als die eigentlich Betroffenen (zu Recht) als selbstständig betrachtet. Das wird am folgenden Beispiel deutlich:

Beispiel: Ein 17-Jähriger erhält wegen wiederholter Einbruchdiebstähle Jugendstrafe mit Bewährung. Seine Eltern legen spontan gegen dieses Urteil Rechtsmittel ein, weil sie es als viel zu hart ansehen. Nachdem sie nun einen Rechtsanwalt zu Rate ziehen, wird ihnen klar, dass dieses Urteil kaum anzugreifen sein wird und durch den erneuten Prozess der Beginn der Bewährungszeit sich erheblich verzögern wird (vgl. § 22 Abs. 2 S. 1 JGG).[219] Sie wollen daher das Rechtsmittel zurückziehen (was möglich ist). Dabei stellen sie (sicherlich überrascht) fest, dass sie hierzu die Zustimmung ihres Sohnes benötigen (vgl. § 55 Abs. 3 JGG), weil er als der Hauptbetroffene eben entscheiden können soll, ob er das Urteil so hinnehmen will. – Die Eltern können also für ihn kein Urteil „annehmen".

Eltern können aber 2. Instanz erzwingen

Im „umgekehrten Fall" setzen sich allerdings die Eltern durch:

Beispiel: Nach Urteilsverkündung legen der 17-Jährige sowie auch seine Eltern Rechtsmittel ein, das der 17-Jährige später zurückzieht, weil er die Sache „endlich hinter sich bringen will". Beharren die Eltern auf ihrem Standpunkt, das Urteil sei viel zu hart, so kommt es zu einem erneuten Prozess.
(Es erscheint fraglich, ob diese gesetzliche Lösung richtig ist.)

Rechtsmittelrecht der StA

Unabhängig davon steht dem Jugendstaatsanwalt ein Rechtsmittel zu, wenn er das Urteil als „zu mild" oder als „zu hart" (was durchaus vorkommt!) ansieht (§ 296 Abs. 1 u. 2 StPO).

II. Beschränkte Rechtsmittelmöglichkeiten

1. Vorbemerkungen

Für Erwachsene grundsätzlich 3 Instanzen

Im „Erwachsenenstrafrecht" bestehen grundsätzlich (Ausnahme: bei Kapitalverbrechen[220]) stets 2 Rechtsmittelmöglichkeiten, so dass sich drei Instanzen ergeben können. Aus rechtsstaatlichen Gründen wird dabei in Kauf genommen, dass dadurch die Strafvollstreckung oftmals in einem fast unerträglichen Maße verzögert wird. (Auf die darin liegende Problematik kann jedoch in diesem Rahmen nicht eingegangen werden.)

Aus päd. Gründen Einschränkungen

Im Jugendstrafrecht würde das Ausschöpfen von drei Instanzen regelmäßig bedeuten, dass den Jugendlichen erst als Volljährigen, den Heranwachsenden erst als Erwachsenen die – überwiegend – erzieherischen Rechtsfolgen der Tat treffen würden und sie damit zweifellos wirkungslos blieben. Hinzu kommt, dass ein so langer Abstand zwischen Tat und Vollstreckung es wohl fast ausnahmslos mit sich brächte, dass die jeweilige gerichtliche Maßnahme nicht mehr im Zusammenhang mit der Tat stehen kann. Daher hat das JGG die Rechtsmittelmöglichkeiten gegenüber dem „Erwachsenenstrafrecht" erheblich reduziert. Das gilt auch für Heranwachsende (vgl. § 109 Abs. 2 JGG).

Gilt auch für HW

[219] Siehe dazu Seite 148.
[220] Siehe dazu Seite 166.

2. Nur eine Rechtsmittelmöglichkeit

Gilt für alle

Jeder Anfechtungsberechtigte kann nur ein Rechtsmittel einlegen (§ 55 Abs. 2 JGG). Er muss sich dabei entscheiden, ob er das Rechtsmittel der Berufung (zur Jugendkammer[221]) oder das der Revision (zum OLG[222]) einlegen will. Dabei braucht der Anfechtende innerhalb der Rechtsmittelfrist von einer Woche (§ 314 StPO) zunächst nur zu erklären, dass er das Urteil anfechte. Die endgültige Wahl zwischen Berufung und Revision braucht er dann erst innerhalb der einmonatigen Revisionsbegründungsfrist (vgl. dazu § 345 StPO) vorzunehmen. – Hat man sich für die Revision entschieden, kann man daher nicht mehr auf Berufung „umschwenken" und umgekehrt (vgl. § 55 Abs. 2 JGG).

Verbindliche Wahl zwischen Berufung und Revision

Definition Berufung

Berufung:
Die Berufung führt dazu, dass in der zweiten Instanz erneut alle Tatsachen zur Sprache gebracht werden können (vgl. § 327 StPO). Dieses Rechtsmittel wird daher vor allem dann gewählt, wenn man seine Unschuld (oder: geringere Tatbeteiligung o.ä.) geltend machen will.

Definition Revision

Revision:
Beim Rechtsmittel der Revision ist man dagegen auf die Geltendmachung – und damit „Überprüfung" – von Rechtsfragen beschränkt (vgl. § 337 StPO: „ dass das Urteil auf der Verletzung des Gesetzes beruhe."). Eine erneute Tatsachenüberprüfung ist nicht möglich. Die Revision wird man daher sinnvollerweise nur dann wählen, wenn man die Tat gar nicht bestreitet, aber das Verfahren oder den Urteilsspruch als solchen (s. aber nachstehend II. 3.) angreift.

Revisionsgründe

Beispiele: Man meint, das Strafmaß sei zu hart oder ein Zeuge sei zu Unrecht nicht gehört worden, der „mildernde Umstände" hätte darlegen können, oder ein Gutachten hätte verminderte Zurechnungsfähigkeit oder bei Jugendlichen mangelnde Reife im Sinne des § 3 JGG bestätigen können oder ein Richter sei befangen gewesen.

So kann die Dauer des Prozesses und der Aufwand (und somit auch ein Teil der Kosten) geringer gehalten werden als bei der Berufung.

Bei Kapitalverbrechen nur Revision möglich

Bei Kapitalverbrechen (s. dazu Seite 166), die in erster Instanz gleich vor die große Jugendkammer kommen (vgl. § 41 Abs. 1 Nr. 1 JGG), besteht allerdings – wie im „Erwachsenenstrafrecht" – nur die Möglichkeit der Revision zum BGH (vgl. § 135 Abs. 1 GVG).

Ausnahmen

Verurteilter legt Berufung ein und StA Revision

Aber auch im Jugendstrafverfahren kann es drei Instanzen geben: wenn z.B. von der Angeklagtenseite gegen das Urteil des Jugendschöffengerichts Berufung eingelegt wurde und nun der Jugendstaatsanwalt sich gegen das daraufhin ergehende Urteil der Jugendkammer wenden will, kann er Revision (zum OLG) einlegen.

[221] Siehe dazu Seite 166.
[222] Siehe dazu Seite 166.

Umgekehrter Fall

Dasselbe gilt natürlich auch, wenn die Staatsanwaltschaft Berufung gegen das erste Urteil einlegte. Dann kann von der Angeklagtenseite noch Revision (zum OLG) eingelegt werden.

Nur 1 Möglichkeit auf der „Täterseite“

Hat aber zunächst nur der Angeklagte (oder sein Erziehungsberechtigter oder sein gesetzlicher Vertreter) Berufung eingelegt, so kann keiner von ihnen noch Revision einlegen, also auch nicht der, der bisher noch kein Rechtsmittel „verbraucht“ hat (§ 55 Abs. 2 S. 2 JGG). Auf der „Täterseite“ besteht also immer nur eine Rechtsmittelmöglichkeit. – Bei Verletzung des rechtlichen Gehörs können Betroffene seit 2005 aber stets Revision einlegen (vgl. § 55 Abs. 4 JGG iVbm § 356a StPO).

3. Keine Rechtsmittelmöglichkeit

Bei Weisungen, EB, Zuchtmitteln

Bei den weniger einschneidenden Erziehungsmaßregeln (Ausnahme s.u.) und Zuchtmitteln kann das Urteil nur wegen der Schuldfrage, nicht aber wegen der Auswahl oder des Umfanges der Maßnahmen angefochten werden (§ 55 Abs. 1 JGG).

Bei diesen Maßnahmen gilt nämlich das oben (vgl. II. 1.) Ausgeführte noch in verstärktem Maße. Hier würde jede erzieherische Intention verhindert, wenn ein weiterer – langwieriger – Rechtsstreit über die Auswahl und den Umfang von Erziehungsmaßregeln und Zuchtmittel geführt werden könnte.

Ausnahme bei HzE iSd § 12 Nr. 2 JGG

Rechtsmittelmöglichkeit besteht jedoch bei der Verpflichtung, HzE iSd § 12 Nr. 2 JGG anzunehmen (vgl. § 55 Abs. 1 S. 2 JGG). Da hier die Zielsetzung (s.o.) identisch ist und bei freiheitsentziehender Unterbringung ohnehin wegen § 1631b BGB die Genehmigung des FamG erforderlich wird, erscheint diese Ausnahme nicht gerechtfertigt.

III. Verschlechterungsverbot

Wichtiger Grundsatz des Strafrechts

Auch im Jugendstrafrecht gilt der Grundsatz der StPO, dass man durch die Einlegung von Berufung oder Revision nicht schlechter gestellt werden darf als vorher. Dieses in den §§ 331 und 358 Abs. 2 StPO (bitte lesen!) festgelegte Prinzip bedeutet, dass das Berufungs- oder Revisionsgericht die angegriffene Entscheidung nicht zu Ungunsten der Angeklagten abändern darf, weil sie sonst vor der Einlegung eines Rechtsmittels zurückschrecken könnten.

Bestandsschutz

Damit haben die in erster Instanz Verurteilten die Sicherheit, dass sie durch die Einlegung eines Rechtsmittels nicht etwa riskieren, eine höhere Strafe zu erhalten. Anders ausgedrückt: Sie können im Strafmaß nur besser oder genauso gestellt werden wie vorher, sich jedoch nicht verschlechtern.

Ausnahme

– Dies gilt jedoch nicht, wenn die StA ebenfalls Rechtsmittel eingelegt hat, d.h.: dann ist wieder alles offen.

Das Verschlechterungsverbot bedeutet im Jugendstrafrecht Folgendes:

Bedeutung im Jugendstrafrecht

Haben Angeklagte oder ihre Erziehungsberechtigten oder ihre gesetzlichen Vertreter oder die Staatsanwaltschaft zu ihren Gunsten Rechtsmittel eingelegt, so darf die zweite Instanz die im ersten Urteil ausgesprochenen Maßnahmen nach Art und Höhe nicht zum Nachteil ändern, also keine schwereren Mittel ergreifen.

Problematik

Welche Maßnahmen im Jugendstrafrecht als schwerer oder leichter anzusehen sind, ist jedoch nicht immer eindeutig – vor allem ist das nicht allein anhand der gesetzlichen Reihenfolge der vorgesehenen Maßnahmen zu ersehen (z.B. kommt die Verwarnung erst nach weit reichenden Weisungen). Hinzu kommt, dass die Betroffenen subjektiv die einzelne Entscheidung oft härter empfinden, als sie objektiv vom JGG gedacht worden ist. So wird z.B. die Anordnung von einem 4-wöchigen Jugendarrest sicherlich härter empfunden als Jugendstrafe, die zur Bewährung ausgesetzt wurde. Die Jugendstrafe ist jedoch im System der Dreiteilung der jugendrichterlichen Maßnahmen zweifellos als letzte und damit härteste Maßnahme vorgesehen.

Abstufung der einzelnen Maßnahmen

Nach hM wird in Bezug auf die Eingriffsintensität von folgender Abstufung[223] jugendrichterlicher Maßnahmen ausgegangen:

Verwarnung, EB, Auflagen, Weisungen (= wegen § 11 Abs. 3 JGG), Jugendarrest, Jugendstrafe.

IV. Vorläufige Teilvollstreckung vor Rechtskraft

Teilweise vollstreckbar

Im allgemeinen Strafprozess gilt der Grundsatz, dass ein Urteil erst dann vollstreckt werden kann, wenn es rechtskräftig (d.h.: unanfechtbar geworden) ist (§ 449 StPO). Diesen Grundsatz durchbricht das JGG bei der Teilanfechtung eines Urteils. Sind nämlich Angeklagte wegen mehrerer Taten nach § 31 JGG zu einer Einheitsstrafe verurteilt worden, so kann das Gericht zweiter Instanz vor Beginn der (neuen) Hauptverhandlung das Ersturteil für einen Teil der Strafe für bereits vollstreckbar erklären, wenn die Schuldfeststellungen (im Ersturteil) bei einer oder mehreren Straftaten von keiner Seite beanstandet worden sind (§ 56 Abs. 1 S. 1 JGG). – Der Teil der Strafe, der für vorläufig vollstreckbar erklärt wird, darf – natürlich – nicht über die Strafe hinausgehen, die für die nicht beanstandeten Straftaten verhängt wurde (§ 56 Abs. 1 S. 3 JGG).

Nur zulässig im Täterinteresse

Die vorläufige Teilvollstreckung darf jedoch nur angeordnet werden, wenn sie dem „wohlverstandenen Interesse der Angeklagten entspricht“ (§ 56 Abs. 1 S. 2 JGG). Dieses könnte m.E. allenfalls darin zu sehen sein, dass nicht das gesamte Urteil angefochten werden müsste, wenn nur die Verurteilung zu einzelnen Straftaten angegriffen werden soll. Bei der Anwendung dieser Vorschrift ist aus rechtsstaatlichen Gründen also große Zurückhaltung geboten.[224]

F. Die Kosten des Jugendstrafverfahrens

Bei Jugendl. und HW Kostenerlass möglich

Während der verurteilte Erwachsene im Urteil stets zum Tragen der Kosten des Verfahrens verpflichtet wird (§ 465 StPO), kann bei Jugendlichen und Heranwachsenden davon abgesehen werden, ihnen Kosten und Auslagen aufzuerlegen (§§ 74, 109 Abs. 2 JGG).

Kostenpflicht als Ausnahme

Die *Kostenpflicht* würde sich für die meisten Jugendlichen wie HW nur wie eine zusätzliche und sie oft noch lang belastende *Geldstrafe* auswirken, die im Jugendstrafrecht unzulässig ist (vgl. § 5 JGG). Daher werden ihnen die Kosten des Verfahrens nur dann auferlegt, wenn sie sie aus eigenen Mitteln bezahlen können und wenn dies aus erzieherischen Gründen angebracht erscheint (damit sie merken, welchen Aufwand sie verursacht haben). Als erzieherisches Mittel erscheint dies jedoch zweifelhaft.

---

[223] Ausführlich dazu *Eisenberg*, § 55, Rz. 73–94.

[224] So auch *Eisenberg*, § 56, Rz. 6.

Teil 2. Familienrecht

Kapitel 5. Eherecht

Übersicht

A. Eheschließung 183
B. Rechtswirkungen der Ehe 187
C. Aufhebung der Ehe 196

A. Eheschließung

Gesetzesentwicklung

Das Eheschließungs- und Ehescheidungsrecht war im Zusammenhang mit dem Anschluss Österreichs an das Deutsche Reich 1938 aus dem BGB herausgelöst und im Sinne der unrechtmäßigen rassistischen Zielsetzungen der nationalsozialistischen Machthaber in einem Ehegesetz neu geregelt worden. Am 20.2.1946 wurde es unter Abänderung der nationalsozialistischen Unrechtsvorschriften als Gesetz Nr. 16 des Kontrollrates der Alliierten für die damaligen alten Bundesländer neu erlassen. In der DDR wurde es 1955 durch die Verordnung über die Eheschließung und Eheauflösung abgelöst, die dann 1965 in das Familiengesetzbuch der DDR eingeflossen ist. In der BRD wurde durch das 1. EheRG vom 14.6.1976 das Scheidungsrecht wieder in das BGB eingefügt. Durch das Eheschließungsrechtsgesetz vom 4.5.1998 (BGBl. 1, S. 833) wurde das Eheschließungsrecht wieder in das BGB aufgenommen worden und zugleich inhaltlich modifiziert. Dadurch haben sich mit Wirkung vom 1.7.1998 vor allem folgende Neuerungen ergeben:

- die Eheverbote der Schwangerschaft, der Wartezeit nach vorangegangener Eheauflösung sowie des fehlenden Auseinandersetzungszeugnisses einer Vorehe wurden beseitigt,
- das öffentliche Aufgebotsverfahren wurde abgeschafft,
- die Folgen rechtsfehlerhafter Eheschließungen wurden vereinheitlicht.
- Ab dem 1.1.2009 ist das Verbot weggefallen, dass nicht standesamtlich verheiratete Personen nicht kirchlich getraut werden dürfen (§§ 67 f. PStG). Dies ist indessen von geringer praktischer Bedeutung, da nur die standesamtliche Trauung die staatlichen Rechtwirkungen der Ehe (z. B. Anspruch auf Unterhalt oder Witwen-/Witwerrente) auslöst.

I. Voraussetzungen

1. Ehemündigkeit

Grundsätzlich ab Volljährigkeit

Ausnahmen ab 16 Jahren

Die Eheschließung setzt *grundsätzlich* die Volljährigkeit voraus (vgl. § 1303 Abs. 1: „soll"). Das FamG kann jedoch hiervon auf Antrag Befreiung erteilen, wenn Minderjährige bereits 16 Jahre alt und deren künftige Ehegatten volljährig sind (§ 1303 Abs. 2). Widersprechen die gesetzlichen Vertreter oder sonstige Personensorge-Inhaber minderjähriger Heiratswilliger einem solchen Antrag, so darf das FamG die Befreiung nur erteilen, wenn der Widerspruch nicht auf triftigen Gründen beruht (§ 1303 Abs. 3). Sie kommt insbesondere in Betracht, wenn die Ablehnung der Heirat nichts mit dem Wesen der Ehe zu tun hat, wie z.B. bei persönlicher Abneigung, eigenen (wirtschaftlichen oder anderen) Interessen oder religiösen Gründen. Anders ist es z.B. bei fehlender wirtschaftlicher Basis für die Ehe, bei erheblichem Altersunterschied, bei starker Benachteiligung durch das Heimatrecht des anderen Ehegatten oder wenn zu befürchten ist, dass die Ehe die Ausbildung gefährdet.[225]

Gegen vorzeitige Heirat sprechende Gründe

Anhörungsverfahren

Das FamG muss vor seiner Entscheidung anhören: die betroffenen Minderjährigen (vgl. § 159 FamFG), die Verlobten[226], die Eltern der betreffenden Minderjährigen (vgl. § 160 FamFG), das JA (vgl. § 162 Abs. 1 FamFG).

Folgen der Befreiung

Wird vom FamG die Befreiung vom Erfordernis der Volljährigkeit erteilt, so benötigen die Minderjährigen bei der Eheschließung dann nicht mehr die Mitwirkung ihrer gesetzlichen Vertreter oder sonstigen Personensorge-Inhaber (vgl. § 1303 Abs. 4).

Durch Heirat wird die betreffende Person aber weder voll geschäftsfähig noch volljährig, sondern bleibt beschränkt geschäftsfähig und behält ihre bisherigen Sorge-Inhaber, die dann aber nicht mehr die sog. tatsächliche Personensorge, sondern nur noch die diesbezügliche Vertretung sowie die gesamte Vermögenssorge besitzen (vgl. § 1633 sowie Seite 307 f.).

Eheverbot für Geschäftsunfähige

Geschäftsunfähige können nicht heiraten (§ 1304), d.h., alle Personen, die sich in einem die freie Willensbestimmung ausschließenden Zustand krankhafter Störung der Geistestätigkeit befinden, sofern dieser Zustand seiner Natur nach nicht nur ein vorübergehender (wie z.B. bei Rausch-Zuständen infolge von Alkohol- oder Drogen-Abusus) ist (vgl. § 104 Nr. 2). Dabei kommt es darauf an, ob die betreffende Person die Einsichtsfähigkeit für das Wesen der Ehe und die sich hieraus ergebenden Verpflichtungen besitzt und zu einer freien Willensentscheidung in der Lage ist. Der Standesbeamte kann die Eheschließung jedoch nur verweigern, wenn er diesbezüglich erhebliche Bedenken hat, wie das z.B. bei Bestellung eines Betreuers mit generellem Einwilligungsvorbehalt (vgl. § 1903) oder bei außergewöhnlichem Verhalten der Fall sein kann. Eine Befreiung ist hier nicht vorgesehen. Das wird mit der Bedeutung der Ehe und ihres Vertragscharakters gerechtfertigt. – Kann nachgewiesen werden, dass ein Ehegatte bei der Eheschließung geschäftsunfähig war, so kann die Ehe auf Antrag des anderen Ehegatten oder auf Antrag der (von der jeweiligen Landesregierung durch Rechtsverordnung zu bestimmenden) Verwaltungsbehörde aufgehoben werden (vgl. §§ 1314 Abs. 1, 1316 Abs. 1 Nr. 1).

Relevante Fälle

Bei Verstößen eventuell Eheauflösung

Behinderte, Betreute

Geistig oder seelisch behinderte Menschen können heiraten, sofern sie nicht geschäftsunfähig sind (siehe dazu oben). Das gilt auch dann, wenn sie unter Betreuung stehen. Sie bedürfen dabei nicht der Zustimmung ihres Betreuers, selbst wenn ansonsten ein richterlicher Einwilligungsvorbehalt besteht (vgl. § 1903 Abs. 2).

---

[225] Zu Rechtsprechungsnachweisen vgl. Mü-Ko/*Müller-Gindullis*, § 1303 BGB, Rz. 6 ff.

[226] *OLG Karlsruhe*, FamRZ 2000, S. 819.

2. Verschiedengeschlechtliche Personen

Heiratsverbot für Gleichgeschlechtliche

Eingetragene Lebenspartnerschaft möglich

Als ungeschriebene Heiratsvoraussetzung gilt, dass nur zwei Personen verschiedenen Geschlechts einander heiraten können. Das BGB definiert die „Eheschließenden" bis dato nicht (vgl. *§§* 1311–1313). Das BVerfG[227] bezieht die Ehe nur auf heterosexuelle Verbindungen von Frauen und Männern, wie dies der hM entspricht. – Gleichgeschlechtliche Paare können aber seit 1.8.2001 nach dem Lebenspartnerschaftsgesetz eine Lebenspartnerschaft mit vor allem namens-, unterhalts-, güter- und erbrechtlichen Rechtswirkungen vor der nach dem jeweiligen Landesrecht zuständigen Behörde schließen und unter bestimmten Voraussetzungen auch wieder aufheben.

3. Nichtvorliegen von Ehehindernissen

Gesetzliche Eheverbote

Das Standesamt muss überprüfen, ob keine Ehehindernisse vorliegen (§ 5 Abs. 2 S. 1 PStG). Seit 1.7.1998 bestehen nur noch folgende Eheverbote:

- Doppelehe/Bigamie (§ 1306),
- wer gegen diesen Verbot verstößt, macht sich nach § 172 StGB strafbar und kann mit Freiheitsstrafe bis zu drei Jahren oder mit Geldstrafe bestraft werden,
- Ehe zwischen geradlinigen Verwandten (§ 1307 S. 1),

Beispiele: Vater und Tochter, Mutter und Sohn, Großvater und Enkelin, Urgroßvater und Urenkelin (vgl. *§* 1589)

- Ehe zwischen voll- und halbbürtigen Geschwistern – also einschließlich der sog. Stiefgeschwister (§ 1307),
- Ehe zwischen Personen, die durch Adoption gemäß § 1754 zu geradlinigen Verwandten oder Geschwistern geworden sind, und zwar unabhängig vom Fortbestand der Adoption (§ 1308 Abs. 1); das FamG kann die Heirat von Adoptivgeschwistern aber zulassen (§ 1308 Abs. 2).

Zulässige Heirat von Verwandten

Cousin und Cousine, Onkel und Nichte, Tante und Neffe können dagegen einander heiraten.

Folgende Eheverbote sind seit 1.7.1998 weggefallen:

- das – umstrittene – Eheverbot der Schwägerschaft, von dem in der Praxis ohnehin sehr weit gehend Befreiung erteilt worden war,
- die im *früheren § 8 EheG* verordnete zehnmonatige Wartezeit für Frauen, die zuvor verheiratet waren.

Aufgebotsverfahren seit 1.7.1998 entfallen

Zur Aufklärung bestehender Ehehindernisse diente früher das Aufgebotsverfahren, in dem durch öffentlichen Aushang Dritte aufgefordert wurden, dem Standesamt mitzuteilen, ob einer beabsichtigten Heirat (rechtlich relevante) Hindernisse entgegenstehen. Dieses – datenschutzmäßig bedenkliche – Aufgebotsverfahren, von dem ohnehin befreit werden konnte, hatte in der Praxis vor allem in größeren Gemeinden infolge mangelnden Interesses die ihm zugedachte Funktion nicht erfüllt, sondern meist nur Geschäftsleuten und Versicherungen als willkommene Informationsquelle gedient. Das Aufgebotsverfahren ist daher am 1.7.1998 ganz abgeschafft worden.

---

[227] *BVerfG,* NJW 1993, S. 3058.

4. Standesamtliche Trauung

Trauungszeremonie

Eine Ehe wird bekanntlich im Standesamt geschlossen. Dies geschieht dadurch, dass beide Eheschließenden vor einem Standesbeamten erklären, die Ehe miteinander eingehen zu wollen (§ 1310 Abs. 1 S. 1). Hierüber soll der Standesbeamte sie einzeln befragen und bei beiderseitigem Bejahen aussprechen, dass die Eheschließenden „nunmehr kraft Gesetzes rechtmäßig verbundene Eheleute sind" (§ 1312 Abs. 1 S. 1). Zu dieser Trauungszeremonie müssen beide Eheschließenden persönlich vor dem Standesbeamten erscheinen und ihre Erklärungen ohne jede Bedingung oder Zeitbestimmung abgeben (§ 1311). – Für die Eheschließung ist seit 1.7.1998 zwar nicht mehr die Anwesenheit von zwei Zeugen vorgeschrieben, aber es können ein oder zwei sog. Trauzeugen dabei sein (§ 1312 Abs. 1 S. 2). Im Anschluss an die Trauungszeremonie soll die Eheschließung vom Standesbeamten in das Heiratsbuch eingetragen werden (§ 1312 Abs. 2).

Verweigerung der Trauung

Standesbeamte dürfen eine Trauung nur verweigern, wenn entweder die Eheschließungsvoraussetzungen (siehe dazu Seite 183 f.) nicht vorliegen oder offenkundig ist, dass die Ehe nach § 1314 Abs. 2 aufhebbar (siehe dazu Seite 196 f.) wäre (§ 1310 Abs. 1 S. 2). Nach h. M. darf der Standesbeamte die Trauung ferner verweigern, wenn die Ehe geschlossen wird, um einem Ausländer eine günstigere ausländerrechtliche Position zu verschaffen (sog. Scheinehe).

II. Ehefähigkeitszeugnis für Ausländer

Funktion

Um zu verhindern, dass vom Standesamt von Ausländern eine Ehe geschlossen wird, die ihrem Heimatrecht widerspricht und deshalb von ihrem Heimatstaat nicht anerkannt wird, sollen Ausländer grundsätzlich ein sog. Ehefähigkeitszeugnis vorlegen.[228] Dieses soll dem Standesbeamten die Prüfung erleichtern, ob das Heimatrecht der Betroffenen die Eheschließung erlaubt. Wenn sich die Ehefähigkeit von Ausländern gemäß Art. 13 Abs. 2 EGBGB aber nach deutschem Recht richtet, ist ein Ehefähigkeitszeugnis nicht erforderlich (§ 1309 Abs. 1).

Befreiung durch OLG-Präsident

Vom Ehefähigkeitszeugnis kann der Präsident des zuständigen OLG Befreiung erteilen (§ 1309 Abs. 2 S. 1). Das ist für Angehörige von Staaten, deren Behörden keine Ehefähigkeitszeugnisse ausstellen, sowie für Staatenlose mit gewöhnlichem Aufenthalt im Ausland vorgesehen (§ 1309 Abs. 2 S. 2). In besonderen Fällen darf die Befreiung auch Angehörigen anderer Staaten erteilt werden (§ 1309 Abs. 2 S. 3). Das kommt z.B. in Betracht, wenn die Beschaffung eines Ehefähigkeitszeugnisses infolge politischer Verhältnisse unmöglich ist. – Wird vom OLG-Präsidenten die Befreiung von der Nachweispflicht erteilt, so muss dieser dann selbst prüfen, ob das Heimatrecht der Betroffenen die Eheschließung erlaubt.

---

[228] Entsprechende Nachweise fordern übrigens auch andere Staaten.

Eheschließung

Alterserfordernis (§ 1303):
Das Mindestalter ist 18 Jahre. Hiervon kann das FamG jedoch Befreiung erteilen, wenn

- die Heiratswilligen bereits 16 Jahre alt sind,
- ihre Ehepartner volljährig sind,
- ihre gesetzlichen Vertreter und Personensorge-Inhaber keine triftigen Gründe dagegen geltend machen können.

Heiratsverbote bestehen für:

- Geisteskranke (§§ 104 Nr. 2, 1304),
- verheiratete Personen (§ 1306),
- Eltern – Kinder, Großeltern – Enkel, Geschwister (inkl. Stiefgeschwister), § 1307, (bei Adoptivgeschwistern ist Befreiung durch FamG möglich, § 1308 Abs. 2),

Ausländer benötigen den Nachweis ihres Heimatlandes, dass keine Ehehindernisse vorliegen (sog. Ehefähigkeitszeugnis); Ausnahmen erteilt OLG-Präsident (§ 1309).

Aufgebotsverfahren sind seit dem 1.7.1998 entfallen.

Folgen fehlerhafter Eheschließungen:

- Die Nichtbeachtung von Sollvorschriften (§§ 1303 Abs. 1, 1308, 1309, 1312) berührt die Wirksamkeit einer Ehe nicht.
- Verstöße gegen die §§ 1303, 1304, 1306, 1307, 1311 können zur Aufhebung einer Ehe (siehe dazu Seiten 196 f.) führen.
- Wirkte jedoch kein Standesbeamter mit oder wurde keine Ehewillenserklärung abgegeben, so ist überhaupt keine Ehe entstanden (sog. *Nichtehe*).

B. Rechtswirkungen der Ehe

I. Staatsangehörigkeit

Deutsche Staatsangehörigkeit bleibt erhalten

Bei gemischt nationalen Eheschließungen behalten die deutschen Ehegatten die deutsche Staatsangehörigkeit, wenn sie keine andere Erklärung abgeben. Ob sie durch Heirat die Staatsangehörigkeit ihrer Ehepartner erhalten, hängt allein vom Recht deren Staates ab.

Ausländer können Deutsche werden

Ausländer erlangen durch Heirat mit Deutschen nicht automatisch die deutsche Staatsbürgerschaft (§ 3 StAG). Sie sollen sie jedoch auf ihren Antrag hin erhalten (§§ 8, 9 StAG), wenn

Voraussetzungen für eine Einbürgerung

- der Einbürgerung keine erheblichen Belange der BRD, insbesondere solche der äußeren oder inneren Sicherheit sowie der zwischenstaatlichen Beziehungen entgegenstehen,
- sie ihre bisherige Staatsangehörigkeit verlieren oder aufgeben oder gem. § 12 StAG doppelte Staatsangehörigkeit zu dulden ist,
- Einordnung in deutsche Lebensverhältnisse gewährleistet ist,
- kein Ausweisungsgrund nach dem AufenthG vorliegt,
- sie eigene Wohnung haben oder untergekommen sind,
- sie sich und ihre Angehörigen zu ernähren imstande sind,

- Handlungsfähigkeit gem. § 80 Abs. 1 AufenthG oder gesetzliche Vertretung besteht (vgl. §§ 8, 9 StAG).

Deutsche Staatsangehörigkeit der Kinder

Besitzt ein Elternteil die deutsche Staatsbürgerschaft, so werden gemeinsame Kinder deutsche Staatsangehörige (§ 4 StAG).

II. Lebenszeitprinzip

BVerfG: Kein Widerspruch zur Scheidungsmöglichkeit

Die bürgerliche Ehe wird auf Lebenszeit geschlossen (§ 1353 Abs. 1 S. 1). Das *BVerfG* sieht darin aber kein absolutes Dogma, sondern nur einen Grundsatz, der zur Scheidungsmöglichkeit nicht in Widerspruch steht.[229]

Aus dem Lebenszeitprinzip ergibt sich Folgendes:

- Verbot von Probe- oder Zeitehe (§ 1311 S. 2 BGB),
- Bedingungsfeindlichkeit der Eheschließungserklärung (§ 1311 S. 2),
- Unzulässigkeit von Rücktritts- oder Widerrufsvorbehalten,
- Irrelevanz der Vereinbarung keinerlei gegenseitiger Verpflichtungen.

III. Verpflichtung zur ehelichen Lebensgemeinschaft

Rechtswirkungen

§ 1353 Abs. 1 S. 2 verpflichtet die Ehegatten zur ehelichen Lebensgemeinschaft. Aus dieser Norm ergeben sich u.a. folgende Verpflichtungen:

Treue, Zusammenleben, Gefahrenabwehr, gegenseitige Achtung, Rücksichtnahme und Beistand in sämtlichen persönlichen und gemeinsamen Angelegenheiten (wie Kindererziehung und Haushaltsführung), Gewährung der Mitbenutzung von Wohnung und Hausratsgegenständen unabhängig von der Eigentumslage oder der mietvertraglichen Regelungen. – Aus dieser Verpflichtung ergibt sich aber keine gegenseitige Haftung, insbesondere nicht für Schulden des anderen Ehegatten (s. dazu Seite 180).

Sanktionslos und nicht vollstreckbar

Diese Generalklausel hat für das gesamte Eherecht ähnlich grundlegende Bedeutung wie das Gebot von Treu und Glauben des § 242 für das Schuldrecht. Sie ist sanktionslos und lässt sich (trotz bestehender Klagemöglichkeit gemäß § 266 Abs. 1 Nr. 2 FamFG *„auf Herstellung des ehelichen Lebens")* – natürlich – gerichtlich nicht vollstrecken (§ 120 Abs. 3 FamFG).

Rechtsmissbrauch

Diese Verpflichtung besteht nicht bei Missbrauch oder gescheiterter Ehe (§ 1353 Abs. 2). *Rechtsmissbrauch* liegt vor bei mit ehelicher Gesinnung unvereinbarem oder dem anderen Ehegatten unzumutbarem Verlangen.

Beispiele: Ehebruch, Aids, Geschlechtskrankheit, Drogen- oder Alkohol-Abusus, Gewalttätigkeiten, andere erhebliche Gefährdungen für den Ehegatten oder die Kinder, Verweigerung des Unterhalts.

Gescheiterte Ehe

Scheitern der Ehe liegt vor, wenn die Scheidungsvoraussetzungen der §§ 1565 ff. erfüllt sind (siehe dazu Seite 202 ff.).

IV. Namensführung

Verschiedene Termini

Es werden verschiedene Bezeichnungen verwendet:

Geburtsname – Ehename – Familienname – Nachname.

Geburtsname

Geburtsname ist der in die Geburtsurkunde einzutragende Name (§ 1355 Abs. 6).

---

[229] *BVerfG*, FamRZ 1980, 319, 323.

Ehename

Ehename ist der von Eheleuten bei Heirat festgelegte gemeinsame Name (§ 1355 Abs. 1 S. 1).

Familienname (Nachname)

Familienname ist der Name, den eine Person als Geburts- oder Ehenamen oder durch Hinzufügung ihres Geburtsnamens zum Ehenamen nach Heirat führt (im Umgangsdeutsch wird dieser Name meist *Nachname* genannt).

Historische Entwicklung des Ehenamens

Die Verfasser des BGB bestimmten 1896, dass bei Heirat der Mannesname gemeinsamer Ehename wurde und Frauen ihren Geburtsnamen (sog. „Mädchenname") verloren. Diese patriarchalische Regelung blieb trotz der 1949 verfassungsmäßig verankerten Gleichberechtigung bis 1957 bestehen. Das *Gleichberechtigungsgesetz* hatte dann 1958 lediglich die Möglichkeit geschaffen, dass verheiratete Frauen ihren Mädchennamen an den Ehenamen anhängen konnten. Die gegen diese Regelungen zunehmend erhobenen Verfassungsbedenken hatten zwar zu mehreren Verfassungsbeschwerden, jedoch nicht zu einer Entscheidung des *BVerfG* geführt. Das 1. EheRG sah dann ab 1.7.1976 zwar erstmals die Möglichkeit vor, dass entweder der Geburtsname der Frau oder des Mannes als Ehename gewählt werden konnte, dass aber bei fehlender Namenswahl der Mannesname zum Ehename wurde. Letzteres wurde am 5.3.1991 vom *BVerfG*[230] wegen Verfassungswidrigkeit für nichtig erklärt und führte durch das *Familiennamenrechtsgesetz* am 1.4.1994 zu der jetzt geltenden gesetzlichen Regelung.

Rechtslage seit 1994

Es ist bei Heirat den Ehegatten überlassen, ob sie als Ehenamen einen gemeinsamen Familiennamen führen oder jeweils ihren bisherigen Familiennamen (Nachnamen) beibehalten wollen oder nicht, denn § 1355 Abs. 1 S. 1 ist bloße Sollvorschrift, von der in Satz 3 ausdrücklich abgewichen werden kann.

Wahlmöglichkeiten

Als Ehename kann entweder der Geburtsname einer der beiden Ehegatten bestimmt werden oder der Name, den einer der beiden Ehegatten bei der Heirat führt. Dies ist durch Erklärung gegenüber dem Standesamt bei der Heirat oder später (zeitlich unbegrenzt) in öffentlich beglaubigter Form möglich (§ 1355 Abs. 2 u. 3).

Doppelnamen bei Namensaufgabe

Für Ehegatten, die bei Heirat den Geburtsnamen des anderen als Ehenamen akzeptiert haben, aber ihren Geburts- oder „erheirateten" Familiennamen nicht gänzlich aufgeben wollen, sieht § 1355 Abs. 4 folgende (zeitlich unbegrenzte) Möglichkeiten vor:

- Sie können durch Erklärung gegenüber dem Standesamt ihren bisherigen Familienamen ihrem neuen Ehenamen voranstellen oder an jenen anhängen, es sei denn, der Ehename besteht bereits aus mehreren Namen (d.h.: gemäß dem *Gesetz über die Änderung von Familien- und Vornamen* durch irgendwann erfolgte Namensänderung).
- Besteht der Geburts- oder Familienname aus mehreren Namen (s.o.), so kann nur einer dieser Namen (frei wählbar) dem Ehenamen vorangestellt oder angehängt werden.

Widerrufsmöglichkeit

Diese persönlichen Namensbildungen können (wiederum zeitlich unbegrenzt) durch öffentlich beglaubigte Erklärung gegenüber dem Standesamt widerrufen, dann aber nicht mehr rückgängig gemacht werden (§ 1355 Abs. 4 S. 4).

---

[230] *BVerfGE* 84, 9 (21) = NJW 1991, 1602 = FuR 1991, 93.

Kein Doppelname möglich für: beide Ehegatten sowie für die Kinder

Die immer wieder erhobene Forderung, aus beiden Geburtsnamen der Ehegatten einen Doppelnamen bilden zu können, und diesen auf die Kinder zu erstrekken, hat der Gesetzgeber bis dato aus „Ordnungsgründen" abgelehnt. Das erscheint unverständlich, da nur dann bei allen Beteiligten (Ehegatten und Kindern) Namensgleichheit (und damit gerade dann Klarheit und „Ordnung") bestünde.

V. Haushaltsführung und Erwerbstätigkeit

Früher: „Hausfrauenehe" und Männerdominanz

Das BGB sah zunächst jahrzehntelang die sog. „Hausfrauenehe" und das Alleinentscheidungsrecht des Mannes in „allen Angelegenheiten des gemeinschaftlichen Ehelebens" vor. Dieses Leitbild modifizierte selbst das *Gleichberechtigungsgesetz* von 1957 nur insoweit, als es bis zum 30.6.1977 (!) u.a. Folgendes festlegte:

„Die Frau führt den Haushalt in eigener Verantwortung. Sie ist berechtigt, erwerbstätig zu sein, soweit dies mit ihren Pflichten in Ehe und Familie vereinbar ist."

Seit 1.7.1997 Regelung durch Eheleute

Erst das 1. EheRG verzichtete auf die Festlegung eines Ehe-Leitbildes und überlässt seit 1.7.1977 die Aufgabenverteilung in der Ehe der einvernehmlichen Regelung durch beide Ehegatten (§ 1356 Abs. 1 S. 1). Seitdem statuiert § 1356 Abs. 2, dass (selbstverständlich) beide Ehegatten berechtigt sind, erwerbstätig zu sein, und die Ehegatten bei Wahl und Ausübung einer Erwerbstätigkeit auf die Belange des anderen und der Familie die gebotene Rücksicht zu nehmen haben.

VI. Gegenseitige Handlungsvollmacht

Prinzip

Zur angemessenen Deckung des Lebensbedarfs der Familie ist jeder Ehegatte gemäß § 1357 Abs. 1 berechtigt, Geschäfte mit Wirkung auch für den anderen Ehegatten zu besorgen mit der Folge, dass beide Ehegatten dann *Gesamtschuldner* (§§ 421, 426) sowie *Gesamtgläubiger* (§ 428) werden. Es handelt sich dabei um eine Art gesetzlicher Handlungsvollmacht, die bezweckt, den haushaltsführenden Ehegatten beim Abschluss von („häuslichen") Rechtsgeschäften unabhängig von der Zustimmung des anderen zu machen; deshalb wird die Regelung vielfach auch „Schlüsselgewalt" genannt.

Vor 1977 Schlüsselgewalt

Der Name „Schlüsselgewalt" hatte sich zu Zeiten der früheren Fassung der Vorschrift gebildet. Vom Modell der „Hausfrauenehe" ausgehend sah sie (als eine Form des Vertrags zu Lasten Dritter) bis 30.6.1977 vor, dass bei Geschäften, die eine Ehefrau innerhalb ihres „häuslichen Wirkungskreises" tätigte, nur ihr Ehemann Vertragspartner wurde. Das 1. EheRG schuf dann die jetzige Regelung.

Kriterien

Die Eingrenzung der in Betracht kommenden Fälle ist nicht immer einfach. Zwar legt der unterhaltsrechliche Terminus „Lebensbedarf" die Heranziehung der §§ 1360, 1360a nahe. Die Begriffe „angemessen" und „Bedarf" gebieten jedoch eine restriktivere Auslegung als dort, weil hier ein Ehegatte vor vollendete Tatsachen gestellt und damit sein Selbstbestimmungsrecht eingeschränkt wird. Daher ist darauf abzustellen, ob es sich wirklich um Geschäfte handelt, die in vergleichbaren Familien in der Regel von einem Ehegatten selbstständig – und zugleich auch für den anderen – erledigt werden, wobei Einkommen und Lebenszuschnitt der Eheleute maßgeblich sind.[231]

---

[231] BGH, NJW 1985, 1395 (= FamRZ 1985, 576) und FamRZ 1992, 291.

Beispiele: In Betracht kommende Fälle sind:
Käufe/Bestellungen von Lebens- und Genussmitteln, Kosmetika sowie Kleidung für Frau, Mann und unterhaltsberechtigte Kinder, einzelne Einrichtungsgegenstände (nicht jedoch komplette Küche oder gesamte Wohnungseinrichtung), Beschaffung von Heizmaterial, Reparaturaufträge im Bereich der Wohnung, Arzt- und Krankenhausverträge etc. einschließlich damit verbundenen Zahlungen per Scheck oder Kreditkarte, auch wenn dies zum kurzfristigen „Überziehen" gemeinsamer Konten führt.

Nicht erfasste Fälle:
den Lebensstandard der Eheleute übersteigende vorgenannte Käufe/Bestellungen, Kfz-Kauf, Mieten, Vermieten oder Kündigen von Wohnungen – einschließlich Untermiete –, Pachten gewerblicher Räume oder Grundstücke, Bauaufträge, Abzahlungs- und Kreditverträge jeder Art.

Rechtswirkungen

Durch die im Rahmen des § 1357 Abs. 1 S. 1 getätigten Geschäfte werden jeweils beide Ehegatten berechtigt und verpflichtet (§ 1357 Abs. 1 S. 2), d.h., sie werden dadurch *Gesamtgläubiger* (§ 428) sowie *Gesamtschuldner* (§§ 421, 426).

Ausnahmen

Diese Handlungsvollmacht und Mitverpflichtungsermächtigung besteht nicht, wenn

Getrenntleben

- die Ehegatten iSd § 1567 getrennt leben (§ 1357 Abs. 3),

Güterrechtsregistereintrag

- ein Ehegatte sie dem anderen gegenüber durch (formlose) Erklärung beschränkt oder ausgeschlossen hat und dies im Güterrechtsregister des zuständigen Amtsgerichts (§ 1558) eingetragen oder den Geschäftspartnern (nachweisbar) bekannt war (vgl. § 1357 Abs. 2),

Konkrete Umstände

- sich aus den Umständen des Einzelfalles etwas anderes ergibt (§ 1357 Abs. 1 S. 2), d.h., der Ehegatte nur selbst Vertragspartner werden will und das auch bekundet hat oder dies ganz offenkundig ist (wie z.B. bei Anmeldungen für Verein, Fahrschule, Volkshochschule, anderen Kursen, alleiniger Urlaubsreise).

VII. Unterhaltspflicht

Unabhängig vom Güterstand

Weit gehende Verpflichtung

Ehegatten sind (unabhängig vom jeweiligen Güterstand) einander verpflichtet, durch ihre Arbeit und mit ihrem Vermögen (grundsätzlich nur die daraus erzielten Erträge – nicht dessen Verwertung) die Familie angemessen zu unterhalten (§ 1360 S. 1) – und zwar nicht etwa jeder zur Hälfte, sondern jeder entsprechend seiner diesbezüglichen Leistungsfähigkeit. Solange die Ehegatten zusammenleben, besteht diese Pflicht – anders als sonst im Unterhaltsrecht (vgl. §§ 1361 Abs. 2, 1569, 1602) – unabhängig von einer Bedürftigkeit des anderen Ehegatten sowie von dessen Verhalten, also (abweichend von den §§ 1361 Abs. 3, 1579, 1611) auch bei selbst verschuldeter Bedürftigkeit oder sonstigem massiven ehewidrigen Fehlverhalten.

Haushaltsführung genügt in der Regel

Der Ehegatte, der den Haushalt führt, erfüllt damit in der Regel seine Pflicht, durch Arbeit zum Familienunterhalt beizutragen (§ 1360 S. 2), d.h., er ist nur in Notfällen zu einer ihm zumutbaren Erwerbstätigkeit verpflichtet. Trotz Haushaltsführung bleibt er zum Einsatz seiner Vermögenserträge verpflichtet, aber nicht zur Vermögensverwertung.

In Mangelfällen Haftung von Verwandten

Wird der eigene angemessene Unterhalt des verpflichteten Ehegatten gefährdet, muss der andere seine geradlinigen (vgl. §§ 1601, 1589) Verwandten (z.B. Eltern oder Kinder) in Anspruch nehmen, da diese dann vorrangig unterhaltspflichtig sind (vgl. § 1608 Abs. 1).

Angemessenheit

Der *angemessene Familienunterhalt* umfasst alles, was nach den Verhältnissen der Ehegatten erforderlich ist, um die Haushaltskosten zu bestreiten und ihre persönlichen Bedürfnisse sowie den Lebensbedarf gemeinsamer unterhaltsberechtigter Kinder (vgl. § 1602) zu befriedigen (§ 1360 Satz 1). Für die Art und Weise der Unterhaltsgewährung sind die konkreten Lebensverhältnisse der Familie maßgeblich (§ 1360a Abs. 2 S. 1), die sich nach Lebensstellung und Lebensstil beider Ehegatten bestimmen.

Vorschusspflicht

Dem haushaltsführenden Ehegatten ist ein angemessener *Vorschuss* des Haushalts- bzw. Wirtschaftsgeldes zu zahlen (vgl. § 1360a Abs. 2 S. 2); es ist ausreichender Wohnraum zu besorgen sowie bei der Haushaltsführung zu helfen. – Zusätzlich hat jeder Ehegatte Anspruch auf „Taschengeld" (ca. 5–7% des verfügbaren Netto-Einkommens des Unterhaltspflichtigen[232]).

„Taschengeld"

Zuviel-Leistung

Trägt ein Ehegatte zum Familienunterhalt mehr bei, als er muss, so stellt § 1360b im Interesse des Familienfriedens die (widerlegbare) Vermutung auf, dass im Zweifel nicht beabsichtigt wurde, hierfür Ersatz zu verlangen. Das ist daher nur möglich, wenn der betreffende Ehegatte sich die Rückforderung (oder Anrechnung auf weitere Verpflichtungen) nachweisbar vorbehalten hatte.

Rückstände und Schadensersatz

Für die Vergangenheit können Unterhaltsleistungen oder Schadensersatz wegen Nichterfüllung nur unter den in § 1613 festgelegten Voraussetzungen gefordert werden (§ 1360a Abs. 3).

Unterhaltsverträge

Aufgrund der auch hier grundsätzlich bestehenden Vertragsfreiheit können die Ehegatten ihre Unterhaltspflichten vertraglich zwar im Einzelnen näher regeln, ohne dass es der notariellen Form des Ehevertrages (§ 1410) bedarf. Insbesondere können sie die einzelnen Anteile für den Familienunterhalt genauer festlegen, jedoch wegen der Verweisung des § 1360a Abs. 3 auf § 1614 nicht einen Ehegatten von seinen Pflichten (auch nicht teilweise) befreien, daher auch nicht einen unangemessenen Barbetrag für die Kinder oder für einen Ehegatten festlegen.[233]

Voraussetzungen

Prozesskostenvorschusspflicht (§ 1360a Abs. 4)

Bei allen Prozessen in persönlichen Angelegenheiten (inkl. Strafverfahren), bei denen ein Ehegatte zur Kostentragung nicht in der Lage ist, muss ihm der andere Ehegatte die Prozesskosten vorschießen, soweit dies der Billigkeit entspricht (§ 1360a Abs. 4). Unbillig wäre dies nur bei offensichtlicher Mutwilligkeit oder Aussichtslosigkeit[234] oder bei Gefährdung des eigenen angemessenen Unterhalts, nicht jedoch, wenn sich der Prozess gegen den anderen richtet. – Über die endgültige Kostentragung solcher Prozesse besagt die Vorschrift nichts. Nach der Rechtsprechung richtet sich eine Rückzahlungspflicht nach der Billigkeit des Einzelfalles.[235]

---

[232] *Mü-Ko-Wacke*, § 1360a, Rz. 6, u.a. unter Berufung auf *BGH*, NJW 1998, 1553 (= FamRZ 1998, 608).

[233] Ebenso z.B. *Mü-Ko-Wacke*, § 1360, Rz. 23.

[234] Hinreichende Erfolgsaussichten – wie bei der Gewährung von Prozesskostenhilfe gemäß § 114 Abs. 1 ZPO – können aber nicht verlangt werden.

[235] Nachweise bei *Mü-Ko-Wacke*, § 1360a, Rz. 31.

Zusammenfassung

> Ehegatten sind verpflichtet, durch Arbeits- und Vermögenseinsatz zu ihrem Unterhalt und dem gemeinsamer Kinder beizutragen. Maßgeblich sind die Eheverhältnisse. Wer den Haushalt führt, erfüllt damit grundsätzlich seine Unterhaltsverpflichtung, muss daher nur in Notfällen erwerbstätig sein.
>
> Zum Unterhalt gehört außer dem Wirtschafts- und „Taschengeld" u.U. auch ein Prozesskostenvorschuss für den anderen Ehegatten.

VIII. Güterstände

Begriff

Das eheliche Güterrecht der §§ 1363–1563 regelt, in welchem Verhältnis das (gegenwärtige und zukünftige) Vermögen von Eheleuten während der Ehe und bei deren Auflösung zueinander stehen soll. Das jeweilige Vermögensverhältnis der Ehegatten wird Güterstand genannt. Dabei gibt das BGB zwar die

Drei gesetzliche Güterstände

- **Zugewinngemeinschaft**
- **Gütergemeinschaft**
- **Gütertrennung**

Modifikationen möglich

als Typen von Güterständen vor, lässt aber – uneingeschränkt – abweichende ehevertragliche Vereinbarungen zu (vgl. §§ 1363 Abs. 1, 1408 Abs. 1).

Zugewinngemeinschaft (§§ 1363 ff.)

System und Zielsetzung

Dieser Güterstand wurde vom *Gleichberechtigungsgesetz* am 1.7.1958 eingeführt und war auf die damalige sog. „Hausfrauenehe" (siehe dazu Seite 190) zugeschnitten, wurde aber bei deren Abschaffung vom 1.7.1977 beibehalten. Dieser Güterstand bezweckt, bei Auflösung der Ehe beiden Ehegatten einen Gewinnausgleich bzgl. ihres Vermögens zu bieten. Er beruht auf der Ehevorstellung einer umfassenden Lebens- und Versorgungsgemeinschaft, in der Erwerbstätigkeit und Haushaltsführung gleich zu bewerten sind und daher bei Eheauflösung ein erzielter Vermögenszuwachs zu teilen ist.

Gesetzlicher Güterstand

In diesem Güterstand leben alle Eheleute, die bei Heirat (oder später) nichts anderes durch Ehevertrag (vgl. dazu §§ 1408 ff.) vereinbaren (§ 1363 Abs. 1). Er wird daher *gesetzlicher Güterstand* genannt.

Irreführender Terminus

Die Bezeichnung Zugewinn„gemeinschaft" ist *irreführend*, da *weder* das von einem Ehegatten in die Ehe mitgebrachte *noch* das von ihm nach Heirat allein erworbene Vermögen (z.B. durch Kauf, Lotto-Gewinn oder Erbschaft) gemeinschaftlich werden (§ 1363 Abs. 2 S. 1), *vielmehr* diesbezüglich Gütertrennung herrscht. Es findet auch jeweils eine selbstständige Vermögensverwaltung statt (§ 1364). Allerdings kann ein Ehegatte ohne Einwilligung des anderen über ihm allein gehörende Haushaltsgegenstände sowie über sein Vermögen im Ganzen grundsätzlich nur mit Einwilligung des anderen verfügen (§§ 1369, 1365). – Nur gemeinsam Erworbenes wird also Gemeinschaftseigentum. Zur Verteilung des Hausrats nach der Scheidung siehe § 1568b.

Ausgleich von Zugewinn

Der *Zugewinn*, den das Vermögen eines Ehegatten, das er bei Heirat eingebracht oder in der Ehe erworben hat (s. dazu oben), während der Ehe erfährt, *wird ausgeglichen, wenn die Zugewinngemeinschaft endet* (§ 1363 Abs. 2 S. 2).

Fall-Konstellationen

Als Beendigungsfälle benennt das Gesetz den Tod (§ 1371) sowie das Beenden „auf andere Weise" (§ 1372). In Betracht kommen: Scheidung,

Eheaufhebung, erfolgreiche Klage auf vorzeitigen Zugewinnausgleich (vgl. § 1388) sowie Beendigung durch Ehevertrag. Im Todesfall wird der Erbteil des überlebenden Ehegatten um 1/4 erhöht, und zwar (hier) unabhängig von einem erzielten Zugewinn (§ 1371 Abs. 1). In den anderen Fällen erfolgen Berechnung und Ausgleich eines Zugewinns nach den §§ 1373 ff.

Gütergemeinschaft (§§ 1416 bis 1563)

Kommt in der Praxis kaum noch vor

Dieser Güterstand, der – vor oder nach der Heirat – nur durch einen notariellen Ehevertrag vereinbart werden kann (vgl. §§ 1408, 1410, 1415), ist im Einzelnen sehr komplex und kompliziert. In der Praxis kommt er deshalb kaum noch vor. Von seiner Darstellung wird daher hier abgesehen.

Gütertrennung (§ 1414)

Ehevertrag nötig

Rechtswirkungen

Durch einen notariellen Ehevertrag (§§ 1408, 1410) können Eheleute auch Gütertrennung mit der Wirkung vereinbaren, dass ihre vor und in der Ehe erworbenen Vermögen getrennt bleiben, diese von jedem uneingeschränkt selbstständig verwaltet und verwertet werden können und bei Auflösung der Ehe *kein Zugewinnausgleich* erfolgt (vgl. § 1414).

Güterrechtsregister (§§ 1558–1563)

Funktion

Es dient der Verlautbarung von bestimmten güterrechtlichen Verhältnissen, Vermögenszuordnungen, Verwaltungsbefugnissen und Haftung von Ehegatten. Es hat nur deklaratorische Bedeutung. Gutglaubensschutz besteht nicht; vielmehr besteht nur sog. „negative Publizität" (vgl. § 1412), denn Eintragungen erfolgen nur, wenn und soweit Ehegatten es wollen (z.B. bei Güterstands-Vereinbarungen) – niemals jedoch von Amts wegen (§ 1560 S. 1).

IX. Mithaftung von Ehegatten

Keine allgemeine Verpflichtung

Voraussetzung: gemeinsames Handeln

Für Ehegatten besteht keine allgemeine Verpflichtung, für Verbindlichkeiten, die der andere Ehegatte (privat oder beruflich) allein eingegangen ist, mithaften zu müssen. *Das wird ehelich nicht geschuldet*, denn das ergibt sich weder aus der Verpflichtung zur ehelichen Lebensgemeinschaft (§ 1353), noch aus der gegenseitigen Unterhaltspflicht (§§ 1360, 1360a) oder aus dem gesetzlichen ehelichen Güterstand der §§ 1361 ff. oder aus dem Güterstand der Gütergemeinschaft. Vielmehr setzt eine Mit-Haftung grundsätzlich ein gemeinsames rechtsgeschäftliches (meist vertragliches) oder ein gemeinsames tatsächliches Handeln voraus.

Beispiele für rechtsgeschäftliches Handeln: gemeinsame Vertragsabschlüsse sowie Vertrags- oder Schuldbeitritte, Vertrags- oder Schuldübernahmen oder Bürgschaftserklärungen

Beispiele für tatsächliches Handeln: unerlaubte Handlungen iSd *§§* 823 ff. (vgl. *§* 840), wobei stets (also auch bei *§* 832) zu prüfen ist, ob diese auch wirklich von beiden Ehegatten zu vertreten sind

Fälle der Mithaftung

Eine Mithaftung besteht aber in folgenden Fällen:
In den Fällen des § 1357 (siehe dazu Seite 190 f.).

Unterhaltspflichten in Gütergemeinschaft lebender Ehegatten
Wird dann ein Ehegatte von nur mit ihm verwandten Personen (gemäß §§ 1601, 1589 also von dessen Kindern, Enkeln, Urenkeln, Eltern, Großeltern) auf Unterhalt in Anspruch genommen, so bestimmt § 1604, dass dann bei der Überprüfung seiner Leistungsfähigkeit das sog. Gesamtgut (§ 1416) der Eheleute allein dem unterhaltspflichtigen Ehegatten zugerechnet wird. Dadurch kommt es in diesen – allerdings extrem seltenen – Fällen von Gütergemeinschaft zu einer sonst gesetzlich nicht vorgesehenen Unterhaltsgewährung von Stief- und Schwiegereltern. (§ 1604 gilt aber nicht bei Unterhaltspflichten gegenüber geschiedenen Ehegatten.)

Zwangsvollstreckungsmaßnahmen in das bewegliche Vermögen
Zugunsten von Gläubigern von Ehegatten wird kraft Gesetzes (widerlegbar) vermutet, dass alle beweglichen Sachen (inkl. Bargeld, Schecks, Schuldscheine, Aktien), die sich gegenwärtig im Besitz eines oder beider Ehegatten befinden, Eigentum des jeweiligen Schuldners sind (vgl. § 1362 Abs. 1). Zur Widerlegung dieser gesetzlichen Vermutung ist der volle Beweis des Gegenteils erforderlich (z.B. der Nachweis des alleinigen Eigentumserwerbs vor oder während der Ehe).

Die Eigentumsvermutung des § 1362 erleichtert in Verbindung mit der Gewahrsamsvermutung des § 739 ZPO Pfändungen (§ 808 ZPO) von Ehegatten. Dagegen kann der betroffene Ehegatte nur unter Berufung auf sein Eigentum (oder Miteigentum) Widerspruchsklage gemäß § 771 ZPO erheben.

Diese erleichterte Pfändung ist jedoch nicht möglich

- wenn Ehegatten iSd § 1367 getrennt leben,
- bezüglich ausschließlich zum persönlichen Gebrauch eines Ehegatten bestimmter Sachen (z.B. Arbeitsgeräte, Kleidung, Schmuckstücke),

weil dann die gesetzliche Eigentums- und Gewahrsamsvermutung widerlegt ist (vgl. § 1362 Abs. 1 S. 2 und Abs. 2 BGB iVbm § 739 ZPO).

Zusammenfassung

Ehegatten haften nicht generell für Schulden des anderen Ehegatten, sondern grundsätzlich nur, wenn sie sich durch

- Rechtsgeschäft (z.B. Vertrag, Schuldbeitritt/-übernahme, Bürgschaft)
- unerlaubte Handlungen iSd §§ 823 ff.

selbst auch dazu verpflichtet haben.

Eine Mithaftung von Ehegatten ohne eigenes Zutun besteht aber bei

- Rechtsgeschäften zur Deckung des familiären Lebensbedarfs (§ 1357),
- Unterhaltsverpflichtungen in Gütergemeinschaft lebender Ehegatten (§ 1604),
- Zwangsvollstreckungen in bewegliches Vermögen (§§ 739 ZPO, 1362 BGB).

C. Aufhebung der Ehe

Seit 1.7.1998 Änderung

Die „Zweigleisigkeit" des Vorgehens gegen fehlerhafte Eheschließung (Nichtigkeitsklage mit Wirkung von Anfang an und Aufhebungsklage mit Wirkung für die Zukunft) wurde am 1.7.1998 aufgegeben. Seitdem gibt es nur noch die Aufhebungsklage mit Wirkung für die Zukunft (vgl. § 1313 und §§ 121, 124, 126, 129 und 132 FamFG). Die Eheaufhebung ist von der Scheidung zu trennen, wenn auch die Folgen ähnlich oder z.T. sogar identisch sind.

I. Aufhebungsgründe

Abschließende Regelung

Die Aufhebungsgründe sind in § 1314 erschöpfend aufgezählt (vgl. § 1313 S. 3). § 1314 Abs. 1 betrifft Verstöße gegen die wichtigsten Eheschließungsvorschriften: Ehemündigkeit, Geschäftsunfähigkeit, Doppelehe, Verwandtschaft, Vorbedingungen (im letzteren Fall ist Klage aber max. fünf Jahre lang möglich, § 1315 Abs. 2 Nr. 2). § 1314 Abs. 2 betrifft Willensfehler bei Eheschließungen.

II. Ausschlussgründe

Gesetzliche Regelung

Eheaufhebungen sind jedoch gemäß § 1315 nicht möglich

1. bei Verstößen gegen die Ehemündigkeit des betreffenden Ehegatten, wenn dieser nach Volljährigkeit Fortsetzungswillen zeigt (vgl. Abs. 1 Nr. 1),
2. bei Heirat Geschäftsunfähiger, wenn dieser Umstand später wegfallen sollte, und entsprechender Bestätigung (vgl. Abs. 1 Nr. 2),
3. wenn eine bei Heirat bestehende Bewusstlosigkeit oder Geistesstörung wegfällt und der betreffende Ehegatte Fortsetzungswillen zeigt (vgl. Abs. 1 Nr. 3),
4. wenn bei Heirat bestehender Irrtum, Täuschung oder Drohung später wegfällt und der betroffene Ehegatte Fortsetzungswillen zeigt (vgl. Abs. 1 Nr. 4),
5. wenn Ehegatten, die bei Heirat keine ehelichen Verpflichtungen eingehen wollten *(Scheinehe)*, dann doch „als Ehegatten" miteinander lebten (vgl. Abs. 1 Nr. 5),
6. wenn bei Verstößen gegen das Bigamie-Verbot die Auflösung der ersten Ehe zwar schon vorlag, allerdings noch nicht rechtskräftig war (vgl. Abs. 2 Nr. 1),
7. wenn eine Heirat zwar unzulässigerweise unter Vorbedingungen erfolgte, aber die Eheleute dann fünf Jahre (bei Tod eines Ehegatten: drei Jahre) „als Ehegatten" miteinander lebten (vgl. Abs. 2 Nr. 2).

In den Fällen Nr. 2–4 ist aber Aufhebungsantrag binnen 1 Jahr möglich (vgl. § 1317).

III. Antragsberechtigte

In den Fällen von Irrtum, Täuschung oder Drohung bei Heirat ist nur der jeweils betroffene Ehegatte anfechtungsberechtigt (§ 1316 Abs. 1 Nr. 2). In den anderen Aufhebungsfällen ist jeder Ehegatte sowie die nach jeweiligem Landesrecht hierfür bestimmte Verwaltungsbehörde (§ 1316 Abs. 3) anfechtungsberechtigt – bei Bigamie auch der erste Ehegatte (§ 1316 Abs. 1 Nr. 1).

IV. Rechtsfolgen einer Eheaufhebung

Abschließende Regelung

Die sich aus einer Eheaufhebung ergebenden Folgen sind in § 1318 Abs. 2–5 abschließend geregelt. (Das will § 1318 Abs. 1 besagen.)

Unterhaltsansprüche

Unterhaltsansprüche wie in Scheidungsfällen stehen zu:
- nur dem Ehegatten, der bei Heirat die Aufhebbarkeit der Ehe nicht kannte oder vom anderen selbst (oder zumindest mit dessen Wissen von einem Dritten) getäuscht oder bedroht worden ist (§ 1318 Abs. 2 S. 1 Nr. 1),
- in Fällen der Bigamie, naher Verwandtschaft oder Vorbedingungen stehen sie beiden Ehegatten zu, wenn beide Aufhebbarkeit kannten – in Bigamie-Fällen jedoch nicht, soweit dadurch ein Unterhaltsanspruch des ersten Ehegatten beeinträchtigt würde (§ 1318 Abs. 2 S. 1 Nr. 2),

wobei jeweils zu beachten ist, ob eine Versagung des Unterhalts im Hinblick auf die Belange pflege- oder erziehungsbedürftiger Kinder grob unbillig wäre (§ 1318 Abs. 2 S. 2).

Zugewinnausgleich Versorgungsausgleich

Die Vorschriften über *Zugewinn- und Versorgungsausgleich* finden entsprechende Anwendung, soweit dies nicht im Hinblick auf die Umstände bei der Eheschließung oder bei Verstößen gegen das Bigamie-Verbot im Hinblick auf den 1. Ehegatten grob unbillig wäre (§ 1318 Abs. 3).

Ehewohnung und Hausrat

§§ 1568 a,b finden entsprechende Anwendung; d.h., bei der Zuteilung der Ehewohnung und der Verteilung des Hausrats sind die Umstände bei Heirat und bei Verstößen gegen das Bigamie-Verbot die Belange des 1. Ehegatten besonders zu berücksichtigen (§ 1318 Abs. 4).

Erbrecht

Ehegatten, die bei Verstoß gegen die §§ 1304, 1306, 1307, 1311, 1314 Abs. 2 Nr. 1 die Aufhebbarkeit der Ehe gekannt haben, steht *kein* Ehegattenerbrecht nach § 1931 zu (§ 1318 Abs. 5).

Zusammenfassung

Eine **Eheaufhebung** kommt nur in Betracht bei Heirat unter Nichtbeachtung von Ehemündigkeit, Geschäftsunfähigkeit, Doppelehe, Verwandtschaft, Vorbedingungen oder bei Willensfehlern bei Eheschließungen.

Unter bestimmten Voraussetzungen ergeben sich dann für die ehemaligen Ehegatten Folgen wie bei Scheidungen; d.h.: bzgl. Unterhalt, Zugewinn- und Versorgungsausgleich sowie Hausrats- und Wohnungszuweisung. Ein Erbrecht steht nur dem Ehegatten zu, der die Aufhebbarkeit der Ehe nicht kannte.

Kapitel 6. Ehescheidung

Übersicht

A. Vorbemerkungen 198
B. Das Scheidungsverfahren 198
C. Scheidungsvoraussetzungen 202
D. Scheidungsfolgen 212

A. Vorbemerkungen

Gesetzesentwicklung

Die materiellen und verfahrensrechtlichen Voraussetzungen der Ehescheidung haben sich seit Inkrafttreten des BGB am 1.1.1900 immer wieder geändert, wobei jede Veränderung meist heftig umstritten war. Die letzte umfassende gesetzliche Änderung des Scheidungsrechts erfolgte ab dem 1.7.1977 durch das 1. EheRG, das seitdem nur bzgl. einiger Scheidungsfolgen Änderungen erfahren hat. Es hat das zuvor geltende sog. „Schuld-Scheidungsrecht" abgelöst durch die neue schuldunabhängige Scheidungsvoraussetzung: das Scheitern der Ehe. Danach hat sich die rechtspolitische Diskussion über wünschenswerte Änderungen zwar weit gehend beruhigt, wenn auch gelegentlich extreme Positionen vertreten werden. Sie reichen von der freien Gestaltung und Lösbarkeit der Ehe durch autonome Vereinbarung der Eheleute und deren bloße Registrierung beim Standesamt bis hin zur Forderung nach Unauflöslichkeit der Ehe.

Ständige Zunahme von Scheidungen

Die Scheidungshäufigkeit hat in den letzten Jahrzehnten erheblich zugenommen, von ihr sind eine große Anzahl von minderjährigen Kindern betroffen (bei 191 948 Scheidungen im Jahr 2008 waren es 150 187 minderjährige Kinder).[236]

Scheidungsvoraussetzungen

Die Voraussetzungen für eine Ehescheidung ergeben sich abschließend aus den §§ 1565–1568 (§ 1564 S. 3). Dazu sind folgende Bedingungen zu erfüllen:

- *formell*, dass von einem (oder beiden) Ehegatten bei Gericht ein entsprechender Antrag gestellt wird (vgl. § 1564 u. § 124 S. 1 FamFG),
- *materiell*, dass die Ehe gescheitert ist (vgl. § 1565 Abs. 1 S. 1),
- Scheidungshindernisse (Nichterfüllung des Mindest-Trennungsjahres oder Härtegrund) liegen nicht vor (vgl. § 1565 Abs. 2 u. § 1568).

B. Das Scheidungsverfahren

FamG ist zuständig

Anwaltszwang

Zuständig für Scheidungsverfahren ist das FamG, das eine Abteilung des AG ist (§§ 23a Abs. 1 Nr. 1, 23b Abs. 1 GVG). Hier herrscht Anwaltszwang (§§ 78 Abs. 2, § 114 FamFG). Da Versäumnisurteile unzulässig sind (§ 130 Abs. 2 FamFG), könnte einer der Ehegatten aber auch ohne Anwalt auskommen. Ihm sind dann allerdings jegliche Prozesshandlungen verwehrt, insbesondere kann er keinerlei Anträge stellen. Ihm kann jedoch vom FamG ein Anwalt beigeordnet werden, wenn diesem das zum Schutz des betreffenden Ehegatten „unabweisbar" erscheint (§ 138 Abs. 1 S. 1 FamFG).

---

[236] Vgl. Statisisches Bundesamt. Wirtschaft und Statistik 12/2009. S. 1191.

Anwaltszwang auch bei Folgesachen

Anwaltszwang besteht gemäß § 114 Abs. 1 FamFG auch bei

- den *mit einer Scheidung verbundenen* Folgesachen (zum Begriff vgl. § 137 Abs. 2 und 3) d.h. bzgl. Kindes- u. Ehegatten-Unterhalt (§ 231 Abs. 1 FamFG), Versorgungsausgleich (§ 217 FamFG) und Ehewohnung/Hausrat (§ 200 FamFG), Sorgerechts- und Umgangs-Regelungen sowie Herausgabe des Kindes an einen Elternteil (vgl. § 137 Abs. 3 FamFG)[237],
- bei separat geltend gemachten güterrechtlichen Ansprüchen iSd § 261 FamFG.

Verfahrensgrundsätze

In Scheidungsverfahren nebst Folgesachen (vgl. zu Letzteren § 137 Abs. 2 und 3 FamFG) gelten grundsätzlich die für Landgerichte vorgesehenen Verfahrensregeln (§ 113 FamFG), jedoch mit folgenden Sonderheiten:

Terminologie

- Das Verfahren wird nicht durch eine Klage, sondern durch einen Antrag eingeleitet; die Parteien werden daher nicht „Kläger(in)" und „Beklagte(r)", sondern „Antragsteller(in)" und „Antragsgegner(in)" genannt (§§ 124, 133 FamFG).

Untersuchungsgrundsatz

Ausnahmen

- Es gilt im Scheidungsverfahren nicht der Verhandlungs-(„Beibringungs"-) Grundsatz (§ 308 Abs. 1 ZPO), sondern der Untersuchungsgrundsatz (§ 127 Abs. 1 FamFG). Das gilt (mit Ausnahme von Unterhalt und Güterrecht) auch für die Scheidungsfolgesachen.

Anwesenheit der Eheleute

- Das FamG soll grundsätzlich das persönliche Erscheinen der Ehegatten anordnen und sie beide anhören (bei Nichterscheinen sind Zwangsgelder möglich); es kann sie auch als Partei vernehmen (vgl. § 128 FamFG).

Aussetzung des Verfahrens

- Das FamG soll das Scheidungsverfahren aussetzen, wenn „nach seiner freien Überzeugung" (!) Aussicht auf Fortsetzung der Ehe besteht, es sei denn, die Eheleute leben schon länger als ein Jahr getrennt und widersprechen beide einer Aussetzung (vgl.§ 136 Abs. 1 FamFG). Setzt das FamG das Scheidungsverfahren aus, soll es in der Regel den Ehegatten „nahe legen", eine Eheberatung in Anspruch zu nehmen (§ 136 Abs. 4 FamFG). Eine Aussetzung darf einmal wiederholt werden und insgesamt nicht länger als sechs Monate bis ein Jahr dauern (§ 136 Abs. 3 FamFG).

Einstweilige Anordnungen

- Vor Abschluss des Verfahrens kann das FamG auf Antrag eines Ehegatten die Rechtsbeziehungen der Eheleute sowie die zwischen ihnen und ihren gemeinschaftlichen Kindern durch einstweilige Anordnungen regeln. Es handelt sich gemäß § 49 FamFG dabei um folgende Belange:

Beispiele: das Getrenntleben der Ehegatten inkl. Benutzung von Ehewohnung und Hausrat, die elterliche Sorge, das Umgangsrecht der Eltern, die Herausgabe des Kindes an einen Elternteil, Unterhalt für die Ehegatten und minderjährige Kinder sowie Kostenvorschuss für das Scheidungsverfahren und Folgesachen (vgl. zu Letzteren § 137 Abs. 2 und 3 FamFG) und Maßnahmen nach dem *Gewaltschutzgesetz*.

Versorgungsausgleich von Amts wegen

- Ist im Scheidungsfall ein öffentlich-rechtlicher Versorgungsausgleich durchzuführen (siehe dazu Seite 220 f.), so leitet das FamG das diesbezügliche Verfahren gemäß von Amts wegen ein und verbindet es mit der Scheidungssache mit der Folge, dass dann hierüber gleichzeitig und zusammen mit der Scheidungssache zu verhandeln und zu entscheiden ist

---

[237] Führen diese erst nach rechtskräftiger Scheidung zu einem Prozess, besteht kein Anwaltszwang.

Verbundsystem

(sog. „Zwangsverbund") (§ 137 Abs. 1). – Andere Scheidungsfolgesachen (z.B. Unterhaltsregelungen) können auch in diesen Verbund geraten, wenn ein Ehegatte dies bis zum Schluss der mündlichen Verhandlung vor dem FamG zur Niederschrift oder in der mündlichen Verhandlung beantragt (§ 140 Abs. 5 FamFG).

Örtliche Zuständigkeit ist abhängig vom gewöhnlichen Aufenthalt

– Die örtliche Zuständigkeit ergibt sich aus Folgendem:
  1. in erster Linie ist das FamG zuständig, in dessen Bezirk einer der Ehegatten mit allen gemeinsamen minderjährigen Kindern seinen gewöhnlichen Aufenthalt hat (§ 122 Nr. 1 FamFG),
  2. haben sie keinen gemeinsamen gewöhnlichen Aufenthalt mehr, ist das FamG zuständig, in dessen Bezirk einer der Ehegatten mit einem Teil der gemeinsamen minderjährigen Kindern seinen gewöhnlichen Aufenthalt hat, sofern bei dem anderen Ehegatten keine gemeinschaftlichen minderjährigen Kinder ihren gewöhnlichen Aufenthalt haben (§ 122 Nr. 2 FamFG),
  3. liegt beides nicht vor, ist das FamG zuständig, in dessen Bezirk die Ehegatten ihren gemeinsamen gewöhnlichen Aufenthalt zuletzt gehabt haben, wenn zumindest ein Ehegatte diesen dort noch hat (§ 122 Nr. 3 FamFG),
  4. liegt auch dieser Gerichtsstand nicht vor, so ist das FamG des gewöhnlichen Aufenthalts des Antragsgegners zuständig (§ 122 Nr. 4 FamFG),
  5. das FamG, in dessen Bezirk der Antragsteller seinen gewöhnlichen Aufenthalt hat (§ 122 Nr. 5 FamFG),
  6. kommt keine der vorgenannten Zuständigkeiten in Betracht (weil z.B. keiner der Ehegatten derzeit seinen gewöhnlichen Aufenthalt in der BRD hat), ist das FamG des AG Berlin-Schöneberg zuständig (§ 122 Nr. 6 FamFG).

Verfahrenskosten

– Bei Scheidungen besteht nicht das sonst übliche „Gewinner-Verlierer-Prinzip" (vgl. § 91 ZPO), sondern die Verfahrenskosten (der Scheidung selbst sowie der Folgesachen) werden grundsätzlich gegeneinander aufgehoben (§ 150 Abs. 1 FamFG), d.h., die Gerichtskosten werden geteilt (§ 92 Abs. 1 S. 2 ZPO) und jeder trägt seine außergerichtlichen Kosten (insbesondere Rechtsanwaltsgebühren und Auslagen nach den §§ 2, 13 RVG i.V.m. Nr. 7000 bis 7006 VV RVG (z.B. Fahrtkosten, Porto) selbst. Das FamG kann jedoch gemäß § 150 Abs. 4 FamFG eine *andere Kostenverteilung* nach billigem Ermessen vornehmen, wenn
  – die Kostenverteilung nach § 150 Abs. 1 bis 3 FamFG insbesondere im Hinblick auf eine Versöhnung der Ehegatten oder auf das Ergebnis einer als Folgesache geführten Unterhalts- oder Güterrechtssache als unbillig erscheint (§ 150 Abs. 4 S. 1 FamFG),
  – ein Beteiligter einer richterlichen Anordnung zur Teilnahme an einem Informationsgespräch nach § 135 Abs. 1 FamFG unentschuldigt nicht nachgekommen ist (§ 150 Abs. 4 S. 2 FamFG), oder
  – die Ehegatten eine andere Kostenvereinbarung getroffen haben (§ 150 Abs. 4 S. 3 FamFG).

Kostentragung bei Abweisung oder Rücknahme

Wird ein Scheidungsantrag abgewiesen oder zurückgenommen, hat der antragstellende Ehegatte grundsätzlich sämtliche Kosten des Verfahrens zu tragen (§ 150 Abs. 2 S. 1 FamFG); das gilt auch für die Folgesachen, es sei denn, dies erscheint dem FamG im Hinblick auf den bisherigen Sach- und

Streitgegenstand unbillig und damit eine andere Kostenverteilung geboten (§ 150 Abs. 4 FamFG), wie das z.B. bei grundlosen oder leichtfertig überhöhten Forderungen des anderen Ehegatten der Fall sein kann.

Berechnung des Streitwertes
Für die Berechnung des Streitwertes sind § 48 GKG und die allgemeinen und besonderen Wertvorschriften der §§ 33 ff. FamGKG maßgebend. Da die Scheidung und die Folgesachen (s. dazu § 137 FamFG, § 44 Abs. 1 FamGKG) als *ein Verfahren* gelten, werden dessen Gebühren nach der Summe der einzelnen Gegenstände berechnet (§ 33 Abs. 1 S. 1 FamGKG). Danach ergeben sich folgende Streitwerte:

Ehesachen

- *Ehesachen (§ 121* FamFG*)*[238]
  Der Streitwert ist insbesondere unter Berücksichtigung der Einkommensverhältnisse nach Ermessen zu bestimmen (§ 43 Abs. 1 S. 1 FamGKG). Die Einkommensverhältnisse werden anhand des in 3 Monaten erzielten Netto-Einkommens der Ehegatten ermittelt (§ 43 Abs. 2 FamGKG), das bedeutet: der Streitwert ergibt sich aus dem Einkommen der letzten drei Monaten der jeweiligen ersten Antragstellung (§ 34 S. 1 FamGKG). Der Wert darf jedoch nicht unter 2000,– EUR und nicht über 1 Mio. EUR angenommen werden (§ 43 Abs. 1 S. 2 FamGKG).

Folgesachen

- Da die Scheidung und die Folgesachen (s. dazu § 137 FamFG, § 44 Abs. 1 FamGKG) als *ein Verfahren* gelten, werden dessen Gebühren nach der Summe der einzelnen Gegenstände berechnet (§§ 33 Abs. 1 S. 1 und 44 Abs. 2 S. 2 FamGKG).

Danach ergeben sich folgende Streitwerte:

Kindschaftssachen

Sind Kindschaftssachen (§§ 137 Abs. 3, 151 FamFG) Folgesachen, dann erhöht sich der Streitwert der Ehesache, unabhängig von der Anzahl der Kinder, um 20 Prozent, höchstens um 3.000,- EUR (§ 44 Abs. 2 S. 1 FamGKG).

Werden sie im Verbund mit der Ehesache geltend gemacht, so ist bezüglich der Regelung bestimmter Kindschaftssachen (elterliche Sorge, Umgang, Herausgabe) der Streitwert jeweils einheitlich 3000,– EUR (§ 45 Abs. 1 FamGKG). Dies gilt auch, wenn diese Regelung mehrere Kinder betrifft (§ 45 Abs. 2 FamGKG).

Wenn Gegenstand einer Kindschaftssache eine vermögensrechtliche Angelegenheit ist, gelten § 18 Abs. 3, die §§ 19 bis 25, 39 Abs. 2 und § 46 Abs. 4 KostO entsprechend, es ist mithin der Gegenstandswert maßgeblich, wenn dieser 1 Million EUR nicht übersteigt (vgl. § 46 FamGKG).

Abstammungssachen

In Abstammungssachen nach § 169 Nr. 1 und 4 FamFG beträgt der Streitwert 2.000,- EUR, in den übrigen Abstammungssachen beträgt er 1.000,- EUR (§ 47 Abs. 1 FamGKG).

Ehewohnungs- und Haushaltssachen

In Ehewohnungssachen nach § 200 Abs. 1 Nr. 1 FamFG beträgt der Streitwert 3.000,- EUR; nach § 200 Abs. 1 Nr. 2 FamFG beträgt er 4.000,- EUR (§ 48 Abs. 1 FamGKG). In Haushaltssachen nach § 200 Abs. 2 Nr. 1 FamFG beträgt der Streitwert 2.000,- EUR; nach § 200 Abs. 2 Nr. 2 FamFG beträgt er 3.000,- EUR (§ 48 Abs. 2 FamGKG).

---

[238] Zu denen gehören auch die Scheidungssachen.

Versorgungsausgleichssachen

In Versorgungsausgleichssachen nach § 217 FamFG (Übertragung und Begründung von Renten-Anwartschaften, vgl. § 1587b) beträgt der Streitwert für jedes Anrecht 10 Prozent, bei Ausgleichsansprüchen nach der Scheidung („Ausgleichs-Rente", vgl. § 1587g) 20 Prozent des 3-Monats-Nettoeinkommens der Ehegatten, mindestens jedoch 1.000,- EUR (§ 50 Abs. 1 FamGKG). Der Streitwert bei Verfahren über Auskunftsansprüche oder die Abtretung von Versorgungsansprüchen beträgt 500,- EUR (§ 50 Abs. 2 FamGKG).

Unterhaltssachen

Bei Unterhaltsstreit (§ 231 FamFG) ist der für die ersten 12 Monate geforderte Betrag maßgeblich, höchstens jedoch der geforderte Gesamtbetrag (§ 51 Abs. 1 S. 1 FamGKG).

Ausnahmen

Das FamG kann nach den §§ 44 Abs. 3, 45 Abs. 3, 47 Abs. 2, 48 Abs. 3, 49 Abs. 2, 50 Abs. 3, § 51 Abs. 3 S. 2 FamGKG bei besonderen Umständen einen höheren oder niedrigeren Wert festsetzen.

Güterrechtssachen

Bei güterrechtlichen Ansprüchen (§ 261 FamFG) setzt das Gericht den Streitwert nach freiem Ermessen fest und kann dazu ein Sachverständigen-Gutachten anfordern (vgl. § 3 Alt. 3 ZPO).

Instanzenzug

Der **Instanzenzug** ist in Scheidungsverfahren folgender:

AG (FamG, § 23b Abs. 1 GVG) → Berufung zum OLG (§ 119 Abs. 1 Nr. 1 GVG), wenn der Reststreit >600,– EUR beträgt oder das FamG die Berufung im Urteil wegen grundsätzlicher Bedeutung oder zur Rechtsfortbildung oder Sicherung einer einheitlichen Rechtsprechung zugelassen hat (§ 511 ZPO) → Revision zum BGH (§ 133 GVG), wenn eine Gesetzesverletzung von grundsätzlicher Bedeutung vorliegt (vgl. §§ 543, 545–547 ZPO).

Solange das Scheidungsverfahren nicht rechtskräftig (d.h.: unanfechtbar) abgeschlossen ist, besteht die Ehe noch (§ 1564 S. 2). Das gilt auch dann, wenn nur noch Streit über eine Scheidungsfolgesache besteht, die in den sog. „Zwangsverbund" geraten ist (siehe dazu oben *„Verbundsystem"*).

C. Scheidungsvoraussetzungen

I. Das Scheitern der Ehe

Alleiniger Scheidungsgrund ist seit 1977 das Scheitern

Einziger materieller Scheidungsgrund ist seit 1.7.1977 das Scheitern der Ehe (§ 1565 Abs. 1 S. 1).

Die Gesetzesüberschrift vor den §§ 1564–1568 „Scheidungsgründe" ist daher unverständlich.

Das „kann" in § 1565 Abs. 1 S. 1 ist folgendermaßen zu verstehen:

- eine Ehescheidung ist nur zulässig, wenn die Ehe gescheitert ist,
- andere Scheidungsgründe als das Scheitern der Ehe gibt es nicht,
- ist das Scheitern der Ehe nachgewiesen, so muss sie auf Antrag eines Ehegatten geschieden werden, wenn nicht ein Scheidungshindernis gemäß § 1565 Abs. 2 oder § 1568 entgegensteht (siehe dazu unten).

Gesetzliche Definition des Scheiterns der Ehe

Eine Ehe ist gescheitert, wenn die Lebensgemeinschaft der Ehegatten nicht mehr besteht und nicht erwartet werden kann, dass die Ehegatten sie wiederherstellen (§ 1565 Abs. 1 S. 2). Ob dies der Fall ist, muss das FamG von Amts wegen untersuchen (§ 127 Abs. 1 FamFG). Unter „Lebensgemeinschaft der Ehegatten" ist die Gesamtheit der ehelichen Verhältnisse zu verstehen. Es genügt daher nicht, dass Eheleute getrennt leben und auch nicht mehr zusammenleben wollen. Hinzu kommen muss vielmehr, dass auch die geistig-seelische Verbundenheit der Ehegatten (sozusagen die „eheliche Gesinnung") fehlt. Scheitern beinhaltet somit die voraussichtlich unheilbare Zerstörung sämtlicher gemeinsamer Lebensbeziehungen der Eheleute.

Terminus Zerrüttung gebräuchlich, aber falsch

Hierfür wird in Praxis, Rechtsprechung und Wissenschaft allenthalben (fälschlich) die Bezeichnung „Zerrüttung" der Ehe gebraucht, obwohl der Gesetzgeber bei Schaffung des 1. EheRG diesen (zuvor seit Jahrzehnten bestehenden) Terminus ganz bewusst vermieden hatte, weil er ihm zu sehr nach schuldhaftem Fehlverhalten klang, das als Scheidungsvoraussetzung ja nicht mehr gefordert wird.[239]

Nachweis des Scheiterns

Gesetzliche Beweiserleichterungen

Da vor Inkrafttreten des 1. EheRG der Nachweis von Scheidungsgründen meist unausbleiblich zu einem sehr belastenden Eindringen in die Intimsphäre der Ehegatten und zu vielfach unschönen Auseinandersetzungen geführt hatte, hat das 1. EheRG zur Versachlichung von Scheidungsverfahren sowie vor allem zur Beweiserleichterung in § 1566 *unwiderlegbare Vermutungen* für das Scheitern einer Ehe aufgestellt. Dadurch ist der Nachweis des Scheiterns der Ehe anhand äußerer, leichter feststellbarer Indizien ohne Eindringen in die Intimsphäre der Ehegatten möglich, wovon in der Praxis daher auch überwiegend Gebrauch gemacht wird.

Nachweis des Scheiterns

Der Nachweis des Scheiterns einer Ehe kann auf dreifache Weise erfolgen:

1. gemäß § 1566 Abs. 1 durch gemeinsamen Scheidungsantrag (oder Zustimmung zum Scheidungsantrag des anderen Ehegatten) und Getrenntleben von mindestens einem Jahr; in diesem Fall muss außerdem Einigkeit über die wesentlichen Scheidungsfolgen nachgewiesen werden (vgl.§ 133 Abs. 1 Nr. 2 FamFG)[240], d.h. es muss Übereinkunft bestehen über

   Konventional-Scheidung

   die Ausübung der elterlichen Sorge einschließlich des Umgangsrechts, den Kindes- und den Ehegatten-Unterhalt, die Benutzung von Ehewohnung und Hausrat (sog. einverständliche oder Konventional-Scheidung),

   3 Jahre Trennung

2. gemäß § 1566 Abs. 2 durch den Nachweis des Getrenntlebens von mindestens drei Jahren (hierbei ist unerheblich, ob die Scheidung einvernehmlich erfolgt oder nicht),

   Konkreter Nachweis und ein Jahr Trennung

3. gemäß § 1565 Abs. 1 S. 2 durch konkreten Einzelnachweis des Scheiterns (siehe dazu unten) und (wegen § 1565 Abs. 2) Vorliegen des Mindest-Trennungsjahres (s. dazu Seiten 204 ff.)

Voraussetzungen für den Einzelnachweis

In den ersten beiden Fällen unterstellt der Gesetzgeber also *unwiderlegbar* das Scheitern der Ehe (gesetzliche Fiktionen des Scheiterns) und erleichtert somit eine Scheidung. Liegen diese nicht vor, muss das Scheitern konkret nachgewiesen werden (sog. *positiver Nachweis*). Das setzt nach § 1565 Abs. 1 S. 2 zweierlei voraus:

---

[239] Klarstellend auch *Mü-Ko-Wolf*, § 1565, Rz. 13.

[240] Denn es sollen voreilige Scheidungen verhindert werden (dazu zahlreiche Rechtsprechungsnachweise bei *Mü-Ko-Wolf*, § 1565, Rz. 13).

- den Nachweis, dass die eheliche Lebensgemeinschaft nicht mehr besteht (negative Diagnose) sowie
- die Darlegung, dass nicht zu erwarten ist, dass die Ehegatten diese wiederherstellen (negative Prognose).

In diesem Fall ist irrelevant, ob sich der andere Ehegatte auch scheiden lassen will oder sich gegen eine Scheidung wehrt, denn es kommt allein darauf an, ob die eheliche Gemeinschaft endgültig zerstört ist[241] (es sei denn, § 1568 greift).

Beispiele für den erfolgreichen Einzelnachweis:
Die Ehefrau ist gegen die vom Ehemann beantragte Scheidung, der seit 13 Monaten mit einer anderen Frau zusammenlebt und mit ihr ein gemeinsames Kind hat.

Die Ehefrau ist vor einem Jahr zusammen mit den gemeinsamen Kindern zu ihren Eltern gezogen, hat die Kinder dort eingeschult und es bestehen kaum Kontakte zum Ehemann. Der Ehemann wehrt sich gegen die von seiner Frau beantragte Scheidung.

In beiden Fällen kann der Nachweis des Scheiterns gemäß § 1565 Abs. 1 S. 2 erbracht werden und die Ehescheidung ist auch gegen den Willen des anderen Ehegatten möglich, sofern dieser sich nicht erfolgreich auf § 1568 (siehe dazu Seite 209 ff.) berufen kann.

II. Das Getrenntleben

1. Kriterien

Voraussetzungen

Da bei einer Scheidung dem Getrenntleben zentrale Bedeutung zukommt, hat der Gesetzgeber dieses in § 1567 Abs. 1 S. 1 definiert.

Danach setzt das Getrenntleben von Ehegatten dreierlei voraus:

- das objektive Nichtbestehen der häuslichen Gemeinschaft,
- die erkennbare Trennungsabsicht von (mindestens) einem Ehegatten,
- die Ablehnung der Herstellung der ehelichen Lebensgemeinschaft durch (mindestens) einen Ehegatten.

Objektiver Tatbestand und subjektive Elemente

Zur äußeren Situation der objektiven Trennung der Eheleute müssen also als subjektive Elemente hinzutreten:

Trennungsabsicht sowie Ablehnung der ehelichen Lebensgemeinschaft.

Somit liegt noch nicht unbedingt ein Getrenntleben im scheidungsrechtlichen Sinn vor, wenn Ehegatten getrennt sind durch

Zweifelsfälle

Krankheit, Unfall, Pflege, Naturkatastrophen, Arbeit, Weltreise, Inhaftierung etc.

Vielmehr müsste in diesen Fällen zumindest bei einem Ehegatten erkennbar sein, dass er die eheliche Lebensgemeinschaft ablehnt.

Getrenntleben in der Ehewohnung

Nach § 1567 Abs. 1 S. 2 kann ein Getrenntleben auch innerhalb der Ehewohnung stattfinden. Damit trägt das Gesetz dem Umstand Rechnung, dass die wirtschaftlichen Verhältnisse vieler Ehepaare es ihnen in der ungeklärten Vorphase der Scheidung nicht erlauben, bereits einen zweiten Haushalt einzurichten. Der Nachweis des Getrenntlebens in derselben Wohnung fällt oft nicht leicht. Denn die Gerichte verlangen dann den Beweis dafür, dass wirklich getrennte Lebensräume innerhalb der Wohnung

---

[241] Ebenso *Schwab*, Rz. 327 unter Hinweis auf *BGH* NJW 1995, 1082/1083.

geschaffen wurden und alles unterbleibt, was auf eine eheliche Lebensgemeinschaft hinweist wie das gemeinsame für einander Sorgen, das Planen und Erledigen von Dingen, die sich aus dem Zusammenwohnen ergeben. Dass jedoch beide Ehegatten weiterhin Küche, Bad und Toilette gemeinsam nutzen, ist dagegen unschädlich.

2. Gerichtliche Durchsetzung des Getrenntlebens

In Härtefällen durch FamG Zuweisung der Ehewohnung teilweise oder insgesamt

Wenn ein Ehegatte das Getrenntleben verhindert oder erheblich erschwert, kann der andere Ehegatte verlangen, dass ihm ein Teil oder die gesamte Ehewohnung zur Benutzung allein überlassen wird, soweit dies notwendig ist, um eine schwere Härte zu vermeiden (§ 1361b Abs. 1 S. 1). Die Eingriffsschwelle ist wegen der besonderen Bedeutung der Wohnung vom Gesetzgeber hoch angesetzt. In der Rechtsprechung wird eine schwere Härte in der Regel daher nur bei körperlichen Misshandlungen und sonstigen schweren Störungen des Familienlebens (z.B. durch Alkohol- oder Drogen-Abusus) angenommen, ferner bei fortdauernden Gewalttätigkeiten oder gesundheitlichen Beeinträchtigungen der Kinder.[242] [243] Die Gewalt kann sich auch in grob unbeherrschtem und unberechenbarem oder grob rücksichtslosem Verhalten[244] sowie Sachbeschädigung äußern,[245] so dass die Fortsetzung der häuslichen Gemeinschaft objektiv nicht mehr zumutbar ist.[246] – Keinen Härtefall stellt der Wunsch zur Wohnungs-Veräußerung/-Vermietung dar.[247] – Zuständig ist für diese Entscheidungen das FamG (§ 23a Abs. 1 GVG, § 200 FamFG), das nach hM nur eine vorläufige Nutzungsregelung trifft.[248] Fraglich erscheint danach, ob eine Alleinzuweisung der Ehewohnung bei fehlender Scheidungsabsicht nach § 1361b möglich ist.[249] Davon ist m.E. nach dem Wortlaut der Vorschrift und ihrer Einordnung (d.h.: im Ehe- und nicht im Scheidungs-Recht) auszugehen.

Beispiele

Eine unbillige Härte kann auch dann gegeben sein, wenn das Wohl von im Haushalt lebenden Kindern beeinträchtigt ist (§ 1361b Abs. 1 S. 3). Steht einem Ehegatten allein (oder gemeinsam mit einem Dritten) Eigentum, Erbbaurecht oder Nießbrauch an dem Grundstück zu, auf dem sich die Ehewohnung befindet, so ist dies besonders zu berücksichtigen; Entsprechendes gilt für Wohnungseigentum, Dauerwohnrecht und dingliches Wohnrecht (§ 1361b Abs. 1 S. 4). Hat der Ehegatte widerrechtlich *und* vorsätzlich eine Körper-, Gesundheits- oder Freiheits-Verletzung began-

242 Vgl. *OLG Düsseldorf*, FamRZ 1988, 1058; *OLG Bamberg*, FamRZ 1995, 560; *OLG München*, FamRZ 1996, 730; *OLG Brandenburg*, FamRZ 1996, 743.

243 Nach *BGH* (FamRZ 1978, 671; 1979, 469/470) wenn nur ein „bloßes räumliches Nebeneinander ohne persönliche Beziehung" vorliegt.

244 *OLG Naumburg*, FamRZ 2006, 1207.

245 *OLG Köln* FamRZ 2001, 761.

246 *OLG Köln*, FamRZ 2006, 126.

247 *OLG Hamburg*, FamRZ 1993, 190; *OLG Köln*, FamRZ 1997, 943; *OLG Hamm*, FamRZ 1998, 1172; *OLG Karlsruhe*, FamRZ 1999, 1087; *OLG Jena*, FamRZ 2004, 877; *OLG Frankfurt*, FamRZ 2004, 875.

248 *Palandt/Brudermüller*, 66. Aufl., § 1361b, Rz. 2; nach *Mü-Ko-Wacke*, § 1361b, Rz. 8, entsprechend § 620 Nr. 7 ZPO nur bis zur rechtskräftigen Scheidung

249 Dafür: *Palandt/Brudermüller*, 66. Aufl., § 1361b, Rz. 4 unter Berufung auf *OLG Naumburg*, FamRZ 2003, 1748; a.A.: *Mü-Ko-Wacke*, § 1361b, Rz. 8 unter Berufung auf *OLG Bamberg*, FamRZ 1992, 1299.

gen (oder damit gedroht) oder das Leben des anderen Ehegatten bedroht, ist i.d.R. die gesamte Wohnung zur alleinigen Benutzung zu überlassen (§ 1361b Abs. 2 S. 1). – Diese Ansprüche sind nur dann ausgeschlossen, wenn keine weiteren Verletzungen und widerrechtlichen Drohungen zu besorgen sind, es sei denn, dass dem verletzten Ehegatten das weitere Zusammenleben mit dem anderen Ehegatten wegen der Schwere der Tat nicht zuzumuten ist (§ 1361b Abs. 2 S. 2).

Zuweisung der Ehewohnung während des Getrenntlebens

§ 1568 a regelt nur die Zuteilung der ehelichen Wohnung aus Anlass der Scheidung für die Zeit *nach* der Scheidung der Eheleute, und zwar entweder als Scheidungsfolgesache im Verbundverfahren oder als selbständiges Verfahren in einer anderen Familiensache im Anschluss an die rechtskräftige Scheidung[250]. Die Zuweisung der Ehewohnung an einen der Ehepartner während des Getrenntlebens der Eheleute durch einstweilige Anordnung nach § 49 FamFG bestimmt sich materiellrechtlich dagegen ausschließlich nach § 1361b[251].

Seit 2002 bestehen nach GewaltschutzG spezielle Regelungen

Wenn ein Ehegatte vorsätzlich Körper, Gesundheit oder Freiheit des anderen verletzt, hat das FamG auf dessen Antrag erforderliche Maßnahmen zu treffen (§ 1 Abs. 1 S. 1 GewSchG, §§ 210 ff. FamFG). Dabei kann das FamG insbesondere anordnen, dass der gewalttätige Ehegatte es unterlässt,

1. die Wohnung des verletzten (s.o.) Ehegatten zu betreten,
2. sich in einem bestimmten Umkreis derselben aufzuhalten,
3. bestimmte andere Aufenthaltsorte des verletzten Ehegatten (z.B. Arbeits-/Ausbildungsstätte) aufzusuchen,
4. Verbindung zum anderen Ehegatten (inkl. durch Fernkommunikationsmittel wie z.B. Telefon, Fax, E-Mail, Briefe etc.) aufzunehmen,
5. Zusammentreffen mit dem anderen Ehegatten herbeizuführen.

Stalking-Fälle

Entsprechendes gilt, wenn diesbezügliche Bedrohungen vorliegen *oder* ein Ehegatte widerrechtlich (d.h., ohne gesetzlichen Rechtfertigungsgrund) in Haus, Wohnung oder Grundstück des anderen Ehegatten eindringt *oder* diesem unzumutbar nachstellt *oder* unter Verwendung von Fernkommunikationsmitteln unzumutbar verfolgt (§ 1 Abs. 2 S. 1 GewSchG).

Vorstehendes gilt auch, wenn die Ehegatten bisher einen gemeinsamen Haushalt führten (§ 2 Abs. 1 und 4 GewSchG).

Verstöße gegen diese (grundsätzlich zu befristenden) Anordnungen können mit Geld- oder Freiheits-Strafe (bis zu einem Jahr) bestraft werden (vgl. §§ 1 und 4 GewSchG). Daneben ist die Bestrafung wegen Nachstellung („Stalking"), Körperverletzung, Nötigung oder Freiheitsberaubung möglich (§§ 238, 223, 240, 239 StGB).

3. Versöhnungsversuche

Gesetzesintention

Nach dem vor dem 1.7.1977 geltenden Scheidungsrecht war jeder Versöhnungsversuch äußerst problematisch, weil er meist als Verzeihung angesehen wurde, was jedes vorherige „Unrecht" ungeschehen machen und damit eine Scheidung nach dem ehemaligen § 49 EheG verhindern konnte. Damit Eheleute sich nicht scheuen, doch noch einmal einen Versöhnungsversuch zu unternehmen, ist seit 1977 in § 1567 Abs. 2 ausdrück-

---

[250] *Palandt/Brudermüller*, 66. Aufl., Anhang zu §§ 1361a, b, Einführung Rz. 4.

[251] *Maurer*, FamRZ 1991, 886, 887; *OLG Karlsruhe*, FamRZ 1991, 1440; *Palandt/Brudermüller*,a.a.O., Rz. 3.

lich festgelegt, dass ein Zusammenleben „über kürzere Zeit", das der Versöhnung der Ehegatten dienen soll, die Fristen des § 1566 nicht unterbricht oder hemmt. Auch wenn die Norm sich nicht auf § 1565 Abs. 2 bezieht,

Auswirkungen auf die Trennungszeit

in Lehre und Rspr. besteht Einigkeit, dass hier nur ein Redaktionsversehen des Gesetzgebers vorliegt[252]

bedeutet das, dass die Trennungszeit stets weiter läuft und nicht erneut berechnet werden muss[253], wenn ein Versöhnungsversuch „über kürzere Zeit" fehlschlägt. Dafür ist nicht nur die Zeitdauer des Versöhnungsversuchs (Faustregel: zwei bis vier Wochen sind unschädlich – bei langer Trennung auch drei Monate[254]), sondern auch die bisherige Trennungszeit entscheidend.

Beispiele: Nach sechs Monaten Trennung verbringen die Eheleute einen gemeinsamen vierwöchigen Urlaub, trennen sich danach aber doch wieder und nach weiteren fünf Monaten wird von einem der beiden die Scheidung beantragt. Ergebnis: Die Trennungszeiten wurden nicht unterbrochen, das Mindest-Trennungsjahr ist erfüllt.

Nach zweijähriger Trennung leben Ehegatten für drei Monate zusammen, trennen sich danach und beantragen nach neun Monaten die Scheidung. Ergebnis: Die Trennungszeiten wurden nicht unterbrochen, das Mindest-Trennungsjahr ist erfüllt.

Ehegatten ziehen nach einmonatiger Trennung für vier Wochen wieder zusammen, trennen sich danach wieder und nach weiteren zehn Monaten wird die Scheidung beantragt. Ergebnis: Die Trennungszeiten wurden unterbrochen, das Mindest-Trennungsjahr ist nicht erfüllt.

4. Rechtsfolgen des Getrenntlebens

Elterliche Sorge

– Die elterliche Sorge bleibt für beide Eltern bestehen. Es kann aber jeder Elternteil beim FamG beantragen, dass ihm deren Ausübung allein übertragen wird (vgl. § 1671 Abs. 1 sowie dazu Seiten 212 ff.).

Handlungsvollmacht

– Die gegenseitige Handlungsvollmacht (s. dazu Seite 190 f.) der Eheleute endet (vgl. § 1357 Abs. 3).

Unterhalt – **Erwerbstätigkeit** – **Herabsetzung** – **Prozesskostenvorschuss** – **Vereinbarungen möglich, aber kein Verzicht**

– Unterhaltsberechtigung besteht nach den ehelichen Lebensverhältnissen und den beiderseitigen Erwerbs- und Vermögensverhältnissen; hierzu gehören auch Aufwendungen infolge eines Körper- oder Gesundheitsschadens gemäß § 1610a sowie der sog. Vorsorgeunterhalt ab Rechtshängigkeit des Scheidungsverfahrens. Auf eine Erwerbstätigkeit kann ein Ehegatte dann nur verwiesen werden im Hinblick auf seine persönlichen und wirtschaftlichen Verhältnisse – insbesondere wegen früherer Erwerbstätigkeit und kurzer Ehedauer; bei Unbilligkeit kann der Unterhalt analog § 1579 Nr. 2–7 herabgesetzt werden (vgl. § 1361 Abs. 1–3). Der Unterhalt umfasst auch die Zahlung eines Prozesskostenvorschusses in allen persönlichen Angelegenheiten einschließlich des Scheidungsverfahrens (vgl. § 1361 Abs. 4 S. 4 iVbm § 1360a Abs. 4). Unterhaltsvereinbarungen können zwar getroffen werden – jedoch nicht ein Unterhaltsverzicht (vgl. § 1361 Abs. 4 S. 4 iVbm §§ 1360a Abs. 3, 1614).

---

[252] *Mü-Ko-Wolf*, § 1567, Rz. 62; *Schwab*, Rz. 352.

[253] Nachweise bei Mü-Ko-Wolf, § 1567, a.a.O.

[254] Diverse Rechtsprechungs- und Literatur-Nachweise bei *Mü-Ko-Wolf*, § 1567, Rz. 64/65.

Ehewohnung

– Jeder Ehegatte kann verlangen, dass ihm ein Teil oder die gesamte Ehewohnung zur Benutzung allein überlassen wird, soweit dies notwendig ist, um eine schwere Härte zu vermeiden (vgl. § 1361b Abs. 1 S. 1 sowie oben Kapitel 2).

III. Das Mindest-Trennungsjahr

Gesetzeszweck

Voraussetzung für fast jede Scheidung

Auch bei Nachweis des Scheiterns der Ehe ist eine Scheidung grundsätzlich nicht ohne Einhaltung eines Mindest-Trennungsjahres möglich (§ 1565 Abs. 2). Dadurch wollte der Gesetzgeber voreiligen Scheidungswünschen vorbeugen und zugleich Vorwürfe entkräften, das Institut der Ehe würde nicht mehr ernst genommen werden[255]. Daher wird die Einhaltung des Mindest-Trennungsjahres (das FamG überprüft dies gem. § 127 Abs. 1 FamFG vAwg) nicht nur bei konkret nachgewiesenem Scheitern gemäß § 1565 Abs. 1 S. 2, sondern sogar bei der einverständlichen Scheidung (sog. Konventionalscheidung) gemäß § 1566 Abs. 1 verlangt.

Ausnahmen bei Unzumutbarkeit

Allerdings sieht § 1565 Abs. 2 vor, dass das Mindest-Trennungsjahr nicht eingehalten werden muss, wenn
- das Abwarten mit dem Scheidungsantrag für den Scheidungswilligen unzumutbar ist und
- die Unzumutbarkeitsgründe ausschließlich in der Person des anderen liegen.

Strenge Anforderungen

Kriterien

Diese gesetzliche Regelung, die eine Scheidung auch vor Ablauf des Mindest-Trennungsjahres ermöglicht, stellt eine Ausnahmebestimmung dar, an die nach hM strenge Anforderungen zu stellen sind.[256] Das bedeutet: Es muss eine unzumutbare Härte im Fortbestehen des formalen Ehebandes (d.h. dem Weiter-Miteinander-Verheiratet-Sein) vorliegen und nicht etwa bzgl. des Zusammenlebens[257], denn kein Ehegatte kann (trotz § 1353) zum Zusammenleben gezwungen werden (siehe dazu Seite 188).

Bei der Beurteilung der unzumutbaren Härte ist nach hM nicht auf das subjektive Unzumutbarkeitsempfinden des „verletzten" Ehegatten abzustellen, sondern darauf, ob ein „besonnener Dritter" bei ruhiger Abwägung aller Umstände auf das Verhalten des anderen Ehegatten mit einem Scheidungsantrag reagieren würde[258]. Dies ist z.B. der Fall bei ernst zu nehmenden Bedrohungen, Gewalttätigkeiten gegen den anderen Ehegatten (oder gegen die Kinder), ständigem Alkohol- oder Drogen-Abusus. – Gründe, die zum Scheitern der Ehe führten, reichen dagegen für sich allein genommen generell nicht aus[259].

Anzuerkennende Fälle

Rechtsprechungsbeispiele für die Nicht-Einhaltung des Mindest-Trennungsjahres:
- wenn beide Ehegatten sich einem anderen Partner zugewandt haben[260],

---

[255] Dazu *Schleicher*, RWP 1978 – 1003 – E II.

[256] *Palandt/Brudermüller*, 66. Aufl., § 1565, Rz. 9; *OLG Rostock*, FamRZ 1993, 808; *OLG Köln*, FamRZ 1992, 319; *OLG Brandenburg*, FamRZ 1995, 807.

[257] So die hM, vgl. z.B.: *BGH*, NJW 1981, 449; *OLG Köln*, FamRZ 1996, 108; *Mü-Ko-Wolf*, § 1565, Rz. 96; *Palandt/Brudermüller*, 66. Aufl., § 1565, Rz. 9.

[258] *OLG Bamberg*, FamRZ 1980, 577; *OLG Brandenburg*, FamRZ 1995, 807.

[259] *OLG Köln*, FamRZ 1992, 319.

[260] *OLG Stuttgart*, FamRZ 1978, 690; *OLG Düsseldorf*, FamRZ 1992, 319; *OLG Rostock*, FamRZ 1993, 808.

- wenn eine Ehefrau nach Auszug aus der Ehewohnung im Haus ihrer Eltern mit dem Bruder ihres Ehemannes in eheähnlicher Gemeinschaft zusammenlebt[261],
- bei Ausübung der Prostitution nach Trennung ohne Einverständnis des Ehemannes[262],
- wenn ein Ehegatte den anderen zum Geschlechtsverkehr zu dritt auffordert[263],
- ernsthafte Bedrohungen[264].

Nicht anerkannte Fälle

Rechtsprechungsbeispiele für die Einhaltung des Mindest-Trennungsjahres:
- bei von Anfang an gescheiterter Ehe und Nichtaufnahme einer Lebensgemeinschaft, weil sie nur zum Zweck der Aufenthaltserlaubnis geschlossen wurde[265],
- bei Nervenkrankheit eines Ehegatten, insbesondere wenn dies der andere vor der Heirat wusste[266],
- bei homosexuellen Beziehungen, da diese den gleichen Regeln wie heterosexuelle Beziehungen unterliegen und für sich genommen keine unzumutbare Härte darstellen[267],
- Kenntnis vom wahren Grund für Verbüßung mehrjähriger Freiheitsstrafe des Ehegatten nach Heirat[268],
- Aufnahme neuer Partnerin in die Ehewohnung während krankheitsbedingter Abwesenheit der Ehefrau[269],
- Ehebruch und Zusammenleben mit der neuen Partnerin[270].

IV. Die Härteklauseln des § 1568

Voraussetzungen

Im Hinblick auf die Scheidungserleichterungen war bei Schaffung des 1. EheRG gefordert worden, in besonderen Härtefällen eine „einseitige" Ablösung aus einer Ehe nicht zuzulassen. Das hat zur Installierung der Härteklauseln des § 1568 geführt. Diese Norm bestimmt, dass eine Ehe trotz nachgewiesenen Scheiterns nicht geschieden werden soll, wenn und solange

- *entweder* die „Aufrechterhaltung der Ehe" im Interesse gemeinsamer minderjähriger Kinder „aus besonderen Gründen ausnahmsweise" *notwendig* ist *(Kinderschutzklausel)*
- *oder* die Scheidung für den Ehegatten, der sie ablehnt, eine so schwere Härte darstellen würde, dass die Aufrechterhaltung der Ehe auch unter Berücksichtigung der Belange des Scheidungswilligen ausnahmsweise geboten erscheint *(Ehegattenschutzklausel)*.

1. Die Kinderschutzklausel

Problematik

Fraglich ist, ob die Aufrechterhaltung einer gescheiterten Ehe der Eltern dem Kind wirklich dienlich sein kann, weil damit faktisch nichts geändert wird (und werden kann), sondern die Ehe lediglich „auf dem Papier" be-

---

261 *OLG Oldenburg*, FamRZ 1992, 682.
262 *OLG Bremen*, FamRZ 1996, 489.
263 *OLG Köln*, FamRZ 1996, 108.
264 *BGH*, FamRZ 1981, 127; *OLG Brandenburg*, FamRZ 2001, 1458.
265 *OLG Karlsruhe*, FamRZ 1986, 680.
266 *OLG Düsseldorf*, FamRZ 1993, 809.
267 *OLG Köln*, FamRZ 1997, 24.
268 *OLG Nürnberg*, FamRZ 1990, 630.
269 *OLG Köln*, FamRZ 1992, 319.
270 *OLG Düsseldorf*, FamRZ 1993, 809.

stehen bleibt und das Kind unterhalts- und erbrechtlich durch die Scheidung seiner Eltern keine Schlechterstellung erleidet. Die hM verneint daher, dass das Aufrechterhalten einer gescheiterten Elternehe zum Vorteil des Kindes sei[271]. Dies kann jedoch nicht generell entschieden, sondern muss im Einzelfall überprüft werden. In der Praxis führt die Kinderschutzklausel nur sehr selten zur Versagung einer Scheidung. Obergerichtliche Rechtsprechung findet man nur wenig.[272]

Anerkannte Fälle

Rechtsprechungsbeispiele für die Anwendung der Kinderschutzklausel:
Die ernsthafte Suizid-Gefahr eines minderjährigen Kindes,[273] jedoch nicht, „wenn dieser Zustand behandlungsfähig ist"[274].

Der Ansicht, nach der sogar starke Bindungen des Kindes an beide Eltern einer Scheidung im Wege stehen können,[275] kann nicht gefolgt werden, da sonst in unzähligen Fällen eine Scheidung nicht möglich wäre und ein formales Fortbestehen der Elternehe Kindern kaum nützen kann (s.o.).

Berücksichtigung von Amts wegen

Die Prüfung, ob eine „Aufrechterhaltung der Ehe" zum Schutz minderjähriger Kinder in Betracht kommt, hat das FamG nicht nur auf Antrag eines Ehegatten, sondern auch von Amts wegen vorzunehmen, also auch bei einverständlichem Scheidungswunsch der Ehegatten, obwohl § 127 Abs. 3 FamFG das Antragserfordernis bzgl. § 1568 undifferenziert vorsieht[276].

2. Die Ehegattenschutzklausel

Berücksichtigung nur auf Antrag

Außergewöhnliche Umstände eines Ehegatten, die einer Scheidung entgegenstehen könnten, sind vom FamG nur zu berücksichtigen, wenn sie von dem die Scheidung ablehnenden Ehegatten vorgebracht werden (§ 127 Abs. 3 FamFG). Seelische, gesellschaftliche oder wirtschaftliche Folgen einer Scheidung können grundsätzlich nicht zur Anwendung dieser Härteklausel und damit zur Verzögerung oder gar Verhinderung einer Scheidung führen. Das ist nur dann denkbar, wenn die negativen Auswirkungen für einen Ehegatten auf außergewöhnlichen Umständen beruhen und die Intensität einer schweren, ausnahmsweise nicht zumutbaren Härte erreichen[277]. Dabei können Belastungen, die aus dem Scheitern der Ehe resultieren, nicht berücksichtigt werden, sondern nur solche, die sich zusätzlich aus einer Scheidung ergeben würden[278].

Außergewöhnliche Härte

Anerkannte Fälle

Rechtsprechungsbeispiele für die Anwendung der Ehegattenschutzklausel:

- wenn ein schwer kranker Ehegatte durch die Scheidung und die damit verbundenen Auseinandersetzungen zusätzlich schwer belastet würde[279], insbesondere bei Suizid-Gefahr[280],

---

[271] Nachweise bei *Mü-Ko-Wolf,* § 1568, Rz. 15, Fußnote 38.
[272] Nachweise bei *Mü-Ko-Wolf,* § 1568, Rz. 24.
[273] *OLG Hamburg* FamRZ 1986, 469.
[274] *Mü-Ko-Wolf,* § 1568, Rz. 26, m.w.Nachw.
[275] *Schwab,* Rz. 338, sowie *OLG Celle,* FamRZ 1978, 508.
[276] Ebenso: *Schwab,* Rz. 338; *Mü-Ko-Wolf,* § 1568 Rz. 18; *Palandt/Brudermüller,* 66. Aufl., § 1568, Rz. 2.
[277] So *BGH,* FamRZ 1979, 422.
[278] *BGH,* FamRZ 1981, 1161.
[279] *BVerfGE* 55, 134.
[280] *BVerfG,* FamRZ 2001, 896.

- wenn eine Frau nach langer Ehe, in der sie sich für ihren Mann besonders aufgeopfert und dessen Betrieb unterstützt hatte, gegen ihren Willen geschieden werden soll[281].

Nicht anerkannte Fälle

Rechtsprechungsbeispiele für die Nichtanwendung der Ehegattenschutzklausel:
- die Androhung eines Suizids des die Scheidung ablehnenden Ehegatten, wenn er nicht in seiner Fähigkeit zu eigenverantwortlichem Tun eingeschränkt ist[282], insbesondere wenn er dieser Gefahr in zumutbarer Weise durch eine Psychotherapie begegnen kann[283],
- wenn die Ausländerbehörde dem ausländischen Ehegatten eines deutschen Staatsangehörigen wegen der Trennung der Eheleute die Aufenthaltserlaubnis nachträglich befristet und die Abschiebung angedroht hat[284],
- wenn die Scheidung einen Ehegatten aufgrund seiner religiösen Überzeugung und wegen seiner Stellung in einer Glaubensgemeinschaft, der er angehört, sehr hart trifft[285].

Überblick		
Scheidungsvoraussetzungen und Scheidungshindernisse		
Getrenntleben	**Scheidungsmöglichkeit**	**Härteklauseln möglich** **a) Kinderschutzklausel** **b) Ehegattenschutzklausel**
weniger als 1 Jahr	nur bei Unzumutbarkeit in der Person des anderen Ehegatten (vgl. § 1565 Abs. 2)	theoretisch a) und b) mögl., d.h. Abwägung von „Härte gegen Härte“
mindestens 1 Jahr	wenn beide scheidungswillig sind und über die wesentlichen Folgesachen Einigkeit besteht (vgl. § 1566 Abs. 1; § 133 Abs. 1 FamFG) – sog. Konventionalscheidung –	a) mögl., da vAwg geprüft b) nicht, da nur auf Antrag (vgl. § 127 Abs. 3 FamFG)
	wenn Scheitern nachweisbar ist gemäß § 1565 Abs. 1 S. 2, auch gegen den Willen des anderen Ehegatten (sog. streitige Scheidung)	a) und b) möglich (s.o.)
mindestens 3 Jahre	einverständl. und streitig mögl., da hier die Ehe stets als unwiderlegbar gescheitert gilt (vgl. § 1566 Abs. 2)	a) und b) möglich (s.o.)

281 *BGH*, FamRZ 1979, 422.
282 *OLG Celle*, FamRZ 1996, 614.
283 *OLG Hamm*, FamRZ 1990, 60.
284 *OLG Karlsruhe*, FamRZ 1990, 630; *OLG Nürnberg*, FamRZ 1996, 35.
285 *OLG Stuttgart*, FamRZ 1991, 334.

D. Scheidungsfolgen

I. Ehe- und Familienname

Gestaltungsmöglichkeiten

Bei Scheidung bestehen diverse Namensmöglichkeiten:

- Besteht kein gemeinsamer Ehename, so führt natürlich jeder geschiedene Ehegatte seinen bisherigen Namen weiter,[286] d.h.:
  - entweder seinen Geburtsnamen
  - oder den bei der Heirat geführten Familiennamen (z.B. aus einer früheren Ehe)
  - oder den aus Ehe- und Geburtsnamen zusammengesetzten Doppelnamen.
- Besteht ein gemeinsamer Ehename, so behalten geschiedene Ehegatten diesen auch nach der Scheidung (vgl. § 1355 Abs. 5 S. 1).
- Der Ehegatte, dessen Name nicht Ehename geworden war, kann nun aber durch (eine öffentlich beglaubigte, zeitlich völlig unbegrenzte) Erklärung gegen über dem Standesbeamten
  - entweder seinen Geburtsnamen wieder annehmen
  - oder den vor der Heirat geführten Familiennamen wieder annehmen
  - oder seinen Geburtsnamen oder den vor der Heirat geführten Familiennamen dem Ehenamen voranstellen oder anfügen (vgl. § 1355 Abs. 5 S. 2 und 3).

II. Elterliche Sorge

1. Grundsätzlich gemeinsame Ausübung der elterlichen Sorge

Sorgerechtsregelungen nur auf Antrag

- § 1671 sieht für sämtliche Fälle, in denen nicht nur vorübergehend getrennt lebende Eltern die gemeinsame elterliche Sorge besitzen, eine Sorgerechtsregelung durch das FamG nur auf Antrag von (mindestens) einem Elternteil vor. Das gilt somit auch in Scheidungsfällen. (Da die Scheidung ein Unterfall des Getrenntlebens ist, wird sie in der Vorschrift gar nicht eigens erwähnt.)

Eltern behalten gemeinsame Sorge

- Sowohl in Trennungs- als auch in Scheidungsfällen bleibt also die gemeinsame elterliche Sorge der Eltern bestehen. (Die Argumentation war: *Nur die Partnerschaft wird aufgelöst, nicht jedoch die Elternschaft.*) Aus Praktikabilitätsgründen hat jedoch der betreuende Elternteil gemäß § 1687 Abs. 1 in alltäglichen Angelegenheiten sowie in Eilfällen die alleinige Sorgebefugnis (siehe dazu unten Seiten 213 ff.).

Alleinsorge nur auf Antrag oder bei Gefährdung des Kindeswohls

- Die alleinige Ausübung der elterlichen Sorge überträgt das FamG einem Elternteil nur auf entsprechenden Antrag (§ 1671 Abs. 1)
- Liegt kein elterlicher Antrag auf Sorgerechtsregelung vor, kann das FamG in Trennungs- und Scheidungsfällen nur noch bei Bekanntwerden von Kindeswohlgefährdungen gemäß §§ 1666, 1666a von Amts wegen tätig werden.

[286] Das ist daher alles auch gar nicht ausdrücklich gesetzlich geregelt.

Benachrichtigung des JA durch das FamG

- Um sicherzustellen, dass die Betroffenen mit der Entscheidung über die künftige Wahrnehmung der elterlichen Verantwortung nicht *allein gelassen* werden, sondern ihren Anspruch auf Beratung möglichst frühzeitig geltend machen können, muss das FamG das JA von Scheidungsverfahren benachrichtigen, wenn gemeinschaftliche minderjährige Kinder vorhanden sind (§ 17 Abs. 3 SGB VIII). Damit soll gewährleistet werden, dass das JA die Eltern rechtzeitig über das Leistungsangebot der Jugendhilfe zur Entwicklung eines einvernehmlichen Konzeptes zur Wahrnehmung der elterlichen Sorge informieren und seine Hilfe anbieten kann bei der Entwicklung von Bedingungen, die für die Wahrnehmung einer gedeihlichen elterlichen Verantwortung für die Zeit der Trennung oder Scheidung der Eltern erforderlich ist (vgl. auch § 17 Abs. 1 u. 2 SGB VIII [287]).

Anhörung der Eltern durch das FamG

- Außerdem sieht § 128 Abs. 2 FamFG eine Anhörung beider Ehegatten zur elterlichen Sorge vor, bei der das FamG auch auf bestehende Beratungsmöglichkeiten durch die Beratungsstellen und Dienste der Jugendhilfeträger hinzuweisen hat.

Eigenmächtiger Wegzug eines Elternteils unter Mitnahme des Kindes

„Legal" Kidnapping

Wenn ein Elternteil gegen den Willen des anderen ihm das gemeinsame Kind vorenthält, wegnimmt oder zusammen mit diesem die gemeinsame Wohnung verlässt und es an einen anderen Ort (eventuell sogar ins Ausland) verbringt, spricht man von *„Legal" Kidnapping.* Denn dieses Vorgehen ist aufgrund des diesem Elternteil zustehenden Aufenthaltsbestimmungsrechts zwar rechtlich möglich, bei gemeinsamer elterlicher Sorge wegen Verstoßes gegen §§ 1626 und 1627 aber *zweifellos rechtswidrig.* Für diese Fälle sieht das Gesetz keine spezielle Regelung vor. Der betreffende Elternteil müsste beim FamG eine Übertragung des alleinigen Aufenthaltsbestimmungsrechts auf ihn gemäß § 1628 beantragen, da die Regelung dieser Angelegenheit für das Kind von erheblicher Bedeutung ist. Nur wenn das FamG diesem Antrag entspricht, wäre das Verhalten gerechtfertigt (= *„legal"*). Denselben Antrag könnte natürlich auch der andere Elternteil stellen (oder den auf Übertragung der alleinigen Ausübung der elterlichen Sorge nach § 1671 Abs. 1) und sich darauf berufen, dass infolge des „Herausreißens" des Kindes aus sämtlichen sozialen Bezügen diese Regelung gem. § 1671 Abs. 2 Nr. 2 dem Kindeswohl am besten entspricht. Aber auch im Erfolgsfall ist die Vollstreckung in der Praxis meist problematisch bzw. gar nicht möglich, weil derartige Eltern nicht selten unauffindbar sind oder sich ins Ausland abgesetzt haben.

2. Alleinzuständigkeit im Rahmen der Alltagssorge und in Eilfällen

Alltagssorge Definition

Wenn Eltern nicht nur vorübergehend getrennt leben, ist aus Praktikabilitätsgründen gegenseitiges Einvernehmen der Eltern nur noch bei Angelegenheiten erforderlich, deren Regelung für das Kind von erheblicher Bedeutung ist (vgl. § 1687 Abs. 1 S. 1). Ansonsten hat der Elternteil, bei dem sich das Kind rechtmäßig (d.h.: mit Einwilligung des anderen Elternteils

[287] Dazu *Schleicher*, GK-SGB VIII, § 17 Rz. 11–18.

oder aufgrund gerichtlicher Entscheidung) gewöhnlich aufhält, die alleinige sog. *Alltagssorge.* Das bedeutet: in Angelegenheiten des täglichen Lebens, die häufig vorkommen und keine schwer abzuändernden Auswirkungen des Kindes haben,

Beispiele: Organisation des täglichen Lebens des Kindes inkl. Freizeitgestaltung und Hausaufgaben, insbesondere Betreuungs- und Erziehungsfragen einschließlich der alltäglichen Entscheidungen im Bereich der schulischen oder beruflichen Ausbildung (wie Nachhilfeunterricht, Teilnahme an schulischen Veranstaltungen etc.);

Freizeitgestaltung samt Urlaubsfahrten sowie Beitritt in Sport- und andere Vereine;

Kontakte mit Verwandten, Freunden, Nachbarn etc.;

Anschaffung von Spielzeug (inkl. Audio, Video, PC-Zubehör) und Kleidung; Einzahlungen und Abhebungen von Sparbüchern;

medizinische Behandlungen (mit Ausnahme von Operationen, Zahnregulierungen);

Verwaltung eventueller Arbeitsverdienste der Jugendlichen

Gesetzl. Vertretung gehört auch dazu

hat der allein betreuende Elternteil die *alleinige Sorgebefugnis* (vgl. § 1687 Abs. 1 S. 2 u. 3) einschließlich der diesbezüglichen gesetzlichen Vertretung.[288]

Bei Verstößen FamG-Entscheidung möglich

Dabei hat der betreffende Elternteil alles zu unterlassen, was das Verhältnis des Kindes zum anderen Elternteil beeinträchtigt oder die Erziehung erschwert (§ 1687 Abs. 1 S. 5). Bei Verstößen kann das FamG diese Befugnis auf Antrag oder (bei entsprechender Kenntnis [z.B. durch das Jugendamt]) von Amts wegen einschränken oder ausschließen, wenn dies zum Kindeswohl erforderlich ist (§ 1687 Abs. 2).

Alleinentscheidung in Eil- und Notfällen

Bei Gefahr im Verzug (z.B. bei Unfällen, Blinddarmdurchbruch o.ä.) ist der betreuende Elternteil seit dem 1.7.1998 ausdrücklich berechtigt, alle Rechtshandlungen allein vorzunehmen, die zum Kindeswohl notwendig sind, wovon allerdings der andere Elternteil unverzüglich unterrichtet werden muss (§§ 1687 Abs. 1 S. 5, 1629 Abs. 1 S. 4).

Geltendmachung von Unterhaltsansprüchen gegen den anderen Elternteil

Während des Getrenntlebens kann jeder Elternteil gegen den anderen Unterhaltsansprüche des Kindes geltend machen – jedoch nicht im Namen des Kindes, sondern nur im eigenen Namen (§ 1629 Abs. 3 S. 1). – Diesbezügliche gerichtliche Entscheidungen und zwischen den Eltern geschlossene gerichtliche Vergleiche wirken allerdings auch für und gegen das Kind (§ 1629 Abs. 3 S. 2).

Einigungspflicht bei Fällen von erheblicher Bedeutung

Seit 1.7.1998 ist bei getrennt lebenden Eltern also nur noch in Angelegenheiten, deren Regelung für das Kind von erheblicher Bedeutung ist, die Einigung der Eltern nötig (§ 1687 Abs. 1 S. 1).

Beispiele: Aufenthaltsbestimmung (insbesondere Unterbringung in Pflegestellen, Heimeinrichtungen, Internaten); Unterbindung von Kontakten zu nahen Verwandten; An- und Abmeldung in Vorschuleinrichtungen, Einschulung, Schul-

---

[288] BT-Drucks. 13/4899, S. 107

wechsel, Beginn und Beendigung einer Berufsausbildung; Entscheidungen im Rahmen der religiösen Erziehung (wie Taufe, Firmung, Kommunion, Konfirmation oder Bekenntniswechsel); Operationen, Zahnregulierungen; Kreditaufnahme.

Bei Uneinigkeit § 1628 anwendbar

In diesen Fällen ist bei Uneinigkeit oder gar Streit (wie bei zusammenlebenden Eltern auch) die Anrufung des FamG möglich, das dann die Alleinentscheidung in der betreffenden Angelegenheit einem Elternteil allein übertragen kann (vgl. § 1628 sowie Seite 286).

3. Aufhebung gemeinsamer Sorge grundsätzlich nur auf elterlichen Antrag

Voraussetzung für eine Sorgerechtsregelung bei nicht nur vorübergehendem Getrenntleben der Eltern (also insbesondere bei Scheidung) ist, dass mindestens ein Elternteil einen diesbezüglichen Antrag beim FamG stellt (vgl. § 1671 Abs. 1).

Kein Antragsrecht des Kindes und des JA

Das JA und das Kind besitzen dagegen kein Antragsrecht, da es allein als Sache der Eltern angesehen wurde, über die Beibehaltung der elterlichen Sorge zu entscheiden.[289] Liegt kein elterlicher Antrag auf Sorgerechtsregelung vor, behalten getrennt lebende Eltern stets die gemeinsame Ausübung der elterlichen Sorge. Das gilt auch bei Scheidung, und zwar selbst dann, wenn JA und/oder FamG diesbezüglich Bedenken haben. Auch in diesen Fällen kann die Ausübung der elterlichen Sorge dann nicht von Amts wegen einem Elternteil (ganz oder teilweise) allein übertragen werden. Vielmehr kann seitens des JA wie auch des FamG nur bei den Eltern angeregt werden, einen Antrag auf Sorgerechtsregelung nach § 1671 zu stellen.

Keine Entscheidung von Amts wegen möglich

FamG-Entscheidung ist nur noch gemäß den §§ 1666, 1674 möglich

Bei Getrenntleben oder Scheidung der Eltern ist es somit dem FamG von Amts wegen (d.h.: ohne elterlichen Antrag) nur noch in Fällen der Gefährdung des Kindeswohls (unter den Voraussetzungen der §§ 1666, 1666a – siehe dazu Seiten 311 ff.) oder bei längerem tatsächlichen Ausfall eines Elternteils (siehe dazu § 1674 sowie Seite 302 f.) möglich, einem Elternteil die Ausübung der elterlichen Sorge teilweise oder ganz zu beschränken und dem anderen insoweit allein zu übertragen.

Seit 1.7.1998 Vermittlerrolle des FamG vorgesehen

Evtl. Aussetzung des Sorgerechtsverfahrens

Kommt es bei Getrenntleben (insbesondere bei Scheidung) gemeinsam sorgeberechtigter Eltern auf deren Antrag zu einem Sorgerechtsverfahren, so ist dem FamG in § 156 FamFG explizit die Aufgabe zugewiesen, auf ein Einvernehmen der Beteiligten (und damit auf eine dem Kindeswohl entsprechende Regelung) hinzuwirken. Dies soll so früh wie möglich und in jeder Lage des Verfahrens geschehen, wobei die Beteiligten baldmöglichst angehört und auf bestehende Beratungsmöglichkeiten hingewiesen werden sollen. Zu diesem Zweck kann sogar das Sorgerechtsverfahren ausgesetzt werden, sofern Aussicht auf Einvernehmen der Beteiligten oder zumindest deren Bereitschaft zur außergerichtlichen Beratung besteht und dies nicht zu einer für das Kindeswohl nachteiligen Verzögerung der gerichtlichen Entscheidung führt (§ 21 Abs. 1 FamFG).

Einstweilige Anordnungen

Um Letzteres zu vermeiden, kann das FamG unterdessen von Amts wegen schon einstweilige Anordnungen bezüglich der elterlichen Sorge erlassen (§ 156 Abs. 3 FamFG).

---

[289] BT-Drucks. 13/4899, S. 64.

4. Entscheidungsmöglichkeiten des Familiengerichts

Regelung der Ausübung der elterlichen Sorge

Falsche Terminologie

§ 1671 Abs. 1 besagt, dass die Eltern (zusammen oder einzeln) beantragen können, dass das FamG einem von ihnen die elterliche Sorge teilweise oder insgesamt allein *„überträgt"*. Diese Bezeichnung ist (und war auch schon nach früherer Gesetzeslage) aus mehreren Gründen *schlichtweg falsch.*[290] Bei der elterlichen Sorge handelt es sich nämlich nicht nur um eine Pflicht der Eltern, sondern auch um deren verfassungsmäßig garantiertes Grundrecht (vgl. Art. 6 Abs. 2 S. 1 GG). Dieses besitzen sie aufgrund ihrer Elternposition. Es kann ihnen daher gerichtlich weder übertragen noch genommen, sondern nur dessen Ausübung näher geregelt sowie auch beschränkt werden. Letzteres geschieht, wenn aufgrund eines elterlichen Antrags gemäß § 1671 vom FamG eine Sorgerechtsregelung getroffen wird, denn der Sache nach handelt es sich hier um den (teilweisen oder völligen) Entzug der Ausübung elterlicher Sorge.

Elterliche Anträge auf partielle oder gesamte alleinige Ausübung

Hier ist jede Aufteilung denkbar, die ihnen sinnvoll erscheint. Maßgeblich hierfür wird wohl sein, ob bezüglich der Ausübung einzelner Bereiche der elterlichen Sorge zwischen ihnen Differenzen bestehen oder nicht.

So kann z.B. beantragt werden, dass

Beispiele:
- ein Elternteil die Personensorge allein ausübt,
- ein Elternteil die Personen- und der andere die Vermögenssorge allein ausübt,
- einem Elternteil die Ausübung des Erziehungs- und/oder Aufenthaltsbestimmungsrechts allein zusteht und sie die restlichen Teile weiterhin gemeinsam ausüben.

Bindung des Gerichts an elterliche Anträge

Voraussetzungen

Das FamG muss dem Antrag eines Elternteils auf (teilweise oder völlige) alleinige Ausübung der elterlichen Sorge stattgeben, soweit

Konsens zwischen Eltern und Kind

- *entweder* der andere Elternteil zustimmt und ein bereits 14 Jahre altes Kind nicht widerspricht (vgl. § 1671 Abs. 2 Nr. 1)

Kindeswohl erfordert Alleinsorge

- *oder* zu erwarten ist, dass die Aufhebung der gemeinsamen Ausübung der elterlichen Sorge und die alleinige Ausübung durch den antragstellenden Elternteil dem Kindeswohl am besten entspricht (vgl. § 1671 Abs. 2 Nr. 2).

Ausnahmefälle: § 1674 oder § 1666

Das FamG darf einem elterlichen Antrag allerdings nicht stattgeben, soweit die elterliche Sorge aufgrund anderer Vorschriften abweichend geregelt werden muss (§ 1671 Abs. 3). Das ist z.B. dann der Fall, wenn ein Elternteil für längere Zeit die elterliche Sorge tatsächlich nicht ausüben kann (vgl. § 1674) oder die Voraussetzungen für den Entzug der Ausübung der elterlichen Sorge nach den §§ 1666, 1666a erfüllt sind.

Elterliches Einvernehmen und Kindeswille (§ 1671 Abs. 2 Nr. 1)

Kein Veto-Recht des Kindes

Seit 1.7.1998 kommt dem übereinstimmenden Elternwillen noch stärkere Bedeutung zu als vorher, denn von ihm kann gerichtlich nur dann abgewichen werden, wenn ein bereits 14 Jahre altes Kind dem widerspricht. Das

[290] So auch die Gesetzesbegründung, in der es jedoch hieß: „diese sprachliche Ungenauigkeit soll hingenommen werden" (BT-Drucks. 13/4899, S. 99).

Kind hat aber *kein Veto-Recht.* Jedoch kann es ab diesem Zeitpunkt verhindern, dass ein gemeinsamer Elternvorschlag vom FamG ohne jegliche Überprüfung übernommen wird. Denn in diesem Fall muss das Gericht dann nach § 1671 Abs. 2 Nr. 2 entscheiden (siehe dazu unten). – Ansonsten kann das FamG allein aus Kindeswohlgründen nicht mehr von gemeinsamen Elternvorschlägen abweichen (wie das nach § 1671 Abs. 3 S. 1 aF möglich gewesen war), sondern nur noch in Fällen des Absatzes 3 (siehe dazu oben). Hier wurde also die Elternautonomie gestärkt und die Kindesinteressen nicht mehr eigens für schützenswert erachtet. Das erscheint nicht unproblematisch (siehe dazu unten 5.).

Kindeswohl als oberste Maxime (§ 1671 Abs. 2 Nr. 2)

Einseitige Elternwünsche oder Elternstreit

Die Vorschrift enthält die Voraussetzungen, unter denen elterlichen Anträgen auch dann stattgegeben werden muss, wenn der andere Elternteil nicht zustimmt oder sogar dagegen ist. Das ist der Fall, wenn zu erwarten ist, dass die Aufhebung der gemeinsamen Ausübung der elterlichen Sorge und die alleinige Ausübung durch den antragstellenden Elternteil dem Kindeswohl am besten entspricht. Dem liegt die Erwartung zu Grunde, dass sowohl die Aufhebung der gemeinsamen Ausübung der elterlichen Sorge als auch die nunmehr alleinige Ausübung der elterlichen Sorge (oder von Teilen derselben) dem Kindeswohl am besten gerecht wird. Im Gegensatz zum früheren Recht (vgl. § 1671 Abs. 2 aF) wird seit 1.7.1998 dabei gesetzlich nicht mehr ausdrücklich auf die Berücksichtigung der familiären und sozialen Bindungen des Kindes hingewiesen, weil diese ohnehin nur eines von mehreren entscheidungserheblichen Kriterien seien, da auch hiervon abweichende Wünsche des Kindes sowie Betreuungsmöglichkeiten oder Wohnverhältnisse Einfluss auf die gerichtliche Entscheidung haben.[291] Das ist zweifellos richtig. Dennoch ist der Wegfall des Hinweises auf die Bindungen des Kindes aus dessen Sicht zu bedauern.

5. Problematik der Neuregelung

Gesetzl. Intention: Elternautonomie stärken u. Elternschaft erhalten

Zielsetzung des Kindschaftsrechtsreformgesetzes war, durch Abbau staatlicher Reglementierung die Autonomie der Eltern zu stärken sowie dem Umstand besser Rechnung zu tragen, dass trotz Auflösung der elterlichen Partnerschaft ihre Elternverantwortung bestehen bleibt[292]. Denn Untersuchungen hatten angeblich ergeben, dass mehr als die Hälfte aller geschiedener Väter bereits ein Jahr nach ihrer Scheidung keinerlei Kontakt mehr zu ihrem Kind hatten.[293] Dieser Reformbereich war (und ist noch) z.T. heftig *umstritten.* Die Kritik richtet sich vor allem dagegen, hierdurch werde die gemeinsame elterliche Sorge von geschiedenen und anderen getrennt lebenden Eltern gegenüber der Alleinsorge unangemessen bevorzugt (Vorwurf: *„Regelfall-Modell"*). Allerdings muss sich das FamG auf Antrag eines Elternteils mit der Angelegenheit befassen und bereits dann eine abweichende gerichtliche Regelung treffen, wenn zu erwarten ist, dass dies dem Kindeswohl am besten entspricht (§ 1671 Abs. 2 Nr. 2 BGB). Fraglich ist, ob sich (gemäß einer in der Praxis weit verbreiteten Meinung) aus der seit 1.7.1998 bestehenden Fassung des § 1671 ein Vorrang gemeinsa-

Regelfall-Modell?

[291] BT-Drucks. 13/4899, S. 99.
[292] Siehe BT-Drucks. 13/4899, S. 63.
[293] So BT-Drucks. 13/4899, S. 63 – ohne jeden Beleg.

mer elterlicher Sorge als „Regelfall" ergibt.[294] Der *BGH* hat dazu unter Hinweis auf die *Begründung zum KindRG* [295] festgestellt:

„Die Neuregelung des Rechts der elterlichen Sorge durch das KindRG enthält kein Regel-Ausnahme-Verhältnis in dem Sinn, dass eine Priorität zugunsten der gemeinsamen elterlichen Sorge bestehen und die Alleinsorge eines Elternteils nur in Ausnahmefällen als *ultima ratio* in Betracht kommen sollte."[296] Es solle zwar in erster Linie Sache der Eltern sein, zu entscheiden, ob sie die gemeinsame Sorge nach ihrer Scheidung beibehalten wollen oder nicht. Daraus sei jedoch nicht der Schluss zu ziehen, dass der gemeinsamen Sorge künftig ein Vorrang vor der Alleinsorge eines Elternteils eingeräumt werden sollte. Ebenso wenig bestehe eine gesetzliche Vermutung dafür, dass die gemeinsame elterliche Sorge im Zweifel die für das Kind beste Form der Wahrnehmung elterliche Verantwortung sei.[297] Einer solchen Regelung „stände bereits entgegen, dass sich elterliche Gemeinsamkeit in der Realität nicht verordnen lässt."[298]

Das *BVerfG* hat dazu entschieden, es sei in Scheidungsfällen „von Verfassungs wegen nicht geboten, der gemeinsamen Sorge einen Vorrang einzuräumen". Ein solcher finde sich auch nicht in der Regelung des § 1671 wieder. Genauso wenig könne vermutet werden, dass die gemeinsame Sorge nach der Trennung der Eltern im Zweifel die für das Kind beste Form der Wahrnehmung elterlicher Verantwortung sei.[299]

Es ist daher zu betonen, dass in Trennungs- und Scheidungsfällen auch nach der Kindschaftsrechtsreform die Jugendhilfe nach wie vor die Aufgabe hat, nach einer dann noch bestmöglichen Lösung für die betroffenen Minderjährigen (die für diese ohnehin meist nur die „zweitbeste" ist, weil sie von einem Elternteil getrennt werden) zu suchen (s. dazu Seite 63 ff.). Dabei ist aber nicht etwa Zielsetzung, beinahe „krampfhaft" die gemeinsame Ausübung der elterlichen Sorge anzustreben.[300] Es erscheint deshalb auch äußerst bedenklich, wenn Jugendämter zum Teil untereinander geradezu um die Zahl der Scheidungsfälle mit gemeinsamer elterlichen Sorge wetteifern, indem sie diesbezügliche Statistiken veröffentlichen und sich dadurch unnötigerweise selbst unter Druck setzen.[301]

Die Neuregelung erscheint aus folgenden Gründen nicht unproblematisch:

Eltern oft überfordert oder zerstritten

Die Autonomie der Eltern zu stärken bedeutet, darauf zu setzen, dass bei ihnen generell ausreichendes Verantwortungsbewusstsein vorhanden und keine Hilfe von außen nötig ist. Davon kann jedoch – quer durch alle sozialen Schichten – bei weitem nicht bei allen Eltern ausgegangen werden, sondern viele sind mit der Regelung der Ausübung der elterli-

---

[294] Dagegen wendet sich unter Berufung auf die Entscheidung des *BGH* (FamRZ 1999, S. 1646–1648) u.a. *Fieseler* (in *Bier-Fleiter/Weiß*, S. 170 f.).

[295] Siehe BT-Drucks. 13/4899, S. 63 und 99.

[296] *BGH*, FamRZ 1999, S. 1647.

[297] *BGH*, a.a.O. unter Hinweis auf die *Begründung zum KindRG*, BT-Drucks. 13/4899, S. 63.

[298] *BGH*, a.a.O.

[299] *BVerfG*, Kind-Prax 2004, S. 107.

[300] *Fieseler* (in *Bier-Fleiter/Weiß*, S. 171), geißelt diese in vielen Jugendämtern verbreitete Tendenz und spricht dabei von „vorauseilendem Gehorsam".

[301] *Fieseler*, a.a.O.

chen Sorge nach ihrer Scheidung enorm belastet oder auch überfordert. Erst recht geraten die Belange der Kinder all zu leicht ins Hintertreffen, wenn die Eltern sehr in ihre eigene Auseinandersetzung verstrickt sind. Dies gilt insbesondere dann, wenn ein Elternteil den anderen stark dominiert oder wenn die Eltern heftig zerstritten sind (sog. Problem- und „Knaller"-Fälle). In all diesen Konstellationen ist deshalb zu befürchten, dass die Eltern gerade dann fachliche Besprechung und Beratung scheuen, daher weder JA noch FamG von diesen bestehenden Problemen Kenntnis erlangen und somit trotz bestehenden Bedarfs keine Hilfe erfolgt. Um den (bereits im Gesetzgebungsverfahren geäußerten) Befürchtungen zu begegnen, dass das Kind mit seinen Bedürfnissen im Scheidungsverfahren überhaupt nicht mehr zur Kenntnis genommen wird, sondern nur noch eine Objekt-Rolle spielt, ist allerdings Folgendes vorgesehen worden:

Problemlösungsversuche zweifelhaft

Info des FamG an JA

- Die FamG, die vom Vorhandensein gemeinschaftlicher minderjähriger Kinder aufgrund des Scheidungsantrags gemäß § 133 Abs. 1 Nr. 1 FamFG Kenntnis haben, müssen gemäß § 17 Abs. 3 SGB VIII das JA hierüber informieren, damit es den Eltern rechtzeitig Beratung und Unterstützung bei der Entwicklung eines einvernehmlichen Konzepts für die Wahrnehmung ihrer elterlichen Sorge anbieten kann (s. dazu Seiten 63 ff.).

Elternanhörung durch FamG

- Außerdem sieht § 128 Abs. 2 FamFG eine Anhörung der Ehegatten zur elterlichen Sorge vor, bei der die FamG auch auf bestehende Beratungsmöglichkeiten durch die Beratungsstellen und Dienste der Jugendhilfeträger hinzuweisen haben.

Elternwille nur bei § 1674 oder § 1666 unbeachtlich

Aber selbst wenn JA und/oder FamG bei getrennt lebenden oder geschiedenen Eltern bezüglich der weiteren gemeinsamen Ausübung der elterlichen Sorge Bedenken haben und eine andere Lösung für das Kind für besser halten, kann diese dann nicht – wie das nach §§ 1671 und 1672 aF möglich war – von Amts wegen dem anderen Elternteil übertragen werden. Diese niedrigschwellige Eingriffsmöglichkeit zugunsten des Kindes ist seit dem 1.7.1998 nicht mehr vorgesehen. Vielmehr ist es auch in den Fällen des Getrenntlebens oder der Scheidung der Eltern nur noch bei Ruhen der elterlichen Sorge (§ 1674) oder bei Vorliegen einer Kindeswohlgefährdung unter den Voraussetzungen der §§ 1666, 1666a möglich, einem Elternteil mit den sich aus § 1680 Abs. 3 ergebenden Konsequenzen die elterliche Sorge teilweise oder ganz zu beschränken. In allen anderen Fällen kann seitens des JA wie auch des FamG nur bei den Eltern angeregt werden, einen Antrag auf Sorgerechtsregelung nach § 1671 zu stellen.

Zusammenfassung

Seit 1.7.1998 neue Rechtslage in Trennungs- und Scheidungsfällen:

- In beiden Fällen bleibt die gemeinsame elterliche Sorge der Eltern bestehen. In alltäglichen Angelegenheiten sowie in Eilfällen hat jedoch der betreuende Elternteil die alleinige Sorgebefugnis (§ 1687 Abs. 1 S. 2 u. 5).
- Eine Sorgeregelung durch das FamG ist nur noch auf Antrag von (mindestens) einem Elternteil vorgesehen (§ 1671 Abs. 1). (Der Zwangsverbund von Scheidung und Sorgerechtsregelung ist somit seit 1.7.1998 entfallen.)

- Beantragen Eltern übereinstimmend eine Aufteilung der Sorgebefugnis, kann das FamG nur anders entscheiden, wenn ein bereits 14 Jahre altes Kind widerspricht oder die elterliche Sorge gemäß § 1674 oder §§ 1666, 1666a anders geregelt werden muss (§ 1671 Abs. 2 Nr. 1 u. Abs. 3).
- Von Amts wegen kann das FamG nur noch tätig werden bei Ruhen der elterlichen Sorge (§ 1674) und bei Kindeswohlgefährdungen (§§ 1666, 1666a), nicht jedoch, wenn das JA oder das FamG eine andere Regelung zum Kindeswohl für besser halten.

III. Versorgungsausgleich

Das 1. EheRG führte 1977 mit dem Versorgungsausgleich ein weltweit neues Institut ein, mit dem bei einer Scheidung die Partizipation an den während der Ehe erworbenen Ansprüche sichergestellt werden sollte. Das am 1.9.2009 in Kraft getretene Versorgungsausgleichsgesetz (VersAusglG) vom 3.4.2009 (BGBl. 1 S. 1539) überführte die Vorschriften zum Versorgungsausgleich in ein Spezialgesetz und gestaltete diesen zugleich neu aus.

Aufgabe des Versorgungsausgleichs

Das Recht des Versorgungsausgleichs geht davon aus, dass die während der Ehe erworbenen Anrechte auf Alters- und Invaliditätsversorgung auf der gemeinsamen Leistung der Ehegatten beruhen. Deshalb sind diese nach der Scheidung zu teilen. Hierdurch wird insbesondere sichergestellt, dass eine „Nur-Hausfrau" oder ein „Nur-Hausmann" nach der Scheidung eigenständig gegen die Risiken des Alters und der Invalidität abgesichert und nicht auf Unterhaltszahlungen des früheren Partners angewiesen ist.

Aufzuteilende Anrechte

Im Versorgungsausgleich wird jede während der Ehe erworbene Versorgungsanwartschaft im Inland und Ausland und Ansprüche auf laufende Versorgungen gesondert geteilt (vgl. § 2 VersAusglG).

Vereinbarungen der Ehegatten

Die Ehegatten können Vereinbarungen über den Versorgungsausgleich schließen (§ 6 Abs. 1 S. 1 VersAusglG). Die Vereinbarung ist nur wirksam, wenn sie notariell beurkundet oder gerichtlich protokolliert wurde (§ 7 VersAusglG). Sie muss einer Inhalts- und Ausübungskontrolle standhalten (§ 8 VersAusglG), darf also einen Ehegatten nicht sittenwidrig benachteiligen.

Wertausgleich bei Scheidung

Schließen die Ehegatten keine Vereinbarung, führt das FamFG einen Wertausgleich durch (§§ 9 ff. VersAusglG). Das VersAusglG unterscheidet dabei zwischen interner und externer Teilung.

Interne Teilung

Bei der internen Teilung werden die Ansprüche innerhalb des jeweiligen Versorgungssystems geteilt (§ 10 VersAusglG). Das FamFG überträgt die bei einem Versorgungsträger (z.B. Deutsche Rentenversicherung Bund) bestehenden Anwartschaften zur Hälfte auf den anderen Ehegatten. Das Anrecht des anderen Ehegatten wird entsprechend gekürzt.

Externe Teilung

Bei der externen Teilung begründet das Familiengericht für die ausgleichsberechtigten Ehegatten einen Versorgungsanspruch bei einem anderen Versorgungsträger (§ 14 Abs. 1 VersAusglG). Der Versorgungsträger des ausgleichspflichtigen Ehegatten zahlt an den anderen Versorgungsträger einen Ausgleichsbetrag. Der Anspruch des ausgleichspflichtigen Ehegatten wird entsprechend gekürzt. Die externe Teilung ist nur zulässig, wenn

- der ausgleichsberechtigte Ehegatte und der Versorgungsträger des ausgleichspflichtigen Ehegatten dies vereinbaren,
- der Versorgungsträger des ausgleichspflichtigen Ehegatten dies verlangt

– eine Beamtenversorgung oder eine ähnliche Versorgung aufgeteilt wird (§ 14 Abs. 2, § 16 VersAusglG).

Ausnahmen vom Versorgungsausgleich

Die §§ 18, 19 VersAusglG zählen Fälle auf, in denen der Versorgungsausgleich ausgeschlossen ist, z. B. bei einer geringfügigen Differenz oder bei einem geringfügigen Ausgleichswert. Der Versorgungsausgleich ist weiter ausgeschlossen, wenn die Ehegatten dies vereinbarten. Dauerte die Ehe kürzer als drei Jahre, werden die Versorgungsansprüche nur ausgeglichen, wenn ein Ehegatte dies beantragt (§ 3 Abs. 3 VersAusglG).

Ausgleichsansprüche nach der Scheidung

Wurde ein Anrecht nicht durch den Wertausgleich ausgeglichen (Beispiel: das Anrecht war noch nicht ausgleichsreif, § 19 VersAusglG), kann der Ausgleichsberechtigte den Ausgleich nach der Ehe verlangen (§§ 20 ff. VersAusglG). Der Ausgleich erfolgt mittels schuldrechtlicher Ausgleichszahlung (§§ 20 ff. VersAusglG). Abfindung ist möglich.

Abänderung der Entscheidung

Ändert sich der Wert eines Anrechts (z.B. wegen geänderter Vorschriften), kann beantragt werden, den Versorgungsausgleich des betroffenen Rechts zu ändern (§§ 32 ff. VersAusglG).

Teilhabe an Hinterbliebenenversorgung

Stirbt ein ausgleichsberechtigter Ehegatte und besteht ein noch nicht ausgeglichenes Anrecht, hat der ausgleichsberechtigte Ehegatte gegen den Versorgungsträger Anspruch auf Hinterbliebenenversorgung in dem Umfang, wie wenn die Ehe im Zeitpunkt des Todes noch bestanden hätte. Leistet ein ausländischer, zwischenstaatlicher oder überstaatlicher Versorgungsträger an die Witwe/den Witwer, besteht der Ausgleichsanspruch gegen diese/diesen.

IV. Unterhaltsansprüche geschiedener Ehegatten

Vorbemerkungen

Prinzip der nachehelichen Solidarität

Problematik

Mit der Scheidung ist die sich aus § 1353 Abs. 1 S. 2 ergebende gegenseitige Beistandspflicht von Eheleuten an sich beendet. Im Unterhaltsrecht wirkt sie jedoch z.T. weit über die Scheidung hinaus nach (vgl. §§ 1569 ff.). Hier wird geschiedenen Ehegatten einiges abverlangt. Gerechtfertigt wird dies meist als Nachwirkung der ehelichen Solidarität. So geht z.B. das *Bundesverfassungsgericht* von einer über die Scheidung hinaus fortwirkenden personalen Verantwortung beider Ehegatten aus.[302] Gerechtfertigt wird diese nacheheliche Solidarität damit, dass ehebedingte Bedürfnislagen vom wirtschaftlich Stärkeren ausgeglichen werden müssten. Dies erscheint adäquat, soweit und solange ein Elternteil wegen der Betreuung gemeinsamer minderjähriger Kinder nicht für seinen Lebensunterhalt selbst sorgen kann oder um der Familie willen während der Ehe seine berufliche Entfaltung eingeschränkt oder ganz aufgegeben hat. Problematisch erscheint jedoch, dass Unterhaltsverpflichtungen auch dann bestehen, wenn deren Ursachen nicht in der Ehe wurzeln, sondern auf anderen Gründen beruhen (wie z.B. Arbeitslosigkeit oder Krankheit). Kritisch zu betrachten ist dabei vor allem, dass der Berechtigungsgrund generell weder Einfluss auf Rangfolge, Höhe oder Dauer[303] des Unterhaltsanspruchs hat.

---

302 *BVerfG*, FamRZ 1981, 745, 748.

303 Bei Ansprüchen nach § 1573 besteht allerdings eine Begrenzungsmöglichkeit (siehe Seiten 33 f.).

3 Anspruchsvoraussetzungen

Unterhaltsansprüche setzen allgemein dreierlei voraus:
- einen allgemeinen Berechtigungsgrund (hier die Scheidung, sonst: Ehe, Abstammung, Adoption, eingetragene Lebenspartnerschaft),
- eine anzuerkennende konkrete Bedürftigkeit der Person, die Unterhalt begehrt,
- die Leistungsfähigkeit der Person, die unterhaltspflichtig ist.

Einzelheiten, insbesondere die Voraussetzungen nachehelicher Unterhaltsansprüche, deren Umfang, Begrenzung, Ende und Ausschluss regeln die §§ 1569–1586b, deren Struktur nicht leicht zu durchschauen ist.[304]

1. Grundsatz der Bedürftigkeit

Prinzip der Selbstverantwortlichkeit

Geschiedene sind – wie alle Bürger – zunächst gehalten, selbst für ihren Unterhalt zu sorgen (§ 1569 Abs. 1). Das kommt auch in der gesetzlichen Regelung zum Ausdruck:

Anrechnung von Einkommen und Vermögen

Die Eingangsvorschrift des Kapitels „Unterhalt des geschiedenen Ehegatten" normiert daher, dass geschiedenen Ehegatten nur dann Unterhaltsansprüche zustehen, wenn sie nach der Scheidung nicht selbst für ihren Unterhalt sorgen können (§ 1569). Und § 1577 Abs. 1 bestimmt demgemäß, dass geschiedene Ehegatten keinen Unterhalt verlangen können, solange und soweit sie sich aus ihren Einkünften und Vermögen selbst zu unterhalten vermögen. Der Unterhaltsanspruch erlischt dann aber nicht, sondern bleibt vielmehr „in seinem Grunde unberührt". § 1577 bestimmt also nur, in welchem Umfang sich der unterhaltsberechtigte Ehegatte Einkünfte und vorhandenes Vermögen anrechnen lassen muss.

Anrechnungskriterien

Bezüglich der Anrechnung von Einkünften und Vermögen gilt Folgendes:
- Den *Vermögensstamm* braucht der betreffende Ehegatte nicht zu verwerten, soweit dies unwirtschaftlich oder unter Berücksichtigung der beiderseitigen wirtschaftlichen Verhältnisse unbillig wäre (§ 1577 Abs. 3).
- Wenn zum Zeitpunkt der Scheidung zu erwarten war, dass der Unterhalt aus dem Vermögen nachhaltig gesichert sein würde, das Vermögen später dann aber doch wegfällt (gleichgültig, ob verschuldet oder nicht), so besteht kein Unterhaltsanspruch (kein Zusammenhang mit der Ehe und damit auch keine Mitverantwortung!), es sei denn, es kann jetzt wegen Pflege oder Erziehung eines gemeinschaftlichen Kindes eine Erwerbstätigkeit nicht erwartet werden (§ 1577 Abs. 4).
- Da der geschiedene Ehegatte nur eine angemessene Erwerbstätigkeit auszuüben braucht (vgl. § 1574), sind Einkünfte aus einer nicht angemessenen Tätigkeit, die er lediglich deshalb ausübt, weil der andere nicht den geschuldeten „vollen Unterhalt" (§ 1578) zahlt, ihm grundsätzlich nicht anzurechnen (§ 1577 Abs. 2 S. 1). Er gilt dann also weiterhin als unterhaltsberechtigt. – Sind die Einkünfte aber höher als der ihm zustehende Unterhaltsbetrag, so sind sie insoweit anzurechnen, als dies nach den beiderseitigen wirtschaftlichen Verhältnissen der Billigkeit entspricht (§ 1577 Abs. 2 S. 2). Der Umfang des anzurechnenden Betrages richtet sich nach dem Einzelfall.

---

[304] *Schwab*, Rz. 369.

Ehegatten sind nur bei bestimmten (in den §§ 1570–1577 abschließend geregelten) Bedürfnislagen, bei denen davon ausgegangen wird, dass sie in Verbindung mit der früheren Ehe stehen,[305] unterhaltspflichtig. Das beruht auf dem Grundsatz der Mitverantwortlichkeit, der auf der Anschauung gründet, dass der wirtschaftlich stärkere Ehegatte dem anderen so lange die Existenz auf der Höhe der ehelichen Lebensverhältnisse (!) sichern soll, wie die Abhängigkeit vom anderen, die insbesondere durch die gemeinsam getroffenen Abmachungen in der Ehe entstanden sind, fortdauert (vgl. § 1578).

Anknüpfung an die Ehe

Sehr weit reichende nacheheliche Solidarität

Auch bei gegebener Bedürftigkeit ist aber auf Seiten des Verpflichteten dessen Leistungsfähigkeit zu berücksichtigen (s. dazu Seite 243 f.).

Leistungsfähigkeit ist aber stets zu beachten

Bedeutung des § 1569

§ 1569 besagt, dass geschiedene Ehegatten, die nicht selbst für sich sorgen können, einen Unterhaltsanspruch gegen den anderen Ehegatten „nach den folgenden Vorschriften" haben. Die Norm stellt damit klar, dass

- geschiedene Ehegatten zunächst für sich selbst sorgen müssen,
- ihnen nur bei Bedürftigkeit Unterhalt zusteht und die §§ 1570 ff. abschließend regeln, wann das der Fall ist,
- andere Kriterien für Unterhaltsansprüche als die in den §§ 1570 ff. festgelegten nicht bestehen, insbesondere Güterstand und Scheidungsgrund (anders als früher nach dem EheG) unerheblich sind.

Keine Anspruchsnorm

Die Vorschrift stellt also keine Anspruchsnorm dar (auch keine Art Generalklausel). Aus ihr ergibt sich im Gegenteil, dass geschiedene Ehegatten keinen generellen Unterhaltsanspruch besitzen, sondern nur in den in §§ 1570–1573, 1575, 1576 definitiv geregelten Fällen. § 1569 geht also von der Eigenverantwortlichkeit der geschiedenen Ehegatten aus, d.h.: sie müssen zunächst versuchen, für sich selbst zu sorgen. Dabei kommt allerdings nur eine ihnen gemäß § 1574 Abs. 1 und 2 *angemessene* Erwerbstätigkeit (s. dazu nachstehend) in Betracht.

Verweis auf die Selbstverantwortlichkeit

2. Gesetzlich anerkannte Unterhaltsberechtigungsgründe

§§ 1570–1578 regeln Bedürftigkeit

Die §§ 1570–1573, 1575, 1576 legen abschließend fest, wann in Scheidungsfällen eine Unterhaltsberechtigung besteht. Leitender Gesichtspunkt ist dabei, dass in bestimmten Fallkonstellationen von einem geschiedenen Ehegatten keine Erwerbstätigkeit zu erwarten ist. Zusätzlich zu der jeweiligen speziellen „Erwartungsformel" der vorgenannten Vorschriften stellt § 1574 Abs. 1 allgemein klar, dass geschiedene Ehegatten nicht jede Arbeit übernehmen müssen, sondern nur eine ihnen gemäß § 1574 Abs. 2 „angemessene Erwerbstätigkeit" auszuüben brauchen. Diesen unbestimmten Rechtsbegriff konkretisiert § 1574 Abs. 2. Danach ist eine Erwerbstätigkeit nur dann angemessen, wenn sie entspricht

Erwerbstätigkeit

Angemessenheit

der Ausbildung, den Fähigkeiten, einer früheren Erwerbstätigkeit dem Lebensalter und dem Gesundheitszustand des betreffenden Ehegatten sowie den ehelichen Lebensverhältnissen.

(Bei Letzteren ist sowohl Ehe- wie Betreuungs-Dauer gemeinschaftlicher Kinder zu berücksichtigen.)

[305] Problematisch ist das bei Krankheit und Arbeitslosigkeit (siehe dazu Seite 229 f. und 231 f.).

Verpflichtung zur Aus-/Fortbildung/ Umschulung

Andererseits sind geschiedene Ehegatten aber auch verpflichtet, sich ausbilden, fortbilden oder umschulen zu lassen, soweit dies „zur Aufnahme einer angemessenen Erwerbstätigkeit erforderlich und ein erfolgreicher Abschluss zu erwarten ist" (§ 1574 Abs. 3).

Verhältnis der Ansprüche zueinander

Unterhaltsnetz

Die einzelnen Unterhaltsberechtigungsgründe der §§ 1570–1572, 1576 können nebeneinander bestehen (insbesondere § 1570 u. § 1572 sowie § 1572 u. § 1571). Der Anspruch nach § 1573 Abs. 1 schließt dagegen logischerweise andere Berechtigungsgründe aus, wenn er dies auch nur ausdrücklich für die Ansprüche nach den §§ 1570–1572 besagt.[306] Das Verhältnis von § 1576 zu den anderen Unterhaltsberechtigungsgründen wird unterschiedlich gesehen. Aus seiner Entstehungsgeschichte ist m.E. zu schließen, dass er nur in Betracht kommt, wenn andere Ansprüche nicht gegeben sind; der *BGH* nimmt Subsidiarität gegenüber § 1570 an und hat dies gegenüber den anderen Berechtigungsgründen offen gelassen.[307] Die einzelnen Unterhaltsberechtigungsgründe können z.T. nacheinander geltend gemacht werden (z.B. erst § 1570, danach § 1575, dann § 1572 und schließlich § 1571). Kritiker bezeichnen dies als *„maschendichtes Unterhaltsnetz"*, da u.U. lebenslang Ansprüche bestehen.

Pflicht zum Selbsterhalt beachten

Auch wenn im Einzelfall ein konkreter Unterhaltsberechtigungsgrund vorliegt, ist stets § 1577 Abs. 1 zu beachten, d.h.: ob der betreffende Ehegatte noch angemessen selbst für sich sorgen kann (siehe dazu oben).

Gesetzlich abschließend geregelte Unterhaltsberechtigungsgründe

- Kinderbetreuung, d.h. Pflege oder Erziehung gemeinschaftlicher Kinder (§ 1570)
- Altersgründe (§ 1571)
- Krankheit, Schwäche, Gebrechen (§ 1572)
- fehlende angemessene Erwerbstätigkeit (§ 1573 Abs. 1 u. 3)
- zu geringe eigene Einkünfte (§ 1573 Abs. 2)
- Ausbildung, Fortbildung, Umschulung (§ 1575)
- Billigkeitsgründe (§ 1576)

Die gesetzliche Reihenfolge entspricht nur zum Teil der Häufigkeit in der Praxis.

Bei der Prüfung sämtlicher Unterhaltsberechtigungsgründe sind stets §§ 1569 und 1574 zu beachten!

a) Unterhalt wegen Kinderbetreuung

Voraussetzungen

Kinder unter drei Jahre

Ein geschiedener Ehegatte kann vom anderen Unterhalt wegen der Pflege oder Erziehung eines gemeinschaftlichen Kindes für mindestens drei Jahre nach der Geburt (sog. Basisunterhalt) verlangen (§ 1570 Abs. 1 S. 1). Ob er das Kind betreuen will, kann er frei entscheiden.

Kinder über drei Jahre

Betreut ein Ehegatte ein Kind über drei Jahre, erhält er Unterhalt, solange und soweit dies der Billigkeit entspricht (§ 1570 Abs. 1 S. 2). Bei dieser Entscheidung ist zu berücksichtigen, ob Möglichkeiten der Kinderbetreuung bestehen, z. B. Kindergarten, Schule. Der Übergang von der elterlichen Be-

[306] Ebenso: *Mü-Ko-Maurer*, § 1573 Rz. 3 sowie *Schwab*, Rz. 396, der jedoch Ansprüche nach § 1575 nicht einbezieht.
[307] *BGH*, FamRZ 1984, 361.

treuung zur Vollerwerbstätigkeit kann stufenweise erfolgen (BT-Drucks. 16/6980 S. 9). Ob keine ausreichenden Betreuungsangebote zur Verfügung stehen, muss der unterhaltsberechtigte Ehegatte nachweisen. Grundsätzlich muss er Betreuungsangebote nutzen. Etwas anderes gilt nur, wenn hierdurch das Wohl des Kindes gefährdet ist. Dies ist aber bei öffentlichen Betreuungsangeboten in der Regel nicht der Fall.[308] Maßgebend ist, ob im konkreten Einzelfall der Betreuungsbedarf gedeckt ist. Das nach dem bis Ende 2007 geltenden Recht angewandte Altersphasenmodell ist nicht mehr anwendbar.[309] Bei einem Kind von sieben Jahren geht der BGH allerdings davon aus, dass keine Vollerwerbstätigkeit aufgenommen werden müsse, wenn die Betreuung des Kindes in Schule und Hort nur bis 14.00 Uhr sichergestellt sei, da es in diesem Alter regelmäßiger Kontrolle bedürfe. Ein Anspruch auf Betreuungsunterhalt über das dritte Lebensjahr des Kindes hinaus kann sich weiter aus elternbezogenen Gründen ergeben (§ 1570 Abs. 2). Hierbei ist die Gestaltung der Kinderbetreuung und der Erwerbstätigkeit während der Ehe sowie die Dauer der Ehe zu berücksichtigen. Die Erwerbstätigkeit neben der Erziehung und Betreuung darf nicht zu einer überobligationsmäßigen Belastung führen.[310]

Gemeinsame Kinder

Gemeinschaftliche Kinder sind eheliche und gemeinsam adoptierte Kinder sowie adoptierte Stiefkinder (d.h. ein Ehegatte adoptiert das Kind des anderen). Für andere in der Ehe aufgenommene Kinder (nichteheliche Kinder, Kinder aus einer anderen Ehe sowie Pflegekinder) kann die Norm nicht angewendet werden (jedoch evtl. § 1576 [siehe dazu Seiten 235 ff.]) – ebenso wenig für ein zum Scheidungszeitpunkt oder später betreutes nichteheliches Kind. – Umstritten ist, ob die Norm auch für gemeinsame Kinder gilt, die nach der Scheidung geboren werden.[311] – § 1570 gilt gleichermaßen für beide Ehegatten, auch wenn die Vorschrift in der Praxis ganz überwiegend Frauen betrifft.

Bedeutung der elterlichen Sorge

Für die Anwendung der Norm ist grundsätzlich unerheblich, ob dem allein betreuenden Elternteil die elterliche Sorge zusteht oder nicht.

Bei Wegnahme oder Nichtherausgabe des Kindes durch einen nicht sorgeberechtigten Elternteil kann allerdings eine Beschränkung oder Versagung des Unterhalts nach § 1579 Nr. 8 in Betracht kommen (s. dazu Seiten 237 ff.).

Privilegierter Anspruch

Wer einen Unterhaltsanspruch nach § 1570 besitzt, wird unterhaltsrechtlich besonders *privilegiert*, denn dieser Anspruch

- ist als einziger unabhängig vom Bestehen eines zeitlichen Zusammenhanges mit der Scheidung (vgl. § 1570),
- besteht grundsätzlich auch dort, wo andere beschränkt oder versagt werden (vgl. §§ 1577 Abs. 4 S. 2, 1578b sowie auch § 1579),
- kann einen bestehenden Gleichrang mit einem zweiten Ehegatten verdrängen (vgl. § 1609 sowie Seite 244),
- kann als einziger Berechtigungsgrund nach Auflösung einer weiteren Ehe wiederaufleben (vgl. § 1586a Abs. 1 sowie Seite 248).

---

[308] Vgl. BGH NJW 2009, 2592.

[309] Vgl. BGH NJW 2009, 2592.

[310] Vgl. BGH NJW 2009, 2592.

[311] Siehe dazu *Mü-Ko-Maurer*, § 1570, Rz. 2; nach *BGH*, NJW 1998, 1065, bestehen dann nur Ansprüche nach § 1615 L.

Zentrale Bedeutung

Der Unterhaltsanspruch wegen Kinderbetreuung ist somit von ganz zentraler Bedeutung. Es ist daher nicht verwunderlich, dass er meist im Mittelpunkt einer Scheidung steht.

Ausübung einer nicht zu erwartenden Erwerbstätigkeit

Fraglich ist, ob ein Unterhaltsanspruch aus § 1570 auch dann besteht, wenn ein geschiedener Ehegatte Einkommen erzielt, obwohl von ihm eine Erwerbstätigkeit nicht zu erwarten ist. Nach hM sind derartige Einkünfte nach § 1577 zu behandeln. Das bedeutet Folgendes:

- sie bleiben gemäß § 1577 Abs. 2 S. 1 anrechnungsfrei, solange der volle Unterhaltsbedarf (siehe dazu § 1578 sowie Seite 241 ff.) nicht überschritten wird,
- gehen sie darüber hinaus, werden sie gemäß § 1577 Abs. 2 S. 2 nach Billigkeitsgrundsätzen angerechnet (wobei die Berechnung streitig ist; die wohl hM lässt 50% anrechnungsfrei[312]).

b) Unterhalt wegen Ausbildung, Fortbildung, Umschulung

Ausgleich von ehebedingten Nachteilen

Zielsetzung des 1. EheRG war es u.a., die besondere Lage derjenigen Ehegatten auszugleichen, die durch die Ehe Nachteile in ihrem beruflichen Fortkommen erlitten haben.[313] Um diesen Ehegatten (zumeist sind es Frauen) die Eingliederung in das Berufsleben zu erleichtern (oder überhaupt erst zu ermöglichen) und ihnen eine iSd § 1574 angemessene Erwerbstätigkeit zu sichern, gewährt § 1575 ihnen zum Ausgleich ehebedingter Nachteile einen Unterhaltsanspruch für die Zeit einer Aus- oder Fortbildung sowie Umschulung.

aa) Ausbildungsunterhalt

Begriff Ausbildung ist weit auszulegen

Nach hM sind Schul- und Berufsausbildung im weitesten Sinn zu verstehen. Eine Beschränkung auf die im BAföG aufgeführten Ausbildungsmöglichkeiten oder auf die durch gesetzliche Berufsbilder bestimmten Berufe besteht dabei nicht. Allerdings muss ein Ausbilder vorhanden sein.[314]

Anspruchsvoraussetzungen

Gemäß § 1575 Abs. 1 S. 1 sind für den Anspruch auf Ausbildungsunterhalt **4 Voraussetzungen** zu erfüllen:

1. Der betreffende Ehegatte muss *entweder* in Erwartung der Ehe *oder* während der Ehe eine Schul- oder Berufsausbildung nicht aufgenommen oder eine (bereits begonnene) abgebrochen haben.

Nichtaufnahme oder Abbruch der Ausbildung

Ersteres ist nur schwer, Letzteres anhand der jeweiligen Biographie dagegen leicht beweisbar. Denn die Norm verlangt nicht den Nachweis, dass die Nichtaufnahme einer Ausbildung oder deren Abbruch „wegen der Ehe“ erfolgte. Im Hinblick auf die Schwierigkeiten beim Führen eines solchen Kausalzusammenhanges wurde bewusst in Kauf genommen, dass hierfür auch andere Gründe maßgeblich gewesen sein können, zumal davon ausgegangen worden war, dass diesbezügliche Entscheidungen in einer Ehe meist einvernehmlich erfolgen und somit beiden Ehegatten zuzurechnen sind.[315]

---

312 *Palandt/Brudermüller*, 66. Aufl., § 1577 Rz. 26.
313 BT-Drucks. 7/650, S. 130.
314 *BGH*, FamRZ 1987, 795.
315 BT-Drucks. 7/4361, S. 131.

2. Der betreffende Ehegatte muss eine geplante, aber nicht begonnene oder die während der Ehe abgebrochene Ausbildung – oder eine entsprechende – „sobald wie möglich aufnehmen".

Baldmögliche Aufnahme derselben oder gleichwertigen Ausbildung

Für die Frage, ob die neu aufgenommene Ausbildung der ursprünglich beabsichtigten oder der abgebrochenen Ausbildung entspricht, kommt es nach hM nicht auf fachliche Gesichtspunkte, sondern auf die Gleichwertigkeit in der sozialen Einordnung an. Der Beruf muss den Neigungen des geschiedenen Ehegatten entsprechen, wobei durch eine vor der Ehe einmal eingeschlagene Berufsrichtung keine Vermutungen entstehen. Der geschiedene Ehegatte kann also zwischen der Aufnahme einer neuen Ausbildung und der Fortsetzung einer vorzeitig abgebrochenen Ausbildung wählen. Der Unterhaltsverpflichtete kann ihn dabei nicht auf einen für sich selbst günstigen Weg verweisen.[316]

Fristenproblematik

Für die Aufnahme der Ausbildung „sobald wie möglich" hat der Gesetzgeber keine Frist gesetzt, um hierbei die jeweiligen persönlichen Umstände wie auch die Ausbildungsmöglichkeiten/-beginne berücksichtigen zu können. Dabei muss nicht nur ein gewisser Überlegungszeitraum, sondern auch eine eventuelle Kinderbetreuung oder Krankheit sowie auch der Versuch, eine Erwerbstätigkeit zu finden, zugestanden werden (das OLG Köln, aaO, hat im letzteren Fall daher bei diesbezüglich fehlgeschlagenem Versuch nach 14 Monaten noch einen Ausbildungsanspruch zugebilligt).

3. Die geplante Ausbildung muss dem Ziel dienen, eine iSd § 1574 angemessene Erwerbstätigkeit (s. dazu Seiten 223 f.) zu erlangen, die den Unterhalt *nachhaltig sichert.*

Nachhaltige Unterhaltssicherung

Der Begriff der „nachhaltigen Sicherung" ist dem Entschädigungsrecht entlehnt, so dass die hierzu ergangene Rechtsprechung maßgeblich ist,[317] d.h. davon ist nur auszugehen, wenn eine „dauernde" Erwerbstätigkeit angestrebt wird und voraussichtlich auch erreichbar ist. Maßgeblicher Zeitpunkt für die diesbezügliche Prognose ist die Scheidung.[318] Gesetzeszweck ist einerseits, die wirtschaftliche Selbstständigkeit des betreffenden Ehegatten zu ermöglichen und damit die Unterhaltsverpflichtung des anderen in absehbarer Zeit zu beenden. Andererseits sollen auch Missbräuche verhindert werden (also keine Ausbildung „zur bloßen Selbstverwirklichung").

4. Der erfolgreiche Abschluss der geplanten Ausbildung muss zu erwarten sein. Diese Erwartung muss sich aus den gesamten Umständen ergeben, insbesondere aus den Fähigkeiten und dem Alter.[319] Die Erfolgsaussicht muss nicht nur vor, sondern auch während der Ausbildung gegeben sein, anderenfalls besteht der Anspruch nicht (oder nicht mehr). Der Anspruch ist jedoch nicht erfolgsabhängig. Bei Nichtbestehen von Prüfungen ergibt sich daher kein Rückzahlungsanspruch.[320]

Erfolgreicher Abschluss ist zu erwarten

Anspruchsdauer

Berücksichtigung ehebedingter Verzögerungen

Ausbildungsunterhalt kann „längstens" für die Zeit beansprucht werden, in der die betreffende Ausbildung „im Allgemeinen" abgeschlossen wird; dabei sind ehebedingte Verzögerungen (z.B. Kinderbetreuung oder Lebens-

---

316 *OLG Köln*, FamRZ 1996, 867.

317 BT-Drucks. 7/650, S. 127.

318 *BGH*, FamRZ 1985, 53, 791 u. 1234.

319 Eine entsprechende Formulierung war im ursprünglichen Gesetzentwurf vorgesehen gewesen, aber dann wegen „Selbstverständlichkeit" wieder gestrichen worden (vgl. BT-Drucks. 7/4361, S. 30).

320 Ebenso *Mü-Ko-Maurer*, § 1575, Rz. 14.

alter) zu berücksichtigen (§ 1575 Abs. 1 S. 2). Er besteht also u.U. nicht nur für die Zeiträume, die jeweils für ein Studium oder eine Berufsausbildung vorgesehen sind.

Umfang des Anspruchs

Gesamter Lebensbedarf und Ausbildungskosten

Wie bei allen Unterhaltsansprüchen Geschiedener umfasst auch der Ausbildungsunterhalt den gesamten Lebensbedarf, der sich an den ehelichen Lebensverhältnissen orientiert und auch die Ausbildungskosten beinhaltet (vgl. § 1578 Abs. 2).

bb) Fortbildungsunterhalt

Definition

Wenn sich ein geschiedener Ehegatte fortbilden lässt, um durch die Ehe eingetretene Nachteile auszugleichen, gilt nach § 1575 Abs. 2 Entsprechendes wie für den Anspruch auf Ausbildungsunterhalt. Die Vorschrift lehnt sich ganz bewusst an die Begriffe des damaligen Arbeitsförderungsgesetzes (= jetzt: SGB III) an.[321] Nach §§ 77 ff. SGB III wird unter beruflicher Weiterbildung die Teilnahme an Maßnahmen verstanden, die das Ziel haben, berufliche Kenntnisse und Fertigkeiten festzustellen, zu erhalten, zu erweitern oder der technischen Entwicklung anzupassen oder einen beruflichen Aufstieg zu ermöglichen. Sie setzen eine abgeschlossene Berufsausbildung oder eine angemessene Berufserfahrung voraus.

Voraussetzungen

Für diesen Anspruch sind folgende weitere Voraussetzungen zu erfüllen:

1. die Fortbildung muss erfolgen, um ehebedingte Nachteile auszugleichen,
2. die Fortbildung muss erforderlich sein, um eine angemessene Erwerbstätigkeit zu erlangen, die den Unterhalt nachhaltig sichert,
3. die Fortbildung muss so bald wie möglich aufgenommen werden,
4. der erfolgreiche Abschluss der Fortbildung muss zu erwarten sein.

Bezüglich der allgemeinen Voraussetzungen sowie der Dauer und des Umfangs dieses Unterhaltsanspruchs gelten die Ausführungen oben zu aa) entsprechend.

cc) Umschulungsunterhalt

Definition

Unter beruflicher Umschulung wird die Teilnahme von Arbeitsuchenden an Maßnahmen verstanden, die das Ziel haben, den Übergang in eine andere geeignete berufliche Tätigkeit zu ermöglichen, insbesondere um die berufliche Beweglichkeit zu sichern und zu verbessern. Sie setzen ebenfalls eine abgeschlossene Berufsausbildung oder eine angemessene Berufserfahrung voraus.

Anspruchsvoraussetzungen

Unter denselben Voraussetzungen wie bei beruflicher Fortbildung gewährt § 1575 Abs. 2 bei Umschulungsmaßnahmen einen Unterhaltsanspruch. Bezüglich Dauer und Umfang desselben gilt das unter aa) Gesagte entsprechend.

---

321 BT-Drucks. 7/650 S. 132.

dd) Unterhalt nach Beendigung von Ausbildung, Fortbildung, Umschulung

Anspruchs-voraussetzungen

Wenn die Voraussetzungen für eine Unterhaltsgewährung nach § 1575 entfallen sind (weil die o.a. Maßnahmen erfolgreich abgeschlossen oder abgebrochen wurden), so steht dem Ehegatten nach § 1573 Abs. 3 ein Unterhaltsanspruch zu, wenn er nun keine angemessene Erwerbstätigkeit findet oder die Einkünfte aus einer solchen nicht ausreichen. In Abweichung von § 1574 Abs. 2 bleibt aber dann ein evtl. erreichter höherer Ausbildungsstand bei der Bestimmung der ihm angemessenen Erwerbstätigkeit außer Betracht (§ 1575 Abs. 3). Das bedeutet, dass dieser Ehegatte sich dann auch auf solche Tätigkeiten verweisen lassen muss, die für ihn vor Beginn der Ausbildungs- oder Berufsmaßnahmen angemessen gewesen waren. Denn es erschien nicht gerechtfertigt, den Unterhalt zahlenden Ehegatten dann auch noch mit dem Risiko einer Anstellung durch die Höherqualifizierung zu belasten, wenn sich die ursprüngliche positive Prognose einer nachhaltigen Unterhaltssicherung zerschlagen hat.

Es ist ohnehin nur schwer verständlich, dass dann noch Unterhalt geschuldet werden kann, wenn der ausgebildete, fortgebildete oder umgeschulte Ehegatte nun weder eine seiner neuen Qualifizierung gemäße, noch eine seinen vorherigen Fähigkeiten entsprechende Anstellung findet oder durch diese sein Lebensbedarf nicht gedeckt werden kann, weil das die nacheheliche Solidarität überstrapaziert.

c) Unterhalt wegen Krankheit oder Gebrechen

Anspruchs-voraussetzungen

Geschiedenen Ehegatten steht nach § 1572 ein Unterhaltsanspruch zu, „solange und soweit" von ihnen wegen

Krankheit, anderer Gebrechen, Schwäche der körperlichen oder geistigen Kräfte

eine angemessene Erwerbstätigkeit nicht erwartet werden kann.

Dabei ist unerheblich, ob es sich dabei um einen vorübergehenden oder um einen voraussichtlich lang andauernden Zustand handelt.[322]

Eheanknüpfung erforderlich

Ein solcher Unterhaltsanspruch besteht aber auch hier nur, wenn die Anknüpfung an die Ehe möglich ist, denn nach § 1572 ist Bedingung, dass der oben genannte Zustand *entweder* vorliegt zum Zeitpunkt

1. der Scheidung (d.h. gemäß § 1564 S. 2: bei Rechtskraft[323]) oder
2. der Beendigung von Pflege oder Erziehung eines gemeinschaftlichen Kindes oder
3. der Beendigung der Ausbildung, Fortbildung oder Umschulung *oder*
4. des Wegfalls der Voraussetzungen für einen Unterhaltsanspruch nach § 1573.

Kausalitätsnachweis nicht erforderlich

Nur das muss nachgewiesen werden, nicht jedoch, dass die Ursache dieses Zustandes aus der Ehe resultiert. Dieser Unterhaltsanspruch kommt daher auch dann in Betracht, wenn z.B. die Krankheit nachweislich schon

---

[322] *Mü-Ko-Maurer,* § 1572 Rz. 2; *OLG Nürnberg,* FamRZ 1992, 682.
[323] Ebenso: *Mü-Ko-Maurer,* § 1572 Rz. 8

vor der Ehe bestanden hat[324]. – Hier kommt aber dann gemäß § 1578b Abs. 2 evtl. eine *Herabsetzung* und *Befristung* in Betracht[325].

Spätere Erkrankungen

Ein Anspruch besteht jedoch nicht, wenn der betreffende Zustand erst nach den o.a. „Einsatzzeitpunkten" auftritt, es sei denn, es besteht noch ein Zusammenhang mit diesen. Das ist z.B. dann der Fall, wenn eine Krankheit bei Scheidung schon vorhanden war, aber erst später zur Erwerbsunfähigkeit führt. – Hier wird aber dann evtl. eine Befristung in Betracht kommen (s. dazu oben).

In der Rechtsprechung sind – soweit ersichtlich – nur wenige Entscheidungen zum zeitlichen Zusammenhang veröffentlicht worden. Im Fall des *OLG Stuttgart*[326] führte ein zum Einsatzzeitpunkt bereits bestehendes Unterschenkelgeschwür etwa sechs Monate später zur Erwerbsunfähigkeit. Im Fall des *BGH*[327] lag bereits bei Ehescheidung eine teilweise Erwerbsunfähigkeit wegen mehrerer Leiden vor, woraus 1 1/2 Jahre später eine völlige Erwerbsunfähigkeit resultierte. In beiden Fällen wurde dies jeweils noch dem Einsatzzeitpunkt zugeordnet und somit ein Anspruch nach § 1572 anerkannt. Dagegen hat das *OLG Karlsruhe*[328] den Zusammenhang verneint, als eine Psychose, deren Symptome schon während der Ehe bestanden, erst vier Jahre nach Scheidung ausbrach.

Später eintretende Bedürftigkeit

Umstritten ist, ob ein Anspruch auch dann besteht, wenn dieser Zustand zu den gesetzlichen Einsatzzeitpunkten (s.o.) zwar schon vorhanden war und deshalb auch Erwerbsunfähigkeit vorlag, aber erst zu einem späteren Zeitpunkt eine Bedürftigkeit eintritt.[329]

Teil-Anspruch möglich

Nach § 1572 kommt auch ein Teilanspruch in Betracht (vgl. „soweit"), nämlich wenn wegen des betreffenden Zustandes nur eine Teilzeittätigkeit zu erwarten ist.

Scheitert ein Unterhaltsanspruch wegen Krankheit nur am Einsatzzeitpunkt, so kann ein Unterhaltsanspruch nach § 1576 (s. dazu Seiten 235 ff.) in Betracht kommen[330].

d) Unterhalt aus Altersgründen

Eheanknüpfung nötig

Ein geschiedener Ehegatte kann von dem anderen Unterhalt verlangen, soweit von ihm wegen seines Alters eine Erwerbstätigkeit nicht mehr erwartet werden kann (§ 1571). Diese Situation muss vorliegen im Zeitpunkt:

1. der Scheidung (d.h. gem. § 1564 S. 2: bei Rechtskraft) oder
2. der Beendigung der Pflege oder Erziehung eines gemeinschaftlichen Kindes oder
3. des Wegfalls der Voraussetzungen für einen Unterhaltsanspruch nach den §§ 1572 und 1573,

---

324 *BGH*, NJW 1982, 40; FamRZ 1994, S. 566; 1995, 1405; 1996, 1272; 2004, 779; *Mü-Ko-Maurer*, § 1572 Rz. 4; *Palandt/Brudermüller*, 66. Aufl., § 1572 Rz. 2; *Schwab*, Rz. 345.

325 Missverständlich *Palandt/Brudermüller* (66. Aufl., § 1572 Rz. 3): „ist zu prüfen" (da dies nur auf Antrag und nicht etwa vAwg geschieht.).

326 *OLG Stuttgart*, FamRZ 1983, 501.

327 *BGH*, FamRZ 1987, 684.

328 *OLG Karlsruhe*, FamRZ 1994, 104.

329 Das *OLG München* (FamRZ 1993, 564) hat in einem solchen Fall den Anspruch 2 1/2 Jahre nach Scheidung noch für denkbar gehalten.

330 Vgl. *BGH*, FamRZ 1990, 496 sowie *OLG Karlsruhe*, FamRZ 1996, 948.

d.h.: nach diesen gesetzlich festgelegten Zeitpunkten kann dieser Unterhaltsanspruch nicht mehr geltend gemacht werden.

Keine feste Altersgrenze

Der Gesetzgeber hat es vermieden, eine feste Altersgrenze festzulegen, weil auch hier wiederum Einzelfallgerechtigkeit geübt werden sollte. Die Regelung will nicht nur Ehegatten, die ein Alter erreicht haben, das Voraussetzung für die Gewährung einer öffentlichen Altersversorgung ist, von der Verpflichtung zu einer Erwerbstätigkeit befreien. Sie will auch denjenigen Geschiedenen einen Unterhaltsanspruch verschaffen, die bereits vorher – insbesondere nach einer langen Berufsunterbrechung – in keine iSd § 1574 angemessene Erwerbstätigkeit mehr vermittelt werden können.[331] Das ist u.U. auch berufsabhängig (z.B. bei Polizei, Bundeswehr, fliegendem Personal, OP-Schwestern). – Die Rechtsprechung ist (wie so oft) nicht immer einsichtig:

Einzelfall entscheidend

Beispiele: Einer berufslosen Frau von 60 Jahren, die bislang den Haushalt führte, mutete das OLG Hamm[332] Haushalts- und verwandte Tätigkeiten zu.

Einer 53-jährigen berufslosen Frau gestand das OLG Hamburg[333] nach 20-jähriger Ehe gegen ihren gut verdienenden geschiedenen Ehemann einen Anspruch auf Altersunterhalt zu.

Das OLG Koblenz[334] hat dagegen einer 53-jährigen Frau nach 22-jähriger Ehe u. keinerlei Erwerbstätigkeit außerhalb des Haushalts einen Anspruch versagt.

e) Überbrückungs- und Aufstockungs-Unterhalt

aa) Überbrückungs-Unterhalt

Kriterien

§ 1573 Abs. 1 gewährt geschiedenen Ehegatten, die keinen gesetzlich anerkannten Unterhaltsanspruch besitzen, dennoch Unterhalt, solange sie nach der Scheidung keine ihm gemäß § 1574 angemessene Erwerbstätigkeit zu finden vermögen. Dabei ist es unerheblich, ob sie vor oder während der Ehe schon einmal erwerbstätig waren oder nicht und ob ehebedingte (z.B. Kindeserziehung) oder äußere Gründe (schlechte Arbeitsmarktlage) hierfür maßgeblich sind.[335] Da beide Risiken den wirtschaftlich stärkeren geschiedenen Ehegatten treffen, wird dieser Anspruch auch *„Arbeitslosenunterhalt“* genannt. – Gibt aber ein Ehegatte aus Anlass der Scheidung eine von ihm zu erwartende und ihm angemessene Erwerbstätigkeit auf, so besteht dieser Anspruch nicht, dann wäre § 1579 Nr. 4 anwendbar (s. dazu Seite 239). Das gilt jedoch in beiden Fällen nicht, wenn der Ehegatte zu einer solchen Erwerbstätigkeit gar nicht verpflichtet gewesen wäre oder nun nach der Scheidung nicht verpflichtet ist (s. dazu Seite 223 ff.), d.h.: dann besteht der Anspruch.

Nachweis

Der betreffende Ehegatte muss konkret nachweisen, dass er trotz ständigem Bemühen keine ihm angemessene Erwerbstätigkeit zu finden vermag. Dabei genügt es nicht, sich bei der *Bundesagentur für Arbeit* arbeitslos zu melden,[336] vielmehr ist es zusätzlich nötig, sich auf Stellenanzeigen zu bewerben und auch eigene Anzeigen aufzugeben.

---

331 Dazu *Schleicher*, RWP 1978, Nr. 1007, S. 533.
332 *OLG Hamm*, FamRZ 1995, 1416.
333 *OLG Hamburg*, FamRZ 1991, 445.
334 *OLG Koblenz*, FamRZ 1992, 950.
335 *BGH*, NJW 1980, 394; *Mü-Ko-Maurer*, § 1573 Rz. 2.
336 *BGH*, FamRZ 1999, 789.

Fallkonstellationen

Folgende Situationen können diesen Unterhaltsanspruch auslösen:

Trotz (nachgewiesener) ernsthafter Bemühungen findet ein geschiedener Ehegatte, der sich gemäß § 1577 nicht selbst unterhalten kann, keine ihm nach § 1574 angemessene Erwerbstätigkeit,

1. dem kein Anspruch nach den §§ 1570, 1571, 1572 zusteht (§ 1573 Abs. 1),

   Beispiele: Der Ehegatte betreut keine Kinder, macht keine Ausbildung, Fortbildung, Umschulung, ist weder krank noch zu alt für eine Erwerbstätigkeit und es liegen auch keine Härtegründe vor

2. dessen Unterhaltsanspruch nach den §§ 1570, 1571[337], 1572, 1575 wegen Wegfall der dort festgelegten Voraussetzungen entfallen ist (§ 1573 Abs. 3),

   Beispiele: Die Kinderbetreuung, Ausbildung, Fortbildung, Umschulung oder Krankheit ist beendet, oder die Härtegründe reichten nur für einen zeitlich begrenzten Unterhaltsanspruch

3. dessen Einkünfte aus einer bisherigen Erwerbstätigkeit wegfallen, weil ihm trotz Bemühen eine nachhaltige Sicherung des Unterhalts nach der Scheidung misslungen ist (§ 1573 Abs. 4 S. 1).

   Beispiele: Ehegatte macht sich selbstständig, gibt diese Tätigkeit mangels Gewinn aber wieder auf; verliert die gefundene Anstellung wieder und sucht nun vergeblich nach einer neuen

4. Hinzu kommt der Fall, dass ein Ehegatte während der Ehe eine von ihm nicht zu erwartende und/oder eine ihm nicht angemessene Erwerbstätigkeit ausgeübt hat und diese jetzt im Hinblick auf § 1574 (s. dazu Seite 223 ff.) aufgibt.

   Beispiele: Trotz Kinderbetreuung, Krankheit oder Alter war ein Ehegatte erwerbstätig; Sozialpädagogin, Psychologin, Lehrerin o.ä. hatten Schreibarbeiten übernommen; Zusammentreffen der ersteren und letzteren Beispielsfälle.

bb) Aufstockungs-Unterhalt

Zielsetzung

Unterhaltsberechtigte Ehegatten sollen nach der Zielsetzung des 1. EheRG durch die Scheidung keinen sozialen Abstieg erleiden. Daher wurde das Maß für den Unterhaltsbedarf gesetzlich hoch angesetzt: Nach § 1578 richtet sich die Höhe des zu zahlenden Unterhalts nach den ehelichen Lebensverhältnissen (s. dazu Seiten 241 ff.). Das kann dazu führen, dass ein geschiedener Ehegatte, der einer von ihm zu erwartenden Erwerbstätigkeit nachgeht, Einkünfte erzielt, die den ehelichen Lebensverhältnissen nicht entsprechen. In diesen Fällen kann der betreffende Ehegatte den Differenzbetrag zwischen dem erzielten und dem nach § 1578 zu berechnenden (s. dazu Seiten 241 ff.) Unterhalt beanspruchen (§ 1573 Abs. 2).

---

[337] Es ist aber kaum denkbar, dass aus Altersgründen zunächst keine Erwerbstätigkeit erwartet werden kann und später doch.

Fallkonstellationen

Folgende Situationen können diesen Unterhaltsanspruch auslösen:

Ein geschiedener Ehegatte

1. geht nach der Scheidung einer ihm angemessenen Erwerbstätigkeit nach, deren Einkünfte entsprechen jedoch nicht den ehelichen Lebensverhältnissen, d.h., sie reichen zum vollen Unterhalt (§ 1578) nicht aus (§ 1573 Abs. 2),

   Beispiele: Infolge Kinderbetreuung, Krankheit oder Alter ist nur eine Teilzeittätigkeit auszuüben, deren Einkünfte zum vollen Unterhalt (§ 1578) nicht ausreichen; Einkünfte aus einer Vollzeittätigkeit decken den höheren ehelichen Lebensstandard nicht

2. dessen Unterhaltsanspruch nach den §§ 1570–1572, 1575 wegen Wegfall der dort festgelegten Voraussetzungen entfallen ist, geht einer Erwerbstätigkeit nach, deren Einkünfte zum vollen Unterhalt (§ 1578) nicht ausreichen (§ 1573 Abs. 3),

   Beispiele: Die Kinderbetreuung, Ausbildung, Fortbildung, Umschulung oder Krankheit ist beendet oder die Härtegründe reichten nur für einen zeitlich begrenzten Unterhaltsanspruch und die Einkünfte decken den früheren hohen ehelichen Lebensstandard nicht

3. hat zwar eine Erwerbstätigkeit gefunden, die den Unterhalt nachhaltig sichert, aber die hieraus erzielten Einkünfte reichen zum vollen Unterhalt (§ 1578) nicht aus (§ 1573 Abs. 4 S. 2).

   Beispiel: Einkünfte aus Vollzeittätigkeit decken den ehelichen Lebensstandard nicht.

Zeitliche Begrenzung von Überbrückungs- und Aufstockungs-Unterhalt

Voraussetzungen

Beide Ansprüche können gerichtlich herabgesetzt oder zeitlich begrenzt werden, wenn der volle oder zeitlich unbegrenzte Unterhalt unbillig wäre. Bei der Entscheidung sind die Belange eines dem Berechtigten Pflege oder Erziehung anvertrauten Kindes zu berücksichtigen (§ 1578b).

Zielsetzungen

Die Vorgängervorschrift wurde vor allem im Hinblick darauf eingeführt, dass Ansprüche wegen Erwerbsausfalles sich konjunktur- und arbeitsmarktbedingt vom Überbrückungs-Unterhalt zum Unterhalt wegen „Arbeitslosigkeit" von unabsehbarer Dauer entwickelt hatten und es zunehmend als unerträglich angesehen worden war, dieses Risiko dem wirtschaftlich stärkeren geschiedenen Ehegatten aufzubürden[338].

Berücksichtigung der gesamten Umstände

Allgemeine Kriterien

Bei der Prüfung, ob ein unbegrenzter Unterhaltsanspruch unbillig erscheint, sind sämtliche Umstände des Einzelfalles zu berücksichtigen und nicht etwa nur die in der Norm genannten Kriterien der Ehedauer und Gestaltung von Haushaltsführung und Erwerbstätigkeit und Dauer der Ehe (vgl. „insbesondere" in § 1578b Abs. 1 S. 3). So sind bei der vorzunehmenden Billigkeitsabwägung z.B. auch die Unselbstständigkeit und wirtschaftliche Abhängigkeit des einen Ehegatten von dem anderen sowie Alter und Gesundheitszustand, aber auch die Leistungsfähigkeit des Unterhaltspflichtigen zu beachten. Vor allem ist bedeutsam, warum z.B. eine Ehefrau eine Erwerbstätigkeit aufgegeben oder gar nicht aufgenom-

---

[338] BT-Drucks. 10/2888, S. 18.

men hat. Tat sie das aus persönlichen Gründen (wie z.B. Unzufriedenheit mit der Arbeit), so kann das für eine zeitliche Begrenzung des Unterhaltsanspruchs sprechen. Tat sie es dagegen wegen der Kinderbetreuung und/ oder Haushaltsführung, so spricht das gegen eine Begrenzung. In einer sog. „Doppelverdiener-Ehe" mit beiderseitiger Haushaltsführung kann dagegen ein unbegrenzter Unterhaltsanspruch unbillig sein.

Ehedauer

Bezüglich der zu berücksichtigenden *Ehedauer* ergibt sich nach der Rechtsprechung Folgendes:

- Als Ehedauer zählt (ebenso wie in § 1579 Nr. 1) die Zeit bis zur Stellung des Scheidungsantrags,[339] und zwar unabhängig vom tatsächlichen Zusammenleben oder Getrenntleben der Ehegatten. Die Zeit der Kinderbetreuung nach der Scheidung wird dabei mitgezählt (vgl. § 1578b Abs. 1 S. 3).
- Einige Gerichte meinen, dass nach mehr als 10-jähriger Ehedauer grundsätzlich keine Begrenzung des Unterhaltsanspruchs mehr in Betracht kommt. Andererseits wurde aber auch nach 13 und 16 Jahren Ehedauer noch eine Begrenzung für möglich gehalten, wenn der betreffende Ehegatte noch nicht so alt ist[340]. Der BGH lehnt jedoch eine feste Zeitgrenze ab[341] und meint, auch eine 15-jährige Ehe schließe eine Begrenzung nicht generell aus.[342]

Zeitliche Begrenzung von Überbrückungs- und Aufstockungs-Unterhalt	
dafür spricht	dagegen spricht
– kinderlose Ehe, – nur kurzzeitige Kinderbetreuung, – gemeinsame Kinderbetreuung, – kürzere Ehedauer (unter 10 J.),* – Doppelverdiener-Ehe mit gemeinsamer Haushaltsführung, – keine Einschränkung beruflicher Tätigkeit des Unterhaltsberechtigten für die Familie, – Verpflichteter krank oder alt, – relativ geringe Einkünfte des Pflichtigen, – weitere erhebliche Unterhaltspflichten, – „Sitzenlassen" des Unterhaltspflichtigen	– derzeitige Kinderbetreuung, – frühere lange Kinderbetreuung, – schwere Schicksalsschläge, – lange Ehedauer (mehr als 10 Jahre),* – Haushaltsführung erfolgte wesentlich durch Unterhaltsberechtigten – wesentliche Einschränkung beruflicher Tätigkeit des Unterhaltsberechtigten für die Familie, – Berechtigter krank oder alt, – „normaler" Unterhalt ist gedeckt, – Vermögen ist einsetzbar, – „Sitzenlassen" des Berechtigten
* Dabei werden Kinderbetreuungszeiten der Ehedauer hinzugezählt.	

[339] *Mü-Ko-Maurer*, § 1573 Rz. 32 u.a. mit Hinweisen auf die st. Rspr. des *BGH* (NJW 1986, 2832; NJW 1990, 1847 FamRZ 1991, 307).
[340] *OLG Düsseldorf*, FamRZ 1987, 945 bzw. *OLG Hamm*, FamRZ 1995, 1204.
[341] Vgl. *BGH*, FamRZ 1990, 857.
[342] *BGH*, FamRZ 2006, 1006.

Begrenzungsdauer

Die Dauer der zeitlichen Begrenzung des Unterhaltsanspruchs hat unter Abwägung aller Umstände des Einzelfalles zu erfolgen, ist also nicht etwa in das völlig freie Ermessen der Gerichte gestellt.[343] Bei gerichtlicher Begrenzung des Unterhalts erlischt der Anspruch nach Ablauf der festgelegten Zeitspanne. Die Begrenzung garantiert andererseits jedoch nicht auf jeden Fall den Unterhalt für diesen Zeitraum. Vielmehr ist dieser auch dann abhängig vom Fortbestehen der in den § 1573 Abs. 1–4 normierten Voraussetzungen. Findet z.B. ein Ehegatte vorher eine Erwerbstätigkeit oder erzielt er inzwischen angemessene Einkünfte, entfällt der Unterhaltsanspruch natürlich sofort.

f) Unterhalt aus Billigkeitsgründen

Nur subsidiäre Auffangvorschrift

Anspruchsvoraussetzungen

Wenn keiner der in den §§ 1571–1573 und 1575 geregelten Unterhaltsberechtigungsgründe greift,[344] kann einem geschiedenen Ehegatten dennoch ein Unterhaltsanspruch zustehen, „soweit und solange" von ihm „aus sonstigen schwerwiegenden Gründen" eine Erwerbstätigkeit nicht erwartet werden kann. Der Anspruch besteht allerdings nur, wenn die Versagung von Unterhalt („unter Berücksichtigung der Belange beider Ehegatten") grob unbillig wäre (§ 1576 S. 1). Die Norm stellt eine Ausnahmevorschrift dar, die restriktiv anzuwenden ist.[345] Sie kommt daher nur in Betracht, wenn die Versagung von Unterhalt unter Berücksichtigung der Belange beider Ehegatten dem Gerechtigkeitsempfinden in unerträglicher Weise widersprechen würde.[346] Bei der Billigkeitsabwägung sind sämtliche Umstände des Einzelfalles, insbesondere die bisherigen Lebensumstände (z.B. die langjährige Berufsunterbrechung oder das fortgeschrittene Alter des Unterhalt begehrenden Ehegatten) sowie die wirtschaftlichen Verhältnisse beider Eheleute zu würdigen. Bei der Gesamtwürdigung sind auch persönliche Gesichtspunkte zu berücksichtigen einschließlich der Gründe, die zum Scheitern der Ehe geführt haben; Letztere dürfen jedoch nicht allein ausschlaggebend sein (vgl. § 1576 S. 2).

Die ursprüngliche Fassung der Norm sah dagegen ausdrücklich die Nichtberücksichtigung von Scheiternsgründen vor, weil ausgeschlossen werden sollte, dass Fragen des Verschuldens doch wieder Eingang in das 1. EheRG finden könnten.[347] Diese Fassung ist jedoch nicht Gesetz geworden.

„Positive" Härteklausel

Gesetzesintention

Die „positive Härteklausel", die auf Initiative des Rechtsausschusses des Deutschen Bundestages zurückgeht, wollte sicherstellen, dass durch das Enumerations-Prinzip der §§ 1570–1575 keine Ungerechtigkeiten auftreten.[348] Sie hat daher „Auffang-Funktion".[349]Gedacht ist vor allem an Fälle, in denen „eine Ehefrau weit über ihre Rechtspflichten hinaus ihrem Ehemann oder anderen Familienangehörigen besondere Leistungen erbracht

[343] *Mü-Ko-Maurer*, § 1573 Rz. 30.
[344] Ebenso: *Schwab*, Rz. 391.
[345] Ebenso: *Palandt/Brudermüller*, 66. Aufl., § 1575 Rz. 1.
[346] Vgl. Gesetzesbegründung, BT-Drucks. 7/4361, S. 17, 29, 30.
[347] BT-Drucks. 7/4361, S. 90.
[348] Vgl. Gesetzesbegründung, BT-Drucks. 7/4361, S. 17, 29, 30.
[349] *Palandt/Brudermüller*, 66. Aufl., § 1575 Rz. 1; *Schwab*, Rz. 391.

oder Belastungen auf sich genommen hat und dann mit der Scheidung konfrontiert wird."[350, 351]

Beispiele: Ein Ehegatte finanziert dem anderen die Ausbildung oder ein Studium, trägt durch Mitarbeit oder Finanzierung maßgeblich zum Aufbau einer beruflichen Existenz bei,
hat Schwiegereltern oder andere Verwandte des Ehegatten langjährig aufgenommen oder gar gepflegt.

Nach hM kann aber auch die Betreuung eines nicht gemeinschaftlichen Kindes (z.B. Stief- oder Pflegekind) die Anwendung von § 1576 rechtfertigen und die Verweisung eines geschiedenen Ehegatten auf eine Erwerbstätigkeit als grob unbillig erscheinen lassen. Dabei sei zu berücksichtigen, wie es zu der Aufnahme dieses Kindes gekommen ist, wie lange diese besteht und in welchem Umfang eine Verfestigung der Beziehung zwischen Kind und beiden Ehegatten oder zumindest zum pflegenden Teil eingetreten ist.[352]

Nachrang gegenüber allen anderen Ansprüchen

Auf § 1576 kann wegen seines subsidiären Charakters dieser Regelung (s. dazu oben) nur dann zurückgegriffen werden, wenn und soweit ein Unterhaltsanspruch nach den sonstigen im Gesetz genannten Vorschriften nicht oder nur teilweise besteht,[353] z.B. wenn nach dem Alter gemeinschaftlicher Kinder schon eine Teil- oder Vollzeittätigkeit zu erwarten ist.

Für die Anwendung der „positiven Härteklausel" sind in § 1576 keine bestimmten Einsatzzeitpunkte vorgesehen, auch ist die Ehebedingtheit der „schwerwiegenden Gründe" nicht Voraussetzung (vgl. § 1576).[354]

Die im ersten Gesetzesbeschluss vorgesehene Voraussetzung, dass es sich um „in den ehelichen Lebensverhältnissen liegende" Gründe handeln müsse, wurde im Vermittlungsverfahren gestrichen, weil man meinte, dass es in der Praxis kaum beweisbar sei, ob ein bestimmter Grund (beispielsweise eine Erkrankung der Ehefrau, die erst Jahre nach der Scheidung zur Erwerbsunfähigkeit führt) auf die ehelichen Lebensverhältnisse zurückzuführen ist.[355]

Kontext mit der Ehe nach hM nötig

Die hM verlangt für die Anerkennung eines Unterhaltsanspruchs nach § 1576 jedoch, dass die schwerwiegenden Gründe zumindest in einem sachlichen oder zeitlichen Zusammenhang mit den ehelichen Lebensverhältnissen stehen.[356]

Zur Bedürftigkeit

Fraglich ist, ob ein Anspruch nach § 1576 S. 1 das Vorhandensein einer konkreten Bedürftigkeit voraussetzt oder nicht. Angesichts der §§ 1569 und 1577 wäre zwar grundsätzlich davon auszugehen. Jedoch kann das m.E. im Hinblick auf die Entstehungsgeschichte und Intention der Vorschrift (siehe dazu oben) nicht bedingungslose Voraussetzung sein, wie die „Sonderopfer"-Beispiele (insbesondere die der Finanzierung einer Ausbildung oder Existenzgründung) zeigen. Hier wäre es grob unbillig, würde der so geförderte Ehegatte im Scheidungsfall sagen können: „Du kannst ja selbst für dich sorgen."

---

350 BT-Drucks. 7/4361, S. 17, 29, 30.

351 Nach *BGH*, FamRZ 1983, 800, wenn ein Ehegatte besondere Opfer gebracht hat.

352 *OLG Hamm*, FamRZ 1996, 1417.

353 *BGH*, NJW 1984, 1538.

354 So explizit auch *BGH*, FamRZ 1983, 800 (801).

355 Vgl. BT-Drucks. 7/4992 und BR-Drucks. 216/76.

356 So z.B. BGH, FamRZ 1983, 800; 1984, 361 und 769

Dauer und Höhe des Anspruchs sind abhängig vom Ergebnis der anzustellenden Billigkeitsabwägungen. Sie können zur Anerkennung eines zeitlich begrenzten oder eines unbegrenzten („lebenslänglichen") Unterhaltsanspruchs führen (vgl. § 1576 S. 1 „solange"). Für die Höhe ist in besonderem Maße die Leistungsfähigkeit des in Anspruch genommenen geschiedenen Ehegatten entscheidend, aber auch zu berücksichtigen, wie groß der eigentliche Bedarf ist (vgl. § 1576 S. 1 „soweit").

Zusammenfassung

Voraussetzungen für einen Unterhaltsanspruch nach § 1576:

- die §§ 1570–1573, 1575 ergeben keinen oder nur einen Teilanspruch,
- schwerwiegende Gründe lassen eine Erwerbstätigkeit nicht erwarten,
- diese Gründe stehen in Verbindung mit der Ehe (einschließlich deren Scheitern),
- die Versagung von Unterhalt wäre unter Berücksichtigung der gesamten Belange beider Ehegatten *grob* unbillig.

3. Beschränkung oder Ausschluss der Unterhaltspflicht („negative" Härteklauseln)

Gesetzeszweck

Unterhaltspflichten belasten geschiedene Ehegatten oftmals ganz erheblich. Da sie sogar lebenslänglich bestehen können (s. Seite 221) und das Maß für den zu gewährenden Unterhaltsbedarf vom 1. EheRG hoch angesetzt ist (vgl. § 1578 sowie Seiten 241 ff.), kann das zu unabsehbaren Einschränkungen und Verzichten bei der weiteren eigenen Lebensgestaltung der Unterhaltspflichtigen führen. Dies wird von den Betroffenen in so manchen Fällen als ungerecht empfunden. Das Unterhaltsrecht sah daher schon immer Unterhalts-Beschränkungen oder Ausschlüsse vor, wenn es im speziellen Einzelfall unzumutbar wäre, Unterhalt gewähren zu müssen (sog. „negative" Härteklauseln). § 1579 sieht daher bei kurzer Ehedauer sowie bei bestimmten Fehlverhalten eines geschiedenen Ehegatten die Möglichkeit vor, einen an und für sich bestehenden Unterhaltsanspruch

Konsequenzen

herabzusetzen, zeitlich zu begrenzen oder ganz zu versagen,

soweit eine Inanspruchnahme des eigentlich Unterhaltspflichtigen grob unbillig wäre. Dabei sind allerdings die Belange des(r) dem Unterhaltsberechtigten anvertrauten gemeinschaftlichen Kindes(r) zu wahren.

Umstrittene Norm

§ 1579 gehört zu den umstrittensten Regelungen des 1. EheRG. Es herrscht weitgehend Einvernehmen darüber, dass die Vorschrift völlig missglückt ist.[357] Sie erweckt zunächst in den Ziffern 1–7 den Eindruck einer abschließenden Regelung von Anwendungsfällen, die aber von unbestimmten Rechtsbegriffen strotzen und sich zum Teil überschneiden (z.B. die Nrn. 2, 4 u. 6), öffnet dann aber zum Schluss in der Ziffer 8 nicht nur Tür und Tor für freies Ermessen der Gerichte, sondern bietet auch einen willkommenen „Kriegsschauplatz" für unwillige Unterhaltsschuldner.

---

[357] Kritisch hierzu *Graba*, FamRZ 2005, 2032 ff.

Anwendungskriterien

Bei Anwendung der negativen Härteklauseln des § 1579 ist Folgendes zu beachten:

- Sämtliche Härteklauseln setzen voraus, dass ein Unterhaltsanspruch („eigentlich") besteht, sind also nicht heranzuziehen bzgl. der Prüfung, ob eine Bedürftigkeit überhaupt vorliegt.

Härtefall sowie grobe Unbilligkeit

- Das Vorliegen eines Härtetatbestandes der Ziffern 1–8 ist allein nicht ausreichend. Hinzukommen muss vielmehr, dass die Inanspruchnahme des Unterhaltsverpflichteten *grob unbillig* ist. Das setzt voraus, dass eine Unterhaltszahlung in einem unerträglichen Widerspruch zum Gerechtigkeitsempfinden stehen würde.[358]

Ausnahmesituation

- *Grobe Unbilligkeit* verlangt einen Ausnahmesachverhalt. Sie ist anhand aller Umstände des Einzelfalles zu beurteilen, wobei es auch darauf ankommt, in welcher Weise die Unterhaltspflicht den Schuldner insbesondere in wirtschaftlicher Hinsicht trifft.[359] – Der Unterhaltspflichtige hat die tatsächlichen Voraussetzungen für das Vorliegen eines Härtegrundes und der unbilligen Härte darzulegen und im Streitfall zu beweisen.

Kindesinteressen sind aber stets zu beachten

- Auch bei Vorliegen eines Härtegrundes kann ein Unterhaltspflichtiger nur insoweit von Unterhaltszahlungen freigestellt werden, als die Interessen des Kindes dem nicht entgegenstehen (vgl. § 1579 Halbsatz 1). Denn bei Kürzung, zeitlicher Begrenzung oder Versagung von Unterhalt für den betreffenden Elternteil besteht die Gefahr mangelnder Kinderbetreuung durch notwendig werdende Erwerbstätigkeit. Das ist bei allen Varianten des § 1579 im Rahmen einer auf den Einzelfall bezogenen Abwägung stets zu beachten.[360] Beschneidungen bestehender Unterhaltsansprüche kommen daher nur in Betracht, wenn die Pflege und Erziehung des Kindes trotzdem gesichert bleibt. Das ist der Fall, soweit der Unterhalt wenigstens das Existenzminimum erreicht.[361] Nach Ansicht des *BGH* können die Belange des Kindes gewahrt sein, wenn seine Pflege und Erziehung in anderer Weise als durch elterliche Betreuung sichergestellt werden kann.[362]

Die gesetzlichen Härtegründe im Einzelnen:

Kurzehen Rechtsprechungsbeispiele

Kurze Ehedauer (§ 1579 Nr. 1)
§ 1579 Nr. 1 BGB besagt nichts darüber, was unter einer kurzen Dauer zu verstehen ist und bis zu welchem Zeitpunkt sie zählt. Im Einzelnen ist alles umstritten. Die überwiegende Rechtsprechung geht davon aus, dass

- die Ehedauer bis zum Scheidungsantrag zählt[363] und es dabei unerheblich ist, wie lange die Eheleute zusammengelebt haben,
- ab drei Jahren in der Regel keine Kurzehe mehr vorliegt,[364]

[358] *BGH*, FamRZ 1982, 582 u. FamRZ 1989, 483; *OLG Frankfurt*, FamRZ 1991, 823; *OLG Celle*, FamRZ 1990, 519.
[359] BGH, a.a.O., sowie in FamRZ 1992, 1045.
[360] *BVerfG*, FamRZ 1989, 941.
[361] *BVerfG*, FamRZ 1981, 745.
[362] *BGH*, FamRZ 1989, 1279.
[363] Davon geht der *BGH* (NJW 1981, 754 und 1986, 2832) aus.
[364] So *BGH*, FamRZ 1986, 886; 1995, 1405; 1999, 710.

- vier Jahre noch eine Kurzehe ist, wenn es an einer wechselseitigen Abhängigkeit fehle,[365]
- der Annahme einer kurzen Ehe nicht entgegensteht, dass sich die Ehegatten bei Heirat bereits im vorgerückten Alter befunden haben.[366]

Kinderbetreuung zählt mit

Bei der Ehedauer werden Zeiten der Kinderbetreuung mit- bzw. hinzugezählt (§ 1579 Nr. 1), so dass bei einer Ehe von einem Jahr, aus der ein gemeinsames Kind stammt, das die Mutter langjährig pflegt und erzieht, eine Berufung auf eine kurze Ehedauer nicht möglich ist.

Verfestigte Lebensgemeinschaft (§ 1579 Nr. 2)

Der unterhaltsberechtigte Ehegatte lebt in einer neuen verfestigten Lebensgemeinschaft, wenn er mit dem neuem Partner zwei bis drei Jahre zusammenlebt und der neue Partner Unterhalt leistet.[367]

Schwere Straftaten gegen den Verpflichteten oder dessen nahe Angehörige (§ 1579 Nr. 3)

Intention

Die Begriffe entstammen dem Strafrecht (vgl. dazu § 12 StGB). Hintergrund ist, dass es unerträglich erscheint, wenn sozusagen „mit der einen Hand geschlagen und die andere zum Geldempfang aufgehalten" wird.

Beispiele: Körperverletzungen, Vergewaltigungen, Nötigungen, Erpressungen; schwere Verleumdungen gegen Unterhaltsverpflichtete, deren Kinder, Eltern, Geschwister oder neue Partner;
Betrug (z.B. Leugnen von Einkünften im Scheidungsverfahren);
eigener sexueller Missbrauch von gemeinsamen Kindern oder Stiefkindern oder Duldung durch Dritte.

Nicht erforderlich ist, ob volle strafrechtliche Verantwortlichkeit besteht. Es muss auch kein Strafverfahren eingeleitet sein oder gar eine Verurteilung vorliegen.

Mutwilliges Herbeiführen der Bedürftigkeit (§ 1579 Nr. 4)

Kriterien

Diese Ziffer ist nicht anwendbar bei der Prüfung, ob eine Bedürftigkeit überhaupt vorliegt, sondern sie setzt – wie die gesamte Norm – einen bestehenden Unterhaltsanspruch voraus.

Mutwilligkeit

Mutwillig bedeutet nicht unbedingt vorsätzlich, vielmehr genügt unterhaltsbezogene Leichtfertigkeit, d.h.: sinn-, verantwortungs- und rücksichtsloses Verhalten.[368]

Beispiele: grundlose Aufgabe einer Erwerbstätigkeit oder Berufsausbildung; Verschwendung des Vermögens; Alkohol, Drogen- (inkl. Tabletten-) Sucht bei fehlender Bereitschaft zur Behandlung und/oder Therapie.

Verletzung schwerwiegender Vermögensinteressen des Unterhaltspflichtigen (§ 1579 Nr. 5)

Nach dem Willen des Gesetzgebers unterfällt diesem Tatbestand insbesondere das Anschwärzen des Unterhaltspflichtigen bei seinem Arbeitgeber, sofern sich daraus eine Gefährdung des Arbeitsplatzes ergibt.[369]

---

365 *OLG Hamm*, FamRZ 1992, 326; *OLG Köln*, FamRZ 1992, 65.
366 *BGH*, FamRZ 1981, 140 u. 1982, 582; *OLG Frankfurt*, FamRZ 1991, 823.
367 *Büttner* FamRZ 2007, 773.
368 *BGH*, FamRZ 1993, 1055; 1994, 240; 2001, 541.
369 BT-Drucks. 10/2888, S. 20.

Beispiele: Schwerwiegende Vermögensinteressen sind auch verletzt, wenn ein Unterhaltsberechtigter in der Absicht, dem Unterhaltspflichtigen zu schaden, diesen bei Geschäftspartnern oder Behörden (Polizei, Gesundheits-, Gewerbeaufsichts-, Finanz, Zollamt o.ä.) denunziert.

Überschneidungen

Hier kann es zu Überschneidung mit Nr. 3 der Vorschrift kommen (z.B. beim Prozessbetrug durch Verschweigen von Einkünften).

Was das subjektive Merkmal „mutwillig" betrifft, gilt das oben zu Nr. 4 Gesagte.

Grobe Verletzung der eigenen Unterhaltspflicht vor der Trennung (§ 1579 Nr. 5)

Kriterien

Wenn ein Ehegatte während des ehelichen Zusammenlebens seiner eigenen Verpflichtung, zum Unterhalt der Familie beizutragen (s. dazu §§ 1356 Abs. 1, 1360 S. 2), in eklatanter Weise nicht nachgekommen ist, wäre es ungerecht, an ihn jetzt Unterhaltszahlungen leisten zu müssen. In Betracht kommen außer der Verweigerung des Bar-Unterhalts (s. dazu Seite 245) insbesondere völlige Vernachlässigung der gemeinsamen minderjährigen Kinder sowie des Haushalts. Das gilt vor allem dann, wenn deshalb unter großem finanziellen Aufwand Hilfskräfte eingesetzt werden mussten.

Interessanterweise ist hierzu – soweit ersichtlich – bislang keine Rechtsprechung veröffentlicht worden.

Offensichtlich schwerwiegendes Fehlverhalten gegen Unterhaltspflichtige (§ 1579 Nr. 7)

Hintergrund

Diese Klausel kommt zur Anwendung, wenn dem Unterhaltsberechtigten ein offensichtlich schwerwiegendes, eindeutig bei ihm liegendes Fehlverhalten gegen den Unterhaltsverpflichteten zur Last fällt. Obwohl durch das 1. EheRG das Schuldscheidungsrecht abgeschafft werden sollte, wirkt dies hier fort.

Beispiele: grundloses Ablehnen eines gemeinsamen Wohnsitzes während der Ehe;[370] Unterschieben eines fremden Kindes vor oder nach der Scheidung;[371] „grundloses" Verlassen der Ehefrau mit den Kindern und Zusammenziehen mit neuem Partner, es sei denn, der andere Ehegatte äußerte bereits ebenfalls Scheidungsabsichten;[372] Begründung einer „nachhaltigen Intimbeziehung";[373] Prostitution gegen den Willen des geschiedenen Ehemannes[374], Vereitelung des Umgangsrechts.[375]

Viel sagend erscheint, dass bislang fast ausschließlich diesbezügliche Entscheidungen gegen Frauen zur Veröffentlichung gekommen sind. Man nennt daher diese Härteklausel auch „Männer-Paragraf".

Auffangklausel

Andere, ebenso schwerwiegende Gründe (Auffangklausel) (§ 1579 Nr. 8)

Diese Vorschrift soll die Anwendung des § 1579 in den Fällen sicherstellen, in denen ein anderer Grund vorliegt, der ebenso schwer wiegt wie die in den Nrn. 1–7 aufgeführten Gründe. Es handelt sich somit um einen Auf-

---

370 *BGH*, FamRZ 1990, 490.
371 *BGH*, FamRZ 1985, 51 u. 267.
372 *BGH*, FamRZ 1980, 40.
373 *BGH*, FamRZ 1981, 439.
374 *OLG Schleswig*, FamRZ 1977, 814.
375 BGH NJW 2007, 1969.

fangtatbestand.[376] Ein Sachverhalt, der für einen der Härtegründe des § 1579 Nr. 1–7 nicht ausreicht, kommt dabei jedoch nicht in Betracht.[377]

Härteklauseln wirken evtl. nur temporär

Die Anwendung der Härteklauseln des § 1579 kann später auch wieder wegfallen und damit erneut Unterhalt in Betracht kommen.[378] Der früher vor allem als Härtefall anerkannte Fall einer verfestigten neuen Partnerschaft ist nunmehr in § 1579 Nr. 2 geregelt.

4. Umfang und Höhe des Unterhalts

Terminologie

Bei Geschiedenen wird unterschieden zwischen dem Unterhalt, der

- sich an den ehelichen Lebensverhältnissen orientiert (voller Unterhalt),
- den konkret anzuerkennenden Lebensbedarf umfasst (angemessener Unterhalt),
- nur die objektiv bestehenden Mindestbedürfnisse deckt (notwendiger Unterhalt).

Voller Unterhalt

Grundsätzlich richtet sich die Höhe des Ehegattenunterhalts nach den bisherigen ehelichen Lebensverhältnissen (§ 1578 Abs. 1 S. 1), d.h. nach dem Lebensstandard der Ehegatten, wie er sich aufgrund der Einkommens- und Vermögensverhältnisse sowie des gewohnten Lebensstils während der Ehe dargestellt hat *(voller Unterhalt)*. Gesetzliche Zielsetzung ist, dem unterhaltsbedürftigen Ehegatten möglichst das bisherige Lebensniveau zu erhalten. Nähere gesetzliche Regelungen bestehen diesbezüglich nicht, weil nicht schematisch vorgegangen, sondern Einzelfallgerechtigkeit ausgeübt werden sollte. Im Einzelnen ist daher – nicht nur in der Scheidungspraxis, sondern auch in Rechtsprechung und Literatur – vieles umstritten. Es kann jedoch Folgendes festgehalten werden:

Maßgeblicher Zeitpunkt: Rechtskraft der Scheidung

Für die Bemessung des ehelichen Lebensstandards ist auf den Unterhaltszeitraum abzustellen.[379]

Was ist prägend für ehelichen Lebensstandard?

Den ehelichen Lebensverhältnissen werden nur diejenigen Einkommens- und Vermögensverhältnisse zugeordnet, die den ehelichen Lebensstandard nachhaltig geprägt haben.[380] Veränderungen nach der Scheidung werden von der hM nur berücksichtigt, wenn diese zum Scheidungszeitpunkt schon für beide Ehegatten vorhersehbar und mit hoher Wahrscheinlichkeit zu erwarten waren und deshalb bereits prägenden Einfluss auf die Lebensverhältnisse während des Bestehens der Ehe gewonnen hatten.[381] Das ist z.B. der Fall, wenn Kinder erst nach der Scheidung erhöhte Ausbildungskosten verursachen oder diese durch Beendigung dann wegfallen.

Umstritten ist, ob bzgl. der ehelichen Lebensverhältnisse auf den konkreten Lebensstil der jeweiligen Eheleute oder auf eine objektive Betrachtungsweise abzustellen ist.[382]

---

376 Vgl. *BGH*, FamRZ 1995, 1405.
377 *BGH*, a.a.O.
378 *BGH*, FamRZ 1987, 1238 sowie: *Mü-Ko-Maurer*, § 1579 Rz. 80–82; *Palandt/Brudermüller*, 66. Aufl., § 1579 Rz. 53.
379 Vgl. BGH NJW 2006, 1654.
380 Vgl. *BGH*, NJW 1982, 1871.
381 *Palandt/Brudermüller*, 66. Aufl., § 1578, Rz. 20 unter Hinweis auf die ständige Rechtsprechung des *BGH* (z.B. FamRZ 1982, 684; NJW 1987, 58 u. 1555; 1988, 2034; FamRZ 2006, 683).
382 Für Letzteres *Schwab*, Rz. 404 unter Hinweis auf *BGH*, FamRZ 1986, 783; 1988, 145.

Angemessener Unterhalt

Der Unterhalt umfasst den gesamten Lebensbedarf (§ 1578 Abs. 1 S. 4). Dazu zählen nicht nur sämtliche Kosten für angemessene

Wohnung, Lebensmittel, Kleidung, Hygiene, Gesundheit, Freizeitgestaltung, kulturelle Bedürfnisse etc.,

sondern gemäß § 1578 Abs. 2 u. 3 auch die Kosten für angemessene Kranken-, Alters-, Berufs- und Erwerbsunfähigkeits-Versicherungen (sog. Vorsorge-Unterhalt)[383] sowie Kosten für eine angemessene Schul- und Berufsausbildung, Fortbildung oder Umschulung (sofern § 1575 erfüllt ist).

Im konkreten Einzelfall bereitet die Festlegung des angemessenen Unterhalts stets Schwierigkeiten. Hinzu kommt, dass bei jeder Unterhaltsfestsetzung ja auch die Leistungsfähigkeit des Unterhaltspflichtigen berücksichtigt werden muss (s. dazu § 1581 sowie unten 5.). Die Gerichte haben daher schon immer versucht, die Problematik durch sog. *„Unterhaltstabellen"* zu entschärfen. Diese enthalten nach Einkommen

Unterhaltstabellen

wobei von einem sog. „bereinigten" Netto-Einkommen (d.h.: nach Abzug von Steuern und angemessenen Versicherungsbeiträgen) ausgegangen wird

Aufbau

gestaffelte Beträge für Unterhaltsberechtigte (wobei für Kinder ausgehend vom Mindestunterhalt[384] drei Altersgruppen vorgesehen sind) wie für Unterhaltsverpflichtete. Dabei wird bei sog. „Doppelverdienern" die Differenz des anrechenbaren Erwerbseinkommens und ansonsten das Erwerbseinkommen des erwerbstätigen Ehegatten zu 4/7 auf den erwerbstätigen und zu 3/7 auf den nicht erwerbstätigen Ehegatten verteilt, da erwerbsbedingte Mehraufwendungen und der Anreiz zur Erwerbstätigkeit berücksichtigt werden sollen.

Unverbindlichkeit von Tabellen

Diese *„Unterhaltstabellen"* sind für die jeweiligen Richter selbst dann nicht verbindlich, wenn sie zum selben Gericht oder zu diesem Gerichtsbezirk gehören. Die z.T. verwendete Bezeichnung *„Unterhaltsrichtlinien"* ist daher zumindest missverständlich. Denn die Richter können stets unabhängig von bestehenden „Tabellen" entscheiden. Vielfach orientieren sie sich allerdings an ihnen oder sie übernehmen sie auch (mit oder ohne Modifikationen).

Irreführende Bezeichnungen

Bedeutung von Tabellen

Die Hauptbedeutung aller Unterhaltstabellen liegt vor allem darin, dass sie eine gewisse Befriedungsfunktion erfüllen. Denn Unterhaltsberechtigte wie Unterhaltsverpflichtete können aus ihnen oftmals ersehen, dass ihre eigenen Vorstellungen nicht so weit auseinander liegen, als dass sich ein Unterhaltsprozess (mit doch stets unsicherem Ausgang) lohnen würde.

Düsseldorfer Tabelle

In der Praxis wird am häufigsten die sog. *„Düsseldorfer Tabelle"* angewendet. Diese wird inzwischen in einigen Gesetzessammlungen einschließlich Erläuterungen als Anhang abgedruckt. Im Hinblick auf Platzprobleme wird daher auf ein näheres Eingehen auf sie verzichtet. (Es gibt aber weitere 18 Tabellen anderer OLG).

Konkreter Bedarf und ehel. Lebensverhältnisse divergieren oft

Eheliche Lebensverhältnisse und *konkreter Lebensbedarf* sind oftmals nicht deckungsgleich, sondern stehen in einem Spannungsverhältnis – vielfach auch in krassem Widerspruch zueinander. Durch die Scheidung erhöht sich der Lebensbedarf der Ehegatten allein schon durch die Verdoppelung

[383] Dieser ist zweckbestimmt und daher im Urteil gesondert auszuweisen (*BGH*, NJW 1981, 1558).
[384] Siehe dazu Seite 253 ff.

der Wohnkosten sowie häufig durch das Hinzukommen eines neuen Ehegatten und die Geburt weiterer Kinder. Meist sind auch die Steuerlast und die Versicherungsaufwendungen höher als zuvor. Somit ist klar, dass untere und mittlere Einkommen nicht für den nach der Scheidung erhöhten Lebensbedarf der Betroffenen ausreichen.

Zeitliche Begrenzung des vollen Unterhalts

Die Bemessung des Unterhalts nach den ehelichen Lebensverhältnissen kann jedoch zeitlich begrenzt werden, soweit vor allem unter Berücksichtigung der Ehedauer sowie der Gestaltung von Haushaltsführung und Erwerbstätigkeit eine unbegrenzte Orientierung der Unterhaltshöhe an den ehemaligen ehelichen Lebensverhältnissen unbillig wäre (§ 1578b Abs. 2).[385]

Danach gilt der angemessene Unterhalt

Wenn eine zeitliche Begrenzung des *vollen* Unterhalts erfolgt, orientiert sich die Bemessung danach dann am „angemessenen Lebensbedarf" (§ 1578b Abs. 2). Dieser liegt nach hM oberhalb des notwendigen Unterhalts, nicht aber unterhalb des vorehelichen Lebensstandards. Zum Teil wird dann auch von einer fiktiven Lebensstellung (ohne Ehe) ausgegangen.

Kinderbetreuung lässt Unterhaltsbeschränkung idR nicht zu

Eine Begrenzung und Herabsetzung des Unterhalts, kommt aber idR nicht in Betracht, wenn der Unterhaltsberechtigte während der Ehe nicht nur vorübergehend ein gemeinschaftliches Kind betreut hat oder betreut (vgl. § 1578b Abs. 1 S. 3).

5. Berücksichtigung der Leistungsfähigkeit

Gegenüber Ehegatten

Abwägungen

Die Gewährung des *vollen* Unterhalts iSd § 1578 Abs. 1 S. 1 setzt volle Leistungsfähigkeit auf Seiten des Unterhaltspflichtigen voraus. Wenn nämlich durch seine Inanspruchnahme zum Unterhalt (z.B. durch die Kinder und den geschiedenen Ehegatten) sein eigener angemessener Unterhalt gefährdet würde, braucht man seinem geschiedenen Ehegatten nur insoweit Unterhalt zu leisten, als das mit Rücksicht auf die beiderseitigen Bedürfnisse und die Erwerbs- und Vermögensverhältnisse der Billigkeit entspricht (§ 1581 S. 1).

Einsatz des Vermögens

Dabei muss der Unterhaltspflichtige allerdings evtl. sogar den Stamm seines Vermögens verwerten (d.h.: verkaufen), soweit dies nicht unwirtschaftlich oder unter Berücksichtigung der beiderseitigen wirtschaftlichen Verhältnisse unbillig wäre (§ 1581 S. 2).

Auskunftspflicht

Zur Klärung der Leistungsfähigkeit (wie auch der Bedürftigkeit) besteht gegenseitige Auskunftspflicht i.S.d. § 1605 (s. dazu Seite 256) der geschiedenen Ehegatten (§ 1580).

Gegenüber Schulkindern

Mit seinen unverheirateten noch nicht 21 Jahre alten Schulkindern, die im Haushalt eines ihrer Elternteile leben, muss der Unterhaltspflichtige jedoch alle verfügbaren Mittel gleichmäßig teilen, es sei denn, es ist ein anderer unterhaltspflichtiger, leistungsfähiger Verwandter (z.B. Großeltern) oder Kindesvermögen vorhanden (vgl. § 1603 Abs. 2). – Bei verheirateten Kindern haften jedoch deren Ehegatten vorrangig, sofern dadurch nicht deren eigener Unterhalt gefährdet wird (vgl. § 1608).

Selbstbehalt begrenzt die Leistungsfähigkeit

Der Unterhaltspflichtige ist leistungsfähig, solange ihm ein eigener angemessener Unterhalt (sog. *Selbstbehalt*) verbleibt. Dabei wird unterschieden zwischen dem *not-*

---

[385] Diese Regelung erfolgte durch das Gesetz zur Änderung des Unterhaltsrechts vom 21.12.2007 (BGBl. I S. 3189).

wendigen (§ 1602 Abs. 2), dem *angemessenen* (§ 1603 Abs. 1) sowie dem *ehe-angemessenen* (§ 1581) Selbstbehalt. Letzterer gilt gegenüber Ehegatten und beträgt nach der sog. Düsseldorfer Tabelle 4/7 des bereinigten Einkommens (sog. „Netto-Netto"-Einkommen) der Ehegatten. Der *notwendige Selbstbehalt* gegenüber minderjährigen unverheirateten (und ihnen nach § 1603 Abs. 2 S. 2 gleichgestellten) volljährigen Kindern wird nach der *Düsseldorfer Tabelle* seit 1.7.2007 bei erwerbstätigen Unterhaltsverpflichteten mit 900,– EUR (und bei nicht Erwerbstätigen sogar nur mit 770,– EUR!) und der *angemessene* Selbstbehalt gegenüber anderen Unterhaltsberechtigten mit 1100,– EUR angesetzt.

6. Rangfolgen[386]

Rangfolgen Unterhaltsberechtigter (d.h.: nachrangige erhalten evtl. nur einen Teil oder gar nichts)
Rangstufe 1 (vgl. § 1609 Nr. 1) – minderjährige unverheiratete Kinder, – noch nicht 21 J. alte im Haushalt eines Elternteils lebende unverheiratete Schulkinder (unabhängig davon, ob aus dieser oder anderer Ehe stammend, nichtehelich geboren sowie adoptiert)
Rangstufe 2 (vgl. § 1609 Nr. 2) Elternteile, die wegen Betreuung eines Kindes unterhaltsberechtigt sind oder im Fall der Scheidung wären sowie Ehegatten und geschiedene Ehegatten bei einer Ehe von langer Dauer
Rangstufe 3 (vgl. § 1609 Nr. 3) Ehegatten und geschiedene Ehegatten
Rangstufe 4 (vgl. § 1609 Nr. 4) Nicht unter Nr. 1 fallende Kinder
Rangstufe 5 (vgl. § 1609 Nr. 5) Enkelkinder und weitere Abkömmlinge
Rangstufe 6 (vgl. § 1609 Nr. 6) Eltern
Rangstufe 7 (vgl. § 1609 Nr. 7) Weitere Verwandte der aufsteigenden Linie; die näheren haben vor den entfernteren Verwandten Vorrang.

386 Vgl. Fußnote 385.

Für Fälle, in denen die Mittel Unterhaltspflichtiger zur Deckung des Unterhaltsbedarfes aller Berechtigten nicht ausreichen, sieht das Gesetz Rangfolgen auf Seiten der Berechtigten wie der Verpflichteten vor (siehe Seite 244). Das bedeutet einerseits, dass dann evtl. einige Bedürftige nur einen Teil oder auch gar nichts erhalten. Andererseits führt das dazu, dass sie sich dann an andere Familienangehörige wenden müssen.

Nur relevant, wenn es nicht für alle reicht

Ebenso gibt es auch eine Rangfolge auf Seiten der Unterhaltspflichtigen. Diese kann dazu führen, dass bei Leistungsunfähigkeit oder nur teilweiser Leistungsfähigkeit der vorrangig Unterhaltspflichtigen sich die Unterhaltsberechtigten dann ganz oder teilweise an die Unterhaltspflichtigen der nächsten Rangstufe wenden müssen.

Nur relevant, wenn jemand nicht alles zahlen kann

Rangfolgen Unterhaltsverpflichteter[387] (d. h.: diese sind vorrangig zahlungspflichtig)
Rangstufe 1 Ehegatten (auch geschiedene) und Lebenspartner iSd LebenspartnerschaftsG haften vor den Verwandten eines Bedürftigen (vgl. §§ 1608 S. 1 u. 4 sowie 1584 S. 1) bei Leistungsunfähigkeit des Ehegatten sowie bei erschwerter Rechtsverfolgung tritt jedoch Ersatzhaftung der Verwandten des Bedürftigen ein (vgl. §§ 1608 S. 2 u. 1584 S. 2)
Rangstufe 2 Abkömmlinge (d. h.: Kinder, Enkel, Urenkel – und zwar in dieser Reihenfolge) (vgl. § 1606 Abs. 1 u. 2)
Rangstufe 3 Verwandte „aufsteigender" Linie (d. h.: Eltern, Großeltern, Urgroßeltern – und zwar in dieser Reihenfolge) (vgl. § 1606 Abs. 1 u. 2)

7. Art der Unterhaltsgewährung

Der „laufende" Unterhalt ist durch Zahlung einer Geldrente monatlich im Voraus zu gewähren (§ 1585 Abs. 1 S. 1), der vom Verpflichteten auf seine Gefahr und Kosten zu übermitteln ist (§ 270 Abs. 1). Daneben können evtl. einmalige Zahlungen wegen Sonderbedarfs verlangt werden (§ 1585b Abs. 1). Das ist nach der Legal-Definition des § 1613 Abs. 2 Nr. 1 „unregelmäßiger außergewöhnlich hoher Bedarf".

Geldrente mtl. im Voraus

Sonderbedarf

Beispiele: hohe Krankheits-, Operations-, Zahnersatz-, Pflege-, Umzugskosten

[387] Vgl. Fußnote 385.

Unterhaltsrückstände

Unterhalt kann grundsätzlich immer nur für die Zukunft verlangt werden, da er nur der Sicherstellung des gegenwärtigen Lebensbedarfs dient und Unterhaltsverpflichtete vor Ansprüchen, mit denen sie nicht rechnen konnten, geschützt werden sollen. Unterhalt für die Vergangenheit oder Schadensersatz wegen Nichtleistung (z.B. Kosten für Kreditaufnahme) kann jedoch gemäß § 1585b gefordert werden, wenn

- es sich um Sonderbedarf handelt (siehe dazu oben),
- Unterhaltsverpflichtete sich im Zahlungsverzug befinden (vgl. dazu § 286),
- der Unterhaltsanspruch bereits rechtshängig (= gerichtlich geltend gemacht) ist.

Grundsätzlich können all diese Ansprüche nur bis zu einem Jahr rückwirkend gefordert werden, es sei denn, Unterhaltsverpflichtete haben sich absichtlich den Zahlungen entzogen (vgl. § 1585b Abs. 3).

Sicherheitsleistung

Sofern zu befürchten ist, dass die Unterhaltsleistungen gefährdet sind, können Unterhaltsberechtigte Sicherheit für die Zahlungen verlangen, die meist durch Gehaltsabtretung erfolgt, da die Beschränkungen des § 232 hier nicht gelten (s. dazu § 1585a).

Einmalige Abfindung

Unterhaltsberechtigte können statt laufender Zahlungen auch eine – einmalige – Abfindung verlangen, wenn ein wichtiger Grund hierfür vorliegt

Beispiele: behindertengerechter Umbau der Wohnung nach Unfall, Wohnungskauf, Darlehensrückzahlung, Existenzgründung, Auswanderung

und dies den Unterhaltsverpflichteten nicht unbillig belastet; Unterhaltsverpflichtete können dagegen nicht auf einer Abfindung bestehen (vgl. § 1585 Abs. 2). Abfindungen sind in der Praxis selten, da schwer deren angemessene Höhe festzulegen ist und dies ohnehin meist nur für Begüterte in Betracht kommt.

8. Unterhaltsvereinbarungen

Form

Geschiedene Ehegatten können für die Zeit nach der Scheidung notariell beurkundete Unterhaltsvereinbarungen treffen (§ 1585c).

Inhalt

Inhaltlich besteht fast uneingeschränkte Ausgestaltungsfreiheit (z.B. bzgl. Höhe und Dauer, Zahlungsmodalitäten etc.).

Unterhaltsverzicht

Im Gegensatz zum Ehegatten- und Verwandtenunterhalt (vgl. §§ 1361 Abs. 4 S. 4, 1360a Abs. 3, 1614 Abs. 1) ist hier auch der – Verzicht (selbst für den Fall der Not) grundsätzlich zulässig, da ihm – im Gegensatz zu anderen Unterhaltsvereinbarungen – Vorbehalte an veränderte Lagen fremd sind.[388] Wegen seiner weit gehenden Bedeutung bedarf ein Unterhaltsverzicht allerdings stets klarer und eindeutiger Vereinbarung, denn es ist ein Erfahrungssatz, dass ein Verzicht nicht zu vermuten und im Zweifel eng auszulegen ist.[389] – Ein Unterhaltsverzicht ist allerdings nichtig, wenn bereits vom Sozialhilfeträger die Mitteilung nach § 94 SGB XII erfolgt ist, dass der Unterhaltsanspruch schon auf ihn übergegangen ist.

Anfechtbarkeit und Nichtigkeit

Unterhaltsvereinbarungen unterliegen – wie alle Verträge – den Vorschriften über die Anfechtung und Nichtigkeit von Willenserklärungen

---

388 *BGH*, FamRZ 1980, 172.
389 *OLG Schleswig*, FamRZ 1993, 72.

(vgl. §§ 119–121, 123, 124 bzw. §§ 116–118, 134, 138). In Betracht kommen vor allem Drohungen, arglistige Täuschungen und Sittenwidrigkeit. – Nach *BVerfG*[390] und *BGH*[391] ist die Wirksamkeit jedes Unterhaltsverzichts insbesondere genau nach § 138 zu prüfen, weil dadurch keine einseitige, durch die ehelichen Lebensverhältnisse nicht gerechtfertigte Lastenverteilung entstehen dürfe.[392]

Rechtsprechungsbeispiele zu nichtigen Verzichten

Die Rechtsprechung zur Nichtigkeit von Unterhaltsverzichten erscheint hier *widersprüchlich*[393]:

So wurde einerseits ein Unterhaltsverzicht selbst dann nicht für sittenwidrig (und damit nichtig) gehalten, wenn eine Frau ein Kind erwartet und der Mann die Heirat vom Unterhaltsverzicht abhängig gemacht hat.[394] – Inzwischen hat aber das *BVerfG* derartige Verzichte wegen Verstoßes gegen Art. 2 Abs. 1 iVbm Art. 6 Abs. 4 und gegen Art. 6 Abs. 2 GG für verfassungswidrig und damit nichtig erklärt.[395]

Andererseits wird das Berufen auf einen vorhandenen Unterhaltverzicht für treuwidrig und damit nach § 242 für unzulässig gehalten, solange eine Frau infolge der Betreuung eines gemeinsamen Kindes an einer Erwerbstätigkeit gehindert ist und ohne Leistung von Unterhalt auf Sozialhilfe angewiesen wäre.[396] Allerdings wird dann dem betreffenden Elternteil nur der notwendige Unterhalt zugebilligt.[397]

Ein Unterhaltsverzicht verstößt nach hM gegen die guten Sitten und ist daher nach § 138 Abs. 1 nichtig, falls die Eheleute dadurch bewusst eine Unterstützungsbedürftigkeit zu Lasten der Sozialhilfe herbeiführen, auch wenn sie eine Schädigung des Trägers der Sozialhilfe nicht beabsichtigt haben.[398] – Dies kann m.E. nur bei Nachweis der Schädigungsabsicht gelten.

Zusammenfassung

Ein Unterhaltsverzicht ist

- nach § 134 unwirksam, wenn bereits vom Sozialhilfeträger die Mitteilung nach § 94 SGB XII erfolgt ist, dass der Unterhaltsanspruch auf ihn übergegangen ist,
- bei nachgewiesener Schädigungsabsicht zu Lasten des Trägers der Sozialhilfe stets sittenwidrig und daher nach § 138 Abs. 1 nichtig,
- nach st. Rspr. des BGH auch ohne Schädigungsabsicht zu Lasten des Trägers der Sozialhilfe sittenwidrig und somit nach § 138 Abs. 1 nichtig
- u.U. nach § 138 auch dann nichtig, wenn ein Ehegatte dabei – insbesondere im Hinblick auf eine Kinderbetreuung – unangemessen benachteiligt wird.

---

390 *BVerfG*, FamRZ 2001, 343.

391 *BGH*, FamRZ 2004, 601.

392 *BGH*, a.a.O.

393 Schwab, Rz. 390, meint zu Recht: „Rechtssicherheit ist aus der Rspr. des BGH schwerlich zu gewinnen".

394 *OLG Celle*, FamRZ 1989, S. 65; ebenso der *BGH* (FamRZ 1992, 1403) mit dem Argument, die Frau hätte sich ja beraten lassen können.

395 *BVerfG*, FamRZ 2001, 343.

396 *BGH*, FamRZ 1985, 787, 1991, 306 und 1995, 291; *OLG Köln*, FamRZ 1990, 634; *OLG Hamburg*, FamRZ 1991, 1317; *OLG Celle*, FamRZ 1992, 447.

397 BGH, FamRZ 1992, 1403.

398 Ständige Rechtsprechung des *BGH* (vgl. FamRZ 1983, 137, 1987, 40, 1990, 634, 1991, 88, 1992, 1403).

9. Ende der Unterhaltspflicht

Unterhaltsansprüche enden, wenn

In Betracht kommende Fälle

- die Voraussetzungen für die jeweilige Unterhaltsberechtigung entfallen,
- eine Abfindung vereinbart und gezahlt wurde (siehe dazu Seite 246),
- ein Unterhaltsverzicht vorliegt (siehe dazu Seiten 246 f.),
- Unterhaltsberechtigte sterben (§ 1586 Abs. 1),
  die Unterhaltsberechtigung ist also nicht vererblich, die Unterhaltspflicht jedoch (vgl. § 1586b)
- Unterhaltsberechtigte eine neue Ehe eingehen (§ 1586 Abs. 1).

Grundsatz: Erlöschen Ausnahme: Wiederaufleben

Grundsätzlich sind die Unterhaltsansprüche damit erloschen. Im ersten und letzten Fall können die Ansprüche jedoch u.U. wiederaufleben.

Beispiele für ein „Wiederaufleben" der Unterhaltspflicht: Eine geschiedene Frau geht nach überwundener Krankheit wieder einer Erwerbstätigkeit nach, gibt diese dann aber auf, um ein gemeinschaftliches schwer erkranktes oder verunfalltes Kind zu pflegen.

Die kinderlose zweite Ehe einer Frau wird geschieden und sie betreut ein 6-jähriges Kind aus der ersten Ehe.

(Hier haftet allerdings gem. *§* 1586a Abs. 2 der zweite vor dem ersten Ehemann, d.h., der zweite Ehemann ist allein unterhaltspflichtig, wenn seine geschiedene Frau ihm gegenüber auch einen Unterhaltsanspruch besitzt – z.B. wegen Krankheit. Ist das jedoch nicht der Fall, knüpft sie durch *§* 1570 wieder an ihre erste Ehe an und kann daher nach beendeter Kinderbetreuung sogar vom ersten Ehemann gemäß den *§§* 1571–1573 u. 1575 u.U. wieder Unterhalt erhalten.)

Kapitel 7. Verwandtenunterhalt

Übersicht

A. Unterhaltspflichtige Verwandte 249
B. Bedürftigkeit 250
C. Leistungsfähigkeit 250
D. Aufteilung der elterlichen Unterhaltspflicht 251
E. Umfang des Unterhalts 252
F. Art und Weise der Unterhaltsgewährung 253
G. Höhe des Unterhalts 254
H. Unterhaltsvereinbarungen 255
I. Ausfall von Unterhaltszahlungen 255
J. Anspruch auf Auskunft 257
K. Beschränkung oder Versagung von Unterhalt 257
L. Ende der Unterhaltspflicht 258

A. Unterhaltspflichtige Verwandte

Gegenseitige Pflicht

Dass Eltern ihren Kindern gegenüber unterhaltspflichtig sind, ist allgemein bekannt; dass diese Verpflichtung jedoch auch umgekehrt besteht, ist dagegen wohl weniger verbreitet. Beides ergibt sich aus § 1601, der allen geradlinigen Verwandten diese gegenseitige Solidarität *ohne altersmäßige oder son-*

stige zeitliche Begrenzung auferlegt (was vielfach nicht bekannt ist). Somit besteht gemäß §§ 1601/1589 eine gegenseitige Unterhaltspflicht für:

Unterhaltspflichtige

Eltern ↔ Kinder – Großeltern ↔ Enkel – Ur-Großeltern ↔ Ur-Enkel.

Nach deutschem Recht besteht somit keine Unterhaltspflicht anderer Familienangehöriger, also nicht unter Verwandten in der Seitenlinie, d.h.:

Nicht Unterhaltspflichtige

- unter Geschwistern – zwischen Tanten/Onkeln und Nichten/Neffen – zwischen Cousinen/Cousins
- ebenso wenig unter Verschwägerten
- insbesondere nicht zwischen Schwiegereltern und Schwiegertöchtern/-söhnen.

Anspruchsvoraussetzungen

Voraussetzungen für Unterhaltsansprüche Verwandter sind außer dem Voneinander-Abstammen folgende:
auf der einen Seite die *Bedürftigkeit* und auf der anderen Seite die *Leistungsfähigkeit.*

Merke:
Die Unterhaltspflicht der Eltern gegenüber ihren minderjährigen Kindern besteht unabhängig davon, ob ihnen die elterliche Sorge zusteht oder nicht, denn § 1601 stellt hierauf nicht ab. Die Sorge- und Unterhaltspflichten bestehen also unabhängig von einander, denn es wäre kaum hinnehmbar, wenn z.B. ein Elternteil nach einem Sorgerechtsentzug von seiner Unterhaltspflicht befreit wäre (s. dazu auch Seite 262).

B. Bedürftigkeit

Voraussetzungen

Bedürftig ist, wer außerstande ist, sich selbst zu unterhalten (§ 1602 Abs. 1), d.h., wer weder aus zumutbarer Erwerbstätigkeit

Schülern ist ausnahmslos, Studenten grundsätzlich keine Erwerbstätigkeit zumutbar

noch aus sonstigen Einkünften (wie Ausbildungsvergütung, Ferienjobs), noch aus Verwertung seines Vermögens seinen angemessenen Lebensbedarf bestreiten kann; minderjährige unverheiratete Kinder brauchen jedoch ihr Vermögen nicht zu verwerten, sondern müssen sich nur die Einkünfte hieraus (Zinsen, Mieteinnahmen etc.) anrechnen lassen (vgl. § 1602 Abs. 2).

C. Leistungsfähigkeit

Kriterien

Leistungsfähig ist nur, wer unter Berücksichtigung seiner sonstigen Verpflichtungen andere vorrangige oder gleichrangige (s. dazu Seiten 244 ff.) Unterhaltsverpflichtungen, Versicherungs-, Darlehens-, Abzahlungsverpflichtungen

diese „familienfeindliche" Berücksichtigung von „Schulden" wird allerdings dadurch gemildert, dass sie bei Pfändungen gemäß § 850d ZPO nur berücksichtigt werden, soweit dies im Interesse der Unterhaltsverpflichteten geboten ist (d.h., wenn ihre Existenz auf dem Spiel steht wie z.B. bei privaten oder gewerblichen Mietverträgen oder bei Abzahlungsverpflichtungen bzgl. Hausrat oder beruflich benötigten Kfz) ohne Gefährdung seines eigenen angemessenen Unterhalts (siehe dazu den sog. „Kontrollbedarf" der Unterhalts-Tabellen) zahlen kann (§ 1603 Abs. 1).

Gesteigerte Verpflichtung

Gegenüber *unverheirateten* Kindern besteht allerdings eine gesteigerte Unterhaltspflicht, solange diese

- minderjährig sind *oder*
- sich noch in allgemeiner Schulausbildung befinden, noch nicht 21 J. alt sind und noch zumindest mit einem Elternteil zusammenleben.

Folgen

Das bedeutet, dass Eltern mit diesen Kindern alle verfügbaren Mittel teilen müssen, sofern nicht

- ein anderer unterhaltspflichtiger (und leistungsfähiger) Verwandter vorhanden ist
- der Unterhalt dieses Kindes aus seinem Vermögensstamm bestritten werden kann

(wobei auch die Vermögenssubstanz eingesetzt werden muss, sofern das nicht unwirtschaftlich ist)

(vgl. § 1603 Abs. 2).

Partieller Unterhalt

Bei partieller Bedürftigkeit oder Leistungsfähigkeit kommt Teilunterhalt in Betracht.

In Mangelfällen Rangfolge beachten

Wenn die Leistungsfähigkeit des(r) Unterhaltspflichtigen nicht ausreicht, so ist zunächst unverheirateten minderjährigen Kindern sowie (gleichermaßen) sich noch in allgemeiner Schulausbildung befindlichen noch nicht 21 Jahre alten Kindern Unterhalt zu gewähren. (vgl. § 1609 sowie „Rangfolgen" auf Seiten 244 ff.). Andere Unterhaltsberechtigte kommen also erst nach ihnen zum Zuge.

D. Aufteilung der elterlichen Unterhaltspflicht

Grundsatz: individuelle Haftung

Eltern müssen sich ihre Unterhaltsverpflichtungen gegenüber ihren Kindern nicht teilen (also nicht „halbe-halbe"), sondern sie haften grundsätzlich – wie andere gleich nahe Verwandte auch – jeweils anteilig nach ihren Erwerbs- und Vermögensverhältnissen (§ 1606 Abs. 3 S. 1). Wenn jedoch ein Elternteil ein minderjähriges unverheiratetes Kind pflegt und erzieht, erfüllt er damit „in der Regel" seine Unterhaltspflicht (§ 1606 Abs. 3 S. 2).

Kinderbetreuung erfüllt Unterhaltspflicht

Das gilt auch dann, wenn an der Betreuung andere Personen beteiligt sind (z.B.: Lebensgefährten, Großeltern oder andere Verwandte, Tagesmütter), es sei denn, diese Betreuung überwiegt (wie z.B. bei Unterbringungen in Vollzeitpflege oder Heimen).

Wertung des BGB

Aus dieser Wertung des BGB ergibt sich, dass

- Kinder zu pflegen und zu erziehen bedeutet, ihnen Unterhalt zu leisten,
- dies nur bzgl. minderjähriger Kinder gilt (vgl. „und" in § 1606 Abs. 3 S. 2),
- Betreuungs-Unterhalt und Bar-Unterhalt gleichwertig sind.

Ausnahmen

Dies gilt jedoch nur „in der Regel". Das bedeutet, dass auch der betreuende Elternteil Unterhaltszahlungen leisten muss, wenn

- der Kindesunterhalt durch den nicht betreuenden Elternteil allein nicht sichergestellt werden kann,

– dies zu einem erheblichen Ungleichgewicht zwischen den Elternteilen führen würde.

(Letzteres nimmt der *BGH*,[399] aber nur bei extremen Einkommensunterschieden an.)

Bar-Unterhalt

Elternteile, die keine Kinderbetreuung übernehmen, müssen Unterhalts-*Zahlungen* (sog. Bar-Unterhalt) leisten; betrifft dies beide Eltern, so sind sie dazu anteilig nach ihren Erwerbs- und Vermögensverhältnissen (s. dazu Seite 249) verpflichtet.

E. Umfang des Unterhalts

Gesamter Lebensbedarf

Der zu gewährende Unterhalt umfasst den gesamten Lebensbedarf (§ 1610 Abs. 2),

Beispiele: d.h.: Nahrung, Wohnung, Kleidung, Gesundheitssorge, angemessene Versicherung (nicht jedoch Lebensversicherungen u. Altersvorsorge), kulturelle, gesellschaftliche und Freizeit-Bedürfnisse.

Nicht hierzu zählen jedoch sonstige Verpflichtungen, die der Bedürftige seinerseits zu erfüllen hat (sog. „Schulden").

Erziehungskosten

Der Unterhalt umfasst auch Erziehungsmaßnahmen (§ 1610 Abs. 2), d.h. auch die Kosten für die Unterbringung bei Tagesmüttern, in Kindertagesstätten, Pflegestellen, Heimen etc.

Angemessener Unterhalt

Die Lebensbedürfnisse einer Person können in unterschiedlicher Qualität und Quantität befriedigt werden. Der Unterhalt ist in dem Maß zu gewähren, das der Lebensstellung des Bedürftigen entspricht (sog. „angemessener Unterhalt", vgl. § 1610 Abs. 1). Dieser richtet sich nach den (bisherigen) Lebens-, Einkommens- und Vermögensverhältnissen des jeweiligen Unterhaltsberechtigten. Es ist aber auch die Leistungsfähigkeit des Unterhaltsverpflichteten zu beachten (s. dazu § 1603 sowie Seite 249 f.).

Ausbildung – Zweit-Ausbildung

Keine Altersbegrenzung

Der Unterhalt umfasst auch die Kosten einer angemessenen Schul- und Berufsausbildung (§ 1610 Abs. 2). Diese Verpflichtung wird nicht durch Erreichen eines bestimmten Alters begrenzt,

(auch nicht mit 27 Jahren, wie immer wieder behauptet wird)

Konkrete Situation maßgeblich

sondern allein durch die Dauer der Ausbildung, wobei Verzögerungen in der Reifeentwicklung, Krankheit und sonstige individuelle Umstände zu berücksichtigen sind.[400] – *Begrenzungen* entstehen jedoch bei besonders langwierigen und/oder kostspieligen Ausbildungen bei Eltern mit nur geringerem Einkommen. Grenzen der Zumutbarkeit sind vor allem bei einer Zweit-Ausbildung zu beachten. Sie ist zwar weder generell zu versagen noch anzuerkennen. Vielmehr kommt es hierbei jeweils auf die konkrete Fallsituation an.[401]

Zweit-Ausbildungen

---

[399] *BGH*, FamRZ 1984, 39.

[400] *BGH*, FamRZ 1984, 777; *OLG Hamm*, FamRZ 1986, 198.

[401] Siehe dazu *BGH*, FamRZ 1989, 853; 1991, 322; 1992, 1407; 2000, 420; 2001, 1601.

F. Art und Weise der Unterhaltsgewährung

Geldrente mtl. im Voraus

Grundsätzlich ist Verwandtenunterhalt durch Entrichtung einer Geldrente monatlich im Voraus zu leisten (vgl. § 1612 Abs. 1 S. 1, Abs. 2 S. 1). Wenn besondere Gründe es rechtfertigen, können unterhaltspflichtige Verwandte (und somit auch Eltern) verlangen, dass ihnen die Unterhaltsgewährung „in anderer Weise" gestattet wird (§ 1612 Abs. 1 S. 2). Wann das der Fall sein kann, und was dies bedeutet, besagt diese Vorschrift nicht. Es handelt sich dabei um Unterhalt durch Sachleistungen, insbesondere durch das Zurverfügungstellen von Kost und Logis, Kleidung etc. (sog. *Natural-Unterhalt*). Da hiermit eine Beschränkung der persönlichen Freiheit und Bevormundung der Unterhaltsberechtigten verbunden ist, kommt Natural-Unterhalt nur in Frage, wenn z.B. die Geldmittel von Land- oder Gastwirten oder Lebensmittel- oder Textilkaufleuten sehr beschränkt sind. Er kann deshalb den Bar-Unterhalt auch nicht völlig ersetzen, sondern nur ergänzen.

Natural-Unterhalt: grundsätzlich Ausnahme

Bei mdj. Kindern dagegen Regelfall

Minderjährigen unverheirateten Kindern gegenüber ist dagegen die Gewährung von Natural-Unterhalt der Regelfall, sofern diese mit ihren Eltern zusammenleben. Geldzahlungen reduzieren sich hier gewöhnlich auf die Zahlung von *Taschengeld*. Das Gesetz gesteht die Leistung von Natural-Unterhalt nicht nur ausdrücklich den Eltern für ihre unverheirateten minderjährigen Kinder zu, sondern auch für ihre unverheirateten volljährigen Kinder; bei ihrer diesbezüglichen „Bestimmung" müssen sich die Eltern allerdings einig sein und haben hierbei auf Belange ihrer Kinder die gebotene Rücksicht zu nehmen (vgl. § 1612 Abs. 2 S. 1). Damit eröffnet das BGB Eltern die Möglichkeit, auch noch über die Volljährigkeit hinaus auf die Lebensführung ihrer Kinder Einfluss zu nehmen und sie an sich zu binden, solange diese noch von ihnen finanziell abhängig sind.[402] Da dies problematisch sein kann, sieht § 1612 Abs. 2 S. 2 vor, dass das FamG auf Antrag betroffener Kinder derartige Bestimmungen der Eltern „aus besonderen Gründen" ändern kann. Das bedeutet, dass das Anbieten von Naturalunterhalt stets möglich ist und nur in begründeten Ausnahmefällen gerichtlich geändert werden kann (sog. Regel-Ausnahme-Bestimmung). Eine solche Änderung von Staats wegen hält die Rechtsprechung nur in eindeutigen – vom Kind zu beweisenden – Missbrauchsfällen für zulässig.[403]

Auch möglich für unverheiratete Volljährige

Aus besonderen Gründen Änderung durch FamG

Rechtsprechungsbeispiele

- große Entfernung zwischen Ausbildungsstätte und Elternhaus,[404]
- nicht zu rechtfertigende Einmischung in die Lebensgestaltung Volljähriger,[405]
- tief greifende Entfremdung,[406] es sei denn, das Kind hat diese zu vertreten,[407]
- „Zurückholenwollen" volljähriger Kinder nach bereits jahrelangem Getrenntleben,[408]
- schikanöses Verhalten oder Tätlichkeiten gegen das Kind.[409]

Dagegen wird der bloße Wunsch nach Selbstständigkeit volljährig gewordener Kinder nach ständiger Rechtsprechung nicht anerkannt.

---

402 Das hat der *BGH* als legitim bejaht, FamRZ 1981, 250.
403 So z.B. der *BGH*, FamRZ 1981, 250.
404 *OLG Hamburg*, FamRZ 1987, 1183.
405 *OLG Bremen*, FamRZ 1976, 702; *BayObLG*, FamRZ 1989, 1222.
406 *BayObLG*, FamRZ 1991, 1224.
407 *OLG Hamburg*, FamRZ 1983, 1053; *OLG Zweibrücken*, FamRZ 1988, 205.
408 *BayObLG*, FamRZ 2000, 976; *OLG Hamburg*, FamRZ 1990, 1269.
409 *OLG Zweibrücken*, FamRZ 1986, 1034.

Problematische Regelung

Von verschiedenen Seiten ist wiederholt eine Streichung oder Änderung dieser gesetzlichen Norm gefordert worden. Die Umkehr der Regel-Ausnahme-Bestimmung wäre m.E. eine angemessene Lösung, d.h., dann müssten nicht mehr die Kinder nachweisen, dass ihnen die Gewährung von Naturalunterhalt unzumutbar ist, sondern die Eltern dies bzgl. des Bar-Unterhalts tun.

G. Höhe des Unterhalts

Unterhaltstabellen

Die gerichtliche Praxis orientiert sich bei der Berechnung des Unterhalts an der Düsseldorfer Tabelle und den jeweiligen Leitlinien der Oberlandesgerichte. Die Düsseldorfer Tabelle geht von Mindestunterhalt aus und sieht nach dem Einkommen der Eltern und dem Alter des Kindes gestaffelte Beträge vor.

Bereinigtes Nettoeinkommen

Als Einkommen ist das bereinigte Nettoeinkommen zugrunde zu legen. Dieses wird dadurch ermittelt, das vom Bruttoeinkommen Steuern und gesetzliche Vorsorgeaufwendungen (vor allem Sozialversicherungsbeiträge) abgezogen werden. Von der hierbei ermittelten Zwischensumme werden weiter u.a. berufsbedingte Mehraufwendungen und berücksichtigungsfähige Schulden abgezogen.

Mindestunterhalt

§ 1612a setzt einen Mindestunterhalt fest, den ein minderjähriges Kind mindestens verlangen kann. Der Mindestunterhalt orientiert sich am steuerrechtlichen Kinderfreibetrag (derzeit für jeden Elternteil 2184 EUR, vgl. § 32 Abs. 6 S. 1 EStG). Der Mindestunterhalt wird angepasst. Bei der Berechnung des Mindestunterhalts ist vom doppelten Kinderfreibetrag – da beiden Elternteilen dieser zusteht – auszugehen. Er wird auf den Monat umgelegt. Je nach Altersstufe beträgt der Mindestunterhalt 87 % bei Kindern bis zur Vollendung des sechsten Lebensjahres 100 % bei Kindern vom siebten bis zum vollendeten zwölften Lebensjahr und 113 % ab dem 13. Lebensjahr des Monatsbetrages (§ 1612a Abs. 2).

Anrechnung von Kindergeld[410]

Auf die jeweils sich errechnenden Unterhaltsbeträge wird nach § 1612b das für das betreffende Kind gezahlte Kindergeld zur Hälfte angerechnet, weil man davon ausgeht, dass dies zwei Funktionen hat, nämlich einerseits dem Unterhalt zu dienen und andererseits als Art „Aufwandsentschädigung" für den betreuenden Elternteil gedacht ist (sog. „Halbteilungsgrundsatz").[411] Daraus ergibt sich für die Unterhaltsberechnung Folgendes:

„Halbteilungsgrundsatz"

- erhält der bar-unterhaltspflichtige (s. dazu Seite 250) Elternteil kein Kindergeld, weil es an einen anderen Kindergeldberechtigten ausbezahlt wird, so erhöht sich der errechnete Unterhaltsbetrag um die Hälfte des Kindergeldes (§ 1612b Abs. 1),

  die Hälfte des Kindergeldes dient ja dem Unterhalt (vgl. oben), also darf er diesen Teil anrechnen, d.h. vom errechneten Unterhaltsbetrag abziehen

[410] Vgl. Fußnote 385.

[411] Diese Berechnung ist bedauerlich; betreuende Elternteile sollten stets das ungekürzte Kindergeld erhalten.

– sind beide Eltern bar-unterhaltspflichtig (d.h.: weil keiner von ihnen das Kind betreut [s. dazu Seite 251]), so erhöht sich der errechnete Unterhaltsanspruch gegen den das Kindergeld beziehenden Elternteil um die Hälfte des auf das Kind entfallenden Kindergeldes (§ 1612b Abs. 2),

mangels Kindesbetreuung steht ihm die „Aufwandsentschädigung" (vgl. oben) nicht zu; er muss sie herausgeben

Ausnahmsweise volle Anrechnung

– besitzt nur der unterhaltspflichtige Elternteil, der das Kind nicht betreut, den Kindergeldanspruch, wird es aber nicht an ihn ausbezahlt, so ist es in voller Höhe anzurechnen, d.h.: er kann seine Unterhaltszahlung um den Betrag des Kindergeldes kürzen.

Begründung

Bei Tod eines Elternteils und Unterhaltspflichtverletzung durch den anderen Elternteil oder bei Fremdunterbringung des Kindes wird das Kindergeld an das Kind selbst oder an die Betreuungsperson ausbezahlt. Da in diesen Fällen der überlebende Elternteil den Gesamtunterhalt zahlt, erschien dem Gesetzgeber die volle Anrechnung des Kindergelds berechtigt,[412] d.h.: der Unterhaltsverpflichtete kann es voll von seinen Unterhaltszahlungen abziehen.

Auskunftspflicht

Zur Klärung der unterhaltsrechtlichen Lage (einschließlich der Höhe der zu zahlenden Beträge) besteht zwischen geradlinigen Verwandten eine gegenseitige Auskunftspflicht (vgl. § 1605 sowie Seite 256).

H. Unterhaltsvereinbarungen

Grundsätzlich möglich

Unterhaltsverzicht unzulässig

Unterhaltsansprüche Verwandter können infolge der Vertragsfreiheit grundsätzlich vertraglich näher geregelt werden. Unter geradlinigen Verwandten kann aber – im Gegensatz zum Geschiedenenunterhalt (s. Seiten 246 f.) – auf den Unterhalt für die Zukunft weder ganz noch teilweise verzichtet werden (§ 1614 Abs. 1). Das gilt für sämtliche unterhaltspflichtigen Verwandten, also zwischen Eltern und Kindern sowie Großeltern und Enkeln (§ 1589 S. 1). Gesetzesintention ist hier nicht nur der Schutz evtl. stark abhängiger Verwandter, sondern auch die Eindämmung staatlicher Verpflichtungen. Denn bei Nichteinhaltung von Unterhaltsverpflichtungen würde ja das soziale Sicherungssystem einspringen müssen (siehe dazu nachstehend).

I. Ausfall von Unterhaltszahlungen

Sozialhilfe

Wenn Unterhaltspflichtige nicht zahlen, kommen Leistungen der *Grundsicherung für Arbeitsuchende* oder *Sozialhilfeleistungen* in Betracht. Diese werden jedoch grundsätzlich *nur subsidiär* gewährt (§§ 5, 7, 11 f. SGB II; §§ 2 Abs. 1, 19, 82 ff. SGB XII). Daher ist bei der Gewährung von Sozialhilfe kraft Gesetzes der Forderungsübergang auf den Sozialhilfeträger (d.h.: kreisfreie Gemeinde oder Landkreis) vorgesehen (§ 94 SGB XII), d.h.: dieser kann die von ihm geleistete Sozialhilfe von den nach BGB Unterhaltspflichtigen einfordern.

---

[412] Siehe BT-Drucks. 13/7338, S. 30.

Für allein Erziehende Unterhaltsvorschüsse oder Ersatzleistungen

Eine Sonderheit besteht für Kinder alleinerziehender Elternteile. Sie haben nach dem Unterhaltsvorschussgesetz (UVG) Anspruch auf Unterhaltsvorschüsse oder Unterhaltsausfallleistungen (d.h. vollen Unterhaltsersatz), wenn

Anspruchsvoraussetzungen

- diese Kinder noch nicht 12 Jahre alt sind,[413]
- sie in der BRD leben (Ausländer benötigen eine Aufenthalts- oder Niederlassungserlaubnis),

  und zwar bei einem Elternteil, der ledig, verwitwet, geschieden oder von seinem Ehegatten dauernd getrennt lebt

  (Letzteres liegt auch bei voraussichtlich mind. 6-monatiger Anstaltsunterbringung wegen Krankheit oder Behinderung des anderen Ehegatten sowie bei gerichtlicher Anordnung des Getrenntlebens [s. dazu Seiten 205 ff.] vor.)

- sie entweder nicht oder nicht regelmäßig Unterhalt vom anderen Elternteil oder bei Tod desselben Waisenbezüge in Höhe der für ihre Altersgruppe maßgeblichen Mindestunterhalts (d.h. 133 EUR bei Kindern bis fünf und 180 EUR bei Kindern zwischen 6 und 11 Jahren) erhalten,
- der mit dem Kind zusammenlebende Elternteil einen schriftlichen Antrag bei der nach Landesrecht zuständigen Behörde (meist ist es das JA) gestellt hat.

(§ 1 Abs. 1, 2, 2a, § 9 UVG).

Anspruchshindernisse

Diese Ansprüche bestehen jedoch *nicht*, wenn der Elternteil, bei dem das Kind lebt,

- mit dem anderen Elternteil zusammenlebt,
- nicht bei der Feststellung der Vaterschaft oder des Aufenthalts des anderen Elternteils mitwirkt,
- seiner zur Durchführung des UVG bestehenden Auskunftspflicht nicht nachkommt

(vgl. § 1 Abs. 3 UVG).

Höhe der UVG-Leistungen

Die Höhe der Leistungen des UVG bestimmt sich nach den für die jeweilige Altersgruppe maßgeblichen Mindestunterhalt (§ 2 Abs. 1 UVG). Sie betragen seit 1.1.2010: 279 bzw. 322 EUR. Von diesen Beträgen werden jedoch gemäß § 2 Abs. 2 u. 3 UVG abgezogen

- das Kindergeld,
- Unterhaltszahlungen des nicht mit dem Kind zusammenlebenden Elternteils,
- Waisenbezüge einschließlich Schadensersatzleistungen.

Anspruchsdauer max. 72 Monate

Leistungen nach dem UVG werden längstens für insgesamt 72 Monate gezahlt (§ 3 UVG). Danach kämen dann Grundsicherungs- oder Sozialhilfeansprüche nach dem SGB XII in Betracht (s. dazu Seite 254).

Anspruchsübergang auf leistende Behörde

In den Fällen, in denen nach dem UVG berechtigte Kinder einen Unterhaltsanspruch gegen den nicht mit ihnen zusammenlebenden Elternteil haben, geht dieser in Höhe der geleisteten Zahlungen zusammen mit dem

---

[413] Gegen altersmäßige Begrenzungen dieser Leistungen: *Schleicher*, Soziale Arbeit 1980, 153.

nach § 1605 bestehenden unterhaltsrechtlichen Auskunftsanspruch (siehe dazu nachstehend) gemäß § 7 UVG auf das Bundesland über, der die leistende Behörde angehört.

J. Anspruch auf Auskunft

Inhalt und Umfang

Der Klärung der unterhaltsrechtlichen Lage dienen Ansprüche auf Auskunft über die wirtschaftlichen Verhältnisse der an einem Unterhaltsrechtsverhältnis beteiligten Person (§ 1605). Geradlinig Verwandte (insbesondere Eltern und Kinder) sind somit gegenseitig zu Auskünften über ihr Einkommen und ihr Vermögen verpflichtet, soweit dies zur Feststellung von Unterhaltsansprüchen erforderlich ist (§ 1605 Abs. 1 S. 1). Auf Verlangen sind Einkommensbelege (§ 1605 Abs. 1 S. 2), ferner ein Verzeichnis der Einnahmen und Ausgaben (§ 260 Abs. 1) vorzulegen, dessen Vollständigkeit gemäß §§ 260 Abs. 2, 261 nach bestem Wissen an Eides statt zu versichern ist. Das Recht auf Auskunft ist *einklagbar.* Die Klage auf Vorlage des Verzeichnisses oder auf Abgabe der eidesstattlichen Versicherung kann mit der Klage auf den (noch unbezifferten) Unterhalt verbunden werden (§ 254 ZPO). Um einer Ausuferung von Prozessen vorzubeugen, ist der Auskunftsanspruch nach § 1605 Abs. 2 aber grundsätzlich auf einen 2-Jahres-Rhythmus (und überdies nach den allgemeinen Grundsätzen des § 242) eingeschränkt, wenn nicht glaubhaft gemacht werden kann, dass die Auskunftspflichtigen zuvor wesentlich höhere Einkünfte erzielt oder weiteres Vermögen erworben haben.

K. Beschränkung oder Versagung von Unterhalt

Unterhaltspflichtige geradlinige Verwandte (also auch Eltern) brauchen nicht den vollen Unterhalt, sondern nur einen Unterhaltsbeitrag zu leisten, wenn Unterhaltsberechtigte

Beschränkungsgründe

- durch eigenes „sittliches"[414] Verschulden unterhaltsbedürftig geworden sind,

  Beispiele: Arbeitsscheu, Spiel, Wettschulden, Erwerbsverlust durch Alkohol- oder Drogen-Abusus (nicht jedoch: einmalige leichtsinnige Aufgabe des Arbeitsplatzes, frühe Mutterschaft)

- sich vorsätzlich einer schweren Verfehlung gegen die Unterhaltspflichtigen oder deren nahe Angehörige (z.B. Kinder, Eltern, neuer Ehegatte, Partner) schuldig gemacht haben,

  Beispiele: körperliche Misshandlungen, massive Bedrohungen u. Erpressungen, schwerer Betrug, Denunziationen (z.B. gegenüber Finanzamt, sonstige Behörden, Arbeitgeber) mit dem Ziel, die Unterhaltspflichtigen beruflich oder wirtschaftlich zu schädigen,
  umstritten sind: Beleidigungen, tiefe Verachtung[415] u. jegliche Kontaktverweigerung

---

[414] Nicht nur abzuleiten aus dem (ungeschriebenen) sog. „allgemeinen Sittengesetz", sondern aus den sich aus der Verwandtschaft ergebenden Pflichten zur Rücksichtnahme (vgl. auch § 1618a).

[415] Gegenüber todkrankem Vater ist die Norm anwendbar (*OLG Bamberg*, FamRZ 1992, 717).

– zuvor ihre eigene Unterhaltspflicht gegenüber den jetzt Unterhaltspflichtigen gröblich vernachlässigt hatten,

dazu zählt auch keinerlei Mithilfe im Haushalt noch zu Hause lebender (vor allem volljähriger) Kinder

(vgl. § 1611 Abs. 1 S. 1).

Folgen

In den vorgenannten Fällen brauchen Unterhaltsverpflichtete nur einen Unterhaltsbeitrag zu leisten, der der Billigkeit entspricht. Von Kürzungen betroffen ist vor allem Sonderbedarf (nicht jedoch Ausbildungskosten).

Kürzungen

Die Herabsetzung auf den sog. „notdürftigen Unterhalt" (der im Wesentlichen mit dem Sozialhilfesatz gleichgesetzt wird) ist zwar 1970 weggefallen, kann aber dennoch relevant sein.

Versagung

Wenn in den vorgenannten Fällen eine Inanspruchnahme der eigentlich Unterhaltspflichtigen grob unbillig wäre, kann die Unterhaltspflicht sogar völlig entfallen (§ 1611 Abs. 1 S. 2). Diese Ausnahmesituation erfordert strenge Anforderungen, d.h. hier muss nach h.M. selbst die Leistung eines geringfügigen Beitrags der Gerechtigkeit „in unerträglicher Weise" widersprechen. – Der Verweis auf § 2333 ist 1970 zwar entfallen, jedoch sind die dort aufgeführten Fälle nach wie vor von Bedeutung.[416]

Andere Verwandte haften dann nicht

In Fällen der Unterhaltsminderung oder -versagung können die betroffenen Unterhaltsbedürftigen dann auch nicht andere Unterhaltspflichtige in Anspruch nehmen (§ 1611 Abs. 3).

Gilt nicht gegenüber minderj. Kindern

Gegenüber unverheirateten minderjährigen Kindern können Eltern keine Unterhaltsminderung oder -versagung nach § 1611 Abs. 1 geltend machen (vgl. dessen Abs. 2). *Umstritten* ist, ob das auch dann gilt, wenn das Kind inzwischen volljährig ist und nun Unterhalt begehrt.[417] Hier kann jedoch m.E. in besonders gravierenden Fällen über § 242 ein entsprechendes Ergebnis erzielt werden.

Verzeihung

Hier kann entsprechend den Regelungen der §§ 523, 2337 grundsätzlich auch Verzeihung in Betracht kommen,[418] sofern die Unterhaltsberechtigten nachweisen können, dass die betreffenden Unterhaltspflichtigen somit aus dem Fehlverhalten keinerlei Rechtsfolgen mehr herleiten wollen.[419]

L. Ende der Unterhaltspflicht

In Todesfällen

Der Unterhaltsanspruch erlischt mit dem Tode des Unterhaltsberechtigten oder des Unterhaltsverpflichteten; Ansprüche auf Erfüllung oder Schadensersatz wegen Nichterfüllung für die Vergangenheit oder auf im Voraus zu bewirkende Leistungen, die zur Zeit des Todes des Berechtigten oder des Verpflichteten schon fällig sind, bleiben jedoch bestehen, d.h.: sie werden vererbt (§ 1615 Abs. 1).

---

[416] Bezüglich § 2333 Nr. 5 BGB a.A.: *Palandt/Diederichsen*, § 1611 Rz. 3.

[417] Dafür: *BGH*, FamRZ 1988, 159; *OLG Stuttgart*, FamRZ 1997, 447; *OLG Hamburg*, FamRZ 1995, 959 *Mü-Ko-Born*, § 1611 Rz. 42; a.A.: *OLG Düsseldorf*, FamRZ 1990, 194; *OLG Karlsruhe*, FamRZ 1988, 758.

[418] *Mü-Ko-Born*, Rz. 46; *Palandt/Diederichsen*, Rz. 10 (jeweils zu § 1611).

[419] *Mü-Ko-Born*, a.a.O.; *Palandt/Diederichsen*, a.a.O. (jeweils unter Berufung auf BGHZ 91, 272).

Im Falle des Todes des Unterhaltsberechtigten hat der Verpflichtete die Kosten der Beerdigung zu tragen, soweit ihre Bezahlung nicht von dessen Erben zu erlangen ist (§ 1615 Abs. 2).

Prüfschema Unterhaltsrecht				
Personenkreis	**Ehegatten**	**Ehegatten (getrennt lebend)**	**Ehegatten (geschieden)**	**geradlinig Verwandte (inkl. Adoptierte)**
Berechtigungsgrund	§ 1360	§ 1361	§§ 1570–1573, 1575, 1576	§ 1601 (§ 1574)
Bedürftigkeit	§ 1360	§ 1361	§ 1577 Abs. 1	§ 1602
konkreter Bedarf	§ 1360a	§ 1361	§ 1578	§ 1610
Leistungsfähigkeit	§ 1360a	§ 1361	§ 1581	§ 1603
Beschränkung oder Ausschluss	nicht möglich (vgl. § 1360)	§ 1361 iVbm § 1579 Nr. 2–8	§ 1573 Abs. 4, § 1579	§ 1611
Rangfolgen a) Berechtigte b) Verpflichtete	a) §§ 1582, 1609 b) § 1608	a) § 1609 b) § 1608	a) §§ 1582, 1609 b) §§ 1584, 1608	a) § 1609 b) 1606
Art der Gewährung	§ 1360a Abs. 2	§ 1361 Abs. 4	§ 1585 Abs. 1	§ 1612

Kapitel 8. Elterliche Sorge

Übersicht

A. Wesen und Bedeutung 259
B. Inhalt und Umfang 261
C. Die einzelnen Bereiche der elterlichen Sorge 262
D. Ausübung der elterlichen Sorge 284
E. Elterliche Sorge für nichteheliche Kinder 293
F. Gesetzliche Beschränkungen der elterlichen Sorge 298
G. Gerichtliche Beschränkungen der elterlichen Sorge 310
H. Umgangs- und Auskunftsrecht 321

A. Wesen und Bedeutung

Die Wertung des Grundgesetzes

Nach unserer *Verfassung* ist die Pflege und Erziehung der Kinder das natürliche Recht und die oberste Pflicht der Eltern, deren Ausübung die staatliche Gemeinschaft überwacht (Art. 6 Abs. 2 GG). Diese Wertung des Grundgesetzes bedeutet Folgendes:

Erziehungsprimat der Eltern ist deren „natürliches Recht"

– Bei der Erziehung ihrer Kinder besitzen die Eltern grundsätzlich Vorrang gegenüber allen anderen Erziehungsträgern und somit ein *Abwehrrecht* gegenüber Eingriffen in ihre Erziehung (Einschränkungen bestehen allerdings durch das öffentliche Recht – z.B. durch die Schulpflicht und die Jugendschutzgesetze). Dieser verfassungsmäßige Vorrang der Eltern bei der Erziehung ihrer Kinder ist nach der Wertentscheidung des Grundgesetzes so selbstverständlich, dass jede andere Regelung nicht verfassungsgemäß wäre (vgl. Art. 6 Abs. 2 S. 1 GG: *„natürliches Recht")*.

Elternverantwortung

- Die Kindererziehung ist jedoch weniger ein Recht, sondern vor allem die Pflicht der Eltern (vgl. Art. 6 Abs. 2 S. 1 GG). Das *Bundesverfassungsgericht* spricht daher von „Elternverantwortung"[420].
- Pflege und Erziehung ihrer Kinder ist den Eltern jedoch nicht nach ihrem Belieben völlig frei überlassen, sondern sie haben sich dabei am Wohl der Kinder zu orientieren (vgl. § 1627). Um dies zu gewährleisten, sind die staatlichen Organe (insbesondere JA und FamG) nach Art. 6 Abs. 2 GG berechtigt und verpflichtet, das elterliche Verhalten zu überwachen und erforderlichenfalls die Pflege und Erziehung der Kinder sicherzustellen (sog. *Wächteramt des Staates*). Diese Verpflichtung ergibt sich in erster Linie daraus, dass das Kind ein Wesen mit eigener Menschenwürde (Art. 1 Abs. 1 GG) und einem eigenen Recht auf Entfaltung seiner Persönlichkeit (Art. 2 Abs. 1 GG) ist und damit Anspruch auf staatlichen Schutz hat. Die Konkretisierung des staatlichen Wächteramts erfolgt vor allem durch die §§ 8a, 42 SGB VIII und §§ 1631b, 1666, 1666a, 1667, 1693, 1696, 1697a BGB.

Staatliches Wächteramt

Konkretisierung durch SGB VIII und BGB

- Wenn Eltern ihrer Verantwortung nicht gerecht werden, ist der Staat verpflichtet, die Pflege und Erziehung der Kinder sicherzustellen. Allerdings dürfen die Kinder gegen den Willen ihrer Eltern nur dann von der Familie getrennt (also anderweitig untergebracht) werden, wenn ein Gesetz dies ausdrücklich vorsieht und die Eltern entweder bei der Kindererziehung versagen oder die Kinder aus anderen Gründen (also: ohne Versagen der Eltern) zu verwahrlosen drohen (vgl. Art. 6 Abs. 3 GG).

Trennung von den Eltern

Kein eigenes Grundrecht für Kinder

- Während das Elternrecht verfassungsmäßig besonders geschützt wird, sieht das Grundgesetz kein eigenes Grundrecht für Kinder vor. Deren Rechtsposition resultiert jedoch aus Art. 1 Abs. 1 und 2 Abs. 1 GG (s.o.) sowie aus der Pflicht der Eltern (Art. 6 Abs. 1 S. 2 GG) zur Pflege und Erziehung (Letzteres ist ein sog. *Reflex-Recht*).

BGB regelt detailliert die elterliche Sorge

Die nähere Ausgestaltung der elterlichen Verantwortung für ihre Kinder wird durch das BGB geregelt, das hierfür *früher* den Begriff *„elterliche Gewalt"* verwandte. Weil deutlich gemacht werden sollte, dass das Grundrecht der Eltern, ihre Kinder zu pflegen und zu erziehen (siehe dazu oben), *kein Herrschaftsrecht*, sondern vor allem eine starke Verantwortung der Eltern beinhaltet, verwendet das BGB seit 1.1.1980 die (treffendere) Bezeichnung „elterliche Sorge". Damit wurde – nicht nur sprachlich – anerkannt, dass Kinder nicht „beherrschbare Objekte", sondern eigene Rechtspersönlichkeiten mit Anspruch auf Verwirklichung der in unserer Verfassung für alle Menschen verbrieften Grundrechte sind, wie es das *Bundesverfassungsgericht* mehrfach betont hat. Der bei der (am 1.7.1998 erfolgten) Kindschaftsrechtsreform gemachte Vorschlag, den Begriff elterliche Sorge durch „elterliche Verantwortung" zu ersetzen, wurde damals abgelehnt, weil auch in Fällen der Alleinzuständigkeit eines Elternteils der andere nicht völlig aus

[420] BVerfGE 14, S. 119, NJW 1982, S. 1379.

seiner Verantwortung entlassen sei (z.B. hinsichtlich seiner Unterhaltspflicht)[421]; diese Missdeutung verhindert aber erfahrungsgemäß auch der Terminus elterliche Sorge nicht (siehe dazu Seite 261).

Elterliche Sorge aus verfassungsrechtlicher Sicht

- Nach Art. 6 Abs. 2 S. 1 GG haben die Eltern Vorrang bzgl. Pflege und Erziehung ihrer Kinder vor anderen (auch staatlichen) Erziehungsträgern (Ausnahme: Schulpflicht).
- Der Staat (vertreten durch JA und FamG) wacht darüber, dass Eltern ihre Aufgaben zum Wohl ihrer Kinder wahrnehmen (sog. *staatliches Wächteramt*) (vgl. dazu §§ 8a, 42 SGB VIII bzw. §§ 1631b, 1666, 1666a, 1667, 1693, 1696, 1697a BGB).
- Im Vordergrund stehen die Pflichten, nicht die Berechtigungen der Eltern. Es ist daher verfehlt, vom „Elternrecht" zu sprechen; eher handelt es sich um ein „Recht im Interesse des Kindes" (bezeichnender ist der vom BVerfG verwendete Begriff „Elternverantwortung").

B. Inhalt und Umfang

Das BGB unterteilt die elterliche Sorge in drei Bereiche:

- die Personensorge,
- die Vermögenssorge,
- die gesetzliche Vertretung in allen Belangen des Kindes.

Die Eltern haben also für die Person ihrer Kinder sowie für deren eventuell vorhandenes Vermögen zu sorgen und ihre Kinder dabei bei allen anfallenden Rechtshandlungen zu vertreten.

Fürsorge- und Schutzverhältnis für mdj. Kinder

„Pflicht-Recht" der Eltern

Wie unsere *Verfassung* (vgl. Art. 6 Abs. 2 S. 1 GG sowie oben Kapitel A.) betont seit 1.7.1998 auch das BGB, dass die elterliche Sorge für die Eltern *in erster Linie eine Verpflichtung* und nur sekundär eine Berechtigung darstellt. Zur Betonung des Pflichtcharakters der elterlichen Sorge wird die elterliche Verpflichtung, für ihre minderjährigen Kinder zu sorgen, ihrem diesbezüglichen Recht seit 1.7.1998 gesetzlich vorangestellt (vgl. § 1626 Abs. 1 S. 1 „Pflicht und Recht"). Die elterliche Sorge ist somit ein *Fürsorge-* und *Schutzverhältnis* für minderjährige Kinder, für das die (leider) meist verwandte Bezeichnung „Elternrecht" fehl am Platz ist.

Beginn und Ende der elterl. Sorge

Entziehbar ist nur die Ausübung

Die elterliche Sorge beginnt mit der Geburt und endet mit der Volljährigkeit des Kindes (§ 1626 Abs. 1 BGB). Eine Ausnahme besteht nur bei Adoption des Kindes (vgl. dazu §§ 1754, 1755 BGB sowie die Seiten 347 ff.). Ansonsten ist die elterliche Sorge in ihrer *Substanz unentziehbar* (vgl. Art. 6 Abs. 2, 19 Abs. 2 GG), d.h. nur ihre Ausübung ist einschränkbar (vgl. dazu unten die Kapitel F. und G.), so dass bei Wegfall der Beschränkungsgründe ihnen die Ausübung der elterlichen Sorge unverzüglich wieder zugestanden werden muss.

---

[421] Siehe BT-Drucks. 13/4899, S. 58.

C. Die einzelnen Bereiche der elterlichen Sorge

<table>
<tr><th colspan="4">Elterliche Sorge</th></tr>
<tr><th colspan="2">Personensorge</th><th colspan="2">Vermögenssorge</th></tr>
<tr><td>tatsächliche Personensorge</td><td>Pflege,
Erziehung,
Ausbildung,
Aufenthaltsbestimmung,
Beaufsichtigung,
Umgangsregelung,
Herausgabeanspruch,
sowie die Betreuung aller anderen persönlichen Belange des Kindes</td><td>Vermehrung,
Erhaltung,
Verwertung eines eventuell vorhandenen Vermögens des Kindes</td><td>tatsächliche Vermögenssorge</td></tr>
<tr><td colspan="4">Die Vertretung des Kindes
in allen Bereichen der Personen- und Vermögenssorge</td></tr>
</table>

I. Tatsächliches Sorgerecht

Inhaltliche Sorge ohne gesetzliche Vertretung

Da die drei Elemente der elterlichen Sorge (siehe oben Kapitel B.) nicht immer in einer Hand liegen, ist die Bezeichnung tatsächliche Personensorge und tatsächliche Vermögenssorge üblich, *wenn* ein Elternteil für diese Bereiche keine gesetzliche Vertretung besitzt. Tatsächliche Personensorge zu haben, bedeutet also, dass ein Elternteil zwar die tatsächliche (= inhaltliche) Möglichkeit hat, für die Person seines Kindes zu sorgen, es hierbei jedoch nicht vertreten kann, weil er nicht die Vertretungsmacht besitzt.

Typisches Beispiel: minderjährige Mütter

Vertretung hat der andere Elternteil

Echte Rechtsposition

Ein typisches Beispiel hierfür ist die minderjährige Mutter: Sie kann zwar (z.B.) den Vornamen, die Religion und den Aufenthalt ihres Kindes mitbestimmen und es auch sonst miterziehen, kann jedoch dabei notwendig werdende Rechtshandlungen (z.B. Vertragsabschlüsse) nicht vornehmen. Dafür ist dann ihr Ehemann (oder ein Vormund) allein zuständig (vgl. § 1673 Abs. 2 sowie Seite 299 f.). – Es erhebt sich nun natürlich die Frage, ob es einem Elternteil überhaupt etwas nützt, wenn er zwar die tatsächliche Personensorge, hierbei jedoch nicht die gesetzliche Vertretung besitzt. Dass die tatsächliche Personensorge eine echte Rechtsposition darstellt, erweist sich in der Tat, denn gegen den Willen einer minderjährigen Mutter kann ein Kind z.B. nicht getauft, in eine Pflegestelle, ein Krankenhaus oder Heim gebracht werden, denn darüber hat sie inhaltlich (= tatsächlich) mitzubestimmen, obwohl sie das Kind gesetzlich dabei nicht vertreten kann. (Zur Problematik der Uneinigkeit bei Eheleuten vgl. Seite 286 f. – zur Uneinigkeit mit einem Vormund vgl. Seite 299 f.)

Verwechslungsgefahren

Der Begriff tatsächliche Personensorge ist also ein rechtlicher *Fachausdruck*, der nur dann verwendet wird, wenn ein Elternteil (oder beide) die gesetzliche Vertretung nicht besitzt. Er sollte daher nicht für andere Handlungen im Bereich der Personensorge benutzt werden (man könnte ja – rein sprachlich – auch die Pflege, Ernährung, Kleidung etc. des Kindes so bezeichnen), weil sonst Verwechslungen und damit Fehlschlüsse unausbleiblich sind.

Auf eine weitere (sprachlich bedingte) *Verwechslungsgefahr* soll hier hingewiesen werden:

Die *Personensorge* darf nicht mit der *Unterhaltspflicht* (vgl. § 1601 ff. sowie Seiten 248 ff.) verwechselt werden, denn beide Pflichten *bestehen unabhängig voneinander.* Dies wird vor allem beim Entzug der Ausübung der elterlichen Sorge deutlich, denn hier muss dieser Elternteil dann idR sogar allein Unterhalt zahlen (vgl. § 1606 Abs. 3 S. 2) – und nicht etwa der Sorgeberechtigte! – Auch wenn Väter nichtehelicher Kinder keine elterliche Sorge besitzen (s. dazu unten Kapitel E. I. und II.), müssen sie Unterhalt zahlen.

Tatsächliche Vermögenssorge

Bei der Vermögenssorge wird der Ausdruck tatsächliche Vermögenssorge kaum verwandt, weil das Gesetz hier keine Trennung vornimmt, wenn ein Elternteil minderjährig ist (vgl. dazu § 106). Er besitzt dann nämlich überhaupt keine Vermögenssorge (vgl. § 1673 Abs. 2 sowie unten Kapitel F. I. 2. b).

Zusammenfassung

> Von tatsächlicher Personensorge (oder von tatsächlichem Sorgerecht) spricht man, wenn ein Elternteil nicht die gesetzliche Vertretung besitzt, wie das bei minderjährigen Eltern der Fall ist (vgl. § 1673 Abs. 2). Die tatsächliche Personensorge umfasst uneingeschränkt die inhaltlichen Befugnisse, jedoch ohne die rechtsgeschäftliche Vertretungsmacht. Minderjährige Eltern können daher z.B. über die Erziehung, Heilbehandlungen, Aufenthalt etc. bestimmen, aber keine diesbezüglichen Verträge abschließen.

II. Gesetzliche Vertretung des Kindes

Handlungen mit Rechtswirkungen für das Kind

Die Ausdrücke „gesetzliche Vertretung" und „gesetzlicher Vertreter" rühren daher, dass die Vertretung des Kindes in allen seine Person oder sein Vermögen betreffenden Angelegenheiten kraft Gesetzes festgelegt ist (siehe § 1629 Abs. 1 S. 1). Unter der Vertretung des Kindes versteht man dabei jedes Handeln mit Rechtswirkung für das Kind, insbesondere dass Minderjährige bei Rechtshandlungen vertreten werden, damit diese für sie wirksam sind – und zwar mit allen sich daraus ergebenden Rechten und Pflichten, d.h. auch mit allen hieraus resultierenden Vor- und Nachteilen. Dabei ist es unerheblich, ob die Minderjährigen im konkreten Einzelfall die Rechtshandlungen gemäß §§ 106 ff. auch selbst hätten wirksam vornehmen können oder nicht.

Wenn Eltern ihre minderjährigen Kinder bei Rechtshandlungen vertreten, kommen zwei Fallgruppen in Betracht: Sie tun das ohne Mitwirkung ihrer Kinder oder sie genehmigen nachträglich eine von jenen bereits vorgenommene Rechtshandlung, die diese nicht alleine rechtswirksam bewirken können (s. dazu §§ 107, 108, 110).

Beispiele: Abschluss von Kauf-, Versicherungs-, Telekommunikations-, Ausbildungs-, Arbeits-, Leasing-, Miet-Verträgen, Zeitschriften-/Buch-Abonnements, Konto-Eröffnung, Mitgliedschaften in Clubs/Vereinen, Buchung von Reisen etc.

Rechtsmacht, aber keine Verpflichtung oder gar Haftung

Gesetzliche Vertretung ist eine rechtliche Befugnis, von der die Eltern Gebrauch machen können oder auch nicht. Bei Missbräuchen kommt nur Schadensersatz (vgl. §§ 1664, 277) oder Entzug der Vertretung durch das FamG (vgl. §§ 1666–1667 sowie Seite 316) und Pflegerbestellung (vgl. § 1909 sowie Seite 368) in Betracht. Gesetzliche Vertretung bedeutet jedoch nicht etwa, dass kraft Gesetzes die Eltern gegenüber den jeweiligen Rechtspartnern ihrer Kinder für von ihnen getätigte Rechtshandlungen einzustehen haben, weil deren Wirkungen (d.h. Berechtigungen wie Verpflichtungen) bei den Minderjährigen (und nicht etwa bei deren Eltern) eintreten, wie das bei Handlungen anderer Stellvertreter auch der Fall ist (vgl. § 164 Abs. 1). – Allerdings ist seit 1.1.1999 die Haftung Minderjähriger für Verbindlichkeiten, die auf ein Tätigwerden ihrer gesetzlichen Vertreter beruhen, auf das bei Eintritt ihrer Volljährigkeit vorhandene Vermögen gesetzlich begrenzt (vgl. § 1629a[422]). Auslöser für diese gesetzliche Haftungsbeschränkung waren Bedenken des *Bundesverfassungsgerichts*[423] .

Rechtswirkungen treffen nur die Minderjährigen

Wenn die Eltern jedoch nicht im Namen ihrer Kinder – wenn auch in ihrem Interesse – handeln, treffen die Rechtswirkungen nur sie selbst.

Beispiele: Kauf von Kleidung, Skiern, PC, TV, Fahrrad etc.

Vertretung nicht nur bei Rechtsgeschäften

Eltern vertreten ihre Kinder aber nicht nur bei allen rechtsgeschäftlichen Handlungen, sondern auch bei sämtlichen sonstigen Rechtshandlungen, die das Kind betreffen.

Beispiele: Einwilligung in operative Eingriffe, Anträge bei Behörden (auf Gewährung von Ausbildungsbeihilfen, Sozialhilfe, Wohngeld, auf Einbürgerung o.ä.), Antrag auf Strafverfolgung gemäß *§* 77 StGB, die Geltendmachung von Ansprüchen des Kindes sowie seine Vertretung in Rechtsstreitigkeiten jeder Art usw.

Gesetzl. Ausschlüsse

Um Interessenskollisionen zu vermeiden, sind die Eltern jedoch bei bestimmten Rechtshandlungen kraft Gesetzes von der Vertretung ihrer Kinder ausgeschlossen (s. dazu unten Kapitel F. II).

III. Die Personensorge

Bereiche, die das BGB nennt

Eine *abschließende Festlegung*, was alles zur Sorge für die Person eines minderjährigen Kindes gehört, ist *nicht möglich*. Das BGB nennt daher nur die wichtigsten Bereiche der Personensorge:

- Pflege, Erziehung, Beaufsichtigung, Aufenthaltsbestimmung (§ 1631 Abs. 1),
- Ausbildungs- und Berufswahl (§ 1631a),
- mit Freiheitsentzug verbundene Unterbringungen (§ 1631b),
- Herausgabeanspruch gegenüber Dritten (§ 1632 Abs. 1),
- Bestimmung des Umganges mit anderen Personen (§ 1632 Abs. 2).

Darüber hinaus gibt es jedoch noch diverse weitere die Person des Kindes betreffende wichtige Angelegenheiten, zu deren Vornahme die Eltern berechtigt und verpflichtet sind. Diese sind nur z.T. ausdrücklich gesetzlich geregelt, ergeben sich ansonsten aus der Generalnorm des § 1626 Abs. 1.

---

[422] Vgl. Minderjährigenhaftungsbeschränkungsgesetz (MHbeG) v. 25.8.1998 (BGBl. I, S. 2487).
[423] BVerfGE 72, S. 155.

Zur Personensorge gehört außer den gesetzlichen genannten Bereichen (u.a.) noch Folgendes:

Weitere Bereiche

- die Vornamensgebung und – soweit dies zugelassen ist – die Festlegung des Familiennamens (vgl. §§ 1617 ff.),
- die Bestimmung der religiösen Erziehung (§ 1 RelKErzG),
- die Förderung der schulischen und beruflichen Ausbildung (siehe dazu unten Kapitel C. III. 5.) sowie der musischen und sportlichen Neigungen,
- die Einwilligung in ärztliche Behandlungen, insbesondere in Operationen (siehe dazu unten Kapitel C. III. 4.),
- die Geltendmachung von Rechtsansprüchen des Kindes jedweder Art (siehe dazu oben die Beispiele im Kapitel C. II.), insbesondere die Geltendmachung von Unterhaltsansprüchen (dies gehört nicht etwa zur Vermögenssorge, vgl. § 18 Abs. 1 Nr. 1 SGB VIII).

Eine Beschränkung der aus der Personensorge resultierenden Rechte bildet das öffentliche Recht z.B. durch den Schulzwang, durch strafrechtliche und Jugendschutz-Bestimmungen im weitesten Sinn (siehe dazu Seite 1 ff.).

Ineinandergreifen der Bereiche

Die wichtigsten Teile der Personensorge werden nachfolgend erörtert. Dabei ist darauf hinzuweisen, dass die einzelnen Bereiche sich nicht streng voneinander abgrenzen lassen, was besonders deutlich bei der Erziehung des Kindes wird, da sich unter diesen Begriff auch die anderen Bereiche der Personensorge (fast ausnahmslos) einordnen ließen.

1. Die Erziehung des Kindes

a) Begriff und Ziele der Erziehung

Kernstück der elterlichen Sorge

Die Erziehung des Kindes ist zweifellos der wichtigste und verantwortlichste Teil der Personensorge – ja das Kernstück der gesamten elterlichen Sorge. Denn fast alle Handlungen der Eltern geschehen unter Erziehungsaspekten und hier werden Weichen gestellt, die die Entwicklung des Kindes weit über seine Minderjährigkeit hinaus beeinflussen.

Begriff und Ziele sind diffus

Begriff und Ziele der Erziehung sind sehr diffus. Sie bedürfen der Definition durch die Erziehungswissenschaften. Auf die vorhandenen Definitionen des Begriffs Erziehung und deren Zielsetzungen kann in diesem Rahmen nicht eingegangen werden. Festzuhalten ist jedoch, dass allgemein anerkanntes Erziehungsziel ist, dass sich ein Kind zu einer selbstverantwortlichen Persönlichkeit entwickelt. (Dieses Ziel ist bereits in der „Erklärung der *Vereinten Nationen* über die Rechte des Kindes" vom 20.11.1959 enthalten.) Dabei ist auch anerkannt, dass es dazu notwendig ist, das Kind rechtzeitig und stufenweise auf seine Selbstständigkeit und Selbstverantwortlichkeit vorzubereiten (siehe dazu unten Kapitel C. III. 2.).

Weitere Erziehungsträger

Die *Eltern* wirken allerdings nicht alleine auf die Erziehung ihrer Kinder ein. Diese wird vielmehr auch von anderen Erziehungsträgern beeinflusst. Das sind vor allem:

Kindertageseinrichtungen, Schule, Freundes- und Bekanntenkreis, Verwandte, Nachbarn, Jugend- und Sportgruppen, Freizeiteinrichtungen und – nicht zuletzt – die Medien (einschließlich der Werbung). (Man spricht daher im sozialpädagogischen Bereich statt von: Erziehung meist auch von: *Sozialisation*.)

Erziehungsprimat der Eltern

Vor allen anderen Erziehern besitzen die Eltern den verfassungsmäßig geschützten Vorrang (vgl. Art. 6 Abs. 2 GG sowie oben Kapitel A.). Sie haben also – von der Schulpflicht abgesehen – zunächst die alleinige Entscheidungsbefugnis, wie ihre Kinder erzogen werden sollen.

Gesetzliche Leitlinien

Vor 1980 hatte das BGB den Erziehungsbegriff überhaupt nicht definiert und auch nichts über Erziehungsziele ausgesagt. Die Sorgerechtsreform hat dann – trotz z.T. heftiger Angriffe – einige Leitlinien zur Erziehung aufgestellt, die seit 1980 gelten (siehe dazu unten C. III. 2. u. 5.).

b) Grenzen der elterlichen Erziehung

Grenzen durch öffentliches Recht

Die Eltern sind in ihrer Erziehung nicht völlig frei, denn sie haben die elterliche Sorge zum Wohle des Kindes auszuüben (§ 1627 S. 1), d.h., alle elterlichen Handlungen haben sich an den (recht verstandenen) Interessen ihrer Kinder zu orientieren. Die Schwierigkeit dabei liegt jedoch darin, dass dies im Einzelfall nicht leicht zu klären ist. Konkretere (und auch gesetzlich fixierte) Grenzen elterlicher Entscheidungsfreiheit ergeben sich besonders deutlich durch das öffentliche Recht.

Beispiele: Schulrecht, Jugendschutzbestimmungen, Strafrecht.

Grenzen des BGB

Aber auch das BGB setzt dem elterlichen Erziehungsrecht Grenzen, und zwar durch:

- das Gebot der Berücksichtigung des wachsenden Bedürfnisses und Fähigkeit des Kindes zu selbstständigem verantwortungsbewusstem Handeln (vgl. § 1626 Abs. 2 sowie unten C. III. 2.),
- das Verbot jeglicher körperlicher Bestrafungen, seelischer Verletzungen und anderer entwürdigender Erziehungsmaßnahmen (vgl. § 1631 Abs. 2 sowie unten C. III. 3.),
- die Berücksichtigung von Eignung und Neigung des Kindes bei der Ausbildungs- und Berufswahl (vgl. § 1631a sowie unten C. III. 5.),
- das Genehmigungserfordernis von mit Freiheitsentzug verbundenen Unterbringungen (vgl. § 1631b sowie unten C. III. 8. b),
- das Ergreifen von kinderschutz-rechtlichen Maßnahmen des FamG bei Gefährdungen oder Schädigungen des Kindeswohls (vgl. dazu §§ 1666, 1666a sowie unten G. I. 2.),
- die Berücksichtigung des Kindeswillens bei gerichtlichen Sorgerechtsregelungen, wenn sich die Eltern trennen (vgl. § 1671 sowie oben § 6. D. II.),
- die Anerkennung einer Reihe von sog. „Teilmündigkeiten" (siehe dazu unten F. II. 3.).

c) Staatliche Unterstützung bei der Erziehung

Unterstützung durch das Jugendamt

Allein Erziehende

Das JA muss Eltern, denen die Personensorge allein zusteht,

Beispiele: verwitwete (vgl. § 1680 Abs. 1), geschiedene[424] (vgl. § 1671) Elternteile, Mütter nichtehelicher Kinder (vgl. § 1626a Abs. 2[425])

---

[424] Siehe dazu oben Kapitel 6, D. II.
[425] Siehe dazu oben Kapitel 8, E. I.

Beratung und Unterstützung

auf Antrag bei der Ausübung der Personensorge, insbesondere bei der Geltendmachung von Unterhaltsansprüchen beraten und unterstützen (§ 18 SGB VIII). Diese Beratungs- und Unterstützungspflicht des JA gilt also auch für Erziehungsfragen. In Betracht kommende Fälle sind vor allem:

Beispiele: Erziehungs- und Schulschwierigkeiten, Verhaltensauffälligkeiten (oder -störungen), Partner-, Alkohol- und Drogen-Probleme.

Dabei hat das JA allerdings keine eigenen Befugnisse gegenüber dem Kind, sondern ist auf eine Beratung von Eltern und Kind beschränkt.[426]

Unterstützung durch das Familiengericht
Auch das FamG hat die Eltern auf Antrag bei der Sorgerechtsausübung zu unterstützen (§ 1631 Abs. 3). Dabei ist Folgendes zu beachten:

Antragserfordernis

- das FamG wird nur auf Antrag sorgeberechtigter Eltern tätig,
- sind beide Sorgeinhaber, müssen sie sich wegen § 1627 einig sein,

Elternwille maßgebl.

- das FamG kann die Eltern nur in ihrem Wollen unterstützen, ihnen also keine Vorschriften machen,

Nur in geeigneten Fällen

- es muss sich um geeignete Fälle (d.h., dem Kindeswohl dienliche) handeln; das FamG muss daher zuvor Eltern, Kind und JA anhören (§§ 160, 159, 162 Abs. 1 FamFG) und ein Tätigwerden ablehnen, wenn es dieses im Interesse des Kindes für nicht hilfreich oder nicht geboten hält.

Im letzteren Fall muss das FamG dann aber wegen § 26 FamFG von Amts wegen prüfen, ob es evtl. nach §§ 1666, 1666a kinderschutz-rechtliche Maßnahmen zu ergreifen hat (siehe dazu unten G. I. 1.–3.).

Möglichkeiten des FamG

Als zulässige Unterstützungsmaßnahmen des FamG gelten z.B.:
Vorladung der Minderjährigen zu einer Besprechung, Ermahnungen/Verwarnungen; Anordnung und evtl. auch Vollstreckung der Rückkehr in das Elternhaus oder der Unterbringung in einer anderen Familie, betreuten Wohnform oder sonstigen Erziehungseinrichtung.

Kindeswohl beachten

Das FamG kann seine Anordnungen gegenüber den Minderjährigen mit Zwangsgeld oder notfalls auch mit Gewalt (z.B. wenn sie sich heftig wehren, nach Hause zurückzukehren oder in ein Heim zu gehen) durch den Gerichtsvollzieher durchsetzen (vgl. §§ 87, 90 FamFG), wobei das JA in geeigneten Fällen Unterstützung leistet (§ 88 Abs. 2 FamFG). Maßstab muss aber auch hier stets das Kindeswohl sein – nicht die Elterninteressen!

d) Das Recht des Kindes auf Erziehung

Hier findet man folgende Rechtslage vor:

Das Grundgesetz

Art. 1 Abs. 1 GG erkennt die Menschenwürde als unantastbar an und verpflichtet alle staatliche Gewalt zu ihrem Schutz.

Art. 2 Abs. 1 GG garantiert jedem Menschen die freie Entfaltung seiner Persönlichkeit.

Nach Art. 6 Abs. 2 ist die Pflege und Erziehung von Kindern das natürliche Recht und die oberste Pflicht der Eltern, deren Ausübung die staatliche Gemeinschaft überwacht (siehe dazu Seite 259).

---

[426] Zur Beratungs- und Unterstützungspflicht des JA im Einzelnen siehe Seite 65 ff.

Nach Art. 1 Abs. 3 GG binden diese vorgenannten Grundrechte alle Staatsgewalten (d.h.: Gesetzgebung, Verwaltung und Rechtsprechung) als unmittelbar geltendes Recht.

Das SGB VIII

§ 1 Abs. 1 SGB VIII proklamiert zwar:

„Jeder junge Mensch hat ein Recht auf Förderung seiner Entwicklung und auf Erziehung zu einer eigenverantwortlichen und gemeinschaftsfähigen Persönlichkeit."

Intention

Der Gesetzgeber wollte aber klarstellen, dass sich der Erziehungsanspruch des Kindes wegen Art. 6 Abs. 2 GG zunächst nur an die Eltern und nicht an andere Erziehungsträger richten könne, es somit dem KJHG verwehrt sei, Kindern einen Rechtsanspruch auf Erziehung gegenüber der öffentlichen Jugendhilfe einzuräumen und dieser daher kein eigenständiger Erziehungsauftrag zukomme.[427] Das KJHG hat daher aus diesem Grund leider § 8 SGB I, der vor 1991 ausdrücklich ein Erziehungsrecht zur Entfaltung der Persönlichkeit junger Menschen anerkannt und der öffentlichen Jugendhilfe diesbezüglich eine Gewährleistungspflicht auferlegt hatte, erheblich „zurückgestutzt". Denn § 8 SGB I lautet seit 1991 nur noch:

Das SGB I

„Junge Menschen und Personensorgeberechtigte haben im Rahmen dieses Gesetzbuchs ein Recht, Leistungen der öffentlichen Jugendhilfe in Anspruch zu nehmen. Sie sollen die Entwicklung junger Menschen fördern und die Erziehung in der Familie unterstützen und ergänzen."

„Konsequent" bestimmt das SGB VIII daher in § 27 Abs. 1 nicht die Minderjährigen, sondern deren Personensorgeberechtigte zu den Anspruchsberechtigten der „Hilfen zur Erziehung".[428]

Das BGB

Da das BGB für Kinder ebenfalls kein ausdrückliches Erziehungsrecht vorsieht, sondern in § 1631 Abs. 1 lediglich feststellt, dass die elterliche Personensorge „insbesondere" das Recht und die Pflicht umfasst, das Kind zu erziehen, erhebt sich die Frage, ob das Kind wirklich ein eigenes Erziehungsrecht besitzt oder nur bloßes „Erziehungsobjekt"[429] seiner Eltern ist. Auch wenn dies der Ansicht des KJHG-Gesetzgebers widerspricht, ist m.E. – entgegen der herrschenden Meinung – aus folgenden Gründen von einem Recht des Kindes auf Erziehung auszugehen:[430]

Dennoch: Recht des Kindes auf Erziehung

Das BVerfG

Das *BVerfG* hat bereits 1967 ausdrücklich darauf hingewiesen, dass das Kind im Sinne unserer Verfassung „ein Wesen mit eigener Menschenwürde und eigenem Recht auf Entfaltung seiner Persönlichkeit" ist und dass die von Art. 6 GG anerkannte primäre Elternverantwortung und die damit verbundenen Rechte ihre Rechtfertigung allein im Schutz- und Hilfebedürfnis des Kindes findet. Denn nach dem Wertesystem unserer Verfassung könne niemandem Rechte an der Person eines anderen eingeräumt werden.[431] Die grundgesetzlich abgesicherte vorrangige Elternverantwortung ist folglich nicht für sie als Rechtsposition geschaffen, sondern um den Interessen des Kindes zu dienen – vor allem seiner Persönlichkeitsentfaltung.

---

[427] Dazu ausführlich: *Fieseler* in *Fieseler/Schleicher/Busch/Wabnitz*, GK-SGB VIII, § 1, Rz. 5 ff.

[428] siehe dazu Seite 78.

[429] wie das bei Beratung des KJHG (vgl. BT-Drucks. 11/5948, S. 68 und BT-Drucks. 11/6002, S. 5) geschah (s. dazu Seite 78).

[430] Siehe dazu ausführlich *Fieseler*, a.a.O.

[431] BVerfGE 24, S. 119 (144).

Natürlich steckt hierin zugleich auch eine Wertentscheidung unserer Verfassung, die Erziehungsverantwortung primär den Eltern und nicht dem Staat zu übertragen, der hier nur das Wächteramt besitzt (s. Seite 259). Dies ist vor allem historisch zu verstehen, und zwar als Absage an indoktrinäre Staatserziehungsversuche.

Gesetzgeber verkennt das Grundgesetz

Wenn in der amtlichen Begründung der Bundesregierung zum KJHG stets vom grundgesetzlich geschützten Eltern„*recht*" die Rede ist, werden zugleich die Verfassungslage und der Gesetzesauftrag verkannt. Denn die staatliche Gemeinschaft hat die Persönlichkeitsentfaltung von Kindern durch Unterstützung ihrer Eltern zu fördern, diese gegebenenfalls zu ergänzen und notfalls (d.h., bei Ausfall der Eltern) zu ersetzen. Dies ergibt sich aus § 1 Abs. 3 SGB VIII, in dem es heißt: „Jugendhilfe soll zur Verwirklichung des Rechts nach Absatz 1 ...". Dabei kommt der Jugendhilfe den Eltern gegenüber eine komplementäre Aufgabe zu.

Schwierigkeiten bei Durchsetzung des Rechts auf Erziehung

Aber selbst wenn man ein Erziehungsrecht des Kindes anerkennt, bereitet dessen Durchsetzung (rechtlich wie tatsächlich) Schwierigkeiten: Grundrechte sind als Abwehrrechte der Bürger gegen die drei Staatsgewalten konstruiert, binden zunächst also nur diese (vgl. Art. 1 Abs. 3 GG). Inwieweit sie auch zwischen Privatpersonen (hier: Kindern und Eltern) gelten, ist jedoch von der Anerkennung einer sog. *„Drittwirkung"* von Grundrechten abhängig. Dies ist aber bisher umstritten. – Diese Problematik wird z.T. auch unter dem Aspekt der „Grundrechtsmündigkeit" diskutiert.

Kein Antragsrecht des Kindes

In der Praxis lässt sich das Erziehungsrecht des Kindes aber nur schwer durchsetzen, weil dessen Verwirklichung zunächst allein von dessen Eltern abhängig ist und ihm weder beim JA noch beim FamG ein Antragsrecht eingeräumt worden ist. Sollten sich dennoch Minderjährige an das FamG wenden, so hätte es aber dieser Sache (nach pflichtgemäßem Ermessen) nachzugehen (vgl. § 26 FamFG), d.h. dann das JA um Ermittlung zu bitten. Allerdings kann sich das Kind gemäß § 8 Abs. 2 SGB VIII an das JA wenden und dort Rat suchen (s. dazu Seite 43).

2. Berücksichtigung der wachsenden Selbstständigkeit des Kindes

Gesetzliches Leitbild

Vor 1980 war die Selbstständigkeit Minderjähriger nur bei einigen sog. „höchstpersönlichen" Rechtshandlungen anerkannt. Bei diesen hängt die Wirksamkeit von Entscheidungen von ihrer Mitwirkung bzw. Einwilligung ab (vgl. dazu unten Kapitel F. II. 3.). Die Anerkennung dieser sog. *„Teil-Mündigkeiten"* erschien jedoch *nicht mehr ausreichend*. Bei der Sorgerechtsreform von 1980 (von der „elterlichen *Gewalt*" zur „elterlichen *Sorge*") hielten die Reformer es daher für wichtig, für die elterliche Erziehung als gesetzliches Leitbild festzuhalten, dass die zunehmende Einsichtsfähigkeit und die wachsende Selbstständigkeit Minderjähriger – *unabhängig von festen Altersgrenzen* – möglichst früh zu beachten und daher bei allen sie betreffenden Entscheidungen zu berücksichtigen ist[432]. Daher lautet § 1626 Abs. 2 seit 1.1.1980:

Voraussetzungen für Selbstverantwortlichkeit

„Bei der Pflege und Erziehung berücksichtigen die Eltern die wachsende Fähigkeit und das wachsende Bedürfnis des Kindes zu selbstständigem verantwortungsbewusstem Handeln. Sie besprechen mit dem Kind, soweit es nach dessen Entwicklungsstand angezeigt ist, Fragen der elterlichen Sorge und streben Einvernehmen an."

---

[432] BT-Drucks. 8/2788, S. 34 und 45 ff.

Kinder einbeziehen in Entscheidungen

Es erscheint richtig, Kinder so frühzeitig wie möglich in ihre Person betreffende Entscheidungen einzubeziehen, damit sie lernen können, eigene Entscheidungen sachgemäß verantwortlich zu treffen, d.h., sie dann auch selbst zu tragen. Dies kann man von ihnen nämlich nicht erwarten, wenn sie nur daran gewöhnt waren, dass Entscheidungen über ihren Kopf hinweg getroffen wurden. Das heißt:

Demokratischer Erziehungsstil

Wer Minderjährige zu selbstverantwortlichen Persönlichkeiten erziehen will, muss ihnen auch rechtzeitig und ausreichend Gelegenheit geben, sich selbstverantwortlich handelnd zu bewähren. Dazu gehört es, sie demokratisch zu erziehen, d.h., sie argumentieren, entscheiden und etwas verantworten zu lehren. Wer das nicht tut, muss sich nicht wundern, wenn junge Menschen später selbstverantwortliche Entscheidungen nicht treffen können.

Die Fassung des § 1626 Abs. 2 wird immer wieder scharf angegriffen und verzerrt dargestellt. Es erscheinen daher noch folgende Klarstellungen nötig:

Klarstellungen

Die Norm *bedeutet nicht* etwa, dass
- den Eltern hiermit ein verbindlicher Erziehungsstil vorgeschrieben würde, sondern sie will programmatisch (als sog. Leitlinie) nur das wiedergeben, was verantwortungsvolle Eltern ohnehin praktizieren;
- die Eltern sich jetzt dem Kindeswillen unterzuordnen hätten (ebenso wenig, dass sie sich mit dem Kind einigen müssen; vielmehr bleibt die letzte Entscheidung immer bei den Eltern);
- die Eltern bei Nichteinhalten der Vorschrift mit staatlichem Eingreifen rechnen müssen; dies ist nur in krassen Fällen (wie z.B. ständiges Übergehen des Willens eines einsichtsfähigen Minderjährigen bei bedeutsamen Entscheidungen) unter den Voraussetzungen der §§ 1666, 1666a (dazu Seite 311 ff.) möglich;
- ein Minderjähriger nun (z.B.) bei verweigertem Moped-Kauf das FamG anrufen könnte und dies dann an Stelle der Eltern entscheiden würde; vielmehr ist Minderjährigen gesetzlich kein eigenes Antragsrecht[433] eingeräumt worden und ein Tätigwerden des FamG von Amts wegen (= gemäß § 26 FamFG) kommt nur bei konkreter Gefährdung des Kindeswohls in Betracht.

Kein Antragsrecht für Minderjährige

Was bringt nun eine solche Rechtsnorm?

Verbindliche Rechtsnormen

Obwohl § 1626 Abs. 2 bewusst nur als Norm ohne Sanktionen (sog. *Lex imperfecta*) geschaffen worden ist, stellt sie dennoch eine verbindliche Rechtsnorm dar, die allerdings insbesondere diejenigen Eltern überfordert, die selbst keine argumentative Auseinandersetzung (und somit demokratische Erziehung) erfahren haben.

Gilt für das gesamte Kindschaftsrecht

Diese gesetzliche *Leitlinie* ist im gesamten Kindschaftsrecht zu beachten, ist somit bei allen gerichtlichen Sorgerechtsregelungen zu berücksichtigen, in denen es um das Kindeswohl geht, also vor allem bei Umgangsregelungen (vgl. dazu §§ 1632, 1684, sowie unten C. III. 6. und H.) und bei Sorgerechtsentscheidungen bei Trennung oder Scheidung der Eltern (vgl. dazu §§ 1671, 1672 sowie Seite 216 ff.).

[433] Siehe dazu Seite 268.

3. Gesetzliches Verbot von Gewaltanwendung bei der Erziehung

Seit 2.11.2000 Verankerung im BGB

Durch das „Gesetz zur Ächtung der Gewalt in der Erziehung" vom 2.11.2000 wurde § 1631 Abs. 2 wie folgt gefasst:

> „Kinder haben ein Recht auf gewaltfreie Erziehung. Körperliche Bestrafungen, seelische Verletzungen und andere entwürdigende Maßnahmen sind unzulässig."

UN-Kinder-Konvention damit erfüllt

Damit wurde auch in Deutschland ein gesetzliches Gewaltverbot in der Erziehung geschaffen und somit endlich Art. 19 der UN-Kinder-Konvention erfüllt, der sämtliche Mitgliedstaaten verpflichtet, *„alle geeigneten Gesetzgebungsmaßnahmen zu treffen, um das Kind vor jeder Form körperlicher oder geistiger Gewaltanwendung zu schützen"*.

Hintergründe des gesetzlichen Gewaltverbots bei der Erziehung

Gewaltausübung ist weit verbreitet

- Gewaltausübung gehört leider immer noch zum Alltag, lässt sich jedoch wegen der Dunkelziffer nur schwer erfassen. Aber es wird davon ausgegangen, dass 80% der Minderjährigen bei ihrer Erziehung Gewalt erfahren.

Rechtfertigungen

- Gewalt in der Erziehung wird überwiegend verharmlost und meistens nicht nur von Eltern als rechtens angesehen, sondern auch von der Umwelt gebilligt. Zumindest werden durchweg „ein Klaps" und „eine Ohrfeige" gerechtfertigt (wobei natürlich stets verschwiegen wird, dass es nicht bei „einmal" bleibt).[434]

Gewalt löst keine Probleme, sondern schafft nur neue

- Es ist anerkannt, dass das Erleiden von Gewalt gravierende negative Folgen für die Persönlichkeitsentwicklung von Minderjährigen hat. Dadurch wird z.B. das Risiko erhöht, dass sie ängstlich und kontaktscheu werden, sich nichts mehr zutrauen und in der Schule versagen, emotional gleichgültig und aggressiv werden, eher zu Alkohol und Drogen greifen und ihre Gewissensbildung verkümmert.

Gewalt erzeugt wiederum Gewalt

- Umfragen und Untersuchungen belegen, dass Opfer elterlicher Gewalt später vermehrt selbst Gewalt anwenden. Gewalttätiges Verhalten wird also „gelernt" und weitergegeben, d.h., Menschen, die in ihrer Kindheit Gewalt erfahren haben, werden selbst häufiger gewalttätig als gewaltfrei aufgewachsene Menschen.

Kreislauf der Gewalt soll verhindert werden

- Dieser *Kreislauf der Gewalt* soll durch das gesetzliche Verbot von Gewaltanwendung bei der Erziehung verhindert werden.

Andere Länder waren Vorbild

In Schweden, Dänemark, Norwegen und Österreich bestanden übrigens schon seit langem entsprechende gesetzliche Gewaltverbote.

Die Regelungen des § 1631 Abs. 2 BGB im Einzelnen

„Kinder haben ein Recht auf gewaltfreie Erziehung."

Mehr als ein „Leitbild"

Gilt für alle Erzieher

- Die Norm stellt kein bloßes unverbindliches „Leitbild" dar. Vielmehr haben alle Erziehenden dieses Recht des Kindes zu beachten. Es gilt also nicht nur für Eltern, sondern gemäß §§ 1800, 1915 auch für Vormünder und Pfleger sowie für alle Personen, die von jenen Erziehungsberechtigung ableiten (wie z.B. Stiefeltern, Lebensgefährten, Lebenspartner, Verwandte, Freunde, Bekannte, Pflegeeltern, ErzieherInnen in Kindergärten, Horten, Heimen etc.).

---

[434] Dazu ausführlich *Schleicher* in: Jugendhilfe 2001, S. 181 ff. sowie in: GK-SGB VIII, § 16, Rz. 2a ff.; *Knödler*, ZKJ 2007, S. 58 ff.

- Ein bestimmter Erziehungsstil ist Eltern (und anderen Erziehungsberechtigten) damit – ansonsten – jedoch nicht vorgeschrieben.
- Zweifelhaft ist, ob sich aus diesem „Recht" ein einklagbarer Rechtsanspruch des Kindes gegen seine Eltern (oder andere Personensorge-Inhaber) ergibt. Im Gesetzgebungsverfahren hatte angeblich „Einigkeit bestanden", dass „trotz der Ausgestaltung als Recht" nicht jede einzelne Verletzung von § 1631 Abs. 2 einen einklagbaren Rechtsanspruch begründen solle.[435]

Keine Festlegung des Erziehungsstils

Fragwürdig, ob einklagbar

„Körperliche Bestrafungen sind ausnahmslos unzulässig" (vgl. § 1631 Abs. 2).

Sie lassen sich somit nicht mehr (wie auch immer) rechtfertigen, denn sie stellen (unabhängig von ihrer Intensität) für Kinder stets eine Demütigung dar, die ihre Würde verletzen (so ausdrücklich die offizielle Gesetzesbegründung).[436]

Keine Rechtfertigung körperl. Bestrafung mehr zulässig

Beispiele: jegliches Schlagen – und zwar nicht nur die ominöse „Tracht Prügel", sondern auch „eine Ohrfeige" oder „ein Klaps" (in das Gesicht, auf Arm/Hand/Finger, Rücken, Gesäß), das Treten, aber auch heftiges Schütteln oder festes Drücken, Schubsen, Stoßen eines Kindes (meist beschönigend „hartes Zupacken" genannt), das „Ohr umdrehen", an den Haaren ziehen, sowie das Anbinden oder Fesseln.

Nicht erfasste Fälle:

Die Formulierung körperliche „Bestrafungen" macht deutlich, dass nicht jede körperliche Einwirkung auf ein Kind verboten ist. Die häufig diskutierten Beispielsfälle des (gewaltsamen) Festhaltens oder Zurückreißens eines Kindes (z.B. vor einer roten Ampel, an einer Rolltreppe oder Bahnsteigkante, vor einer Brüstung oder einem anderem Abgrund, an fließenden Gewässern o.ä.) werden deshalb von dem Verbot nicht erfasst, sofern es sich hierbei um objektiv erforderliche Maßnahmen zur Gefahrenabwehr handelt und keine körperliche Bestrafung hinzukommt.

Maßnahmen zur Gefahrenabwehr

Andere Bestrafungen

(wie z.B. Kürzen des Taschengeldes, zeitweiliges Spiel-, Fernseh- oder Kino-Verbot, Hausarrest o.ä.) sind zwar nicht verboten, können aber in krassen Übermaßfällen (z.B. bei längerem völligem Einsperren) evtl. „seelische Verletzungen" oder „andere entwürdigende Maßnahme" darstellen (siehe dazu nachstehend) und deswegen unzulässig sein.

In krassen Fällen unzulässig

„Seelische Verletzungen sind ebenfalls unzulässig" (vgl. § 1631 Abs. 2).
Für sie ist kein Raum in einer am Persönlichkeitsrecht des Kindes orientierten Erziehung.

Beispiele: herabsetzende, kränkende sowie demütigende Verhaltensweisen (etwa das Bloßstellen vor Geschwistern, anderen Verwandten, Nachbarn, Freunden oder Schulkameraden), Alleinlassen des Kindes für längere Zeit, insbesondere Einsperren im Dunkeln. Aber auch extreme Kälte im Umgang mit dem Kind (vor allem lang andauerndes Nichtsprechen oder Nichtbeachten) kann seelische Verletzungen verursachen.

Der Begriff „seelische Misshandlung" wurde nicht verwendet, weil befürchtet wurde, dass er in weiten Teilen der Bevölkerung eng interpretiert werde und somit hierunter nur krasse Fälle von Missbrauch oder Übermaß verstanden werden könnten[437].

Grenze bereits vor einer Misshandlung

---

[435] *Heger/Schomburg*, Kind-Prax 2000, S. 172.
[436] BT-Drucks. 14/1247, S. 8.
[437] So die Gesetzesbegründung, BT-Drucks. 14/1247, S. 8.

Auffangtatbestand

„Andere entwürdigende Maßnahmen sind ebenso unzulässig" *(vgl. § 1631 Abs. 2)*.

Es erschien notwendig, dies auch gesetzlich festzuschreiben, da sonst solche Handlungsweisen zulässig wären, bei denen konkret keine seelischen Verletzungen eintreten, weil z.B. das Kind besonders unsensibel ist oder etwa von „hinter seinem Rücken" erfolgten verächtlich machenden Äußerungen nichts erfährt[438].

Beispiele: Außer den vorstehenden (im Gesetzgebungsverfahren ausdrücklich genannten) Beispielen fallen hierunter z.B.: Erpressungen und Bedrohungen sowie andere besonders verwerfliche Handlungen der Eltern, die keine „körperlichen Bestrafungen" oder „seelischen Verletzungen" sind.

keine abschließende Regelung

§ 1631 Abs. 2 BGB stellt keine abschließende Regelung unzulässiger Erziehungsmaßnahmen dar.

Jede Gefährdung des Kindeswohls weiterhin unzulässig

Die Unzulässigkeit von elterlichen Handlungsweisen beschränkt sich also nicht etwa auf „körperliche Bestrafungen", „seelische Verletzungen" und „andere entwürdigende Maßnahmen". Vielmehr sind (nach wie vor) alle das Kindeswohl gefährdende Verhaltensweisen der Eltern (und anderer Erziehungs-Berechtigter) unzulässig – wie z.B.: Duldung von (oder gar Animieren zum) Alkohol- oder Drogen-Konsum, leichtfertiges Verabreichen von Tabletten o.ä.[439]

Die Bedeutung der sanktionslosen gesetzlichen Regelung

Gesetzesintention: Hilfe statt Strafe

§ 1631 Abs. 2 sieht *keine Sanktionsmöglichkeiten* vor (sog. lex imperfecta), denn Intention der Norm ist Hilfe und nicht Strafe[440]. Zielsetzung der Regelung ist daher auch, Eltern (und anderen Erziehungs-Berechtigten) Wege zur gewaltfreien Erziehung aufzuzeigen und sie dabei zu begleiten. Folglich dürfen nicht vermehrte Kontrolle, Entzug der elterlichen Sorge oder Strafverfolgung im Vordergrund stehen, sondern Hilfen für die betroffenen Kinder, Jugendlichen und Eltern. Letzterem dient vor allem die ebenfalls am 2.11.2000 erfolgte Erweiterung der Aufgaben der Jugendhilfe in § 16 Abs. 1 Satz 3 SGB VIII.

Bedeutung im Einzelnen:

Obwohl die Vorschrift keine *Sanktionsmöglichkeiten* enthält, stellt sie eine Verbesserung des Rechtsschutzes von Minderjährigen dar. Im Einzelnen kommt ihr *folgende Bedeutung* zu:

In FamG-Verfahren stets zu beachten

- Die in § 1631 Abs. 2 festgelegten Wertungen (s.o.) sind nicht nur im Rahmen der Überprüfung von Kindeswohlgefährdungen iSd § 1666 Abs. 1 zu berücksichtigen, sondern bei sämtlichen Entscheidungen der FamG – wie z.B. bei Uneinigkeit gem. § 1628 (s. dazu Seite 286), bei Sorgerechts-Regelungen getrennt lebender Eltern gem. § 1671 (s. dazu Seite 216 ff.) oder Umgangs-Regelungen gem. § 1684 (s. dazu Seite 324 f.).

Vereinzelte Vorfälle

- *Nur vereinzelt vorkommende* körperliche Bestrafungen, seelische Verletzungen oder andere entwürdigende Maßnahmen werden (auch wenn sie dem JA oder FamG bekannt werden) – wie früher auch – grundsätzlich staatlicherseits ohne Reaktionen bleiben.

---

[438] So die Gesetzesbegründung, a.a.O.

[439] Zu weiteren Beispielen siehe Seite 311 f.

[440] So die amtliche Gesetzesbegründung, a.a.O.

- *Bei wiederholtem Auftreten* derartigen elterlichen Fehlverhaltens kommen Eingriffe des FamG in die elterliche Sorge gemäß §§ 1666, 1666a bis hin zu Beschränkungen *oder* Entzug der Ausübung derselben *oder* Herausnahme der betroffenen Kinder aus ihrer Familie/Pflegeeltern/Heim etc. in Betracht (evtl. auch durch das JA gem. § 42 Abs. 1 S. 2 HS 2 SGB VIII – s. dazu Seite 105 f.). **Wiederholte Vorfälle**
- *Bei besonders gravierenden Fällen* kommen *zusätzlich* strafrechtliche Sanktionen wegen Körperverletzung und Nötigung in Betracht. **Gravierende Fälle**

4. Ärztliche Behandlungen

Das BGB enthält keine Regelung

Die ärztliche Behandlung Minderjähriger ist gesetzlich nicht ausdrücklich geregelt, so dass hierüber die Eltern im Rahmen ihrer Personensorge zu entscheiden haben. Allerdings erkennen *Rechtsprechung* und auch *Rechtslehre* schon seit längerem an, dass Minderjährige dann selbst über ärztliche Behandlungen (einschließlich Operationen) entscheiden können, wenn:

Anerkennung der Selbstständigkeit Minderjähriger

sie hinsichtlich deren Bedeutung bereits die nötige Urteils- und Einsichtsfähigkeit haben und die erforderliche Aufklärung über Tragweite und Folgen der Behandlung erhalten.[441]

Rechtslage

Bei Heilbehandlungen Minderjähriger besteht folgende Rechtslage:

Entscheidungsrecht der Eltern

- Die Entscheidung über Heilbehandlungen gehört zur Personensorge und steht somit grundsätzlich den Eltern zu (§ 1626 Abs. 1), so dass von Minderjährigen abgeschlossene (besser: *angebahnte*) ärztliche Behandlungsverträge von der Genehmigung ihrer gesetzlichen Vertreter abhängen (§§ 107, 108 Abs. 1). Ärzte müssten daher aus zivil- und strafrechtlichen Gründen (Eingriff ohne Einwilligung der Eltern ist Körperverletzung und es kommt ohne sie kein Behandlungsvertrag zustande) auf der Zustimmung der Eltern bestehen.

  Diese Lösung erscheint vor allem bei älteren Jugendlichen zweifellos unbefriedigend. Sie wird aber durch die o.a. Rechtsprechung modifiziert.

- *Gegen den Willen* einsichtsfähiger (siehe oben) Minderjähriger ist eine von den Eltern gewünschte ärztliche Behandlung (insbesondere eine Operation) *nur zulässig*, wenn nachhaltige gesundheitliche Schäden zu befürchten sind. **Wille der Minderj.**
- Der Besprechung mit den Minderjährigen und dem Bemühen um Einvernehmen mit ihnen (§ 1626 Abs. 2) kommt bei Heilbehandlungen besondere Bedeutung zu.
- Seit 1980 ist bei Unterbringungen in Heil-, Pflege- oder Entziehungsanstalten, die mit Freiheitsentzug verbunden sind, gemäß § 1631b eine Genehmigung des FamG erforderlich (siehe dazu unten C. III. 8. b). **Geschlossene Anstalten**
- Bei *dringend* notwendig werdenden ärztlichen Behandlungen oder Eingriffen **Eilfälle**

  Beispiele: Unfälle, Blinddarmdurchbruch, Suizid-Versuch, Alkohol-, Drogen-Abusus

  ist die Einholung der elterlichen *Zustimmung nicht notwendig, wenn:* andernfalls die Gefahr ernsthafter Gesundheitsschäden besteht. Das gilt

[441] BGH/Str. 5, S. 363; BGH/Z 29, S. 33 (36); OLG München, NJW 1958, S. 633; OLG Celle, MDR 1960, S. 136; Bay. ObLG 85, S. 53; Roßner, NJW 1990, S. 2291.

also nur, wenn die Eltern zzt. nicht – oder nicht rechtzeitig – erreichbar sind, denn dann hilft (*straf*rechtlich) die Annahme einer mutmaßlichen Einwilligung und (*zivil*rechtlich) das Rechtsinstitut der Geschäftsführung ohne Auftrag (= §§ 677 ff.).

Abbruch einer Schwangerschaft

– *Umstritten* ist, ob eine Minderjährige selbstständig wirksam über einen legalen Schwangerschafts-Abbruch entscheiden kann oder dabei von der Einwilligung ihrer Eltern abhängig ist. Zum Teil wird hier auf das Alter der Schwangeren oder auf die Motive für den Schwangerschafts-Abbruch abgestellt[442]. Nach hM erfüllt allerdings elterlicher Zwang zum Schwangerschafts-Abbruch (unabhängig von den Motiven der Eltern wie der Schwangeren) stets den Tatbestand des § 1666 Abs. 1, so dass dieser Eingriff bei rechtzeitiger Kenntnis durch das FamG verhindert werden kann[443]. Da ein legaler Schwangerschafts-Abbruch eine so höchstpersönliche, außerordentlich stark vom Gewissen abhängige Entscheidung darstellt, muss m.E. der Wille der Schwangeren stets maßgeblich sein, sofern nicht vehemente Zweifel an ihrer Einsichtsfähigkeit bestehen (z.B. bei starker Debilität – aber auch hier nicht generell).[444]

Das bedeutet, dass die elterliche Verweigerung eines legalen Schwangerschafts-Abbruchs gemäß § 1666 Abs. 3 gerichtlich ersetzt werden kann[445].

Behandlungsverträge

– Die Einwilligung in ärztliche Behandlungen ist von der zum Abschluss des Arztvertrages erforderlichen rechtsgeschäftlichen WE zu trennen. Erstere können Minderjährige u.U. schon selbst wirksam erteilen (s.o.), Letztere ist jedoch wegen § 107 immer von der Zustimmung der Eltern abhängig.

Sterilisation

– Seit 1992 sind Sterilisationen Minderjähriger *ausnahmslos untersagt*, denn weder die Minderjährigen selbst, noch ihre Eltern oder gar Pfleger/Vormund sind hierzu einwilligungsbefugt (vgl. §§ 1631c, 1800).

5. Ausbildungs- und Berufswahl

Vor 1980 keine Regelung im BGB

Vor der Sorgerechtsreform hatte das BGB die Ausbildungs- und Berufswahl nicht ausdrücklich geregelt. Es lag damit vor dem 1.1.1980 völlig im Ermessen der Eltern zu bestimmen, welche Ausbildung und welchen Beruf ihr Kind zu ergreifen hatte. Allerdings betonten *Rechtslehre* und *Rechtsprechung* hierbei die Bindung der Eltern an das Kindeswohl. Die meisten Gerichte waren jedoch sehr zurückhaltend bei der Entscheidung, einzugreifen, wenn Eltern ihren Kindern gegen deren Willen und Eignung Berufsentscheidungen aufgezwungen hatten.

Weil elterliche Entscheidungen bzgl. Ausbildung und Beruf des Kindes für dessen gesamten Lebensweg von ausschlaggebender Bedeutung sind, war in der Reformdiskussion zum SorgeRG gefordert worden, den Minderjährigen ein sog. *Sperrrecht* einzuräumen, das bereits das *Preußische Allge-*

---

442 BT-Drucks. 13/8511, S. 65.

443 Siehe dazu *Scherer*, FamRZ 1997, S. 589 ff.

444 So auch: *Deutscher Juristinnenbund*, Familienrechtskommission zur Reform des Sorgerechts (1980, S. 82); LG Berlin (FamRZ 1980, 285); LG München I (NJW 1980, S. 646); Letzteres lässt jedoch bei Verweigerung der elterlichen Zustimmung zum Abschluss des Arztvertrages keine gerichtliche Ersetzung zu und hebelt damit die „selbstständige" Einwilligung der Minderjährigen aus (ebenso OLG Hamm, NJW 1998, S. 3424).

445 Ebenso: *Moritz*, ZfJ 1999, S. 99

meine Landrecht und das *Sächsische BGB* kannten, das aber vom BGB (1900) nicht übernommen worden war.

Als Ergebnis der Reformdiskussion ist § 1631a entstanden, der – wiederum als *Leitlinie* elterlichen Handelns – davon ausgeht, dass die Eltern in Angelegenheiten der Ausbildung und des Berufes insbesondere auf Eignung und Neigung des Kindes Rücksicht nehmen (vgl. § 1631a Abs. 1 S. 1). *Gerade hier* ist von einem wachsenden Bedürfnis der Minderjährigen zu selbstständigem verantwortungsbewusstem Handeln auszugehen. Daher gilt hier besonders der in § 1626 Abs. 2 festgelegte Grundsatz. Das bedeutet, dass mit den Minderjährigen alle Ausbildungs- und Berufs-Fragen ausgiebig zu beraten sind und dabei Einvernehmen mit ihnen anzustreben ist. Denn heranwachsende Minderjährige werden sich kaum für eine Ausbildung oder einen Beruf engagieren und dort auftretende Schwierigkeiten überwinden, wenn sie bei der Festlegung der Ausbildung oder des Berufes nicht beteiligt wurden oder diese gar gegen ihren Willen erfolgte.

Seit 1980 Rücksicht auf Eignung/Neigung

Gemeinsame Beratung

Wenn bezüglich der Eignung und Neigung der Minderjährigen Zweifel bestehen, so sollen die Eltern den Rat eines Lehrers oder einer anderen geeigneten Person (vor allem: Berufs- und Bildungs-Berater) einholen (§ 1631a Abs. 1 S. 2). Diese Verpflichtung besteht nicht nur dann, wenn Eltern und Kind hierüber kontroverser Ansicht sind, sondern auch, wenn wegen der heutzutage schwer zu durchschauenden vielfältigen Ausbildungs- und Berufs-Möglichkeiten in der gemeinsamen Einschätzung Unsicherheiten verbleiben.

Bei Zweifeln Beratungspflicht mit Dritten

Bis 30.6.1998 sah § 1631a Abs. 2 Folgendes vor: Nahmen die Eltern offensichtlich keine Rücksicht auf Eignung und Neigung des Kindes und wurde dadurch die Besorgnis begründet, dass hierdurch die Entwicklung des Kindes nachhaltig und schwer beeinträchtigt wurde, so entschied damals das *VG* (nach vorheriger Anhörung der Eltern und des Mdj.). Das *VG* konnte dabei erforderliche Erklärungen der Eltern (oder eines Elternteils) ersetzen (§ 1631a Abs. 2 aF). Dieser *besondere Eingriffstatbestand* sollte eklatante Ermessensüberschreitungen der Eltern verhindern. – Am 1.7.1998 hat das KindRG diese Vorschrift gestrichen, weil sie nach Auskunft der Landesjustizverwaltungen in der Praxis keine erwähnenswerte eigene Rolle gespielt habe und § 1666 gleichermaßen schütze.

In derartigen Fällen kann das FamG seit 1.7.1998 folglich nur noch unter den Voraussetzungen des § 1666 Abs. 1 (s. dazu Seite 311 ff.) eingreifen und gegebenenfalls an Stelle der Personensorge-Inhaber handeln (vgl. § 1666 Abs. 3).

Seit 1.7.1998 hilft nur noch § 1666

Beispiele für Eingriffe des FamG:

- Trotz guter Leistungen darf ein Mädchen keine weiterführende Schule besuchen, „weil Mädchen eh bald heiraten“ oder „eine Lehre für sie genügt“.
- Der Sohn wird gezwungen, den väterlichen (handwerklichen oder landwirtschaftlichen) Betrieb zu übernehmen, obwohl er nach seinen Leistungen und Neigungen Sprachen studieren möchte.
- Die Eltern erzwingen als „Strafe“ für tatsächliches Verhalten den Abbruch einer Schul- oder Berufsausbildung.
- Wenn die Eltern trotz konträrer Auffassungen mit dem Mdj. (vor allem bei schwer wiegenden Auseinandersetzungen) entweder zu keinerlei Beratung mit Dritten (siehe dazu oben) bereit sind oder solche Ratschläge missachten und eine Entscheidung gegen die Eignung und Neigung ihres Kindes treffen wollen.

Obwohl bereits das *Preußische Allgemeine Landrecht* und das *Sächsische BGB* (sowie das *Österreichische ABGB*) dem Minderjährigen ein Antrags-

Zweifelhafte Begründung

recht auf gerichtliche Überprüfung von Berufs- und Ausbildungsentscheidungen seiner Eltern zubilligten, ist das SorgeRG entsprechenden Anregungen nicht gefolgt, weil das FamG im Amtsermittlungs-Verfahren (vgl. § 26 FamFG) „eher die Möglichkeit habe, eine vorhandene Konfliktlage beizulegen oder zu lösen"[446].

Richtig ist daran nur, dass das FamG auch ohne Antragsrecht der Minderjährigen ihren „Beschwerden" gegen elterliche Entscheidungen „pflichtgemäß" nachzugehen hat. Ein Mdj. hat aber keinen Anspruch darauf, dass das FamG eine Entscheidung trifft. Sie kann ohnehin nur unter den in § 1666 Abs. 1 festgelegten Voraussetzungen (s. dazu Seiten 311 ff.) ergehen, also nur bei *offensichtlichen Ermessensmissbräuchen*, die zu schweren Beeinträchtigungen der weiteren Entwicklung des Minderjährigen führen können (siehe dazu obige Beispiele).

Somit ist die Begründung des Gesetzgebers halbherzig, denn man wollte dem Minderjährigen keine echte Rechtsposition einräumen[447].

6. Regelung des Umganges der Minderjährigen

Personensorgeinhaber entscheiden

Zur Personensorge gehört auch das Recht, den Umgang minderjähriger Kinder – auch mit Wirkung für und gegen Dritte – zu bestimmen (§ 1632 Abs. 2). Zu diesem Zweck können die Eltern mit Ge- und Verboten sowohl gegen die Minderjährigen als auch gegen Dritte vorgehen. Dabei ist der Begriff „Umgang" weit auszulegen. Er betrifft also nicht nur das Zusammensein mit anderen Personen, Kontakte per Telefon, E-Mail oder Post, sondern kann sich auch auf die Überlassung von bestimmten Gegenständen richten (wie z.B. *gefährliches Spielzeug, bestimmte Zeitschriften, Tabak, Alkohol, Drogen, Mofa, Waffen etc.).*

Selbstständigkeit berücksichtigen

Insbesondere bei Umgangsverboten ist die wachsende Fähigkeit und das wachsende Bedürfnis der Minderjährigen zu selbstständigem und verantwortungsbewusstem Handeln zu berücksichtigen (vgl. § 1626 Abs. 2 sowie Seite 268), da sich die *Schranken* dieses Teiles der Personensorge nicht erst aus § 1666, sondern auch aus dem Alter, der Reife und Entwicklung der Minderjährigen sowie aus allgemein gültigen Anschauungen ergeben. Probleme entstehen hier vor allem bei sexuellen Kontakten Jugendlicher und im Drogenbereich.

Streit mit Dritten

Für Streitigkeiten zwischen Eltern und Dritten über den Umgang ihrer minderjährigen Kinder ist das FamG zuständig, das auf Antrag eines Elternteils entscheidet (vgl. § 1632 Abs. 3).

Herausgabe von Dritten

Befinden sich Minderjährige bei einem Dritten, so ist für das Herausgabeverlangen der Eltern ebenfalls das FamG zuständig (§ 1632 Abs. 3), das die (berechtigte) Herausgabe der Minderjährigen *durch Ordnungsgeld oder unmittelbaren Zwang (d.h., mit Hilfe des Gerichtsvollziehers und evtl. der Polizei)* erzwingen kann (vgl. §§ 87, 89, 90 FamFG, §§ 909 Abs. 1 S. 1, 913 ZPO)[448].

Beispiel: Eltern verlangen ihre 15-jährige Tochter von ihrem 40-jährigen Freund heraus.

---

[446] BT-Drucks. 8/2788, S. 50.

[447] *Franz*, ZblJugR 1978, S. 149.

[448] § 90 Abs. 2 S. 1 FamFG steht dem nicht entgegen, da dieser nur zwangsweise „Zuführungen" an Umgangsberechtigte ausschließt.

Gerichtliche Verfahren

Bei Streitigkeiten über Umgangsregelungen (sowie bei Herausgabeansprüchen der Eltern gegenüber Dritten) entscheidet das FamG grundsätzlich nur auf Antrag (von mindestens einem Elternteil, vgl. § 1632 Abs. 3). Im Hinblick auf § 1666 hat das FamG jedoch bei entsprechender Kenntnis (z.B. durch die Minderjährigen oder Dritte) nach pflichtgemäßem Ermessen auch eventuell auch ohne Antrag von Amts wegen zu ermitteln (§ 26 FamFG).

Vor seiner Entscheidung hat das FamG stets die Eltern und die Minderjährigen persönlich anzuhören (vgl. §§ 160, 159 FamFG) sowie dem JA Gelegenheit zur Stellungnahme zu geben (§ 162 Abs. 1 S. 1 FamFG); unter Umständen kommt im Rahmen der Amtsermittlung gemäß § 26 FamFG auch eine Anhörung betroffener Dritter in Betracht.[449]

§ 1632 nicht anwendbar auf Umgangsberechtigte

§ 1632 Abs. 2 u. 3 sind aber nicht anwendbar, wenn es um die Ausübung des sog. „Umgangsrechts" von Eltern, anderen Verwandten oder nahen Bezugspersonen geht (siehe dazu Seite 320 ff.). Vielmehr kommen hier ausschließlich die §§ 1684, 1685 zur Anwendung.[450]

7. Beaufsichtigung

Teil der Personensorge

Zur Sorge für die Person des Kindes gehört u.a. auch das *Recht und* (vor allem) die *Pflicht*, das Kind zu beaufsichtigen (§ 1631 Abs. 1). Das beinhaltet eine doppelte Verpflichtung der Eltern:

Doppelte Verpflichtung

- Sie *müssen* das minderjährige Kind davor *schützen*, dass ihm durch andere Personen – oder durch sich selbst – Schäden (körperliche, gesundheitliche, sittliche, seelische, geistige oder materielle) entstehen.
- Sie haben zu verhindern, dass andere Personen („Dritte") durch das Kind zu Schaden kommen.

Gesetzliche Regelung

Das BGB spricht nur Letzteres ausdrücklich an (vgl. § 832 Abs. 1), während erstere Verpflichtung aus der allgemeinen Schadensersatzvorschrift des § 823 „herausgelesen" werden muss (siehe dazu Seite 9).

Zu Inhalt, Umfang und Erfüllung der Aufsichtspflicht sowie zu den Rechtsfolgen bei Verletzung dieser Pflicht (insbesondere zur Schadensersatzpflicht) vergleiche im Einzelnen oben das Kapitel Aufsichtspflicht, Seite 5 ff.

8. Aufenthaltsbestimmung

a) Allgemeines

Teil der Personensorge

Zu den ausdrücklich vom BGB genannten Bereichen der Personensorge gehört das Recht und die Pflicht, den Aufenthalt des Kindes zu bestimmen (vgl. § 1631 Abs. 1). Dieses „Pflichtrecht" gibt die Befugnis, über den Wohnort sowie über den Aufenthalt des Kindes bei Verwandten, Bekannten, Freunden, in Pflegestellen, Kindergärten, Heimen, Internaten, Kranken-, Heil-, Pflege- und Entziehungsanstalten zu bestimmen.

Anspruch auf Aufnahme ins Elternhaus

Aus der Pflicht zur Aufenthaltsbestimmung ergibt sich in Verbindung mit der Beistandspflicht des § 1618a ein Anspruch des Kindes auf Aufnahme ins Elternhaus, bei dessen Verletzung ein Einschreiten des FamG gemäß §§ 1666, 1666a in Betracht kommen kann.

---

[449] BT-Drucks. 8/2788, S. 73.

[450] Ebenso *Schwab*, Rz. 592.

Rückholung von Ausreißern

Infolge ihres Aufenthaltsbestimmungsrechtes können die Eltern auch ein von zu Hause (oder aus einer Pflegestelle) weggelaufenes Kind (oder den Jugendlichen) wieder zurückholen und dazu notfalls auch durch das FamG und JA Unterstützung erhalten (vgl. dazu § 1631 Abs. 3 BGB, § 42 SGB VIII sowie Seiten 266, 102 ff.).

Bei Freiheitsentzug FamG-Genehmigung

Ist jedoch die Unterbringung für das Kind mit Freiheitsentzug verbunden, so benötigen die Eltern seit 1.1.1980 die Genehmigung des FamG (vgl. dazu § 1631b sowie das nachfolgende Kapitel).

Überschneidungen zu anderen Bereichen

Auch bei diesem Teil der Personensorge wird deutlich, dass deren einzelne Bereiche kaum voneinander trennbar sind, sondern ineinander greifen. Denn eine Aufenthaltsbestimmung ist ohne Erziehung, Aufsichtspflicht, Umgangsbestimmung mit anderen Personen kaum denkbar und steht meist auch im Zusammenhang mit Herausgabeverlangen der Eltern (zu Letzterem vgl. Seite 280 ff.).

b) Unterbringungen mit Freiheitsentzug

Genehmigung des FamG stets vorher erforderlich

Das Recht zur Aufenthaltsbestimmung besteht jedoch nicht völlig schrankenlos. Vielmehr sind Unterbringungen von Minderjährigen, die mit Freiheitsentzug verbunden sind, – ausnahmslos – nur mit vorheriger Genehmigung des FamG zulässig (§ 1631b S. 1). Daran sind sämtliche Personensorge-Inhaber gebunden – also nicht nur Vormund oder Pfleger, sondern auch die Eltern.

Freiheitsentzug liegt vor, wenn:

Definition des Freiheitsentzuges

Minderjährige *gegen ihren Willen* in einem bestimmten beschränkten Raum festgehalten werden, ihr Aufenthalt *ständig überwacht* und die Aufnahme eines Kontaktes mit Personen außerhalb dieses Raumes durch *Sicherungsmaßnahmen* verhindert wird (wobei der Zweck der Unterbringung gleichgültig ist).

Daher bedarf es auch der Genehmigung des FamG, wenn Heimerziehung nach § 34 SGB VIII [451] oder eine Inobhutnahme des JA für Minderjährige mit Freiheitsentzug verbunden ist (vgl. § 42 Abs. 2 S. 2 SGB VIII [zu Letzterem siehe Seite 107]).

Genehmigungspflichtige Unterbringungen

Die *Genehmigung* des FamG ist somit *erforderlich* bei Unterbringungen Minderjähriger in:

geschlossenen Heimen, Heil-, Pflege-, Kranken-, Entziehungs-Anstalten (oder geschlossenen Abteilungen derselben).

Keine Freiheitsentziehung ist gegeben, wenn:

Genehmigungsfreie Unterbringungen

eine Unterbringung nur mit Freiheitsbeschränkungen verbunden ist, die bei dem Alter der Minderjährigen üblich sind oder sich aus der Erfüllung der Aufsichtspflicht ergeben.

Beispiele: Somit sind z.B. nicht genehmigungspflichtig:
Unterbringungen bei Verwandten, Bekannten, Pflegefamilien, in Internaten, offenen oder halboffenen Heimen, in Krankenanstalten (z.B. bei erforderlichen Operationen – auch wenn dort die Bewegungsfreiheit eingeschränkt wird) sowie Ausgehverbote oder kurzzeitige Hausarreste.

Abgrenzung ist problematisch

Allerdings kann die Abgrenzung zwischen (genehmigungs*freien*) Freiheitsbeschränkungen und (genehmigungs*bedürftigen*) Freiheitsentziehungen Schwierigkeiten bereiten, denn was für ein kleineres Kind noch Frei-

---

[451] So die hM (vgl. z.B. *Mü-Ko-Huber*, § 1631b, Rz. 3 mwN).

heitsbeschränkung ist, kann für einen Jugendlichen schon Freiheitsentzug bedeuten.[452]

Genehmigung hängt vom Kindeswohl ab

Für die Erteilung oder Versagung der Genehmigung durch das FamG ist *allein* das Wohl der Minderjährigen entscheidend. Seit 1.9.2009 ist eine freiheitsentziehende Unterbringung daher ausdrücklich nur dann zulässig, wenn sie zum Kindeswohl, insbesondere zur Abwendung einer erheblichen Selbst- oder Fremdgefährdung erforderlich ist und der Gefahr nicht auf andere Weise, auch nicht durch andere öffentliche Hilfen, begegnet werden kann (§ 1631b S. 2). Die Unterbringung muss also in ihrem wohlverstandenen Interesse liegen und der Freiheitsentzug dazu unumgänglich sein, weil weniger einschneidende Maßnahmen (z.B. Unterbringung in offenen Anstalten) entweder nicht möglich oder nicht ausreichend sind. Nur dann kommt eine Genehmigung des FamG in Betracht.

Eilmaßnahmen:

Bei Gefahr im Verzug ist Genehmigung nachträglich möglich

Ohne richterliche Genehmigung ist eine mit Freiheitsentzug verbundene Unterbringung des Kindes durch seine Eltern nur zulässig, wenn sonst akute Gefahr für das Kind entsteht (§ 1631b S. 3) und auch keine *vorläufige Unterbringung* (d.h.: durch einstw. AnO gemäß § 331 i.V.m. § 167 FamFG) möglich ist.[453] In diesen Fällen ist die Genehmigung des FamG unverzüglich, d.h. ohne schuldhaftes Zögern (= sobald das FamG erreichbar ist), nachzuholen (§ 1631b S. 3).

Beispiele: Suizidgefahr, mehrfaches Entweichen aus Einrichtungen, wiederholtes Begehen besonders gravierender Straftaten, konkrete Gefahr für Leib und Leben durch Dritte oder bei akutem Alkohol-/Drogen-Abusus.

Genehmigungspflicht betrifft nur PS-Inhaber

Der Genehmigungspflicht gem. § 1631b unterliegen nur die Eltern und andere Personensorge-Inhaber (d.h.: Vormund, Pfleger).

Verpflichtung geschlossener Anstalten

Für geschlossene Einrichtungen ergibt sich im Hinblick auf § 239 StGB jedoch die Notwendigkeit, entweder auf einer alsbaldigen Einleitung des Genehmigungsverfahrens seitens der Eltern zu bestehen oder dem zuständigen FamG Kenntnis von der Unterbringung zu geben, da dies dann von Amts wegen zu ermitteln hat (§ 26 FamFG). – Im Hinblick auf Art. 104 Abs. 2 GG wäre hier eine ausdrückliche gesetzliche Verpflichtung zur Einschaltung des FamG erforderlich.

Unterbringungsverfahren

Persönliche Anhörung der Minderjährigen und der Eltern

Bei freiheitsentziehenden Unterbringungen Minderjähriger gilt dasselbe Verfahren wie bei Erwachsenen (§ 167 Abs. 1 FamFG). Das bedeutet:
Das FamG muss vor seiner Entscheidung die Minderjährigen im Beisein eines Sachverständigen (und gemäß § 160 FamFG auch die Eltern) persönlich anhören und sie über den möglichen Verlauf des Verfahrens unterrichten, es sei denn, es werden ärztlicherseits erhebliche Gesundheitsnachteile für sie befürchtet oder sie können (nach unmittelbarem Eindruck des FamG) keinen Willen kundtun (vgl. § 34 Abs. 2 FamFG). In diesen Fällen muss das FamG zur Wahrung der Interessen der Minderjährigen für das Unterbringungsverfahren dann einen Pfleger („Anwalt des Kindes") bestellen (vgl. § 317 Abs. 1 S. 1 u. 2 FamFG). – Eine Pflegerbestellung erscheint aber auch in allen anderen Fällen gemäß § 317 Abs. 1 S. 1 FamFG („zur Wahrnehmung der Interessen der Betroffenen") geboten. Wenn das

Anwalt des Kindes

---

452 *Gernhuber/Coester-Waltjen*, § 62 III. 3; *Mü-Ko-Huber*, § 1631b, Rz. 5.

453 Ebenso: *Palandt* § 1631b Rz. 5.

dem FamG im Einzelfall wirklich nicht erforderlich erscheint, so muss es das extra begründen, sofern es eine geschlossene Unterbringung anordnet (§ 317 Abs. 2 FamFG).

Sachverständigengutachten

Bevor das FamG eine freiheitsentziehende Unterbringung genehmigt, hat es ein Sachverständigengutachten (Arzt, Jugendpsychologe, -psychiater o.ä.) hierüber einzuholen (§ 321 Abs. 1 FamFG) und kann dazu die Unterbringung zur Beobachtung bis zu idR sechs Wochen (maximal jedoch drei Monate) anordnen (vgl. §§ 322, 284 FamFG).

Anhörung des JA

Außerdem ist das JA anzuhören (§ 162 Abs. 1 FamFG).

Begründungspflicht

Jede gerichtliche Genehmigung einer Unterbringung ist zu begründen und hat die Art und die Dauer der Unterbringung anzugeben (§ 323 FamFG), d.h. auch die aufnehmende geschlossene Anstalt zu benennen.

Genehmigungsdauer

Eine Unterbringung darf nur für längstens ein Jahr genehmigt werden, bei „offensichtlich langer Unterbringungsbedürftigkeit" höchstens zwei Jahre (§ 329 Abs. 1 FamFG). Erscheint danach eine weitere Unterbringung erforderlich, so ist erneut das o.a. Genehmigungsverfahren zu wiederholen (§ 329 Abs. 2 S. 1 FamFG), damit gewährleistet ist, dass der Minderjährige sobald wie möglich aus der geschlossenen Einrichtung entlassen wird (und sei es auch nur in eine halboffene oder offene Abteilung derselben Einrichtung), wenn keine freiheitsentziehende Maßnahme mehr erforderlich ist oder keine Kindeswohlgefährdung mehr besteht (vgl. § 1696 Abs. 2).

Einstweilige Anordnungen

Bei Gefahr im Verzuge kann die vorläufige Unterbringung durch einstweilige Anordnung für max. sechs Wochen (in Ausnahmefällen ist Verlängerung bis max. drei Monaten möglich) genehmigt werden (vgl. dazu §§ 331, 333 FamFG)[454].

Beispiele: Sachverständigengutachten verzögert sich, Entzug ist aber offensichtlich dringlich; Klärung einer anderen Unterbringung eines 16-jährigen Strichmädchens benötigt Zeit.

Ab 14 Jahren voll verfahrensfähig

Minderjährige sind ab vollendetem 14. Lebensjahr unabhängig von ihrer Geschäftsfähigkeit *verfahrensfähig* (§ 316 FamFG), d.h., sie können unabhängig von ihren gesetzlichen Vertretern (d.h.: auch gegen deren Willen) sich einen Anwalt nehmen, Anträge stellen (auch auf Prozesskostenhilfe), ergangene Entscheidungen selbstständig anfechten etc.

9. Herausgabeanspruch gegenüber Dritten

Teil der Personensorge

Die Personensorge umfasst auch das Recht, Kinder oder Jugendliche von jedem heraus zu verlangen, der sie den Eltern (oder einem Elternteil) *widerrechtlich* (siehe dazu unten) *vorenthält* (§ 1632 Abs. 1). Dieses Recht der Eltern ist untrennbar mit ihrem Aufenthaltsbestimmungsrecht (siehe dazu Seite 277) verbunden. Es bildet die Grundlage für ein Vorgehen gegen andere Personen, Einrichtungen/Anstalten (z.B. Pflegestellen, Heime, Internate, Krankenhäuser etc.), aber auch wenn ein Elternteil vom anderen das gemeinsame Kind heraus verlangt. – Sind sich dagegen die Eltern nicht einig über die Herausgabe des Kindes von Dritten, so kommt nur ein Vorgehen nach § 1628 in Betracht (s. dazu Seite 286).

---

[454] *Palandt/Diederichsen*, § 1631b Rz. 5.

„Vorenthalten" ist jede tatsächliche Zurückhaltung des Kindes, die auch im Verschweigen des Aufenthaltes oder Hinderung der Eltern am Zutritt zu ihrem Kind liegen kann. Dieses „Vorenthalten" des Kindes ist generell widerrechtlich, *sofern hierfür nicht ein gesetzlicher Rechtfertigungsgrund*

Vorenthalten

Widerrechtlichkeit

Beispiele: elterliche Sorge, Vormundschaft, Schulpflicht, gerichtliche Einweisung in eine Erziehungs- oder Entziehungsanstalt, Anordnung von Jugendarrest, Untersuchungs- oder Strafhaft

vorliegt.

Schutzzweck

Der Herausgabeanspruch der Eltern findet jedoch seine Grenzen im Kindeswohl. Missbräuchen kann allerdings nur unter den Voraussetzungen des § 1666 Abs. 1 begegnet werden (siehe dazu Seiten 311 ff.). Zum Schutz von Pflegekindern hat aber das SorgeRG eine Schutznorm für die Fälle geschaffen, in denen ein (insbesondere abruptes) Herausreißen des Kindes aus seinem Bezugsfeld seiner Entwicklung schaden würde. Der seit 1980 geltende § 1632 Abs. 4 gibt daher in solchen Fällen dem FamG die Möglichkeit, den weiteren Verbleib des Kindes in der Pflegefamilie gegen den Willen seiner Eltern anzuordnen. Wegen des Eingriffs in das verfassungsmäßig geschützte Elternrecht müssen für eine Entscheidung gemäß § 1632 Abs. 4 folgende Voraussetzungen erfüllt sein:

Bleibeanordnung durch das FamG

Voraussetzungen Dauerpflege

Das Kind muss sich bereits „seit längerer Zeit" in der betreffenden Pflegefamilie (das können auch Verwandte wie Onkel und Tante, Großeltern, ältere Geschwister sein) oder in einer Pflegestelle befinden, so dass ein Herausreißen aus den dort aufgebauten Beziehungen (zumindest: zurzeit) für das Kind schädlich wäre. Davon darf jedoch nur dann ausgegangen werden, wenn das Kind durch die Trennung seinen leiblichen Eltern entfremdet ist und in der Pflegefamilie seine neue Bezugswelt gefunden hat.

Herausreißen zur Unzeit

Dabei ist der Zeitbegriff bewusst nicht festgelegt worden, um dem Einzelfall besser Rechnung tragen zu können. So ist z.B. bei einer 6-monatigen Trennung eines *Kleinkindes* von seinen Eltern wohl dieser Zeitbegriff erfüllt, bei einem 13-jährigen Jungen dagegen nicht unbedingt.

Gefährdung

Die Herausnahme des Kindes muss das Kindeswohl (insbesondere das seelische) gefährden, weil sie *zur Unzeit* erfolgen soll.

Beispiele: Abruptes Herausreißen aus einer fest verwurzelten Bezugswelt, Ortswechsel während einer Krisenphase des Kindes, Herausverlangen nach langer Zeit ohne vorherige Kontaktaufnahme, Rückführung in ungünstige Familienverhältnisse, Schulwechsel während eines besonders wichtigen Schuljahres.

Fehlverhalten der Eltern unerheblich

Ein Fehlverhalten der Eltern ist seit 1.7.1998 nicht mehr Voraussetzung; auch muss das FamG seitdem nicht mehr überprüfen, wie es zu der Unterbringung bei der Pflegeperson kam (wie das zuvor gesetzlich vorgeschrieben war).

Bindungen beachten

Bei Herausgabeverlangen ist stets zu beachten, wie sich die Bindungen und Kontakte des Kindes zu seinen Eltern und zur Pflegefamilie sowie zu sonstigen Bezugspersonen entwickelt haben und wo das Kind nun untergebracht werden soll.

Wo ist Unterbringung nun geplant?

So ist z.B. zu beachten, ob die Eltern das Kind jetzt zu sich nehmen wollen oder es zu nahen Verwandten oder nur in eine billigere Pflegefamilie kommen soll oder ob sie es in ein Heim oder eine Pflegeanstalt geben wollen.

Auf Antrag oder von Amts wegen

Verfahren: Es muss entweder ein entsprechender Antrag der Pflegeeltern beim FamG vorliegen oder dieses muss vom JA oder von anderer Seite über den Fall informiert worden sein (denn dann kann es „von Amts wegen" entscheiden, d.h.: auch ohne Antrag der Pflegeeltern). – Dem Kind ist für das gesamte diesbezügliche gerichtliche Verfahren ein *Verfahrenspfleger* zu bestellen (§ 158 Abs. 2 Nr. 4 FamFG).

Vorher Anhörung von JA, Eltern, Kind und Pflegeeltern

Das FamG muss das JA am gesamten Verfahren beteiligen (vgl. §§ 50 Abs. 1 S. 2 SGB VIII, 162 FamFG) sowie Eltern, Pflegeeltern und Kind stets persönlich anhören, es sei denn, es handelt sich um ein Kleinkind oder die Eltern wollen durch Nichterscheinen die Entscheidung verhindern (vgl. dazu §§ 160, 161, 159 FamFG).

Konflikt von sozialer und biologischer Elternschaft

Das Verbleiben bei der Pflegeperson darf nur so lange angeordnet werden, wie das Kindeswohl durch die Wegnahme von der Pflegeperson gefährdet würde (§ 1632 Abs. 4). Mit dieser flexiblen Regelung soll der Konflikt zwischen Eltern, Pflegepersonen und Kind möglichst entschärft und somit der Weg zur Wiederaufnahme des Kontaktes der leiblichen Eltern zu ihrem Kind mit dem Ziel seiner Rückführung zu ihnen (nach entsprechender Vorbereitung) offen gehalten werden. Es ist aber zu beachten, dass es hier nicht etwa nur um das von Art. 6 GG geschützte Elternrecht geht, sondern vor allem um das Wohl des Kindes als das des schwächeren Rechtspartners. Daher lehnen Gerichte zunehmend Herausnahmeverlangen der Eltern ab, wenn das Pflegeverhältnis schon mehr als zwei Jahre besteht[455] – vor allem wenn sie das Kind gar nicht zu sich nehmen, sondern nur woanders unterbringen wollen (vor allem bei Streit mit den Pflegeeltern oder aus Kostenersparnis).

Vollstreckung

Das FamG kann die Dritten zur Befolgung seiner Anordnungen zur Herausgabe Minderjähriger durch Androhung von **Ordnungsgeld** bis zu 25 000 EUR anhalten, sofern es in seinem Beschluss darauf hingewiesen hatte (vgl. § 89 FamFG). Wenn dies keinen Erfolg verspricht oder bereits erfolglos geblieben ist, kann das FamG auch **Ordnungshaft** bis zu sechs Monaten anordnen, die ebenfalls grundsätzlich vorher anzudrohen ist und durch den Gerichtsvollzieher vollzogen wird (vgl. §§ 87 Abs. 3, 89 Abs. 1 u. 3 FamFG, §§ 909 Abs. 1 S. 1, 913 ZPO). Das FamG kann in diesen Fällen aber auch **unmittelbaren Zwang** gegenüber den Eltern anordnen (vgl. § 90 FamFG), der vom Gerichtsvollzieher ebenso vollstreckt wird.

Zusammenfassung

Voraussetzungen für den Herausgabeanspruch des § 1632 Abs. 1 sind:

- der betreffende Elternteil ist Personensorge-Inhaber,
- sein Kind wird von einer anderen Person oder Institution „vorenthalten",
- das „Vorenthalten" ist rechtswidrig, d.h., gesetzlich nicht zu rechtfertigen.

Voraussetzungen für Bleibeanordnung in Pflegefamilie gem. § 1632 Abs. 4:

- Kind lebt bereits „seit längerer Zeit" bei einer Pflegeperson,
- Trennung von Pflegeperson würde (zumindest derzeit) Kindeswohl stark beeinträchtigen oder gefährden,
- Bei Kenntnis des FamG (egal, ob durch Pflegeperson, JA oder anderweitig) entscheidet es vAwg (ein Antrag ist also nicht nötig aber möglich).

---

[455] *Lakies* bzgl. einer von ihm durchgeführte Untersuchung (ZfJ 1990, S. 552).

IV. Die Vermögenssorge

Inhalt

Dieser Bereich der elterlichen Sorge umfasst alle tatsächlichen und rechtlichen Handlungen, die die Erhaltung, Vermehrung und Verwertung des Kindesvermögens (Grundbesitz, Wertpapiere, Geschäftsanteile, namhafte Geldbeträge) betreffen; er wird daher auch als „Vermögensverwaltung" bezeichnet. Damit wird deutlich, dass im sozialpädagogischen Bereich dieser Teil der elterlichen Sorge keine großen Probleme aufwerfen wird.

Beschränkungen

Es sollen daher nur kurz die gesetzlichen Beschränkungen in der Vermögenssorge aufgezeigt werden:

Genehmigungspflichtige Rechtsgeschäfte

Einige vom Gesetzgeber als besonders wichtig erachtete Rechtsgeschäfte (insbesondere bei *Grundstücks- und Kreditgeschäften* sowie bei Verträgen, bei denen Minderjährige über ein Jahr über die Volljährigkeit hinaus noch verpflichtet werden würden) bedürfen der Genehmigung des FamG (vgl. im Einzelnen § 1643 Abs. 1).

Ausschlagung von Erbschaften

Das Gleiche gilt gemäß § 1643 Abs. 2 bei der *Ausschlagung einer Erbschaft* oder eines Vermächtnisses sowie für den *Verzicht auf einen Pflichtteilsanspruch.*

Verwaltung von Schenkungen, Erbschaften

Bei der *Verwaltung von Schenkungen und Erbschaften* haben sich die Eltern grundsätzlich an (eventuelle) Anordnungen der Schenker bzw. Erblasser zu halten (vgl. § 1639) und haben bei Zuwendungen von mehr als 15 000,– EUR ein Vermögensverzeichnis anzulegen (vgl. dazu § 1640). – Schenker und Erblasser können die Eltern aber auch von der Vermögensverwaltung ausschließen (vgl. § 1638); dann muss hierfür ein Pfleger bestellt werden (vgl. § 1909 Abs. 1 S. 2).

Schenkungsverbot

Zu Lasten des Kindes sind keine Schenkungen (Ausnahme: aus sittlichen oder Anstandsgründen) möglich (§ 1641); diese wären gemäß § 134 nichtig.

Verwaltung nach wirtschaftl. Grundsätzen

Geld, das der Vermögensverwaltung der Eltern unterliegt, haben diese nach den Grundsätzen einer wirtschaftlichen Vermögensverwaltung anzulegen, soweit es nicht zur Bestreitung von Ausgaben bereit zu halten ist (vgl. § 1642). – *Die Verpflichtung zur mündelsicheren Anlegung (§ 1807) ist 1980 entfallen; sie gilt nur noch für Pfleger und Vormund.*

Verwaltung von Geld

Sicherungsmaßnahmen des FamG

Erhält das JA Kenntnis von einer drohenden oder bereits eingetretenen Pflichtverletzung bzgl. der Vermögensverwaltung, kann das FamG Sicherungsmaßnahmen anordnen (siehe § 1667 Abs. 1–3) oder bei Nichtbefolgen seiner Anordnungen sowie bei Gefährdung des Vermögens der Eltern (insbesondere bei Insolvenzverfahren) ihnen die Vermögensverwaltung teilweise oder ganz entziehen (§ 1667 Abs. 3 S. 4). Letzteres ist auch bei Unterhaltspflichtsverletzungen der Eltern möglich (vgl. § 1666 Abs. 2).

D. Ausübung der elterlichen Sorge

I. Eigenverantwortlichkeit der Eltern

Die elterliche Sorge wird von den Eltern in eigener Verantwortung ausgeübt (vgl. § 1627 Satz 1). Dies beinhaltet Folgendes:

Selbstständigkeit der Eltern

Hierdurch wird zunächst der Grundentscheidung unserer Verfassung Rechnung getragen, die das Elternrecht zu einem sog. Grundrecht erklärt hat (vgl. Artikel 6 Abs. 2 S. 1 GG) und damit vor Eingriffen Dritter schützt. Die Entscheidungen in den Angelegenheiten ihrer minderjährigen

Kinder stehen also „den Eltern" zu, soweit nicht gesetzliche oder richterliche Beschränkungen vorliegen (siehe dazu Seiten 297 ff. und 309 ff.). Die daraus resultierenden *Rechte* und *Pflichten* sind daher *in ihrer Substanz unentziehbar, unverzichtbar und nicht übertragbar*, d.h.: Folglich kann ihnen *nur die Ausübung* der elterlichen Sorge entzogen werden (s. dazu unten G. I. 3.) – und sie wiederum können an Dritte auch nur die Ausübung ihrer elterlichen Sorge übertragen (und zwar in jederzeit widerruflicher Weise; die Letztverantwortung bleibt jedoch stets bei den Eltern).

Nur Delegation möglich

Haftung der Eltern

Zum anderen kommt in dieser Regelung die *Verantwortung* der Eltern für alle Maßnahmen zum Ausdruck, die sie im Rahmen der elterlichen Sorge treffen. Allerdings *haften* sie ihren Kindern für Schäden, die sie ihnen in Ausübung der elterlichen Sorge zufügen, nur begrenzt, denn sie haben lediglich für die Sorgfalt „einzustehen", die sie in eigenen Angelegenheiten anzuwenden pflegen (§ 1664 Abs. 1). Das bedeutet, dass sie ihren Kindern zumindest bei vorsätzlichem und grob fahrlässigem Handeln schadensersatzpflichtig sind (vgl. § 277). Dabei ist es unerheblich, ob die Eltern selbst tätig wurden oder die Ausübung der elterlichen Sorge im Einzelfall Dritten übertrugen. Im letzteren Fall haften sie für Auswahl und Überwachung der mit der Ausübung betreuten Personen. – Im Einzelnen wird dies jedoch unterschiedlich beurteilt, vor allem im Hinblick auf die Frage, ob § 1664 generell die Haftung der Eltern beschränkt oder bei Aufsichtspflichtverletzungen (s. dazu Seite 21), anderer deliktischer Haftung (z.B. bei verschuldeten Verkehrsunfällen) sowie bei zwischen Eltern und Kind geschlossenen Verträgen aus Gründen des Minderjährigenschutzes unanwendbar ist. Nach hM stellt § 1664 nicht nur Haftungsmaßstab, sondern auch Haftungsgrundlage dar.[456]

II. Gemeinsame Ausübung

Einvernehmen ist vorgeschrieben

Die Eltern haben die elterliche Sorge über gemeinsame eheliche Kinder „in gegenseitigem Einvernehmen" auszuüben (§ 1627 S. 1). Damit will das BGB zum Ausdruck bringen, dass Mutter und Vater – dem Grundsatz der *Gleichberechtigung* entsprechend – die elterliche Sorge nur einvernehmlich ausüben können, ohne dass also ein Elternteil bevorrechtigt Entscheidungen treffen kann.

Intention: Beratung und Planung

Mit diesem ausdrücklichen Hinweis darauf, dass ein Elternteil nicht gegen den Willen des anderen Entscheidungen im Rahmen der Sorge für die Person oder das Vermögen des Kindes treffen kann, will der Gesetzgeber darüber hinaus erreichen, dass die Eltern beabsichtigte Maßnahmen zuvor gemeinsam planen. Er glaubt, dass damit am ehesten zu gewährleisten sei, dass die für das Kind zu fällenden Entschlüsse seinem Wohl entsprechen werden, wenn vorher ein „Entscheidungsprozess" stattfinden würde.

Familienalltag

Im *Familienalltag* werden die Ergebnisse von Beratungen, was man am besten für die Entwicklung des Kindes tun soll, allerdings häufig von anderen Faktoren bestimmt. Hier spielen finanzielle Überlegungen, Prestigedenken und nicht zuletzt das Verhältnis der Ehepartner zueinander sowie ihre Einstellung zu dem Kind und seiner „Förderungsbedürftigkeit" eine maßgebliche Rolle. Somit finden in vielen Familien gar keine echten Entscheidungsprozesse statt. Die Eltern entscheiden vielmehr so, wie sie es ihrer eigenen Sozialisation gemäß erfahren haben, sei es, dass sie glauben, unter Sachzwängen zu stehen und daher bereits resigniert haben oder dass sie von ihren schichtspezifischen Entscheidungen „überzeugt" sind.

---

[456] Nachweise z.B. bei *Mü-Ko-Huber*, Rz. 9 zu § 1664.

Ausdruck partnerschaftlicher Gleichberechtigung

Es wäre jedoch nicht richtig, hieraus den Schluss zu ziehen, dass das BGB „schichtspezifische Gesetzmäßigkeiten" manifestieren würde oder diese Bestimmung sinnlos sei. Der Grundsatz der *gemeinsamen Ausübung* der elterlichen Sorge entspricht dem heutigen Verständnis der partnerschaftlichen Gleichberechtigung und kann nicht bezweifelt werden. Es zeigt sich aber gerade im Familienrecht, dass ohne gesellschaftspolitisch relevante Hilfen des Staates die *Eltern häufig überfordert* sind[457], dem Kind gemäße Entscheidungen zu treffen. Somit wirkt sich die staatliche Zurückhaltung vor Eingriffen in den familiären Bereich für viele Kinder nachteilig aus, obwohl dieses Prinzip nach allen historischen Erfahrungen sicher zu begrüßen ist.

Gemeinsamkeit nicht immer erforderlich

Die gesetzliche Regelung bedeutet allerdings nicht, dass jede Handlung im Bereich der elterlichen Sorge von den Eltern gemeinsam beschlossen und gemeinsam ausgeführt werden müsse. Das wäre in der täglichen Praxis gar nicht immer möglich und auch nicht nötig. Erforderlich ist jedoch, dass die Eltern sich über die Ausübung der elterlichen Sorge *einig* sind, wobei es in der Regel zu einer natürlichen, den jeweiligen tatsächlichen Gegebenheiten der einzelnen Familie entsprechenden *Aufgabenteilung* kommen wird. Hierzu bedarf es keiner ausdrücklichen Vereinbarung (was jedoch nach den oben ausgeführten Intentionen wünschenswert wäre). Vielmehr genügt die stillschweigende Handhabung (= Billigung). Das heißt, dass es ausreicht, wenn der eine Elternteil bei der Vornahme von Maßnahmen dem bekannten oder mutmaßlichen Willen des anderen entspricht oder dieser sie stillschweigend hinnimmt und damit billigt.

Vertretung des Kindes

Handelt es sich aber nicht allein um ein Tätigwerden im tatsächlichen Sorgebereich (siehe dazu Seite 261), sondern um eine Vertretung des Kindes (insbesondere bei weit reichenden Handlungen), so ist § 1627 stets zu beachten.

Beispiele: An- und Abmeldungen im Kindergarten, Hort, Heim, Schule;
Einwilligung in Operationen;
Änderung der Religion;
Abschluss und Kündigung von Ausbildungsverträgen.

Einigkeit nötig

In diesen Fällen ist entweder eine vorherige Absprache oder eine nachträgliche Zustimmung des nicht handelnden Elternteils unumgänglich. Fehlt es hieran, so stellt dieses Verhalten einen Verstoß der sich aus der Ehe und der elterlichen Sorge ergebenden Verpflichtungen dar. Bei Rechtshandlungen bewirkt ein solches Vorgehen überdies, dass die beabsichtigte Rechtswirkung nicht ohne das Mitwirken des anderen eintreten kann, denn hier sind die Grundsätze der Zustimmung bei Rechtsgeschäften entsprechend anwendbar (d.h.: die §§ 177, 182, 184, 185).

Probleme der Gesamtvertretung

Man spricht daher auch von der *Gesamtvertretung* der Eltern. Diese kann natürlich im Einzelfall unter Umständen zu Unzuträglichkeiten nicht nur für den „betroffenen" Elternteil, sondern eventuell auch für das Kind führen, weil sich Entscheidungen verzögern können. Der Rechtspartner wird nämlich häufig wegen der für ihn nicht überschaubaren „Vertretungslage" darauf bestehen, dass ihm die Einigung der Eltern nachgewiesen wird. Das erschwert zweifellos den Rechtsverkehr, ohne dass dies im Einzelfall gerechtfertigt zu sein braucht.

[457] Dazu *Schleicher*, GK-SGB VIII, Vor § 16, Rz. 1.

Es wird daher z.T. angenommen, die Grundsätze der Anscheinvollmacht könnten beim alleinigen Auftreten eines Elternteils angewendet werden.[458]

Ausnahmen:

Alleiniges Handeln ist jedoch seit 1.7.1998 gesetzlich ausdrücklich anerkannt in folgenden Fällen:

Alltagssorge

Gefahr im Verzug

- bei getrennt lebenden Eltern im Rahmen der sog. *Alltagssorge* (siehe dazu Seite 213)
- bei *„Gefahr im Verzug"*

Notvertretungsrecht

Im letzteren Bereich ist jeder Elternteil berechtigt, alle Rechtshandlungen vorzunehmen, die zum Wohle des Kindes notwendig sind (sog. *Notvertretungsrecht)*; der andere Elternteil ist dann hiervon unverzüglich (siehe dazu § 121 Abs. 1 S. 1) zu unterrichten (vgl. § 1629 Abs. 1 S. 4). Voraussetzung für dieses alleinige Handeln eines Elternteils ist, dass nur durch unverzügliches Handeln die Gefährdung wichtiger Rechtsgüter oder Rechte des Kindes verhindert werden und daher die Rücksprache mit dem anderen Elternteil nicht abgewartet werden kann.

Beispiele: Unfälle, Blinddarmdurchbruch, Vergiftungen.

III. Uneinigkeit der Eltern

Gesetzlicher Einigungszwang

Wie zuvor unter II. ausgeführt, steht die Ausübung der elterlichen Sorge bei *ehelichen* Kindern den Eltern gemeinsam zu (§ 1627 S. 1). Sind die Eltern verschiedener Auffassung, was zum Wohl des Kindes zu veranlassen ist, so müssen sie versuchen, sich zu einigen (§ 1627 S. 2).

Bei Uneinigkeit Entscheidung des FamG möglich

Bei nicht zu behebendem Meinungsstreit über Sorgerechtsangelegenheiten kann von jedem Elternteil das FamG angerufen werden, wenn die im Streit befindliche Regelung für das Kind von erheblicher Bedeutung ist (§ 1628 S. 1); andernfalls muss das FamG die Entscheidung ablehnen.

Praxisrelevante Fälle

In der Praxis handelt es sich meist um folgende Fälle:
Vornamensgebung, Religionsbestimmung, Unterbringung in Kindergarten, Pflegestelle, Heim oder bei Verwandten, Bekannten, Einwilligung zu Heil- oder Entziehungsmaßnahmen (Alkohol, Drogen), Schul-, Berufs-, Partnerwahl.

Zunächst: Einigungsversuch des FamG

Wird das FamG angerufen, so hat es zunächst darauf hinzuwirken, dass sich die Eltern auf eine dem Kindeswohl dienliche Regelung einigen (§ 36 Abs. 1 S. 2 FamFG). Dabei hat das Gericht stets mit beiden Eltern persönlich die Angelegenheit zu besprechen (§ 160 Abs. 1 S. 1 FamFG). Wenn die Neigungen, Bindungen oder der Wille des Kindes für die Entscheidung von Bedeutung sein können (wovon fast immer auszugehen ist), ist – abgesehen von Kleinkindern – auch das Kind persönlich anzuhören (vgl. § 159 FamFG). – Eine *Anhörung des JA* ist seit 1.9.2009 ebenfalls gesetzlich vorgeschrieben (vgl. § 162 Abs. 1 S. 1 FamFG).

Entscheidungsmöglichkeiten des FamG

Kommt keine Einigung der Eltern zustande, so kann das FamG *keine eigene Entscheidung* treffen, sondern hat diese auf einen Elternteil zu übertragen (evtl. mit Auflagen oder Einschränkungen), sofern dies dem Wohl des Kindes entspricht (§ 1628 S. 1) (Gemäß § 1629 Abs. 1 S. 3 vertritt dieser dann das Kind allein). Andernfalls hat es u.U. gemäß § 1666 (siehe dazu Seite 311 ff.) einzugreifen und die Erklärungen der Eltern zu erset-

---

[458] So *BGH*, NJW 1988 S. 2946; aA: *Schwab*, Rz. 553.

zen (§ 1666 Abs. 3) oder die Ausübung des Sorgerechts insoweit zu entziehen (siehe dazu Seite 316) und dafür einen Pfleger zu bestellen (§ 1909 Abs. 1 S. 1).

Zusammenfassung

Bei Meinungsverschiedenheiten sorgeberechtigter Eltern kann unter folgenden Voraussetzungen das FamG entscheiden:

- entsprechender Antrag von mindestens einem Elternteil,
- Angelegenheit, deren Regelung für das Kind von erheblicher Bedeutung ist,
- Einigungsversuch des FamG gem. § 36 Abs. 1 S. 2 FamFG war erfolglos.

Das FamG kann nicht selbst entscheiden, sondern nur die Entscheidung über die betr. Angelegenheit auf einen Elternteil übertragen (wodurch dieser gem. § 1629 Abs. 1 S. 3 insoweit alleiniger gesetzlicher Vertreter würde), sofern dies dem Kindeswohl entspricht. Anderen falls kommt evtl. ein Vorgehen nach § 1666 in Betracht.

IV. Beistandschaften[459]

Historische Entwicklung

Bis 30.6.1998 bestand bezüglich der elterlichen Sorge „nichtehelicher" Kinder in der BRD eine *uneinheitliche Rechtslage.* In den alten Bundesländern (einschließlich West-Berlin) wurde diesen Müttern durch die mit Geburt automatisch eintretende gesetzliche Amtspflegschaft des JA die volle elterliche Sorge oft unnötigerweise vorenthalten.[460] In den neuen Bundesländern (einschließlich Ost-Berlin) waren die Hilfsangebote unzureichend, weil ein Beistand mit Vertretungsmacht zur Vaterschaftsfeststellung nicht vorgesehen war.

Am 1.7.1998 wurde durch *Abschaffung der gesetzlichen Amtspflegschaft des JA*, die zuvor in den alten Bundesländern bestanden hatte, endlich für die gesamte BRD Rechtseinheit bezüglich des Sorgerechts für „nichteheliche" Kinder dadurch hergestellt, dass die §§ 1705–1710 aF aufgehoben wurden. An ihre Stelle sind zur Regelung der elterlichen Sorge die §§ 1626a–e getreten. Hinzu kam eine neue freiwillige Beistandschaft mit beschränktem Aufgabenkreis (d.h., gemäß § 1712 Abs. 1: auf Vaterschaftsfeststellung sowie Geltendmachung von Unterhaltsansprüchen und Verfügung hierüber). Die neue Beistandschaft ist in den §§ 1712–1717 geregelt und hat durch Aufhebung der alten §§ 1685–1692 (und deren anderweitige Verwendung) zugleich die Beistandschaft des alten Rechts ersetzt, die gemäß § 1685 Abs. 2 aF inhaltlich nicht begrenzt, sondern für alle Sorgeangelegenheiten vorgesehen war.

Während die frühere Amtspflegschaft des JA nur für nichteheliche Kinder vorgesehen war, kommt die neue Beistandschaft des JA für sämtliche Kinder von Alleinsorgeberechtigten in Betracht (siehe dazu Seite 288).

[459] Sie dürfen nicht mit Erziehungsbeistandschaften nach § 30 SGB VIII verwechselt werden (siehe dazu Seiten 82 ff.).
[460] BT-Drucks. 13/8509, S. 1 (siehe zu dieser „Zwangspflegschaft" die 9. Aufl., S. 116).

Übergangsregelungen (Art. 223 EGBGB)

Ehemalige gesetzliche Amtspflegschaften für nichteheliche Kinder wurden am 1.7.1998 automatisch in Beistandschaften nach den §§ 1712–1717 umgewandelt mit der Folge, dass das JA seitdem (ebenfalls automatisch) Beistand geworden ist. Der Aufgabenkreis beschränkt sich jedoch (mit Ausnahme der Abwicklung bereits laufender erbrechtlicher Verfahren) gemäß § 1712 Abs. 1, die Mütter werden nicht mehr in ihrer elterlichen Sorge eingeschränkt und können jederzeit sofort diese Beistandschaft beenden (siehe dazu unten 4.).

Alte Beistandschaften sind 1999 weggefallen

Die Beistandschaften nach § 1685 aF sind am 1.7.1998 und solche gemäß § 1690 Abs. 1 aF am 1.1.1999 weggefallen, und zwar unabhängig davon, ob das JA, ein freier Träger der Jugendhilfe oder Einzelpersonen Beistand waren.

1. Eintritt der Beistandschaft

BGB ist maßgeblich

§ 55 Abs. 1 SGB VIII sieht vor, dass das JA Beistand wird „in den durch das BGB vorgesehenen Fällen". Eintritt, Merkmale, Aufgabenkreis und Ende der Beistandschaft richten sich somit ausschließlich nach den §§ 1712–1717 BGB. Das bedeutet Folgendes:

Für alle Kinder möglich

Die neue Beistandschaft ist für alle Kinder (nichteheliche, eheliche, adoptierte) vorgesehen (vgl. § 1712 Abs. 1: „des Kindes"), die ihren gewöhnlichen Aufenthalt (iSd § 30 Abs. 2 S. 3 SGB I) in der BRD haben (§ 1717 S. 1). Sie kommt unter bestimmten Voraussetzungen auch pränatal in Betracht (vgl. § 1713 Abs. 1 S. 1 sowie Abs. 2; siehe dazu unten).

Voraussetzungen: Alleinsorge/-obhut

Eine Beistandschaft ist nur für Elternteile vorgesehen, die entweder alleinige Sorge-Inhaber sind oder das Kind allein in Obhut haben (§ 1713 Abs. 1 S. 1 und 2).

Freiwilligkeit

Die Beistandschaft basiert auf Freiwilligkeit. Daher kommt sie nur auf entsprechenden Antrag zustande (vgl. §§ 1712, 1713, 1714).

Antragsberechtigte

Antragsberechtigt sind:

- werdende Mütter, wenn ihnen die alleinige elterliche Sorge zustünde, wenn das Kind bereits geboren wäre (vgl. § 1713 Abs. 1 S. 1),
  Das ist nur bei unverheirateten werdenden Müttern denkbar. Hier bleibt die Beistandschaft bei Geburt bestehen.
- werdende Mütter, wenn ihr Kind, sofern es bereits geboren wäre, unter Vormundschaft stünde (§ 1713 Abs. 2 S. 1),
  Das ist nur bei minderjährigen oder geisteskranken unverheirateten Müttern denkbar, da bei verheirateten Elternteilen gem. § 1678 Abs. 1 dann der andere Elternteil insoweit alleinige elterliche Sorge besitzt. Hier endet die Beistandschaft bei Geburt wegen Eintritt der Vormundschaft.
- jeder alleinige Sorgeinhaber (vgl. § 1713 Abs. 1 S. 1),
  unverheiratete Mütter, getrennt lebende, geschiedene, verwitwete Elternteile
- ein nach § 1776 berufener (d.h.: von den Personensorge-Inhabern testamentarisch vorgesehener) Vormund (§ 1713 Abs. 1 S. 3).
  Andere Vormünder (oder Pfleger) sind nicht antragsberechtigt, da davon ausgegangen wurde, dass diese vom Gericht so ausgewählt werden, dass sie das Kind bei den in Betracht kommenden Aufgaben (Vaterschaftsfeststellung und Unterhaltssicherung) selbst vertreten können.

Antragstellung

Der Antrag kann (mit Ausnahme geisteskranker werdender Mütter) *nur höchstpersönlich* gestellt werden (vgl. § 1713 Abs. 1 S. 1 u. Abs. 2 S. 2 u. 3); er bedarf der *Schriftform* (§ 1712 Abs. 1).

Der Antrag auf Bestellung einer Beistandschaft kann auf einzelne der in § 1712 Abs. 1 bezeichneten Aufgaben (siehe dazu unten 3.) beschränkt werden (§ 1712 Abs. 2).

Beschränkung auf bestimmte Aufgaben

2. Merkmale der Beistandschaft

Freiwilligkeit

Die Beistandschaft basiert auf Freiwilligkeit, d.h., sie

- kommt nur auf schriftlichen Antrag zustande (vgl. §§ 1712, 1713, 1714),
- wird durch entsprechenden Antrag sofort wieder beendet (§ 1715 Abs. 1),
- führt zu *keinerlei Einschränkungen der elterlichen Sorge* (§ 1716 S. 1) und damit zu „Doppelzuständigkeiten" von Elternteil und Beistand (siehe dazu Seite 290 f.).

Ebenso ist das in Österreich und hat dort (angeblich) zu keinen Schwierigkeiten geführt[461]; das deutsche Recht kennt dies auch bei der rechtlichen Betreuung (§§ 1896 ff.) für Geschäftsfähige.

Amts- und Vereinsbeistandschaften

Landesrechtsvorbehalt

Als Beistand ist nach BGB zwar nur das JA vorgesehen (§ 1712 Abs. 1), das die Ausübung der Aufgaben des Beistands (siehe dazu § 1712 Abs. 1 sowie unten) Einzelnen seiner Beamten oder Angestellten überträgt (vgl. § 55 Abs. 2 S. 1 SGB VIII). Grundsätzlich handelt es sich also um eine (wenn auch freiwillige) *Amtsbeistandschaft.* Eine Beistandschaft kann allerdings – mit Zustimmung des allein sorgenden Elternteils – vom JA *auch auf freie Jugendhilfeträger* übertragen werden, wenn das Landesrecht von der in Art. 144 EG BGB vorgesehenen Ermächtigung Gebrauch gemacht hat und der freie Träger vom LJA die entsprechende Erlaubnis besitzt (vgl. § 54 Abs. 1 SGB VIII).

Keine Privatperson

Privatpersonen können (anders als nach den bis 30.6.1998 geltenden §§ 1685 ff. aF) jedoch *nicht* Beistand werden.

Automatischer Eintritt der Beistandschaft

Mit Zugang des Antrags beim JA

Das JA wird *(automatisch)* Beistand, sobald ihm ein entsprechender schriftlicher Antrag zugegangen ist (vgl. §§ 1712 Abs. 1, 1714 S. 1). – Eine Bedürfnis- oder Zweckmäßigkeitsprüfung findet also nicht statt. – Dabei richtet sich die *örtliche Zuständigkeit* grundsätzlich nach dem gewöhnlichen Aufenthalt des antragstellenden Elternteils oder testamentarisch berufenen Vormunds – Hilfsweise nach deren tatsächlichem Aufenthalt (§ 87c Abs. 5 SGB VIII).

Keine Beteiligung des FamG

Begründung, Führung wie Beendigung der Beistandschaft neuen Rechts finden ohne Beteiligung des FamG statt (vgl. § 1716 S. 2), denen das JA daher weder den Eintritt einer Beistandschaft mitteilen (vgl. § 57 SGB VIII) noch ihnen Rechnung legen muss oder sonst wie von ihnen beaufsichtigt wird (§ 1716 S. 2).

---

[461] So BT-Drucks. 13/892, S. 28.

Beistandschaft für das Kind (nicht für die Eltern)

Perspektivenwechsel

Im Gegensatz zum bis 30.6.1998 geltenden Recht handelt es sich bei dem neuen Rechtsinstitut um eine Beistandschaft *für das Kind* und *nicht für die Eltern* (vgl. § 1712 Abs. 1: „wird ... Beistand des Kindes"). Damit ist ein Perspektivenwechsel gegenüber der früheren Beistandschaft verbunden. Das bedeutet:

Konsequenzen

Der Beistand unterstützt das Kind und tritt für dessen Interessen ein (worin zwar zugleich eine Unterstützung des allein sorgenden Elternteils liegen kann, aber nicht muss). Der Beistand ist für die beantragten Aufgaben insgesamt zuständig und damit auch verantwortlich, d.h., der öffentliche Träger haftet gemäß §§ 1716 S. 2, 1915 Abs. 1, 1833 und nach Art. 34 GG, § 839 BGB und ein freier Träger gemäß §§ 30, 31, 278.

Kostenfreiheit

Die Beistandschaft wird kostenfrei gewährt, denn eine Kostenbeteiligung ist nach § 90 SGB VIII nicht vorgesehen; es ist auch keine Vergütung und keine Aufwandsentschädigung möglich (vgl. §§ 1716 S. 2, 1915 Abs. 1, 1835a Abs. 5, 1836 Abs. 3).

Informationspflicht des JA gegenüber Müttern nichtehelicher Kinder

Mütter nichtehelicher Kinder sind vom JA auf die *Möglichkeit*, eine Beistandschaft zu beantragen, auf vorgenannte *Rechtsfolgen* sowie auf ihre *Kostenfreiheit* (s.o.) hinzuweisen, sobald das JA von der Geburt durch das Standesamt gemäß § 52a Abs. 4 informiert wurde oder von der bevorstehenden Geburt anderweitig Kenntnis erlangt hat (vgl. § 52a Abs. 1 S. 2 Nr. 4 u. Abs. 2 SGB VIII), da die Beistandschaft auch pränatal möglich ist (vgl. § 1713 Abs. 1 S. 1 sowie § 1714 S. 2). Dabei muss das JA der Mutter ein persönliches Gespräch anbieten, das auf ihren Wunsch bei ihr zu Hause stattfinden soll (§ 52a Abs. 1 S. 3 u. 4 SGB VIII).

3. Aufgaben des Beistands

Begrenzung auf:

Amts- oder Vereinsbeistand sind gesetzlich *ausschließlich* folgende Aufgaben zugewiesen:

Vaterschaftsfeststellung
Unterhaltssicherung

- Vaterschaftsfeststellung (§ 1712 Abs. 1 Nr. 1)
- Geltendmachung von Unterhaltsansprüchen des Kindes und Verfügung hierüber einschließlich der Bezahlung von Pflegeeltern aus den Unterhaltsleistungen (§ 1712 Abs. 1 Nr. 2)

Der Aufgabenkreis des Beistands bezieht sich jedoch nur auf einen der beiden Aufgabenbereiche, wenn der betreffende Elternteil dies ausdrücklich beantragt. Dies ist von Anfang an oder jederzeit nachträglich möglich (vgl. §§ 1712 Abs. 2, 1715 Abs. 1 S. 2).

Beratung, Unterstützung, Vertretung

Die Aufgaben des Beistands umfassen jeweils die Beratung und Unterstützung sowie die rechtsgeschäftliche Vertretung des Kindes, wenn auch nur Letzteres ausdrücklich gesetzlich geregelt ist (vgl. §§ 1716 S. 2, 1915 Abs. 1, 1793 S. 1).

Keine Einschränkung der elterlichen Sorge

Doppelzuständigkeit

Durch die Beistandschaft wird (im Gegensatz zur früheren Amtspflegschaft für nichteheliche Kinder) *die elterliche Sorge nicht eingeschränkt* (§ 1716 S. 1). Es kann hier daher zu Überschneidungen der Handlungen des Beistands und des Elternteils kommen (sog. *Doppelzuständigkeit*). So können beide dieselben Handlungen vornehmen

Beispiele: einen Unterhaltsschuldner mahnen oder etwas vom Konto abheben

Bei Divergenzen besteht keine spezielle Regelung

und einer kann evtl. auch Aktionen des anderen wieder revidieren (sofern das tatsächlich noch möglich ist). – Für hieraus entstehenden Streit ist keine spezielle gesetzliche Lösung vorgesehen. Der Elternteil kann jedoch durch schriftlichen Antrag die sofortige Beendigung der Beistandschaft (partiell oder insgesamt) herbeiführen (vgl. § 1715 Abs. 1) und das JA ist u.U. gemäß § 8a Abs. 3 S. 1 SGB VIII zur Benachrichtigung des FamG verpflichtet, wenn es dessen Tätigwerden wegen Gefährdung des Kindeswohls für erforderlich hält.

Alleinzuständigkeit in gerichtlichen Verfahren

Von dieser Doppelzuständigkeit besteht allerdings *in gerichtlichen Verfahren* eine Ausnahme: Dort verdrängt der Beistand (z.B. in einem Unterhaltsprozess) aus Gründen der Rechtssicherheit den Elternteil (vgl. § 53a ZPO).

4. Ende der Beistandschaft

Sie endet automatisch (partiell oder insgesamt)

- mit Zugang eines entsprechenden schriftlichen Verlangens des antragsberechtigten Elternteils (vgl. §§ 1715 Abs. 1, 1713 sowie Seite 288),
- mit Wegfall der in § 1713 festgelegten Voraussetzungen (§ 1715 Abs. 2),

Eintritt gemeinsamer elterlicher Sorge, Sorgerechtsentzug, Adoption, Volljährigkeit

- sobald das Kind seinen gewöhnlichen Aufenthalt (iSd § 30 Abs. 3 S. 2 SGB I) im Ausland hat (§ 1717 S. 1),
- wenn bei pränataler Beistandschaft die Mutter ihren gewöhnlichen Aufenthalt ins Ausland verlegt (§ 1717 S. 2).

Beistandschaft

Beistandschaft gibt es nur für Kinder allein sorgender Eltern und für gemäß § 1776 „berufene" Vormünder.

Aufgabenkreis:	Vaterschaftsfeststellung und Unterhaltssicherung für das Kind (jederzeit auf einen der beiden Bereiche begrenzbar).
Voraussetzungen:	– schriftlicher Antrag an das zuständige JA (pränatal möglich), – Antragsberechtigung, – Alleinsorge oder Obhut eines Elternteils, – gewöhnlicher Aufenthalt des Kindes in der BRD.
Eintritt:	mit Zugang des Antrags wird JA automatisch Beistand, wenn o.a. Voraussetzungen erfüllt sind. (Weitere Überprüfungen sind nicht zulässig.)
Delegation:	durch das JA auf vom LJA autorisierte freie Träger nach Landesrecht möglich.
Ausführung:	Mitarbeiter(innen) des JA bzw. des freien Trägers.
Aufgaben:	Beratung/Unterstützung und gesetzl. Vertretung bzgl. o.a. Aufgabenkreis.
Ende:	– automatisch mit Wegfall der o.a. Voraussetzungen. – auf entsprechendes schriftliches Verlangen.

E. Elterliche Sorge für nichteheliche[462] Kinder

Historische Entwicklung

Zunächst war das JA jahrzehntelang ab Geburt des Kindes automatisch dessen Vormund und die Mutter hatte nur die tatsächliche Personensorge (s. dazu Seite 261), wurde also behandelt wie eine Minderjährige. Seit 1.7.1970 wurde das JA ab Geburt des Kindes „nur noch" dessen Pfleger für die Vaterschaftsfeststellung und andere Status- sowie für Unterhalts- und Erbangelegenheiten zur Vaterseite hin und die Mutter war damit gemäß § 1630 Abs. 1 von diesen Angelegenheiten ausgeschlossen gewesen; ansonsten besaß die Mutter die alleinige elterliche Sorge (vgl. §§ 1705, 1706, 1709 aF). – In den neuen Bundesländern existierte diese „Zwangspflegschaft" des JA jedoch nicht.

Eine Beteiligungsmöglichkeit des Vaters an der elterlichen Sorge war vor 1998 gesetzlich nur bei Heirat der Eltern vorgesehen (vgl. § 1719 aF) und ansonsten lediglich bei entsprechender Duldung durch die Mutter rein faktisch möglich. – Der Vater konnte allerdings durch sog. „Ehelicherklärung" des Kindes (§§ 1723–1739 aF) oder durch dessen *Adoption* **(!)** die elterliche Sorge erlangen, was jedoch bei der Mutter jeweils den Verlust ihrer elterlichen Sorge zur Folge hatte. (Bezüglich der *Ehelicherklärung* hatte dies das *Bundesverfassungsgericht* für die Fälle des Zusammenlebens von Eltern und Kind für verfassungswidrig erklärt.[463]) – Ansonsten konnte der Vater die elterliche Sorge nur erhalten, wenn die Mutter durch Tod oder Sorgerechtsentzug ausfiel und er gerichtlich als Vormund (!) eingesetzt wurde.

Regelung seit 1.7.1998

Die Regelung der elterlichen Sorge für nichteheliche Kinder gehörte zu den umstrittensten Teilen der Kindschaftsrechts-Reform. Einigkeit bestand nur darüber, dass die o.a. diskriminierende und verfassungswidrige Rechtsstellung des Vaters verbessert und die Zwangspflegschaft des JA abgeschafft werden müsse. Als Resultat sind bzgl. der Inhaberschaft der elterlichen Sorge für nichteheliche Kinder seit 1.7.1998 gesetzlich folgende drei Möglichkeiten vorgesehen:

- gemeinsame elterliche Sorge durch (gemeinsame) Sorgeerklärung der Eltern (§ 1626a Abs. 1 Nr. 1),
- gemeinsame elterliche Sorge, wenn die Eltern einander (irgendwann) heiraten (§ 1626a Abs. 1 Nr. 2),
- alleinige elterliche Sorge der Mutter in den übrigen Fällen (§ 1626a Abs. 2).

Die gesetzlich gewählte Reihenfolge entspricht allerdings nicht der Wirklichkeit. Vielmehr wird zweifellos die letzte Variante die ganz vorherrschende bleiben (s. dazu unten).

---

[462] Obwohl dieser Begriff am 1.7.1998 abgeschafft wurde, wird er weiterhin verwendet (vgl. auch *BVerfG* v. 28.2.2007, NJW 2007, S. 1735), weil die Bezeichnung *„Eltern, die bei Geburt ihres Kindes nicht miteinander verheiratet sind"* (vgl. § 1626a), einfach nicht praktikabel ist.

[463] Beschluss des *BVerfG* v. 7.5.1991 (BGBl I, S. 1509).

I. Alleinige elterliche Sorge der Mutter als Normalfall

Alleinsorge der Mutter

Obwohl gesetzlich an letzter Stelle genannt (§ 1626a Abs. 2), wird die Alleinsorge der Mutter in der Praxis wohl die ganz vorherrschende Situation darstellen (siehe dazu Seite 292). Denn die gemeinsame elterliche Sorge ist nur dann vorgesehen, wenn beide Elternteile dies wollen, d.h., wenn entweder beide eine sog. *„Sorgeerklärung"* abgeben oder einander heiraten (vgl. § 1626a Abs. 1). Letzteres ist zweifellos selten der Fall. Die meisten Eltern von nichtehelichen Kindern leben auch nicht zusammen, so dass die Bereitschaft dieser Mütter nicht sonderlich hoch einzuschätzen ist, die Väter an der elterlichen Sorge zu beteiligen. Somit wird die gemeinsame elterliche Sorge wohl kaum je zum Regelfall werden.

II. Gemeinsame elterliche Sorge durch „Sorgeerklärung" der Eltern

Gemeinsame Sorge der Eltern

Wenn beide Eltern eines nichtehelichen Kindes erklären, dass sie die elterliche Sorge gemeinsam übernehmen wollen (sog. *Sorgeerklärung*), so steht ihnen die elterliche Sorge für ihr Kind gemeinsam zu (§ 1626a Abs. 1 Nr. 1) und kann nur durch das FamG wieder verändert werden (siehe dazu Seite 296). Diese durch die Kindschaftsrechts-Reform seit 1.7.1998 geschaffene gesetzliche Möglichkeit, gemeinsame elterliche Sorge zu erhalten, ist also nur dann vorgesehen, wenn beide Eltern das wollen. Andernfalls hat seitdem die Mutter die Alleinsorge (§ 1626a Abs. 2).[464] Hierauf hat das JA, das nach § 52a Abs. 4 SGB VIII von der Geburt nichtehelicher Kinder durch das Standesamt zu benachrichtigen ist, die Mütter hinzuweisen und ihnen Beratung und Unterstützung anzubieten (§§ 18 Abs. 2, 52a Abs. 1 S. 2 Nr. 5 u. S. 3, Abs. 4 SGB VIII); dies kann auch schon vor der Geburt des Kindes erfolgen (§ 52a Abs. 2 SGB VIII).

1. Anforderungen an die Sorgeerklärung

Wirksamkeitsvoraussetzungen

Zur Wirksamkeit einer Sorgeerklärung sind bestimmte inhaltliche wie auch formale Voraussetzungen zu erfüllen:

Keine Bedingungen

Sie ist bedingungsfeindlich und zeitlich nicht einschränkbar (§ 1626b Abs. 1). Sie darf somit nur die Erklärung enthalten, dass beide Eltern die elterliche Sorge gemeinsam ausüben wollen (§ 1626a Abs. 1 Nr. 1). Nähere Abmachungen, die die Aufteilung oder die Ausübung, den Beginn oder das Ende der elterlichen Sorge oder die Wirksamkeit der Sorgeerklärung betreffen, würden diese insgesamt unwirksam machen (§ 1626b Abs. 1).

Gemeinsamer Wille

Beurkundung durch JA oder Notar nötig

Es genügt nicht, dass die Eltern einander eine dem § 1626a Abs. 1 Nr. 1 entsprechende (s.o.) Erklärung abgeben. Für eine Sorgeerklärung ist vielmehr die *öffentliche Beurkundung* erforderlich (§ 1626d Abs. 1), d.h. entweder *(kostenpflichtig)* beim Notar (§ 20 BNotO) oder (kostenfrei) bei jedem JA (vgl. §§ 59 Abs. 1 Nr. 8, 87e, 90 SGB VIII).

---

[464] Mit Aufhebung der §§ 1705 ff. aF ist die Amtspflegschaft des JA (s. dazu Seite 287) entfallen.

Jederzeit möglich, auch pränatal

Die Sorgeerklärung kann ohne zeitliche Begrenzung jederzeit erfolgen (§ 1626a Abs. 1 Nr. 1), und zwar auch schon vor der Geburt des Kindes (§ 1626b Abs. 2).

Persönliche Erklärung

Sie kann nur *höchstpersönlich* abgegeben werden (§ 1626c Abs. 1), – und zwar entweder gemeinsam oder separat (z.B. jeder an seinem Wohnort). Minderjährige Elternteile bedürfen hierzu der Zustimmung ihrer gesetzlichen Vertreter, die ebenfalls höchstpersönlich abzugeben und zu beurkunden ist (§§ 1626c Abs. 2, 1626d Abs. 1).

Keine weiteren Anforderungen

Zur Erlangung der gemeinsamen elterlichen Sorge sind nur die vorgenannten Formvorschriften zu beachten. Weitere (insbesondere inhaltliche) Voraussetzungen müssen nicht erfüllt werden:

- Es bedarf keines Zusammenlebens der Eltern oder des Kindes mit den Eltern (das Kind kann also auch nur bei einem Elternteil oder bei Pflegeeltern oder im Heim leben).
- Die Eltern brauchen nicht ledig, sondern können auch jeweils verheiratet sein.
- Ist ein Elternteil (oder beide) anderweitig verheiratet, muss der jeweilige Ehepartner der *„Sorgeerklärung"* nicht zustimmen.
- Weder JA noch FamG sind berechtigt oder verpflichtet zu überprüfen, ob die gemeinsame elterliche Sorge überhaupt realisierbar ist oder dem Kindeswohl entspricht.

2. Aufklärungspflicht der beurkundenden Stelle

Bedingungsfeindlichkeit

Unwiderruflichkeit

JA bzw. Notar müssen beide Eltern zuvor auf die Bedeutung einer *„Sorgeerklärung"* und auf das Verbot von Detailvereinbarungen (insbesondere von Einschränkungen oder zeitlichen Begrenzungen) bezüglich der Ausübung der elterlichen Sorge (vgl. § 1626b Abs. 1) hinweisen. Außerdem sind die Eltern darüber zu informieren, dass sie die „Sorgeerklärung" nicht rückgängig machen können, sondern die elterliche Sorge dann – wie bei verheirateten Eltern – so lange bestehen bleibt, bis das FamG eine andere Entscheidung trifft (siehe dazu unten 5.). Das ist gesetzlich nicht eigens festgelegt worden, ergibt sich jedoch aus dem Wesen und Bedeutung dieser elterlichen Verpflichtung, die man zwar delegieren, aber nicht einfach „ablegen" kann (siehe dazu Seite 284).

3. Nachweismöglichkeiten

Für Mütter

Alleinsorgenachweis durch „Negativtest"

Im Gegensatz zu früher, als die Mutter eines nichtehelichen Kindes (von den Funktionen des JA als Amtspfleger abgesehen) stets die Alleinsorge besaß, hat sie nunmehr evtl. Bedarf, sich diesbezüglich auszuweisen. Sie kann daher vom JA des Geburtsortes ihres Kindes die schriftliche Bestätigung darüber verlangen, dass keine *„Sorgeerklärung"* vorliegt (vgl. §§ 58a, 87c Abs. 6 S. 3, 88 Abs. 1 S. 2 SGB VIII). Denn dieses JA würde hiervon Kenntnis haben, da jede beurkundende Stelle gemäß § 1626d Abs. 2 dem JA des Geburtsortes des Kindes zum Zweck der Auskunftserteilung nach § 58a SGB VIII unverzüglich entsprechende Mitteilungen machen muss (liegt der Geburtsort des Kindes im Ausland oder ist er nicht zu ermitteln, so erhält gemäß § 87c Abs. 6 S. 2 SGB VIII das JA des Landes Berlin diese Mitteilung).

Da nicht davon ausgegangen werden kann, dass allgemein bekannt ist, was dieses „Negativattest" bedeutet, muss diese Bestätigung m.E. auch den Hinweis enthalten, dass somit die Mutter die Alleinsorge hat (dies geschieht z.B. in München).

Für Väter

Für Väter ist ausdrücklich keine Nachweismöglichkeit für ihre Sorgeberechtigung vorgesehen. Sie können diese aber durch Vorlage der beurkundeten *„Sorgeerklärung“* (oder einer Ausfertigung derselben) nachweisen.

4. Stärkere Rechtsposition der Mutter

Ohne Einverständnis der Mutter kommt keine *„Sorgeerklärung“* zustande; lehnt sie diese ab, hat sie die alleinige elterliche Sorge (§ 1626a Abs. 2). Daher kann die Ausübung der gemeinsamen elterlichen Sorge bei „nichtehelichen“ Kindern wohl kaum zum Regelfall werden. Der Vater eines nichtehelichen Kindes hat somit weiterhin die schwächere Rechtsposition:

- Ihm steht nach wie vor keine originäre elterliche Sorge zu. Er kann sie vielmehr nur „über die Mutter“ (d.h.: durch deren *„Sorgeerklärung“)* erlangen.
- Verweigert die Mutter dem Vater eine Beteiligung an der elterlichen Sorge, besitzt sie kraft Gesetzes diese allein (vgl. § 1626a Abs. 2).
- Nur in Fällen der gemeinsamen elterlichen Sorge nach entsprechender *„Sorgeerklärung“* wird bei Ruhen, Sorgerechtsentzug oder Tod der Mutter der Vater kraft Gesetzes Inhaber der elterlichen Sorge (vgl. §§ 1678 Abs. 1, 1680 Abs. 1). War in diesen Fällen die Mutter jedoch Alleininhaberin der elterlichen Sorge, so kann der Vater erst nach Überprüfung des FamG, ob die Übertragung auf ihn dem Kindeswohl dient, die elterliche Sorge erhalten (vgl. §§ 1678 Abs. 2, 1680 Abs. 3).

Möglichkeit der Erzwingung gemeinsamer elterlicher Sorge
Der EuGHMR hat mit Urteil vom 3.12.2009 festgestellt, dass die Sorgerechtsregelung gemäß § 1626a Abs. 2 **gegen** das Diskriminierungsverbot und das Recht auf Achtung des Familienlebens nach **Art. 14 iVm Art. 8 der EMK verstößt.**[465] Das **BVerfG hat** am 21.7.2010 § 1626a Abs. 1 Nr. 1 und § 1672 Abs. 1 für unvereinbar mit Art. 6 Abs. 2 GG erklärt und bis zum Inkrafttreten einer gesetzlichen Neuregelung **angeordnet, dass ab sofort**

BVerfG: GG-Verstoß

- § 1626a mit der Maßgabe anzuwenden ist, dass das FamG auf Antrag eines Elternteils den Eltern die gesamte elterliche Sorge oder einen Teil derselben gemeinsam überträgt, soweit zu erwarten ist, dass dies dem Kindeswohl entspricht,
- § 1672 mit der Maßgabe anzuwenden ist, dass das FamG auf Antrag eines Elternteils dem Vater die elterliche Sorge oder einen Teil derselben überträgt, soweit eine gemeinsame elterliche Sorge nicht in Betracht kommt und zu erwarten ist, dass diese Regelung dem Kindeswohl am besten entspricht.

Denkbare Neuregelung

Der Gesetzgeber ist nun gefordert. Folgende gesetzliche Lösungen erscheinen denkbar:

„Kleine“ Lösung

- Der Entscheidung des *BVerfG* würde es genügen, wenn bei Verweigerung einer Sorgeerklärung seitens der Mutter eines nichtehelichen Kindes auf Antrag des Vaters eine am Kindeswohl orientierte Überprüfung durch das FamG vorgesehen würde.

---

[465] ZKJ 2010, S. 112 ff.

„Große" Lösung

– Die weitestgehendste Lösung wäre, generell das gemeinsame Sorgerecht für alle Eltern nichtehelicher Kinder vorzusehen. Bei absoluter Interesselosigkeit sowie bei mangelnder Kooperationsbereitschaft/-fähigkeit käme dann – wie bei ehelichen Kindern – eine Übertragung der Ausübung auf einen Elternteil allein nach § 1671 in Betracht.

Widerspruchsmodell

– Bei Drucklegung des Buches sah es so aus, als ob das *BMJ* ein sog. „Widerspruchsmodell" plane. Danach soll die gemeinsame elterliche Sorge nur dann eintreten, wenn die Mutter einer Sorgeerklärung des Vaters nicht innerhalb einer bestimmten (noch nicht ausdiskutierten – da problematischen) Frist widerspricht. Dann ist auf Antrag des Vaters eine am Kindeswohl orientierte Überprüfung des FamG vorgesehen.[466]

5. Aufhebung gemeinsamer elterlicher Sorge nur durch FamG

In Betracht kommende Fälle

Liegt eine *„Sorgeerklärung"* vor, so kann sie durch die Eltern weder einseitig noch übereinstimmend rückgängig gemacht werden. Das ist zwar gesetzlich nicht eigens festgelegt worden, ergibt sich jedoch aus dem Wesen und Bedeutung dieser elterlichen Verpflichtung, die man zwar delegieren, aber nicht einfach „ablegen" kann (siehe dazu Seite 284). Vielmehr bleibt die gemeinsame elterliche Sorge – *wie bei verheirateten Eltern* – so lange bestehen, bis das FamG eine abweichende Entscheidung trifft. Dies kommt jedoch nur in Betracht, wenn

Trennung der Eltern

– bei nicht nur vorübergehender Trennung der Eltern mindestens ein Elternteil beantragt, dass das FamG der Mutter oder dem Vater die Ausübung der elterlichen Sorge (insgesamt oder zum Teil) allein überträgt (§ 1671 Abs. 1),

Sorgerechtsentzug

– bei einem Elternteil ein Sorgerechts-Entzug gemäß § 1666 erforderlich wird.

Es empfiehlt sich daher, dass Eltern erst dann eine *„Sorgeerklärung"* abgeben, nachdem sie die gemeinsame Ausübung der elterlichen Sorge zuvor praktiziert haben und sich dies bewährt hat.

III. Gemeinsame elterliche Sorge durch Heirat der Eltern

Wenn die Eltern eines nichtehelichen Kindes einander (irgendwann) heiraten, steht ihnen kraft Gesetzes die elterliche Sorge für ihr Kind („automatisch") gemeinsam zu, ohne dass irgendwelche Erklärungen abgegeben werden müssen (vgl. § 1626a Abs. 1 Nr. 2). Voraussetzung ist nur, dass beide Ehegatten gemäß §§ 1591, 1592 als Eltern feststehen.

Elterliche Sorge für nichteheliche Kinder

- Sie steht im Normalfall der Mutter allein zu (§ 1626a Abs. 2), da die gesetzliche Amtspflegschaft des JA seitdem weggefallen ist.
- Wenn jedoch eine sog. *Sorgeerklärung* beider Eltern vorliegt, steht ihnen die elterliche Sorge für ihr Kind gemeinsam zu (§ 1626a Abs. 1 Nr. 1) und kann nur durch das FamG wieder verändert werden.

---

[466] Vorausgesetzt wird bei alledem, dass die Vaterschaft rechtswirksam feststeht (s. dazu §§ 1592, 1594-1597, 1600d, 1600e).

Eine *Sorgeerklärung* ist nur übereinstimmend (pränatal oder jederzeit später) möglich; sie ist höchstpersönlich abzugeben, bedingungsfeindlich (auch zeitlich unbeschränkt) und bedarf der Beurkundung durch Notar oder JA; weitere Voraussetzungen sind nicht zu erfüllen (vgl. §§ 1626b–d).

- Gemäß der BVerfGE v. 21.7.2010 muss bis zu einer gesetzlichen Neuregelung das FamG auf Antrag den Eltern die gesamte elterliche Sorge oder einen Teil derselben gemeinsam übertragen, soweit zu erwarten ist, dass dies dem Kindeswohl entspricht.

Wenn die Eltern (irgendwann später) einander heiraten, steht ihnen (natürlich) ebenfalls die elterliche Sorge gemeinsam zu (§ 1626a Abs. 1 Nr. 2).

F. Gesetzliche Beschränkungen der elterlichen Sorge

Im Interesse des Kindes

Abgesehen von der Möglichkeit (und evtl. Notwendigkeit) des Eingriffes in die elterliche Sorge durch das FamG bei Gefährdungen des Kindeswohls (vgl. dazu Seite 311 ff.) sieht das BGB im Interesse des Kindes eine Reihe von Beschränkungen vor, die einzelne Teile oder die gesamte elterliche Sorge betreffen können. Sie bestehen kraft Gesetzes, d.h., ohne dass es einer besonderen Anordnung oder eines Hinweises bedarf und entfallen daher genauso „automatisch" wieder, wenn der Grund der Beschränkung nicht mehr besteht (siehe dazu unten I. 1.).

Eintritt und Ende erfolgen automatisch

I. Das Ruhen der elterlichen Sorge

1. Begriff

Wenn ein Elternteil aus rechtlichen oder aus tatsächlichen Gründen an der Ausübung der elterlichen Sorge verhindert ist, so wird das als Ruhen der elterlichen Sorge bezeichnet. In diesen Fällen besitzt der betreffende Elternteil zwar noch die elterliche Sorge, ist jedoch nicht berechtigt, sie auszuüben (§ 1675).

Gesetzliches oder gerichtliches Ruhen

Zum Teil ordnet das BGB ein Ruhen ausdrücklich an (vgl. § 1673), zum anderen muss das Ruhen (= die Verhinderung) erst gerichtlich festgestellt werden (vgl. § 1674 sowie Seite 302/303).

Ausschluss und Wiederaufleben des Sorgerechts

Ist das Ruhen der elterlichen Sorge *gesetzlich* vorgesehen, so ist der davon betroffene Elternteil „automatisch" (= eben von Gesetzes wegen) von der Ausübung der elterlichen Sorge ausgeschlossen. Fällt der gesetzliche Grund für das Ruhen wieder weg, so lebt sie dadurch auch „automatisch" (d.h., ohne weitere Anordnung) wieder auf. Dies ist nicht ausdrücklich vom BGB festgelegt worden, ergibt sich jedoch eindeutig aus dem Zweck der Regelung sowie aus § 1675 BGB, der besagt, dass ein Elternteil zur Ausübung der elterlichen Sorge nicht berechtigt ist, „solange sie ruht", d.h.: solange der gesetzliche Hinderungsgrund besteht.

Verhinderungen

Das BGB unterscheidet zwischen dem Ruhen aus rechtlichen oder aus tatsächlichen Gründen. Das heißt, dass die Eltern entweder infolge gesetzlicher Vorschriften oder tatsächlicher Gegebenheiten an der Ausübung der elterlichen Sorge verhindert sind.

2. Rechtliche Verhinderungen

a) Geschäftsunfähige Elternteile

Ausschluss vom Sorgerecht bei Geisteskrankheit

Geisteskranke Elternteile sind geschäftsunfähig (§ 104 Nr. 2) und benötigen somit seit 1992 gemäß § 1896 einen Betreuer mit Einwilligungsvorbehalt (§ 1903). Ihnen ist daher die *Ausübung* der gesamten elterlichen Sorge genommen (§§ 1673 Abs. 1, 1675).

Anderer Elternteil dann alleiniger Sorgeinhaber

Bei ehelichen Kindern übt in diesem Fall der „andere Teil" (= Elternteil) dann die elterliche Sorge allein aus (vgl. § 1678 Abs. 1, HS 1), ohne dass es hierzu einer besonderen Anordnung oder Feststellung bedarf. Das gilt allerdings nicht, wenn dem vom Ruhen betroffenen Elternteil die elterliche Sorge gem. §§ 1671 oder 1672 allein zustand (§ 1678 Abs. 1, HS 2). Es erschien dem Gesetzgeber entbehrlich, in § 1678 (wie bis 30.6.1998 geschehen) explizit vorzusehen, dass in diesen Fällen dann eine gerichtliche Entscheidung nötig ist, da sich das allgemein aus § 1696 ergebe[467].

Sonderheit bei Alleinsorgeinhabern

Eheliche Kinder

Wird jedoch der Elternteil erst geschäftsunfähig, nachdem ihm nach der Scheidung der Ehe oder bei Getrenntleben der Eltern die elterliche Sorge allein übertragen worden war, so geht das Ausübungsrecht nicht automatisch auf den anderen Elternteil über (vgl. § 1678 Abs. 1 HS. 2). Vielmehr muss das FamG (bei Kenntnis) dann von Amts wegen die alleinige Ausübung der elterlichen Sorge dem anderen Elternteil übertragen, sofern dies dem Kindeswohl entspricht. Um dies klären zu können, sind der betreffende Elternteil sowie das Kind persönlich vom FamG anzuhören (vgl. §§ 160, 159 FamFG). Außerdem ist auch das JA anzuhören (§ 162 Abs. 1 S. 1 FamFG). Erscheint aber das Kindeswohl auch durch den anderen Elternteil nicht gewährleistet zu sein, so ist ein Pfleger oder Vormund einzusetzen (vgl. §§ 1909, 1915 bzw. §§ 1773, 1774).

Nichteheliche Kinder

Das gilt seit 1.7.1998 auch bei Getrenntleben von nicht miteinander verheirateten Eltern, die zunächst durch Sorgeerklärung (siehe dazu Seite 293) die gemeinsame elterliche Sorge besaßen und dann eine Entscheidung des FamG gemäß § 1671 erfolgte.

Beispiel: Bei der Überprüfung durch das FamG stellt sich heraus, dass sich der andere Elternteil nicht ausreichend um das Kind kümmern kann oder will.

Sonderheit bei geisteskranker Mutter

Wird die Mutter eines nichtehelichen Kindes, die die elterliche Sorge nach § 1626a Abs. 2 bisher alleine besaß, geisteskrank und besteht keine Aussicht auf Heilung, so hat das FamG die elterliche Sorge dem Vater zu übertragen, sofern dies dem Wohl des Kindes dient (vgl. § 1678 Abs. 2). Es genügt nicht, dass die Übertragung der Sorge auf den Vater dem Kindeswohl nicht widerspricht. Zweifel wirken sich zum Nachteil des Vaters aus. Dieser Maßstab für die Kindeswohlprüfung ist deshalb gewählt worden, weil gerade in Fällen, in denen die Eltern keine Sorgeerklärung abgegeben haben, diese vielfach nicht etwa in einer intakten nichtehelichen Gemeinschaft leben werden, sondern der Vater häufig wenig oder gar keinen Kontakt zu dem Kind gehabt haben wird. Bei der Vielfalt denkbarer Konstellationen von Einzelfällen soll eine Übertragung der Sorge auf den Vater

[467] BT-Drucks. 13/4899, S. 102 bzgl. § 1696 BGB a.F.

deshalb davon abhängen, dass nach der Überzeugung des FamG dies die dem Wohl des Kindes dienende Lösung ist. – Anderenfalls ist für das Kind vom FamG von Amts wegen ein Vormund zu bestellen, da dann dessen Eltern weder in Personensorge- noch in Vermögenssorge-Angelegenheiten vertretungsberechtigt sind (vgl. §§ 1773 Abs. 1, 1774 S. 1).

Beide Eltern sind geschäftsunfähig

Sind beide Eltern geisteskrank und damit gemäß § 104 Nr. 2 geschäftsunfähig, steht das Kind nicht mehr unter elterlicher Sorge, weil bei beiden Eltern die elterliche Sorge ruht (1673 Abs. 1). Das Kind erhält dann immer einen Vormund, den das FamG von Amts wegen bestellt, sobald es davon Kenntnis erhält (§§ 1773, 1774).

b) Beschränkt geschäftsfähige Elternteile

Tatsächliche Personensorge bleibt erhalten

Ist ein Elternteil beschränkt geschäftsfähig (d.h. minderjährig, denn Entmündigungen sind 1992 weggefallen), so spricht das BGB ebenfalls vom Ruhen der elterlichen Sorge (vgl. § 1673 Abs. 2). Obwohl es in dieser Bestimmung einleitend heißt: „Das Gleiche gilt", wird aus dem weiteren Text deutlich, dass die Folgen dem weniger gravierenden rechtlichen Hindernis entsprechend hier anderer Art sind als bei geschäftsunfähigen Eltern (s. dazu vorstehend). Denn im nächsten Satz wird eindeutig festgelegt, dass kein „totales" Ruhen eintritt, sondern die tatsächliche Personensorge (siehe dazu Seite 261) dem beschränkt geschäftsfähigen Elternteil erhalten bleibt (vgl. § 1673 Abs. 2 S. 2).

Rechtsfolgen bei 2 Sorgeinhabern

Das bedeutet Folgendes:

Bei Kindern, deren Eltern gemeinsam die elterliche Sorge besitzen, bleibt es bei der gemeinsamen Ausübung der tatsächlichen Personensorge. Die dort notwendig werdende gesetzliche Vertretung – sowie die gesamte Vermögenssorge – wird jedoch von dem anderen Elternteil (= der nicht „rechtlich verhindert" ist) allein ausgeübt (§ 1678 Abs. 1 HS. 1). Kommt es bei der Ausübung der Personensorge zu einer Meinungsverschiedenheit, so geht die Meinung des anderen (= nicht „rechtlich verhinderten") Elternteils dennoch nicht vor (vgl. § 1673 Abs. 2 S. 3), obwohl dieser die alleinige gesetzliche Vertretung hat. In diesem Fall gilt vielmehr der allgemeine Grundsatz, dass die Eltern versuchen müssen, sich zu einigen (vgl. §§ 1673 Abs. 2 S. 3, HS 2, 1627 S. 2), und andernfalls gem. § 1628 eventuell das FamG angerufen werden kann (siehe dazu Seite 286).

Einigungszwang

Beide Eltern sind verhindert

Kommt die alleinige gesetzliche Vertretung und Ausübung der Vermögenssorge durch den anderen Elternteil nicht in Betracht, weil er aus rechtlichen oder tatsächlichen Gründen ebenfalls verhindert ist, so muss ein Vormund bestellt werden, da dann das Kind „weder in den die Person noch in den das Vermögen betreffenden Angelegenheiten" zur Vertretung berechtigte Eltern hat (vgl. §§ 1773 Abs. 1, 1774).

Beispiele: Ein Elternteil ist minderjährig und der andere Elternteil ist tatsächlich an der Ausübung der elterlichen Sorge verhindert[468] oder ihm wurde die elterliche Sorge entzogen

Vorrang mdj. Eltern gegenüber Vormund

Bei eventuellen Meinungsverschiedenheiten zwischen dem minderjährigen Elternteil und dem Vormund über die „richtige" Ausübung der Personensorge besteht kein Einigungszwang nach § 1627 mit Anrufungsmög-

[468] Siehe dazu die Beispiele unten im Kapitel 3.

lichkeit des FamG, sondern dann geht die Meinung des betreffenden Elternteils der des Vormundes vor (vgl. § 1673 Abs. 2 S. 3).

Rechtsfolgen bei Alleinsorgeinhabern gem. §§ 1671, 1672

Ist der Elternteil, dem die elterliche Sorge aufgrund einer Entscheidung des FamG nach §§ 1671, 1672 allein zusteht, minderjährig, steht dem anderen nicht automatisch die gesetzliche Vertretung allein zu (§ 1678 Abs. 1 HS. 2), sondern dies müsste das FamG extra so bestimmen. Anderenfalls ist die Bestellung eines Vormunds nötig (§§ 1773 Abs. 1, 1774).

Sonderheiten bei ledigen Müttern

Bei minderjährigen Müttern nichtehelicher Kinder wird, wenn keine gemeinsame Sorgeerklärung vorliegt (siehe dazu Seiten 293 ff.), mit Geburt des Kindes kraft Gesetzes das JA automatisch Vormund (§ 1791c Abs. 1 S. 1). Die minderjährige Mutter hat dann mit dem JA gemeinsam die tatsächliche Personensorge und kann sich bei Meinungsverschiedenheiten auch diesem gegenüber durchsetzen (vgl. § 1673 Abs. 2 S. 3 HS. 1).

Beispiel: Die mdj. Mutter möchte das Kind nicht in eine vom JA angebotene Pflegestelle geben, sondern es während ihrer ausbildungsbedingten Abwesenheit von Freunden und Bekannten betreuen lassen.

Bei Gefährdung Meldepflicht des JA

Die Mutter könnte also zunächst ihren Willen durchsetzen. Das JA wäre aber in so einem Fall (wie jeder andere Vormund auch) verpflichtet, eine Entscheidung des FamG herbeizuführen, wenn die Absicht der Mutter das Wohl des Kindes gefährden sollte. Für das JA ergibt sich diese Verpflichtung ausdrücklich aus § 8a Abs. 3 S. 1 SGB VIII, für einen anderen Vormund aus der allgemeinen Fürsorgepflicht des § 1793 und der Haftungsnorm des § 1833.

Zusammenfassung

Die Teile der elterlichen Sorge, die bei einem Elternteil wegen Geisteskrankheit oder Minderjährigkeit ruhen (vgl. § 1673 Abs. 1. u 2.), stehen in dieser Zeit grundsätzlich dem anderen Elternteil automatisch allein zu (vgl. § 1678 Abs. 1 HS 1), d.h.,

- im ersten Fall übt der andere Elternteil die gesamte elterliche Sorge allein aus,
- im letzteren nur die Vermögenssorge und die gesetzliche Vertretung.
- Entsprechendes gilt, wenn ein Elternteil (teilweise oder ganz) tatsächlich an der Ausübung der elterlichen Sorge verhindert ist (Bsp.: er liegt nach Unfall im Koma).
- Wenn jedoch der ausfallende Elternteil bislang gem. §§ 1626a, 1671, 1672 die elterliche Sorge allein besaß, muss das FamG eine Regelung treffen, d.h.:
  - entweder überträgt es dem anderen Elternteil diese Teile der elterlichen Sorge
  - oder es ergreift gem. § 1693 selbst Maßnahmen
  - oder es ordnet (je nach Umfang) Pfleger- oder Vormundbestellung an.
- Beim Ruhen der e.S. lediger Mütter wird das JA automatisch Vormund des Kindes (§ 1791c Abs. 1 S. 1), wenn keine Sorgeerklärung vorliegt.

c) Problematik der gesetzlichen Regelung

Faktisch besteht elterl. Sorge fort

Wenn die elterliche Sorge eines Elternteils wegen Geisteskrankheit gemäß § 1673 Abs. 1 ruht, reicht die nach § 1678 Abs. 1 automatisch eintretende inhaltliche Alleinentscheidung und/oder rechtliche Alleinvertretungsmacht des anderen Ehegatten nicht immer aus, das Wohl des Kindes zu gewährleisten. Das ist insbesondere dann der Fall, wenn der betreffende Elternteil weiterhin in der Familie lebt und damit „faktisch" nach wie vor

Funktionen der elterlichen Sorge wahrnimmt, zumindest im Bereich der tatsächlichen Personensorge. Das ist nicht unbedenklich, wenn man sich vergegenwärtigt, dass damit kaum eine ausreichende oder gar dem Kinde angemessene Förderung zuteil werden kann. Das gilt vor allem, wenn der andere Elternteil erst am Abend von der Arbeit nach Hause kommt.

Gefährdungen zu befürchten

Abgesehen davon können die Kinder in solchen Fällen natürlich auch konkret gefährdet sein, ohne sich hiergegen selbst schützen zu können.

Unterbringungen meist unumgänglich

Den Kindern kann aber nur geholfen werden, wenn sie vor der zumindest latent drohenden körperlichen Gefährdung wirksam geschützt und darüber hinaus in ihrer Entwicklung gefördert werden können. Um dieses Ziel zu erreichen, muss das FamG bei Kenntnis dafür Sorge tragen, dass entweder der geisteskranke Elternteil in eine Heil- oder Pflegeanstalt gebracht werden kann (das richtet sich nach dem *Unterbringungsgesetz* des betr. Landes) oder, dass das Kind in eine geeignete Pflegefamilie oder in ein Heim kommt. Letzteres wird sich in der Regel auch dann nicht vermeiden lassen, wenn eine Unterbringung des geisteskranken Elternteils erfolgt, es sei denn, es kann anderweitig für das Kind gesorgt werden (z.B. Tages-Pflegemütter oder -Einrichtungen).

3. Tatsächliche Verhinderungen

Anderer Elternteil ist dann allein sorgeberechtigt

Das BGB hat in Fällen, in denen ein Elternteil an der Ausübung der elterlichen Sorge tatsächlich verhindert ist, festgelegt, dass dann der andere Elternteil die elterliche Sorge allein ausübt (vgl. § 1678 Abs. 1). Der andere Elternteil hat dann inhaltlich sowie bei der gesetzlichen Vertretung also das *Alleinentscheidungsrecht.*

Dabei ist es nicht notwendig, dass der betreffende andere Elternteil die gesamte elterliche Sorge tatsächlich nicht ausüben kann. Es genügt vielmehr, dass einzelne, nicht aufschiebbare Handlungen im Bereich der Personen- oder Vermögenssorge von ihm aus tatsächlichen Gründen nicht wahrgenommen werden können.

Beurteilungsgrundsätze

Das gilt auch, wenn es sich nur um eine kurze vorübergehende Verhinderung handelt. Allerdings sind wegen des die elterliche Sorge beherrschenden Grundsatzes der gemeinsamen Ausübung *strenge Anforderungen* an das Vorliegen einer tatsächlichen Verhinderung zu stellen. Es genügt z.B. nicht, dass ein Elternteil zum Zeitpunkt der das Kind betreffenden Rechtshandlung nicht anwesend sein kann, weil er sich an seinem Arbeitsplatz oder im Krankenhaus, auf einer Reise oder in einer Strafvollzugsanstalt befindet. Denn hier könnte er ja mitwirken, wenn der andere Elternteil ihm dazu Gelegenheit geben (= warten) würde. Unterlässt dieser das, so stellt das eine Umgehung der gesetzlichen Regelung zu Grunde liegenden Intention dar, dass nämlich vor Entscheidungen über die Personen- oder Vermögenssorge des Kindes eine gemeinsame Beratung und eventuell auch Auseinandersetzung darüber stattfinden soll, was dem Wohl des Kindes am besten entspricht (vgl. Seite 284 f.).

Anzuerkennende Verhinderungsfälle

Man kann daher *nur in den folgenden Fällen* von einer tatsächlichen Verhinderung iSd § 1678 Abs. 1 ausgehen:

Unbekannter Aufenthalt

a) wenn der Aufenthalt eines Elternteils nicht nur vorübergehend unbekannt oder zwar bekannt ist, er aber dort nicht erreicht werden kann (z.B. Entwicklungshelfer in Krisengebieten, Inhaftierung in einem totalitären Staat, Geiselnahme);

Elterl. Mitwirkung ist nicht möglich

b) wenn infolge schweren Unfalls, Operation, Geburt oder schwerer Krankheit eine Mitwirkung an Entscheidungen derzeit ausgeschlossen ist (z.B. Zustimmung zur Bluttransfusion, Operation etc. des Kindes);

Echte Eil- u. Notfälle

c) bei allen echten Eil- oder Notfällen (z.B. Kind verunglückt, Mutter kann zu Hause erreicht werden, der Vater jedoch nicht, weil er mit dem Auto unterwegs ist).

Problematische Fälle

Zur Problematik der tatsächlichen Verhinderung kann man häufig lesen, dass diese bei „schwerer Krankheit, langer Haft, Auslandsreise" vorliegen würde. Diese bloße Benennung denkbarer Situationen hilft nicht viel weiter, weil man in den genannten Fällen keineswegs immer von einer wirklichen Verhinderung ausgehen kann. Nur bei echten Eil- und Notfällen liegt dann eine tatsächliche Verhinderung vor, nicht jedoch bei „normalen" Entscheidungen im Rahmen der elterlichen Sorge.

Keine generelle Verhinderung bei Strafhaft

Besonders bedauerlich ist, wenn in diesem Zusammenhang die Verbüßung einer Freiheitsstrafe als generelle Verhinderung genannt wird. Richtig ist daran nur, dass inhaftierte Eltern an der Ausübung der *tatsächlichen* Personensorge (zwangsläufig) verhindert sind. An rechtserheblichen Entscheidungen im Bereich der Personen- oder Vermögenssorge können (und müssen!) sie aber beteiligt werden.

Beispiele: Einwilligungen bei Heimunterbringungen, Ausbildungs- oder Berufswahlentscheidungen, Operationen, Verkauf von Wertpapieren, Auflösung des Sparkontos.

Nur bei echten Eil- oder Notfällen

Beispiele: fristwahrende Antragsstellungen oder Einlegung von Rechtsmitteln, Blinddarmdurchbruch, Verkehrsunfall, Drogen-Abusus

ist der inhaftierte Elternteil an der Mitwirkung von Sorgerechtsentscheidungen als *verhindert* anzusehen.

Wer dagegen bei inhaftierten Eltern eine generelle Verhinderung annimmt, diskriminiert den ohnehin schon von der Familie isolierten (und damit von familiären Entscheidungen weit gehend ausgeschlossenen) Strafgefangenen zusätzlich. Das ist jedoch in keiner Weise gerechtfertigt und widerspricht auch allen Beteuerungen, dass dem Inhaftierten eine Wiedereingliederung in die Gesellschaft nach seiner Entlassung erleichtert werden müsse.

Beschluss des FamG bewirkt das Ruhen der elterlichen Sorge

Probleme bestehen dadurch, dass es für Dritte nicht erkennbar ist, ob im konkreten Fall der eine Elternteil tatsächlich verhindert ist oder nicht. Liegt eine Verhinderung vor, so kann der andere Elternteil allein rechtswirksam handeln (vgl. § 1678 Abs. 1). Anderenfalls ist jedoch dessen Vorgehen zunächst „schwebend unwirksam", kann folglich noch keine Rechtswirkung entfalten, solange man nicht von einer zumindest „stillschweigenden" Zustimmung des Ehepartners ausgehen kann. Daher sieht das BGB vor, dass das FamG durch Beschluss feststellen kann, dass ein Elternteil „auf längere Zeit" die elterliche Sorge tatsächlich nicht ausüben kann. Aus der tatsächlichen wird dann eine rechtliche Verhinderung, die man (wie auf Seite 298 ausgeführt) als Ruhen der elterlichen Sorge bezeichnet (vgl. § 1674 Abs. 1).

Systematisch gesehen gehört dieses gerichtliche Eingreifen zwar in das Kapitel G., wird jedoch aus Gründen des Zusammenhanges gleich hier besprochen.

Verfahren

Das FamG trifft diese Feststellung entweder auf Antrag des nicht verhinderten Elternteils oder auf Anregung des JA. Es genügt aber auch die Kenntnis des FamG von der tatsächlichen Verhinderung, wenn es eine klarstellende Regelung für das Kind für notwendig erachtet, d.h., es kann auch von Amts wegen entscheiden.

Bevor das FamG eine *Feststellung* über die tatsächliche Verhinderung eines Elternteils trifft, hat es von Amts wegen „die zur Feststellung der Tatsachen erforderlichen Ermittlungen zu veranstalten und die geeignet erscheinenden Beweise aufzunehmen" (§§ 26, 29 FamFG). Dabei ist es auch notwendig, das JA anzuhören (vgl. § 162 Abs. 1 S. 1 FamFG) und den anderen Elternteil zu einem Gespräch vorzuladen (vgl. § 160 Abs. 1 S. 1 FamFG).

Wegfall der Verhinderung

Wenn der Grund der tatsächlichen Verhinderung wegfällt, lebt die Ausübung der elterlichen Sorge grundsätzlich automatisch wieder auf. Hat jedoch das FamG gemäß § 1674 Abs. 1 das Ruhen der elterlichen Sorge festgestellt, so bedarf es hier ebenfalls einer förmlichen Feststellung des FamG, dass der Grund des Ruhens nicht mehr besteht (§ 1674 Abs. 2). Diese Entscheidung kann auf Antrag oder muss (bei entsprechender Kenntnis) von Amts wegen getroffen werden.

Verhinderung beider Eltern

Sind beide Elternteile oder ein alleiniger Inhaber der elterlichen Sorge an der Ausübung der elterlichen Sorge oder ihrer Bestandteile tatsächlich verhindert, so hat (= *muss*) das FamG „die im Interesse des Kindes erforderlichen Maßregeln zu treffen" (vgl. § 1693). Dabei ist es meist unumgänglich, einen Pfleger (vgl. § 1909) oder bei voraussichtlich längerem Ruhen[469] einen Vormund zu bestellen (vgl. §§ 1773, 1774) und das Kind in einer geeigneten Pflegefamilie oder einem Heim unterzubringen. Unterlässt der Richter eine solche erforderliche Maßnahme, so haftet er (wie immer) gemäß § 839 Abs. 1 und 3 iVm Art. 34 GG, falls daraus dem Kind ein Schaden entstehen sollte.

4. Geistig behinderte, psychisch kranke, drogenabhängige Eltern

Keine spezielle gesetzl. Regelung

Eine spezielle Regelung der elterlichen Sorge für diesen Personenkreis besteht bis heute nicht. Sie wurde bei der Reform des Kindschaftsrechts zurückgestellt, weil ein *vom Bundesjustizministerium eingeholtes Gutachten* ergeben hatte[470], dass bei Beratungsstellen, ambulanten medizinischen Diensten, ASD, Jugendämtern und Gerichten diesbezügliche Sorgerechtsprobleme für die beiden ersten Personengruppen nur eine sehr geringe Rolle spielen (nur ca. 1% aller Fälle) und dann überwiegend einvernehmliche Regelungen (und zwar meist Beschränkungen der elterlichen Sorge) erzielt würden.

Mangels spezieller Regelung (dies ist im Hinblick auf den Kinderschutz zu bedauern) sind für diese Eltern verschiedene Vorschriften anwendbar:

Wenn ein Elternteil sich nicht nur vorübergehend in einem seine freie Willensbestimmung ausschließenden Zustand krankhafter Störung der Geistestätigkeit befindet (sog. „natürliche" Geschäftsunfähigkeit – vgl.

---

[469] siehe dazu Seiten 297 ff.

[470] BT-Drucks. 13/4899, S. 67.

§ 104 Nr. 2), ruht seine elterliche Sorge (§ 1673 Abs. 1). Dieses Ruhen tritt „automatisch" (d.h. kraft Gesetzes) ein und würde genauso wieder beendet, wenn dieser Zustand entfallen sollte, also ohne dass dies in einem eigenen Verfahren geprüft wird. Dies geschieht vielmehr inzidenter meist nur dann, wenn die Wirksamkeit einer vorgenommenen Sorgerechtshandlung angezweifelt wird oder wenn ohnehin gerade eine gerichtliche Sorgerechtsregelung ansteht (wie z.B. bei Meinungsverschiedenheiten, Trennung oder Scheidung, Sorgerechtsentzug oder Tod gemäß §§ 1628, 1671, 1672, 1680).

Wenn das FamG auf entsprechende Information von dritter Seite (meist wohl durch das JA) feststellt, dass ein Elternteil wegen geistiger Behinderung, psychischer Erkrankung oder Drogenabhängigkeit die elterliche Sorge für längere Zeit nicht ausüben kann, ruht diese gemäß § 1674 Abs. 1 (s. dazu oben 3.). Zu den Folgen bei Ruhen gemäß § 1673 Abs. 1 vgl. Seite 286 f.

Abgrenzungskriterien fehlen

Klare Abgrenzungskriterien für die vorgenannten Vorschriften bestehen nicht. In der Praxis werden von den Gerichten am häufigsten die §§ 1666, 1666a angewandt.[471]

II. Beschränkungen der gesetzlichen Vertretung

Zielsetzung: Vermeidung von Interessenkollisionen

Das BGB sieht für einige Bereiche eine Einschränkung der gesetzlichen Vertretung der Eltern minderjähriger Kinder vor, um möglichen Interessen-Kollisionen vorzubeugen. Dabei ist unerheblich, ob diese im konkreten Fall wirklich vorliegt oder nicht.

Die Beschränkungen in der gesetzlichen Vertretung führen zum Teil dazu, dass die Eltern bestimmte Rechtshandlungen nur mit Genehmigung des FamG rechtswirksam vornehmen können. Es gibt aber auch rechtsgeschäftliche Handlungen, bei denen sie ihr Kind überhaupt nicht vertreten können.

1. Genehmigungsbedürftige Rechtshandlungen

Hier können die einzelnen in Betracht kommenden Rechtshandlungen nur aufgezählt werden, zumal sie z.T. an entsprechender Stelle im Einzelnen erörtert werden.

Genehmigungsfälle

Der Genehmigung des FamG bedürfen:
- mit Freiheitsentzug verbundene Unterbringungen (§ 1631b),
- Aufhebung eines Erbvertrages (§§ 2290, 2291),
- Verzicht auf das Erbe zu Lebzeiten (§ 2347),
- Ausschlagung einer Erbschaft oder eines Vermächtnisses (§ 1643 Abs. 2),
- Betrieb eines eigenen Erwerbsgeschäftes (§§ 112, 1645),
- Antrag auf Entlassung aus der Staatsangehörigkeit,
- sowie die auf Seite 283 genannten Beschränkungen in der Vermögenssorge (vgl. §§ 1643, 1821, 1822, 1642).

---

[471] *Mü-Ko-Finger* (§ 1674, Rz. 6) unter Berufung auf *BayObLG* (FamRZ 1981, S. 595, 597) und *KG* (FamRZ 1962, S. 200) für Fälle, in denen sowohl die Anwendung von § 1673 wie von § 1674 zweifelhaft ist.

2. Ausschluss von der gesetzlichen Vertretung

Wegen befürchteter Interessens-Kollisionen können Eltern ihre minderjährigen Kinder nach § 1629 Abs. 2 S. 1 „insoweit nicht vertreten, als nach § 1795 ein Vormund von der Vertretung des Kindes ausgeschlossen ist".[472]

Das bedeutet den Ausschluss der Vertretung in folgenden Fällen:

Rechtsgeschäfte mit den Eltern nicht wirksam

a) Die Eltern können nicht mit ihren Kindern Rechtsgeschäfte abschließen, soweit sie diese dabei vertreten müssen (vgl. § 1795 Abs. 2 in Verbindung mit § 181), sind also bei allen Verträgen mit ihren Kindern von der Vertretung ausgeschlossen; d.h.: diese Rechtsgeschäfte sind schwebend unwirksam (siehe dazu unten).

Ausnahmen gemäß § 1795 Abs. 1 Nr. 1:
Schenkungen an Kinder, die bereits sieben Jahre alt sind, weil sie solche selbst rechtswirksam annehmen können und damit ohne Mitwirkung der Eltern Eigentümer werden (vgl. § 929 iVbm § 107); dies gilt jedoch nicht bei Grundstücksübertragungen, weil damit Kosten (Notar, Grundbuch, Steuer) verbunden sind.
Rechtshandlungen „in Erfüllung von Verbindlichkeiten" gegenüber den Kindern (vgl. § 181), wie z.B. die Abhebung des „Kostgeldes" vom Konto der Minderjährigen.

Rechtsgeschäfte mit nahen Verwandten

b) Bei Rechtshandlungen und/oder Rechtsgeschäften des Kindes mit geradlinigen Verwandten der Eltern (also mit den Geschwistern und Großeltern des Kindes, vgl. § 1589) oder mit dem Ehegatten (oder Lebenspartner i.S.d. Lebenspartnerschaftsgesetz) des vertretungsberechtigten Elternteils (sog. Stiefmutter/-vater) besteht ebenfalls der Ausschluss von der gesetzlichen Vertretung, es sei denn, das Rechtsgeschäft besteht ausschließlich in Erfüllung einer Verbindlichkeit (vgl. § 1795 Abs. 1 Nr. 1 – s.o.).

Pfandrechtlich gesicherte Forderungen

c) Bei einem Rechtsgeschäft, das die Übertragung oder Belastung einer durch Pfandrecht, Hypothek oder Bürgschaft gesicherten *Forderung des Kindes* gegen die Eltern oder die Aufhebung oder Minderung dieser Sicherheit zum Gegenstande hat oder die Verpflichtung des Kindes zu einer solchen Übertragung, Belastung, Aufhebung oder Minderung begründet, besteht ebenfalls der Vertretungsausschluss (§ 1795 Abs. 1 Nr. 3).

Prozesse mit nahen Verwandten

d) Der vertretungsberechtigte Elternteil kann das Kind auch nicht vertreten, wenn es sich um einen *Rechtsstreit* (Prozess) zwischen dem Kind und den oben unter b) bezeichneten Personen oder über eine unter c) bezeichnete Angelegenheit handelt (vgl. § 1795 Abs. 1 Nr. 3).

Nehmen Eltern trotz Ausschluss von der gesetzlichen Vertretung Rechtshandlungen vor, so sind diese schwebend unwirksam, d.h.: sie können nur durch einen vom Gericht zu bestellenden Pfleger wirksam gemacht werden (siehe dazu Seite 306).

Unabhängig von konkreten Konflikten

Bei diesen Bereichen kommt es also nicht darauf an, ob der (die) Elternteil(e) wirklich „befangen" sind oder nicht, und damit überhaupt eine Gefährdung oder nicht ausreichende Vertretung der Interessen des Kindes zu befürchten ist. Die gesetzliche Konstruktion will somit ohne Einzelprüfung möglichen Interessen-Kollisionen generell vorbeugen.

---

[472] Man muss in § 1795 hier also an Stelle von „Vormund" jeweils „Elternteil" und statt „Mündel" jeweils „Kind" setzen (= lesen).

Ausnahmen:

Ausgenommen von diesem Ausschluss der gesetzlichen Vertretung sind aber folgende Bereiche:

Notvertretungsrecht

Rechtshandlungen, die bei Gefahr im Verzug zum Kindeswohl notwendig sind (vgl. § 1629 Abs. 1 S. 4[473]).

Unterhaltsklärung ggü. and. Elternteil

Befindet sich das Kind trotz gemeinsamer elterlicher Sorge nur in Obhut eines Elternteils, so kann dieser Unterhaltsansprüche des Kindes gegen den anderen Elternteil gem. § 1629 Abs. 2 S. 2 stets allein geltend machen (da jener Elternteil daran wohl kaum mitwirken würde).

Ausschluss erfasst auch anderen Elternteil

Ist nur ein Elternteil von der Vertretung des Kindes ausgeschlossen, so kann nach einheitlicher Meinung in *Rechtsprechung* und *Rechtslehre* der andere Elternteil das Kind ebenfalls nicht vertreten, um auch hier möglichen Interessenskollisionen (s.o.) vorzubeugen.[474]

Beispiele: Die Mutter möchte dem Kind das ihr allein gehörende Grundstück übertragen (= der Vater kann das Kind hierbei nicht vertreten).
Bei Rechtsgeschäften oder Prozessen des Kindes mit seinen Großeltern mütterlicherseits kann auch der Vater das Kind nicht vertreten.

Mitteilungspflicht gegenüber FamG

Wenn gesetzliche Vertreter gemäß §§ 1629, 1795 von der Vertretung *ausgeschlossen* sind, so haben sie dies unverzüglich dem FamG „anzuzeigen" (= davon Mitteilung zu machen), weil in diesen Fällen ein sog. *Ergänzungspfleger* benötigt wird (vgl. § 1909 Abs. 1 S. 1, Abs. 2), der vom Gericht von Amts wegen bestellt werden muss (§§ 1693, 1915, 1774). Das gilt auch, wenn das FamG anderweitig Kenntnis vom Ausschluss der Vertretungsmacht der Eltern bekommt.

Rechtsfolge bei Nichtbeachtung: schwebend unwirksam

Werden Rechtsgeschäfte von einem Elternteil (oder beiden) vorgenommen, obwohl die Vertretung gesetzlich ausgeschlossen war, so sind diese nicht nichtig, sondern *schwebend unwirksam*. Damit bezeichnet man die Möglichkeit, dass die ohne Vertretungsmacht vorgenommene Rechtshandlung durch Genehmigung des gerichtlich zu bestellenden Pflegers (s. dazu oben) noch wirksam werden kann (siehe dazu § 177).

3. „Höchstpersönliche" Rechtshandlungen des Kindes

Begriff

Es gibt Bereiche, in denen das Kind ungeachtet seiner Minderjährigkeit die dort erforderlich werdenden Rechtshandlungen von einem bestimmten Alter an nur selbst vornehmen kann. Man spricht dann von „höchstpersönlichen" Rechtshandlungen (oder Rechtsgeschäften) oder von *„Teilmündigkeit"*. Damit soll zum Ausdruck gebracht werden, dass diese rechtserheblichen Handlungen (ungeachtet der eventuellen notwendigen Zustimmung der Eltern) nur wirksam werden, wenn sie von dem minderjährigen Kind *persönlich* vorgenommen worden sind.

Jugendlicher muss einwilligen oder selbst handeln

Beispiele:
- Einwilligung zur Adoption *ab vollendetem 14. Lebensjahr (§ 1746),*
- Änderungen des Vor- und Familiennamens *von adoptierten Kindern sowie des Familiennamens von anderen Kindern ab 14 Jahren (§§ 1757, 1617c Abs. 1 S. 2, 1618 S. 6).*
- *Antrag auf* Aufhebung der Adoption *wegen fehlender Einwilligung ab 14 Jahren (§ 1762 Abs. 1),*

---

[473] siehe dazu die Beispiele auf Seite 286.

[474] Vgl. *Palandt/Diederichsen*, § 1629 Rz. 21 unter Berufung auf *BGH*, NJW 1972, S. 1708 und *OLG Zweibrücken*, FamRZ 1980, S. 911.

- Eheschließung *eines bereits 16-Jährigen (§§ 1303 Abs. 2, 1311),*
- *Abschluss von* Ehe- und Erbverträgen *minderjähriger Ehegatten (§§ 1411 bzw. 2274, 2275 Abs. 2).*

„Teilmündigkeiten"

Darüber hinaus gibt es höchstpersönliche Rechtshandlungen, die Minderjährige auch ohne Zustimmung ihrer Eltern *allein* vornehmen können, also auch gegen ihren Willen (sog. „Teilmündigkeiten").

Jugendlicher kann allein handeln

Beispiele:
- *freie Bestimmung der* Religion *ab 14 Jahren (§ 5 RelKErzG),*
- *eigenes* Antragsrecht *zur Ablösung seines Amts- oder Vereinsvormundes durch eine geeignete Einzelperson ab 14 Jahren (§§ 1887 Abs. 2),*
- *eigenes Recht,* Sozialleistungen *zu beantragen und entgegenzunehmen, ab 15 Jahren (das aber durch seine gesetzlichen Vertreter beschränkt werden kann, vgl. § 36 SGB I),*
- Prozessfähigkeit *in Sozialversicherungsangelegenheiten ab 16 Jahren (§ 71 SGG),*
- *eigenes, selbstständiges* Rechtsmittelrecht *vor den FamG in allen persönlichen Angelegenheiten ab 14 Jahren (vgl. § 60 FamFG),*
- *eigenes Rechtsmittelrecht* im Jugendstrafverfahren, *also ab 14 Jahren (§ 55 Abs. 2 S. 2 JGG),*
- *Errichtung eines sog. öffentlichen* Testaments *ab 16 Jahren (§§ 2229 Abs. 1 und 2, 2233 Abs. 1, 2232).*

III. Heirat Minderjähriger

Vorzeitige Heirat macht nicht mündig

Minderjährige, die bereits 16 Jahre alt sind, können mit Einwilligung ihrer gesetzlichen Vertreter und ihrer Personensorgeberechtigten sowie mit Genehmigung des FamG heiraten (§ 1303). Sie werden dadurch jedoch nicht volljährig, sondern bleiben – *eigenartigerweise* – sogar beschränkt geschäftsfähig, können also z.B. weder Möbelkauf, noch Miet- oder Versicherungsverträge selbstständig tätigen (siehe dazu unten). Die Eltern dieses minderjährigen Ehegatten haben daher weiterhin die elterliche Sorge, weil diese erst mit der Volljährigkeit endet (vgl. § 1626 Abs. 1). Aber es treten im Hinblick auf die Ehe wesentliche Beschränkungen der elterlichen Sorge ein. § 1633 S. 1 sagt dazu Folgendes:

Elterliche Sorge wird aber eingeschränkt

> „Die Personensorge für einen Minderjährigen, der verheiratet ist oder war, beschränkt sich auf die Vertretung in den persönlichen Angelegenheiten."

Vermögenssorge endet nur bei diesbezüglichem Ehevertrag

Das bedeutet, dass nur bezüglich der Personensorge eine Beschränkung eintritt – nicht jedoch im Bereich der *Vermögenssorge*, es sei denn, die Ehegatten vereinbaren durch Ehevertrag Gütergemeinschaft (§ 1415) mit alleinigem Verwaltungsrecht des einen Teils (§ 1421 S. 1). Der minderjährige Ehepartner benötigt allerdings zum Abschluss eines derartigen Ehevertrages die Zustimmung seiner gesetzlichen Vertreter (§ 1411 Abs. 1 S. 1), also seiner Eltern (§ 1629 Abs. 1).

Tatsächl. PS endet, VS u. ges. Vertretung jedoch nicht

Im Bereich der *Personensorge* reduziert sich jedoch durch die Heirat die elterliche Sorge auf die sog. gesetzliche Vertretung. Das bedeutet, dass die tatsächliche Personensorge (siehe dazu Seite 261) der Eltern entfällt und somit die inhaltlichen Rechte und Pflichten „in den persönlichen Angelegenheiten" des verheirateten Kindes (vgl. § 1633).

Rechtsfolgen

Mit Ausnahme des Vermögenssektors (siehe oben), wirkt sich die Minderjährigkeit des einen Ehegatten also nur noch dadurch aus, dass sich die Betreffenden weiterhin bei *Rechtshandlungen* (insbesondere bei Rechtsgeschäften) durch ihre Eltern (oder Vormund) „vertreten" lassen müssen. Da die Minderjährigen inhaltliche Entscheidungen aber selbst treffen können, erlangt diese Vertretung keine besondere Bedeutung mehr, weil sie nur nach dem von ihnen geäußerten Willen geschehen kann und nicht gegen denselben. (Abgesehen davon gibt es in diesen Fällen ohnehin nicht viele Anlässe der Vertretung, da sich die Personensorge überwiegend in nichtrechtsgeschäftlichen Bereichen auswirkt.)

Es verbleiben allerdings einige *Rechtshandlungen*, bei denen sich die fehlende unbeschränkte Geschäftsfähigkeit auswirkt:

- An- oder Abmeldung zu einer Berufsausbildung oder Studium,
- Abschluss von Miet- oder Arbeitsverträgen,
- Kaufverträge ohne vollständige Barzahlung,
- Kreditaufnahmen,
- Vertretung in Prozessen.

Lösungsmöglichkeiten

In den Fällen, in denen verheiratete (oder verheiratet gewesene) Minderjährige auf die Mitwirkung ihrer gesetzlichen Vertreter angewiesen sind, gibt es bei deren Weigerungen folgende Lösungsmöglichkeiten:

Anderer Ehegatte handelt allein

Soweit das geht, nehmen die jeweiligen Ehepartner die betreffenden Rechtshandlungen alleine vor.

Diese rufen dann aber auch nur für diese Rechtswirkungen hervor, denn sie sind als Ehegatte nicht etwa vertretungsbefugt und können wegen § 111 Satz 1 auch nicht per Vollmacht dazu gemacht werden.

Versuch beim FamG

Die Minderjährigen machen beim FamG geltend, dass die Weigerung ihrer gesetzlichen Vertreter gem. § 1666 eine diesbezügliche Beschränkung und Bestellung eines Pflegers erfordere.

Ein Recht auf Entscheidung haben sie jedoch mangels eigenem gesetzlichen Antragsrechts (siehe dazu Seite 268) nicht.

Eheauflösungen bewirken keine Veränderungen

Wenn die Ehe eines Minderjährigen durch Tod, Scheidung oder Aufhebungsklage nicht mehr besteht, so bleibt es bei den vorstehend erläuterten Rechtsfolgen (vgl. § 1633).

Wichtige gesetzliche Beschränkungen der elterlichen Sorge	
Geschäftsunfähige Eltern (§ 104)	Ihre elterliche Sorge (eS) ruht völlig, d.h. sie können sie (rechtlich) überhaupt nicht ausüben (§§ 1673 Abs. 1, 1675). Der andere Elternteil übt daher die gesamte eS allein aus (§ 1678 Abs. 1). – In den Fällen der §§ 1626a Abs. 2, 1671, 1672 bedarf es dann einer Regelung durch das FamG (siehe dazu Seite 300).
Minderjährige Eltern (§ 106)	Die Vermögenssorge sowie die gesamte gesetzliche Vertretung ruhen, d.h. sie können sie nicht rechtswirksam ausüben (§§ 1673 Abs. 2 S. 1, 1675). Diese Bereiche übt der andere Elternteil allein aus (§ 1678 Abs. 1). – In den Fällen der §§ 1626a Abs. 2, 1671, 1672 bedarf es dann einer Regelung durch das FamG (siehe dazu Seite 300).

Wichtige gesetzliche Beschränkungen der elterlichen Sorge	
Tatsächlich verhinderte Eltern (§§ 1678 Abs. 1, 1674)	Bei echten Eil- oder Notfällen sowie bei anzuerkennenden Verhinderungsfällen ruht die eS. Der andere Elternteil übt sie allein aus (§ 1678 Abs. 1). – In den Fällen der §§ 1626a, 1671, 1672 bedarf es dann einer Regelung durch das FamG (siehe dazu Seiten 301 ff.).
Rechtlich verhinderte Eltern (§§ 1629 Abs. 2 S. 1, 1795)	Rechtshandlungen und Rechtsgeschäfte für das Kind mit nahen Angehörigen können die Eltern nicht wirksam vornehmen; hierfür müsste vom Gericht ein Pfleger bestellt werden (siehe dazu Seiten 305 ff.).
Väter von nichtehelichen Kindern	Sie besitzen nur dann elterliche Sorge, wenn eine gemeinsame Sorgeerklärung vorliegt oder das FamG sie ihnen auf ihren Antrag hin eingeräumt hat (s. dazu S. 295).
höchstpersönliche Rechtshandlungen	Hier müssen die Minderj. selbst mitwirken, z.T. können sie die Rechtshandlungen auch alleine vornehmen (vgl. Seite 306 f.).
Genehmigungsbedürftige Rechtshandlungen	Sie sind nur wirksam, wenn das FamG sie genehmigt hat (siehe dazu Seite 304).

G. Gerichtliche Beschränkungen der elterlichen Sorge

Staatl. Wächteramt durch FamG und JA

In Ausübung des staatlichen „Wächteramtes" (siehe dazu Seite 259) haben das FamG in Zusammenarbeit mit dem JA (vgl. §§ 157 Abs. 1, 162 Abs. 1 S. 1 FamFG, 8a, 42 SGB VIII) die Ausübung der elterlichen Sorge näher zu regeln, *wenn das Kindeswohl es erfordert.* Dabei beschränken die Gerichte (mehr oder weniger) jeweils die elterliche Sorge der Eltern. Die wichtigsten gerichtlich vorgesehenen Beschränkungen werden nachfolgend dargestellt.

I. Gefährdung des Kindeswohls

1. Kinderschutz und Elternrecht

„Wächteramt" von JA und FamG

Sind Wohlergehen und/oder Entwicklung eines Kindes gefährdet (oder liegen bereits Schädigungen vor), so bedarf es der Hilfe. Hier sind zunächst die Eltern gefordert als die nach Verfassung (Art. 6 Abs. 2 GG) und Gesetz (§ 1626 BGB) primären Erziehungsträger. Die gesetzgeberischen Begriffe „elterliche Sorge", „Personensorge" und „Vermögenssorge" betonen diese Verantwortung noch. Können (oder wollen) Eltern Gefährdungen oder Schädigungen ihres Kindes nicht abwenden bzw. beheben, so bedarf das Kind der Hilfe von außen. Diese Hilfe (und somit den Schutz des Kindes) entsprechend der verfassungsmäßigen Garantie (vgl. Art. 6 Abs. 2 S. 2 GG)

Keine ständige Kontrolle

Eingreifen des FamG nur bei bestimmten Voraussetzungen

Problematik des Vorgehens

zu gewährleisten, ist Aufgabe von FamG und JA (vgl. §§ 1666, 1666a BGB, 162 FamFG, 8a, 42 SGB VIII, die hier das sog. „Wächteramt" des Staates konkretisieren). Dies führt jedoch nicht zu einer regelmäßigen Kontrolle der Eltern. Das *BVerfG* hat daher wiederholt betont, dass nicht jedes Versagen oder jede Nachlässigkeit der Eltern den Staat berechtige einzugreifen.[475] Vielmehr dürfen JA und FamG nur dann tätig werden, wenn sie von Umständen Kenntnis erlangen, die *Maßnahmen zum Schutz des Kindes unbedingt erforderlich* machen. Wenn diese nicht von den Eltern veranlasst und getragen werden, wird in die verfassungsmäßig geschützte (vgl. Art. 6 GG sowie oben Seite 259) elterliche Verantwortung eingedrungen. Daher sind derartige *Hilfs- und Schutzmaßnahmen dem FamG vorbehalten* und nur unter ganz bestimmten, eng eingegrenzten Voraussetzungen zulässig, weil es hierbei darum geht, die Interessen des Kindes unter Beachtung der grundgesetzlich geschützten Elternposition zu wahren – ein wirklich nur schwer zu lösendes Problem, das einer Gratwanderung gleicht:

Hält man jedes staatliche Eingreifen in das Erziehungsvorrecht der Eltern nur im Ausnahmefall für zulässig, so erfolgen Hilfs- und Schutzmaßnahmen erst in eklatanten Fällen der Gefährdung des Kindes (meist wohl erst, wenn bereits „einiges passiert" ist). Hier führt das zum Schutz des Kindes gedachte „staatliche Wächteramt" zu rein reaktivem Verhalten von JA und FamG. Propagiert man dagegen (mit guten Gründen) ein präventives Vorgehen, um Schädigungen des Kindes nicht erst eintreten lassen zu müssen, so kann dies allzu leicht zu einem Kontrollieren elterlichen Handelns führen und auch zu einem Übertragen „mittelschichtsorientierter Maßstäbe" (= von JA und Gericht) auf wohl zumeist dadurch nochmals überforderte Eltern. Hinzu kommt noch, dass der gesetzgeberisch überall verwendete Begriff „Kindeswohl" (als Maßstab jeglichen Handelns im Eltern-Kind-Bereich) sehr schillernd und damit sehr unterschiedlich interpretierbar ist. Daran haben auch die Neufassungen des § 1666 durch das KindRG (1997) und durch das FamRMaßnErlG (2008) nichts geändert.

Definitionsprobleme

Hinzu kommt, dass es „naturgemäß" nicht leicht ist zu definieren, was für ein minderjähriges Kind im konkreten Einzelfall (oder gar generell) am besten ist. Daher ist auch die (noch so verständliche) Kritik am gesetzgeberisch verwendeten (zweifellos „ideologieanfälligen") Begriff des „Kindeswohls" (als Maßstab jeglichen richtigen Handelns für das Kind) wenig hilfreich. Denn die Ersetzung durch einen neuen (wie z.B. „Kindesinteressen" oder „Förderung des Kindes") würde nur neue Definitionsversuche ohne bessere Klärung erbringen. Denn dieser ließe ebenfalls subjektiver Interpretation (oder konkreter: ideologischer Ausfüllung) genügend Raum und würde somit keinen allgemein akzeptablen Maßstab für kindgerechtes Handeln bieten. Und der Versuch einer Aufzählung von Einzelbelangen des Kindes muss stets unvollständig bleiben. – Es wird also immer das Ringen um das Finden und Durchsetzen richtigen, kindgemäßen Erziehungshandelns bleiben.

[475] Vgl. *BVerfGE* 24, S. 119 (144 f.) u. 60, S. 79 (91) sowie *BVerfG*, 1 BvR 374/09 v. 29.1.2010, Absatz-Nr. 34 (NJW 2010, S. 2333).

2. Voraussetzungen für ein Eingreifen des FamG

Für ein Tätigwerden des FamG bei Kindeswohlgefährdungen sind gemäß §§ 1666, 1666a folgende Voraussetzungen zu erfüllen:

Gefährdung

- Das Wohl des Kindes (d.h. sein körperliches oder geistiges oder seelisches Wohl) muss entweder: *gegenwärtig konkret* oder: *nahe bevorstehend* (s. dazu unten Seite 313) gefährdet sein.
- Seit 4.7.2008 ist der Nachweis entfallen, dass die Gefährdung des Kindes entweder durch pflichtwidriges Verhalten seiner Eltern (wie Missbrauch, Vernachlässigung oder unverschuldetes Versagen) oder durch das Verhalten anderer *(„Dritter")* hervorgerufen worden und ursächlich für die Gefährdung des Kindes sein muss, um rasche Hilfe durch Ursachenerforschung und Kausalitätsproblematik nicht zu erschweren und die weitere Zusammenarbeit mit den Eltern nicht zu belasten.[476]
- Die Eltern müssen entweder nicht gewillt oder nicht in der Lage sein, die bestehende (oder bevorstehende) Gefährdung von ihrem Kind abzuwenden.
- Es müssen konkrete Maßnahmen des FamG erforderlich und geeignet sein, die Gefährdung für das Kind abzuwehren.

Fehlender Wille oder Unvermögen der Eltern

FamG-Maßnahmen notwendig u. geeignet

Nur wenn alle drei vorstehenden Voraussetzungen erfüllt sind, ist ein Eingreifen des FamG zulässig.

Obwohl die Tatbestandshürde des elterlichen Erziehungsversagens 2008 abgeschafft wurde (s.o.), spielen in der Praxis die alten Kategorien „Missbrauch, Vernachlässigung, unverschuldetes Versagen" bei der Überprüfung von Kindeswohlgefährdungen wohl nach wie vor eine gewisse Rolle. Daher erscheinen hierzu weiterhin noch einige Erläuterungen notwendig:

Missbrauch der Personensorge

Aktives Fehlverhalten

In Betracht kommt ein *aktives Handeln*, das zwar auf Grund der elterlichen Sorge möglich war, aber die darin liegende Berechtigung missbrauchte. Dabei kann dies aus Eigennutz geschehen sein (muss aber nicht). Die von der Rechtsprechung anerkannten Fälle sind vielfältig.

Es sollen hier nur die wichtigsten Beispiele aufgeführt werden:

Beispiele:

- Körperliche Bestrafungen, seelische Verletzungen, andere entwürdigende Maßnahmen (oder Dulden durch Dritte),
- willkürliche andere Strafen oder solche, die das Kind seelisch oder körperlich erheblich beeinträchtigen,
- Ausnutzung der Arbeitskraft des Kindes in nicht vertretbarem Maße (vgl. dazu *§§* 1618a, 1619 BGB, 1 Abs. 2 Nr. 1 u. 2, 5 Abs. 3–4a JArbSchG)
- grundlose Verhinderung jeglichen Kontaktes zum anderen Elternteil,
- Weigerung, eine wichtige Heilbehandlung vornehmen zu lassen,
- Aussperren oder Verweisen aus der Familienwohnung,
- Aufzwingen eines Bekenntnisses (vor allem bei unvermitteltem Wechsel),
- Verleiten oder Erzwingen von Schule„schwänzen", Straftaten, Bettelei, Prostitution.

---

[476] Vgl. Gesetzesbegründung zum FamRMaßnErlG vom 4.7.2008 (BT-Drucks. 16/6815, S. 9, 11, 14).

Passives u. aktives Fehlverhalten

Vernachlässigung des Kindes

Hier kommt sowohl *passives* als auch *aktives* Handeln in Betracht.

Beispiele:
- Unzureichende Aufsicht, Betreuung, Förderung der Entwicklung des Kindes (vor allem wenn Kinder weit gehend sich selbst überlassen und somit gefährdet sind oder ältere Geschwister jüngere betreuen müssen).
- mangelnde tatsächliche und gesundheitliche Fürsorge,
- Abhalten vom Schulbesuch oder von jeglicher Berufsausbildung,
- Ausweisung aus der Familienwohnung ohne Sorge für anderweitige angemessene Unterbringung,
- Gewährenlassen von Umgang mit Personen, die das Kind gefährden.

Schuldvorwurf ist 1980 weggefallen

Unverschuldetes Versagen der Eltern

Dieser Begriff war am 1.1.1980 in § 1666 eingefügt worden, weil bis dahin die hM dessen Anwendung nur dann zuließ, wenn den Eltern nachgewiesen werden konnte, dass sie die Gefährdung ihres Kindes verschuldet hatten. Dies hatte ein Eingreifen des FamG zum Schutze gefährdeter Kinder (zu deren Nachteil) erheblich erschwert.

Unverschuldetes Versagen

Als unverschuldetes Versagen der Eltern ist ein erhebliches Fehlverhalten (aktiv oder passiv) in Ausübung elterlicher Sorgepflichten anzusehen, ohne dass ihnen daraus ein Schuldvorwurf (im juristischen Sinne) zu machen ist. Wenn dadurch die Entwicklung ihrer Kinder gefährdet ist, muss das FamG nämlich ebenfalls zu deren Schutz eingreifen können.

Beispiele: Die Eltern kümmern sich nicht ausreichend um ihr Kind, weil sie *krank*, *schwer neurotisch*, *psychopathisch* oder *überfordert* sind oder weil sie *resigniert* haben oder weil sie ihrem Kind alles durchgehen lassen, es übermäßig verwöhnen und damit völlig unselbstständig machen.

Gefährdungen durch Dritte

Seit 1.1.1980 ist eine Eingriffsmöglichkeit des FamG auch bei Gefährdungen durch das Verhalten Dritter vorgesehen Darunter werden alle Personen verstanden, die nicht die elterliche Sorge besitzen (wie z.B.: *Verwandte, Stiefeltern, Geschwister, Nachbarn, Freunde, Bekannte, Schul- oder Sport-Kameraden – aber auch völlig fremde Personen*).

Alkohol, Drogen, Gewalt, Sexualität

Dies ist vor allem im Hinblick auf Gefährdungen durch *Alkohol, Drogen, Gewalt* sowie bei *sittlichen Gefährdungen* bedeutsam. Hier waren die Eltern früher auf zivilrechtliche Unterlassungsklagen und die Vollstrekkung daraus resultierender Entscheidungen angewiesen. Damit waren sie jedoch häufig überfordert. Daher hat das SorgeRG ein Eingreifen des FamG (auf Antrag oder von Amts wegen) vorgesehen, das auch Maßnahmen mit Wirkung gegen Dritte (z.B. gegen Freunde des Minderjährigen) treffen (vgl. § 1666 Abs. 1 S. 2) und seine Anordnungen auch besser vollstrecken kann, nämlich durch Zwangsgeld oder durch unmittelbaren Zwang – gegebenenfalls durch Zuhilfenahme der Polizei (vgl. dazu §§ 35, 89, 90 FamFG).

Grenzen sind fließend

Überschneidungen der Eingriffsmerkmale

Im Einzelnen sind die Grenzen zwischen den in § 1666 genannten Gruppen von Tatbeständen fließend. Sie sind daher nicht so zu verstehen, dass entweder der eine oder andere dort allgemein bezeichnete Fall vorliegen muss, um ein Eingreifen zu ermöglichen. So stellen z.B. die Einbeziehung des Kindes in Straftaten, die Ausweisung aus der Wohnung oder das übermäßige Heranziehen zur Mitarbeit im elterlichen Betrieb zugleich einen

Missbrauch sowie eine Vernachlässigung der elterlichen Sorge – und damit des Kindeswohls – dar.

Gefährdung des Kindeswohls

Bevorstehende Gefährdung genügt

Die (nachweisbare) Gefährdung des Kindes muss nicht bereits eingetreten sein. Es genügt auch eine gegenwärtige, in einem solchen Maße begründete Gefahr, dass sich eine erhebliche Schädigung seiner Entwicklung mit ziemlicher Sicherheit voraussehen lässt.[477] Das FamG muss hierzu diesbezüglich vAwg Ermittlungen anstellen (§§ 26, 28, 29 FamFG) und rechtzeitig das JA anhören (§ 162 Abs. 1 S. 1 FamFG).[478]

Zusammenfassung

Voraussetzungen für Eingriffe in die elterliche Sorge (vgl. § 1666 Abs. 1):

1. Gefährdung des Kindeswohls
   (körperliches oder geistiges oder seelisches)
2. die Eltern sind
   a) entweder nicht gewillt
   b) oder nicht in der Lage,
   die dem Kindeswohl drohende Gefährdung abzuwenden.
3. Maßnahmen des FamG zur Abwendung der Gefährdung müssen erforderlich und geeignet sein (siehe dazu unten).

3. Kinderschutz-rechtliche Maßnahmen des FamG

Erforderlichkeit

Wenn alle Tatbestandsmerkmale (siehe dazu oben) des § 1666 Abs. 1 S. 1 erfüllt sind, muss („hat") das FamG die zur Abwendung der für das Kind bestehenden Gefahr „erforderlichen" Maßnahmen treffen.

„Erforderlich" bedeutet Folgendes:

Geeignet u. notwendig

Das FamG kann jede Maßnahme ergreifen, die geeignet und zugleich notwendig ist, die Gefährdung des Kindes zu beheben. Denn bei Eingriffen in die Rechtssphäre anderer (hier: der Eltern des Kindes) hat das FamG jene Schranken zu beachten, die aller staatlicher Macht dabei gesetzt sind. Das *BVerfG* hat daher wiederholt betont,[479] dass nicht jedes Versagen oder jede Nachlässigkeit der Eltern den Staat berechtige, auf der Grundlage seines ihm nach Art. 6 Abs. 2 Satz 2 GG zukommenden Wächteramtes, die Eltern von der Pflege und Erziehung ihres Kindes auszuschalten oder gar selbst diese Aufgabe zu übernehmen. Vielmehr müsse der Staat nach Möglichkeit zunächst versuchen, durch helfende, unterstützende, auf Herstellung oder Wiederherstellung eines verantwortungsgerechten Verhaltens der leiblichen Eltern gerichtete Maßnahmen sein Ziel zu erreichen. Ist das nicht möglich, darf das FamG immer nur so weit in die elterliche Sorge eingreifen, wie es zur Erreichung des angestrebten Zieles unbedingt notwendig ist. Dabei ist darauf zu achten, dass der Eingriff für Eltern und Kind auch verhältnismäßig ist. Da dies Definitionssache ist, wird hier die *Chance*

Verhältnismäßigkeit wahren

[477] *BVerfG*, 1 BvR 374/09 v. 29.1.2010, Absatz-Nr. 34 (NJW 2010, S. 2333).

[478] Zur Aufgabenstellung des JA s. Seite 115 f., zum familiengerichtlichen Verfahren im Einzelnen Seite 317 f.

[479] Vgl. *BVerfGE* 24, S. 119 (144 f.) u. 60, S. 79 (91) sowie *BVerfG*, 1 BvR 374/09 v. 29.1.2010, Absatz-Nr. 34 (NJW 2010, S. 2333).

und Gefahr der Vorschrift deutlich: Ihre Flexibilität kann zum Vorteil der Minderjährigen sein, ihnen aber auch zum Nachteil gereichen, da praktisch alles möglich ist, wenn es entsprechend gut begründet wird.

Abstufung der Maßnahmen

Obwohl das Spektrum der in Betracht kommenden Maßnahmen des FamG infolge der offenen Formulierung in § 1666 Abs. 1 vielfältig ist, wurde am 4.7.2008 in Abs. 3 ein – beispielhafter (s. „insbesondere") – Maßnahmenkatalog eingeführt, um klarzustellen, dass es bei Maßnahmen nach § 1666 beileibe nicht nur um Beschränkungen des Sorgerechts geht,[480] die seit 2004 wohl im Hinblick auf spektakuläre einzelne Kindesvernachlässigungen/-misshandlungen mit Todesfolge, die die Öffentlichkeit alarmierten, signifikant zugenommen haben.[481]

Bezüglich der in Betracht kommenden Maßnahmen sollen unter Berücksichtigung des gesetzlichen Maßnahmenkatalogs nachfolgend *typische Überlegungen* aufgezeigt werden, die bei familiengerichtlich festgestellten Kindeswohlgefährdungen anzustellen sind (dabei stellt die Reihenfolge zugleich die – wegen des Grundsatzes der Verhältnismäßigkeit der Mittel einzuhaltende – Abstufung der einzelnen Maßnahmen dar):

Besprechungen

– Besprechen der Situation mit den Eltern, Vormündern oder Pflegern (mit oder ohne Hinzuziehung des JA),

Beratung

– Rat, eine Erziehungsberatungsstelle aufzusuchen,

Ermahnungen, Verwarnungen, Ge-/Verbote

– Aussprechen von Ermahnungen und Verwarnungen, aber auch von konkreten Geboten oder Verboten für die Minderjährigen bzgl. ihrer Lebensführung oder gegenüber Dritten (z.B. Umgangsverbote). Den Eltern können diesbezügliche Vorschriften zwar nicht gemacht werden, jedoch sind sie u.U. darauf hinzuweisen, dass bei Fortsetzung bestimmter Handlungsweisen ihnen die Ausübung der elterlichen Sorge (teilweise oder ganz) entzogen und auch das Kind von ihnen getrennt werden kann (oder sogar muss).

Gebote zur Einhaltung der Schulpflicht

– Das FamG kann auch Gebote zur Einhaltung der Schulpflicht (z.B. konkretes Kontrollieren, evtl. auch Hinbringen und Abholen, Kontaktaufnahme zu den Lehrern) anordnen (§ 1666 Abs. 3 Nr. 2). *Adressaten* sind nicht nur die Eltern und Kinder, sondern evtl. auch Personen, bei denen sich das Kind vor oder nach dem Schulunterricht aufhält (wie z.B. Verwandte, Freunde, Bekannte).

„Go-order"

– Das FamG kann auch Nutzungs- und Aufenthalts-Verbote aussprechen (§ 1666 Abs. 3 Nr. 3). *Adressaten* sind nicht nur die Eltern, sondern auch Stiefeltern, Lebenspartner, Freunde, Bekannte oder sonstige Personen. Es kommen dabei sämtliche Schutzanordnungen in Betracht, die das *Gewaltschutzgesetz*[482] vorsieht[483], insbesondere Verbote gegenüber, sich vorübergehend oder für unbestimmte Zeit in (oder in einem bestimmten Umkreis) der Familienwohnung oder an Orten, die das Kind regelmäßig aufsucht, aufzuhalten (sog. „go-order").

---

[480] Siehe FamRMaßnErlG (BGBl. I S. 1188) mit Gesetzesbegründung (BT-Drucks. 16/6815, S. 9, 11) .

[481] Von 8.060 im Jahre 2004 auf 12.244 im Jahre 2008 [im Jahr 2009 waren es 12.164] (siehe Statistisches Bundesamt – Destatis – Pressemitteilung Nr. 250 v. 15.7.2010).

[482] siehe dazu Seite 206.

[483] *Palandt-Diederichsen*, § 1666 , Rz. 41.

- Das FamG kann auch Verbote, Verbindung zum Kind aufzunehmen (persönlich oder durch Telefon, Fax, E-Mail, Internet, Briefe etc.) oder ein Zusammentreffen mit ihm herbeizuführen, anordnen (§ 1666 Abs. 3 Nr. 4). **Kontaktverbote**
- Ersetzung von Rechtshandlungen, die für das Kindeswohl erforderlich sind (vgl. § 1666 Abs. 3 Nr. 5), d.h. Vornahme durch das FamG. **Handeln an Stelle der Eltern**

Beispiele: Anmeldung an einer Ausbildungsstätte oder Lösung eines Ausbildungsverhältnisses; Einwilligung in Heilbehandlungen und Abschluss der betr. ärztlichen Behandlungsverträge einschließlich Operationen und Schwangerschaftsabbrüchen (zu Letzteren siehe Seite 274).

Inanspruchnahme öffentl. Hilfen geboten + genügend?

Da zunächst alle Maßnahmen zu überlegen sind, bei denen eine Beschränkung der elterlichen Sorge und eine Trennung von der Familie vermieden werden kann, legt der 2008 neu gefasste § 1666 in Nr. 1 fest, dass zu den Maßnahmen des FamG insbesondere auch **Gebote** gehören, öffentliche Hilfen wie z.B. Leistungen der Jugendhilfe und der Gesundheitsfürsorge in Anspruch zu nehmen.

Beispiele: Erziehungsberatung, Unterstützung, formlose Betreuung, Kindertagespflege oder Kindertageseinrichtung, EB, soziale Gruppenarbeit, SPFH, (evtl. einhergehend mit Früherkennungs- und Vorsorgeuntersuchungen, Gewährung von Wohngeld, Ausbildungsförderung, Sozialhilfe für die Familie und/oder die Minderjährigen o.ä.).

Problematik

Diesbezügliche **Gebote** des FamG gegenüber den Sorgeberechtigten ließen sich aber nicht vollstrecken (s. dazu unten), da sie dem Angebots-Charakter sämtlicher Jugendhilfeleistungen, der auch für HzE gilt (s. dazu Seite 98), widersprechen. – Noch viel weniger kann das FamG Jugendhilfeleistungen anfordern oder gar anordnen.[484] Das ergibt sich aus Folgendem:

Keine Anordnung von Jugendhilfemaßnahmen

Begründung

Dies widerspricht dem verfassungsmäßigen Gebot der Gewaltenteilung. Daraus folgt, dass das FamG einen öffentlichen Jugendhilfeträger weder zu einem konkreten Handeln, insbesondere nicht zu einer bestimmten Leistung verpflichten, noch deren Ausführung kontrollieren kann. Dies steht vielmehr nur den Verwaltungsgerichten gemäß § 113 Abs. 4 VwGO und den Jugendgerichten gemäß § 12 JGG zu. Eine entsprechende Rechtsgrundlage für die FamG fehlt dagegen; diese kann auch nicht aus § 1666a Abs. 1 abgeleitet werden.[485] Vielmehr ergibt sich aus § 1666 Abs. 3 Nr. 1 („Gebote … Leistungen der Jugendhilfe … in Anspruch zu nehmen") seit 4.7.2008 auch ausdrücklich, dass das FamG Jugendhilfeleistungen selbst *nicht* anordnen kann.

Außerdem würde dies dem wesentlichen Strukturelement der Freiwilligkeit sämtlicher Jugendhilfeleistungen (siehe dazu Seite 37 u. 98) widersprechen und den für HzE in § 36 SGB VIII festgelegten Beratungs- und Entscheidungsprozess bezüglich der Gewährung der richtigen Hilfeart aus-

---

[484] Ebenso: *Häbel* in Fieseler/Schleicher/Busch/*Wabnitz*, GK-SGB VIII, § 27 Rz. 82; *Happe*, Jugendwohl 1994, 94; *Mrozynski*, § 27, Anm. 22; *Mü-Ko-Olzen*, § 1666, Rz. 176/177; *Wiesner*, vor § 27, Rz. 29 ff; aA: *Coester*, FamRZ 1991, 260; OLG Frankfurt, ZfJ 1993, 561; *Kunkel*, LPK-SGB VIII, § 36, Rz. 18.

[485] So auch *Mü-Ko-Olzen*, § 1666, Rz. 176; a.A.: *Kunkel*, LPK-SGB VIII, § 36, Rz. 18.

höhlen. – Hinzu kommt, dass dem FamG zur Auswahl geeigneter Jugendhilfeleistungen die Sachkompetenz fehlt.[486]

FamG-E. binden die ö. Juhi-Träger nicht

Entscheidungen des FamG nach §§ 1666, 1666a können folglich nur Personensorge-Inhaber und ihre Kinder sowie andere Personen („Dritte") betreffen (und verpflichten), jedoch keine bindende Wirkung für öffentliche Jugendhilfeträger oder das JA entfalten.

Keine andere Hilfe möglich?

Trennung von den Eltern

- Erst wenn sich herausstellt, dass der Gefährdung nicht auf andere Weise, auch nicht durch öffentliche (inkl. materieller) Hilfen (s.o.) begegnet werden kann und das Kind bei einem Verbleiben in der Familie in seinem körperlichen, geistigen oder seelischen Wohl nachhaltig gefährdet wäre,[487] ist eine Fremdunterbringung (Pflegestelle, WG, Heim o.ä.) zulässig (vgl. den zwingenden § 1666a Abs. 1 S. 1 und 2); das gilt auch, wenn einem Elternteil der Verbleib in der Wohnung untersagt werden kann (s. dazu unten).

Hierbei ist Folgendes *zu beachten:*

Vorher: Beratungen

- Das FamG muss unter Einbeziehung des JA (§ 162 Abs. 1 S. 1 FamFG) mit den Eltern persönlich darüber beraten, wie die Gefährdung des Kindes behoben werden kann (vgl. § 160 Abs. 1 S. 2 FamFG).
- Außerdem ist zunächst abzuwarten, ob die Eltern (allein oder unter Mithilfe des JA) den Minderjährigen unterbringen werden.
- Erst wenn nichts anderes übrig bleibt, kann das FamG die Unterbringung auch gegen den Willen der Eltern anordnen und durchsetzen.

Partielle Beschränkung der Ausübung der Personensorge

Dabei ist es dann auch möglich, dass das FamG Teile der Ausübung der Personensorge beschränkt (§ 1666 Abs. 3 Nr. 6), z.B. das Aufenthaltsbestimmungsrecht (§ 1631 Abs. 1) und das Herausgaberecht (§ 1632 Abs. 1). Bei sog. Sorgerechts*entzügen*[488] gegenüber nur einem Elternteil übt diese Teile der andere Elternteil allein aus (§ 1680 Abs. 3); das gilt auch bei Entziehung von Teilbefugnissen (z.B. des Aufenthaltsbestimmungs- oder Erziehungsrechts, vgl.: „... soweit ...").[489] – Wenn es jedoch das Kindeswohl erfordert (z.B. weil der andere Elternteil die Gefährdung vom Kind nicht abwenden kann oder will), trifft das FamG vAwg eine andere Entscheidung, d.h. es muss dann dem anderen Elternteil auch Sorgerechtsbefugnisse entziehen und gemäß § 1909 für die entzogenen Teile einen Pfleger bestellen.

weiter gehende Beschränkungen

- Weiter gehende Beschränkungen der Personensorge (z.B. des Erziehungsrechts) sind nur zulässig, wenn dies später durch das Verhalten der Eltern erforderlich werden sollte.

Beispiele: Die Eltern sträuben sich, erforderliche Einwilligungen oder Entscheidungen im Erziehungs- oder Ausbildungsbereich vorzunehmen.

Entzug der gesamten Personensorgeausübung

- Die gesamte Personensorge darf jedoch nur entzogen[490] werden, wenn alles andere (s.o.) vergeblich war oder wenn anzunehmen ist, dass andere Maßnahmen zur Gefahrenabwehr nicht ausreichen (§ 1666a Abs. 2).

---

[486] AA: *Coester,* FamRZ 1991, S. 260.

[487] Siehe Seite 313 mit Fußnote 479.

[488] Dieser Terminus ist schlichtweg falsch, da nur die Ausübung – nicht jedoch die Substanz – der elterlichen Sorge entziehbar ist (s. dazu Seite 284).

[489] Ebenso: *Mü-Ko-Finger,* Rz. 14, *Palandt-Diederichsen* Rz. 5 (jeweils zu § 1680).

[490] Siehe dazu Fußnote 488.

- Bei Gefährdung des Kindesvermögens (siehe dazu § 1666 Abs. 2) kommt nach den Prämissen des § 1666 Abs. 1 auch der Entzug der Vermögenssorge in Betracht. **Entzug der Ausübung der Vermögenssorge**
- Der Entzug[491] der gesamten elterlichen Sorge ist gesetzlich zwar nicht ausdrücklich vorgesehen (vgl. §§ 1666, 1666a), kann jedoch in Extremfällen durch Entziehung der gesamten Personensorge sowie der gesamten Vermögenssorge erreicht werden[492]. Es ist allerdings nicht vorstellbar, dass es wirklich zur Gefahrenabwehr erforderlich sein kann, die Ausübung sämtlicher Elemente der elterlichen Sorge (siehe dazu Seite 261) entziehen zu müssen. **Entzug der gesamten Ausübung der elterlichen Sorge**
- Gegenüber Dritten, die Minderjährige gefährden, sind ebenfalls Maßnahmen des FamG möglich, soweit dies Angelegenheiten der Personensorge betrifft (§ 1666 Abs. 4). In Betracht kommen vor allem Kontaktverbote, Herausgabeanordnungen bis hin zur *„Go-Order"*. **Maßnahmen gegenüber Dritten**

Abgrenzung zu § 1632

Der Unterschied zu einem Vorgehen nach § 1632 Abs. 1–3 besteht darin, dass jenes nur auf Antrag eines Elternteils vorgesehen ist (und keine Kindeswohlgefährdung vorliegen muss), während hier das FamG auch von Amts wegen entscheiden kann, also selbst bei Nichtbeachtung, Duldung oder gar Billigung der Gefährdung durch die Eltern. Hier wird wieder der Normzweck des § 1666 deutlich, der ausschließlich am Kindeswohl orientiert ist.

Verfahren

Einleitung vAwg

Um den Kinderschutz zu gewährleisten, leitet das FamG das Verfahren, ohne dass es eines Antrages bedarf, *von Amts wegen* ein, sobald es Kenntnis von einer Kindeswohlgefährdung hat. Diese erhält das FamG idR durch das JA, das gem. § 8a Abs. 3 S. 1 SGB VIII eine diesbezügliche Mitteilungspflicht hat (s. dazu auch Seite 116). Diese haben seit 2004 wohl im Hinblick auf spektakuläre einzelne Kindesvernachlässigungen/-misshandlungen mit Todesfolge, die die Öffentlichkeit alarmierten, signifikant zugenommen.[493]

Mitteilungspflicht des JA

Ansonsten erhält das FamG meist Kenntnis von Kindeswohlgefährdungen durch Verwandte, Freunde, Bekannte, Ärzte, Schule des Kindes, durch einen Elternteil, das Kind selbst[494] oder die Polizei – in spektakulären Fällen evtl. auch durch die Medien. In allen Fällen liegt es *im pflichtgemäßen Ermessen* des FamG, ob es den Informationen nachgeht und dazu formlose Ermittlungen gem. § 26 FamFG anstellt oder ein förmliches Beweisverfahren nach den §§ 29, 30 FamFG durchführt.

Ermittlungen des FamG

Seit 1.9.2009 ist gesetzlich vorgeschrieben (vgl. § 155 FamFG), dass Verfahren wegen Kindeswohlgefährdungen vom FamG vorrangig und beschleunigt durchzuführen sind und das FamG dabei die gesamte Situation unter Anhörung des JA mit allen Beteiligten in *einem* Termin erörtern muss. Dieser frühe erste Termin *soll spätestens* einen Monat nach Verfahrenseinleitung anberaumt werden (hierbei sind keine Ausnahmen akzeptabel, vielmehr ist idR eine kürzere Terminierung nötig[495]). Dies setzt eine

Vorrang- und Beschleunigungsgebot

Früher 1. Termin

---

[491] Siehe dazu Fußnote 488.
[492] *BayObLG*, NJW 1999, 294.
[493] Siehe dazu Fußnote 481.
[494] Diesbezügliche „Anträge" stellen jedoch keine Sachanträge im formellen Sinn dar. Zum fehlenden Antragsrecht Minderjähriger s. auch Seite 268.
[495] Ebenso *Meysen*, Das Familienverfahrensrecht – FamFG, § 155 Rz. 12, 13.

sehr gute Kooperation von FamG und JA voraus, die in der Praxis jedoch z.T. noch ein erhebliches Umdenken von beiden Seiten erfordert.[496]

Einstweilige Anordnungen

Eilmaßnahmen

– Das FamG muss bei allen Verfahren nach den §§ 1666, 1666a unverzüglich prüfen, ob der Erlass einer einstweiligen Anordnung in Betracht kommt (§ 157 Abs. 3 FamFG). Voraussetzung für eine solche Eilmaßnahme ist, dass ein dringendes Bedürfnis für ein unverzügliches Einschreiten des FamG besteht, weil sofortige Maßnahmen zur Abwendung einer konkreten Kindeswohlgefährdung erforderlich sind[497].

Anhörungen

In Verfahren nach §§ 1666, 1666a muss das FamG anhören:

Eltern

– Eltern (unabhängig davon, ob sie personensorgeberechtigt sind oder nicht) – und zwar stets persönlich (vgl. § 160 Abs. 1 S. 2 FamFG),

Kinder

– Kinder ebenfalls stets persönlich, weil es zur Feststellung des Sachverhaltes immer „angezeigt" ist, dass sich das FamG vom betroffenen Kind einen unmittelbaren Eindruck verschafft (vgl. § 159 Abs. 2 FamFG),

Pflegeeltern

– Pflegepersonen, bei denen das Kind sich seit längerer Zeit befindet, sind auch anzuhören (vgl. § 161 Abs. 2 FamFG),

Stiefeltern, Umgangsberechtigte

– Stiefeltern und Umgangsberechtigte (s. dazu Seite 320), wenn das Kind aufgrund einer Entscheidung nach § 1682 bei ihnen lebt (§ 161 Abs. 1 S. 2, Abs. 2 FamFG),

JA

– das Jugendamt muss ebenfalls stets angehört werden (§ 162 Abs. 1 S. 1 FamFG).

Das Jugendamt ist seinerseits zur Mitwirkung im Verfahren sowie – gegebenenfalls – zu Informationen (nicht jedoch zu Ermittlungen) verpflichtet, die die Gefährdung des Kindes betreffen (s. dazu § 50 u. § 8a SGB VIII sowie Seite 114 ff.).

Vollstreckung

Die Vollstreckung der Anordnungen des FamG erfolgt, da es sich hier um Angelegenheiten der freiwilligen Gerichtsbarkeit handelt, nach den §§ 86, 87 u. 95 Abs. 1 Nr. 3-5 FamFG. Daneben kann das FamG die Eltern sowie Dritte zur Befolgung seiner Anordnungen durch Androhung von Zwangsgeld bis zu 25 000 EUR anhalten (vgl. § 35 Abs. 1 S. 1, Abs. 3 S. 1 FamFG). – Da Gebote (oder gar unzulässige Anordnungen[498]) des FamG nach § 1666 Abs. 3 Nr. 1 dem Angebots-Charakter sämtlicher Jugendhilfeleistungen widersprechen, der auch für HzE gilt (s. dazu Seite 98), könnten diese jedoch nicht vollstreckt werden.

Seit 1.7.1998 neue Rechtsfolgen bei Sorgerechtsbeschränkungen
Anderer Elternteil ist dann automatisch insoweit allein zuständig.

Problematik

Sorgerechtsentzüge[499] gegenüber einem Elternteil sind meist problematisch. Denn man muss sich fragen, ob der andere Elternteil die Gefährdung nicht verhindern wollte oder konnte. Im ersten Fall sind ebenfalls die Voraussetzungen für einen Sorgerechtsentzug (s. dazu Seite 311 ff.) erfüllt – im Letzteren jedoch oftmals nicht. Vor dem 1.7.1998 musste in diesen Fällen gerichtlich stets geprüft werden, ob der andere Elternteil dann die Teile der elterlichen Sorge, die seinem Ehegatten entzogen wurden, allein ausüben sollte, oder ob das Kindeswohl eine andere Regelung *(das hieß meist: eine*

---

[496] Zur Problematik *Schleicher* in GK-SGB VIII *Fieseler/Schleicher/Busch/Wabnitz*, § 50 Rz. 67-72a.

[497] In der Praxis haben diese leider häufig dauernden Bestand. Das ist rechtswidrig!

[498] Siehe dazu Seite 315.

[499] Siehe dazu Fußnote 488.

Pfleger- oder Vormundbestellung für die entzogenen Bereiche) erforderte (vgl. § 1680 Abs. 1 S. 2 aF).

Nur wenn § 1666 erfüllt, kann FamG entscheiden

Seit 1.7.1998 wäre eine familiengerichtliche Entscheidung nur noch möglich, wenn bzgl. des anderen Elternteils die Voraussetzungen für einen Sorgerechtsentzug ebenfalls erfüllt sind. Denn seitdem hat in allen Fällen (bisheriger) gemeinsamer elterlicher Sorge der andere Elternteil „automatisch" (d.h. kraft Gesetzes) die Alleinsorge bzgl. der dem anderen Elternteil entzogenen Bereiche (und die übrigen Teile üben sie weiterhin gemeinsam aus), ohne dass noch (die früher vorgesehene) Kindeswohlprüfung durch das Gericht stattfinden kann (vgl. § 1680 Abs. 3 iVbm Abs. 1).

Getrennt lebende, geschiedene Eltern

Im Gegensatz zum früheren Recht (vgl. § 1680 Abs. 2 aF) gilt diese „Automatik" auch bei Sorgerechtsentzügen von getrennt lebenden oder geschiedenen Elternteilen, da diesen ja auch im letzteren Fall idR weiterhin die gemeinsame elterliche Sorge zusteht.[500]

Kritik

Diese Gesetzeslage erscheint problematisch, weil durch sie das Kindeswohl nicht mehr so gut berücksichtigt werden kann wie nach der vor dem 1.7.1998 geltenden Regelung, bei der – ohne die hohe Hürde des § 1666 – die beste Sorgerechts-Regelung für das Kind eruiert werden musste.

Nichteheliche Kinder

Gemeinsam sorgende Eltern

In den Fällen, in denen Eltern durch gemeinsame Sorgeerklärung bisher die elterliche Sorge gemeinsam besaßen, besteht gemäß § 1680 Abs. 3 dieselbe Regelung wie bei ehelichen Kindern (siehe dazu vorstehend).

Allein sorgende Mütter

Wenn Mütter mangels gemeinsamer Sorgeerklärung die Alleinsorge besitzen, muss das FamG den Vätern die entzogenen Bereiche der elterlichen Sorge übertragen, wenn dies dem Kindeswohl dient (vgl. § 1680 Abs. 3 iVbm Abs. 2 S. 2).

Vor dem 1.7.1998 war für Väter nur die Bestellung zum Pfleger oder Vormund oder die Adoption ihres eigenen Kindes möglich, was ihrer Elternstellung in keiner Weise gerecht geworden war.

Schlussbetrachtung

Bei Sorgerechtsentzug Kindeswohl beachten

Das FamG muss bei Eingriffen in die elterliche Sorge äußerst behutsam vorgehen. Das gebietet nicht nur die verfassungsmäßig geschützte Elternposition, sondern auch das Kindeswohl. Denn eine Trennung von der Familie ist für die Entwicklung eines Kindes immer problematisch. Selbst wenn die Ursachen der Gefährdung im elterlichen Verhalten liegen, ist genauestens zu überlegen, ob eine Trennung sich wirklich zu seinen Gunsten auswirken kann. Denn sie bewirkt – fast ausnahmslos – auch einen Wechsel sämtlicher Bezugspersonen und damit eine große Verunsicherung des Kindes. – Erscheint dennoch eine Trennung von der Familie erforderlich, so dürfen die Eltern von ihrem Sorgerecht (und ihrer Sorgepflicht!) nicht weiter ausgeschlossen werden als unumgänglich ist, weil sonst die Gefahr besteht, dass sie nicht mehr bereit sind, sich um das Kind zu kümmern.

Überprüfg./Abänderg. gerichtlicher AnO-en

Länger dauernde Maßnahmen nach den §§ 1666–1667 hat (= muss) das FamG in angemessenen Zeitabständen zu überprüfen, denn diese sind aufzuheben, wenn eine Gefahr für das Kindeswohl nicht mehr besteht oder die Erforderlichkeit der Maßnahme entfallen ist (§ 1696 Abs. 2); dies ist gemäß § 26 FamFG vAwg zu ermitteln.

---

[500] Siehe dazu Seite 212.

II. Elterliche Sorge nach Scheidung der Eltern

Regelung durch FamG nur auf Antrag

Seit 1.7.1998 ist der zuvor bestehende sog. *„Zwangsverbund"* von Scheidung und Sorgerechtsregelung entfallen. Folglich wird seitdem im Scheidungsverfahren vom FamG nur noch dann eine Regelung bzgl. der Ausübung der elterlichen Sorge getroffen, wenn ein Ehegatte dies beantragt (§ 1671 Abs. 1).[501] Geschieht das nicht (oder wird eine solcher Antrag abgelehnt), behalten geschiedene Eltern seitdem also weiterhin die gemeinsame elterliche Sorge.

H. Umgangs- und Auskunftsrecht

I. Begriff und Inhalt

Gesetzgeberisch werden Kontakte des Kindes zu anderen Personen (einschließlich seiner Eltern) sowie deren Kontakte zum Kind als „Umgang" bezeichnet. Seit 1.7.1998 wird dabei gesetzlich unterschieden zwischen dem „Umgang" des Kindes mit

Personenkreis

- *seinen leiblichen*[502] *Eltern* (§§ 1626 Abs. 3 S. 1, 1684 Abs. 1),
- *seinen Geschwistern, Groß-, Stief- und Pflegeeltern* (§ 1685),
- *sonstigen Personen* (§ 1632 Abs. 2).[503]

Sprachgebrauch

Da nach der bis 30.6.1998 ergangenen Rechtsprechung nicht personensorgeberechtigte Eltern darauf bestehen konnten, dass ihr „eheliches" Kind sie regelmäßig (d.h. ein- bis zweimal im Monat) besuchte (bzw. Kleinkinder zu Besuchen abgeholt werden durften), ist sozialpädagogisch allgemein die Bezeichnung *„Besuchsrecht"* gebräuchlich. Sie wird daher auch hier – so weit als möglich – dem sehr kindfremden Terminus „Umgangsrecht" vorgezogen und anstelle des gesetzlich verwendeten Begriffs „Umgang" meistens der Ausdruck „Kontakte" benutzt.

Inhalt

Unter Umgang des Kindes werden seine sämtlichen Kontakte zu anderen Personen verstanden. In Betracht kommen vor allem:

Briefe, E-Mails, Telefonate, SMS, gemeinsame Unternehmungen (Spazierengehen, Wandern, Rad-, Skifahren, Kino, Theater, Restaurantbesuche, Sportveranstaltungen) sowie zeitlich begrenzte Besuche (halb- oder ganztags, an Wochenenden, in den Ferien etc.).

Bis 30.6.1998 gesetzliche Fehlkonstruktion

Bis dahin war nur für nicht sorgepflichtige Eltern von *ehelichen* Kindern ein Recht (aber keine Pflicht) zum *„Umgang"* mit ihren Kindern gesetzlich verankert (§ 1634 aF), von dem diese Eltern ganz nach Belieben Gebrauch machen konnten oder auch nicht. Ein Bedürfnis (oder gar ein Recht) des Kindes auf Kontakte zu seinen Eltern war gesetzlich nicht vorgesehen und wurde dem Kind auch gerichtlich nicht zugestanden.

Bei *„nichtehelichen"* Kindern entschieden bis 30.6.1998 deren Mütter autonom über die Kontakt- oder Besuchsmöglichkeiten zwischen Kind und leiblichem Vater (§ 1711 Abs. 1 S. 1 aF) und bestimmten somit zunächst völlig frei (und damit evtl. auch willkürlich) darüber, ob und gegebenenfalls in welchem Umfang diese stattfanden oder nicht. Wurden den Vätern Kontakte verweigert, konnten sie damals

[501] Siehe dazu im Einzelnen Seite 215 ff.

[502] Ab Freigabeerklärung zur Adoption stehen leiblichen Eltern aber keine Kontakte mehr zu (§ 1751 Abs. 1 S. 1 HS 2).

[503] Siehe dazu Seite 327.

diese nur bei Nachweis, dass sie dem Kindeswohl dienten, über das *FamG* erreichen (§ 1711 Abs. 2 S. 1 aF).

Diese gesetzliche Regelung war verfehlt, weil sie dem Bedürfnis des Kindes nach Kontakten zu beiden Eltern zu wenig Rechnung trug und Väter von nichtehelichen Kindern diskriminierte. Obwohl Art. 9 Abs. 3 der *UNO-Konvention über die Rechte des Kindes* v. 20.11.1989 auch die BRD als Vertragsstaat seit langem (die Ratifizierung war am 17.2.1992!) ausdrücklich verpflichtet, „das Recht des Kindes zu achten, regelmäßige persönliche Beziehungen und unmittelbare Kontakte zu beiden Elternteilen zu pflegen", hat sie dieses Gebot erst 6 Jahre später erfüllt.

II. Kontakte zwischen Eltern und Kindern

Gilt für alle Kinder

Seit 1.7.1998 spielt bei Kontakten zwischen Eltern und deren Kindern die eheliche oder nichteheliche Geburt keine Rolle mehr. Vielmehr besteht eine einheitliche Regelung für sämtliche Kinder und deren Eltern (inkl. „nichteheliche" Väter). Daraus ergibt sich folgende Rechtslage:

Seit 1.7.1998: Recht des Kindes, Pflicht und Recht der Eltern

Seitdem programmiert § 1626 Abs. 3 S. 1, dass der Umgang mit beiden Eltern „in der Regel" (d.h.: von – bedauerlichen – Ausnahmefällen abgesehen) dem Kindeswohl dient. Weiter ist in § 1684 Abs. 1 S. 1 erstmals ein Recht des Kindes auf Umgang mit jedem Elternteil sowie Pflicht und Recht aller (leiblicher sowie Adoptiv-) Eltern auf Umgang mit ihren Kindern verankert worden. Dieses Recht des Kindes besteht ohne Altersbegrenzung und *ohne jede Einschränkungsmöglichkeit.* Allerdings wurde im Vertrauen auf die Beratungs- und Unterstützungspflicht des JA nach § 18 Abs. 3 SGB VIII (siehe dazu unten) von einer Regelung der Durchsetzung dieses Rechts des Kindes abgesehen. Der Vorschlag des *Bundesrates*, dem Kind ab vollendetem 14. Lebensjahr ein diesbezügliches Antragsrecht und damit die Geltendmachung seines Rechts selbst zu überlassen, ist mit dem – fragwürdigen – Argument abgelehnt worden, dass „erzwungene Kontakte dem Kindeswohl nicht zuträglich wären"[504], denn die Eltern können ihr Umgangsrecht (schon immer) gerichtlich einfordern (siehe dazu S. 324 ff.).

Zielsetzungen des KindRG von 1998

Zielsetzung der vom KindRG geschaffenen Regelung war, dadurch einen Bewusstseinswandel herbeizuführen, weil Untersuchungen ergeben hatten, dass mehr als die Hälfte aller geschiedenen Väter bereits ein Jahr nach der Scheidung keinerlei Kontakt mehr zu ihren Kindern haben.[505] Durch diese gesetzliche Normierung sollte verdeutlicht werden, dass Eltern nicht nur ein Recht auf Kontakte zu ihren Kindern haben, sondern im Interesse ihrer Kinder vor allem die Pflicht, diese Kontakte zu ermöglichen. Das gilt sowohl für den Elternteil, bei dem das Kind lebt und der die Kontakte mit dem anderen Elternteil vereitelt, als auch für den Elternteil, der sich nicht mehr um sein Kind kümmert.[506]

Relevanz des Umgangsrechts bei Getrenntlebenden

Solange beide Eltern mit dem Kind zusammenleben, wird das „Umgangsrecht" nur dann ersichtlich, wenn entweder ein Elternteil oder das Kind Kontakte verweigert. Relevant wird die gesetzliche Regelung, wenn Elternteile nicht mit dem Kind zusammenleben. Wenn beide Eltern sorgeberechtigt sind, entscheidet jeder Elternteil über seine Kontakte zum Kind sowie über deren Art und Umfang. Wenn jedoch ein Elternteil alleiniger Personensorge-Inhaber ist, kann dieser zunächst über Kontaktmöglichkei-

[504] BT-Drucks. 13/4899, S. 153 u. 168.
[505] BT-Drucks. 13/4899, S. 62.
[506] BT-Drucks. 13/8511, S. 68.

ten zum anderen Elternteil befinden (§ 1632 Abs. 2), denn in diesem Kontext ist auch der nicht personensorgeberechtigte Elternteil „Dritter". – Wird einem Elternteil Kontakt zum Kind verweigert, kann er sich an das JA oder FamG wenden (siehe dazu Seiten 323 ff.).

1. Umgangsvereinbarungen

Die Eltern können miteinander Vereinbarungen treffen, wie die jeweiligen Kontakte zu ihren Kindern ausgeübt werden sollen. Dabei handelt es sich vor allem um:

Beispiele: Briefe, eMails, Telefonate, SMS, gemeinsame Unternehmungen (Spazierengehen, Wandern, Rad-, Schifahren, Kino-, Theater-, Restaurantbesuche, Sportveranstaltungen) sowie zeitlich begrenzte Besuche (halb- oder ganztags, an Wochenenden, in den Ferien etc.).

Wohlverhaltensvorschrift

Dabei – sowie bei der Ausübung der Kontakte – haben beide Elternteile alles zu unterlassen, was das Verhältnis des Kindes zum jeweils anderen Elternteil beeinträchtigt oder die Erziehung erschwert (§ 1684 Abs. 2 S. 1). Diese (dem schweizerischen Recht entlehnte) Vorschrift will der Gefahr vorbeugen helfen, dass Animositäten der Eltern mittels und auf Kosten der Kinder ausgetragen werden. Obwohl die Norm selbst *sanktionslos* ist, kann das FamG durch Anordnungen gegen den betreffenden Elternteil diesen zur Erfüllung seiner Pflichten anhalten (§ 1684 Abs. 3 S. 2).[507] Wenn das Kindeswohl das erforderlich macht, kann das FamG aber auch die Kontakte einschränken oder ausschließen (§ 1684 Abs. 4 S. 1).

2. Kontroverse Fälle

Rechtsanspruch auf Beratung durch das JA

Können die Eltern sich über eine Regelung der Kontakte nicht einigen oder erweist sich eine diesbezügliche vorherige Vereinbarung als nicht mehr tragfähig oder wehrt sich das Kind gegen elterliche Abmachungen, so können die Eltern wie auch das Kind sich zwecks Beratung und Unterstützung an das JA wenden (vgl. dazu § 18 Abs. 3 iVbm §§ 3 Abs. 2 S. 2, 69 Abs. 3 SGB VIII sowie unten 3.). Kommt keine Einigung zustande, kann das FamG – nach vorheriger Anhörung von Eltern, Kind und JA (vgl. §§ 160, 159, 162 FamFG) – sowohl über den Umfang der Kontakte entscheiden als auch deren Durchführung näher regeln (siehe dazu unten 4.) und die Eltern auch durch Anordnungen zur Einhaltung der Wohlverhaltensvorschrift (s.o.) anhalten (§ 1684 Abs. 3 S. 2), sofern dies von einem Elternteil beantragt wird oder sonstwie dem FamG bekannt wird und zum Kindeswohl erforderlich erscheint.

Entscheidung des FamG

Problematische Fälle

Aus der Sicht des Kindes sind die Fälle prekär, in denen Kontakte/Besuche
- vom Kind oder Jugendlichen abgelehnt werden,
- von den Eltern (oder einem Elternteil) verweigert werden,
- zwar stattfinden, diese aber zu Auseinandersetzungen führen,

z.B. weil die Eltern sich über Art und Umfang nicht einig sind, insbesondere wenn ein Elternteil diese be- oder verhindert oder wenn durch sie die Erziehung oder das Kindeswohl beeinträchtigt oder gar gefährdet erscheint.

---

[507] Das FamG kann seine diesbezüglichen Entscheidungen notfalls auch mit Zwangsmitteln nach § 90 FamFG durchsetzen.

3. Beratung und Unterstützung durch die Jugendhilfe

Der Gesetzgeber hat erkannt, dass bei der Durchsetzung des Besuchsrechts des Kindes gegenüber seinen Eltern sowie bei dem Kindeswohl förderlichen Kontakten von Eltern *in der Praxis großer Hilfebedarf* besteht. Denn von den Erwachsenen (Eltern und Richtern) werden die Belange des Kindes nicht immer genügend beachtet, sondern oftmals durch kindfremde Interessen und Sichtweisen beeinträchtigt, so dass das Kindeswohl „nicht selten auf der Strecke bleibt“[508]. – Besonderer Hilfebedarf liegt vor allem dann vor, wenn für das Kind wünschenswert erachtete Kontakte zu seinen Eltern nicht bestehen oder wenn diese von Eltern oder Kind verweigert oder gar von einem Elternteil torpediert oder gar verhindert werden (sog. *„Knaller-Fälle“*). Der Gesetzgeber hat daher der Jugendhilfe eine wichtige Aufgabe zugewiesen:

Aufgaben der JuHi

Die Minderjährigen haben Anspruch auf Beratung bei der Ausübung von Kontakten und Besuchen mit ihren Eltern, Großeltern, Geschwistern sowie mit Stief- und Pflegeeltern; sie sollen dabei vor allem darin unterstützt werden, dass die vorgenannten Personen von ihrem Umgangsrecht zum Wohl der Minderjährigen Gebrauch machen (§ 18 Abs. 3 S. 1 u. 2 SGB VIII).

Hilfe für Minderj.

Hilfe für Eltern und Umgangsberechtigte

Sämtliche vorgenannten Personen sowie solche, in deren Obhut sich die Minderjährigen befinden, haben ebenfalls Anspruch auf Beratung und Unterstützung bei der Ausübung von Kontakten und Besuchen mit den Minderjährigen (§ 18 Abs. 3 S. 3).

Vermittlerrolle des JA

Bei der konkreten Herstellung von Kontakten soll die Jugendhilfe den Minder jährigen und deren Eltern Hilfestellung leisten und in Konfliktfällen vermitteln (§ 18 Abs. 3 S. 4). – Dazu gehört es evtl. (jeweils) auch, die Inanspruchnahme von Spezialdiensten der Jugendhilfe (wie Ehe- und Familien-Beratungsstellen) zu empfehlen.

Bereits bestehende gerichtliche Regelungen

Dem allem kommt insbesondere Bedeutung zu, wenn bezüglich der Kontakte zwischen Eltern und Kindern bereits Regelungen vom FamG bestehen und nun Konflikte entstanden sind (s. dazu unter 4.).

Kindeswohl ist oberste Maxime

Grundsätzlich muss die Jugendhilfe zwar anstreben, Kindern gute Beziehungen zu dem Elternteil zu ermöglichen, mit dem sie nicht zusammenleben. Dabei ist aber darauf zu achten, dass diese Kontakte auch wirklich dem Kindeswohl förderlich sind und dieses nicht beeinträchtigen. Daher bedarf es einer sehr sorgfältigen *Beratung, die bei beiden Elternteilen ansetzt und dann die Kinder behutsam mit einbezieht.* Hierbei überschneiden sich diese Aufgaben der Jugendhilfe mit denen nach § 18 Abs. 1 SGB VIII.[509] Die Jugendhilfe muss dabei versuchen, die Minderjährigen möglichst wenig mit eventuell bestehenden Konflikten ihrer Eltern zu belasten und daher einvernehmliche Lösungen anstreben, weil in der Praxis letztlich nur diese sich als tragfähig erweisen. Ist das nicht (oder nicht mehr) durchführbar, so müssen die Eltern vom *Vorrang der Interessen des Kindes* gegenüber ihren eigenen Anliegen[510] überzeugt werden. Anderen falls sind Beeinträchtigungen des Kindeswohls unvermeidbar, aus denen oftmals langfri-

---

[508] BT-Drucks. 11/5948, S. 59.

[509] Zu Letzteren *Schleicher* in Fieseler/Schleicher/Busch/*Wabnitz*, GK-SGB VIII, § 18, Rz. 4.

[510] Das *BVerfG* geht in seiner Entscheidung v. 6.11.2009 nur von einer Abwägung der beiderseitigen Grundrechtpositionen der Eltern *unter Berücksichtigung des Kindeswohls und dessen Individualität als Grundrechtsträger* aus (FamRZ 2010, S. 109).

stige Schäden resultieren, die zu Bindungs- und Trennungsängsten führen und damit die eigenen Partnerbeziehungen der Kinder bis ins Erwachsenenalter hinein nachhaltig belasten und gefährden können.

Problematische Gerichtspraxis

Bei allen Wünschen nach persönlichem Kontakt zwischen Eltern und Kindern ist insbesondere zu bedenken, wie vor allem ein Zusammentreffen des Kindes mit einem Elternteil, mit dem es ja in aller Regel seit längerer Zeit nicht zusammenlebt, sich voraussichtlich auf sein Wohl auswirken wird. Die Gerichtspraxis krankt oftmals noch daran, dass die Problematik meist zu stark unter dem Aspekt des Elternrechts als aus der Sicht des Kindes gesehen wird. So wird z.B. immer wieder von den Gerichten zu wenig beachtet, was es für ein Kind bedeutet, wenn es nach Jahren ohne jeglichen Kontakt mit einem Elternteil mit diesem „von oben verordnet" plötzlich Stunden oder gar Tage verbringen soll. – Noch viel mehr kann ein Erstkontakt das Kind in einen Strudel der Gefühle reißen, in dem es ohne behutsame fachliche Hilfe evtl. Schäden für seine gesamte Entwicklung erleidet. Das gilt vor allem dann, wenn danach wieder jede Verbindung für lange Zeit abrupt abreißt. Daher ist insbesondere bei erstmaligen Besuchswünschen von Eltern (oder nach vorheriger langer Unterbrechung) die Prognose bezüglich der Kontinuität weiterer Kontakte besonders zu beachten.

Kompromisse fragwürdig

In allen Konfliktfällen ist von der Jugendhilfe darauf hinzuwirken, dass dem *Kindeswohl Priorität vor* – noch so verständlichen – *Kontaktwünschen der Eltern* eingeräumt wird. So sind zeitweilige Beschränkungen auf Briefe/eMails und/oder Telefonate/SMS oder auch ein – zumindest zeitweises – Ruhen dieser Kontakte in derartigen Fällen evtl. besser, als nach – für das Kind fragwürdigen – Kompromissen zu suchen. Dabei ist es letztlich auch unerheblich, wem bestehende Querelen anzulasten sind, da das Kind in jedem Fall in die elterlichen Auseinandersetzungen um das Besuchsrecht hineingezogen und damit sein Wohl unweigerlich beeinträchtigt wird. Denn das bleibt schon dadurch nicht aus, da es in diesen Fällen fast ausnahmslos eine Art Entscheidung für oder gegen einen Elternteil treffen muss – eine Situation, die für ein Kind stets prekär ist und nicht ohne negative Folgen bleiben kann.

Kindeswille

Andererseits wäre es aber auch problematisch, Kontakt- oder Besuchsregelungen ohne – oder gar gegen – den Willen des Kindes zu treffen (von Kleinstkindern mal vielleicht abgesehen).

4. Gerichtliche Regelungen

Kontakte zwischen Kindern und Eltern können auch durch das FamG geregelt werden. Dies ist vor allem bei Scheidungen üblich. Ansonsten kommt dies dann in Betracht, wenn weder familienintern noch unter Mitwirkung der Jugendhilfe eine einvernehmliche Lösung bezüglich der Kontakte möglich ist. Das FamG kann dann sowohl den Umfang der Kontakte festlegen als auch seine konkrete Durchführung näher regeln (§ 1684 Abs. 3 S. 1). Das geschieht meist bis ins Detail in der Hoffnung, dass sich dann keine Auseinandersetzungen mehr ergeben. Das bedeutet Folgendes:

Beispiele: Im Hinblick auf die (zu Recht) für wünschenswert erachtete Kontinuität der Kontakte und die Beeinträchtigung der Freizügigkeit aller Beteiligten halten die Gerichte regelmäßige Zusammentreffen von kürzerer Dauer für die beste Lösung. So werden überwiegend ein bis zwei Zusammentreffen im Monat festgelegt – und zwar bei kleineren Kindern nur für einige Stunden und bei anderen für einen halben oder „ganzen“ Tag oder für ein Wochenende (Letzteres vor allem auch bei weiterer Anreise). Es werden aber insbesondere bei älteren Kindern oder Jugendlichen auch Ferienbesuche von mehreren Wochen vorgesehen.

Konsequenzen

Bei allen Kontakten (auch bei Wochenend- und Ferien-Besuchen) gilt der Grundsatz, dass der zum Kontakt berechtigte Elternteil an dem vom Gericht festgelegten Tag *(z.B. ein bestimmter Sonntag im Monat)* entweder das Kind abholt oder dieses zu ihm kommt. Das richtet sich nach dem Alter des Kindes, den Entfernungen oder Verkehrsmöglichkeiten u.Ä. Während der festgelegten Zeit kann der Elternteil natürlich auch Ausflüge mit seinem Kind unternehmen, mit ihm ins Museum oder Theater gehen usw. Er hat dann Sorge zu tragen, dass das Kind rechtzeitig und sicher wieder nach Hause kommt, denn er ist insoweit *aufsichtspflichtig*. Dies resultiert aus der gesetzlich diesbezüglich festgelegten „Befugnis“ zur alleinigen Entscheidung in Angelegenheiten der tatsächlichen Betreuung (vgl. § 1687a i.V.m. § 1687 Abs. 1 S. 4).

Vermittlung des JA

Kommt es auch nach einer Regelung durch das FamG zu Auseinandersetzungen zwischen den Eltern oder mit dem Kind, so kann jeder von ihnen sich zwecks Beratung und Unterstützung an das JA wenden (vgl. dazu § 18 Abs. 3 SGB VIII sowie vorstehend unter 3.).

Vermittlung durch FamG

Wenden sich die Eltern dagegen an das FamG, soll dies, sofern dies dem Kindeswohl nicht widerspricht, auf ein Einvernehmen der Beteiligten hinwirken und kann auch anordnen (ohne dabei jedoch Zwangsmittel einsetzen zu können), dass die Eltern eine Beratungsstelle aufsuchen (vgl. § 156 Abs. 1 FamFG). – Beantragt ein Elternteil, der geltend macht, dass der andere die Durchführung einer gerichtlichen Umgangsregelung erschwert oder gar vereitelt, eine gerichtliche Vermittlung, lädt das FamG unverzüglich beide Eltern sowie das JA zu einem Vermittlungstermin, wobei es deren persönliches Erscheinen anordnet und auf die Folgen des Nichterscheinens oder einer erfolglosen Vermittlung hinweist (vgl. § 165 Abs. 1 u. 2 FamFG). In diesen Fällen stellt das FamG durch nicht anfechtbaren Beschluss die Erfolglosigkeit der Vermittlung fest und prüft vAwg, ob

Scheitern der Vermittlung

- Ordnungsmittel (d.h. Zwangsgeld bis zu 25 000,– EUR und im Nichtbeitreibungsfall Ordnungshaft) angeordnet (s. dazu § 89 FamFG),[511] **evtl. Zwangsgeld**
- Änderungen seiner bisher festgelegten Umgangsregelungen vorgenommen, **Neue Regelungen**
- Maßnahmen in Bezug auf die elterliche Sorge (d.h. Beschränkungen) ergriffen werden sollen (vgl. § 165 Abs. 5 FamFG) **Sorgerechtseingriffe**
- oder gemäß § 90 FamFG unmittelbarer Zwang gegen die Eltern (nicht jedoch gegen das Kind) nötig erscheint.

Einschränkungen von Kontakten

Außerhalb des vorgenannten gerichtlichen Vermittlungsverfahrens können elterliche Kontakte zum Kind vom FamG nur dann eingeschränkt oder ausgeschlossen werden, soweit dies zum Wohl des Kindes erforderlich ist – für längere Zeit allerdings nur, wenn andernfalls das Kindeswohl ge-

[511] oder im Falle der Erfolglosigkeit gemäß § 90 FamFG unmittelbarer Zwang gegen die Eltern (nicht jedoch gegen das Kind) angeordnet werden soll. Beides erfolgt durch den Gerichtsvollzieher, der dabei um Unterstützung der polizeilichen Vollzugsorgane nachsuchen kann (vgl. § 87 Abs. 3 FamFG).

fährdet wäre (vgl. § 1684 Abs. 4 S. 1 u. 2) – also jeweils nur bei nicht leicht zu führendem Nachweis (siehe dazu auch unten unter „Weiterhin Reformbedarf").

5. Begleitete (beschützte) Besuche

Bei Besorgnis von Kindeswohlgefährdungen

Bestehen begründete Bedenken, das Kind dem besuchsberechtigten Eltern teil zu überlassen, weil von ihm eine schädliche Beeinflussung oder konkrete Gefährdung des Kindes oder seine Entführung (insbesondere ins Ausland)[512][513] zu befürchten ist, werden z.T. Treffen an einem neutralen Ort (z.B. im Kindergarten, JA, sozialen Dienst oder Pfarrei) oder in Gegenwart Dritter (nicht jedoch im Beisein des anderen Elternteils) durchgeführt, um emotional für wünschenswert erachtete Kontakte nicht völlig versagen zu müssen. Diese schon lange bestehende gerichtliche Praxis (sog. *begleitete oder beschützte Besuche*) hat das *KindRG* seit 1.7.1998 explizit unter der Bedingung legalisiert, dass mitwirkungsbereite Dritte vorhanden sind (vgl. § 1684 Abs. 4 S. 3); dies können auch Angehörige der Jugendhilfeträger oder Vereine (d.h. freie Jugendhilfe-Organisationen) sein (§ 1684 Abs. 4 S. 4).

Problematische Lösung

Zur Begründung dieser Regelung war angeführt worden, dass *begleitete oder beschützte Besuche* z.B. dann in Betracht kämen, wenn beim besuchsberechtigten Elternteil der unbewiesene, aber nicht fern liegende Verdacht auf Kindesentziehung oder sexuellen Missbrauch bestehe.[514] Es ist schwerlich einzusehen, wie bei solchen Konstellationen Besuche mit dem Kindeswohl vereinbar sein sollen. In derartigen Fällen ist vielmehr eine – zumindest temporäre – Beschränkung auf Briefe/eMails und Telefonate/SMS „Inszenierungen" dieser Art vorzuziehen, die als Relikt der einseitig als Recht der Eltern verstandenen vor dem 1.7.1998 bestehenden Rechtslage und Gerichtspraxis anmuten, die doch gerade überwunden werden sollten. *Denn in derartigen Konfliktfällen ist es für das Kind besser, wenn der Kontakt derzeit oder auf längere Sicht unterbleibt.* Das wird viel zu wenig berücksichtigt – und zwar meist mit der (fragwürdigen) Argumentation, das Kind dürfe nicht zum Halbwaisen gemacht werden. Dabei kann inzwischen die Erkenntnis doch bereits fast als Allgemeingut bezeichnet werden, dass stabile, kontinuierliche soziale Bezüge für ein Kind ungleich wichtiger sind als die bloße Tatsache der biologischen Abstammung.

Weiterhin Reformbedarf

Auch bei der Neuregelung des Umgangsrechts durch das KindRG wurden m.E. die Belange des Kindes immer noch nicht genügend gewahrt. Das ergibt sich aus Folgendem:

Eltern, die ihr Umgangsrecht gerichtlich einfordern, müssen weder nachweisen, dass bereits kontinuierliche, gute Kontakte bestehen, noch dass die gewünschten Kontakte dem Kindeswohl dienen.

Verstöße der Eltern gegen ihre Pflicht zu Kontakten haben für sie keine negativen Auswirkungen. Vielmehr können sie später ihr Umgangsrecht dennoch gerichtlich beanspruchen.

---

[512] Die bloße abstrakte Möglichkeit genügt für eine Einschränkung nicht (BVerfG, 1 BvR 1410/08 vom 6.11.2009, Absatz-Nr. 20 [FamRZ 2010, S. 109]).

[513] Zur Rückführung ins Ausland entführter Kinder: *Cirullies*, ZKJ 2010, S. 178 f.

[514] BT-Drucks. 13/4899, S. 106.

Elterliche Kontakte zum Kind können nur dann eingeschränkt oder ausgeschlossen werden, soweit dies zum Kindeswohl erforderlich ist; für längere Zeit ist dies nur möglich, wenn anderenfalls das Kindeswohl gefährdet wäre (vgl. §§ 1684 Abs. 4 S. 1 u. 2) – also jeweils nur bei nicht leicht zu führendem Nachweis. Aber selbst dann kommen ja nach der *Gesetzesbegründung* evtl. noch sog. „begleitete/beschützte Besuche" in Betracht (vgl. § 1684 Abs. 4 S. 3 u. 4 sowie oben).

Forderungen an den Gesetzgeber

Im Interesse des Kindes ist daher nach wie vor eine Regelung zu fordern, die Folgendes beachtet:
Ein gerichtlich durchsetzbares Recht der Eltern erscheint nur dann vertretbar, wenn dies dem Kindeswohl dient und dabei insbesondere berücksichtigt wird, ob bereits vorher kontinuierliche, gute Kontakte bestanden haben – vor allem, ob diese Kontakte auch künftig zu erwarten sind.
Ab einem bestimmten Alter (spätestens ab 14 Jahren) ist für Kinder ein Antragsrecht auf wünschenswerte Kontakte zu ihren Eltern und anderen nahen Bezugspersonen vorzusehen (denn ohne jegliche Durchsetzungsmöglichkeit erweist sich ihr „Recht" auf Kontakte als Farce).

III. Kontakte des Kindes mit Verwandten und engen Bezugspersonen

Personenkreis

Das KindRG hat am 1.7.1998 erstmalig bestimmten Verwandten sowie nahen Bezugspersonen des Kindes ein „Umgangsrecht" eingeräumt, wenn dies dem Kindeswohl dient (vgl. § 1685). Unter dieser Voraussetzung besitzen ein Kontakt- und evtl. auch Besuchsrecht:

- *Geschwister* (einschließlich sog. Stiefgeschwister),
- *Großeltern*,
- *Stiefeltern*, die für das Kind tatsächliche Verantwortung haben (oder hatten) – was in der Regel bei längerem Zusammenleben angenommen wird (sog. *sozial-familiäre Beziehung*),
- *andere Lebenspartner* eines Elternteils unter denselben Bedingungen,
- *Pflegeeltern* bei Erfüllung derselben Voraussetzungen.

Kein Recht des Kindes

Das Kind besitzt gegenüber diesen nahen Bezugspersonen jedoch kein Recht auf Kontakte oder Besuche (vgl. § 1685 Abs. 3, der nicht auf § 1684 Abs. 1 verweist). Das ist bedauerlich und auch nicht „nachvollziehbar"[515], da der § 1626 Abs. 3 S. 2 (zu Recht) davon ausgeht, dass Kontakte mit Personen, zu denen das Kind Bindungen besitzt, in der Regel zum Kindeswohl gehören, wenn ihre Aufrechterhaltung für seine Entwicklung förderlich ist.

Zunächst bestimmen nach der Gesetzeslage die Personensorge-Inhaber völlig frei über „ob" und „wie" von Kontakten zu o.a. Personen (§ 1632 Abs. 2).

Konfliktfälle

In Konfliktfällen bestehen dieselben Regelungen wie bei Kontaktproblemen mit den Eltern, denn § 1684 Abs. 2–4 finden entsprechende Anwendung (§ 1685 Abs. 3), d.h.:

- auch hier besteht Beratungs-, Unterstützungs-, und Vermittlungspflicht der Jugendhilfe (siehe oben unter II. 3.),
- das FamG kann die Kontakte näher regeln (siehe dazu oben unter II. 4.),

[515] So auch ausdrücklich *Willutzki*, Kind-Prax 1988, S. 11.

– eine Einschränkung oder der Ausschluss durch das FamG ist hier unter denselben Voraussetzungen vorgesehen wie bei den Eltern (siehe dazu Seite 324 ff.).

IV. Sorgerechtsbefugnisse während des Besuchs des Kindes

Tatsächliche Betreuung

Aufsichtspflicht

Solange sich das Kind mit Einwilligung des Sorgeinhabers beim besuchsberechtigten Elternteil aufhält, hat dieser die Befugnis zur alleinigen Entscheidung in Angelegenheiten der tatsächlichen Betreuung und damit auch die sich hieraus ergebenden Verpflichtungen wie z.B. die Aufsichtspflicht (§§ 1687a, 1687 Abs. 1 S. 4).

Wohlverhalten

Der besuchsberechtigte Elternteil ist aber dann ganz besonders verpflichtet, alles zu unterlassen, was das Verhältnis des Kindes zum anderen Elternteil beeinträchtigt oder die Erziehung erschwert (§§ 1687a, 1687 Abs. 1 S. 5, 1684 Abs. 2 S. 1).

Gerichtliche Beschränkungen

Eil- und Notfälle

Das FamG kann diese Befugnisse einschränken oder ausschließen, wenn dies zum Kindeswohl erforderlich ist (§ 1687a, 1687 Abs. 2). – In echten Eil- und Notfällen ist dieser Elternteil in allen Belangen des Kindes entscheidungsbefugt (§§ 1687a, 1687 Abs. 1 S. 5, 1629 Abs. 1 S. 4).

V. Auskunftsrecht

Voraussetzungen

Jeder Elternteil kann bei berechtigtem Interesse vom anderen Elternteil Auskunft über die persönlichen Verhältnisse des Kindes verlangen, soweit dies dem Kindeswohl nicht widerspricht (§ 1686 S. 1).

Berechtigtes Interesse

Ein berechtigtes Interesse besteht nur dann, wenn für einen Elternteil keine Kontakte zum Kind vorhanden sind, so dass er sich nicht über die Entwicklung und das Wohlergehen seines Kindes informieren kann. Dieser Anspruch ist somit grundsätzlich nur anzuerkennen bei akuten Anlässen

Beispiele: Schulwechsel/-abschluss, schwere Erkrankung, Unfall

oder wenn ein Elternteil keinen persönlichen Kontakt zum Kind aufnehmen kann, weil ihm das aus tatsächlichen Gründen

Beispiele: weite Entfernung, Auslandsaufenthalt, Inhaftierung, schwere oder ansteckende Krankheit oder Alter

oder aus rechtlichen Gründen

Beispiele: Einschränkung oder Ausschluss des Umgangs durch das FamG

nicht möglich ist.

Inhalt der Auskunft

Der Anspruch richtet sich auf Auskünfte über die persönlichen Verhältnisse des Kindes.

Beispiele: Auskunft über das persönliche (auch gesundheitliche) Befinden, über schulische Leistungen, Ausbildungs- und Berufspläne.

Kindeswohlgefährdung

Eine Unvereinbarkeit mit dem Kindeswohl ist bei Auskunftsverlangen (im Gegensatz zu Besuchswünschen) z.B. dann denkbar, wenn die schützenswerte Intimsphäre des Kindes oder Jugendlichen beeinträchtigt ist oder wenn zu befürchten ist, dass die Auskünfte dem Kindeswohl abträgliche persönliche Kontakte ermöglichen sollen. Das Auskunftsrecht kann aber gerichtlich nicht völlig ausgeschlossen werden (vgl. § 1686).

Bei Streit über das Auskunftsrecht ist das FamG zuständig (§ 1686 S. 2). Antragsberechtigt wäre jeder Elternteil. – Wenn über das elterliche Auskunftsrecht gestritten wird, besteht besonderer Beratungs- und Unterstützungsbedarf. Denn hier geht es nicht nur um berechtigte (oder unberechtigte) Informationsbedürfnisse der Eltern, sondern auch um Wahrung der Belange des Kindes (s.o.) und eventuell auch um die des von Auskunftsverlangen betroffenen anderen Elternteils. Da auch hier z.T. erbittert „gefochten" wird, [516] kommt der in § 18 Abs. 3 S. 4 SGB VIII festgelegten Hilfe und Vermittler-Rolle des Jugendamts große Bedeutung zu.[517]

Bei Streit: FamG

I. Ende der elterlichen Sorge

Da das elterliche Sorgerecht von unserer Verfassung als *Grundrecht geschützt* (vgl. Art. 6 Abs. 2 S. 1 GG sowie oben Seite 259) und daher seiner Substanz nach *unentziehbar* ist (siehe dazu Seite 260), kann (zum Schutze des Kindeswohls) nur deren Ausübung beschränkt oder gänzlich entzogen werden, wie das in den §§ 1666–1667 vorgesehen ist (siehe dazu Seite 316 ff.). Ein Ende der elterlichen Sorge tritt daher nur bei Volljährigkeit oder Adoption des Kindes ein (vgl. § 1626 Abs. 1 und § 1755). Das gilt selbst bei schwersten Verfehlungen gegenüber dem Kind, da die „Verwirkung" der elterlichen Sorge (§ 1676 BGB aF) seit 1.1.1980 weggefallen ist.

Ende nur durch: Adoption und Volljährigkeit des Kindes

Kapitel 9. Adoptionsrecht

Übersicht

A. Vorbemerkungen 330
B. Adoption Minderjähriger 331
C. Adoption Volljähriger 357

A. Vorbemerkungen

Da das BGB fast keine Fremdworte verwendet, spricht es von „der Annahme als Kind" (und nicht von: „Adoption"). Das ist auch bei der umfassenden Reform des Adoptionsrechts im Jahre 1977 beibehalten worden. Allerdings verwendet das *Adoptionsvermittlungsgesetz* (AdVermiG) im Titel wie in seinen Bestimmungen das Wort „Adoption". (Nachfolgend wird nur das viel gebräuchlichere Wort „Adoption" verwandt.)

BGB-Terminologie „Annahme als Kind"

Durch die Adoptionsreform von 1977 wurde das alte Rechtsinstitut der „Annahme an Kindes Statt" abgeschafft, das (1896!) kinderlosen Ehepaaren ermöglichen wollte, ihren Namen und ihr Vermögen zu erhalten. Zu diesem Zweck konnten sie mit anderen Erwachsenen (!) einen „Adoptionsvertrag" schließen, der der Genehmigung des VG bedurfte. Schon bald entsprach diese gesetzliche Regelung nicht mehr den tatsächlichen Bedürf-

Historische Entwicklung

[516] Umfangreiche Rechtsprechungsnachweise hierzu bei *Schleicher* in: *Fieseler/Schleicher/Busch/Wabnitz*, GK-SGB VIII, § 18, nach Rz. 93.
[517] *Schleicher* in: *Fieseler/Schleicher/Busch/Wabnitz*, GK-SGB VIII, § 18, Rz. 79 ff.

nissen der Bürger. Denn es suchten nicht vordringlich kinderlose „Eltern" junge Erwachsene als Erben, sondern es suchten zunehmend elternlose minderjährige Kinder Eltern. Dennoch wurden erst 1950 Ausnahmen vom bis dahin unumstößlichen Gebot der Kinderlosigkeit und des (insofern konsequenten) Mindestalters von 50 Jahren zugelassen. Die sich aus dem Vertragssystem ergebenden mehr als eigenartigen Rechtsfolgen wurden dagegen bis Ende 1976 beibehalten:

Rechtswirkungen vor 1977

- Es entstanden nur Rechtsbeziehungen zu den Adoptiveltern, nicht jedoch zu deren Verwandten.
- Das Erbrecht zur leiblichen Familie des Kindes blieb bestehen.
- Das Kind und seine leiblichen Eltern blieben einander unterhaltspflichtig (wenn auch nur nachrangig).
- Die Adoptiveltern konnten im Adoptionsvertrag das Erbrecht für das Adoptivkind ausschließen und sie selbst besaßen (kraft Gesetzes) kein Erbrecht gegenüber dem Kind.

Seit 1977 Volladoption

Diese (schier unglaublichen) Rechtsfolgen sind erst 1977 durch die sog. Volladoption abgelöst worden; d.h.: erst seit diesem Zeitpunkt wird das Adoptivkind rechtlich aus seiner Ursprungsfamilie herausgelöst und in die Adoptiv-Familie hinein gegeben wie ein leiblicher Abkömmling (vgl. §§ 1754, 1755 sowie Seite 347 ff.). Adoptionen stellen somit den weitest gehenden Eingriff in die Familie dar. Nirgendwo sonst spielt der Staat so sehr Schicksal wie hier. Daher bedürfen Adoptionen ganz besonders sorgfältiger Überlegungen und Vorbereitungen sowie einer Nachbetreuung.

Seit dem 1.9.2009 ist FamG zuständig

Am 1.9.2009 wurden bei Abschaffung des VG alle Adoptionssachen dem FamG übertragen (§ 23a Abs. 1 S. 1 GVG; §§ 1, 111 Nr. 2 FamFG).

B. Adoption Minderjähriger

I. Rechtliche Voraussetzungen

1. Das Adoptivkind

a) Das Kindeswohl

Kindesinteressen allein maßgeblich

Bereits die Eingangsvorschrift des Adoptionsrechts hebt hervor, dass jede Adoption primär dem Kindeswohl zu dienen hat und nicht den Interessen der Adoptionsbewerber. § 1741 Abs. 1 S. 1 bestimmt nämlich, dass eine Adoption nur zulässig ist, wenn sie dem Wohl des Kindes dient und zu erwarten ist, dass zwischen dem Annehmenden und dem Kind ein echtes Eltern-Kind-Verhältnis entsteht *(soziale Elternschaft)*. Diese – von den Adoptionsvermittlungsstellen und schließlich vom FamG zu überprüfenden – Voraussetzungen sind nur dann als erfüllt anzusehen, wenn

Bessere Entwicklung

- ein Kind in seiner Ursprungsfamilie trotz des Einsatzes öffentlicher Erziehungshilfen keine Entwicklungschancen besitzt,
- die Aufnahme und dauerhafte Integration in einer bestimmten (Ersatz-) Familie seinen Lebens- und Entwicklungs-Bedarf am besten gerecht wird,
- andere Formen der Fremdunterbringung (wie z.B. eine Pflege-Familie) den Bedürfnissen des Kindes nicht gerecht werden.

Interessenabwägung

Die – grundsätzlich natürlich zu respektierenden – Interessen der leiblichen Eltern sowie die der Adoptiveltern haben hiergegen zurückzutreten. Vorrangig und damit entscheidend ist, ob sich durch eine Adoption die Entwicklungs-Chancen des Kindes voraussichtlich wirklich verbessern. Daher darf eine Adoption dann nicht erfolgen, wenn zu befürchten ist, dass durch evtl. vorhandene (leibliche oder Adoptiv-) Kinder der Adoptiveltern die Interessen des Adoptivkindes gefährdet werden (vgl. § 1745).

Es wäre jedoch ein dem Kindeswohl abträgliches Missverständnis, deshalb kinderlose Adoptionsbewerber generell zu bevorzugen.

b) Einwilligung des Kindes

Mitwirkung der gesetzlichen Vertreter

Zur Adoption ist die Einwilligung des Kindes erforderlich (§ 1746 Abs. 1 S. 1). Solange das Kind noch nicht 14 Jahre alt oder geschäftsunfähig i.S.d. § 104 Nr. 2 (d.h.: geisteskrank) ist, erteilen diese Einwilligung seine gesetzlichen Vertreter (§ 1746 Abs. 1 S. 2). Ab Vollendung des 14. Lebensjahres kann das Kind seine Einwilligung zwar nur selbst erteilen, seine gesetzlichen Vertreter müssen dieser aber zustimmen (§ 1746 Abs. 1 S. 3). Diese Zustimmung ist seit 1.7.1998 jedoch nicht mehr nötig, wenn die leiblichen Eltern des Kindes nach §§ 1747, 1750 ihrerseits bereits unwiderruflich in die Adoption eingewilligt haben oder das FamG deren Einwilligung nach § 1748 ersetzt (s. dazu Seite 336) hat (vgl. § 1746 Abs. 3 HS 2). – Wenn bei unterschiedlicher Staatsangehörigkeit von Kind und Adoptionsbewerbern die Adoption nicht deutschem Recht unterliegt, bedarf die Einwilligung des Kindes der Genehmigung des FamG (§ 1746 Abs. 1 S. 4).

Ersetzung durch FamG bei Vormund/Pfleger

Wird die Einwilligung oder Zustimmung von einem Vormund oder Pfleger ohne triftigen Grund verweigert, so kann das FamG diese ersetzen – bei leiblichen Eltern dagegen *nicht* (vgl. § 1746 Abs. 3 HS 1).

Ab 14 Jahren Selbstbestimmung

Die Selbstständigkeit bereits 14-jähriger Minderjähriger wird bei dieser weitreichendsten Änderung ihrer familienrechtlichen Verhältnisse voll respektiert. Denn gegen ihren Willen kann eine Adoption nicht erfolgen, da ihre Einwilligung vom FamG nicht ersetzt werden kann (vgl. § 1746). Bereits 14 Jahre alte, nicht geschäftsunfähige (d.h. gem. § 104 Nr. 2: nicht geisteskranke) Minderjährige können ihre Einwilligung noch bis zum Wirksamwerden des Ausspruchs der Adoption (d.h. gem. § 197 Abs. 2 FamFG mit dessen Zustellung an die Adoptionsbewerber) durch das FamG (vgl. § 1752 Abs. 1) diesem gegenüber widerrufen, ohne dass eine Zustimmung ihres gesetzlichen Vertreters erforderlich ist, sofern der Widerruf öffentlich beurkundet wird (vgl. § 1746 Abs. 2), d.h.: entweder vom Notar (§ 1 BeurkG) oder vom JA gemäß § 59 Abs. 1 S. 1 Nr. 6 SGB VIII.

2. Die Adoptiveltern

a) Ehepaare

Als Normalfall vorgesehen

Der Gesetzgeber geht von der gemeinsamen Adoption durch ein Ehepaar als dem erstrebenswerten Normalfall aus (§ 1741 Abs. 2 S. 2), da das Adoptivkind „in eine harmonische und lebenstüchtige Familie, die sich in der Regel um ein Ehepaar gruppiert, aufgenommen werden soll“[518] (zu den Ausnahmen vgl. Seite 332).

[518] Amtliche Begründung zum AdoptG von 1976, BR-Drucks. 691/74, S. 28.

Mindestalter für Adoptionsbewerber

Wenn ein Ehepaar ein Kind adoptieren will, muss der eine Ehegatte mindestens das 25. und der andere das 21. Lebensjahr vollendet haben (§ 1743 S. 2). – Eine Befreiungsmöglichkeit vom Mindestalter ist seit 1977 nicht mehr vorgesehen (vgl. § 1743).

b) Andere Lebensgemeinschaften

Gemeinsame Adoption nicht möglich

Anderen Lebensgemeinschaften als Eheleuten gestattet der Gesetzgeber die gemeinschaftliche Adoption nicht; vielmehr könnte hier nur einer der beiden ein Kind allein adoptieren (vgl. § 1741 Abs. 2 S. 1). Das wird damit begründet, dass jede andere Lebensgemeinschaft als die Ehe rechtlich nicht so abgesichert sei, um eine gemeinschaftliche Adoption des Kindes durch ihre Mitglieder zu rechtfertigen und somit die Voraussetzungen nicht erfüllt seien, um das Kind rechtlich in diese Gemeinschaft einzuordnen.[519] – Mit dieser Argumentation wird *bisher* auch eingetragenen Lebenspartnerschaften iSd LebenspartnerschaftsG eine gemeinsame Adoption verwehrt. Allerdings kann ein Lebenspartner mit Zustimmung des anderen ein Kind allein adoptieren oder ein Kind des anderen Lebenspartners (das kann auch ein durch Insemination gezeugtes Kind sein) adoptieren (vgl. § 9 Abs. 6 u. 7 LebenspartnerschaftsG).[520]

c) Allein-Adoption eines Ehegatten

Grundsätzlich kann ein Ehepaar ein Kind nur gemeinsam adoptieren (§ 1741 Abs. 2 S. 2). In folgenden Fällen ist jedoch die Adoption durch einen Ehegatten, der das 21. Lebensjahr vollendet hat (vgl. § 1743 Satz 1 HS 2), allein möglich:

Stiefkind-Adoption

- bei der sog. „Stiefkind"-Adoption (§ 1741 Abs. 2 S. 3) – siehe dazu Seite 333,

Mindestalter erfüllt anderer Ehegatte nicht

- wenn der andere Ehegatte das Mindestalter von 21 J. (vgl. § 1743 S. 2) nicht erfüllt (§ 1741 Abs. 2 S. 4),

Geisteskrankheit des anderen Ehegatten

- wenn der andere Ehegatte geschäftsunfähig (d.h. gemäß § 104 Nr. 2: geisteskrank) ist (§ 1741 Abs. 2 S. 4)
  (hier wird eine Adoption aber wohl kaum zum Kindeswohl sein).

Einwilligung des anderen Ehegatten stets nötig

In diesen Fällen ist die Einwilligung des anderen Ehegatten erforderlich, es sei denn, dieser wäre zu deren Abgabe dauernd außerstande oder dauernd unbekannten Aufenthalts (vgl. § 1749 Abs. 2 u. 3).

d) Einzelpersonen

In der Praxis Ausnahmefälle

Einzelpersonen, die das 25. Lebensjahr vollendet haben, können ebenfalls ein Kind adoptieren (§§ 1741 Abs. 2 S. 1, 1743 Satz 1). Dieser Adoptionsfall wird vom Gesetzgeber – wie auch meist in der Adoptionspraxis – jedoch nur als Ersatzlösung angesehen, d.h., wenn im konkreten Einzelfall kein geeignetes Ehepaar vorhanden ist.[521] Daran ändert auch der Umstand nichts, dass dieser Adoptionsfall seit 1.7.1998 gesetzlich sogar an erster

---

519 RegE des AdoptG, BR-Drucks. 691/74, S. 30.

520 Laut Internet-Mitteilung des BMJ forderte Bundesjustizministerin Leutheusser-Schnarrenberger auf dem Kölner *Christopher Street Day* vom 3.7.2010 erneut „volles Adoptionsrecht für gleichgeschlechtliche Paare".

521 So der RegE des AdoptG, aaO, S. 29.

Stelle genannt wird (vgl. § 1741 Abs. 2), denn dies geschah bei der durch das KindRG erfolgten Neufassung der Vorschrift ohne spezielle Intention mehr zufällig.[522]- Ohnehin ist hier von den Adoptions-Vermittlungsstellen besonders sorgfältig zu prüfen, ob sich eine Einzelperson in der ersten – bei Adoptionen eminent wichtigen – Phase des Zusammenlebens dem Kind voll widmen kann. – Das immer wieder gegen Adoptionen durch Einzelpersonen vorgebrachte Argument, das Kind werde dann nur mit einem Familienstamm neu verbunden, erscheint dagegen weniger gewichtig, weil es bei Adoptionen vor allem auf emotionale und soziale stabile Bezüge und nicht auf vermögensrechtliche Absicherung ankommt.

Adoption eigener ne. Kinder seit 1.7.1998 unzulässig

Die Regelung des § 1741 Abs. 3 aF, sein eigenes nichteheliches Kind adoptieren zu können, hat das KindRG seit 1.7.1998 abgeschafft und damit endlich eine Perversion des Rechts überwunden. Das *BVerfG*[523] hatte ohnehin die Verfassungsmäßigkeit dieser – schier unglaublichen – Adoptionsmöglichkeit bezweifelt, die damit gerechtfertigt worden war, dass das Kind dadurch die (damals) bessere Rechtsstellung eines ehelichen Kindes erlangen konnte. (Es hatte dadurch jedoch seinen anderen Elternteil und dessen Familie rechtlich völlig verloren.)

e) Stiefkind-Adoptionen

Begriff

Verheiratete können das Kind ihres Ehegatten (= ihr sog. Stiefkind) allein adoptieren (§ 1741 Abs. 2 S. 3). Dabei handelt es sich entweder um ein Kind aus der (durch Scheidung oder Tod) aufgelösten Ehe seines Ehegatten oder um dessen nichteheliches Kind. Der Sinn dieser Regelung ist es, das sog. Stiefkind – auch rechtlich gesehen – vollständig in die Familie der Ehegatten aufzunehmen. Es erhält daher durch diese Adoption die Rechtsstellung eines gemeinschaftlichen ehelichen Kindes beider Ehegatten (§ 1754 Abs. 1). – Die Hälfte aller Adoptionen betrifft Stiefkinder [524].

Sonderheiten:

Alterserfordernis

Bei der „Stiefkind"-Adoption gilt bezüglich des Alterserfordernisses, dass der Adoptierende nur das 21. Lebensjahr vollendet haben muss (§ 1743 S. 1). Das ist unabhängig davon, wie alt der andere Ehegatte (leibliche Elternteil) ist.

Adoptionspflegezeit

Wenn das „Stiefkind" bereits in der Familie des Adoptionsbewerbers lebte, kann hier sicherlich in den meisten Fällen auf eine gesonderte Adoptionspflegezeit (vgl. § 1744 sowie Seite 345) verzichtet werden. Etwas anderes gilt, wenn der Adoptionsbewerber erst vor kurzem geheiratet hat. Hier empfiehlt es sich unbedingt, eine Zeit lang abzuwarten, wie sich die Beziehungen und Bedingungen zu dem „Stiefkind" tatsächlich entwickeln.

f) Verwandten-Adoptionen

Bedeutung

Sie sind unbegrenzt möglich[525], denn das BGB sieht keine Einschränkung vor (vgl. § 1756 Abs. 1). Anlass sind meist Tod oder Scheidung der Eltern,

---

[522] Siehe BT-Drucks. 13/4899, S. 111.

[523] Beschluss vom 7.3.1995, vgl. FamRZ 1995 S. 789.

[524] Statistisches Bundesamt für das Jahr 2009 (Destatis – Bevölkerung, Kinder- und Jugendhilfe, Adoption vom 4.8.2010, Tabelle 1.1).

[525] Sie machten laut Statistischem Bundesamt (aaO) im Jahr 2009 immerhin 5% aller Adoptionen aus.

aber auch eigene Kinderlosigkeit auf der einen und „Kinderreichtum" – nicht selten verbunden mit problematischen persönlichen und wirtschaftlichen Verhältnissen – auf der anderen Seite.

Tante/Onkel

Solange das Kindeswohl dabei im Vordergrund steht und gewährleistet ist, dass zwischen den beteiligten Personen ein echtes Eltern-Kind-Verhältnis entsteht, erfüllt die Adoption von Verwandten (z.B. durch Onkel und Tante) ebenfalls eine wichtige soziale Funktion, wenn sie dem Adoptivkind eine bessere Entwicklung ermöglicht. Das gilt vor allem für Fälle, bei denen durch die Adoption eine Heimunterbringung vermieden werden kann.

Adoptionen durch Geschwister und Großeltern bedenklich

Die uneingeschränkte Möglichkeit, Verwandte zu adoptieren, erscheint aber nicht unbedenklich. Ist es wirklich möglich, zwischen Geschwistern oder zwischen Großeltern und Enkelkindern ein „Eltern-Kind-Verhältnis" oder „solche Beziehungen herzustellen, wie sie zwischen Eltern und Kindern üblicherweise bestehen"?[526] Das ist hier aufgrund der naturgegebenen Verhältnisse wohl nur schwer erfüllbar. Derartige Adoptionen werden nach allgemeiner Anschauung – aber auch nach der der Beteiligten – vielmehr als künstlich angesehen. Das aber soll und darf durch eine Adoption gerade nicht geschehen. Die an sich wünschenswerte Betreuung des Waisenkindes (der wohl häufigste Anlass einer derartigen Adoption) durch nahe Verwandte könnte auch durch Einrichtung einer Vormundschaft gewährleistet werden. Allerdings bietet eine Adoption unterhalts- und erbrechtlich eine bessere Absicherung.

Zu den Problemen der Rechtswirkungen, die sich aus einer solchen Adoption naher Verwandter zwangsläufig ergeben, siehe Seite 350 f.

3. Die leiblichen Eltern

a) Einwilligung der Eltern

Freigabeerklärung beider Eltern nötig

Seit 1.7.1998 ist stets die Einwilligung beider leiblichen Eltern zur Adoption (sog. *„Freigabe"*) erforderlich, denn seitdem wird hier nicht mehr zwischen ehelicher und nichtehelicher Geburt unterschieden (vgl. § 1747 Abs. 1 S. 1). Die Einwilligung ist gemäß § 1747 Abs. 2 S. 2 auch dann wirksam, wenn ein Elternteil die schon feststehenden[527] Adoptionsbewerber nicht kennt (sog. Inkognito-Freigabe). Daraus folgt, dass eine generelle Freigabe des Kindes in eine beliebige Adoption (sog. Blanko-Freigabe) – entgegen einer verbreiteten Forderung in Wissenschaft und Praxis – nicht wirksam ist, denn das Kind soll nicht zum „Niemands-Kind" werden.[528]

Inkognito-Freigabe zulässig

Blanko-Freigabe unzulässig

8-Wochen-„Sperrfrist"

Die elterliche Einwilligung zur Adoption kann erst dann wirksam erteilt werden, wenn das Kind acht Wochen alt ist (§ 1747 Abs. 2 S. 1).

Die bis Ende 1976 geltende „Sperrfrist" von drei Monaten hatte sich in der Praxis der Adoptionsvermittlung als zu lang erwiesen, da die Adoptionsbewerber fast ausnahmslos die Kinder unmittelbar nach der Geburt zu sich nehmen wollen, um zu ihnen möglichst früh natürliche Bindungen aufbauen zu können. – Der RegE

[526] Davon geht jedoch der RegE des AdoptG, aaO, S. 29, aus.

[527] Dazu genügt die Bezugnahme auf eine Nummer der Bewerberliste der Adoptionsvermittlungsstelle, da diese eine öffentliche Urkunde ist, die nachträglich nicht geändert werden darf (Empfehlungen zur Adoptionsvermittlung der Bundesarbeitsgemeinschaft der Landesjugendämter 2009, S. 39).

[528] RegE des AdoptG, S. 30.

zum AdoptG hatte daher eine Frist von sechs Wochen vorgesehen. In der Diskussion der Adoptionsreform wurde zum Teil sogar die Forderung erhoben, überhaupt von einer „Sperrfrist" abzusehen und die „Freigabe" zur Adoption bereits vor der Geburt des Kindes zuzulassen. (Zur Ausnahme bei Vätern nichtehelicher Kinder siehe Seite 337 f.)

Die gesamte Diskussion um die „Freigabefrist" ist auch im Zusammenhang mit der Problematik und der (mehrfachen) Reform des § 218 StGB zu sehen, auf die jedoch in diesem Rahmen nicht eingegangen werden kann.

Überlegungsfrist

Das AdoptG hat versucht, das berechtigte Interesse an einer möglichst frühen Adoption und den Schutz vor unüberlegter Weggabe des Kindes in einer – evtl. nur momentan – ausweglos erscheinenden Situation dadurch auszugleichen. Es macht zwar die Einhaltung der Überlegungsfrist von acht Wochen für leibliche Eltern in § 1747 Abs. 2 S. 1 zur zwingenden Wirksamkeitsvoraussetzung, erklärt aber in § 7 Abs. 1 S. 3 AdVermiG den Beginn der Ermittlungen bei den Adoptionsbewerbern schon vor der Geburt zum Regelfall („soll"), wenn zu erwarten ist, dass die Einwilligung zur Adoption erteilt werden wird (§ 7 Abs. 1 S. 3 AdVermiG).

Einwilligung nicht nötig

Damit eine mögliche Adoption nicht für unbestimmte Zeit verzögert wird oder sogar ganz scheitert, bedarf es keiner Einwilligung, wenn der betreffende Elternteil zur Abgabe einer Erklärung dauernd außerstande (z.B. gem. § 104 Nr. 2) oder sein Aufenthalt dauernd unbekannt (wie z.B. beim Findelkind) ist (§ 1747 Abs. 4).

Einwilligung ist unbedingt und unwiderruflich

Die gemäß § 1750 Abs. 2 unbedingte und unwiderrufliche Einwilligungserklärung kann nur persönlich gegenüber dem FamG abgegeben werden (§ 1750 Abs. 1 u. 3). Sie bedarf der notariellen Beurkundung (§ 1750 Abs. 1 S. 2). Bei minderjährigen und damit beschränkt geschäftsfähigen (vgl. § 106) leiblichen Eltern ist die Zustimmung ihrer gesetzlichen Vertreter nicht erforderlich (§ 1750 Abs. 3 S. 2).

Freigabeerklärung nicht unbegrenzt wirksam

Eine Freigabe-Erklärung verliert ihre Wirksamkeit, wenn der Adoptionsantrag zurückgenommen oder vom FamG abgelehnt wird oder das Adoptionsverfahren innerhalb von drei Jahren nicht zum Ausspruch der Adoption durch das FamG geführt hat (vgl. § 1750 Abs. 4). In all diesen Fällen müsste also eine erneute Freigabe erfolgen.

Einwilligung unabhängig vom Sorgerecht nötig

Das Erfordernis der Einwilligung der Eltern besteht unabhängig davon, ob ihnen die elterliche Sorge für das Kind zusteht oder nicht. Das bedeutet also, dass beide Elternteile des Kindes auch dann einwilligen müssen, wenn:

- ein Elternteil bei Getrenntleben oder Scheidung,
- der Vater eines nichtehelichen Kindes mangels Sorgeerklärung,
- ein Elternteil infolge des Entzugs der gesamten elterlichen Sorge

nicht Inhaber der elterlichen Sorge ist.

b) Ersetzung der elterlichen Einwilligung

Voraussetzungen

Verweigert ein Elternteil die erforderliche Einwilligung, so muss das FamG sie gemäß § 1748 Abs. 1 S. 1 auf Antrag des Kindes ersetzen,

ist sein gesetzlicher Vertreter der betr. Elternteil oder dessen Ehegatte, so ist Pflegerbestellung nötig (vgl. §§ 1629 Abs. 2, 1795 Abs. 1 Nr. 1, 3, Abs. 2, 181); zudem ist gem. § 191 FamFG ein *Verfahrensbeistand* für das Kind zu bestellen (beides hat vom FamG vAwg zu erfolgen).

Anhaltend grobe Pflichtverletzungen

wenn dieser Elternteil seine Pflichten gegenüber dem Kind anhaltend gröblich verletzt

Beispiele: Unterlassen jeglicher Pflege, Verweigerung notwendiger ärztlicher Behandlungen oder von Unterhaltszahlungen, „Untertauchen" mit der Folge der Unauffindbarkeit eines Elternteils, wiederholte schwere Kindesmisshandlungen, lebensbedrohliche Nichtversorgung

Gleichgültigkeit

oder durch sein Verhalten gezeigt hat, dass ihm das Kind gleichgültig ist

Beispiele: Fehlen jeglicher gefühlsmäßigen Bindung; keinerlei Kontaktaufnahme; völliges Desinteresse bzgl. des Schicksals des Kindes

Nachteil für Kind unverhältnismäßig

und das Unterbleiben der Adoption dem Kind zu unverhältnismäßigem Nachteil gereichen würde

Beispiele: Befürchtung von überdurchschnittlichen Entwicklungsstörungen oder ständig wechselnden Unterbringungen; Verlust der Chance, in einer Familie aufzuwachsen.

Besonders schwere Pflichtverletzungen

Die Ersetzung ist ferner möglich, wenn die Pflichtverletzung zwar nicht anhaltend, aber besonders schwer ist und das Kind voraussichtlich dauernd nicht mehr der Obhut des Elternteils anvertraut werden kann (§ 1748 Abs. 1 S. 2).

Beispiele: Sexueller Missbrauch; Aussetzung oder versuchte Tötung des Kindes; ein Elternteil tötet den anderen oder die Person, bei der das Kind lebt

Verfahren bei Gleichgültigkeit

Wegen gleichgültigen Verhaltens, das nicht zugleich eine anhaltende gröbliche Pflichtverletzung (s. dazu oben) darstellt (weil das Kind vielleicht anderwärtig – Pflegestelle, Heim etc. – ausreichend versorgt wird), darf die Einwilligung nur ersetzt werden, wenn der betreffende Elternteil mindestens drei Monate vorher vom JA darüber belehrt worden ist und sich weiterhin in keiner Weise um das Kind kümmert; darauf muss das JA den betreffenden Elternteil hinweisen (vgl. § 51 Abs. 1 SGB VIII); dabei läuft die Frist frühestens fünf Monate nach der Geburt des Kindes ab (§ 1748 Abs. 2, S. 1–3). Der Belehrung bedarf es jedoch nicht bei Aufenthaltswechsel eines Elternteils ohne Angabe der neuen Adresse und daraufhin erfolgter drei-monatiger vergeblicher Nachforschung durch das JA (vgl. § 1748 Abs. 2 S. 2).

Geisteskranke Eltern

Die Einwilligung eines Elternteils kann ferner ersetzt werden, wenn er wegen besonders schwerer geistiger Gebrechen zur Pflege und Erziehung des Kindes dauernd unfähig ist und wenn das Kind bei Unterbleiben der Adoption nicht in einer Familie aufwachsen könnte und dadurch in seiner Entwicklung schwer gefährdet wäre (§ 1748 Abs. 3).

Zur Verfassungsmäßigkeit

Problematik

Die Ersetzung der elterlichen Einwilligung wurde erstmals durch das Familienrechtsänderungsgesetz vom 11.8.1961 eingeführt. Diese Vorschrift hat das Bundesverfassungsgericht als mit dem Grundgesetz vereinbar erklärt[529]. Durch das „Gesetz vom 14.8.1973 zur Änderung von Vorschriften des Adoptionsrechts" sowie durch das AdoptG wurde diese Möglichkeit erweitert. – Die Notwendigkeit einer Ersetzungsmöglichkeit liegt auf der Hand. Gerade in den Fällen, in denen überlegt wird, ob eine Adoption gegen den Willen der leiblichen Eltern erfolgen soll, wird die Herauslösung des Kindes aus seiner bisherigen Familie wohl besonders dringlich sein. Da durch die Ersetzung in den natürlichen Familienverband und das Eltern-

[529] *BVerfGE* 24 S. 119 = FamRZ 1968 S. 578.

recht (die beide gem. Art. 6 GG verfassungsmäßigen Schutz genießen) eingegriffen wird, ist dies nur zulässig, wenn die Grundrechte des Kindes auf Achtung seiner Menschenwürde und Entfaltung seiner Persönlichkeit (Art. 1 und 2 GG) sowie schwere Verletzungen der dem Elternrecht inne wohnende Pflichtbindung dies rechtfertigen. § 1748 trägt dem Rechnung, indem er unter Abgrenzung der beiderseitig geschützten Grundrechtspositionen unter bestimmten, fest umrissenen Voraussetzungen das Kindesinteresse gegen das Elterninteresse durchsetzt.

c) Sonderheiten bei „nichtehelichen" Vätern

Einwilligung stets nötig

Seit 1.7.1998 müssen stets beide Eltern, also auch Väter nichtehelicher Kinder, mit einer Adoption einverstanden sein (vgl. § 1747 Abs. 1 S. 1). Ihre Einwilligung ist nicht nur dann erforderlich, wenn die Vaterschaft aufgrund Anerkennung (§ 1597) oder gerichtlicher Entscheidung (§ 1600d) feststeht, sondern auch dann, wenn kein Mann als Vater i.S.d. § 1592 anzusehen ist, aber ein Mann im Adoptionsverfahren behauptet, Vater des Kindes zu sein. Dazu wäre erforderlich, dass er gegenüber dem FamG gem. § 31 Abs. 1 FamFG glaubhaft macht (z.B. durch Versicherung an Eides statt), dass er der Mutter während der Empfängniszeit (§ 1600d Abs. 3) beigewohnt hat (vgl. §§ 1747 Abs. 1 S. 2, 1600d Abs. 2 S. 1).

Vaterschaftsfeststellung nicht unbedingt erforderlich

Diese Regelung zugunsten „denkbarer" Väter war im Gesetzgebungsverfahren zum KindRG umstritten, weil „unwürdige und unhaltbare Zustände und Ergebnisse" sowie eine verstärkte Tendenz von Müttern, den Namen des Vaters zu verschweigen, befürchtet wurden.[530] Es ist jedoch nicht zu leugnen, dass eine frühkindliche Adoption nichtehelicher Kinder weithin illusorisch wäre, wollte man die rechtsverbindliche Klärung der Abstammung zur Voraussetzung der Freigabeerklärung durch ihre Väter machen. Denn dann würde viel Zeit verloren gehen, die eine Adoptionsvermittlung sehr erschwert oder gar unmöglich macht, da Adoptionsbewerber sich ohnehin meist nur um Säuglinge bemühen und auch nur um solche, bei denen die Freigabe-Erklärung unproblematisch ist.

§ 1747 Abs. 2 bestimmt zwar, dass in eine Adoption erst eingewilligt werden kann, wenn das Kind bereits acht Wochen alt ist, weil man wegen der Unwiderruflichkeit der Entscheidung (vgl. § 1750 Abs. 2 S. 2) vor allem allein stehende Mütter vor übereilten Entschlüssen schützen will (siehe dazu Seiten 293 ff.). Väter nichtehelicher Kinder werden dagegen nicht für besonders schutzwürdig angesehen. § 1747 Abs. 3 Nr. 1 sieht daher vor, dass sie ihre Freigabeerklärung bereits vor der Geburt des Kindes abgeben können, sofern keine – pränatal mögliche – Sorgeerklärung vorliegt (vgl. dazu §§ 1626a, 1626b Abs. 2 sowie Seiten 293 ff.).

Einwilligung pränatal möglich

Erleichterte Ersetzung durch FamG vorgesehen

Verweigert der Vater eines nichtehelichen Kindes, der nicht Sorge-Inhaber ist, die Einwilligung in die Adoption, kann das FamG diese unter erleichterten Voraussetzungen ersetzen. Hier genügt es, dass das Unterbleiben der Adoption dem Kind zu unverhältnismäßigem Nachteil gereichen würde (vgl. § 1748 Abs. 4). Es werden dann also nur die Kindesinteressen berücksichtigt und es muss kein Fehlverhalten oder Betreuungsunfähigkeit des Vaters vorliegen, wie das bei anderen Eltern Voraussetzung ist (vgl. § 1748 Abs. 1–3 sowie Seiten 335 ff.).

Verzicht auf Übertragung elterlicher Sorge

Nicht sorgeberechtigte nichteheliche Väter können in öffentlich beurkundeter Form – unwiderruflich – darauf verzichten, die Übertragung der elterliche Sorge nach § 1672 Abs. 1 zu beantragen (§ 1747 Abs. 3 Nr. 3). Darin liegt zwar kein Verzicht auf eine Einwilligung zur Adoption. Jedoch sind hiermit die Voraussetzungen für die erleichterte Ersetzung nach

[530] So der *Bundesrat*, BT-Drucks. 13/4899, S. 156.

§ 1748 Abs. 4 (siehe dazu oben) geradezu vorprogrammiert, worauf die Jugendämter bei ihrer nach § 51 Abs. 3 SGB VIII vorgeschriebenen Beratung hinzuweisen haben.[531]

Abwehrmöglichkeit von Adoptionen

Durch einen solchen Antrag nach § 1672 Abs. 1 hat nämlich der Vater eines nichtehelichen Kindes gute Aussichten, die Adoption seines Kindes zu verhindern. Denn dann darf eine Adoption erst ausgesprochen werden, nachdem über seinen Antrag entschieden worden ist (§ 1747 Abs. 3 Nr. 2), für den er im Regelfall nicht die – sonst gemäß § 1672 Abs. 1 S. 1 erforderliche – Zustimmung der Mutter benötigt (vgl. § 1751 Abs. 1 S. 5). Denn normalerweise wird ihre Freigabe-Erklärung bereits vorliegen und damit ihre elterliche Sorge gemäß § 1751 Abs. 1 S. 1 ruhen. Somit hat der Vater, der das Kind zu sich nehmen will, dann gute Chancen, die elterliche Sorge übertragen zu bekommen und durch sein Veto die Adoption zu verhindern. Denn darüber könnte man sich nun nur unter den erschwerten Voraussetzungen des § 1748 Abs. 1 hinwegsetzen, die in solchen Fällen kaum erfüllt sein werden. (Hierin ist nicht etwa eine Besserstellung gegenüber nicht sorgeberechtigten „ehelichen" Elternteilen zu sehen, da sich über deren Veto stets nur unter den erschwerten Voraussetzungen des § 1748 Abs. 1 hinweg gesetzt werden kann.)

d) Rechtsfolgen der elterlichen Einwilligung

Entscheidende Phase der Adoption

Nach der wirksam erklärten (oder rechtskräftig ersetzten) elterlichen Einwilligung tritt das Adoptionsvorhaben in seine entscheidende Phase. Erst jetzt können schon bekannte Adoptionsbewerber an das Kind herangeführt werden, und man kann es ihnen vielleicht auch schon – nach vorheriger entsprechender Vorbereitung – in Pflege geben. Denn die eigentliche Adoptionsvorbereitung ist erst dann möglich, wenn sicher – oder zumindest nicht mehr ungewiss – ist, dass die leiblichen Eltern einer Adoption zustimmen.

Rechtsfolgen der elterl. Einwilligung

In dieser ungeklärten Phase zwischen „Freigabe" des Kindes zur Adoption und deren endgültigen Ausspruch durch das FamG ist das Kind besonders schutzbedürftig und bedarf daher einer gesicherten Rechtsposition. Daher ergeben sich durch die „Freigabe" der Eltern folgende Rechtswirkungen:

Ruhen der elterlichen Sorge

- Die elterliche Sorge des einwilligenden Elternteils ruht und er verliert zugleich die Befugnis zum persönlichen Umgang mit dem Kind (§ 1751 Abs. 1 S. 1).

  Sonderheiten bei Stiefkindadoptionen

  Bei der Stiefkind-Adoption gilt das natürlich nicht für den Elternteil, dessen Ehegatte das Kind adoptieren will (§ 1751 Abs. 2), denn hier erhält das Kind die Rechtsstellung eines gemeinschaftlichen Kindes beider Eheleute (§ 1754 Abs. 1).

JA „automatisch" Vormund

- Das JA wird nun „automatisch" Vormund des Kindes, also ohne dass es einer förmlichen Bestellung gemäß § 1791 durch das FamG bedarf (§ 1751 Abs. 1 S. 2); das JA erhält lediglich unverzüglich vom FamG eine Bescheinigung über den Eintritt der Vormundschaft (§ 190 FamFG).

  Ausnahmen

  Wenn jedoch bereits früher ein Vormund oder Pfleger für das Kind bestellt worden war (denkbare Anlässe wären u.a.: Tod beider Eltern, Ent-

[531] Ebenso *Frank*, FamRZ 1998, S. 396.

zug oder Ruhen der elterlichen Sorge), wird das JA nicht Vormund; dasselbe gilt, wenn zunächst nur ein Elternteil die Einwilligung erklärt hat und der andere (noch) die elterliche Sorge allein ausübt (§ 1751 Abs. 1 S. 2 u. 3).

Bei Adoptionspflege: Alltagssorge und Unterhaltspflicht

– Sobald das Kind von einem Adoptionsbewerber mit dem Ziel der Adoption „in Obhut" genommen wird (sog. *Adoptionspflege*, siehe dazu Seite 345), hat dieser gemäß § 1751 Abs. 1 S. 4 die sog. *Alltagssorge* iSd § 1688 Abs. 1 u. 3 (siehe dazu Seite 214) und ist vor den Verwandten des Kindes (also vor dessen leiblichen Eltern) unterhaltspflichtig (§ 1751 Abs. 4 S. 1).

Zielsetzung

Mit diesen Regelungen soll erreicht werden, dass Adoptionsbewerber bereits in der Adoptionspflegezeit vorrangig für das Kind zu sorgen haben. Damit unterstreicht der Gesetzgeber, dass die Adoptionspflege in die Adoption übergehen und somit dort auch die gleiche Verantwortlichkeit bestehen soll.

Unterhaltspflicht bei Stiefkindadoptionen

Bei Stiefkind-Adoptionen gilt die Sonderheit, dass schon vom Zeitpunkt der Adoptionspflege an beide Ehegatten (also der leibliche und der „Stief"-Elternteil) vor den anderen leiblichen Verwandten des Kindes unterhaltsverpflichtet sind (vgl. § 1751 Abs. 4 S. 2).

Unwirksamkeit der Einwilligung

– Die elterlichen Einwilligungen verlieren ihre Wirksamkeit, wenn der Adoptionsantrag von den betreffenden Bewerbern zurückgenommen oder die Adoption vom FamG versagt wird (§ 1750 Abs. 4 S. 1). Dasselbe gilt, wenn das Kind innerhalb von drei Jahren (seit Zugang der Einwilligungserklärung beim FamG) nicht adoptiert worden ist (§ 1750 Abs. 4 S. 2 iVbm Abs. 1 S. 3).

Rückübertragung der elterl. Sorge oder: Pfleger/Vormund

In diesen Fällen hat das FamG[532] nach vorheriger Anhörung des zuständigen JA die elterliche Sorge dem/den Elternteil(en) zurück zu übertragen, soweit dies dem Kindeswohl nicht widerspricht (vgl. § 1751 Abs. 3, § 194 Abs. 1 S. 1 FamFG). Während die Unterhaltsverpflichtung der Eltern nun wieder voll eintritt, fällt die elterliche Sorge also nicht automatisch den Elternteilen wieder zu, denen sie bis zur „Freigabe"-Erklärung zustand. Es soll vielmehr erst vom JA und FamG geprüft werden, ob die betreffenden Eltern nach alledem noch bereit sind, – vor allem – noch geeignet erscheinen, die elterliche Sorge zum Wohl des Kindes auszuüben. Anderenfalls muss das FamG einen Pfleger oder Vormund bestellen. – Ist die Adoption drei Jahre nach Erteilung der elterlichen Einwilligung noch nicht gerichtlich ausgesprochen worden, können die Eltern also erneut prüfen, ob sie der Adoption durch die vorgesehenen Adoptionsbewerber weiterhin zustimmen wollen.

Zusammenfassung

Voraussetzungen für eine Adoption:

- sie muss dem Kindeswohl dienen (§ 1741 Abs. 1 S. 1),
- das (höchstwahrscheinliche) Entstehen eines echten Eltern-Kind-Verhältnisses (§ 1741 Abs. 1 S. 1),
- die Erfüllung des Mindestalters (25 bzw. 21 Jahre) der Adoptiveltern (§ 1743),
- die „Freigabe"-Erklärung der leiblichen Eltern bzw. ihre Ersetzung durch das FamG (§§ 1747, 1748, 1750),
- die Zustimmung des Kindes bzw. dessen gesetzlicher Vertreter (§§ 1746, 1750),

[532] Redaktionsversehen in Art. 50 Nr. 32 des FGG-ReformG v. 17.12.2008 (BGBl. 1 S. 2586), wo es (fälschlich) heißt: „VG".

- die Berücksichtigung der Interessen bereits vorhandener Kinder (§ 1745),
- eine positiv verlaufene angemessene Adoptions-Pflegezeit (§ 1744),
- ein Antrag der Adoptiveltern beim FamG (§ 1752),
- ein positives Adoptionsgutachten einer Adoptions-Vermittlungsstelle (§ 189 FamFG),
- Gutachten oder Anhörung des JA (§§ 189, 194 Abs. 1 FamFG).

II. Das Adoptionsverfahren

1. Die Adoptionsvermittlung

a) Grundsätze

Vorbereitung der Adoption

Zugelassene Stellen

Dem eigentlichen Adoptionsverfahren, das durch einen Antrag der Adoptionsbewerber beim FamG eingeleitet wird (§ 1752 Abs. 1), geht in der Regel eine eingehende Beratung der Adoptionsbewerber und der Eltern des für die Adoption vorgesehenen Kindes einschließlich der Klärung sämtlicher tatsächlichen und rechtlichen Gesichtspunkte einer Adoption voraus (*Adoptionsvermittlung*). Sie wird von den Jugend- und Landesjugendämtern sowie von den hierzu zugelassenen *freien Wohlfahrtsverbänden* (Diakonisches Werk, Deutscher Caritasverband, Arbeiterwohlfahrt) geleistet (siehe dazu Seite 341).

Zielsetzung

Zielsetzung jeder Adoptionsvermittlung ist die Zusammenführung von „Kindern ohne Eltern" mit zu ihnen passenden „Eltern ohne Kinder"[533] so vorzubereiten, dass gute Eltern-Kind-Beziehungen entstehen können. Diese sorgfältige, behutsame und umfassende Vorbereitung jeder einzelnen Adoption, die eine besonders anspruchsvolle und schwierige Tätigkeit darstellt, erfordert entsprechende organisatorische und personelle Ausstattung der Adoptionsvermittlungsstellen. Denn nur so kann gewährleistet werden, dass möglichst frühzeitig geprüft werden kann, ob Kinder zur Verbesserung ihrer Entwicklungschancen zur Adoption vermittelt werden können.

Das AdVermiG will erreichen, dass Kinder, für die eine Adoption in Betracht kommen könnte, möglichst früh ermittelt werden, um für sie rechtzeitig Adoptiveltern finden zu können. Denn nur für Kleinkinder bestehen wirklich gute Chancen, geeignete Adoptiveltern zu finden und in deren Familie problemlos integriert zu werden. Denn viele Bewerber fürchten, bei älteren Kindern Schwierigkeiten beim Aufbau echter Eltern-Kind-Beziehungen zu haben. So täuscht es, dass immer genügend Adoptionsbewerber registriert sind – nach der alljährlichen Bundesstatistik ist ihre Zahl sogar meist um ein Acht- bis Zehnfaches größer als die Zahl der zur Adoption vorgemerkten Kinder.[534]

[533] Hierbei darf aber nicht übersehen werden, dass die Vermittlung von Eltern, die bereits eigene (leibliche oder adoptierte) Kinder haben, nicht nur möglich ist, sondern sogar wünschenswert sein kann.

[534] Vgl. z.B. *Statistisches Bundesamt* (Destatis – Bevölkerung, Kinder- und Jugendhilfe, Adoptionen vom 4.8.2010, Tabelle 6). – Zur Problematik diesbezüglicher Statistiken *Schleicher*, Soziale Arbeit 1977, S. 217.

b) Die Adoptionsvermittlungsstellen

Der Bedeutung und Tragweite dieser Arbeit entsprechend ist die Adoptionsvermittlung gemäß § 2 Abs. 2 AdVermiG nur zulässig durch:

- JÄ, die dafür eigens eine Adoptionsvermittlungsstelle eingerichtet haben,[535] **Jugendämter**
- von der zentralen Adoptionsstelle des LJA ausdrücklich als Adoptionsvermittlungsstelle anerkannte örtliche und zentrale Stellen der freien Träger *Diakonisches Werk, Deutscher Caritasverband, Arbeiterwohlfahrt* (und diesen angeschlossene Fachverbände), mit denen die Adoptionsvermittlungsstellen der Jugendämter partnerschaftlich zusammenarbeiten (§ 2 Abs. 3 AdVermiG). **Vom LJA anerkannte Organisationen**

§ 3 AdVermiG legt fest, dass

- mit der Adoptionsvermittlung nur Fachkräfte betraut werden dürfen, die dazu aufgrund ihrer Persönlichkeit, ihrer Ausbildung und ihrer beruflichen Erfahrung geeignet sind wie z.B. Studium der SA/SP oder Psychologie und Tätigkeit in diesem oder einem verwandten Bereich (z.B. ASD), **Personelle Besetzung** **Geeignete Fachkräfte**
- die gleichen fachlichen Anforderungen für Personen gelten, die diesen Fachkräften gegenüber weisungsberechtigt sind,
- die Mindestbesetzung zwei Vollzeit-Fachkräfte (oder eine entsprechende Zahl von Teilzeit-Fachkräften) beträgt, die „nicht überwiegend" mit „vermittlungsfremden" Aufgaben befasst sind (die zentrale Adoptionsstelle des LJA kann aber hier Ausnahmen zulassen). **Grundsätzlich mind. 2 Vollzeit-Fachkräfte** **Ausnahmen möglich**

Anderen Stellen (z.B. anderen Beratungsstellen, Krankenhäusern) oder Personen (z.B. Hebammen, Ärzten, Geistlichen, SA/SP) ist die Adoptionsvermittlung untersagt (§§ 5 Abs. 1, 6 AdVermiG). Das Adoptionsvermittlungs-Verbot gilt jedoch nicht für: Verwandte und Verschwägerte bis zum 3. Grad (d.h.: Eltern, Geschwister, Großeltern, Tante/Onkel) *sowie* für den *unentgeltlichen Einzelnachweis*, wenn hiervon unverzüglich eine Adoptionsvermittlungs-Stelle oder ein JA benachrichtigt wurde (§ 5 Abs. 2 AdVermiG). **Beratungsverbot für and. Stellen/Personen** **Ausnahmen**

Weiter ist untersagt, Schwangere gewerbsmäßig oder geschäftsmäßig durch Gewähren oder Verschaffen von Gelegenheit zur *Entbindung außerhalb der BRD* zu bestimmen, dort ihr Kind zur Adoption wegzugeben oder ihnen dabei Hilfe zu leisten (§ 5 Abs. 3 AdVermiG). **Weitere Verbote**

Die Vermittlung von *Schein-Vaterschafts*-Anerkennungen zur Umgehung eines Adoptionsverfahrens sowie von sog. Leih- oder Ersatzmüttern ist ebenfalls untersagt (§§ 5 Abs. 4, 6 Abs. 3; 13a-d AdVermiG).

Verstöße gegen die o.a. Verbote werden mit *Geldbuße* geahndet (§ 14 AdVermiG). *Leih-/Ersatzmutter*-Vermittlung sowie *Kinderhandel* sind grundsätzlich strafbar; Ersatzmütter und Bestell-Eltern bleiben jedoch stets straffrei, beim Kinderhandel leibliche und Bestell-Eltern aber nur bei „geringer Schuld" (vgl. § 14b AdVermiG bzw. § 236 StGB). **Bei Verstößen: Geldbuße oder Strafen**

[535] Wenn das Kind oder die Adoptionsbewerber ihren gewöhnlichen Aufenthalt im Ausland haben oder das Kind in den letzten zwei Jahren vor Beginn der Adoptionsvermittlung in die BRD gebracht worden ist, sind spezielle Stellen für die internationale Adoptionsvermittlung zuständig (vgl. § 2a AdVermiG).

c) Die zentralen Adoptionsstellen

Intention: Früherfassung von Adoptionsfällen

Die Landesjugendämter haben zentrale Adoptionsstellen einzurichten, deren Aufgaben in den Ländern Berlin, Hamburg und Saarland der Adoptionsvermittlungsstelle des JA übertragen werden können (vgl. § 2 Abs. 1 AdVermiG). Die Aufgaben der zentrale Adoptionsstellen sind gemäß § 11 Abs. 1 AdVermiG die Unterstützung der einzelnen Adoptionsvermittlungsstellen bei ihrer Arbeit, insbesondere durch fachliche Beratung, wenn

1. ein Kind schwer zu vermitteln ist,
2. ein Kind oder ein Adoptionsbewerber eine ausländische Staatsangehörigkeit besitzt oder *staatenlos* ist,
3. ein Kind oder ein Adoptionsbewerber seinen Wohnsitz oder gewöhnlichen Aufenthalt im Ausland hat,
4. in sonstigen schwierigen Einzelfällen.

In den Fällen Nr. 2 und 3 ist die zentrale Adoptionsstelle des LJA vom Beginn der Ermittlungen an durch die Adoptionsvermittlungsstellen ihres Bereiches zu beteiligen (§ 11 Abs. 2 S. 1 AdVermiG).

Das Anliegen, die Adoptionsvermittlungsstellen möglichst frühzeitig mit solchen Kindern zu befassen, die nur durch eine Adoption die Chance für eine familiale Sozialisation haben, sollen die zentralen Adoptionsstellen unterstützen. Diese interdisziplinär besetzten (vgl. § 13 AdVermiG) *zentralen Adoptionsstellen* müssen daher von den jeweiligen Adoptionsvermittlungsstellen unterrichtet werden, wenn

- ein Kind nicht innerhalb von drei Monaten nach Abschluss der bei ihm durchgeführten Ermittlungen in Adoptionspflege gegeben werden kann (§ 10 Abs. 1 S. 1 AdVermiG)
- Adoptionsbewerber, bei denen positive Ermittlungen bereits durchgeführt wurden, bereit und geeignet sind, ein ansonsten schwer vermittelbares Kind aufzunehmen und der Unterrichtung der zentralen Adoptionsstelle zustimmen (§ 10 Abs. 2 AdVermiG).

Gesetzliche Mithilfepflicht der Heimträger ist seit dem 1.10.2005 weggefallen

Seit dem Wegfall von § 47 Abs. 2 SGB VIII durch das KICK ist die darin enthalten gewesene Verpflichtung der Träger sozialpädagogischer Einrichtungen, die gemäß § 45 SGB VIII der Erlaubnispflicht unterliegen, an der Früherfassung von Adoptions-Vermittlungsfällen mitzuwirken, entfallen. (Zuvor hatten die Träger von sozialpädagogischen Einrichtungen sämtliche Neuaufnahmen von Minderjährigen mit deren Personalien sowie der einweisenden Stelle oder Person der nach Landesrecht zentralen Adoptionsstelle zu melden und alljährlich über die Adoptionsmöglichkeit der Minderjährigen und bereits unternommenen Vermittlungsbemühungen zu berichten. – Mit dem KiföG vom 10.12.2008 ist daher der dies zuvor regelnde § 12 AdVermiG a.F. – leider – aufgehoben worden.)

Konkrete Vermittlung: JA und freie Verbände

Die eigentliche Adoptionshilfe und -vermittlung – d.h. vor allem die umfassende vorherige Beratung aller Beteiligten, auf die ein Rechtsanspruch gegenüber dem JA besteht (vgl. §§ 9 Abs. 1, 9a AdVermiG) – sowie die konkrete Vorbereitung der Adoption, die mit der Aufnahme des Kindes bei den Adoptiveltern abgeschlossen wird, liegt aber nach wie vor bei den Adoptionsvermittlungsstellen der JÄ und den hierfür zugelassenen freien Wohlfahrtsverbänden (siehe dazu Seite 341).

Aufgabenstellung

Sobald Adoptionsvermittlungsstellen bekannt wird, dass für ein Kind eine Adoption in Betracht kommt, sind sie verpflichtet, die zur Vorbereitung einer Vermittlung sachdienlichen Ermittlungen unverzüglich bei den

Adoptionsbewerbern, bei dem Kind und bei seiner Familie durchzuführen (§ 7 Abs. 1 S. 1 AdVermiG). Sie haben dabei vor allem zu prüfen, ob die Adoptionsbewerber unter Berücksichtigung der Persönlichkeit des Kindes und seiner besonderen Bedürfnisse für die Adoption geeignet sind (§ 7 Abs. 1 S. 2 AdVermiG).

Pränatale Beratung

Im Hinblick auf die für „elternlose Kinder" erstrebenswerte Frühadoption und auf die Wünsche der Adoptionsbewerber nach Vermittlung eines Neugeborenen kann nach § 7 Abs. 1 S. 3 AdVermiG mit den Ermittlungen bei den Adoptionsbewerbern aber auch schon vor der Geburt des Kindes begonnen werden, wenn zu erwarten ist, dass die Einwilligung zur Adoption erteilt wird. Eine Ermittlung bei den Eltern des Kindes soll vor der Geburt jedoch noch nicht beginnen, um sie nicht einseitig zur Weggabe des Kindes zu beeinflussen. Dies gilt vor allem für jüngere allein stehende Schwangere, die nichteheliche Kinder erwarten.

2. Das gerichtliche Verfahren

a) Das Dekret-System

Das FamG spricht die Adoption aus

Das AdoptG hat 1977 das *Vertragssystem* des alten Rechts (der „Annahme an Kindes Statt") aufgegeben (s. dazu Seite 330) und durch das *Dekretsystem* ersetzt, d.h. den Ausspruch der Adoption – sowie alle weiteren die Adoption betreffenden Entscheidungen – dem Gericht zugewiesen. Damit ist einerseits der Bedeutung der Adoption besser Rechnung getragen und zugleich das Adoptionsverfahren zusammengefasst und insofern vereinfacht worden. Seit 1.9.2009 ist für Adoptionssachen das FamG zuständig (vgl. §§ 1752 Abs. 1 BGB; 23b Abs. 1 GVG; 111 Nr. 4, 186 ff. FamFG).

b) Zuständigkeit des Richters

Das gerichtliche Annahmeverfahren wird durch den persönlichen Antrag der Adoptionsbewerber an das FamG eingeleitet. Dieser muss notariell beurkundet[536] und frei von Bedingungen oder Zeitbestimmungen sein (§ 1752 Abs. 1 und 2). Der Antrag kann zurückgenommen werden (vgl. § 1750 Abs. 4 S. 1).

c) Örtliche Zuständigkeit

Grundsatz

Der gA der Adoptionsbewerber ist maßgebl.

Wenn ein Adoptionsbewerber oder das Kind die deutsche Staatsangehörigkeit besitzt oder seinen gewöhnlichen Aufenthalt im Inland hat, sind für sämtliche Adoptionsangelegenheiten die deutschen Gerichte (ausschließlich!) zuständig (vgl. § 187 Abs. 1 und 2 FamFG). Örtlich zuständig ist grundsätzlich das FamG des gewöhnlichen Aufenthalts (gA) der Adoptionsbewerber (§ 187 Abs. 1 FamFG). Fehlt ein solcher im Inland, ist das FamG des gA des Kindes zuständig (§ 187 Abs. 2 FamFG). Maßgebend ist dabei jeweils der Zeitpunkt der Antragstellung der Adoptionsbewerber[537].

---

536 Beurkundung durch JA ist leider nicht möglich (vgl. § 59 SGB VIII).

537 Das ergab sich früher ausdrücklich aus dem am 1.9.2009 außer Kraft getretenen § 43b Abs. 2 FGG – seitdem nur allgemein aus § 2 Abs. 1 FamFG.

Deutsche Adoptionsbewerber im Ausland

AG Berlin-Schöneberg grundsätzl. zuständig

Ist ein Adoptionsbewerber Deutscher, der im Inland keinen gA hat, so ist das AG Berlin-Schöneberg zuständig [siehe a)], das die Sache jedoch aus wichtigen Gründen an ein anderes FamG mit bindender Wirkung abgeben kann [siehe b)](§ 187 Abs. 4 FamFG).

Beispiele:
a) Ein Deutscher, der in Brüssel lebt, möchte ein Kind adoptieren. Das AG Berlin-Schöneberg ist zuständig.
b) Wenn der deutsche Adoptionsbewerber im Ausland und das zur Adoption vorgesehene Kind in München lebt, kann das Adoptionsverfahren sicherlich besser beim FamG München durchgeführt werden als in Berlin.

Ausländische Adoptionsbewerber

Der gA des Kindes ist maßgeblich

Bei Adoptionen von Kindern durch Ausländer, die im Inland keinen gA haben, ist das FamG des gA des Kindes zuständig (§ 187 Abs. 2 FamFG).

Beispiel: Ein Ausländer ohne gA in Deutschland möchte ein Kind aus München adoptieren: Das FamG München ist zuständig.

Ausländische Adoptivkinder

Der gA der Bewerber ist maßgeblich

Bei Adoptionen ausländischer Kinder durch Deutsche im Inland ist das FamG des gA der Adoptionsbewerber zur Zeit der Antragstellung zuständig (vgl. § 187 Abs. 1 u. 2 FamFG). Haben die deutschen Adoptionsbewerber im Inland keinen gA, so ist das AG Berlin-Schöneberg zuständig, das die Sache aus wichtigen Gründen mit bindender Wirkung an ein anderes FamG abgeben kann (vgl. § 187 Abs. 4 FamFG).

Beispiele: Deutsche mit gA München möchten ausländisches Kind adoptieren: Das FamG München ist zuständig. Haben sie ihren gA z.B. in Brüssel, ist das AG Berlin-Schöneberg zuständig.

d) Das Adoptionsgutachten

Grundlage für Adoption

Bevor das FamG die Adoption ausspricht *(Dekret)*, muss es eine gutachtliche Äußerung der Adoptionsvermittlungsstelle, die die Adoption vorbereitet hat, darüber einholen, ob das Kind und die Adoptionsbewerber für die Adoption geeignet sind (§ 189 S. 1 FamFG). Hierbei ist – unter anderem – auch dazu Stellung zu nehmen, ob die Interessen bereits vorhandener Kinder (= leibliche oder adoptierte) der Adoptionsbewerber einer Adoption entgegenstehen oder umgekehrt die Interessen des zur Adoption in Aussicht genommenen Kindes gefährden könnten. Dabei sollen vermögensrechtliche Interessen nicht ausschlaggebend sein (vgl. § 1745 Satz 2).

Ist keine Adoptionsvermittlungsstelle tätig geworden (z.B. bei Verwandten-Adoptionen), so muss das FamG eine gutachterliche Äußerung des JA oder einer Adoptionsvermittlungsstelle einholen (§ 189 Satz 2 FamFG), die kostenlos zu erstellen ist (§ 189 Satz 3 FamFG).

Stellungnahme des JA sowie evtl. des LJA

Bevor das FamG die Adoption ausspricht, hat es auch das örtlich zuständige (vgl. § 87b SGB VIII) JA anzuhören, es sei denn, dass dieses selbst die Adoption vermittelt und daher schon ein „Gutachten" gemäß § 189 FamFG abgegeben hat (§ 194 Abs. 1 FamFG). Bei Fällen mit „Auslandsberührung" (vgl. § 11 Abs. 1 Nr. 2 und 3 AdVermiG) ist auch die zentrale Adoptionsstelle des LJA anzuhören (vgl. § 195 Abs. 1 FamFG).

Diese Vorschriften tragen der sozialen Funktion sowie der Intention des Gesetzgebers Rechnung, dass jede Adoption primär dem Wohl des Kindes zu dienen hat und sie entsprechen damit zugleich der Forderung von Artikel 9 des *Europäischen Adoptionsübereinkommens* nach sachdienlichen Ermittlungen.

Es erscheint richtig und wichtig, dem FamG die besondere Erfahrung der Adoptionsvermittlungsstellen nutzbar zu machen, bevor es über den weiteren Lebensweg eines Kindes (in so gravierender Weise) entscheidet. – Das FamG ist durch dieses Gutachten aber nicht etwa der Pflicht enthoben, weitere Ermittlungen (z.B. persönliche Anhörung der Eltern oder Verwandten des Kindes sowie der Adoptionsbewerber) nach pflichtgemäßem Ermessen vorzunehmen (vgl. §§ 26, 29 FamFG). Das FamG muss vielmehr auch die zu adoptierenden Kinder (ohne Altersbegrenzung nach unten), persönlich anhören, bevor es die Adoption ausspricht, es sei denn, es wären Nachteile für ihre Entwicklung, Erziehung oder Gesundheit zu befürchten oder altersbedingt keine Aufklärung davon zu erwarten (vgl. § 192 Abs. 1 u. 3 FamFG). – Schon 14 Jahre alte Kinder wirken am Adoptionsverfahren bereits durch das ihnen gemäß § 1746 Abs. 1 S. 3 zustehende Einwilligungsrecht mit (s.o. Seite 331). Allerdings kommt die Adoption von Jugendlichen meist nur im Verwandtenbereich vor[538].

Weitere Ermittlungspflicht des FamG

Kindes-Anhörung

3. Die Adoptionspflege

Regelfall

Eine Adoption soll grundsätzlich erst dann vom FamG ausgesprochen werden, wenn die Adoptionsbewerber das Kind eine „angemessene Zeit" in Pflege gehabt haben (§ 1744). Das soll den Adoptionsvermittlungsstellen ermöglichen, die zwischen dem Kind und den Adoptionsbewerbern entstehenden Beziehungen für eine Adoption richtig einschätzen zu können. – Bei vielen Adoptionen ist eine solche Adoptionspflege gar nicht nötig, weil Adoptionsbewerber und Kind bereits länger zusammenleben (z.B. Stief- oder Pflegeeltern, Verwandte) oder gar nicht möglich (z.B.: Bewerber aus dem Ausland bemühen sich um Adoption eines deutschen Kindes). Dann kann von dieser „Auflage" evtl. abgesehen werden.

Ausnahmen

Diese – flexible – Regelung entspricht voll Artikel 17 Europäisches Adoptionsübereinkommen. – Ausländische Rechtsordnungen schreiben z.T. auch solche Anpassungszeiten vor, die zwischen drei Monaten und drei Jahren betragen; andere treffen diesbezüglich gar keine Regelungen.

Für und Wider der Adoptionspflege

In der Reformdiskussion war umstritten, ob eine solche Anpassungszeit und ihre Dauer gesetzlich festgelegt werden sollte oder nicht. Vielfach wurde eine *„Probezeit"* (s. dazu unten) von einem Jahr gefordert. Andererseits wurde vorgebracht, dass insoweit das alte Recht, das vor 1977 keine Anpassungszeit vorschrieb, zu keinen Unzuträglichkeiten geführt habe und die meisten Adoptionsvermittlungsstellen ohnehin vor Abschluss des damaligen Adoptionsvertrages das Kind dem Adoptionsbewerber eine längere Zeit (idR bis zu einem Jahr) in sog. Adoptionspflege gegeben hatten. Andere fürchteten, eine starre Frist könnte Adoptionen erschweren.

Problematik

Bei der gesamten Diskussion wird leider meist die Gefahr des Scheiterns der *„Probezeit"* (s. dazu unten)im Hinblick auf das Kind nicht berücksichtigt, d.h. welchen Schock es für ein Kind bedeutet, in dieser eminent wichtigen Entwicklungsphase *verstoßen* zu werden und damit in aller Regel

---

538 Vgl. Statistisches Bundesamt (Destatis), Bevölkerung, Kinder- und Jugendhilfe – Adoptionen, Tabelle 1.1, vom 4.8.2010.

wieder in ein Heim zu kommen. Seine Chancen, erneut zur Adoption vermittelt zu werden, sind dann nur noch gering. Denn die meisten Bewerber interessieren sich nur für (möglichst erst wenige Wochen oder höchstens einige Monate alte) Kleinkinder und verhalten sich darüber hinaus „zurückgegebenen" Kindern gegenüber misstrauisch oder sogar ablehnend.

Adoptionspflege keine „Probezeit"

Deshalb ist eine besonders sorgfältige Vorbereitung der Adoptionspflege durch die jeweilige Adoptionsvermittlungsstelle nötig, denn sie ist entscheidend für die weitere Entwicklung des zur Adoption vorgesehenen Kindes. *Die Adoptionspflege darf deshalb gerade nicht zur „Probezeit" werden.* (Man sollte daher den – leider auch als amtliche Überschrift bei § 1744 verwendeten – Ausdruck „Probezeit" auch gar nicht gebrauchen). Die Erprobung, d.h. die Überprüfung, ob die Adoptionsbewerber für die Adoption – und damit für die Aufnahme des ausgewählten Kindes in ihre Familie – geeignet sind, muss abgeschlossen sein und bereits zu einem eindeutig positiven Ergebnis geführt haben. Anderenfalls darf das Kind den Adoptionsbewerbern nicht anvertraut werden (vgl. § 8 AdVermiG). – Die „Rückgabefälle" sind dank sorgfältiger Vorbereitung der Adoptionsvermittlungsstellen zum Glück gering.[539]

Unterhaltspflicht

Während der Adoptionspflegezeit sind die Adoptionsbewerber vor den leiblichen Verwandten des Kindes (also vorrangig) unterhaltspflichtig (§ 1751 Abs. 4 S. 1).

Elterliche Sorge

Die elterliche Sorge der leiblichen Eltern ruht dann und wird vom JA als gesetzlichem Vormund (s. dazu oben Seite 338) ausgeübt (vgl. § 1751 Abs. 1 S. 1 und 2).

Befugnisse der Adoptionsbewerber

Während der Adoptionspflegezeit sind die Adoptionsbewerber berechtigt, in Angelegenheiten des täglichen Lebens zu entscheiden sowie den Inhaber der elterlichen Sorge in solchen Angelegenheiten zu vertreten – einschließlich der Geltendmachung und Verwaltung von Unterhalts-, Versicherungs-, Versorgungs- und sonstigen Sozialleistungen (vgl. § 1751 Abs. 1 S. 4 i.V.m. § 1688).

4. Der Adoptionsbeschluss

Das Adoptionsdekret

Wenn das FamG alle materiellen und formellen Voraussetzungen der Adoption geprüft und festgestellt hat, dass sie dem Kindeswohl dient, spricht es die Adoption durch Beschluss (sog. *Dekret*) aus (§ 1752 Abs. 1 BGB, § 197 Abs. 1 S. 1 FamFG).

Angabe der Rechtsgrundlagen

In seinem Adoptionsbeschluss muss das FamG angeben, auf welche Gesetzesvorschriften sich die Adoption gründet (§ 197 Abs. 1 S. 1 FamFG). Das ist deshalb wichtig, weil es verschiedene Arten der Adoption gibt (s. dazu oben B. I. 2.), die auch unterschiedliche Rechtswirkungen hervorrufen. Denn es ergeben sich aus der Volladoption eines Minderjährigen oder eines Volljährigen, aus der Verwandten- oder Stiefkind-Adoption unterschiedliche Rechtswirkungen (siehe dazu unten B. III. 1. und 2. sowie C.).

Wirksamwerden und Rechtskraft

Dieses Dekret des FamG wird mit seiner Zustellung an die Adoptionsbewerber wirksam. Es ist *unanfechtbar* und auch gerichtlich *unabänderlich* (§ 197 Abs. 3 FamFG), also sofort rechtskräftig.

[539] Sie lagen laut Statistischem Bundesamt (siehe Fußnote 538) im Jahr 2009 bei 3,5%.

Da sich der *Status* des Kindes durch die Volladoption wesentlich verändert und diese Änderung aus Gründen der Sicherheit des Kindes sowie des allgemeinen Rechtsverkehrs nicht in der Schwebe bleiben darf, hat das AdoptG das Adoptions-Dekret mit dieser Endgültigkeit und Unumstößlichkeit ausgestattet.

Wegen ihrer Unanfechtbarkeit darf eine Adoption, bei der erforderliche Einwilligungen (der Eltern, des Vormundes oder des Pflegers des Kindes oder des Ehegatten des Adoptionsbewerbers) gerichtlich ersetzt werden mussten, erst dann ausgesprochen werden, wenn der Ersetzungsbeschluss, der mit der Beschwerde (= idR binnen zwei Wochen seit Bekanntgabe an den Betroffenen, vgl. § 63 Abs. 2 Nr. 2, Abs. 3 FamFG) angefochten werden kann, rechtskräftig geworden ist (§ 198 Abs. 1 S. 1 FamFG).

Abgelehnte Adoption

Wird der Adoptionsantrag vom FamG abgelehnt, so kann dieser ablehnende Beschluss von den Adoptionsbewerbern mit der Beschwerde binnen Monatsfrist angefochten werden (vgl. §§ 58 Abs. 1, 63 Abs. 1 FamFG).

III. Rechtswirkungen der Adoption

1. Die Volladoption

a) Grundsatz

Rechtsstellung wie ein leibliches Kind

Durch die Adoption Minderjähriger werden diese seit 1977 voll in den Familienverband des/der Annehmenden eingegliedert und zugleich aus ihrer leiblichen Familie ganz herausgelöst (= *Volladoption*). Dies wird dadurch erreicht, dass das Kind durch die Adoption wie ein leibliches Kind seiner Adoptiveltern behandelt wird:

- Wird es von einem Ehepaar adoptiert, so erlangt das Adoptivkind die rechtliche Stellung eines gemeinschaftlichen Kindes seiner Adoptiveltern (§ 1754 Abs. 1).
- Erfolgt eine Adoption durch eine Einzelperson, so erhält das Adoptivkind die Rechtsstellung eines leiblichen Kindes dieses Adoptivelternteils (vgl. § 1754 Abs. 2: *„in den anderen Fällen“).*

Rechtliche Zäsur zur leiblichen Familie

In beiden Fällen erlischt das Verwandtschaftsverhältnis des Adoptivkindes zu sämtlichen leiblichen Verwandten mit den sich hieraus ergebenden Rechten und Pflichten (§ 1755 Abs. 1 S. 1). Im Fall der Adoption durch eine Einzelperson bedeutet dies, dass das Adoptivkind dann nur noch einem Familienstamm zugeordnet ist (nämlich entweder dem seiner Adoptivmutter oder dem seines Adoptivvaters).

Volle Integration in Adoptionsfamilie

Durch diese gesetzliche Regelung der Volladoption mit Abbruch sämtlicher Rechtsbeziehungen zur Ursprungs-Familie und deren uneingeschränktem Aufbau zur neuen sozialen Familie soll auch rechtlich gewährleistet werden, dass das Adoptivkind tatsächlich in den neuen Familienverband integriert wird.

b) Ausnahmen

Vom Grundsatz der Volladoption bestehen jedoch folgende sich aus der Tatsache der blutsmäßigen Abstammung zwangsläufig ergebenden Ausnahmen:

Eheverbote bleiben

– Das *Eheverbot* wegen *Verwandtschaft* (zwischen geradlinigen Verwandten [§ 1589 Satz 1] sowie zwischen Geschwistern) lässt § 1307 S. 1 zur leiblichen Familie als Muss-Vorschrift und zur Adoptions-Familie als Soll-Vorschrift (vgl. dazu § 1308) fortbestehen (s. dazu Seite 185). Im Hinblick auf die Inkognito-Adoption (s.dazu Seite 334) müssen die Eheschließenden seit 1.1.2009 ihren Personenstand nachweisen (§ 12 Abs. 2 Nr. 1 PStG), was durch beglaubigte Abschrift aus dem Geburtenregister möglich ist, aus dem sich eine Adoption ergeben würde (vgl. dazu § 21 PStG).[540]

Strafbarkeit von sexuellen Handlungen

Der *Beischlaf* zwischen dem Kind und seinen leiblichen Verwandten aufsteigender Linie bleibt *strafbar,* der mit den „Adoptiv-Verwandten" ist jedoch *nicht generell strafbar* (vgl. § 173 StGB), da der Gesetzgeber bei dieser Strafbestimmung nun allein auf die leibliche Abstammung abstellt. – Allerdings sind jegliche sexuellen Handlungen mit minderjährigen Adoptivkindern strafbar (§ 174 Abs. 1 Nr. 3 StGB).

Renten, Waisengeld- und Schadensersatzansprüche bestehen aber weiter

– *Ansprüche* des Kindes – insbesondere auf Renten, Waisengeld und andere entsprechende wiederkehrende Leistungen (z.B. Schadensersatzansprüche) –, die *vor* der Adoption *entstanden* sind, *bestehen* – mit Ausnahme von Unterhaltsansprüchen[541] – auch nach der Adoption *fort* (§ 1755 Abs. 1 S. 2).

Zielsetzung

Diese Bestimmung soll Adoptionsbewerbern z.B. die Adoption von behinderten Kindern erleichtern helfen, weil dann wenigstens keine großen finanziellen Belastungen auf solche Adoptiveltern zukommen. – Diese Regelung ist zu begrüßen, da sie Kindern, die unfallbedingt oder aus sonstigen Gründen behindert sind, evtl. doch noch zu einer Adoption verhelfen kann. Denn diese Kinder haben in der Praxis ohnehin leider nur geringe Chancen, überhaupt Adoptiveltern zu finden.

Sonderheiten bei Verwandten-Adoptionen

Zu den *Modifizierungen* bei der Adoption durch *Verwandte* und *Verschwägerte* vgl. die §§ 1755 Abs. 2 und 1756 sowie Seite 350 f.

c) Die Rechtswirkungen im Einzelnen

Dadurch, dass das Adoptivkind die uneingeschränkte Stellung eines gemeinschaftlichen Kindes der Adoptiveltern erlangt, ergeben sich im Einzelnen folgende Rechtswirkungen:

aa) Familienname

Adoption durch Ehepaare

Das Kind erhält als Geburtsnamen den Familiennamen des Annehmenden (§ 1757 Abs. 1 S. 1), bei der Adoption durch ein Ehepaar also den Namen, den dieses als gemeinsamen Ehenamen gemäß § 1355 Abs. 1 S. 1 führt. Das kann der Geburtsname des Mannes oder der Frau sein (§ 1355 Abs. 2), jedoch nicht der dem Ehenamen oder dem Lebenspartnerschaftsnamen gemäß § 1355 Abs. 4 bzw. § 3 Abs. 2 LebenspartnerschaftsG hinzugefügte Name (§ 1757 Abs. 1 S. 2). – Haben die Adoptiveltern bei Heirat keinen gemeinsamen Ehenamen gewählt, sondern beide ihren zuvor geführten Familiennamen beibehalten (vgl. § 1355 Abs. 1 S. 3), so bestimmen sie durch (vor Ausspruch der Adoption abzugebender Erklärung) gegenüber dem FamG einen ihrer Familiennamen zum Geburtsnamen ihres Adoptivkindes (§ 1757 Abs. 2 S. 1), d.h. den Geburtsnamen der Adoptivmutter oder des Adoptivvaters.

Familienname des Adoptivkindes

[540] Zuvor war dieser Nachweis durch Vorlage der Abstammungsurkunde (die seitdem entfallen ist), zu führen.

[541] Rückstände können aber eingefordert werden (*BGH*, NJW 1981 S. 2298).

Bei Adoptionen durch eine Einzelperson erhält das Adoptivkind deren Familiennamen als Geburtsnamen, es sei denn, sie führt gemäß § 1355 Abs. 4 einen hinzugefügten Namen (d.h. einen durch Voranstellung oder Anhängen gebildeten Doppel-Namen) aus einer früheren Ehe oder einer eingetragenen Lebenspartnerschaft iSd Lebenspartnerschaftsgesetzes (vgl. § 1757 Abs. 1 S. 2 bzw. § 3 Abs. 2 LebenspartnerschaftsG).

Adoption durch Einzelpersonen

Das FamG kann auf Antrag der Adoptiveltern mit Einwilligung des Kindes (§ 1757 Abs. 4 S. 2; s. dazu Seite 331) gestatten, dass dem neuen Familiennamen des Adoptivkindes sein bisheriger hinzugefügt oder vorangestellt wird, wenn dies aus schwer wiegenden Gründen zum Wohl des Kindes erforderlich ist (§ 1757 Abs. 4 S. 1 Nr. 2). Gedacht ist vor allem an Fälle der Verwandten-Adoption, bei denen sich der Name ändern würde.

Hinzufügen des alten Namens möglich

bb) Vorname

Das Adoptivkind behält grundsätzlich seinen bisherigen Vornamen. Das FamG kann aber seit 1993 auf Antrag der Adoptiveltern mit Einwilligung des Kindes (§ 1757 Abs. 4 S. 2; s. dazu Seite 331) den Vornamen des Adoptivkindes ändern oder ergänzen (durch Hinzufügen eines weiteren Vornamens), wenn dies dem Wohl des Kindes entspricht (§ 1757 Abs. 4 Nr. 1).

Änderung kann FamG genehmigen

Beispiel: Der bisherige Vorname ist in Deutschland völlig ungebräuchlich oder lässt nicht auf das Geschlecht schließen (z.B. bei der Adoption ausländischer Kinder[542]).

cc) Staatsangehörigkeit

Das minderjährige Adoptivkind erwirbt durch die Adoption durch einen Deutschen samt seinen späteren Abkömmlingen die *deutsche Staatsangehörigkeit* (§§ 3, 6 StAG). Umgekehrt verliert ein deutsches Kind seine Staatsangehörigkeit, wenn es von einem Ausländer adoptiert wird und dadurch die Staatsangehörigkeit des Ausländers erwirbt (§ 27 S. 1 StAG). – Der Verlust der deutschen Staatsangehörigkeit tritt jedoch nicht ein, wenn das Adoptivkind mit einem deutschen Elternteil verwandt bleibt (§ 27 S. 3 StAG), wenn z.B. der ausländische Stiefvater das Kind adoptiert.

Erwerb und Verlust möglich

dd) Elterliche Sorge

Adoptiveltern erlangen die elterliche Sorge für ihr Adoptivkind (§ 1754 Abs. 3) und die der leiblichen Eltern endet. Die seit der „Freigabe"-Erklärung gemäß § 1751 Abs. 1 S. 2 bestehende JA-Vormundschaft (s. dazu Seite 338) endet ebenfalls (§ 1882). – Das folgt alles automatisch aus § 1755 Abs. 1 S. 1 und wird daher nicht in den Adoptionsbeschluss (s. dazu Seite 346) aufgenommen.

ee) Unterhalt

Das BGB sieht *keine eigene* Unterhalts-Vorschrift für Adoptivkinder vor. Die Unterhaltsregelung nach der Adoption lässt sich jedoch eindeutig aus dem BGB ableiten:

Genauso wie beim leiblichen Kind

Das Adoptivkind hat jetzt die uneingeschränkte Rechtsstellung eines leiblichen Kindes (vgl. § 1754 Abs. 1 u. 2). Es gilt daher nicht nur mit sei-

---

542 So sind z.B. „Andrea" „Nicola" und „Simone" in manchen Ländern (z.B. in Italien) nicht weibliche, sondern ausschließlich männliche Vornamen.

nen Adoptiveltern, sondern auch mit den „Adoptivgroßeltern" als geradlinig verwandt (vgl. § 1589 S. 1). Aus dieser Verwandtschaftsart erwächst die Verpflichtung, einander Unterhalt zu gewähren (vgl. § 1601). Damit ergibt sich, dass zwischen dem Adoptivkind und seinen Adoptiveltern, aber auch zwischen ihm und seinen „Adoptivgroßeltern", *gegenseitige Unterhaltsverpflichtungen* bestehen.

Zäsur zur leibl. Familie

Da *zur Herkunftsfamilie* durch die Adoption alle aus der Verwandtschaft resultierenden Rechte und Pflichten erloschen sind (vgl. § 1755 Abs. 1), bestehen – natürlich – auch keine Unterhaltsbeziehungen mehr.

ff) Erbenstellung

Volles Erbrecht

Seit 1977 besteht als richtige Konsequenz der Volladoption (s. dazu Seite 347) zwischen dem Adoptivkind und seinen „neuen" Verwandten ein gegenseitiges – uneingeschränktes – *Erbrecht*. Das BGB regelt dies nicht ausdrücklich, denn das Adoptivkind gilt aufgrund seiner Rechtsstellung als leibliches Kind der Adoptierenden (vgl. §§ 1754, 1589) im Erbrecht als Abkömmling und reiht sich damit in das Schema der verschiedenen Erbordnungen ein (vgl. §§ 1924 ff.) und das Erbrecht zu seinen leiblichen Verwandten ist gemäß § 1755 Abs. 1 S. 1 erloschen.

2. Sonderheiten

a) Verwandten-Adoptionen

Rechtsbeziehungen erlöschen nur zu den Eltern

Sind die Adoptiveltern mit dem Kind im zweiten (Großeltern, Geschwister)[543] oder im dritten Grad verwandt oder verschwägert (Onkel und Tante), so erlischt durch diese Adoptionen nur das Verwandtschaftsverhältnis des Kindes – und das seiner eventuellen Abkömmlinge – zu seinen leiblichen Eltern mit allen sich daraus ergebenden Rechten und Pflichten (§ 1756 Abs. 1). Die verwandtschaftlichen Bande zu den übrigen leiblichen Verwandten bleiben dagegen mit allen daraus resultierenden wechselseitigen Rechtswirkungen bestehen. Die Eingliederung in die Familie der/des Adoptierenden erfolgt jedoch uneingeschränkt (vgl. § 1754).

Rechtsbeziehungen zu anderen Verwandten bleiben erhalten

Der Gesetzgeber geht bei der Verwandten-Adoption davon aus, dass es zur vollen Integration des Kindes in die neue Familie ausreicht, wenn das rechtliche Band zu seinen leiblichen Eltern aufgelöst wird. Denn es sei „rechtlich nicht geboten, noch tatsächlich möglich, das Kind aus seiner alten Familienbindung ganz zu lösen, wenn der Annehmende[544] oder sein Ehegatte selbst zu dieser Familie gehört."[545] Das bedeutet, dass z.B. das von seiner älteren Schwester oder das von Tante und Onkel adoptierte Kind mit seinen leiblichen Geschwistern und seinen beiden Großelternpaaren verwandt bleibt. – Im letzteren Fall erhält es ein drittes Großelternpaar durch die Adoption hinzu, nämlich die Eltern des „angeheirateten" Onkels (oder der Tante).

Dieser Konsequenz hat der Gesetzgeber bewusst den Vorzug gegeben gegenüber einer Lösung, die das rechtliche Band zu den leiblichen Großeltern zerschnitten oder keine Rechtsbeziehungen zu den Eltern des nicht

---

[543] Zu den Bedenken gegen diese Adoption vgl. Seite 334.

[544] d.h.: der Adoptionsbewerber.

[545] RegE AdoptG, BR-Drucks. 691/74, S. 22.

aus der Familie des Kindes stammenden Adoptivelternteils (hier im Beispiel: Onkel oder Tante) hergestellt hätte.

Ausnahmen

Dieser Kompromiss erscheint ausgewogen. Jedoch ist nicht einzusehen, warum diese Lösung nur bis zum dritten Verwandtschaftsgrad geht, also bei einer Adoption durch – entsprechend ältere – Vettern oder Kusinen oder durch sog. „Großonkel" und „Großtanten" (= Geschwister der Großeltern) die Rechtsbeziehungen zu allen leiblichen Verwandten erlöschen. Es ist kein Grund ersichtlich, der hier dazu zwänge, die verwandtschaftlichen Bande zur gesamten leiblichen Familie zu löschen, in den Fällen der Adoption durch Geschwister bzw. Onkel und Tante dagegen nur zu den Eltern. – Die volle Integration in die Adoptionsfamilie mildert diese Rechtsfolgen allerdings (vgl. § 1754, 1924 ff.).

b) Stiefkind-Adoptionen

Rechtsbeziehungen erlöschen zum „ersetzten" Elternteil

Adoptiert ein Ehegatte ein Kind seines Ehegatten, so erlangt das Adoptivkind die rechtliche Stellung eines gemeinschaftlichen Kindes der Ehegatten und es erlischt das Verwandtschaftsverhältnis zum anderen Elternteil und dessen Verwandten (§ 1755 Abs. 2), also zu dem Elternteil, der nun ersetzt wird. Nimmt z.B. ein Ehemann das Kind seiner Frau an, wird es ein gemeinschaftliches Kind dieser beiden Ehegatten (§ 1754 Abs. 1) mit der konsequenten Folge, dass sämtliche Rechtsbeziehungen zum leiblichen Vater und dessen Verwandten erlöschen (Entsprechendes gilt, wenn eine Ehefrau das Kind ihres Ehemannes adoptiert). Das Kind bekommt dadurch jeweils neue Verwandte – nämlich die seines Adoptivelternteils.

Rechtsstellung wie gemeinsames Kind

Sonderheiten bei Tod eines Elternteils

Adoptiert ein Ehegatte das eheliche Kind seines Ehegatten, dessen frühere Ehe durch Tod aufgelöst worden ist, so erlöschen die verwandtschaftsrechtlichen Beziehungen des Adoptivkindes zu den leiblichen Verwandten seines verstorbenen Elternteils nicht, wenn dieser die elterliche Sorge besaß (§ 1756 Abs. 2). „Es wäre auch kaum verständlich, wenn die Großeltern, deren Tochter oder Sohn gerade gestorben ist, die Rechtsbeziehungen zu ihrem Enkelkind durch die Adoption verlieren könnten."[546] Dieser Fall tritt jedoch für die betreffenden Großeltern ein, wenn ihre Tochter oder Sohn verstorben sind und nicht die elterliche Sorge besaßen, wie das bei den meisten „nichtehelichen", aber auch bei vielen geschiedenen Vätern der Fall ist. Dies ist nicht nur für diese Großeltern eine unverständliche Regelung.

3. Wahrung des Adoptionsgeheimnisses

Schutzgedanke

Für eine gedeihliche Entwicklung des Adoptiv-Kindes in seiner neuen Familie ist es unerlässlich, dass es sich uneingeschränkt als Kind dieser neuen Familie fühlen kann. Dazu ist u.a. erforderlich, dass Kontaktaufnahmen und die damit verbundenen Einflüsse und vor allem Störungen aus der alten Familie unterbleiben und die Tatsache der Adoption nicht ohne Einverständnis der Adoptiveltern grundlos von dritter Seite (Privatpersonen, Behörden, Gerichten) aufgedeckt wird. Es soll vielmehr den Adoptiveltern überlassen bleiben zu entscheiden, *ob, wann* und *wie* das Kind über seine Adoption *informiert* wird.

[546] So der RegE AdoptG, aaO, S. 22.

Rechtzeitige Information des Kindes ratsam

Es ist allerdings allen Adoptiveltern dringend zu empfehlen, die Kinder rechtzeitig (spätestens zum Schulbeginn) über die Adoption in kindgemäßer Form zu unterrichten. Dadurch wird vor allem verhindert, dass das Kind von dritter Seite – evtl. in ungeschickter oder liebloser Weise – von seiner Adoption erfährt und dann einen Schock erleidet. In solchen Fällen wird das Kind misstrauisch, zieht sich verunsichert zurück, bekommt Ängste, fühlt sich getäuscht. Die daraus resultierende Entfremdung bringt Probleme für die weitere Entwicklung des Kindes und das Zusammenleben in der Adoptiv-Familie, die sie dann oftmals nicht allein auffangen kann. Schäden für das Kind sind die Folge.

Inkognito-Adoption

Zum Schutz der Adoptions-Familie vor unerwünschten Einwirkungen der leiblichen Eltern und deren Verwandten sowie von Dritten erfolgen schon seit langem die Mehrzahl aller Minderjährigen-Adoptionen *inkognito.* Das bedeutet, dass das Kind von Personen adoptiert wird, die unter einer bestimmten Nummer in einer sog. Adoptions-Liste eingetragen sind, so dass die leiblichen Eltern weder Namen noch Adresse der Adoptiveltern erfahren. Diese wiederum erfahren nur allgemein etwas über die Herkunft des Kindes nicht jedoch Name und Adresse seiner leiblichen Eltern.

Europäisches Adoptionsübereinkommen

Deshalb bestimmt Artikel 20 Abs. 1 des *Europäischen Adoptionsübereinkommens,* „dass jeder Mitgliedstaat Anordnungen treffen soll, damit ein Kind angenommen werden kann ohne dass seiner (leiblichen) Familie aufgedeckt wird, wer die Annehmenden sind".

Ausforschungsverbot

Dem trägt § 1758 Rechnung. Nach Absatz 1 dieser Vorschrift dürfen „Tatsachen, die geeignet sind, die Adoption und ihre Umstände aufzudekken, ohne Zustimmung der Adoptiveltern und des Adoptivkindes nicht offenbart oder ausgeforscht werden, es sei denn, dass besondere Gründe des öffentlichen Interesses dies erfordern."[547] Dieser Schutz beginnt bereits mit der elterlichen Einwilligung zur Adoption (§ 1758 Abs. 2 S. 1). Das FamG kann anordnen, dass diese Wirkung auch dann eintritt, wenn bei ihm ein Antrag auf Ersetzung der elterlichen Einwilligung gestellt worden ist (§ 1758 Abs. 2 S. 2), damit dieser Elternteil das Adoptionsverfahren nicht stören kann.

Die Wahrung des Adoptionsgeheimnisses soll also *von Anbeginn an gewährleistet* sein. Daher bestimmt § 9d Abs. 1 AdVermiG, dass für die Erhebung, Verarbeitung und Nutzung personenbezogener Daten die Datenschutzvorschriften SGB X (d.h.: die §§ 67 ff.) mit der Maßgabe gelten, dass Daten, die für Zwecke dieses Gesetzes erhoben worden sind, nur für Zwecke verarbeitet oder genutzt werden dürfen, die die Adoptionsvermittlung/-begleitung, die Anerkennung, Zulassung oder Beaufsichtigung von Adoptionsvermittlungsstellen, die Überwachung von Vermittlungsverboten, die Verfolgung von Verbrechen oder anderen Straftaten von erheblicher Bedeutung oder die internationale Zusammenarbeit auf diesen Gebieten betreffen. – Außerdem hat das AdoptG die vor 1977 bestehende unbeschränkte Möglichkeit, jedem Einsicht in die Akten des FamG zu gestatten, der ein berechtigtes Interesse glaubhaft macht, insoweit aufgeho-

[547] Näheres ist dem RegE zum AdoptG nicht zu entnehmen. Ein denkbarer Anwendungsfall wäre die Mitteilung an die leiblichen Eltern, um ihnen ein Aufhebungsverfahren nach § 1760 wegen nicht erteilter Einwilligung zur Adoption zu ermöglichen (s. dazu Seite 354 f.).

ben, „als § 1758 entgegensteht". In solchen Fällen ist daher die Akteneinsicht zu versagen (§ 13 Abs. 2 S. 2 FamFG).

Ausnahme Heirat

Um das natürlich auch nach der Adoption zur leiblichen Familie gemäß § 1307 fortbestehende Eheverbot (s. dazu Seite 185) zu überprüfen, muss das Standesamt Einsicht in das Geburtenregister der Heiratswilligen nehmen, da die Vorlage von Abstammungsurkunden 2009 entfallen ist (s. dazu §§ 12, 13, 21 PStG).

§ 1758 gilt nicht innerhalb der Familie

Der Schutz des § 1758 betrifft nur die „Außenwelt", gilt jedoch nicht zwischen Adoptivkind und Adoptiveltern. Diesen gegenüber hat das Kind einen Anspruch auf Klärung seiner genetischen Herkunft, den das *Bundesverfassungsgericht* aus Art. 1 Abs 1 i.V.m. 2 Abs. 1 GG ableitet.[548] Dem trägt § 63 Abs. 1 S. 1 PStG Rechnung. Danach kann das Adoptivkind ab 16 J. selbst eine Personenstandsurkunde beim Standesamt beantragen, aus der sich dann seine wahre genetische Herkunft ergibt (§ 21 Abs. 1 PStG).

Rechtsfolgen der Adoption für das Adoptivkind

- deutsche Staatsangehörigkeit wird erworben bzw. verloren (§§ 3 Nr. 3, 6, 27 StAG),
- die Rechtsbeziehungen zur gesamten leiblichen Familie erlöschen (§ 1757 Abs. 1 S. 1),
  Ausnahmen:
  - Vor der Adoption entstandene Renten, Waisengeld, Schadensersatz-Ansprüche (§ 1755 Abs. 1 S. 2),
  - Ehe-/Sexual-Verbote bestehen fort (§§ 1307 BGB; 173 StGB)
  - Bei Adoption durch Verwandte erlischt nur das Verwandtschaftsverhältnis zu seinen *leiblichen* Eltern (§ 1756 Abs. 1)
- in der Adoptivfamilie gilt es als leibliches Kind (§ 1754 Abs. 1, 2), d.h.:
  - Geburtsname wird der Familienname der Adoptiveltern (§ 1757 Abs. 1),
  - evtl. ist Änderung des Vor- und/oder Familiennamen durch FamG möglich (§ 1757 Abs. 4 Nr. 1 und 2),
  - Inhaber der elterlichen Sorge werden die Adoptiveltern (§ 1754 Abs. 3),
  - es besteht volles gegenseitiges Erb-Recht (§§ 1754, 1924 ff.),
  - es bestehen gegenseitige Unterhalts-Ansprüche zwischen ihm und seinen Adoptiv-Eltern/-Großeltern (§§ 1754, 1601 ff.).

IV. Aufhebung der Adoption

1. Voraussetzungen

Das *AdoptG* von 1977 geht davon aus, dass die Adoption grundsätzlich ein unauflösliches Eltern-Kind-Verhältnis schafft, das von besonderem Ernst und Verantwortungsgefühl bestimmt sein soll. Alle Beteiligten sollen dabei das Bewusstsein haben, dass das neue Familien-Verhältnis auf Dauer gegründet ist. In der amtlichen Begründung zum AdoptG hieß es dazu[549]:

„Jeder Überlegung, das angenommene Kind sei nicht das eigene Kind, soll der Boden entzogen werden. Diese Meinung hat die *Bundesregierung* schon für die nur mit beschränkten Wirkungen ausgestattete Annahme an Kindes Statt' des (damals)

---

[548] *BVerfG*, NJW 1997 S. 1769.

[549] RegE AdoptG, BR-Drucks. 691/74, S. 27.

geltenden Rechts vertreten. Sie ist für ein Annahmeverhältnis, in dem das Kind dem leiblichen ehelichen Kind gleichgestellt wird, noch mehr begründet."

Grundsatz der Unauflösbarkeit

Eine Aufhebung der Adoption ist daher *grundsätzlich nicht möglich*. Denn die Vollwertigkeit des durch die Adoption begründeten Familienbandes wäre beeinträchtigt, wenn dieses Band leicht zu lösen wäre. Damit befindet sich das AdoptG auch in Übereinstimmung mit Artikel 13 *Europäisches Adoptionsübereinkommen* und trägt dem – zu begrüßenden – Umstand Rechnung, dass durch eine Adoption das rechtliche Band zur leiblichen Familie des Kindes völlig zerschnitten wird. Dadurch werden aber zugleich die Folgen einer evtl. Aufhebung der Adoption schwerwiegender für das Kind. Seine Lage wäre schlechter als vor der Adoption. Denn abgesehen von den seelischen Belastungen und Schäden, die ein derart „verstoßenes" Kind erleidet, sind seine Chancen, erneut eine Familie zu finden, fast aussichtslos (siehe dazu Seite 346). Es besteht dann die Gefahr, dass es ohne jegliche Familienbindung dasteht und somit ein *„Niemands-Kind"* wird.

Kindesschutz vorrangig

Deshalb führen selbst gravierende Vernachlässigung oder andere schwere Verfehlungen der Adoptiveltern nur dann zur Aufhebung der Adoption, wenn die Aufnahme des Kindes in seine „alte" Familie oder in eine „neue" Adoptivfamilie gesichert ist (§ 1763 Abs. 3). Ist dies nicht möglich, so kommen – wie bei leiblichen Eltern – nur Maßnahmen nach §§ 1666, 1666a in Betracht.[550] Denn auch bei einer dann (zumindest zeitweilig) nötigen Fremdunterbringung des Kindes ist es zu seinem Schutz besser, die rechtlichen Bande zu den Adoptiveltern und deren Verwandten (vor allem: Unterhalts- und Erbrecht) bestehen zu lassen, als es einer erst noch zu klärenden neuen Rechtsposition auszusetzen.

Statt Aufhebung Maßnahmen des FamG

Grundsätzlich keine Zweit-Adoptionen

Aus diesen Gründen (sowie zur Vermeidung des „Weiterreichens" eines Kindes) verbietet § 1742 grundsätzlich Zweit- (und weitere) Adoptionen, lässt jedoch drei Ausnahmen zu:

Ausnahmen

- die (Erst-)Adoption ist aufgehoben worden (siehe dazu unten)
- die (ersten) Adoptiveltern sind verstorben,
- die Adoption durch Stiefelternteile (= Ehegatte des Adoptivelternteils des Kindes).

Beispiele: die erste Adoption wurde durch das FamG aufgehoben und eine neue bietet sich an,
die Adoptiveltern verunglücken beide tödlich und eine neue Adoption bietet sich an,
eine unverheiratete Frau adoptiert ein Kind und heiratet später,
Adoptivvater stirbt und die Adoptivmutter heiratet wieder und der neue Ehemann will das Kind adoptieren

Aufhebung nur in gravierenden Ausnahmefällen

Das AdoptG lässt die Aufhebung der Adoption durch das FamG zu und durchbricht damit das Institut der Volladoption. Die Adoptionsaufhebung kommt allerdings nur noch in drei besonderen Ausnahmefällen in Betracht:

Schwere rechtliche Mängel

- die Aufhebung *auf Antrag*, wenn der Adoption besonders schwere rechtliche Mängel anhaften (§ 1760) und sie noch keine drei Jahre besteht (§ 1762 Abs. 2 S. 1);

Zum Kindeswohl

- die Aufhebung *von Amts wegen*, wenn dies aus schwer wiegenden Gründen zum Wohl des Kindes erforderlich ist (§ 1763);

[550] Ebenso: Mü-Ko-Maurer, § 1763 Rz. 2.

- die Aufhebung *kraft Gesetzes*, wenn ein Adoptierter mit einem Adoptivelternteil den eherechtlichen Vorschriften zuwider (vgl. § 1308) die Ehe geschlossen hat (§ 1766).

Verbotswidrige Heirat

Während im letzteren Fall die Adoption automatisch endet, müsste in den beiden anderen Fällen ihre Aufhebung durch das FamG ausgesprochen werden.

Aufhebung im Kindes-Interesse

Da es in der Praxis kaum vorkommen wird, dass eine Adoption so grob fehlerhaft ist oder vom Standesamt übersehen werden kann, dass die Ehewilligen durch Adoption in einem Eltern-Kind-Verhältnis stehen,[551] soll hier *nur* auf die *Aufhebung* näher eingegangen werden, die aus schwerwiegenden Gründen (z.B. Straftaten) zum Wohl des Kindes erforderlich werden kann. Sie ist gemäß § 1763 Abs. 3 bloß bei Fehlen jeder Eltern-Kind-Beziehung, aber auch dann nur zulässig, wenn ein leiblicher oder ein Adoptiv-Elternteil bereit und in der Lage ist, die Pflege und Erziehung des Kindes nach Aufhebung der Adoption zu übernehmen und wenn die Ausübung der elterlichen Sorge durch diesen Elternteil bzw. Adoptivelternteil dem Wohl des Kindes nicht widersprechen würde oder wenn die Aufhebung eine erneute Adoption des Kindes ermöglichen soll. Zuvor ist stets das JA anzuhören (§ 194 Abs. 1 S. 1 FamFG).

Adoptionsaufhebungen sind sehr selten

Adoptionsaufhebungen sind schon immer sehr selten gewesen. Sie machen nicht einmal 0,5% aller Adoptionen aus.[552] Das ist sicherlich nicht zuletzt ein Verdienst der guten Arbeit der Adoptionsvermittlungsstellen. Es zeugt aber zugleich auch von dem Verantwortungsgefühl der Adoptiveltern.

2. Rechtswirkungen

a) Grundsatz

Keine Rückwirkung

Die Aufhebung einer Adoption wirkt nur für die Zukunft (§ 1764 Abs. 1 S. 1). Sie bewirkt das *Erlöschen* des Verwandtschaftsverhältnisses (und damit aller Rechtsbeziehungen) zu den Adoptiveltern und deren Verwandten (§ 1764 Abs. 2) und *zugleich ein Wiederaufleben* der Rechtsbeziehungen zu sämtlichen leiblichen Verwandten (§ 1764 Abs. 3).

Adoptionsaufhebung zu einem Elternteil

Wurde das Kind von einem Ehepaar adoptiert und die Adoption nur zu einem Adoptiv-Teil aufgehoben, so erlöschen die verwandtschaftsrechtlichen Beziehungen nur zu diesem Teil und dessen Verwandten (§ 1764 Abs. 5). Zu den leiblichen Verwandten des Kindes leben dann keine Rechtsbeziehungen wieder auf (§ 1764 Abs. 5). – Solche Fälle, in denen die Adoption nur zu einem Adoptivelternteil aufgehoben, zum anderen jedoch belassen wird, sind sicher selten. Sie setzen voraus, dass der andere Teil das Kind weiterhin genügend versorgen will und kann. Anlass könnte eine gegen das Kind begangene Straftat des einen Adoptiv-Elternteils mit der Folge sein, dass das Ehepaar sich getrennt hat. Aber auch hier ist zu überlegen, ob nicht Maßnahmen nach § 1666 genügen, weil durch eine Aufhebung der Adoption rechtliche Beziehungen nur noch zu einem Elternteil bestehen bleiben.

---

[551] Siehe dazu Seite 348.
[552] Vgl. Statistisches Bundesamt (siehe Fußnote 538, Tabelle 6) für das Jahr 2009 vom 4.8.2010.

b) Elterliche Sorge

Rückübertragung auf leibliche Eltern

Eine Ausnahme bildet jedoch die *elterliche Sorge*. Sie lebt nicht automatisch wieder auf (§ 1764 Abs. 3), kann aber vom FamG den leiblichen Eltern zurück übertragen werden, wenn und soweit dies dem Wohl des Kindes nicht widerspricht; anderenfalls bestellt das FamG einen Pfleger oder Vormund (§ 1764 Abs. 4). Vor seiner Entscheidung hat das FamG die leiblichen Eltern, das JA und auch das Kind selbst anzuhören (vgl. §§ 160 Abs. 1 S. 1, 192 Abs. 1, 194 Abs. 1 S. 1 FamFG).

Dieser individuellen Regelung der elterlichen Sorge bedarf es deshalb, weil genau überprüft werden muss, ob ein Kind nach so langer Zeit in seine alte Familie überhaupt noch integrierbar ist. Das wird wesentlich von der Einstellung der leiblichen Eltern und Geschwister – aber auch des Kindes selbst – abhängen, aber auch davon, ob in seiner leiblichen Familie überhaupt zumutbare Entwicklungsbedingungen für das Kind vorhanden sind. Denn es darf nicht außer Acht gelassen werden, welche Gründe damals zur Adoption führten. Haben sich jedoch die Verhältnisse positiv verändert, so ist immer anzustreben, das Kind in seiner leiblichen Familie aufwachsen zu lassen.

c) Namensführung

Familienname

Über die *Änderung des Familiennamens* nach der Aufhebung der Adoption enthält § 1765 besondere Bestimmungen. Danach verliert das Kind (und seine Abkömmlinge) grundsätzlich das Recht zur Führung des Familiennamens der ehemaligen Adoptiveltern (§ 1765 Abs. 1 S. 1 und 2) und erhält somit wieder den vor der Adoption geführten Namen (vgl. §§ 1616, 1617).

Von dieser Regelung gibt es jedoch zwei *Ausnahmen*:

- wenn die Adoption nur zu einem Adoptivelternteil aufgehoben wurde, behält es den Familiennamen, den es durch die Adoption erhalten hatte (§ 1765 Abs. 1 S. 2),
- wenn ein berechtigtes Interesse des Kindes an der Weiterführung des erworbenen Namens besteht, weil es damit eine starke Identität verbindet, kann das FamG auf Antrag des Kindes anordnen, dass es seinen Familiennamen weiterführen kann (§ 1765 Abs. 2 S. 1).

Vorname

Da die Namensänderung des § 1765 nur den Familiennamen betrifft (siehe dazu vorstehend), ändert sich durch die Aufhebung der Adoption der Vorname des Kindes nicht. Das gilt auch für den Fall, dass die Adoptiveltern gemäß § 1757 Abs. 4 Nr. 1 den ursprünglichen Vornamen des Kindes vom FamG hatten ändern lassen (siehe dazu Seite 349).

C. Adoption Volljähriger

Voraussetzung: „sittlich gerechtfertigt"

Eine Adoption Volljähriger ist nur zulässig, wenn dies „sittlich gerechtfertigt ist", was vor allem dann anzunehmen ist, wenn zwischen den Beteiligten bereits ein Eltern-Kind-Verhältnis besteht (§ 1767 Abs. 1). Dadurch soll insbesondere verhindert werden, dass jemand, der sich nicht scheiden lassen will, einem(r) Sexualpartner(in) eine gesicherte Rechtsposition verschafft.

Grundsätzlich keine Volladoption

Für Volljährigen-Adoptionen gelten zwar grundsätzlich sinngemäß die Bestimmungen der Minderjährigen-Adoption (§ 1767 Abs. 2), aber ihre Rechtswirkungen erstrecken sich grundsätzlich nicht auf die Verwandten der Adoptiveltern (§ 1770 Abs. 1 S. 1). Es erlöschen auch nicht die Rechtsbeziehungen zu der Ursprungsfamilie (§ 1770 Abs. 2). – Die Aufhebung dieser Adoption ist erleichtert möglich (vgl. § 1771).

Ausnahmen

Unter bestimmten Voraussetzungen kann das FamG aber auch eine Volladoption (vgl. Seite 347 ff.) aussprechen (§ 1772). Das ist aber nur in folgenden Fällen möglich:
- wenn die Adoptivbewerber minderjährige Geschwister des zu adoptierenden Volljährigen entweder bereits früher schon adoptiert haben oder gleichzeitig adoptieren wollen,
- der zu adoptierende Volljährige bereits als Minderjähriger in die Familie der Adoptionsbewerber aufgenommen worden war,
- bei Adoption volljähriger Kinder des Ehegatten (sog. Stiefkindadoption),
- wenn das Adoptivkind bei Eingang des Adoptionsantrags beim FamG noch minderjährig war.

In diesen Fällen ist die Aufhebung der Adoption erschwert (vgl. § 1772 Abs. 2).

Kapitel 10. Vormundschaft – Pflegschaft – Rechtliche Betreuung

Übersicht

A. Vorbemerkungen 358
B. Vormundschaft 359
C. Pflegschaft 368
D. Rechtliche Betreuung 370

A. Vorbemerkungen

Der letzte Abschnitt des Familienrechts des BGB befasst sich mit:

Vormundschaft – Rechtliche Betreuung – Pflegschaft
(§§ 1773–1895) (§§ 1896–1908i) (§§ 1909–1921).

Zielgruppen

Das erste Rechtsinstitut ist nur für Minderjährige (vgl. § 1773) und das zweite ausschließlich für Volljährige (vgl. § 1896) vorgesehen; Letzteres kommt für beide Personengruppen sowie für Ungeborene und auch für ein Vermögen in Betracht (vgl. §§ 1909, 1911, 1913; 1912; 1914).

Aufgaben

Vormundschaften für Minderjährige sowie Pflegschaften für Abwesende und unbekannte Beteiligte beinhalten die rechtliche Fürsorge sämtlicher Angelegenheiten (vgl. § 1793 bzw. §§ 1911 u. 1913). Die anderen Pflegschaften erfassen dagegen (generell) und Betreuungen (grundsätzlich) nur die Wahrnehmung bestimmter Angelegenheiten (vgl. §§ 1909 u. 1896).

Seit 1.9.2009 ist FamG zuständig

Seit Abschaffung des VG am 1.9.2009 ist das FamG für Vormundschaften zuständig (§§ 23a Abs. 1 S. 1 GVG; 1, 111 Nr. 2, 151 Nr. 4 FamFG).

Definitionen

Mündel

Minderjährige, die einen Vormund haben, werden als *Mündel* bezeichnet.

Pfleglinge

Personen, für die eine Pflegschaft besteht, bekommen einen Pfleger und werden *Pflegling* genannt.

Betreute

Volljährige, für die eine rechtliche Betreuung angeordnet wurde, erhalten vom Betreuungsgericht einen Betreuer und werden *Betreute* genannt.

B. Vormundschaft

I. Gegenstand und Grundsätze

Seit 1992 nur noch für Minderjährige

Zunächst war das Rechtsinstitut der Vormundschaft für Minderjährige und auch für Erwachsene vorgesehen, seit 1992 jedoch nur noch für Minderjährige. Seitdem ist die Vormundschaft ausschließlich die rechtliche Fürsorge für Minderjährige, deren Eltern die gesamte elterliche Sorge – oder zumindest die gesetzliche Vertretung – aus rechtlichen oder tatsächlichen Gründen nicht wahrnehmen können (§ 1773 Abs. 1). Die Vormundschaft ist also Ersatz für die elterliche Sorge. Daher sind die Aufgaben eines Vormunds dieselben wie die der Eltern (vgl. §§ 1793, 1800). Ein Vormund unterliegt aber einer stärkeren gerichtlichen Kontrolle (s. Seite 363 ff.).

Ersatz für elterl. Sorge

AnO und Bestellung durch das FamG

Eine Vormundschaft tritt grundsätzlich nicht *kraft Gesetzes* ein, sondern es bedarf hierzu einer ausdrücklichen *Anordnung* (§§ 1774, 1789) und dann noch einer konkreten *Bestellung* (§§ 1775, 1789) durch das FamG, das eine Abteilung des Amtsgerichts ist (§ 23b Abs. 1 GVG). Das Prinzip der Anordnung durch das FamG wird jedoch beim nichtehelichen Kind durchbrochen. Dort wird mit dessen Geburt kraft Gesetzes (= automatisch) das JA Vormund, wenn das Kind eines Vormundes bedarf (vgl. § 1791c iVbm § 1773).

Ausnahme ne. Kind

Beispiele: Die Mutter ist minderjährig, unbekannten Aufenthalts, geisteskrank oder verstorben und es liegt jeweils keine Sorge-Erklärung iSd § 1626a Abs. 1 Nr. 1 vor (s. dazu Seite 293 ff.), so dass der Vater keine elterliche Sorge besitzt.

Ernennung zum Vormund heißt Bestellung

Die Ernennung eines Vormundes durch das FamG wird als *„Bestellung"* bezeichnet (vgl. §§ 1775, 1789). Sie erfolgt „durch Verpflichtung zu treuer und gewissenhafter Führung" der Vormundschaft und zwar grundsätzlich „mittels Handschlags an Eides statt" (vgl. § 1789). Dabei erhält der Vormund eine Bestallungsurkunde, aus der der Mündel, der Vormund sowie Umfang und eventuelle Beschränkungen der Vormundschaft ersichtlich sein müssen (§ 1791). – Diese Bestimmungen gelten für die Vereins- und Amtsvormundschaft nicht (vgl. §§ 1791a Abs. 2, 1791b Abs. 2, 1791c).

Ergänzungen durch das SGB VIII

Aufgaben des JA

Das Vormundschaftsrecht des BGB wird durch das SGB VIII ergänzt, das insbesondere die Mitwirkung des JA bei der Auswahl von Vormündern, deren Beratung und Unterstützung sowie die Organisation und somit die verwaltungsmäßige Abwicklung der Vormundschaften durch das Jugendamt und seine Stellung und Aufgaben im Vormundschaftswesen regelt (vgl. die §§ 2 Abs. 3 Nr. 10 und 11, 53–58 SGB VIII).

II. In Betracht kommende Fälle

Minderjährige Kinder erhalten einen Vormund, wenn:

1. sie überhaupt nicht „unter elterlicher Sorge stehen" (§ 1773 Abs. 1) **Fehlende elterl. Sorge**

   Beispiele: Vollwaisen; Halbwaisen, wenn der andere Elternteil geisteskrank oder ihm die elterliche Sorge entzogen ist; beide Eltern sind geisteskrank; beiden Eltern ist die gesamte Ausübung der elterlichen Sorge entzogen worden – oder nur einem, aber dem anderen kann die Ausübung nicht überlassen werden.

2. die Eltern von der gesetzlichen Vertretung ausgeschlossen sind (§ 1773 Abs. 1). **Fehlende gesetzl. Vertretung**

   Beispiele: Minderjährige ledige Mutter (wenn keine Sorgeerklärung iSd § 1626a Abs. 1 Nr. 1 [s. dazu Seite 293 ff.] vorliegt); ein Elternteil ist minderjährig und der andere unbekannten Aufenthaltes

3. der Familienstand eines Kindes nicht ermittelt werden kann (= Findelkind, vgl. § 1773 Abs. 2). **Findelkind**
4. bei Adoptionen die elterliche Einwilligung hierzu erteilt wird und der andere Elternteil nicht sorgebefugt ist (§ 1751 Abs. 1) oder bei Aufhebung der Adoption im Falle des § 1764 Abs. 4 HS 2. **Adoptionen**

Anzeigepflicht

Damit gewährleistet ist, dass das FamG von der Notwendigkeit der Anordnung einer Vormundschaft Kenntnis erhält, sind die Standes- und Jugendämter sowie sämtliche Gerichte verpflichtet, einen der oben genannten Anordnungsgründe dem FamG mitzuteilen (vgl. §§ 168a Abs. 1 FamFG, 8a Abs. 3 S. 1 SGB VIII, 22a Abs. 1 FamFG).

III. Auswahl des Vormundes

1. Einzelvormundschaft

Einzelperson oder Ehepaar

Das BGB geht von der Einzelvormundschaft als der besten Vormundschaft aus (vgl. §§ 1775 S. 2, 1779 Abs. 2, 1887; 56 Abs. 4 SGB VIII). Da die Vormundschaft bei Minderjährigen einen Ersatz für die fehlende elterliche Fürsorge und Betreuung bieten soll, ist jedoch seit 1999 ausdrücklich vorgesehen, dass ein Ehepaar gemeinsam zu Vormündern bestellt werden kann (§ 1775 S. 1). Ansonsten soll das FamG für einen Mündel grundsätzlich nur eine Person zum Vormund bestellen; das gilt auch, wenn mehrere Geschwister einen Vormund benötigen; nur bei Vorliegen besonderer Gründe können mehrere Personen zum Vormund für einen Mündel bestellt werden (§ 1775 S. 2) – z.B. der eine für die Personensorge und der andere für die Vermögenssorge (jeweils mit gesetzlicher Vertretung). Die Auswahl einer geeigneten Persönlichkeit obliegt dem FamG nach Anhörung und entsprechendem Vorschlag des JA (vgl. §§ 1779 Abs. 1, 53 Abs. 1 SGB VIII). Dabei hat das FamG wegen des stets zu beachtenden Mündelinteresses nachfolgende Personen (in dieser Reihenfolge!) zu „berücksichtigen", d.h.: in erster Linie sie zu überprüfen, ob sie als Vormund geeignet sind (vgl. § 1779 Abs. 2): **Zu berücksichtigen sind vorrangig:**

a) Ehegatten als Vormund für ihre(n) minderjährige(n) Ehepartner(in) (§ 1778 Abs. 3). **Ehepartner**

   Hier ist allerdings besonders zu prüfen, ob dies wirklich dem Mündelinteresse entspricht.

Testamentarisch Berufene

b) Personen, die durch die sorgeberechtigten Eltern des Mündels testamentarisch benannt (= „berufen") wurden (vgl. §§ 1776, 1777, 1779 Abs. 1).
Sie dürfen nur unter den in § 1778 genannten Voraussetzungen übergangen werden.

Gesamtumstände

c) Ist niemand vorrangig zu berücksichtigen, soll das FamG zum Vormund die Person auswählen, die nach ihren persönlichen Verhältnissen, ihrer Vermögenslage sowie den sonstigen Umständen geeignet ist (§ 1779 Abs. 2 S. 1). Kommen im Einzelfall mehrere geeignete Personen als Vormund in Betracht, so sind bei der Auswahl der mutmaßliche Wille der Eltern, die Bindungen des Mündels, die Verwandtschaft oder Schwägerschaft mit dem Mündel sowie das religiöse Bekenntnis des Mündels zu berücksichtigen (§ 1779 Abs. 2 S. 2).

Vertrauen und Eignung

Die Regelung des BGB will erreichen, dass nach Möglichkeit nur Personen zum Vormund bestellt werden, die entweder das besondere Vertrauen der Eltern des Mündels genießen oder aufgrund verwandtschaftlicher Beziehungen bereit sind, ein solches Amt zu übernehmen. Gleichzeitig wird jedoch eindeutig klargestellt, dass oberster Gesichtspunkt bei der Auswahl eines Vormundes seine Eignung sein muss. Denn nur so kann gewährleistet werden, dass das Kindeswohl voraussichtlich gewahrt werden wird.

Übernahmepflicht

Eine zum Einzelvormund vorgesehene Person kann nur unter ganz bestimmten Voraussetzungen dieses „Amt" ablehnen (vgl. § 1786), da *„jeder Deutsche"* zur Übernahme einer Vormundschaft verpflichtet ist (vgl. § 1785) – sog. *bürgerliches Ehrenamt.* Bei unbegründeter Ablehnung droht *Schadensersatz und Zwangsgeld* bis zu 1000,– EUR (vgl. §§ 1787, 1788 BGB, Art. 6 EG StGB). Jedoch werden diese Bestimmungen (sinnvollerweise) kaum angewendet, weil es nicht zum Wohl der zu betreuenden Mündel sein kann, wenn jemandem dieses Amt aufgezwungen wird.

Ehrenamtliche Vormundschaft

Die Führung der Vormundschaft erfolgt grundsätzlich unentgeltlich (§ 1836 Abs. 1 S. 1). Aufwendungen, die ein Vormund zum Zwecke der Vormundschaft macht, kann er jedoch vom Mündel – und bei dessen Mittellosigkeit von der Staatskasse – ersetzt verlangen (§ 1835 Abs. 1 u. 3).

Aufwendungsersatz

Beispiele: bare Auslagen, Porto, Fahrt-, Rechtsanwalts-, Gerichtskosten etc.

Stattdessen Pauschale

Anstelle des Aufwendungsersatzes kann ein Vormund aber auch eine pauschale Aufwandsentschädigung (von jährlich maximal 323,– EUR) vom Mündel – und bei dessen Mittellosigkeit von der Staatskasse – verlangen (vgl. § 1835a Abs. 1 S. 1 iVbm § 22 JVEG).

Berufs-Vormund

Wenn ein Vormund die Vormundschaft berufsmäßig führt

wovon bei Führung von mehr als 10 Vormundschaften oder bei einem erforderlichen Zeitaufwand von mindestens 20 Wochen-Stunden kraft Gesetzes ausgegangen wird (vgl. § 1836 Abs. 1 S. 2 u. 3 iVbm § 1 Abs. 1 VBVG)

Vergütung möglich

oder dies in absehbarer Zeit zu erwarten ist, muss das FamG einem Vormund seit 1. 1. 1999 eine angemessene Vergütung bewilligen, die sich nach den für die Führung der Vormundschaft nutzbaren Fachkenntnissen des Vormundes sowie nach dem Umfang und der Schwierigkeit der vormundschaftlichen Geschäfte zu richten hat, d.h., der Stundensatz liegt zwischen 19,50 EUR (ohne besondere Fachkenntnisse), 25,– EUR (durch abgeschlossene Lehre oder vergleichbare abgeschlossene Ausbildung erworbene

Stundensätze

Fachkenntnisse) und 33,50 EUR (durch Hochschulabschluss oder vergleichbare Ausbildung erworbene Fachkenntnisse) – jeweils zuzüglich der sog. „Mehrwertsteuer" (vgl. § 3 Abs. 1 VBVG). – Soweit die besondere Schwierigkeit der vormundschaftlichen Geschäfte dies ausnahmsweise rechtfertigt, kann das FamG auch höhere als die oben aufgeführten Stundensätze bewilligen (§ 3 Abs. 3 S. 1 VBVG).

Erhöhung bei besonderer Schwierigkeit

Bei gemäß § 1836d *mittellosen* Mündeln können Berufsvormünder ihre Vergütungsansprüche an die Staatskasse richten (§ 1 Abs. 2 S. 2 VBVG). – Höhere Stundensätze können dann jedoch nicht bewilligt werden (vgl. § 3 Abs. 3 S. 2 VBVG). – In diesen Fällen gehen die Ansprüche der Vormünder auf die Staatskasse über, d.h., sie können dann 10 Jahre lang von ihr gegenüber den Mündeln – und in begrenztem Umfang auch gegenüber deren Erben – geltend gemacht werden (vgl. § 1836e).

Mittellose Mündel

Vergütungsansprüche erlöschen, wenn sie nicht binnen 15 Monaten nach ihrer Entstehung geltend gemacht werden; Verlängerung durch das FamG ist jedoch auf Antrag möglich (vgl. § 2 VBVG iVbm § 1835 Abs. 1a).

Erlöschen von Vergütungsansprüchen

2. Vereins- und Amtsvormundschaft

Außer der *Einzel*vormundschaft kennt das BGB noch die *Vereins*- und die *Amts*vormundschaft, und zwar in dieser Reihenfolge, d.h., diese kommen jeweils dann in Betracht, wenn die jeweils vorher genannte Art nicht zur Verfügung steht (vgl. §§ 1791a und 1791b).[553]

Subsidiaritätsprinzip

Von Vereinsvormundschaft spricht man, wenn ein vom LJA (vgl. §§ 70–72 SGB VIII) hierzu für geeignet erklärter (vgl. dazu § 54 SGB VIII) rechtsfähiger Verein (vgl. §§ 21 und 55 BGB) vom FamG zum Vormund bestellt wird (vgl. §§ 1791a, 1915). In Betracht kommen rechtsfähige Vereine, die sich der Jugendwohlfahrt annehmen, also vor allem die sog. *freien Wohlfahrtsverbände* wie Caritas, Diakonisches Werk (Innere Mission), Arbeiterwohlfahrt, Paritätischer Wohlfahrtsverband u.a. (vgl. dazu § 54 SGB VIII sowie die Ausführungsgesetze der Länder). – Die Vereinsvormundschaft kommt nur in Betracht, wenn eine als ehrenamtlicher Einzelvormund geeignete Person nicht zur Verfügung steht *oder* eine Berufung gemäß § 1776 vorliegt *und* der Verein (jeweils) zustimmt (§ 1791a Abs. 1 S. 2).

Vereinsvormundschaft

Bestellung durch FamG

*Amts*vormundschaft nennt man die vom JA ausgeübte Vormundschaft. Sie kann von Gesetzes wegen eintreten (siehe § 1791c und § 1751 Abs. 1 S. 2) oder vom FamG angeordnet werden, wenn weder eine als ehrenamtlicher Einzelvormund geeignete Einzelperson noch ein Verein (siehe dazu oben) als Vormund zur Verfügung steht (vgl. § 1791b Abs. 1). Man spricht daher von der *gesetzlichen* oder der *bestellten* Amtsvormundschaft.

Gesetzliche u. bestellte Amtsvormundschaft

Für die Vereins- sowie für die Amtsvormundschaft gelten grundsätzlich die Bestimmungen des BGB (§ 56 Abs. 1 SGB VIII), allerdings mit einigen *Sonderheiten*:

BGB gilt mit Sonderheiten

- So erfolgt die Bestellung (s. dazu Seite 358) nicht gemäß §§ 1789, 1791 BGB, sondern durch schriftliche Verfügung des FamG (vgl. §§ 1791a

Bestellung

[553] Bezüglich der Amtsvormundschaft ergibt sich das zwar nicht ausdrücklich aus §§ 1791b, 1887, jedoch aus der Gesetzesbegründung (BT-Drucks. 11/5948, S. 91) zu § 56 Abs. 4 SGB VIII, nach dem das JA jährlich zu prüfen hat, ob seine Entlassung als Amtspfleger/-vormund und die Bestellung einer Einzelperson oder eines Vereins angezeigt ist, und dies dem FamG mitzuteilen hat.

Abs. 2, 1791b Abs. 2); bei der gesetzlichen Amtsvormundschaft entfällt eine persönliche Bestellung ohnehin (vgl. § 1791c).

Ablehnung
- Das JA kann eine Vormundschaft nicht ablehnen (vgl. § 1791b), jedoch ein gemeinnütziger Verein (vgl. § 1791a Abs. 1 S. 2).

Gegenvormund
- Neben dem JA kann kein Gegenvormund bestellt werden (vgl. § 1792 Abs. 1 S. 2), jedoch neben dem Verein (vgl. § 1791a Abs. 4).

Befreiungen
- Darüber hinaus gelten für die Vereins- sowie die Amtsvormundschaft die Befreiungen des § 1857a sowie für das JA die gemäß § 56 Abs. 2 SGB VIII.

Durchführung der Vereinsvormundschaft
- Die freien Wohlfahrtsverbände bedienen sich bei der Führung der Vormundschaften ihrer einzelnen „Mitglieder" oder Mitarbeiter (§ 1791a Abs. 3 S. 1), d.h., idR ihrer Angestellten, die allerdings den Mündel nicht bereits in einem Heim des Verbandes betreuen dürfen (vgl. § 1791a Abs. 3 S. 1), weil den Mündel eine außenstehende Person betreuen (und überwachen) soll.

Aufwandsersatz u. Vergütung nicht möglich
- Dem JA und dem Verein können weder Aufwandsersatz noch Vergütungen bewilligt werden (vgl. §§ 1835a Abs. 5, 1836 Abs. 3).

Umwandlung der Amts- in Vereins-/ Einzelvormundschaft

Aus dem Prinzip der Einzelvormundschaft ergibt sich, dass eine Vereins- oder Amtsvormundschaft vom FamG in eine Einzelvormundschaft umzuwandeln ist, wenn nunmehr eine geeignete Einzelperson für den Mündel zur Verfügung steht (vgl. §§ 1887 Abs. 1 BGB, 56 Abs. 4 SGB VIII sowie Seite 359). Diese „Ablösungen" haben also jeweils durch das zuständige FamG zu erfolgen. Das JA hat dazu entsprechende Überprüfungen (in der Regel jährlich) vorzunehmen (vgl. § 56 Abs. 4 SGB VIII). – Das JA oder der freie Verband können die Umwandlung einer Amtsvormundschaft in eine Vereins- oder Einzelvormundschaft oder einer Vereins- in eine Einzelvormundschaft aber nur anregen (was die Regel ist), dies jedoch nicht etwa „selbst vornehmen".

IV. Wirkungskreis des Vormundes

Elterliche Sorge

Ein Vormund hat grundsätzlich dieselben Rechte und Pflichten, die die Eltern aufgrund ihrer elterlichen Sorge haben (vgl. §§ 1793, 1800, 1631), es sei denn, das FamG hat zugleich einen Pfleger oder einen Gegenvormund bestellt (§ 1794).

Beschränkungen

Bei der Ausübung der ihm übertragenen Befugnisse ist der Vormund jedoch nicht so frei wie die Eltern im Rahmen ihrer elterlichen Sorge, denn er wird stärker vom FamG überwacht. (Es kann hier – aus Platzgründen – nur auf die wesentlichen Beschränkungen hingewiesen werden.)

Genehmigungspflichtige Rechtshandlungen

Der Vormund bedarf bei folgenden Rechtshandlungen der Genehmigung des FamG:
- Ausbildungs- und Arbeitsverträgen über ein Jahr (§ 1822 Nr. 6 und 7),
- allen Ratenzahlungs- und Kredit-Verträgen (§ 1822 Nr. 8),
- Vergleichen oder Schiedsverträgen von mehr als 3000,– EUR (§ 1822 Nr. 12),
- Rechtsgeschäften, die einen Anspruch des Mündels mindern, aufheben oder begründen (§ 1822 Nr. 13).

Natürlich bedarf auch der Vormund in den Fällen der Genehmigung des FamG, in denen die Eltern diese benötigen (vgl. dazu §§ 1643, 1821, 1822 Nr. 1, 3, 5, 8–11; 1800 iVbm 1631b). Er ist auch bei denselben Rechtshandlungen von der Vertretung ausgeschlossen wie die Eltern (vgl. § 1795 u. § 1629 sowie Seite 305 f.).

Darüber hinaus ergeben sich für ihn bei der Vermögensverwaltung weitere Beschränkungen (vgl. die §§ 1802 bis 1820).

Selbstständigkeit

Im Übrigen übt der Vormund das ihm übertragene Amt selbstständig und frei aus, d.h.: nach pflichtmäßigem eigenen Ermessen.

V. Beratung und Überwachung des Vormundes

Ehrenamtliche Vormünder

Die ursprüngliche Annahme des BGB-Gesetzgebers, dass Vormundschaften aufgrund der allgemeinen Lebenserfahrung ohne besondere Vorkenntnisse problemlos ehrenamtlich ausgeübt werden können, hat sich schon lange als unzutreffend erwiesen. Denn hierfür ist neben einem nicht geringen Maß an erzieherischen Fähigkeiten auch eine gewisse Geschäftsgewandtheit und Gesetzeskenntnis erforderlich. Diese Voraussetzungen sind bei Privatpersonen, die zur Übernahme von Vormundschaften ja gesetzlich verpflichtet sind (vgl. § 1785), jedoch vielfach nicht vorhanden. Diesem Umstand trägt das SGB VIII besser Rechnung (als vormals das JWG), indem es Beratung und Unterstützung von Vormündern durch das JA in den Vordergrund stellt, allerdings deren Tätigwerden in Ausübung des staatlichen Wächteramtes (s. dazu Seite 259) auch vom JA kontrollieren lässt.

1. Beratung und Unterstützung des Vormundes durch das Jugendamt

Rechtsanspruch für Einzel- und Vereinsvormünder

Dem gewandelten Verständnis von Jugendhilfe entsprechend (= mehr Hilfe als Kontrolle oder gar Eingriff) haben Vormünder und Pfleger seit 1991 einen Rechtsanspruch auf regelmäßige und dem jeweiligen erzieherischen Bedarf der Mündel entsprechende Beratung und Unterstützung durch das JA (§ 53 Abs. 2 SGB VIII), in dessen Bereich sich die Pfleger oder Vormünder tatsächlich aufhalten (§ 87d Abs. 1 SGB VIII). Dies gilt gemäß § 53 Abs. 4 S. 2 SGB VIII auch für Vereinsvormundschaften (da nach diesem nur § 53 Abs. 3 SGB VIII nicht anwendbar ist). Darauf hat das FamG aufgrund seiner gesetzlichen Fürsorgepflicht (vgl. Gesetzesüberschrift vor §§ 1837 ff.) alle Vormünder bei ihrer Bestellung unbedingt hinzuweisen.

Aufgaben des JA

Die gesetzliche Betreuungspflicht des JA beinhaltet in erster Linie die individuelle Beratung und Unterstützung der einzelnen Vormünder in allen Erziehungsangelegenheiten (§ 53 Abs. 2 SGB VIII). Hierzu gehört aber auch, ihnen bei Rechtsangelegenheiten zu helfen, und zwar angefangen von der Erteilung von Rechtsauskünften (z.B. vor und nach Abschluss von Verträgen) bis hin zum Abfassen von Anträgen und Gesuchen oder der Abwehr von geltend gemachten Ansprüchen Dritter. Des Weiteren ergibt sich aus dieser Betreuungspflicht des JA, für Vormünder Info- und Merkblätter (über ihre gesetzlichen Rechte und Pflichten ebenso wie über Grundsätze pädagogisch sinnvollen Handelns) sowie Schulungs- und Fortbildungsveranstaltungen anzubieten. Diesbezügliche Pflichtverletzung des JA kann evtl. Haftung des Trägers der öffentlichen Jugendhilfe nach § 839 BGB, Art. 34 GG auslösen.

Entsprechende Ausstattung nötig

Ob – und wie – die JÄ diese wichtigen Aufgaben erfüllen können, hängt ganz wesentlich von ihrer personellen (genügend Fachkräfte) wie materiellen (entsprechende Mittel) Ausstattung ab. Dabei ist auch die Festlegung der sog. *Fallzahlen* von entscheidender Bedeutung. Anderenfalls besteht die Gefahr, dass diese wichtige Jugendamtsaufgabe nur standardisiert (und vor allem nur am Rande) und damit wenig effektiv bewältigt werden kann.

2. Einflussnahmemöglichkeiten des Jugendamtes

Wächteramt

Das JA hat darauf zu achten, dass die Vormünder für die Person der Mündel, insbesondere ihre Erziehung und Pflege, Sorge tragen (§ 53 Abs. 3 S. 1 SGB VIII). Wenn das JA feststellt, dass bei (oder: trotz) der Betreuung im Personensorgebereich Probleme oder gar Mängel auftreten, so ist das JA berechtigt und zugleich verpflichtet, im Einvernehmen mit dem Vormund auf deren Behebung hinzuwirken (§ 53 Abs. 3 S. 2 SGB VIII). Das bedeutet, dass nach eingehender Besprechung der konkreten Situation mit allen Beteiligten (Minderjährigen, Eltern, Vormund, Dritten) zusammen zu überlegen ist, wie am besten Abhilfe geschaffen werden kann. Dabei sind u.U. auch andere Fachdienste (z.B. ASD, Ehe-, Familien-, Drogen-Beratungsstellen), die Schule, sonstige Ausbildungsstätte, der Arbeitgeber etc. einzubeziehen sowie evtl. konkrete Jugendhilfeleistungen anzubieten. Dabei kann aber *alles nur Angebotscharakter* haben, ist vor allem nur mit Einverständnis des Vormunds sowie der sonstigen Personensorge-Berechtigten möglich. Auch besitzt das JA hierdurch kein Zutrittsrecht zu den betreffenden Minderjährigen, noch weniger eigene Entscheidungs-, Weisungs- oder gar Eingriffsbefugnisse, es sei denn, es sind die Voraussetzungen der §§ 42 Abs. 1 S. 1 oder Abs. 1 S. 2 HS 2 SGB VIII erfüllt und dadurch eine Handlungsnotwendigkeit gegeben (s. dazu Seite 102 ff.). – Zur Benachrichtigung des FamG bei nicht erfolgter Mängelbehebung s. unter 4.

Grundsätzlich ohne Befugnisse

3. Berichtspflicht des Jugendamtes[554]

Umfasst gesamte Personensorge

Das SGB VIII hat für das JA eine allgemeine Berichtspflicht eingeführt, die sich auf die gesamte Situation im Personensorgebereich der betreffenden Minderjährigen zu erstrecken hat (vgl. § 53 Abs. 3 S. 4 SGB VIII). Über den konkreten Inhalt sowie die Häufigkeit der Berichte entscheidet das JA in eigener Verantwortung, sofern nicht die Voraussetzungen des § 53 Abs. 3 S. 3 oder 5 SGB VIII erfüllt sind. Es wird dabei wohl eine regelmäßige (d.h., mindestens alljährliche) eingehende Information über die gesamten Lebensumstände der Minderjährigen erforderlich sein.

JA entscheidet eigenverantwortlich

4. Mitteilungen des Jugendamtes an das Familiengericht

Bei Scheitern von Problemlösungen

Wenn der Versuch einer konkreten Problemlösung nach § 53 Abs. 3 S. 2 SGB VIII seitens des JA scheitert (aus welchen Gründen auch immer), ist das JA verpflichtet, dies dem FamG mitzuteilen (§ 53 Abs. 3 S. 3 SGB VIII), damit dieses überlegen kann, ob z.B. Maßregeln gemäß § 1846 oder eine Ablösung des Vormunds erforderlich ist. Hierzu sollte das JA als kompetente Fachbehörde bereits Stellung beziehen und gegebenenfalls entsprechende Vorschläge unterbreiten.

Bei Gefährdung des Kindeswohls

Bei konkreten Kindeswohlgefährdungen (s. dazu Seiten 311 ff.) ergibt sich diese Mitteilungspflicht des JA aus § 8a Abs. 3 S. 1 SGB VIII.

[554] Bei Vereinsvormundschaften entfällt diese (§ 53 Abs. 4 S. 2 SGB VIII).

Im Vermögenssorgebereich besteht für das JA gegenüber Vormündern keine ausdrückliche Beratungspflicht oder Einflussmöglichkeit. Das JA hat hier lediglich gemäß § 53 Abs. 3 S. 4 SGB VIII eine Mitteilungspflicht gegenüber dem FamG, falls es (irgendwie) Kenntnis von einer Vermögensgefährdung eines Mündels erfährt, weil dann ein Tätigwerden des FamG gemäß § 1666 Abs. 1 S. 1 iVbm § 1667 in Betracht kommen kann (siehe dazu Seite 283).

Vermögens-gefährdung

5. Fürsorge und Aufsicht des Familiengerichts

Das FamG hat gegenüber Vormündern ebenfalls eine allgemeine Beratungs- und Unterstützungspflicht (vgl. § 1837 Abs. 1). Diese ergibt sich auch aus der Fürsorgepflicht des FamG gegenüber den Vormündern (vgl. Gesetzesüberschrift vor den §§ 1837 ff.) sowie aus der für Vormünder gemäß § 1800 vorgesehenen entsprechenden Anwendung von § 1631 Abs. 3 (vgl. dazu Seite 265 f.).

Beratung und Unterstützung

Darüber hinaus hat das FamG über die gesamte Tätigkeit des Vormundes Aufsicht zu führen und gegen Pflichtwidrigkeiten durch geeignete Gebote und Verbote einzuschreiten (§ 1837 Abs. 2). Dabei kann es seine Anordnungen (nach vorheriger Androhung) notfalls durch Zwangsgeld bis zu 25 000,– EUR (je Einzelfall) durchsetzen (vgl. § 1837 Abs. 3 BGB, § 35 FamFG) oder den Vormund entlassen (§ 1886).

Aufsicht, Gebote, Verbote
Zwangsgeld
Entlassung

Die Überwachungspflicht des FamG ist also viel weit gehender als bei den Eltern und führt ohne die Voraussetzungen der §§ 1666 bis 1667 zu einer Beschränkung der Ausübung der Befugnisse des Vormunds. Das erklärt sich zum einen daraus, dass das Elternrecht ja als Grundrecht in der Verfassung verankert wurde (Art. 6 GG), zum anderen folgt dies auch aus der Haftung der Familienrichter (vgl. Art. 34 GG, § 839). Sie müssen somit die erleichterte Möglichkeit der Überprüfung einzelner Handlungen des Vormundes (sowie seiner Befugnisse insgesamt) haben.

Überwachungspflicht des FamG

Haftung des FamG

Damit der Richter seine Überwachungspflicht überhaupt erfüllen kann, ist der Vormund (ebenfalls im Gegensatz zu den Eltern) jederzeit zur Auskunft über die persönlichen Verhältnisse des Mündels sowie über die Führung der Vormundschaft verpflichtet (§ 1839). Außerdem hat der Vormund mindestens einmal jährlich über die Vermögensverwaltung Rechnung zu legen (§ 1840).

Auskunftspflicht des Vormundes

Auch hier gilt, dass das FamG bei Verweigerung dieser Pflichten in jedem Einzelfall bis zu 25 000,– EUR Zwangsgeld auferlegen (§ 1837 iVbm § 35 Abs. 3 FamFG) kann. Dabei ist zu überprüfen, ob dann nicht zusätzlich eine Beschränkung der Personen- und/oder der Vermögenssorge (und hierfür Pflegerbestellung, vgl. §§ 1837 Abs. 3, 1909) oder gar die Entlassung des Vormundes (vgl. dazu § 1886) erfolgen muss. Von Letzterem wäre allerdings abzusehen, wenn zum Vormund besonders gute persönliche Beziehungen bestehen (z.B. bei Aufnahme in dessen Familie).

Bei Verweigerungen: Zwangsgeld, Pfleger oder Entlassung

Bei entstehenden Schäden haften Vormund und Gegenvormund dem Mündel gem. § 1833 für jede Art des Verschuldens (vgl. hierzu § 276). Sie haben also nicht nur für die Sorgfalt „wie in eigenen Angelegenheiten“ (vgl. dazu § 277) einzustehen, wie das bei Eltern gegenüber ihren Kindern nur der Fall ist (vgl. § 1664 sowie Seite 284).

Vormünder haften intensiver als Eltern

VI. Befreite Vormundschaft

Bei testamentarisch Berufenen

Da bei besonderer Vertrauenswürdigkeit eines Vormundes die strengen Vorschriften, die an die Ausübung seines Amtes gebunden sind, und die zu nicht unerheblichen Beschränkungen seines Amts führen, unnötig sein können, sieht das Gesetz gewisse „Lockerungen" vor. Sie treten aber beim Einzelvormund niemals automatisch ein, müssen vielmehr testamentarisch von den Eltern eingeräumt worden sein (vgl. §§ 1852, 1855, 1856, 1777).

Voraussetzung ist, dass den Eltern zurzeit ihres Todes die elterliche Sorge zustand (§§ 1856 S. 1, 1777 Abs. 1) und sie eine bestimmte Person in ihrem Testament zum Vormund benannt haben (§§ 1852 Abs. 1, 1853, 1855).

Zulässige Befreiungen

Zulässig sind folgende testamentarische Befreiungen:
- Ausschluss der Bestellung eines Gegenvormundes (§ 1852 Abs. 1);
- Befreiung von der Pflicht der regelmäßigen Rechnungslegung (§ 1840) – mit Ausnahme der Schlussrechnung (§ 1854);
- Verpflichtung eines Teiles der sog. mündelsicheren Anlegung von Geld (vgl. §§ 1810, 1809, 1812) kann erlassen werden (§ 1852 Abs. 2);
- die Hinterlegung von Inhaber- und Orderpapieren (§ 1853).

Aufhebung durch das FamG

Diese von den Eltern angeordneten Befreiungen können jedoch vom FamG aufgehoben werden, wenn sie die Interessen des Mündels gefährden würden (§ 1857).

Bei Vereins- und Amtsvormundschaft stets Befreiungen

Die Amts- und Vereinsvormundschaft sind stets befreite Vormundschaften im Sinne der §§ 1852 bis 1854 (vgl. § 1857a). Bei der Vereinsvormundschaft kann jedoch ein Gegenvormund bestellt werden (meist das JA), bei der Amtsvormundschaft dagegen nicht (vgl. § 1792 Abs. 1 S. 2). – Für das JA bestehen weitere Befreiungen, die durch das jeweilige Landesrecht noch erweitert werden können (vgl. § 56 Abs. 2 SGB VIII).

VII. Ende der Vormundschaft

Endet grundsätzlich ohne Aufhebung

Die Vormundschaft endet mit dem Wegfall der zu ihrer Begründung führenden Voraussetzungen, ohne dass (grundsätzlich) ein gesonderter Aufhebungsakt erforderlich ist (§ 1882).

In Betracht kommen folgende Fälle:
- Volljährigkeit des Mündels,
- Tod, Todeserklärung oder Feststellung der Todeszeit (§ 1884 Abs. 2) des Mündels,
- Eintritt oder Wiedereintritt der elterlichen Sorge.

Beispiele: Die minderjährige Mutter wird volljährig; die Feststellung des Ruhens ihrer elterlichen Sorge wird aufgehoben; der Mündel wird adoptiert; sein Familienstand wird ermittelt.

Ausnahmen

Bei Verschollenheit des Mündels endigt die Vormundschaft aber erst, wenn das FamG deren Aufhebung anordnet (vgl. § 1884).

Amtsende erst durch Entlassung

Von der Beendigung der Vormundschaft ist zu trennen die Beendigung des Amtes des einzelnen Vormunds, das entsprechend dem Bestellungsprinzip (s. dazu Seite 358) grundsätzlich der Entlassung durch das FamG bedarf. Eine Entlassung des Vormundes kommt in Betracht:

Entlassungsgründe

- wegen pflichtwidrigen Verhaltens (§ 1886),
- wenn ein Untauglichkeitsgrund gemäß § 1781 eintritt (§ 1886),
- bei Vereins- und Amtsvormundschaften, wenn eine geeignete Einzelperson die Vormundschaft fortführen könnte (§ 1887),
- wenn eine dienstliche Hinderung eines zum Vormund bestellten Beamten oder „Religionsdieners" eintritt (vgl. § 1888),
- auf Antrag des Vormundes, wenn er einen wichtigen Grund hierfür hat; das gilt auch für den Verein, nicht aber für das JA, es sei denn, ein geeigneter Einzelvormund könnte die Vormundschaft fortführen (vgl. § 1889).

Pflichten bei Amtsende

Nach Beendigung seines Amtes hat der Vormund das verwaltete Vermögen herauszugeben und über die Verwaltung Rechnung zu legen (§ 1890), was vom FamG zu überprüfen ist (§ 1892).

Zusammenfassung

- Vormundschaften bestehen seit 1992 nur noch für Minderjährige; sie haben die gesamte elterliche Sorge zum Inhalt (§§ 1793, 1800, 1631).
- Sie kommen in Betracht bei Findelkindern und bei Minderjährigen, die nicht unter elterlicher Sorge stehen oder keinen gesetzlichen Vertreter haben (§ 1773) sowie bei Adoptionen gemäß §§ 1751 Abs. 1, 1764 Abs. 4 HS 2.
- Sie bedürfen grundsätzlich der AnO und Bestellung (Ausnahme: nichteheliche Kinder) durch das FamG (§§ 1774, 1775 bzw. 1791c).
- Reihenfolge der Vormunds-Auswahl durch das FamG: Ehepaar, Einzelperson, Verein (= Wohlfahrtsverband), JA (vgl. §§ 1779, 1887, 1791a, 1791b).
- FamG beaufsichtigt die Vormünder (vgl. §§ 1821, 1822, 1837 ff.); Befreiungen bestehen für Verein und JA (§ 1857a).
- Vormundschaften enden automatisch mit Wegfall ihres Anlasses (§ 1882) – das Vormundsamt jedoch erst mit Entlassung durch das FamG.

C. Pflegschaft

I. Gegenstand und Zielsetzung

Die Pflegschaft ist eine Unterart der Vormundschaft. Sie hat – wie die Vormundschaft – eine unter staatlicher Aufsicht ausgeübte Fürsorgetätigkeit zum Inhalt. Während die Vormundschaft alle Angelegenheiten einer Person umfasst, betrifft eine Pflegschaft idR nur einzelne (oder einen Kreis von bestimmten) Angelegenheiten. (Sie kann jedoch im Falle des § 1909 Abs. 3 auch sehr umfassend sein.)

Begrenzte Vormundschaft

Die Pflegschaft dient im Wesentlichen der Ergänzung und Erweiterung des elterlichen oder vormundschaftlichen Schutzes. Sie ist somit eine Vormundschaft mit begrenztem Umfang, d.h. für diejenigen Angelegenheiten, die entweder die Eltern oder der Vormund oder die Person selbst aus rechtlichen oder tatsächlichen Gründen nicht vornehmen können oder sollen. Dabei ist der Umfang der Pflegschaft (mit Ausnahme der gesetzlichen Amtspflegschaft des JA gemäß § 1751 Abs. 1 S. 2) – im Gegensatz zur Vormundschaft (vgl. §§ 1793, 1800, 1897, 1901) – nicht gesetzlich festgelegt, sondern jeweils bei der Bestellung des Pflegers durch das FamG zu bestimmen.

FamG legt Umfang fest

Anwendung des Vormundschaftsrechts

Wegen der Ähnlichkeit mit der Vormundschaft finden auf die Pflegschaft weit gehend die Vormundschaftsvorschriften entsprechende Anwendung (§ 1915 Abs. 1). Es bestehen jedoch vor allem folgende Sonderheiten:

Sonderheiten

- Bei Ergänzungspflegschaften (vgl. § 1909 sowie unten III.) ist keine Berufung durch die Eltern (§§ 1776–1778) möglich (§ 1916), weil hier der Pfleger meist gerade Interessen gegen die Eltern zu vertreten hat.
- Die Bestellung eines Gegenvormundes ist nicht erforderlich (§ 1915 Abs. 2), aber möglich.
- Bezüglich der Beendigung einer Pflegschaft gelten ebenfalls Sonderheiten (vgl. §§ 1918, 1919).
- Seit 1.9.2009 ist für Pflegschaften für Minderjährige oder für eine Leibesfrucht das FamG, für alle anderen Pflegschaften jedoch das seitdem geschaffene (vgl. § 23 c GVG) *Betreuungsgericht* zuständig (§ 1915 Abs. 1 S. 3).

II. Praxisrelevante Pflegschaftsarten

In der Praxis der SA/SP spielen vor allem Ergänzungspflegschaften für Minderjährige eine Rolle und sollen daher besprochen werden. Weitere Pflegschaften sind möglich für:

eine Leibesfrucht (§ 1912), Abwesende (§ 1911), unbekannte Beteiligte (§ 1913), Nachlässe (§ 1960 ff.), Sammelvermögen (§ 1914), als besondere Verfahrensvertreter (z.B. in Personensorge-, Adoptions-, Betreuungs- und Unterbringungsverfahren gemäß den §§ 158, 191, 317 FamFG).

Seit 1998 für ne. Ki. Beistandschaft statt Amtspflegschaft des JA

Die früher für nichteheliche Kinder bestehenden gesetzlichen Amtspflegschaften des JA sind seit 1.7.1998 weggefallen. Sie wurden durch freiwillige Beistandschaften ersetzt (vgl. §§ 1712–1717 sowie Seite 287 ff.).

III. Pflegschaft für Minderjährige

Voraussetzungen

Tatsächl. Verhinderung

Sie kommt bei Minderjährigen in Betracht, wenn Eltern oder ein Vormund aus tatsächlichen oder rechtlichen Gründen an der Besorgung bestimmter Angelegenheiten verhindert sind (§ 1909 Abs. 1 S. 1).

Beispiele: Unfälle, schwere Erkrankungen, Abwesenheit

(Bei lang andauernden Fällen ist jedoch gemäß § 1674 vorzugehen und dann ein Vorgehen gemäß § 1693 oder Vormundbestellung nötig.)

Rechtl. Verhinderung

Sorgerechtsbeschränkungen gem. §§ 1666, 1666a, 1667, 1796, 1801 Abs. 1, gesetzliche Vertretungsverbote gem. §§ 1629 Abs. 2, 1795; Verfahren gem. §§ 158, 191, 317 FamFG, 52 Abs. 2 StPO.

Erforderlichkeit

Anzeigepflicht

FamG ermittelt von Amts wegen

Die Bestellung eines Ergänzungspflegers setzt ein konkretes Bedürfnis zur Besorgung einer oder bestimmter Angelegenheiten voraus, an deren Erledigung Eltern oder Vormund verhindert sind (arg.: „erforderlich" in § 1909 Abs. 2). Sie haben dies dem FamG unverzüglich „mitzuteilen" (§ 1909 Abs. 2). Anzeigepflicht haben auch: JA (§ 8a Abs. 3 S. 1 SGB VIII) sowie jedes Gericht (§ 22a Abs. 1 FamFG). Das FamG hat dann vAwg zu ermitteln (§ 26 FamFG). Das gilt nach pflichtgemäßem Ermessen auch dann, wenn andere Personen oder Institutionen (Verwandte, Nachbarn, Pflegefamilie, Arzt, Krankenhaus, Schule, JA etc.) das FamG in Kenntnis setzen.

Wirkungskreis des Pflegers

Der Wirkungskreis des Pflegers ergibt sich aus seiner Bestallungsurkunde (vgl. zu dieser: §§ 1915, 1791), erstreckt sich also nur auf die darin bezeichneten Angelegenheiten. Insoweit ist dann das Sorgerecht der Eltern oder des Vormundes eingeschränkt (vgl. §§ 1630 Abs. 1, 1794).

Beendigung

Ergänzungspflegschaften (nach § 1909) enden kraft Gesetzes (= automatisch) mit der Erledigung der betr. Angelegenheiten (§ 1918 Abs. 3), spätestens mit Beendigung der elterlichen Sorge oder Vormundschaft (§ 1918 Abs. 1). Bei Wegfall des Anordnungsgrundes bedarf es dagegen der Aufhebung durch das FamG (§ 1919), wie das z.B. bei Verfahrenspflegschaften (vgl. oben II.) der Fall ist.

Ersatzpflegschaft

Einen Sonderfall stellt die sog. Ersatzpflegschaft nach § 1909 Abs. 3 dar, die dann (vAwg) anzuordnen ist, wenn die Vormundschaftsvoraussetzungen (= § 1773) zwar vorliegen, der Vormundbestellung aber noch Hindernisse entgegenstehen (z.B. Überprüfung berufener Personen schwierig; Weigerung, Amt zu übernehmen o.ä.) und schon ein Bedürfnis nach rechtlicher Fürsorge besteht.

Zusammenfassung

- Pflegschaften sind begrenzte Vormundschaften.
- Für Minderjährige sind sie vorgesehen, wenn Sorge-Inhaber partiell aus tatsächlichen oder rechtlichen Gründen ausfallen (§ 1909), oder wenn Kindesinteressen dies erfordern.
- Der Wirkungskreis eines Pflegers ergibt sich aus seiner Bestallungs-Urkunde. Er beschränkt insoweit die Eltern oder den Vormund (§§ 1630 Abs. 1, 1794),
- Auf Pflegschaften findet generell Vormundschafts-Recht Anwendung (§ 1915).
- Die gesetzlich automatisch eintretende Zwangs-Pflegschaft des JA für sämtliche nichteheliche Kinder (vgl. § 1709 aF) wurde am 1.7.1998 durch die freiwillige Beistandschaft ersetzt (vgl. §§ 1712 ff. n.F. sowie Seite 292 ff.).

D. Rechtliche Betreuung

Seit 1992

Die Rechtsstellung psychisch Kranker sowie (geistig, körperlich oder seelisch) Behinderter, insbesondere die alter, gebrechlicher Menschen, war reformbedürftig. Das seit dem 1.1.1992 geltende Betreuungsgesetz (BtG) hatte daher die (fast nur) vermögensorientierten Rechtsinstitute der Erwachsenen-Vormundschaft und der Gebrechlichkeitspflegschaft durch das weitaus stärker personenbezogene Rechtsinstitut der „Betreuung“[555] ersetzt (vgl. §§ 1896–1908i), für das das seit Auflösung des VG am 1.9.2009 geschaffene *Betreuungsgericht* zuständig ist (§ 23c GVG).

Die wichtigsten Grundsätze

Da die Darstellung des Jugendrechts im Mittelpunkt dieses Buches steht, können nachfolgend nur die zentralen Regelungen des Betreuungsrechts kurz skizziert werden:

Keine Entmündigung mehr vorgesehen

1. Die Entmündigung ist 1992 weggefallen, da die damit zwangsweise verbundene Entrechtung zunehmend als unnötig stigmatisierend und auch als diskriminierend empfunden worden war.

[555] Seit 1999 heißt dieses Rechtsinstitut (weniger missverständlich) „*Rechtliche* Betreuung“.

Rechtliche Betreuung statt Vormundschaft und Pflegschaft

2. Vormundschaft und Gebrechlichkeitspflegschaft für Volljährige sind *seitdem* entfallen und stattdessen sind *rechtliche Betreuungen* vorgesehen (vgl. §§ 1896 ff.). Sie kommen in Betracht, wenn *Volljährige* wegen psychischer Krankheit oder körperlicher, geistiger oder seelischer Behinderung ihre Angelegenheiten ganz oder z.T. (nicht allein oder überhaupt nicht) besorgen können – und zwar generell nur auf deren Antrag und nie gegen ihren *freien* Willen (§ 1896 Abs. 1 u. 1a).

Geschäftsfähigkeit bleibt bestehen

3. Die Bestellung von Betreuern schränkt die Betreuten grundsätzlich nicht bei der Teilnahme am Rechtsverkehr ein (oder schließt sie gar aus). Das gilt auch bezüglich der Ehe- und Testierfähigkeit.

Ausnahmen: Einwilligungsvorbehalt

Nur wenn zur Abwendung erheblicher Gefahr für Person oder Vermögen des Betreuten gerichtlich die Einwilligung des Betreuers angeordnet worden ist, werden Betreute insoweit rechtsgeschäftlich eingeschränkt (vgl. § 1903 Abs. 1). –

Geisteskrankheit

Außerdem besteht weiterhin die sog. „natürliche" Geschäftsunfähigkeit (§ 104 Nr. 2) mit der Folge des § 105.

Einheitliches Verfahrensrecht

4. Für alle mit einer Betreuung zusammenhängenden Verfahren ist seit 1.9.2009 das durch das *FGG-Reformgesetz* geschaffene *Betreuungsgericht* (vgl. § 23c GVG) zuständig (2. Instanz: LG, 3. Instanz: OLG mit Divergenzmöglichkeit zum BGH). Es bestehen einheitliche Verfahrensvorschriften (vgl. §§ 271 – 311 FamFG), die die Rechtsposition der Betroffenen gegenüber dem früheren Recht verbessert haben, insbesondere stets deren Verfahrensfähigkeit anerkennen (§ 275 FamFG).

Betreuerkreis

5. Betreuer sollen (ohne Rangfolge) eine oder mehrere Einzelpersonen werden (vgl. §§ 1897–1899), d.h. *ehrenamtliche* oder *berufliche* (= freiberuflich oder als Mitarbeiter anerkannter Betreuungsvereine oder einer Betreuungsbehörde). Dabei sind vom Betreuten als Betreuer vorgeschlagene[556] Personen zu bestellen, wenn es dem Wohl des Betreuten nicht zuwiderläuft; auf Vorschläge des Betreuten, bestimmte Personen nicht zum Betreuer zu bestellen, soll Rücksicht genommen werden (siehe dazu § 1897 Abs. 4). Die in § 1897 Abs. 3 genannten Personen sind jedoch – ausnahmslos – von der Bestellung zum Betreuer ausgeschlossen. – Erscheint durch Einzelpersonen keine hinreichende Betreuung gesichert, so bestellt das Betreuungsgericht einen anerkannten Betreuungsverein oder (nachrangig) die *Betreuungsbehörde* zum Betreuer (vgl. § 1900 Abs. 1 u. 4 sowie §§ 1–9 Betreuungsbehördengesetz).

Persönliche Betreuung

Betreuer müssen zur Besorgung der vom Betreuungsgericht festgelegten Angelegenheiten sowie zur persönlichen Betreuung der Betroffenen im erforderlichen Umfang geeignet sein, wozu bei der erstmaligen Bestellung die Betreuungsbehörde angehört werden soll (vgl. § 1897 Abs. 1 u. 7). Betreuer müssen dazu beitragen, dass Möglichkeiten genutzt werden, die Krankheit oder Behinderung des Betreuten zu beseitigen, zu bessern, ihre Verschlimmerung zu verhüten oder ihre Folgen zu mildern (§ 1901 Abs. 4 S. 1).

Eigene Lebensgestaltung

6. Bei Bestellung, Aufgabenzuweisung und Genehmigungshandlungen der Betreuer sind grundsätzlich Wille und Wünsche der Betreuten sowie stets die konkrete Erforderlichkeit zu beachten (vgl. §§ 1896 Abs. 2, 1897 Abs. 4, 1901 Abs. 2, 3), damit die Betreuten im Rahmen ihrer Fähigkeiten ihr Leben nach eigenen Vorstellungen gestalten können (vgl. § 1901 Abs. 2 S. 2).

---

[556] Z.B. in einer sog. Betreuungsverfügung.

Ärztliche Behandlungen

7. Untersuchungen, Heilbehandlungen, ärztliche Eingriffe dürfen nur mit Zustimmung der Betroffenen vorgenommen werden, wobei nach st. Rspr. die sog. „natürliche" Einsichtsfähigkeit genügt. Durch das BtG wurde daher nur festgelegt, dass Betreuer oder Bevollmächtigte in risikoreiche Heilbehandlungen nur mit Genehmigung des Betreuungsgerichts einwilligen können (§ 1904).

Berücksichtigung von Patientenverfügungen

Wenn ein einwilligungsfähiger Volljähriger für den Fall seiner späteren Einwilligungsunfähigkeit schriftlich festgelegt hat, ob er in künftige bestimmte ärztliche Untersuchungen, Heilbehandlungen oder Eingriffe einwilligen oder sie untersagen will (sog. *Patientenverfügung*), muss der Betreuer prüfen, ob diese Festlegungen auf die aktuelle Lebens- und Behandlungssituation zutreffen (§ 1901a Abs. 1 S. 1). Ist dies der Fall, muss der Betreuer dem Willen des Betreuten Ausdruck und Geltung verschaffen (§ 1901a Abs. 1 S. 2). Liegt keine oder eine unvollständige oder eine mangels Schriftform ungültige Patientenverfügung vor oder treffen die Festlegungen einer solchen nicht auf die aktuelle Lebens- und Behandlungssituation zu, so muss der Betreuer die Behandlungswünsche oder den mutmaßlichen Behandlungswillen des Betreuten feststellen und dann auf dieser Grundlage entscheiden, ob er in eine ärztliche Maßnahme nach § 1901a Abs. 1 einwilligt oder sie untersagt (§ 1901a Abs. 2 S. 1). Das gilt auch dann, wenn dadurch der Tod des Betreuten herbeigeführt wird, da der frei verantwortlich gefasste Wille eines Menschen in allen Lebenslagen beachtet werden muss und eine *Weiterbehandlung gegen seinen Willen* somit *rechtswidrig* ist.[557] Dabei ist unabhängig von Art und Stadium einer Erkrankung des Betreuten stets dessen mutmaßlicher Behandlungswille aufgrund konkreter Anhaltspunkte zu ermitteln, wobei frühere mündliche oder schriftliche Äußerungen, ethische oder religiöse Überzeugungen und sonstige persönliche Wertvorstellungen des Betreuten zu berücksichtigen sind (vgl. § 1901a Abs. 2 S. 2 u. 3, Abs. 3).

Sterilisation

8. Die Sterilisation Volljähriger[558] ist nur noch zur Abwendung von Notlagen für die Schwangere zulässig, wenn

- die Betreuten einwilligungsunfähig sind und auf Dauer bleiben werden,
- die Sterilisation dem Willen der Betreuten nicht widerspricht,
- anzunehmen ist, dass es ohne die Sterilisation zu einer Schwangerschaft kommen würde,
- infolge dieser Schwangerschaft eine Gefahr für das Leben oder die Gefahr einer schwerwiegenden Beeinträchtigung des körperlichen oder seelischen Gesundheitszustands der Schwangeren zu erwarten wäre, die nicht auf zumutbare Weise abgewendet werden könnte, und
- die Schwangerschaft nicht durch andere zumutbare Mittel verhindert werden kann

(vgl. § 1905 Abs. 1). Nur wenn sämtliche vorstehenden Voraussetzungen erfüllt sind, kommt eine Einwilligung des Betreuers sowie die Genehmigung des Betreuungsgerichts in Betracht und eine Sterilisation darf erfolgen. Anderenfalls muss sie unterbleiben[559]. Da oberstes Prinzip ist,

---

557 Daher ist dann auch ein aktives Handeln (hier Durchtrennen der Ernährungs-Schläuche) straffrei (*BGH* v. 25.6.2010, Az: 2 StR 454/09 unter Hinweis auf § 1901a).

558 Zum Verbot der Sterilisation Minderjähriger siehe Seite 274.

559 *Palandt/Diederichsen*, 69. Aufl., § 1905 Rz. 3.

Zwangs-Sterilisationen zu verhindern[560], ist sowohl die Einwilligungsfähigkeit wie der Wille der betreffenden Betreuten ärztlicherseits zu beurteilen[561].

Die – umstrittene – Sterilisation „im Interesse" des „ungezeugten" Kindes ist nicht zugelassen; auch dürfen keine anderen – noch so verständlich erscheinenden – Interessen (der Allgemeinheit oder von Verwandten) berücksichtigt werden (vgl. § 1905). – Bei der Sterilisation ist stets der Methode der Vorzug zu geben, die eine Refertilisierung zulässt (§ 1905 Abs. 2 S. 3).

Mietverträge

9. Der Bedeutung der Wohnung als Lebensmittelpunkt entsprechend bedürfen Betreuer beim Abschluss von Mietverträgen von mehr als vier Jahren sowie – stets – zur Beendigung von Mietverhältnissen der Genehmigung des FamG; das gleiche gilt, wenn der Betreuer Wohnräume der Betreuten anderweitig vermieten will (§ 1907).

Freiheitsentzug und ähnliche Maßnahmen

10. Für mit Freiheitsentzug verbundene Unterbringungen (s. dazu Seite 278 ff.) ist ein einheitliches Verfahrensrecht geschaffen worden (vgl. §§ 312-339 FamFG); dies gilt auch für öffentlich-rechtliche Unterbringungen nach Landesrecht sowie für sonstige freiheitsbeschränkende Maßnahmen in Heimen, Anstalten o.ä. Einrichtungen (vgl. dazu §§ 1906 Abs. 4, 312 Nr. 3 FamFG).

Uneingeschränkte Verfahrensfähigkeit

In Unterbringungssachen sind die Betreuten unabhängig von ihrer Geschäftsfähigkeit verfahrensfähig (§ 316 FamFG) – also auch bei Geisteskrankheit, so dass alle von ihnen im Verfahren artikulierten Willenserklärungen verfahrensmäßig zu interpretieren/werten sind und dann selbständig (und somit auch gegen den Willen ihrer Betreuer) zu beachten sind (z.B. als Antrag oder Rechtsmitteleinlegung).

Vorsorgevollmacht

11. Um eine Betreuung zu vermeiden (insbesondere die mit dem Verfahren zwangsläufig verbundene Zeitverzögerung bei evtl. wichtigen Entscheidungen), kann eine sog. *Vorsorgevollmacht* erteilt werden, in der eine Person (oder mehrere)[562] für bestimmte Handlungen und/oder Bereiche (aber auch für sämtliche denkbaren Angelegenheiten[563]) als verbindlich handlungsberechtigt vorgesehen wird, wenn jemand – aus welchen Gründen auch immer[564] – nicht mehr in der Lage ist, sich um seine *rechtlichen* Angelegenheiten zu kümmern. Denn dann sind weder Ehepartner (oder Lebenspartner i.S.d. LebenspartnerschaftsG) noch Kinder, Eltern, Geschwister oder sonstige nahe Angehörige hier vertretungs- und damit entscheidungsbefugt. Vielmehr müsste erst das *Betreuungsgericht* eingeschaltet werden und einen Betreuer bestellen. – Wenn eine *Vorsorgevollmacht* vorliegt, für die keine bestimmte Form vorgeschrieben (vgl. § 1897 Abs. 4), aber Schriftform empfehlenswert ist , wäre dann insoweit grundsätzlich keine Betreuerbestellung erforderlich (vgl. hierzu § 1896 Abs. 2 S. 2). – Bezüglich ärztlicher Behandlungen wären allerdings evtl. vorhandene Patientenverfügungen (s. dazu oben unter 7.) zu beachten.

---

560 *Mü-Ko-Schwab*, § 1905 Rz. 6 und 17 f.; *Palandt/Diederichsen*, a.a.O., Rz. 5.

561 *Mü-Ko-Schwab*, a.a.O., Rz. 12.

562 Die Bevollmächtigung von in § 1897 Abs. 3 genannten Personen wäre jedoch gem. § 1897 Abs. 2 S. 2 unwirksam.

563 Sog. Generalvollmacht.

564 Beispiele: Koma-/Schlaganfall-/Herzinfarkt-Patienten, schwere Unfälle, Demenz.

Stichwortverzeichnis

Abstammung 222; 249; 337; 347/348
Abstammungssachen 201
Ächtung der Gewalt in der Erziehung 270 ff.
Adoption 329 ff.
– Abstammung 337; 347/348
– Abstammungsurkunde 348; 353
– Anhörung der Eltern 345
– Anhörung des JA 339; 340; 345
– Anhörung des Kindes 345; 349
– Antrag 335; 339; 340; 343
– Aufhebung 353 ff.
– Ausforschungsverbot 352
– Ausländer 344
– ausländische Kinder 344
– behinderte Kinder 348
– Beratungspflicht des JA 342/343
– „Bestell-Eltern" 341
– „Blanko-Freigabe" unzulässig 334
– Dekretsystem 343; 344; 346
– Ehepaare 331
– Eheverbot 348; 353
– Einwilligung, Unwiderruflichkeit 335
– Einwilligung des Ehegatten 332
– Einwilligung der Eltern 334/335
– Einwilligung des Kindes 331; 2; 306
– Einzelpersonen 332/333
– elterliche Sorge 349
– Erbrecht, gesetzliches 350
– Ersetzung der elterl. Einwilligung 335 ff.
– Europäisches A-Übereinkommen 345; 352; 354
– Familienname 348/349; 353; 356
– „Freigabe" des Kindes 334/335; 337; 338; 339
– Früherfassung in Betracht kommender Kinder 342
– Funktionswandel 330
– Geschwister-A. 334
– Gesetzessprache 329
– Gutachten 340; 334/345
– Information des Kindes 352
– Inkognito-A. 334; 352
– Inkognito-Einwilligung 334
– Kinderschutz bei Aufhebung 354
– Kindeswohl 330; 334; 339; 346; 354
– Lebenspartnerschaften 332
– Minderjährigen-A. 330 ff.
– Mindestalter der A.-Bewerber 332; 333; 339
– Name des A.-Kindes 348/349
– Niemands-Kind 334; 354
– nichtehelicher Kinder 334; 338; 343
– notarielle Beurkundungen 331; 335; 343
– örtliche Zuständigkeit des FamG 343/344
– „Probezeit" 345/346
– Rechtsfolgen elterl. Einwilligung 338/339
– Rechtswirkungen der A. 347 ff.; 353
– Rechtswirkungen der Aufhebung der A. 355 ff.; 357
– Reform 329/330
– Staatsangehörigkeit 349
– Stiefkind-A. 332; 333; 338; 339; 351; 357
– Überlegungsfrist 335
– Unanfechtbarkeit 346
– Unauflösbarkeit, Ausnahmen 354
– Unterhalt 339; 346; 349/350; 353
– Verfahren 340 ff.
– Verfahrensbeistand 335
– Verwandten-A 333/334; 345; 350/351
– Veto-Recht des Kindes 2; 306; 331
– Veto-Recht von Vätern ne. Ki. 337/338
– Volladoption 347 ff.
– Volljährigen-A. 356/357
– Voraussetzungen der A. 330 ff.
– Vormundschaft des JA 338
– Vorname des Kindes 349
– Wirksamwerden 346/347
– zentrale A.-Stellen 342/343
– Zuständigkeit des FamG 343
Adoptionsbeschluss (Dekret) 346/347
Adoptionsbewerber
– ausländische 344
– Ehepaare 331
– Einzelpersonen 332/333
– Lebensgemeinschaften 332
– Mindestalter 332; 333; 339
– Verwandte 333
Adoptionsdekret 343; 344; 346
Adoptionsgeheimnis 351 ff.
Adoptionsgutachten 340; 344/345
Adoptionspflege 88; 93; 345/346
– Alltagssorge 339
– Unterhaltspflicht während 339; 346
Adoptionsvermittlung 340 ff.
– Anerkennung zur A. 341
– Grundsätze 340
– Verbot der 341
– zentrale Adoptionsstellen 342
Adoptionsvermittlungsstellen 341

Stichwortverzeichnis

Adoptiveltern 331 ff.
– Ehepaare 331
– Einzelpersonen 332/333
Adoptivkind 330 ff.
– ausländische 344
– Einwilligung 331; 2; 306
– Kindeswohl 330; 334; 339; 346; 354
– Rechtsstellung 347 ff.; 353
Allein erziehende Elternteile
– Beratungs-/Unterstützungspflicht des JA 65; 265/266
– Erwerbspflicht 224 ff.
– Pflegestellenproblematik 89
– Unterhaltsvorschuss/-ersatz 254 ff.
Alltagssorge 40; 91; 213/214; 286; 339
Altersstufen, rechtliche Bedeutung 1 ff.
Amtsermittlungspflicht des FamG 199; 210; 212; 219; 276; 277; 279; 303; 368
Amtspflegschaft 36; 116; 367; 368
– Wegfall der gesetzl. A. für nichteheliche Kinder 287; 292
Amtsvormundschaft 361/362
– befreite 362
– bestellte 361/362
– gesetzliche 361; 338
Anhaltspunkte für Kindeswohlgefährdung 44 f.
Anhörungsrecht
– Eltern 114; 184; 199; 213; 219; 255; 266; 277; 279; 282; 286; 318; 322; 345
– Jugendamt 114; 115; 123; 140; 141; 184; 255; 266; 277; 280; 282; 286; 318; 322; 339; 340; 359
– Kind 1 (10); 2 (14); 3 (16); 43; 114; 184; 255; 266; 277; 279; 282; 286; 318; 322; 349
– Nichtsorgeberechtigte 318
– Pflegeeltern 282; 318
Annahme als Kind → Adoption 329 ff.
Antragsrecht Minderjähriger
– auf Ablösung des Vormunds 2 (14); 307
– auf Änderung des Vor- oder Nachnamens bei Adoption 306; 349
– auf Aufhebung der Adoption 2 (14); 354
– kein allgemeines beim FamG 268; 321; 327
– auf Sozialleistungen 3 (15), (16)
Anwalt des Kindes 115; 116; 279
Anwaltszwang 198; 199
Arbeitsverbot für Kinder 2 (14)
– Ausnahmen 2 (14)
– Ende des grundsätzlichen 2 (15)
ärztl. Behandlungen Mdj. 273/274
– Einwilligung der Eltern 274
– Eilfälle 273
– Verbot der Sterilisation 274
Asylberechtigte 50
Asylbewerber 50 f.
– Abschiebungshindernisse 50
– Ausweisungsgründe 49; 104
– Ausweisungshindernisse 50 f.
Aufenthaltsbestimmungsrecht der Eltern 277 ff.
Aufhebung der Ehe 196 f.
– Antragsberechtigte 196 f.
– Aufhebungsgründe 196
– Ausschlussgründe 196
– Rechtsfolgen 197
Aufsichtspflicht 5 ff.
– Anscheinsbeweis 20
– Begriff 5
– Binsenweisheiten 14
– Delegation 12 ff.
– Erfüllung 10; 14 ff.; 18
– Erziehung zur Selbständigkeit 15
– Garantenstellung 24
– gesetzliche 6
– Gefälligkeits- 7/8; 24/25; 30
– Grenzen 14/15
– Haftung 7; 9; 17; 19; 20; 21 ff.; 29; 30
– Informationspflicht 10/11
– Inhalt 9
– in soz.-päd. Einrichtungen 12 ff.; 30
– Jugendgruppen 24; 30
– Juristische Personen 22/23; 29; 30
– Lebensgemeinschaften 24; 30
– Minderjähriger 7
– pädagogische Aufgabe 9; 10; 12; 15; 16
– Praktikanten 13/14; 30
– „Stiefeltern" 24
– Strafverfolgung bei Verletzung der A. 33
– Übernahme 6/7; 8
– Umfang 10 ff.
– Umgangsberechtigter 325; 328
– Verkehrssicherungspflicht 22
– Verletzung der A., Rechtsfolgen 16 ff.
– Umgangsberechtigte 325; 328
– vertragliche 6/7
– Vorsatz, bedingter 28
– Zielsetzung 9
aufsichtspflichtige Personen 6; 325; 328
Aufsichtspflichtverletzungen 14; 16 ff.; 30
– Anscheinsbeweis 20
– arbeits-/dienstrechtl. Folgen 31; 34
– bedingt vorsätzliches Handeln 32
– Beweislast 18; 20/21
– Billigkeitshaftung 9; 17; 21
– Entlastungsbeweis 18; 19; 20; 21; 23; 24
– Erfüllungsgehilfen 22
– Ersatzpflichtige 21 ff.; 30
– Garantenstellung 24
– Gefälligkeitsaufsicht 7/8; 24/25; 30
– Haftungsprivileg im öffentlichen Dienst 29
– Haftung der Eltern 21; 284
– Haftungsumfang 21 ff.; 30
– Körperverletzung 32; 34

– Misshandlung Schutzbefohlener 32; 34
– Rechtsfolgen 16 ff.; 30
– Regressansprüche 25 ff.; 30
– Schadensersatzpflicht 17 ff.; 30
– Schädigung der Aufsichtsbedürftigen 20/21
– Schädigung Dritter 17 ff.
– Schmerzensgeld 27; 28
– strafrechtliche Folgen 31 ff.; 34
– Tötung, fahrlässige 32/33
– Umkehr der Beweislast 18; 21
– unabwendbare Schadensfälle 19
– vermutetes Verschulden 17/18
– Verrichtungsgehilfen 22
– Versicherungsschutz 33/34
Ausbildungs- und Berufswahl 274 ff.
– Beratungspflicht 275
– kein Antragsrecht Mdj. 276
– Rücksicht auf Eignung + Neigung 275
Auskunftsrecht der Eltern 328
Ausländer
– Abschiebungshindernisse 50
– Aufenthaltserlaubnis 48; 50
– Ausweisungsgründe 49; 104
– Ausweisungshindernisse 50 f.
– Ausweisungsschutz 50 f.
– Jugendhilfe-Gewährung 48 f.
– Niederlassungserlaubnis 50; 255
– unbegleitete mdj. Zuwanderer 49; 104
Ausreißer, minderjährige 102 ff.
Ausweisung mdj. Ausländer 50; 104
bedingter Vorsatz 32
begleitete/beschützte Besuche 326/327
behinderte Menschen 36; 53; 97; 99 f.; 303/304
Beistandschaft 36; 67; 116; 287 ff.; 291
– Amts-Beistandschaften 289
– Antragstellung 288
– Aufgaben 290/291
– Doppelzuständigkeit 289/290
– Eintritt 288
– Einzelpersonen seit 1998 ausgeschlossen 289
– Ende 291
– Freiwilligkeit 288; 289
– historische Entwicklung 287
– Kostenfreiheit 290
– Merkmale 289/290
– Neuregelung 1998 287
– Perspektivenwechsel 290
– Vereins-Beistandschaften 289
– Verwechslungsgefahr 287
– Voraussetzungen 288
Berufung 179
Beschuldigte
– Begriff 135
– geständige B. 169
– Aufgaben der JGH 174
– Persönlichkeitserforschung 167, 169
– Untersuchung 130; 167
– Vernehmung 169
Beschwerderecht des Jugendamtes 47
„Bestell-Eltern“ 341
Besuchsrecht → Umgangsrecht
Betreuer 369 ff.
– Aufgaben 370; 371
– Begriff 358
– Bestellung 370
– Personenkreis 370
Betreute 369 ff.
– ärztliche Behandlungen 370/371
– Begriff 358
– Ehefähigkeit 370
– freiheitsbeschränkende Maßnahmen 372
– Geisteskranke 370; 372
– Geschäftsfähigkeit 370
– Lebensgestaltung, eigene 370
– Mietverhältnisse 372
– persönliche Betreuung 370
– Patientenverfügung 370/371
– Prozessfähigkeit 372
– Sterilisation 370
– Testierfähigkeit 370
– Unterbringung mit Freiheitsentzug 372
Betreuung, rechtliche 369 ff.
– für Erwachsene 369
– persönliche 370
Betreuungsbehörden 370
Betreuungsgericht 358; 368; 369; 370; 371
Betreuungsgesetz 356
– Betreuungen 370 ff.
– Entmündigungen seit 1992 abgeschafft 370
– Verfahrensrecht 370
Betreuungshelfer 82 f.; 101; 137; 138; 140
Betreuungsweisung 139; 140
Bewährung 147 ff.; 161
– Dauer 148
– erfolgreiche 149
– günstige Prognose 147; 150
– Rechtsmittel, Wirkung bei 148
Bewährungsauflagen/-weisungen 148; 149
– Überwachung 149
– Verstöße gegen 149; 150
Bewährungshelfer 148ff.
Bewährungsplan 148
Bewährungszeit 148
Beweis des ersten Anscheins 20
Beweislast 18; 20; 21; 231; 233
– Entlastungsbeweis bei Aufsichtspflicht 18; 19; 20; 21; 23; 24
– Umkehr der B. bei Aufsichtspflicht 18; 21
Billigkeitshaftung 9; 17; 21
Bleibeanordnung bei Pflegeeltern 281/282
Brüssel II a-Verordnung 51
Bundesagentur für Arbeit 73; 97; 231

Stichwortverzeichnis

Bundesgerichtshof
– Zuständigkeit im Jugendstrafrecht 166
Bundeswehr
– freiwillige Verpflichtung 3 (17)
Bundeszentralregister 162
Daten, Begriff 118
Datenschutz 117 ff.
– Aktenführung 122
– Amtsgeheimnisse 127
– anvertraute Daten 125
– Anwendungsbereich 119 f.
– Begriffe 118 f.
– bei Beratungsgesprächen 123 f.
– Definitionen 118 f.
– Dienstgeheimnisse 127
– Erhebung von Daten 118; 120 ff.
– freie Träger 115; 120
– Grundrecht auf D. 117
– informationelle Selbstbestimmung, Recht auf 117; 120; 124
– Legitimation zur Weitergabe von Daten 123 f.
– Notizen 122
– Löschung 126
– Offenbarungsbefugnis 123 f.
– Offenbarungsschutz, gesteigerter 123 ff.
– Regelungen im SGB I 117
– Regelungen im SGB VIII 118
– Regelungen im SGB X 117 ff.
– Sozialgeheimnis, Wahrung des 117; 119
– Speicherung von Daten 122 f.
– Sperrung von Daten 126 f.
– spezieller D. des SGB VIII 118
– Übermittlung an das Familiengericht 46
– Verschlüsselung von Daten 124
– Verschwiegenheitspflicht nach dem StGB 117; 126
– Verwendung von Daten 123
– Volkszählungsurteil des BVerfG 117
– Weitergabe von Daten 123 ff.
– Zweckänderung, Auswirkung auf erhobene 123 f.
– Zweckbindung 124; 126
Deliktsfähigkeit 1 (7); 4 (18)
Diversion 128; 168/169
Doppelnamen 189; 212
„Drehtür-Hilfe" 69; 81; 125
Drittwirkung von Grundrechten 259
Ehe
– Eheaufhebung 196 ff.
– Gütergemeinschaft 195
– Güterstände 193 f.
– Haftung 194 f.
– Prozesskostenvorschuss 207
– Schließung 183 ff.
– Zwangsvollstreckungen 195
Eheaufhebung 196 ff.
– Antragsberechtigte 196 f.
– Ausschlussgründe 196
– Gründe 196
– Rechtsfolgen 197
Ehedauer 234; 238 f.
Ehefähigkeitszeugnis 186
Ehehindernisse 185
Eheliche Kinder
– elterliche Sorge 212 ff.; 258 ff.
eheliche Lebensgemeinschaft 188
Ehemündigkeit 196
Ehescheidung
– Alleinentscheidungen 213 ff.
– Alltagssorge 213
– Anhörung der Eltern durch FamG 213; 219
– Anträge der Eltern 216
– Aufhebung gemeinsamer e.S. 216
– Aufteilung der e.S. 216
– Benachrichtigung des JA 213
– Beratungshinweis durch das FamG 213
– Doppelnamen 212
– Ehename 212
– Eil- und Notfälle 214
– Einigungszwang 215
– elterl. Sorge bei 212 ff.
– gemeinsame Ausübung 212 f.; 215
– gesetzliche Regelung, Problematik 217 ff.
– Jugendamt, Aufgaben des 219
– kein Antrags-Recht des Kindes 215
– kein Veto-Recht des Kindes 216 f.
– Kindeswille 216 f.
– Kindeswohl 217
– Regelung der e.S. nur auf Antrag 212
– Regelungsmöglichkeiten 216 f.
– überforderte Eltern 60; 64; 218 f.; 258
– Übertragung der elterl. Sorge auf einen Elternteil 212
– Unterhalt für das Kind, Geltendmachung 214
– Vermittlerrolle des FamG 215
– zerstrittene Eltern 218 f.
Eheschließung
– Bigamie-Verbot 185
– Mindestalter 183 f.
– Reform 1998 183
– Haftung 194 f.
Ehewohnung, Zuweisung der 205 f.
Einheitsprinzip des Jugendstrafrechts 150/151
Einsichtsfähigkeit 130; 370
einstweilige Anordnungen des FamG 199; 206; 215; 280; 318
Einwilligung des Kindes (ab 14 J.)
– in Adoption 2; 331
– in Namensänderung 2; 306; 356
elterliche Sorge 258 ff.
– Alltagssorge 40; 91; 213/214; 286; 339

– ärztliche Behandlungen 273/274
– Aufenthaltsbestimmung 277 ff.
– Ausbildungs- und Berufswahl 274 ff.
– Auslandsaufenthalt der Eltern 302
– Ausübung 283 ff.
– Beaufsichtigung 277
– Begriff 260
– behinderte Eltern 303/304
– Bereiche 261 ff.
– Berücksichtigung der wachsenden Selbstständigkeit des Kindes 268 ff.; 273; 276
– beschränkt geschäftsfähige Eltern 299 ff.
– Besuchsrecht 320 ff.
– Eil- u. Notfälle 214; 302; 328
– Eigenverantwortlichkeit der Eltern 283
– Eingreifen des FamG 47; 309 ff.
– Elternautonomie bei Scheidung 217 f.
– Elternverantwortung 259; 260; 267
– Ende 260; 330
– „Entzug" (= der Ausübung) 316
– Erziehung 264 ff.
– Erziehungsprimat der Eltern 258; 265
– Erziehungsrecht des Kindes 266 ff.
– Erziehungsträger 260; 264; 266; 309
– faktische 300
– Freiheitsentzug 278 ff.
– Gefährdung des Kindeswohls 311 ff.
– geisteskranke Eltern 298/299
– Geltendmachung von Rechtsansprüchen 264
– gemeinsame Ausübung 284
– genehmigungsbedürftige Rechtshandlungen 304
– gerichtliche Beschränkungen 309 ff.
– Gesamtvertretung 285
– geschäftsunfähige Eltern 298/299; 303/304
– gesetzliche Beschränkungen 297 ff.
– gesetzliche Vertretung 262/263
– gesetzliche Vertretung, Ausschluss von 305/306
– getrennt lebende Eltern 212; 213; 214; 215; 217; 219
– Gewaltverbot 270 ff.
– „Go-order" 314; 317
– Grenzen der Erziehung 265
– Grundrecht der Eltern 40; 216; 258/259; 281; 329
– Haftung der Eltern 21; 284
– Heirat von Minderjährigen 307/308
– Herausgabeanspruch gegenüber Dritten 280 ff.
– höchstpersönliche Rechtshandlungen 307
– Inhaftierung eines Elternteiles 302; 328
– Kinderschutz 309 ff.
– Kinderschutz-rechtliche Maßnahmen 313 ff.
– „legal Kidnapping" 213
– Leitlinien, gesetzliche 265; 269
– Maßnahmen des FamG 313 ff.
– minderjährige Eltern 299/300
– Missbrauch 311
– nichteheliche Kinder 292 ff.
– Notvertretungsrecht 286; 306
– partielle Beschränkungen 316
– Persönlichkeitsentfaltung 267; 268
– Personensorge → dort
– Pflege (leibliche, gesundheitliche) 262
– rechtlich verhinderte Eltern 298 ff.
– Rechtsgeschäfte mit dem Kind 305
– Rechtsgeschäfte mit nahen Angehörigen 305
– religiöse Erziehung 215; 264
– Ruhen 297 ff.
– Scheidung der Eltern 320
– Selbstständigkeit des Mdj. 268 ff.; 273; 276
– Sorgeerklärung 293 ff.
– tatsächliches Sorgerecht 261/262;
– tatsächlich verhinderte Eltern 301/302
– Teilmündigkeiten Minderjähriger 307
– Trennung des Kindes von den Eltern 28; 315; 316; 319
– Umgang mit Dritten, Bestimmung des 276
– uneinige Eltern 286
– Unentziehbarkeit 260; 284; 329
– Unterstützung durch das JA 265/266
– Unterstützung durch das FamG 266
– unverschuldetes Versagen 312
– Verhinderung der Eltern 298 ff.; 301 ff.
– Vermögenssorge 283
– Vernachlässigung 312
– Verwechslungsgefahren 261/262
– Vorenthalten des Kindes 281
– Vornamensgebung 264; 286
– Wächteramt des Staates 37; 43; 60 f.; 102 ff.; 112; 259; 260; 309; 310; 313
– Züchtigung 271
Elternrecht
– Grundrecht 40; 216; 258/259; 281; 329
– Missbrauch 311
– Unentziehbarkeit 260; 284; 329
Elternschaft, soziale 330
Elternverantwortung 259; 260; 267
Embryos (Leibesfrucht), Pflegschaft für 368
Entlastungsbeweis, bei Aufsichtspflichtverletzungen 18; 19; 20; 21; 23; 24
Entmündigung, seit 1992 abgeschafft 299; 369
entwürdigende Erziehungsmaßnahmen 272
Entziehungskur 139; 155
Erbverträge von Minderjährigen 304; 307
Erfüllungsgehilfe 22
Erlebnispädagogik 81
Ersatzmuttervermittlung strafbar 341
„Erwachsenenstrafrecht" 129; 131; 132; 134/135
Erwerbsobliegenheit bei Kinderbetreuung 225 f.
Erzieher, Informationspflicht 10 ff.
Erziehung des Kindes 264 ff.
– Anspruch des Kindes auf 267/268
– Begriff 264/265

– entwürdigende 272
– gesetzliche Leitlinien 265; 269
– gewaltfreie 270 ff.
– Grenzen der 265
– Primat der Eltern 258; 265
– Recht auf 266 ff.
– Reflex-Recht des Kindes 259
– Selbständigkeit, wachsende 268/269
– staatliche Unterstützung 265/266
– Träger der 260; 264; 266; 309
– Ziele der 264
– zur Selbstständigkeit 268 ff.
Erziehungsbeistand 82 f.
– reine Beraterfunktion 82
Erziehungsbeistandschaft 82 ff.; 140; 171
– freiwillige 82
– gerichtlich angeordnete 82; 140
Erziehungsberatung 80 f.
Erziehungshilfen ➔ Hilfe zur Erziehung
Erziehungsmaßregeln des JGG 137ff.
Erziehungsprimat der Eltern 258; 265
Erziehungsregister 162
Erziehungsträger 260; 264; 266; 309
Europäisches Fürsorgeabkommen 51
Fachkraft 46
Fahrverbot 158/159
Familie
– Begriff im SGB VIII 61
– Förderung der Erziehung in der F. 60 ff.
– Wandel der Situation 65; 73
Familiengericht
– Adoptionsangelegenheiten, Zuständigkeit für 330
– Amtsermittlungspflicht 203; 204; 210; 213; 276; 277; 279; 303
– Anrufungsmöglichkeit 46; 215; 286; 295
– einstweilige AnO 199; 206; 215/216; 280; 318
– Feststellung des Ruhens elterlicher Sorge 302/303
– früher erster Termin 317/318
– keine Anordnungskompetenz für JuHi-Leistungen 315/316
– Kinderschutz durch F. 47
– Maßnahmen bei Kindeswohlgefährdungen 313 ff.
– Scheidungsgericht 198
– Sorgeregelungen nach Scheidung 216 ff.
– Unterstützung der Eltern 266
– Vormundschaftssachen, Zuständigkeit für 358
– Wächteramt 37; 260; 309/310; 319
– Zwangsmittel 325
Familiengerichtsarbeit 115
Familienhilfen der Jugendhilfe 60 ff.
Familienname
– Änderung des 1 (5) 2 (14)
– Begriff 189
– nach Adoption 348/349; 353; 356
– nach Scheidung 212
Familienpflege 88; 91; 326
Findelkinder 335; 359; 367
Frauenhäuser 68
freie Entfaltung der Persönlichkeit junger Menschen 40
Freie Träger der Jugendhilfe 37 ff.; 43; 47; 62; 115; 119 f.; 175
Freiheitsentzug
– Definition 278
– Unterbringung Betreuter 372
– Unterbringung Minderjähriger 93; 104 f.; 278 ff.
Fremdmelder bei Inobhutnahmen 103
Fremdplatzierung/-unterbringung 92 ff.
Frühförderung 53
Frühwarnsystem 44
Führerscheinentzug 159
Führerscheinsperre 159
Führungsaufsicht 156 ff.
Führungszeugnis 162/163
Garantenstellung, Haftung bei 24
Gefahr im Verzug
– Maßnahmen des FamG bei 105 f.; 280; 318
Gefährdung des Kindeswohls 103 f.; 212; 215; 309 ff.; 313; 364
– Definitionsproblematik 310
– durch Dritte 312
– Eilentscheidungen 318
– „Entzug“ der elt. Sorge 316
– Eingriffsvoraussetzungen 311 ff.
– FamG-Maßnahmen 313 ff.
– Fremdunterbringung 104 f.; 316
– Jugendamt-Aufgaben 103 f.
– Missbrauch der Personensorge 311
– Trennung von der Familie 316
– Vernachlässigung des Kindes 312
– vorläufige Anordnungen 318
– Zwangsmaßnahmen des FamG 312; 318
Genfer Flüchtlingskonvention 52
Gesamtvertretung der Eltern 285
– „höchstpersönliche“ Handlungen 307
– in Eil- und Notfällen 214; 286
Geschäftsunfähige Eltern 298/299; 303/304
geschlossene Anstalten, Heime 278
– Definition 278
– Unterbringung des Kindes in 278 ff.
gesetzliche Vertreter, Vertretung 262/263
– Ausschluss von der 305/306
– Beschränkungen 304 ff.
– Definition 262
– genehmigungsbedürftige Rechtshandlungen 304
– Gesamtvertretung 285
– Notvertretungsrecht 286

Getrenntleben 204 ff.
– Definition 204
– gerichtliche Durchsetzung 205 ff.
– Kriterien 204
– Rechtsfolgen 207
– Unterhalt 207
– Versöhnungsversuche 206 f.
Gewalt, Kreislauf der 270
Gewaltschutzgesetz 199; 206; 314
Gewaltverbot bei der Erziehung 270 ff.
gewichtige Anhaltspunkte 44 f.
gewöhnlicher Aufenthalt 49; 343; 344
„Go-order“ 314; 317
Grundrechte
– der Eltern 40; 216; 258/259; 281; 283; 329
– des Kindes 40; 106; 107; 323; 337
– Datenschutz 117
– Drittwirkung von 268
Grundrechtsmündigkeit 268
Grundsicherung für Arbeitsuchende 52 f.
Gütergemeinschaft 195
Haager Kinderschutzübereinkommen 51
Haager Minderjährigenschutzabkommen 51
Haftung
– Minderjähriger 1 (7)
– Verstoß gegen Kinderschutz 48
– von Versicherungen 33/34
– wie in eigenen Angelegenheiten 21; 24; 25; 30; 284
Haftung bei Aufsichtspflichtverletzungen 16 ff.; 30
– bei bedingt vorsätzlichem Handeln 32
– Bekannte, Freunde 24; 30
– Eltern 21/22; 30
– Elterninitiativen 23; 30
– Erfüllungsgehilfen 22
– Gefälligkeitsaufsicht 7/8; 24/25; 30
– gesamtschuldnerische 17; 30
– für vermutetes Verschulden 17/18
– in soz.-päd. Einrichtungen 22/23; 29; 30
– Jugendgruppen/-gemeinschaften 24; 30
– Juristische Personen 22; 30
– Lebensgemeinschaften 24; 30
– nichtrechtsfähige Vereine 23; 30
– öffentliche Träger 22; 28; 30
– Pfleger 21; 30
– private Träger 23/24; 30
– Privatpersonen 24; 30
– „Stiefeltern“ 24
– Verrichtungsgehilfen 22
– Versicherungsschutz 33/34
– Verwandte 24; 30
– Vormund 21; 30
Heimaufsicht 113
Heimausreißer 102 ff.
Heime, geschlossene 278
Heimunterbringung
– einstweilige nach dem JGG 123
– nach dem SGB VIII, Problematik 92
Heirat Minderjähriger 307
Heranwachsende 131ff.
– Anwendung von Jugendstrafrecht 131 ff.
– Gleichstellung mit Jugendlichen 132/133
– Öffentlichkeit des Verfahrens 172/173
– Personenkreis 130/131
– Entwicklung 131
– Zuständigkeit der Jugendgerichte 163
Herausnahme Minderjähriger 105 f.
– akute Gefährdung 105 f.
– Voraussetzungen 105 f.
Hilfe zur Erziehung 78 ff.
– Anspruchsberechtigte 78
– Anspruchsvoraussetzungen 78 f.
– Rechtsanspruch auf 79
Hilfeplan 97 f.
in dubio pro reo 130; 145
informationelle Selbstbestimmung
– Recht auf 117; 120; 124
Informations- und Risikoeinschätzung 44 ff.
Inobhutnahme Minderjähriger 102 ff.
– akut gefährdete Mdje. 103 f.
– Anlass 103
– Definition 102
– Folgen 104 ff.
– Freiheitsentzug 107
– Fremdmelder 103
– Kindeswohlgefährdung 47
– „Rückführung“ 109
– Selbstmelder 103
Jugendamt
– Adoptionsvermittlung 340 ff.
– Amtshilfe, keine gegenüber FamG 114
– Amtsvormundschaft 361/362
– Anhörung des JA vor Entscheidungen der FamG 114; 115; 123; 140; 141; 184; 266; 277; 280; 282; 286; 318; 322; 339; 340; 359
– Anrufung des FamG 46; 98
– Anwalt des Kindes 116
– Aufgabentrennung bei Beratung u. Mitwirkung in familiengerichtl. Verfahren 114 ff.
– Beratung allein Sorgeberechtigter 65 ff.
– Beratung bei Trennung, Scheidung 63 f.
– Beratung Minderjähriger 43 f.
– Beratung Mütter nichtehelicher Kinder 66 f.
– Beratung Umgangsberechtigter 65 f.
– Beratung von Vormündern 363/364
– Beschwerderecht 47
– Beurkundungen 36
– Datenschutz 123; 124
– Ermittlungsbehörde, keine 115
– Familiengerichtsarbeit 115
– Förderung der freien JuHi 38
– Gefährdung des Kindeswohls 103

– gutachtliche Stellungnahmen 115
– Interessenvertretung des Kindes vor Gericht 115
– Jugendgerichtshilfe 174 ff.
– JuHi-Ausschuss 38; 40
– keine bloße Zahlstelle 42
– Kinderschutz 47
– Mitwirkung in familiengerichtl. Verfahren 114 ff.
– Organisation 37 ff.
– Pflegekinderschutz 112 ff.
– Selbständigkeit gegenüber FamG 114 f.
– Unabhängigkeit gegenüber FamG 114 f.
– Unterhalt, Geltendmachung von 66
– Unterstützung der Eltern 265
– Vaterschaftsfeststellung 36; 66; 287; 290; 291
– Vermittlung bei Umgangsregelungen 65 ff.; 323
– Wahrung der Subsidiarität 39 f.
– Zwangsmittel 106
Jugendarbeit 54 f.
Jugendarbeitsschutzbestimmungen 60
– Ende des Arbeitsverbotes 3 (15)
– in der Landwirtschaft 2 (14)
– Musik- und andere Aufführungen 1 (3), (6)
– Rundfunk-, Fernseh-, Film-, Foto-, Tonbandaufnahmen 1 (3), (6)
– Werbeveranstaltungen 1 (3), (6)
Jugendarrest 142/143
– Dauerarrest 143
– Freizeitarrest 143
– Kurzarrest 143
– Sühnecharakter 143
– Vollzugsleiter 142; 143
– Wochenendarrest 143
Jugendarrestanstalt 142
Jugendgerichte 163 ff.
– Einzelrichter 164/165
– Jugendkammer 163; 164; 165; 166
– Jugendschöffengericht 164; 165
Jugendgerichtliche Maßnahmen 135 ff.
Jugendgerichtshilfe 174 ff.
– Aufgaben 174/175
– Durchführung in der Praxis 175/176
– freie Träger 175
– kein Rechtsmittelrecht 177
– verfahrensrechtliche Stellung 176/177
– Zuständigkeit 175
Jugendhilfe 35 ff.
– Aktenführung 122
– akut gefährdete Minderjährige 103 f.
– Angebotscharakter 37; 79; 92
– Alleinerziehende, Beratung u. Unterstützung 66
– andere Aufgaben der J. 36 f.; 102 ff.
– Anwaltsfunktion 116
– Asylberechtigte 50
– Asylbewerber 50 f.
– andere Aufgaben 36 f.; 102 ff.
– Aufgaben 36 f.
– Aufstellung eines Hilfeplanes 97 f.
– Ausländerproblematik 49 ff.
– außerhalb der BRD 84
– Ausweisungsgründe 49; 104
– Begriff 35
– behinderte Menschen 36; 53; 99 ff.
– Beratung Minderjähriger 42 f.
– berufliche Ausbildung/Eingliederung 52; 57; 58; 97
– Beteiligungsrechte Minderjähriger 42 ff.
– Betreuung und Versorgung von Mdj. in der eigenen Familie 70 ff.
– Betreuungshelfer 82 f.
– Betreuungsweisung 140
– Datenschutz 117 ff.
– „Drehtür-Hilfe“ 69; 81; 125
– Eingliederungshilfe für behinderte Menschen 53; 97; 99; 101
– Einmischungsstrategie 59
– Entstehungsgeschichte 35
– Erlebnispädagogik 81
– erzieherischer Jugendschutz 59 f.
– Erziehungsbeistand 81
– Erziehungsberatung 80 f.
– Erziehungsdefizit 78
– Erziehung in der Familie, Förderung der 60 ff.
– Familienbegriff 61
– Familienhilfen 61 ff.
– Familiengerichtsarbeit 115
– fiskalisches Denken 42
– freie J. 38
– freie Persönlichkeitsentfaltung, Förderung 40
– freie Träger 37 f.; 42; 62; 115; 119 f.
– Freiheitsentzug 93; 107
– Geltungsbereich 48 ff.
– Gesamtverantwortung der öffentl. JuHi 38
– Gruppenarbeit, soziale 81 f.
– heilpädagogische Pflegestellen 88; 94
– heilpädagogische Tagesstätten 87
– Heimaufsicht 113
– Heimerziehung 91 ff.
– Herausnahme Minderjähriger 105 f.
– Hilfe zur Erziehung (HzE) 78 ff.
– Hilfen bei nichtehelicher Geburt 66 f.
– Hilfeplan 97 f.
– Individualisierungsprinzip 40
– Inobhutnahme Minderjähriger 102 ff.
– intensive soz.-päd. Einzelbetreuung 84 f.
– Internationale Abkommen 51 f.
– Jugendarbeit 54 f.
– Jugendhilfeleistungen 54 ff.
– Jugendsozialarbeit 57 f.
– Jugendschutz 59; 253
– Jugendsozialarbeit 57 ff.
– Jugendverbände, Förderung der 56 f.

– Kinderbetreuung in der eigenen Familie 70 ff.
– Kindergartenplatz, Anspruch auf 73 f.
– Kinderschutz 44 ff.
– Kindertagespflege 74 ff.
– Kosten ➔ im betr. JuHi-Kapitel am Ende
– Krankenhilfe 95
– Leistungen der J. 36 f; 54 ff.
– Leistungsberechtigte 36; 38; 40; 42
– Mitwirkung in gerichtl. Verfahren 114 ff.
– Nachrang gegenüber Elternrecht 40
– offene Jugendarbeit 55
– öffentliche 38
– Organisation 37 f.
– Partnerschaftsberatung 63 f.
– Pauschalierte Kostenbeiträge 95
– Perspektivenwandel des JA 61
– Pflegeerlaubnis 112 f.
– Pflegegeld 94
– Pflegekindproblematik 89 f.
– Pflegekinderschutz 112 ff.
– Pflegestellen, Arten 93
– Prinzipien 39 ff.
– Rechtsansprüche auf 53; 63; 66; 67 f.; 71; 73; 76; 79; 102; 113
– Rechtsstellung Mdjer. 42 ff.; 78
– Scheidungsberatung 63 ff.
– seelisch behinderte Kinder/Jugendliche 53; 99 f.
– Selbstmelder 103
– Sonderpflegestellen 88
– soziale Gruppenarbeit 81 f.
– Sozialisationshilfe 36
– soz.-päd. Familienhilfe 85 ff.
– Subsidiaritätsprinzip 39 f.
– Tageseinrichtungen 77 f.
– Tagesgruppe 87; 95; 101
– Träger der J. 37 f.; 41; 42; 62; 115; 119 f.
– Trägervielfalt 41
– Trennungsberatung 63 f.
– Umgangsrecht, Beratung 67
– Unterhaltsklärung 66
– Verhältnis zu and. Leistungen u. Verpflichtungen 52 ff.
– Vernetzung 58; 60
– Vielfalt der Träger der J. 41
– Volljährige, Hilfen für 101 f.
– Vollzeitpflege 88 ff.
– vorläufige Unterbringung 104 f.
– wirtschaftliche 94 f.; 101
– Wunsch- und Wahlrecht 41 f.
– Zielsetzungen 35
Jugendhilfeausschuss 37; 38; 39; 40; 164
Jugendhilfeleistungen 35 f.; 54 ff.
Jugendhilfeträger
– freie 37 f.; 42; 62; 115; 119 f.; 175
– öffentliche 37 f.; 55
Jugendkammer 163; 164; 165; 166
Jugendliche
– Begriff 129/130
– eigenes Rechtsmittelrecht 177/178
– typische Wesensmerkmale 132/133
Jugendrichter 163 ff.
– Aufgabenbereiche 163
– Strafgewalt 164/165
– Vollstreckungsleiter 165
– Vollzugsleiter 165
Jugendschöffen 164
Jugendschöffengericht 165
– Abgabe an die Jugendkammer 165
– allgemeine Zuständigkeit 165
– Besetzung 165
– Strafgewalt 165
Jugendschutz, erzieherischer 59 f.
Jugendschutzbestimmungen 1 ff.; 36; 90
– Abgabe und Genuss von Alkohol 3 (16)
– Anwesenheit bei öffentl. Tanzveranstaltungen 3 (16)
– Aufenthalt in Gaststätten 3 (16)
– Besuch von Filmveranstaltungen 1(6); 2 (12); 3 (16)
– Ende einzelner J. 3 (16)
– Ende sämtlicher J. 4 (18)
– strafrechtliche J. 4 (18)
Jugendschutzsachen 163; 166
Jugendsozialarbeit 57 ff.
– mit Bewährung 125
– Sühnegedanke 126
Jugendstaatsanwalt 163; 174; 178
Jugendstrafe 143 ff.
– Auflagen 142; 147
– Aufschub des Strafausspruches (bedingte Verurteilung) 145
– Begriff 144
– Erlass des Strafrestes 153
– „Erziehungsstrafe" 144
– Höchststrafe 147
– letztes Mittel 144; 146
– Mindeststrafe 147
– mit Bewährung 147ff.; 161
– ohne Bewährung 151ff.
– schädliche Neigungen 144/145
– Schwere der Schuld 146
– Sühnegedanke 137; 141; 143; 144; 146
– Tilgung des Schuldspruchs 145
– Voraussetzungen 144 ff.
– Vollstreckung 151/152
– vorläufige Teilvollstreckung 181
– vorzeitige Entlassung 153
Jugendstrafrecht 128 ff.
– Anstaltsunterbringung 135
– Anwendung für Heranwachsende 131ff.
– Berufung 179
– Berufungsgerichte 166

– Betreuungsweisung 138; 140
– Bundeszentralregister 162
– Diversion 168/169
– Einbeziehung früherer Verurteilungen (Einheitsprinzip) 150/151
– Einsichtsfähigkeit 130
– Entziehungsanstalt 155/156
– „Erwachsenenstrafrecht“ 131; 132; 133; 134/135
– Erziehungsanordnungen, vorläufige 136
– Erziehungsbeistandschaft 82 ff.; 140; 171; 276
– Erziehungsmaßregeln 137ff.
– Erziehungsregister 162
– Erziehungsstrafrecht 138; 144
– Gnadenbehörde 162
– Heimunterbringung, einstweilige 136
– Heranwachsende 131ff.
– in dubio pro reo 130; 145
– Jugendgericht ➔ dort
– Jugendgerichtshilfe 174ff.
– Jugendgerichtliche Maßnahmen 135 ff.
– Jugendliche 129/130; 167; 169; 174/175
– Jugendstrafe 143 ff.
– Jugendverfehlungen 133
– Kinder 129; 135
– Marburger Richtlinien 132/133
– Proband, Definition 149
– Prognosen 147; 149; 150; 152; 153; 154; 156
– Rechtskraft 162
– Rechtsmittel 177ff.
– Rechtsmittelberechtigte 177/178
– Rechtsmittelmöglichkeiten 177 ff.
– „Reifeverzögerung“ 132
– Revision 163; 166, 177; 178/179
– Sicherungsverwahrung 134; 153/154; 160/161; 165
– Steuerungsfähigkeit 130; 135
– Strafmakelbeseitigung 149; 162
– Strafmündigkeit 129/130
– Strafunmündigkeit 129/130
– Täter-Opfer-Ausgleich 139; 147; 160
– Täterpersönlichkeit 128; 130; 131; 135
– Täterstrafrecht 128
– Trainingskurs, sozialer 139; 147
– Untersuchungshaft 137; 160
– Verantwortlichkeit 129
– Vergünstigungen gegenüber dem StGB 162
– Verschlechterungsverbot 180
– Verwarnung 141
– „Weichenstellungen“ 152
– Weisungen 138/139
– Zielsetzungen 128; 129
– Zuchtmittel 141ff.
Jugendstrafverfahren 167 ff.
– Absehen von Strafverfolgung (Diversion) 142; 168/169
– Abwesenheit des Angeklagten 173
– Anklageschrift 165; 169
– Ausschluss der Öffentlichkeit 172/173
– Beteiligte am 172 ff.
– Berufung 179
– Berufungsgerichte 166
– Bundesgerichtshof 166
– Diversion 168/169
– Einstellung des 142; 164; 168; 169; 170; 171
– Hauptverfahren 135; 166; 167; 170ff.
– Hauptverhandlung 170, 172ff.
– Kosten 181
– Nichtöffentlichkeit bei Jugendlichen 172
– Öffentlichkeit bei Heranwachsenden 172/173
– Persönlichkeitsermittlung 167; 174
– Rechtsmittel 177 ff.
– Revision 163; 166; 177; 178/179
– Strafbefehl 170
– Vereidigung, eingeschränkte 173
– vereinfachtes Verfahren 171
– Vernehmung des Beschuldigten 169
– Verschlechterungsverbot 180
– Vorverfahren 164; 165, 167; 170; 174
Jugendverfehlungen, typische 133
Kapitalverbrechen 166
Kinder
– sexueller Missbrauch von Kindern 2 (14)
– Verführung mdj. Mädchen 3 (16)
– Verletzung der Fürsorge- und Erziehungspflicht 3 (16)
Kindergärten 73 ff.
– Ländergesetze 76
– Rechtsanspruch auf Platz in 73 f.
Kindergeld 95; 96; 253 f.; 255
– Anrechnung auf Unterhalt 253 f.
– Anrechnung auf Unterhaltsvorschüsse 255
– Einsatz bei Jugendhilfeleistungen 95 f.
Kinderhandel 341
Kinderschutz 44 ff.; 265; 309 f.; 313; 317; 354
Kindertagespflege 73 ff.
Kindesmisshandlung 4 (18); 32; 271; 314; 317; 336
Kindeswille
– Berücksichtigung des 216; 265; 286; 273; 274; 278; 324
– Scheidung der Eltern 216
– Umgangsregelungen 324
Kindeswohl
– Definitionsproblematik 310
Kindeswohl, Beachtung des bei
– Adoptionen 330; 334; 346; 354
– Ausbildung-/Berufswahl 274
– Beistandschaften 290
– Beratungen gem. § 17 SGB VIII 63 f.
– Betreuung gem. § 20 SGB VIII 70 ff.
– Datenschutz 122; 126
– familiengerichtlichen Verfahren 114 ff.
– Herausgabeverlangen der Eltern 281; 282

– Inobhutnahme 103 f.
– Kindertagespflege 76
– Sorgeerklärungen 294
– Uneinigkeit der Eltern 286
– Unterbringung mit Freiheitsentzug 279
– Unterstützung der Eltern durch FamG 266
– Vollzeitpflege 88 ff.
Kindeswohlgefährdungen 44 ff.; 104 f.; 212; 215; 309 ff.; 313; 364
– Definition 310
KindRG 63 f.; 217 f.
KJHG
– Entstehung 35
Körperverletzungen zu Beaufsichtigender 32; 34
Kostenbeiträge, pauschale 94 f.
Landesjugendamt 38
Lebensgemeinschaft, eheliche 188
Lebenspartnerschaft, eingetragene 50; 63; 70; 222; 245; 305; 332
„Legal Kidnapping" 213
Leibesfrucht (Embryos), Pflegschaft für 368
Leihmutter, Vermittlung strafbar 341
Letztverantwortlichkeit öff. Jugendhilfe-Träger 102
Maßnahmen bei Gefährdungen Mdj. 313 ff.
Maßregeln der Besserung und Sicherung 153ff.
Minderjährige
– Antragsrechte 2; 3 (15),(16); 42; 268; 306; 307; 321; 327; 349
– Haftung 1 (7);
– Heirat 183/184; 307/308
– „höchstpersönliche" Rechtshandlungen 307
– kein allgemeines Antragsrecht 268; 321; 327
– Rechtsstellung im SGB VIII 42 ff.
– Subjektstellung 43
– unbegleitet einreisende 51; 104
Missbrauch der Personensorge 311
Misshandlung Schutzbefohlener 3 (16); 4 (18)
Mitwirkungspflicht der Eltern 46
Mündel, Definition 358
Mütter nichtehelicher Kinder
– stärkere Rechtsposition 295 f.
Mutter-/Vater-Kind-Einrichtungen 68 f.
– Unterhalt, Geltendmachung 66; 67
Nachranggrundsatz 52 f.
Namensänderung nichtelicher Kinder 3 (5)
Nebenklage 172/173
Nebenstrafen 162
Nichteheliche Kinder
– Adoption 334; 338; 343
– Amtsvormundschaft 361/362
– elterliche Sorge 292 ff.
– Heirat der Eltern 296
– Sorgeerklärungen 293 ff.
– Sorgerechtsentzug 295
– stärkere Rechtsstellung der Mutter 295 f.
– Unterhalt, Geltendmachung durch JA 66
– Väter, bessere Rechtsposition durch BVerfGE 295 f.
– Vaterschaftsfeststellung 36; 66; 287; 290; 291; 296
– Zwangspflegschaft des JA bis 1998 287; 292
Nichtrechtsfähiger Verein
– Schadensersatzforderungen gegen 30
Niemands-Kind 334; 354
Notvertretungsrecht 286; 306
öffentliche Jugendhilfeträger 37 f.; 55
– Letztverantwortlichkeit 102
Operation Minderjähriger 285
Ordnungshaft 282; 325
Patientenverfügung 370/371
Pauschalierte Kostenbeiträge 94 f.
Personensorge
– Bereiche 261 ff.
– Beschränkungen, gerichtliche 309 ff.
– Beschränkungen, gesetzliche 297 ff.
– „Entzug" 316
– Fehlverhalten der Eltern 311/312
– Herausgabeanspruch gegenüber Dritten 280
– Ineinandergreifen der Bereiche 264
– Missbrauch 311
– tatsächliche 261/262
– Vernachlässigung 312
– Verwechslungsgefahren 261/262
– „Vorenthalten" 281
Persönlichkeitserforschung 167; 174
Pflegeeltern
– Alltagssorge 91; 213 f.
– Bleibeanordnung 281/282
– Herausnahme des Kindes von 105 f.
– Umgangsrecht 327
Pflegeerlaubnis 112
– Anspruch auf 113
– Ausnahmen 112
– Bußgeld bei fehlender 113
– Kontrollen, Wegfall der 113
– Zuständigkeit 113
Pflegegeld 94
Pflegekinder 88 ff.
– Beratungspflicht des JA 90
– Bleibeanordnung 281/282
– Perspektiven 89
Pflegepersonen 74; 88
Pfleger → Pflegschaft
Pflegestellen, Arten 88
Pflegeverhältnisse 88 ff.
– Aufsicht 113
– Beratung durch JA 76
– Herausnahme des Kindes 105 f.
Pflegling, Definition 358
Pflegschaft 367 ff.
– Amtspflegschaft 36; 116; 367; 368
– Beendigung 369

– Begriff 367
– Bestellung 367
– Ergänzungspflegschaft 368
– Gegenstand der 367
– praxisrelevante 368
– Sonderheiten gegenüber Vormundschaft 368
– Wirkungskreis des Pflegers 369
– Zielsetzung 367
– Zwangspflegschaft bis 1998 287; 292
Polizei
– Heranziehung durch FamG 276; 312; 325
– Heranziehung durch JA 43; 47; 106
– Zusammenarbeit mit JA 60
Privatklage 172
Proband 149
Prognosen
– bei Ehescheidung 203 f.; 227; 238
– im Jugendhilferecht 42; 89
– im Jugendstrafrecht 147; 149; 150; 152; 153; 154; 156
Prozesse Mdj. mit nahen Angehörigen 294
Prozessfähigkeit 1 (7); 3 (16); 4 (18)
Prozesskostenvorschuss 207
Psychiatrie, Einweisung durch Jugendgericht 154/155
Recht auf Erziehung 266 ff.
Rechtliche Betreuung 369 ff.
Rechtsberatung des JA 65
rechtschaffener Lebenswandel 147; 153
Rechtsdienstleistungsgesetz 65
Rechtsgeschäfte Minderjähriger mit engen Angehörigen 305
Rechtskraft 181; 346
Rechtsmittel
– Berufung 179
– Beschränkung im JGG 178 ff.
– eigenes Recht der Mdj. 177/178; 307
– gegen E. der FamG 2 (14)
– R.-Berechtigte im JGG 177/178
– Revision 179
– Wirkung bei Bewährung 148
Rechtsmittelmöglichkeiten 2 (14); 136; 171; 177/178; 179; 307
Regress
– Begriff 25
– der Träger soz.-päd. Einrichtungen 25; 30
– Voraussetzung 25
Religion
– Anhörung des Kindes vor Wechsel der 1 (10)
– freie Religionswahl des Kindes 2 (14)
Revision 179
Rückholung von Ausreißern 278
Ruhen der elterlichen Sorge 297 ff.
Schadenersatz bei Verstoß gegen Kinderschutz 48
Schädliche Neigungen 144/145
Scheidung 198 ff.
– Anwaltszwang 198
– Anwesenheitspflicht 199
– Aussetzung des Verfahrens 199
– Benachrichtigung des JA 64
– Durchsetzung des Getrenntlebens 205 ff.
– Ehe- und Familienname 212
– Ehegattenschutzklausel 210
– Ehewohnung, gerichtl. Zuweisung 205 f.
– einstweilige Anordnungen 199
– elterliche Sorge 212 ff.
– Elternautonomie 217 f.
– Folgesachen 199 f.; 202; 212
– Getrenntleben 204
– Härteklauseln 209 f.
– Instanzenzug 202
– Kinderschutzklausel 209 f.
– Konventional-Scheidung 203
– Kosten des Verfahrens 201 f.
– Mindest-Trennungsjahr 208 f.
– Nachweis des Scheiterns 203 f.
– örtliche Zuständigkeit 200
– Prozesskostenvorschuss 207
– Rechtsfolgen des Getrenntlebens 207 f.
– Scheidungsfolgen 212 ff.
– Scheidungshindernisse 209 f.
– Scheidungsverfahren 198 ff.
– Scheidungsvoraussetzungen 202 ff.
– Scheitern der Ehe 202 f.
– Unterhalt geschiedener Ehegatten s. dort
– Untersuchungsgrundsatz 202; 210
– Verbundsystem 202
– Verfahrensgrundsätze 199
– Versöhnungsversuche 206 f.
– Versorgungsausgleich 202
– Voraussetzungen 202 f.
– Zuständigkeit des FamG 198
Scheidungsfolgen 212 ff.
– Ehe- und Familienname 212
– elterliche Sorge 212 ff.
– Unterhalt U. geschiedener Ehegatten 221 ff.
– Versorgungsausgleich 202; 220 f.
Scheidungsverfahren 198 ff.
– Anwaltszwang 198
– Anwesenheitspflicht 199
– Aussetzung des Verfahrens 199
– einstweilige Anordnungen 199
– Folgesachen 64; 199; 202; 212
– Instanzenzug 202
– Konventional-Scheidung 203
– Kosten des Verfahrens 201 f.
– örtliche Zuständigkeit 200
– Streitwert 201
– Untersuchungsgrundsatz 203; 210
– Verbundsystem 202

- Verfahrensgrundsätze 199
- Zuständigkeit des FamG 198
Schein-Vaterschaftsanerkennung, Vermittlung strafbar 341
Scheinehe 186
Schmerzensgeld 27; 28
Schwangerschaftsabbruch Minderjähriger 274; 315
Schweigepflicht 117; 126; 127
seelisch Behinderte 53; 99 f.
seelische Verletzungen 271
Selbstmelder bei Inobhutnahmen 103
Selbstständigkeit des Kindes
- Berücksichtigung der 268 ff.; 273; 276
Sicherungsverwahrung 134; 153/154;160/161; 165
Sonderpflegestellen 88
Sorgeerklärung 293 ff.
- Anforderungen an 293/294
- Aufhebung nur durch FamG 294
- Bedingungsfeindlichkeit 293
- Beratung durch JA 293; 294
- Beurkundung 293
- Nachweis 294
- „Negativ-Attest“ 294
- pränatal möglich 294
- Sorgerechts„entzug“ nach S. 295
- Wirksamkeitsvoraussetzungen 293
Sorgerecht ➔ elterliche Sorge
soziale Elternschaft 330
Sozialgeheimnis, Wahrung des 117
Sozialprognose → Prognose
Staatsangehörigkeit 187 f.
Staatsangehörigkeit bei Adoption 349
Stalking 206
Sterilisation
- Minderjähriger 274
- volljähriger Betreuter 371/372
Strafaussetzung → Bewährung
Strafmakelbeseitigung 149; 162
Strafmündigkeit 129/130
- bedingte 129/130
- volle 129/130
strafrechtliche Jugendschutzbestimmungen
- Förderung sexueller Handlungen von Mdj. 3 (16)
- Kuppelei 3 (16); 4 (18)
- Misshandlung von Schutzbefohlenen 3 (16); 4 (18)
- Pornografie 4 (18)
- Prostitution 4 (18)
- sexuelle Handlungen mit Abhängigen 4 (18)
- sexuelle Handlungen mit adoptierten oder leiblichen Kindern 4 (18)
Strafunmündigkeit 129/130
Strafverfolgung von
- Müttern 68
- Verstößen gegen Kinderschutz 48
- Aufsichtspflichtverletzungen 33
Strafvollstreckung 151/152
Strafvollzug 145
- HW 151/152
- Jugendliche 143/144; 152
- Problematik 143/144; 152
Strafvollzugsgesetze der Länder 151/152
Subsidiaritätsprinzip der JuHi 39 f.
Sühnegedanke im JGG 137; 141; 143; 144; 146
Tagesmütter 74; 88; 93; 112
Tagespflege 74 ff.
Täter-Opfer-Ausgleich 139; 147; 160
Täterpersönlichkeit
- Erforschung der 128; 130; 131; 135; 174
Täterstrafrecht 128
Teilmündigkeiten Minderjähriger 307
Testamente Minderjähriger 307
Therapie, freiwillige des Straftäters 154
Träger soz.-päd. Einrichtungen
- freie 38
- öffentliche 37 f.
Übermittlung von Daten an das FamG 46
Umgangsrecht 320 ff.
- Anhörung der Beteiligten 322
- Aufgaben der JuHi 65 ff.
- Aufsichtspflicht 325; 328
- Auskunftsrecht 328/329
- begleitete/beschützte Besuche 326/327
- Begriff 320
- Beratung durch JA 67; 323; 327
- Betreuung, tatsächliche 325
- Bezugspersonen, enge 327
- Eingriff durch das Familiengericht 47
- Einschränkung durch FamG 325 f.
- Eltern und Kinder 321
- Entscheidungen des FamG 324 ff.
- Erstkontakt 324
- gerichtliche Regelungen 324 f.; 326
- Geschwister 327
- Großeltern 327
- Inhalt 320
- Kindeswille 324;
- Kindeswohl 324; 327
- Kompromisse 324
- kontroverse Fälle 322
- Pflegeeltern 327
- Pflicht u. Recht der Eltern 321
- problematische Fälle 322
- problematische Gerichtspraxis 324
- Recht des Kindes 321
- Recht enger Bezugspersonen 327
- Recht von Verwandten 327
- Reformbedarf 327
- Sorgerechtsbefugnisse 328
- Stiefeltern 327

– Vereinbarungen 322
– Vermittlung des FamG 325
– Vermittlung des JA 325
– Verwandte 322
– Wohlverhaltensvorschrift 322
– Zwangsmittel 325
Umkehr der Beweislast 18; 21
UN-Konvention über die Rechte des Kindes 51
unbegleitet einreisende Minderjährige 51; 104
unbestimmte Rechtsbegriffe 120
Unfälle im Sinne des SGB VII 27
Unfallversicherungsschutz 25/26; 28; 30
– Einschränkungen 27/28
Unterbringung Minderjähriger mit Freiheitsentzug 278 ff.
– Anhörung der Eltern 279
– Anhörung der Mdj. 279
– Anhörung des JA 280
– Definition 278
– Eilmaßnahmen 279
– genehmigungsfreie 278
– genehmigungspflichtige 278
– Genehmigungsverfahren 279/280
– Rechtsmittelrecht der Mdj. 280
– Verfahrenspflegerbestellung 279
Unterbringung Minderjähriger mit Freiheitsentzug 93; 107
– Eilmaßnahmen 107
Unterbringung Volljähriger mit Freiheitsentzug 372
Unterhalt
– Geschiedene 221 ff.
– getrennt Lebende 207
– Prüfschema 258
– Rangfolgen 244 f.
– Verwandte 248 ff.
Unterhalt geschiedener Ehegatten 221 ff.
– Abfindungen 246
– Altersgründe 230 f.
– angemessener Lebensbedarf 243
– angemessener Unterhalt 242
– Anspruchsvoraussetzungen 221 ff.
– „Arbeitslosen"-U. 231; 233
– Art der Gewährung 245 f.
– Aufstockungs-Unterhalt 233 f.
– Ausbildung 226
– Auskunftsanspruch 243
– Ausschluss der Unterhaltspflicht 237 ff.
– Bedeutung der elterl. Sorge 225
– Bedürftigkeit 222
– Berechtigungsgründe 223 ff.
– Beschränkung der Unterhaltspflicht 237 ff.
– Betreuungs-Unterhalt 224 ff.
– Billigkeits-Unterhalt 235 ff.
– „Doppelverdiener" 234; 242
– Düsseldorfer Tabelle 242
– eheähnliche Gemeinschaft 239
– Ehedauer 234; 238 f.
– eheliche Lebensverhältnisse 241; 242 f.
– Einkommensverhältnisse 241
– Ende der Unterhaltspflicht 248
– Erwerbsobliegenheit bei Kinderbetreuung 225 f.
– Erwerbs- u. Vermögensverhältnisse 230
– Fortbildung 229
– Gewährung, Art 245 f.
– Grundsatz der Bedürftigkeit 222 f.
– Härteklauseln, negative 237 ff.
– Härteklauseln, positive 235 ff.
– Kinderbetreuung 224 f.
– Kindergeld, Anrechnung von 253 f.
– Konventionalscheidung 246
– Krankheit, Gebrechen, Schwäche 229 f.
– Kürzung des Unterhalts 237 ff.
– Leistungsfähigkeit Unterhaltspflichtiger 243
– „maschendichtes" Netz 224
– nacheheliche Solidarität 222 f.
– „negative" Härteklausel 237 ff.
– notwendiger U. 227
– Pflicht zum Selbsterhalt 224
– „positive" Härteklausel 235 ff.
– Problematik 221
– Prüfschema 258
– Rangfolgen 244 ff.; 258
– Rückstände 246
– Selbstbehalt 243
– Selbstverantwortlichkeit 224
– Sicherheitsleistung 246
– Sonderbedarf 245
– Tabellen 242 f.
– Todesfälle 248
– Überbrückungs-Unterhalt 233 f.
– Umfang und Höhe des Unterhalts 241
– Umschulung 229
– Vereinbarungen 246/247
– Vermögen 243
– Verzicht auf 246 f.
– voller Unterhalt 227;
– Vorsorgeunterhalt 242
– Wiederaufleben von Ansprüchen 248
– Wiederheirat 248
– zeitliche Begrenzung 233 f.
Unterhalt von Verwandten 248 ff.
– angemessener Unterhalt 250
– Art und Weise der Unterhaltsgewährung 252 f.
– Ausbildung 251
– Ausfall von Unterhaltszahlungen 254 f.
– Auskunftsanspruch 256
– Bar-Unterhalt 251; 252
– Bedürftigkeit 249
– Berechtigte 248
– Beschränkung des Unterhalts 256 f.
– Betreuungsunterhalt 250 f.

– Eltern gegenüber Kindern 250 f.
– Ende der Unterhaltspflicht 257 f.
– Erwerbs- u. Vermögensverhältnisse 251
– Erziehungskosten 250
– Höhe des Unterhalts 253 f.
– Kindergeld-Anrechnung 253 f.
– Leistungsfähigkeit 249 f.
– Naturalunterhalt 252
– Prüfschema 258
– Rangfolgen 244 f.
– Schulden 250
– Tabellen 253
– Umfang des Unterhalts 251
– Vereinbarungen 254
– Verpflichtete 248 f.
– Versagung von Unterhalt 257
– Verzicht unwirksam 254
– Vorschüsse, staatliche 254 f.
– Zweit-Ausbildung 251
Unterhaltsanspruch
– bei eheähnlicher Gemeinschaft 239
– Beratung durch das JA 66; 67
– „lebenslänglich“ 224; 237
Unterhaltsersatzansprüche 254 f.
Unterhaltstabellen 242 f.; 253
Untersuchungshaft 137; 160
Väter nichtehelicher Kinder
– verbesserte Rechtsposition durch BVerfGE 295 f.
Vaterschaft
– Schein-V. 341
Vaterschaftsanerkennung 337
Vaterschaftsfeststellung 36; 66; 287; 290; 291; 296
Verantwortlichkeit
– strafrechtliche 2 (14); 4 (18); 129 ff.
– zivilrechtliche 1 (7); 4 (18)
Vereinsvormundschaft 361/362
Verfahrensbeistand 282; 335
Verfahrenspfleger 279; 282
Verhältnismäßigkeitsgrundsatz 158; 159
– bei Aufsichtspflichtverletzungen 31
– bei familiengerichtl. Maßnahmen gem. § 1666 BGB 313 ff.
– bei Führerschein-/Fahrerlaubnisentzug 159
– bei Führungsaufsicht 156 ff.
– bei Maßregeln der Besserung u. Sicherung 153 ff.
– Datenschutz 117
– Herausnahme akut gefährdeter Mdj. 105 f.
– Inobhutnahme 110
Vermögenssorge 283
– Beschränkungen 283
Vernachlässigung des Kindes 312
Verrichtungsgehilfen 22
Versagen der Eltern 312
Verschlechterungsverbot 180
Versicherungen
– Haftung 33/34
– Regress 25; 28; 29; 30
Versorgungsausgleich 220 f.
Vertretung → gesetzliche V.
Verwarnung 141
Veto-Recht des Kindes 2; 306; 331
Voll deliktsfähig 4 (18)
Voll geschäftsfähig 4 (18)
Volladoption 347 ff.
– Ausnahmen 347/348
Volljährigkeit 4 (18)
Vollverbüßer 157; 158
Vollzeitpflege 88 ff.
Vorbestraftsein 162
– nicht vorbestraft 143; 153; 162
vorläufige Erziehungsanordnungen 136
vorläufige Strafvollstreckung 181
vorläufige Unterbringung durch JA 104 f.
Vormund
– Aufsicht des FamG 365
– Aufgaben des JA 358
– Aufwandsentschädigung 360
– Aufwendungsersatz 360
– Auskunftspflicht 365
– Ausschluss von der gesetzlich. Vertretung 305
– Auswahl durch das FamG 359/360
– Beratung durch JA 363
– „Berufung“ durch Testament 360; 366
– berufsmäßige Vormünder 360
– Bestallungs- (Bestellungs-) Urkunde 358
– Bestellung zum 358; 361
– Ehrenamt 360
– Einflussnahmemöglichkeiten des JA 364
– Ende des Amtes 366/367
– Einzelvormund 359 ff.
– Entlassung 361; 364; 366/367
– Ernennung 358
– Fürsorgepflicht des FamG 365
– Gegenstand 358
– genehmigungsbedürftige Handlungen 304
– Grundsätze 358
– Haftung 365
– Übernahmepflicht 360
– Überwachung durch FamG 363
– Unterstützung durch JA 363
– Vergütung 360/361; 362
– Wirkungskreis 362/363
Vormundschaft 357 ff.
– Amts-V. 361/362
– Anordnung durch das FamG 358
– Aufgaben des JA 358
– Aufsicht des FamG 365
– befreite 366
– Begriff 357
– Berichtspflicht des JA 364

– bestellte 361
– Einzel-V. 359 ff.
– Ende 366/367
– Fürsorgepflicht des FamG 365
– Gegenstand 358
– Grundsätze 358
– gerichtlich angeordnete 358
– gesetzliche 361/362
– Prinzip der Einzelvormundschaft 359
– Übernahmepflicht 360
– Umwandlung von Amts-V. 362
– Vereins-V. 361/362
– Zielsetzung 358
Vormundschaftsgericht, Abschaffung des 330; 358
Vormundschaftsrecht 357 ff.
Vorsatz, bedingter 28
„Wächteramt“ des Staates 37; 42; 43; 44; 60 f.; 102 ff.; 112; 259; 260; 309; 310; 313
Wahlrecht
– allgemeines aktives u. passives 4 (18)
– zum Betriebs- u. Personalrat 4 (18)
– für Jugendvertretung 3 (15)
Wehrpflicht 4 (18)
„Weichenstellungen“ im Jugendstrafrecht 152
Wunsch- u. Wahlrecht in der Jugendhilfe 41 ff.
Zentralregister, Auskunft aus 162
Züchtigung von Minderjährigen 271
Zuchtmittel (des JGG) 141 ff.
– Kurzeinwirkung 141
– Sühnecharakter 141
Zwangsmittel des FamG 98; 199; 266; 276; 282; 312; 318; 322; 325; 360; 365
Zwangsmittel des JA 46; 106
„Zwangsspende“ 142
Zwangsvollstreckungen 195